사회조사분석사

분석사

1차 | 필기

기출문제해설

2급

SD에듀
(주)시대고시기획

국가전문자격은 *시대로*

카페 방문을 환영합니다.
사회조사분석사, 스포츠지도사, 심리/상담/사회복지, 무역, 관광, 빅데이터
자격증 합격을 위해 정보/자료를 공유하는 카페입니다.

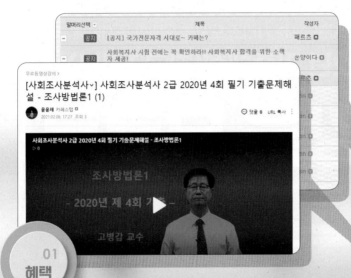

01 혜택

2020~ 2017년 필기, 실기 무료 동영상 강의 제공

혼자서 학습하는 모든 독자님들을 위해 준비했습니다. 무료 동영상 강의
를 통해 SD에듀 특급 강사진의 시험 합격노하우를 가져가세요.

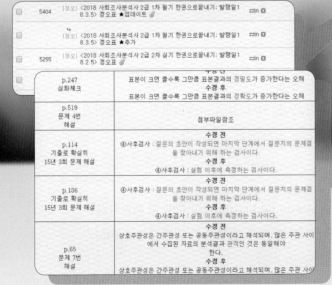

03 혜택

교재 추록 및 피드백

사회조사분석사 수험연구소에서 출간 전후
로 꼼꼼히 검수하여 도서에 관련된 지속적인
피드백을 약속드립니다. 시험에 합격하는
그 날까지 여러분과 함께하겠습니다.

SD에듀 국가전문자격 네이버카페(https://cafe.naver.com/sdwssd)에서
시험과 관련된 모든 정보를 아낌없이 제공합니다. **지금 바로 접속하세요!**

02
혜택

사회조사분석사 학습의 모든 Q&A

학습하다 모르는 게 있으시다구요?
도서에 관한 모든 문의사항을 올려주세요.

21년 연속 사회조사분석사 수험서분야의 정상을 지켜낸
SD에듀 사회조사분석사 수험연구소에서 시원하게 답변해드립니다!

6018	사회조사분석사 수험생의 궁금함 TOP 5 다섯 번째 N	사조사수험연구소
6017	사회조사분석사 수험생의 궁금함 TOP 5 네 번째 N	사조사수험연구소
6016	사회조사분석사 수험생의 궁금함 TOP 5 세 번째 😊 N	사조사수험연구소
6015	사회조사분석사 수험생의 궁금함 TOP 5 두 번째 😊 N	사조사수험연구소
6014	사회조사분석사 수험생의 궁금함 TOP 5 첫 번째 😊 N	사조사수험연구소
5634	알려주세요!	재밌게 생각하기
5678	알려주세요! 😊 재테크	zzin
5427	궁금합니다. [1]	재밌게 생각하기
5428	궁금합니다.	zzin

새 시험 : 2018 사회조사분석사 2급 필기 한권으로 끝내기

Q. 교재 466페이지 첫번째 문제에서 기다리는 시간 Y에 대해서 식을 세우는 것 까지는 이해가 갔는데
그 다음에 계산하는 부분을 모르겠어요ㅠㅠ

> **기출로 짚어주기**
>
> 어느 버스 정류장에서 매시 0분, 20분에 각 1회씩 버스가 출발한다. 한 사람이 우연히 이 정거
> 장에 와서 버스가 출발할 때까지 기다릴 시간의 기댓값은? **2016년 3회**
>
> ① 15분 20초 ② 16분 40초
> ③ 18분 00초 ④ 19분 20초

A.
X가 승객이 버스정류장에 도착 하는 시간이라고 했을 때
0.1분~20분에 도착하면 승객은 20분 버스를 탈 수 있습니다. 이 때 승객 이 기다리는 시간
은 $20-X(0 < X \leq 20)$이고 평균적으로 $\frac{20분-0분}{2}=\frac{20}{2}$분 기다린다고 할 수 있습니다.(이
때의 평균시간을 ㉠이라고 하겠습니다)
그리고 20.1분~60분에 도착하면 승객은 0분 버스를 탈 수 있습니다. 이 때 승객이 기다리는
시간은 $60-X(20 < X \leq 60)$이고 평균적으로 $\frac{60분-20분}{2}=\frac{40}{2}$분 기다린다고 할 수 있습
니다(이 때의 평균시간을 ㉡이라고 하겠습니다).
기다리는 시간을 Y라 하면 Y와 X사이에 아래와 같은 식이 성립합니다.
$$Y = \begin{cases} 20-X\,(0 < X \leq 20) \\ 60-X\,(20 < X \leq 60) \end{cases}$$

사회조사분석사 Q & A

사회조사분석사 시험~ 독자들이 가장 궁금해하는 문제들!

출처 : 국가전문자격 시대로~(https://cafe.naver.com/sdwssd)

국가전문자격 시대로~ 카페에서는 다양한 전문자격증의 정보를 제공합니다. 사회조사분석사 2급 필기 역시 도서와 강의에 대한 학습 교류뿐만 아니라 수험생과 합격생 사이에서의 시험 정보 공유도 활발하게 이루어지고 있습니다. 이미 많은 단기 합격생의 수기로 카페 학습 정보 교류의 효과를 증명받았습니다. 학습하면서 교재에서 언급하지 않은 내용이 궁금하시거나 시험에 관해 합격생 및 수험생들과 정보를 공유하고 싶으시다면 카페에 글을 남겨주세요!

다음은 해당 카페에서 독자들이 가장 궁금해하는 문제들을 담았습니다.

Q   인구센서스는 종단조사인가요, 횡단조사인가요?

A   인구센서스가 절대적으로 종단이냐 횡단이냐를 확실히 구분하기는 어렵습니다. 문제에서 요구하는 '조건'에 따라 횡단적인지 종단적인지 그 성격이 결정되기 때문이죠. 2021년 제1회 사회조사분석사 시험에서 [통계청에서 실시하는 인구센서스에 해당하는 조사방법은?]이라는 문제가 출제되었습니다. 해당 문제의 경우 '통계청에서 실시한' 인구센서스라는 조건이 있습니다. 통계청에서 인구센서스를 실시할 경우 일반적으로 일정 시점에, 넓은 지역을 대상으로, 많은 연구대상에게 실시하죠. 일정 시기에만 실시하는 인구주택총조사를 생각하시면 좋습니다. 종단조사의 하나인 추세조사에서의 인구센서스는 그 성격이 조금 달라요. 이때의 인구센서스는 '변화 관찰 및 미래 예측'이 주요 목적으로 인구주택총조사의 결과를 모아 그 변화를 비교하는 자체가 추세조사에 해당한다고 보시면 됩니다. 인구센서스 조사를 횡단이냐 종단이냐 단순 암기하시기보다 문제에서 요구하는 조건을 통해, 해당 조사의 성격을 파악해 구분하시면 정답 확률이 더 높아집니다!

Q   왜 우편조사에서 응답집단의 동질성을 높이면 응답률 및 회수율이 높아지나요?

A   동질성은 응답집단의 유사한(동일한) 성질을 의미합니다. 응답집단의 동질성이 낮다면 최대한 많은 집단을 포함하기 위해 표본을 많이 추출하게 되고 모집단이 커지게 되겠죠. 결국 표본을 많이 추출하게 되면 전체적인 응답률과 회수율이 낮아질 수밖에 없답니다. 반면 응답집단의 동질성을 높일 경우 굳이 유사한 표본을 많이 추출할 필요가 없으니 모집단도 작아지게 되고, 상대적으로 적은 수의 사람에게 우편조사를 실시하기에 전체적으로 응답률과 회수율 역시 상승하게 된답니다!

Q 비율척도는 절대영점 0 즉, 없음을 나타내는 숫자 0이 포함되는 것이라고 알고 있는데 시간이 왜 비율척도에 포함되는 것인지 궁금해요. 비율척도의 시간에서 0의 의미는 무엇인가요?

A 비율척도에서 시간은 일반적인 숫자 개념보다는 측정 단위를 의미합니다. 예를 들어 달걀 삶는 시간에 따른 노른자의 익힘 정도를 측정한다고 할 때, 달걀 삶는 시간은 비율척도로서 측정 단위로 설정됩니다. 달걀 삶는 시간이 0이라면 노른자가 전혀 익지 않은 것을 의미합니다. 따라서 시간은 비율척도에 포함됩니다!

Q 표본을 추출할 때 임의적 추출과 무작위 추출은 같은 개념인가요?

A 임의로 추출한다는 의미는 조사자의 판단에 의해서 혹은 가중치에 따라 작위적으로 표집을 한다는 의미예요. 그러나 무작위로 표본을 추출한다는 의미는 조사자의 개입 없이, 마치 로또 번호 추첨처럼 표본을 추출한다는 의미입니다!

Q 표본의 크기를 결정하는 요인에 조사목적도 포함이 되나요?

A 표본의 크기를 결정하는 요인은 매우 다양한데요, 조사목적 역시 결정요인에 해당됩니다. 예를 들어 조사목적이 '전국의 사회조사분석사 2급 자격증 보유자의 분포'와 '제주도의 사회조사분석사 2급 자격증 보유자의 분포'로 다르다면, 표본의 크기 역시 각각 '전국의~보유자'와 '제주도의~보유자'로 달라진답니다!

Q 측정항목을 추가할수록 신뢰도가 높아지고 오차가 줄어드는 이유가 궁금해요. 항목을 추가할수록 측정 시간이 길어져서 오차가 늘어나지 않을까요?

A 측정항목이 늘어나면 좀 더 상세하고 정확한 답을 이끌어 낼 수 있어요. 예를 들어 "좋아하는 음식은 무엇인가요"라는 질문과 "좋아하는 음식은 무엇인가요? 어떤 재료로 만들었나요? 조리시간은 얼마나 걸리나요?"의 질문을 했을 때, 후자의 대답에서 좀더 정확한 답을 구할 수 있답니다. 따라서 측정항목을 추가할수록 응답의 신뢰도가 높아지고 오차가 줄어들게 됩니다!

Q 조사결과의 분석방법과 분석기법은 다른 건가요?

A 용어는 매우 비슷하지만, 표본의 크기를 결정하는 요인이냐 아니냐는 부분에서 차이가 있답니다. 조사결과의 분석방법은 조사 후 그 자료의 결과를 분석하는 과정에서 표본이 대표성을 갖도록 조사결과를 분석하는 방법이에요. 예를 들어 전국의 성인을 대상으로 정당별 선호도를 조사한 결과를 분석할 때, 남성과 여성의 성별에 따른 정당 선호도를 비교할 것인지, 연령별로 정당 선호도를 비교할 것인지 등 그 조사결과의 분석방법에 따라 표본의 크기가 달라지겠죠. 반면 분석기법은 조사결과 자체를 분석하는 방법으로, 조사결과 분석을 T-test로 할지 ANOVA로 할지, 회귀분석으로 할지 등을 정하는 것이 분석기법이랍니다!

사회조사분석사 Q & A

Q 단측검정인 양측검정인지 구분하는 기준은 무엇인가요?

A 단측검정은 대립가설이 '~은 ~보다 크다(작다)' 혹은 귀무가설이 '~이 ~이다'라고 표현돼요. 즉, 단측검정은 대립가설이 부등호로 표시되는 것이죠. 반면, 양측검정의 경우에는 대립가설이 부등호가 아닌 '≠'로 표현이 됩니다. 따라서 양측검정에서의 대립가설은 '~은 (상수)가 아니다'로 표시됩니다. 따라서 양측검정, 단측검정을 구분하실 때는 대립가설(H_1)을 기준으로 판단하시면 된답니다!

Q 변이계수는 숫자로만 나타내나요?

A 변이계수는 백분율로 나타내기도 합니다. 실제로 시험장에서 출제된 문제 중 변이계수가 백분율로 변환된 보기가 정답인 경우가 있었답니다. 참고로 동일한 수치의 변이계수가 보기에 동시에 숫자와 백분율로 제시된 경우는 단 한 번도 없었다는 점도 참고해주세요!

Q 가설검정에서 실험 전후 차이 $\overline{D}$를 구할 때 (실험 이전-실험 이후) 순서로 답을 구해도 괜찮을까요?

A 실험 전후 차이 $\overline{D}$값을 구할 때, (실험 이전–실험 이후)와 (실험 이후–실험 이전) 값은 부호의 차이만 있어요. 원칙은 (실험 이후–실험 이전) 분석이지만, (실험 이전–실험 이후)로 분석하더라도 검정통계량의 부호만 변경되기에 상황에 맞춰서 +/- 값으로 변경할 수 있답니다. 게다가 실제 시험에서도 +/- 부호만 다르게 보기를 제시하는 경우는 없으니 참고하시면 좋겠습니다!

Q 연속된 구간 $[a, b]$에서 확률변수 X의 평균은 어떻게 계산하죠?

A 해당 문제를 풀기 위해서는 미적분 기본 개념이 필요해요. 다행히 지난 10년간 빈출된 사회통계 문제들은 아주아주 기초적인 미적분 개념만을 요구하고 있어요. 아래의 미적분 기본 계산 공식을 이해하고 연습하신다면 사회조사분석사 시험에서 출제되는 문제를 충분히 맞힐 수 있답니다!

> n차항의 미분 공식

- $\dfrac{d}{dx} \dfrac{1}{n+1} x^{n-1} = x^n$

- $x^4 \xrightarrow[\text{지수와 같은 수를 항 앞에 곱한다}]{\text{Step1}} 4x^4 \xrightarrow[\text{지수에서 1을 뺀다}]{\text{Step2}} 4x^3$

n차항의 적분 공식

- $\int x^n dx = \dfrac{1}{n+1} x^{n+1} + C$

- $x^2 \xrightarrow[\text{지수에 1을 더한다}]{\text{Step1}} x^3 \xrightarrow[\text{지수와 같은 수를 항 앞에 나눈다}]{\text{Step2}} \dfrac{1}{3} x^3 + C$

$+ C$: 적분상수

적분 공식에서 C는 적분상수를 의미하며, 사회조사분석사 시험 문제에서는 계산하면서 사라지므로 크게 신경쓰지 않으셔도 된답니다!

Q 확률밀도함수 문제를 풀기 위해 미분 · 적분 개념과 계산법도 따로 공부해야 할까요?

A 최근 사회통계 문제에서 미적분 개념을 이용해 확률밀도함수의 성질을 물어보거나 계산하는 문제들이 종종 출제되고 있어요. 실제로 2021년 사회조사분석사 2급 제3회 필기시험에서는 미적분을 계산하는 신유형이 2문제나 출제되어 많은 비전공자 수험생들을 당황하게 만들었어요. 하지만! 사회조사분석사 2급 필기시험은 평균 60점만 넘기면 합격하는 시험입니다. 단 2문제를 더 풀기 위해 고등수학 책을 다시 학습하는 것보다는, 최근 2년 연속 95%의 적중률을 자랑하는 저희 SD에듀의 사회조사분석사 2급 필기 한권으로 끝내기 도서를 복습하시는 것이 더 효율적이고 확실한 합격 공부법이라고 자신 있게 말씀드립니다!

Q 표준화 공식을 적용해서 문제를 풀 때, 해설에서 $2P, 0.5, 2X$ 등으로 왜 다르게 표현되나요?

A 표준화 공식을 적용하면 0을 기준으로 그래프가 대칭인 정규분포 그래프가 된다는 것을 먼저 인지하셔야 다르게 표현되는 이유를 이해하실 수 있답니다. 0을 기준으로 그래프가 대칭이기에 그래프에서 $P(Z<0)$과 $P(Z>0)$의 면적이 각각 0.5라는 개념도 도출할 수 있어요. 분포표를 이용한 확률의 계산 방법을 참고하여 그래프를 그려보는 연습을 하시면 더 쉽게 이해가 될 것입니다!

Q 조합의 수 계산 전개 방법을 설명해주세요.

A 조합 공식은 $nCx = \dfrac{n!}{x!(n-x)!}$ 이에요.

$n! = n \times (n-1) \times (n-2) \times \cdots \times 1$을 숫자로 설명하면 $5! = 5 \times 4 \times 3 \times 2 \times 1$이랍니다.

예를 들어 7개 중에서 중복해서 3개를 선택하는 조합의 수 계산 전개 방식은 다음과 같아요.

$_7C_3 = \dfrac{7!}{3! \times 4!} = \dfrac{7 \times 6 \times 5 \times 4 \times 3 \times 2 \times 1}{(3 \times 2 \times 1) \times (4 \times 3 \times 2 \times 1)} = \dfrac{7 \times 6 \times 5}{3 \times 2 \times 1} = 35$

$\therefore \; _7C_3 = 35$

조합의 수를 계산하는 공식은 생각보다 자주 출제되기에 공식을 이해하고 암기하시면 시험 문제를 풀 때 도움이 많이 될 것입니다!

이 책의 **구성과 특징**

빨리보는 간단한 키워드

최근 6개년 기출문제를 철저히 분석하여 핵심 키워드만 정리했습니다. 기출문제 풀이 전 빠르게 핵심만 다시 짚어 볼 수 있습니다.

핵심 내용 수록

꼭 암기해야 하는 필수 핵심 내용을 꼼꼼히 수록했습니다.

빨리보는 간단한 키워드

제1과목	조사방법과 설계

과학적 방법의 특징

- 재생가능성
  동일한 조건하에서 동일한 결과가 재현되어야 한다.
- 경험성
  연구대상이 궁극적으로는 인간의 감각에 의해 지각될 수 있는 것이어야 한다는 뜻이다.
- 인과성
  모든 현상은 자연발생하는 것이 아니고 어떤 원인에 의해 나타난 결과이며 논리적으로 설명할 수 있어야 한다.
- 객관성
  표준화된 도구와 절차 등을 통해 누구나 납득할 수 있는 결과를 나타내야 한다.
- 상호주관성
  비록 연구자들이 주관을 달리할지라도 같은 방법을 사용했을 때는 같은 해석 또는 설명에 도달할 수 있어야 한다는 것이다.
- 체계성
  과학적 연구는 내용의 전개과정이나 조사과정이 일정한 틀, 순서, 원칙에 입각하여 진행되어야 한다.
- 변화가능성(수정가능성)
  기존의 신념이나 연구결과는 언제든지 비판되고 수정될 수 있다.
- 간결성

이항분포 $B(n, p)$

- 어떤 시행에서 사건 A가 일어날 확률을 p, 사건 A가 일어나지 않을 확률을 $q(q=1-p)$라 하고 이 시행을 독립적으로 n회 되풀이할 때, 그 중에서 x회만 A가 일어날 확률은 $_nC_x p^x q^{n-x}(x=0, 1, 2, \cdots, n)$이다.
- $_nC_x p^x q^{n-x}$로 되는 확률분포를 이항분포라 하고 $B(n, p)$로 나타낸다. 이항분포의 확률밀도함수는 다음과 같다.

$$f(x) = {}_nC_x p^x q^{n-x}$$

$x = 0, 1, \cdots, n$
$q = 1 - p$

- 이항분포의 시행횟수가 많아지면 이항분포는 정규분포와 모양이 유사해진다. 즉, 시행횟수가 n이고 성공확률을 p인 이항분포는 $np \geq 5$ 또는 $n(1-p) \geq 5$일 경우 평균이 np이고 분산이 $np(1-p)$인 정규분포와 비슷한 모양이 된다.
- 기댓값 $E(X) = np$
- 분산 $Var(X) = npq = np(1-p)$

포아송분포

- 일반적으로 단위시간, 단위면적 또는 단위공간 내에서 발생하는 어떤 사건의 횟수를 확률변수 X라 하면, 확률변수 X는 λ를 모수로 갖는 포아송분포를 따른다고 한다. 포아송분포의 확률밀도함수는 다음과 같다.

$$f(x) = \frac{e^{-\lambda} \lambda^x}{x!}$$

$x = 0, 1, 2, \cdots$
$e = 2.71818 \cdots = \lim_{n \to \infty}\left(1 + \frac{1}{n}\right)^n$

※ λ : 단위시간, 단위면적 또는 단위공간 내에서 발생하는 사건의 평균값

- 포아송분포에서 분산은 λ와 같다.

정규분포

- 확률변수 X가 평균 μ, 표준편차 σ를 갖는 정규분포를 따를 때 다음과 같이 표현한다.

$$X \sim N(\mu, \sigma^2)$$

- 평균(μ)과 표준편차(σ)에 의해 그 위치와 모양이 결정된다. 정규분포의 평균은 분포의 위치를 나타내며, 표준편차는 분포의 모양을 나타낸다.
- 분산이 클수록 정규분포곡선이 양옆으로 퍼지는 모양이며 꼬리 부분이 두꺼워진다.
- 정규분포의 확률밀도함수는 평균을 중심으로 대칭적 종모양의 형태를 가진다.

통계분석 공식

복잡한 통계분석 공식을 한눈에 볼 수 있도록 정리했습니다. 준비기간이 짧다면 빨간키로 빠르게 공식만 암기하세요.

2 0 2 3

기출복원문제해설

제1과목 조사방법과 설계

01 ●

연구가설(Research Hypothesis)에 대한 설명으로 틀린 것은?

① 모든 연구에는 명백히 연구가설을 설정해야 한다.
② 연구가설은 일반적으로 독립변수와 종속변수로 구성된다.
③ 연구가설은 예상된 해답으로 경험적으로 검증되지 않은 이론이라 할 수 있다.
④ 가치중립적이어야 한다.

해설

연구가설은 연구문제에 대한 잠정적 대답으로, 검증 가능하도록 진술한 가설로서 흔히 '실험적 가설' 혹은 '과학적 가설'이라고도 한다. 귀납적 연구는 가설설정 없이 관찰과 자료의 수집을 통해 개별적인 사실들로부터 일반적인 원리를 이끌어낸다. 따라서 모든 연구가 연구가설을 설정해야 하는 것은 아니다.

02

연구의 목적과 사례의 연결이 잘못된 것은?

① 기술(Description) - 유권자들의 대선후보 지지율 조사
② 설명(Explanation) - 시민들이 왜 담배값 인상에 반대하는지 파악하고자 하는 연구
③ 평가(Evaluation) - 현재의 공공의료정책이 1인당 국민 의료비를 증가시켰는지에 대한 연구
④ 탐색(Exploration) - 단일사례설계를 통하여 운동이 체중 감소에 미치는 효과를 검증하는 연구

해설 ●

④ 조사연구 목적 중 탐색은 보통 연구문제에 대한 사전지식이 부족하거나 개념을 보다 분명히 하는 것이다.
① 조사연구 목적 중 기술은 어떤 현상에 대한 탐구와 명백화, 즉 현상을 정확히 하는 것이다. 특히 발생빈도나 비율 등을 파악하는 것이다.
② 조사연구 목적 중 설명은 어떤 사실과의 관계를 파악하여 인과관계를 규명하거나 미래를 예측하는 것이며, '왜(Why)'에 대한 대답을 제공한다.

사회조사분석사 **시험안내**

사회조사분석사란?

정부, 정당, 사회단체, 언론사, 기업체, 각종 여론조사기관 등 다양한 분야에서 사회의
모든 구성원 또는 고객을 대상으로 시장조사, 여론조사 등의 계획 수립 및 조사를 담당하며,
이를 바탕으로 얻은 결과를 검토 · 분석하여 통계보고서를 작성하는 전문가

시행처: 한국산업인력공단(www.q-net.or.kr)

응시자격(2급): 제한 없음

자격별 학점인정(2급): 18점

공무원(통계직)시험 시 가산점 부여

구 분	6 · 7급	8 · 9급
사회조사분석사 2급	3%	5%

검정기준(2급)

- 질문지(조사표)를 체계적으로 작성할 수 있는 능력의 유무
- 조사방법에 관한 기본지식의 유무
- 회수된 조사표를 검토 · 분석하기 위한 자료 준비(편집 · 부호화 · 자료선정 등)를 수행할 수 있는 능력의 유무
- 통계프로그램을 활용하여 조사결과를 분석할 수 있는 능력의 유무
- 분석결과를 토대로 조사보고서를 작성할 수 있는 능력의 유무

시험출제방법

구 분	시험출제방법	문항수	시험시간
1차 – 필기시험	객관식 4지 택일형	100문항	2시간 30분
2차 – 실기시험	2급 – 복합형(필답형 + 작업형)	–	• 필답형 : 2시간 • 작업형 : 2시간 정도

시험과목

구 분	시험과목	주요항목	
1차 필기	조사방법과 설계 (30문항)	• 통계조사계획 • FGI 정성조사	• 표본설계 및 설문설계 • 심층인터뷰 정성조사
	조사관리와 자료처리 (30문항)	• 자료수집방법 및 실사관리 • 측정의 타당성과 신뢰성	• 2차 자료 분석 • 자료처리
	통계분석과 활용 (40문항)	• 확률분포 • 회귀분석	• 기술통계분석
2차 실기	사회조사분석 실무	• 설문지 작성	• 통계분석

시험일정(2023년 기준)

회 별	필기 원서접수	필기시험	필기 합격자 발표	실기시험접수	실기시험	최종 합격자 발표
제1회	1.10 ~ 1.19	2.13 ~ 3.15	3.21	3.28 ~ 3.31	4.22 ~ 6.25	6.27
제2회	4.17 ~ 4.20	5.13 ~ 6.4	6.14	6.27 ~ 6.30	7.22 ~ 8.6	9.1
제3회	6.19 ~ 6.22	7.8 ~ 7.23	8.2	9.4 ~ 9.7	10.7 ~ 10.20	11.15

검정현황

연 도	필 기			실 기		
	응 시	합 격	합격률(%)	응 시	합 격	합격률(%)
2022	10,999	6,912	62.8%	7,867	4,911	62.4%
2021	14,315	9,472	66.2%	9,334	6,222	66.7%
2020	10,589	7,948	75.1%	8,595	6,072	70.6%
2019	9,635	6,887	71.5%	6,921	4,029	58.2%
2018	8,629	5,889	68.2%	5,907	3,234	54.7%
2017	7,752	5,348	69%	5,335	3,731	69.9%
2016	7,254	4,731	65.2%	4,673	3,204	68.6%
2015	7,432	5,057	68%	5,288	3,231	61.1%
2014	6,982	4,745	68%	5,041	3,745	74.3%
2013	6,263	3,596	57.4%	4,501	1,574	35%
2012	4,921	3,392	68.9%	3,960	2,094	52.9%

들려오는 합격소식, 쏟아지는 합격소식

zet***님

사조사 필기 합격한 친구가 SD에듀 책이 좋다고 해서 믿고 구매했습니다. 책에 기본 개념도 잘 나와 있고, 기출도 많아서 매우 만족스러웠습니다. 특히 〈최종정리 책 속의 책〉으로 단권화를 할 수 있어서 좋았습니다. 웬만한 중요 개념들이 다 정리되어 있고 거기에다 기출을 풀면서 추가할 내용을 적으며 공부하시면 도움이 될 것 같습니다.

hero***님

1차 시험에 합격한 노영웅입니다. 통계지식이 전무해서 걱정을 많이 했는데 이론과 적중예상문제를 차근차근 공부하면서 실력을 쌓았습니다. 고득점을 위한 심화 체크와 기출문제를 통해 이론을 바로 복습하는 구성이 참 마음에 들었습니다. 이 책에서 풀어보았던 유형의 문제들이 시험에서 많이 나와서 좋은 점수로 합격할 수 있었습니다. 적중률이 높아서 저처럼 통계를 잘 못하는 사람도 충분히 합격할 수 있다는 것을 보여준 문제집입니다.

navi***님

시험 2주 전에야 발등에 불 떨어져서 말 그대로 벼락치기를 했습니다. SD에듀 문제집을 선택한 이유가 기출문제가 다른 출판사에 비해 많다는 점이었는데 많은 문제를 풀어본 것이 학습에 도움이 되었어요. 반복적으로 나오는 유형들 파악하기도 쉬웠구요. 먼저 한번 훑어보고 중요하다고 생각되는 부분만 정리하고 외웠습니다. 문제를 풀어보고선 반복적으로 틀리는 유형은 한 번 더 요약, 정리했어요. 너무 짧은 시간 공부해서 당연히 떨어졌을 줄 알았는데 오늘 확인해보니 합격!! 했다고 하네요!

cheese***님

수학이랑 담쌓고 지내던 저는 사회통계 부분이 많이 걱정되었는데 서점에서 이 책을 보고 바로 구매했습니다. 우선 키워드만 모아 놓은 빨간키를 위주로 학습을 우선 시작했고 기출문제를 풀면서 출제경향을 익히니 어느 정도 점수가 나오기 시작하더라구요. 해설을 보면서 빨간키에 코멘트를 덧붙여 저만의 요약노트를 만들어 사용했습니다. 덕분에 필기시험에 거뜬히 합격했어요. 실기 도서도 믿고 구매하려고 합니다.

사회조사분석사 **머리말**

사회조사분석사는 2000년 국가자격시험(통계청 주관) 제도로 시행된 이후 높지 않은 합격률 때문에 그 권위와 희소성에 있어서 매우 가치가 높은 자격증으로 자리매김해오고 있습니다. 공무원시험에서의 높은 가산점, 학점인정 등이 그 증거가 될 수 있습니다.

이처럼 사회조사분석사가 각광받고 있는 것은 '통계의 힘'에 대한 인식의 확산 때문일 것입니다. 사회조사분석사는 일반 기업체를 비롯해 정당이나 지방자치단체 등 크고 작은 각종 단체에서 시장조사 및 여론조사 등에 대한 계획을 수립하고 조사를 수행하며, 그 결과를 분석해 보고서를 작성하는 전문가입니다. 따라서 우리 사회가 더욱 다원화 · 민주화 · 정보화 · 신속화되어 여론(시장)의 흐름이 급변할수록 사회조사분석사에 대한 수요가 증가하게 되는 것은 당연한 일입니다.

이러한 사회조사분석사 자격증을 공부하는 방법 중 가장 중요한 것은 바로 그동안 출제되었던 기출문제를 기본으로 학습하며 출제유형을 익히는 방법입니다. 따라서 본서에 수록된 2018년부터 2023년 기출문제를 꼼꼼히 학습하셔서 좋은 학습결과를 이루시길 바라는 염원으로 **SD에듀**는 다음과 같은 점에 주안을 두어 본서를 출간하게 되었습니다.

본서의 특징

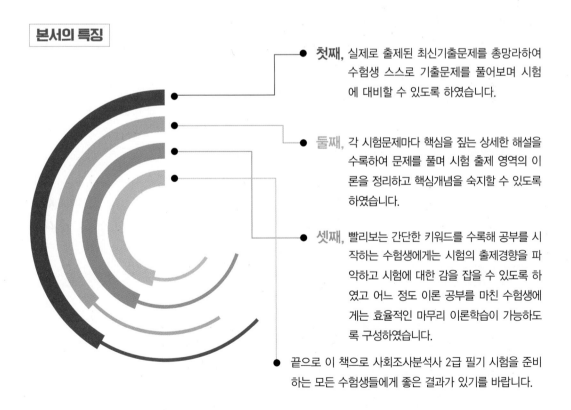

첫째, 실제로 출제된 최신기출문제를 총망라하여 수험생 스스로 기출문제를 풀어보며 시험에 대비할 수 있도록 하였습니다.

둘째, 각 시험문제마다 핵심을 짚는 상세한 해설을 수록하여 문제를 풀며 시험 출제 영역의 이론을 정리하고 핵심개념을 숙지할 수 있도록 하였습니다.

셋째, 빨리보는 간단한 키워드를 수록해 공부를 시작하는 수험생에게는 시험의 출제경향을 파악하고 시험에 대한 감을 잡을 수 있도록 하였고 어느 정도 이론 공부를 마친 수험생에게는 효율적인 마무리 이론학습이 가능하도록 구성하였습니다.

끝으로 이 책으로 사회조사분석사 2급 필기 시험을 준비하는 모든 수험생들에게 좋은 결과가 있기를 바랍니다.

이 책의 목차

책 속의 책

빨리보는
간단한 키워드

빨리보는 간단한 키워드

제1과목	조사방법과 설계

▌과학적 방법의 특징 ▌

- 재생가능성

  동일한 조건하에서 동일한 결과가 재현되어야 한다.
- 경험성

  연구대상이 궁극적으로는 인간의 감각에 의해 지각될 수 있는 것이어야 한다는 뜻이다.
- 인과성

  모든 현상은 자연발생하는 것이 아니고 어떤 원인에 의해 나타난 결과이며 논리적으로 설명할 수 있어야 한다.
- 객관성

  표준화된 도구와 절차 등을 통해 누구나 납득할 수 있는 결과를 나타내야 한다.
- 상호주관성

  비록 연구자들이 주관을 달리할지라도 같은 방법을 사용했을 때는 같은 해석 또는 설명에 도달할 수 있어야
  한다.
- 체계성

  과학적 연구는 내용의 전개과정이나 조사과정이 일정한 틀, 순서, 원칙에 입각하여 진행되어야 한다.
- 변화가능성(수정가능성)

  기존의 신념이나 연구결과는 언제든지 비판되고 수정될 수 있다.
- 간결성

  – 가급적 적은 수의 변수로 보다 많은 현상을 설명할 수 있어야 한다.

  – 논리적인 이론으로 정립하는 데 불필요한 내용은 제외하고, 간결하게 설명되어야 한다.
- 반증가능성

  검증하려는 가설이 실험이나 관찰에 의해서 반증될 가능성이 있다는 것을 의미한다.

▌연역법 ▌

- 이미 참으로 인정된 보편적 원리를 가지고 현상에 연역시켜 설명하는 방법이다.
- 법칙과 이론으로부터 어떤 현상에 대한 설명과 예측을 도출하는 방법으로 이해할 수 있다.
- 이론적 체계의 일부분에 대한 경험적 검증을 통해 다른 부분을 실제 연구 없이 논리적으로 검증함으로써 경제적
  · 효율적이다.
- 최초의 이론을 형성하는 것이 어렵다는 단점을 지닌다.
- '가설설정 → 조작화 → 관찰 · 경험 → 검증'의 과정을 거친다.

❚ 귀납법 ❚

- 확률에 근거한 설명으로 과학은 관찰과 경험으로부터 시작한다고 본다.
- 관찰과 자료의 수집을 통해 개별적인 사실들로부터 일반적인 원리를 이끌어내 보편성과 일반성을 가지는 하나의 결론을 내린다.
- 사회과학의 이론적 작업에서 어느 정도의 자료만을 가지고도 상당수준의 일반화나 법칙을 도출할 수 있으므로 경제적·효율적이다.
- 아무런 이론적 배경 없이 현상의 속성을 측정하기 위한 변수들을 의미 있게 선택하는 데 있어서 한계를 가진다.
- '주제선정 → 관찰 → 유형의 발견 → 임시결론(이론)'의 과정을 거친다.

❚ 과학적 연구의 과정 ❚

문제의 정립 → 가설의 구성(설정) → 연구의 설계 → 자료의 수집 → 자료의 분석·해석 및 이용 → 보고서 작성

❚ 분석단위의 분류 ❚

- 개 인
  사회과학조사의 가장 일반적인 분석단위로 개개인의 특성을 수집하여 집단과 사회와의 상호작용을 기술할 때 주로 이용된다.
- 집 단
  사회집단을 연구할 경우의 분석단위로서 가족, 학급, 학과 등이 해당한다.
- 조직·제도
  제도 자체의 특성 또는 이들 조직을 구성하는 개인이 분석단위가 되며, 기업, 학교 등이 해당한다.
- 사회적 가공물/생성물
  음악, 노래, 서적 등의 문화적 요소와 함께 결혼, 직업생활, 정치활동 등의 사회적 상호작용 등이 해당한다.
- 지역사회·지방정부·국가
  행정학 및 정책연구 등에서 지역사회, 지방정부, 국가 등도 분석단위가 된다.

❚ 분석단위에 관한 오류 ❚

- 생태학적 오류
  분석단위를 집단에 두고 얻은 연구의 결과를 개인에게 동일하게 적용함으로써 발생하는 오류이다.
- 개인주의적 오류
  분석단위를 개인에 두고 얻은 연구의 결과를 집단에 동일하게 적용함으로써 발생하는 오류이다.
- 환원주의적 오류
  넓은 범위의 인간의 사회적 행위를 이해하는 데 필요한 변수 또는 개념의 종류를 지나치게 한정시킴으로써 발생하는 오류이다.

▎질적 연구와 양적 연구 ▎

질적 연구	양적 연구
• 행위자의 준거의 틀에 입각하여 인간의 행태를 이해하려는 현상학적 입장을 취한다.	• 사회현상의 사실이나 원인들을 탐구하는 논리실증주의적 입장을 취한다.
• 자연주의적·비통제적 관찰을 이용한다.	• 강제된 측정과 통제된 측정을 이용한다.
• 주관적·해석적이다.	• 객관적이다.
• 탐색적·확장주의적·서술적·귀납적이다.	• 확증적·축소주의적·추론적·연역적이다.
• 발견지향적·과정지향적이다.	• 확인지향적·결과지향적이다.
• 타당성이 있는 실질적이고 풍부한 깊이 있는 자료의 특징을 가진다.	• 신뢰성 있는 경성의 반복 가능한 자료의 특징을 가진다.
• 일반화할 수 없다(단일사례연구).	• 일반화할 수 있다(복수사례연구).
• 총체론적이다.	• 특정적이다.
• 동태적 현상을 가정한다.	• 안정적 현상을 가정한다.
• 소규모 분석에 유리하다.	• 대규모 분석에 유리하다.

▎횡단적 연구 ▎

특정 시점에서 집단 간의 차이를 연구하는 방법으로 특정 시점에서 다른 특성을 가지고 있는 집단들 사이의 차이를 측정하는 기술적 조사방법이다. 대부분의 사회과학의 조사연구가 여기에 해당한다.

▎종단적 연구 ▎

• 하나의 연구대상을 일정 기간 동안 관찰하여 그 대상의 변화를 파악하는 데 초점을 둔 기술적 조사방법이다.
• 추세조사 : 동일한 전체 모집단 내의 변화를 여러 시기에 걸쳐 표본을 추출하여 계속적으로 연구하는 것이다.
• 코호트조사(동년배연구) : 일정 기간 동안 어떤 한정된 부분 모집단의 변화를 연구하는 것으로서, 특정 경험을 같이 하는 사람들이 가지는 특성들에 대해 두 번 이상의 다른 시기에 걸쳐서 비교·연구하는 방법이다.
• 패널조사 : 특정 응답자 집단을 정해 놓고 그들로부터 상당히 긴 시간 동안 지속적으로 연구자가 필요로 하는 정보를 획득하는 방법이다.

▎탐색적 연구 ▎

• 조사설계를 확정하기 이전 연구문제의 발견, 변수규명, 가설도출 등을 위해 예비적으로 실시하는 것이다.
• 문헌연구, 경험자연구, 사례연구 등이 해당된다.

█ 기술적 연구 █

어떤 현상에 대한 탐구와 명백화, 즉 현상을 정확하게 기술하는 것을 주목적으로 한다.

█ 설명적 연구 █

어떤 사실과의 관계를 파악하여 인과관계를 규명하거나 미래를 예측하는 조사이다.

█ 인과관계의 확인 █

- 시간적 선후관계
  원인이 되는 사건이나 현상이 시간적으로 결과보다 먼저 발생해야 한다.
- 동시변화성(공변성)의 원칙
  원인이 되는 현상이 변화하면, 결과적인 현상도 항상 같이 변화해야 한다.
- 비허위적 관계
  외부의 영향력을 배제한 상태에서 순수하게 두 변수만의 관계를 볼 수 있어야 한다.

█ 내적 타당도 █

- 각 변수 사이의 인과관계를 추론하여 그것이 실험에 의한 진정한 변화인 것인지를 판단하는 인과조건의 충족 정도를 말한다.
- 타당도를 저해하는 요인
  - 외부사건(역사요인, 우연한 사건) : 연구기간 동안 천재지변이나 예상치 않았던 사건과 같이 특정 사건이 일어나는 경우, 환경이 바뀌고 이에 따라 연구결과가 다르게 나타날 수 있다.
  - 성숙(성장) 또는 시간의 경과 : 시간의 흐름에 따라 연구대상이나 현상에 변화가 발생함으로 인해 결과에 영향을 미친다.
  - 통계적 회귀 : 최초의 측정에서 양극단적인 측정값을 보인 결과가 이후 재측정을 하는 과정에서 평균값으로 회귀한다.
  - 검사요인(주시험효과, 테스트효과) : 측정이 반복되면서 얻어지는 학습효과로 인해 실험대상자의 반응에 영향을 미친다.
  - 선별요인(선택요인) : 연구자가 실험집단과 통제집단을 선발할 때 편견을 가짐으로써 발생한다.
  - 도구요인 : 측정자의 측정도구가 달라짐으로 인해 결과에 영향을 미친다.
  - 상실요인(실험대상의 탈락) : 조사 기간 중 특정 실험대상인이 탈락함으로 인해 결과에 영향을 미친다.
  - 모방 : 실험집단과 통제집단을 적절히 통제하지 않음으로 인해 두 집단 간에 발생하는 모방심리가 결과에 영향을 미친다.

▍외적 타당도 ▍

- 연구의 결과에 의해 기술된 인과관계가 연구대상 이외의 경우로 확대·일반화될 수 있는 정도를 말한다.
- 타당도를 저해하는 요인
  - 연구표본의 대표성 : 연구대상, 연구환경, 연구절차 등의 대표성 정도와 연관된 것으로서, 연구의 제반 조건들이 모집단의 일반적인 상황과 유사해야 실험 결과를 일반화할 수 있다.
  - 실험조사에 대한 반응성(호손 효과) : 실험대상자 스스로 실험의 대상이 되고 있음을 인식할 때 나타나는 의식적 반응이 연구의 결과에 영향을 미친다.
  - 플라시보 효과(위약효과) : 약효가 전혀 없는 거짓 약을 진짜 약으로 가장하여 환자에게 복용하도록 했을 때, 환자의 병세가 호전되는 효과를 말한다.
  - 검사의 상호작용 효과, 표본의 편중

▍실험설계의 3요소 ▍

실험집단, 통제집단, 자극

▍실험설계의 구성요소 ▍

- 외생변수의 통제
  독립변수와 종속변수 이외의 종속변수에 영향을 미칠 수 있는 변수의 영향을 제거한다.
- 무작위할당
  내적 타당도를 확보하기 위해 기본적으로 실험집단과 통제집단의 동질성이 요구된다. 따라서 가설을 타당하게 검증하기 위해 무작위할당을 통해 실험의 타당도를 저해하는 요인을 예방 또는 제거한다.
- 독립변수의 조작
  인과성과 시간적 선행성을 입증하기 위해 독립변수의 조작이 필요하다.

▍순수실험설계(진실험설계) ▍

- 실험집단과 통제집단에 대한 무작위할당, 독립변수의 조작, 외생변수의 통제 등 실험적 조건을 갖춘 설계유형이다.
- 내적 타당도를 저해하는 요인들을 최대한 통제한 설계유형이다.
- 종류
  - 통제집단 사전사후검사설계(통제집단 전후비교설계) : 무작위할당으로 실험집단과 통제집단을 구분한 후 실험집단에 대해서는 독립변수 조작을 가하고, 통제집단에 대해서는 아무런 조작을 가하지 않은 채 두 집단 간의 차이를 전후로 비교하는 방법이다. 개입 전 종속변수의 측정을 위해 사전검사를 실시한다.
  - 통제집단 사후검사설계(통제집단 후비교설계) : 실험대상자를 무작위로 할당한 후 사전검사 없이 실험집단에 대해서는 조작을 가하고 통제집단에 대해서는 아무런 조작을 가하지 않은 채 그 결과를 서로 비교하는 방법이다.
  - 솔로몬 4집단설계 : 연구대상을 4개의 집단으로 무작위할당한 것으로, 통제집단 전후비교설계와 통제집단 후비교설계를 혼합해 놓은 방법이다.

▌유사실험설계(준실험설계) ▌

- 실험설계의 기본요소에 해당하는 무작위할당, 독립변수의 조작, 통제집단, 사전·사후검사 중 한두 가지가 결여된 설계유형이다.
- 순수실험설계에 비해 내적 타당도가 낮지만, 현실적으로 실험설계에 있어서 인위적인 통제가 어렵다는 점을 감안할 때 실제 연구에서 더 많이 적용된다.
- 종류
  - 비동일 통제집단(비교집단)설계 : 통제집단 전후비교설계와 유사하지만 무작위할당에 의해 실험집단과 통제집단이 선택되지 않는다는 점이 다르다.
  - 복수시계열설계 : 비슷한 특성을 지닌 두 집단을 선택하여 실험집단에 대해서는 실험조치 이전과 이후에 대해 여러 번 관찰하는 반면 통제집단에 대해서는 실험조치를 하지 않은 채 실험집단의 측정시기에 따라 변화 상태를 지속적으로 비교한다.

▌전실험설계(원시실험설계) ▌

- 무작위할당에 의해 연구대상을 나누지 않고, 비교집단 간의 동질성이 없으며, 독립변수의 조작에 따른 변화의 관찰이 제한된 경우에 실시하는 설계유형이다.
- 종류
  - 1회 사례연구(단일사례연구) : 단일사례 또는 단일집단에 실험집단과 통제집단을 구분하지 않고 실험조치를 한 후 종속변수의 특성에 대한 검토를 토대로 결과를 평가하는 방법으로 개입의 효과를 관찰하는 것이 주요 목적이다.
  - 단일집단 사전사후검사설계(단일집단 전후비교설계) : 실험집단에 대해 사전검사를 한 다음 독립변수를 도입하며, 이후 사후검사를 하여 인과관계를 추정하는 방법이다.
  - 정태적 집단 비교설계(고정집단 비교설계) : 실험집단과 통제집단을 임의적으로 선정한 후 실험집단에는 실험조치를 가하는 반면 통제집단에는 이를 가하지 않은 상태로 그 결과를 비교하는 방법이다.

▌가설의 의의 ▌

- 두 개 이상의 구성개념 또는 변수 간의 관계를 검정 가능한 형태로 서술한 문장으로써 과학적 조사에 의하여 검정이 가능한 사실이다.
- 하나의 사실과 다른 사실과의 관계를 잠정적으로 나타내는 것으로 이를 검증함으로써 특정 현상에 대한 설명을 가능케 해주어 연구자가 제기한 문제의 해답을 내린다.
- 일반적으로 독립변수와 종속변수의 관계 형태로 표명된다.
- 잠정적인 설명으로, 연구자에 의해 하나의 가설이 제시될 당시만 해도 그 가설의 진위에 대해 확신할 수 없는 것이 보통이다.

▮ 가설설정 시 기본조건, 평가기준 ▮

- 연구문제를 해결할 수 있어야 한다.
- 실증적인 확인을 위해 구체적이며, 현상과 관련성을 가져야 한다.
- 변수로 구성되어 그들 간의 관계와 상태를 조건문 형태의 복문으로 나타내야 한다.
- 특정적이어야 한다
- 경험적·이론적으로 검증하는 실증조사를 통해 옳고 그름을 판단할 수 있어야 한다.
- 누구나 쉽게 이용할 수 있도록 간단명료하게 표현되어야 한다.
- 동의어가 반복적이지 않아야 한다.
- 계량적인 형태를 취하거나 계량화할 수 있어 통계적 분석이 가능해야 한다.
- 이론적으로 명백하게 입증이 가능해야 한다.
- 동일 분야의 다른 이론(가설)과 연관이 있으며 검증 결과를 광범위하게 이용할 수 있어야 한다.
- 연구자의 가치, 편견, 그리고 주관적 견해 등이 가설에서 배제되어야 한다.

▮ 연구가설, 귀무가설, 대립가설 ▮

- 연구가설
  연구문제에 대한 잠정적 대답으로 일반적으로 독립변수와 종속변수로 구성된다.
- 귀무가설(영가설)
  연구가설과 논리적으로 반대의 입장을 취하는 가설이다.
- 대립가설
  영가설에 대립되는 가설로서, 영가설이 거짓일 때 채택하기 위해 설정하는 가설이다. 연구자가 주장하고자 하는 가설로서, 종종 연구가설과 동일시된다.

▮ 표본추출의 의의와 특징 ▮

- 표본을 추출할 때는 모집단을 분명하게 정의하는 것이 중요하며, 모집단과 변수의 특성이 유사한 분포를 갖도록 추출되어야 한다.
- 핵심쟁점은 표본의 특성이 전체 대상의 특성을 대표할 수 있는지의 여부, 즉 표본의 대표성이다.
- 일부 표본을 대상으로 자료를 수집하는 경우에도, 수집된 자료의 처리결과는 모집단을 대상으로 일반화할 수 있어야 한다.
- 일반적으로 표본이 모집단을 잘 대표하기 위해서는 가능한 한 확률표본추출을 하는 것이 바람직하다.
- 표본추출과정에서 표본추출오차는 무조건 발생한다.
- 모집단 전체를 연구할 경우 예상되는 막대한 시간과 비용의 소모를 절감할 수 있다.

표본추출의 주요개념

- 요소(Element)

  정보수집의 기본이 되며, 분석의 기본이 되는 단위(Unit)를 말한다.
- 모집단(Population)

  조사대상이 되는 집단을 의미한다. 모든 요소의 총체로서 조사자가 표본을 통해 발견한 사실들을 토대로 하여 일반화하는 궁극적인 대상이다.
- 표본추출단위(Sampling Unit)

  표본추출의 각 단계에 있어서 표본으로 선정되는 요소 또는 요소의 집합을 말한다.
- 표집틀(표본프레임, Sampling Frame)

  표본추출 시 필요한 모집단의 구성요소와 표본추출 단계별로 표본추출단위가 수록된 목록을 말하며 표집틀과 모집단이 일치할 때 가장 이상적이다. 모집단과 표본추출 프레임이 일치하지 않아 발생하는 오차를 표집틀 오차라고 한다.
- 표집간격(Sampling Interval)

  모집단으로부터 표본을 추출할 때 추출되는 표본 사이의 간격을 의미한다. 모집단의 전체 항목 수를 표본의 크기로 나누어 구할 수 있다.
- 표집률(Sampling Ratio)

  모집단에서 개별 요소가 선택될 비율로 표본의 크기를 모집단의 크기로 나누어서 구한다.
- 표본오차(표집오차, Sampling Error)

  표집에 의한 모수치의 측정값이 모수치와 다른 정도를 의미한다.
- 통계량(통계치, Statistics)

  표본에서 얻은 변수의 값을 요약하고 묘사한 것이다.
- 모수치(모수, 모치수, Parameter)

  모집단의 어떤 특성을 지칭하는 개념을 변수로 환원하여 측정한다고 할 때, 그 변수의 값을 모집단의 구성요소들에서 추출하여 요약·묘사한 값을 말한다.
- 편의(Bias)

  본래 실제의 상태와 다르게 나타나는 평균적 차이를 의미한다.
- 표본분포(Sampling Distribution)

  동일한 크기의 표본을 반복해서 추출했을 때 각 표본의 통계량의 확률분포이다.

표본추출과정

모집단의 확정 → 표집틀의 선정/결정 → 표본추출방법 결정 → 표본크기 결정 → 표본추출 실행

확률표본추출과 비확률표본추출의 예

- 확률표본추출 : 단순무작위표본추출, 계통적(체계적) 표본추출, 층화표본추출, 집락(군집)표본추출, 연속표본추출 등
- 비확률표본추출 : 할당표본추출, 유의(판단)표본추출, 임의(편의)표본추출, 배합표본추출, 누적표본추출 등

확률표본추출방법과 비확률표본추출방법의 비교

확률표본추출방법	비확률표본추출방법
연구대상이 표본으로 추출될 확률이 알려져 있음	연구대상이 표본으로 추출될 확률이 알려져 있지 않음
표집틀 존재	표집틀 부족
무작위적 표본추출, 대표성 있음	인위적 표본추출, 대표성 확보 어려움
모수추정에 편의(Bias) 없음	모수추정에 편의(Bias) 있음
표본분석 결과의 일반화 가능성	표본분석 결과의 일반화 제약
표본오차의 추정 가능	표본오차의 추정 불가능
시간과 비용이 많이 듦	시간과 비용이 적게 듦

단순무작위표본추출

- 가장 기본적인 확률표본추출방법으로서, 모집단을 구성하는 각 요인 또는 구성원에 대해 동등한 선택의 기회를 부여하는 과정으로 이루어진다.
- 의식적인 조작이 전혀 없이 표본을 추출함으로써 어떤 요소의 추출이 계속되는 다른 요소의 추출 기회에 아무런 영향을 미치지 않는다.
- 모집단에 대한 정확한 정의와 완전한 목록의 구비를 전제조건으로 한다.
- 무작위로 규정된 표본의 수만큼 표본추출단위를 선정한다.
- 모집단에 대한 사전지식을 필요로 하지 않는다.
- 확률표본추출방법 중 가장 적용하기 용이하며, 다른 확률표본추출방법과 결합하여 사용할 수도 있다.
- 동일한 크기의 표본일 경우, 층화표본추출보다 표본오차가 크다.
- 표집틀의 작성이 어렵다.

계통적 표본추출(체계적 표본추출)

- 모집단 목록에서 구성요소에 대해 일정한 순서에 따라 매 K번째 요소를 추출하는 방법이다.
- 모집단의 총수에 대해 요구되는 표본수를 나눔으로써 표집간격(Sampling Interval ; K)을 구하고, 첫 번째 요소를 무작위로 선정하여 최초의 표본으로 삼은 후 일정한 표집간격에 의해 표본을 추출한다.
- 목록표상의 각 요소의 배열은 일정한 체계 없이 무작위로 이루어져야 한다.
- 보통 모집단 전체에 걸쳐 보다 공평하게 표본이 추출되므로, 모집단을 보다 잘 대표할 가능성이 있다.
- 모집단의 배열이 일정한 주기성과 특정 경향성을 보일 경우 편견이 개입되어 대표성의 문제가 발생한다.

층화표본추출

- 모집단을 보다 동질적인 몇 개의 층(Strata)으로 나눈 후, 이러한 각 층으로부터 단순무작위표본추출을 하는 방법이다.
- 집단 내 동질적, 집단 간 이질적인 특성을 보인다.
- 전체 모집단에서 표본을 선정하기보다 이미 알고 있는 지식을 이용하여 모집단을 동질적인 부분집합으로 나누고 이들 각각으로부터 적정한 수의 요소를 무작위 선정하게 된다.
- 모집단을 형성하고 있는 모든 구성분자를 골고루 포함시킬 수 있다.
- 층화가 잘 이루어지면 단순무작위표본추출보다 적은 표본으로 대표성을 확보할 수 있다.
- 층화가 잘 이루어지면 단순무작위표본추출 또는 계통적 표본추출보다 불필요한 자료의 분산을 축소하므로 시간, 노력, 경비를 절약할 수 있다.
- 모집단의 각 층별에 대한 정확한 정보를 필요로 한다.
- 층화 시 근거가 되는 명부가 필요하다. 층화목록이 없는 경우 그것을 만들어내는 데 많은 시간과 비용이 요구된다.
- 층화표본추출의 종류에는 비례층화표본추출, 비비례층화표본추출(가중표본추출), 최적분할 비비례층화표본추출방법이 있다.

집락표본추출(군집표본추출)

- 모집단 목록에서 구성요소에 대해 여러 가지 이질적인 구성요소를 포함하는 여러 개의 집락 또는 집단으로 구분한 후 집락을 표집단위로 하여 무작위로 몇 개의 집락을 표본으로 추출한 다음 표본으로 추출된 집락에 대해 그 구성요소를 전수조사하는 방법이다.
- 각 집락이 모집단의 축소판일 경우 추정 효율이 높다.
- 집락 내 이질적, 집락 간 동질적인 특성을 보이며, 내부적으로 이질적인 집락을 추출하는 것이 유리하다.
- 최종적인 표본추출단위는 집단이다.
- 전체 모집단의 목록표를 작성하지 않아도 된다. 즉, 최종집락으로부터 개인들을 추출하므로 최종집락의 목록만 있으면 된다.
- 동일한 크기의 표본일 경우, 단순무작위표본추출이나 층화표본추출보다 표본오차가 크다.
- 표본의 크기가 같다면 표본오차의 크기는 '층화표본추출 < 단순무작위표본추출 < 집락표본추출'이다.

▌할당표본추출▐

- 모집단을 일정한 카테고리로 나눈 다음, 이들 카테고리에서 정해진 요소수를 작위적으로 추출하는 방법이다.
- 추출된 표본이 연구자의 모집단에 대한 사전지식을 기초로 하여 모집단의 특성을 나타내는 하위 집단별로 표본 수를 할당한 다음 표본을 작위적으로 추출한다.
- 각 범주에 할당된 응답자의 비율이 정확해야 하고, 모집단의 구성 비율은 최신의 것이어야 한다.
- 선거와 관련된 조사나 일반적인 여론조사에서 많이 활용되고 있다.
- 조사원의 임의적 판단에 따라 표본을 선택하며, 이때 조사원은 할당표에 따라 구성비율을 유지한다.
- 모집단을 구성하고 있는 각 계층을 골고루 적절히 대표하도록 함으로써 모집단의 대표성이 비교적 높다.
- 모집단의 분류에 있어서 조사자의 편견이 개입될 수 있는 가능성이 높다.
- 할당범주 구하기 예시

  예 전국 단위 여론조사를 하기 위해 16개 시도와 20대 때부터 60대 이상까지의 5개 연령층, 그리고 연령층에 따른 성별로 할당표집을 할 때 표본추출을 위한 할당범주는 몇 개인가?

  16(시도) × 5(연령층) × 2(성별) = 160

▌유의표본추출(판단표본추출)▐

- 조사자가 그 조사의 성격상 요구하고 있는 사항을 충족시킬 수 있도록 적절한 판단과 전략을 세워, 그에 따라 모집단을 대표하는 제 사례를 표본추출하는 방법이다.
- 연구자의 주관적 판단의 기준에 의거하므로 주관적 판단의 타당도 여부가 표집의 질을 결정한다.
- 본조사보다는 예비조사, 시험조사, 탐색적 조사 등에 주로 사용된다.
- 표본추출에 있어서 비용이 적게 들고 편리하다.
- 모집단에 대한 일정한 지식이 있는 경우 표본추출의 정확도가 높다.

▌임의표본추출(편의표본추출)▐

- 정해진 크기의 표본을 선정할 때까지 조사자가 모집단의 일정단위 또는 사례를 표집하며, 일정한 표집의 크기가 결정되면 그 표집을 중지하는 방법이다.
- 모집단에 대한 정보가 없고 구성요소 간의 차이가 별로 없다고 판단될 때, 표본선정의 편리성에 기준을 두고 임의로 표본을 선정하는 방법이다.
- 결과의 일반화나 오차 등에 대해 관심이 없으며, 단지 시간·편의성·경제성을 염두에 둔다.

▌누적표본추출(눈덩이표본추출) ▌

- 처음에 소수의 인원을 표본으로 추출하여 그들을 조사한 다음, 그 소수인원을 조사원으로 활용하여 그 조사원의 주위 사람들을 조사하는 방식이다.
- 첫 단계에서 연구자가 임의로 선정한 제한된 표본에 해당하는 사람으로부터 추천을 받아 다른 표본을 선정하는 과정을 되풀이하여 마치 눈덩이를 굴리듯이 표본을 누적한다.
- 일반화의 가능성이 낮고 계량화가 곤란하므로 질적 조사에 적합하다.
- 응답자의 신분이 비교적 노출되지 않은 상태로 조사가 가능하므로, 응답자의 사생활을 보호할 수 있다.
- 최초의 표본을 추출하는 것이 쉽지 않다.
- 표본의 대표성을 확보하기 어렵다.

▌표본의 크기 ▌

- 모집단으로부터 표본추출단위의 수를 몇 개로 하는 것이 적절한가에 대한 문제와 연관된다.
- 표본크기가 커질수록 모수와 통계치의 유사성이 커진다. 하지만 표본의 크기가 커지면 대표성이 높아지는 대신 비용과 시간이 많이 든다. 따라서 표본이 크다고 무조건 좋은 것은 아니다.
- 표본의 크기와 오차의 제곱근은 반비례 관계이다.

▌표본크기의 결정에 영향을 미치는 요소 ▌

모집단의 변이성, 가용한 자원, 조사자의 능력, 카테고리의 다양성, 표본추출형태, 조사목적·방법, 신뢰도, 정밀도, 이론과 조사설계, 집단별 통계치의 필요성, 위험성 등

▌표본추출오차 ▌

- 표본추출과정에서 발생하는 오차를 말한다.
- 표본추출된 표본을 대상으로 한 조사결과와 모집단을 직접적으로 연구했을 경우에 얻을 수 있는 가정적인 결과와의 차이에 해당한다.
- 표본의 크기가 증가하면 표본의 대표성이 커지므로 표본추출오차는 감소한다.
- 모든 조사대상이 표본으로 추출될 동등한 기회를 가질 때, 표본이 클수록 이질적인 모집단보다는 동질적인 모집단의 경우 표본추출오차가 줄어든다.

▌비표본추출오차 ▌

- 표본추출 이외의 과정에서 발생하는 오차를 말하는 것으로서, 일반적으로 측정상의 오차를 의미한다.
- 표본조사와 전수조사에서 모두 발생할 수 있다.
- 체계적 오차와 비체계적 오차, 불포함 오차 등을 예로 들 수 있다.
- 개념 정의상의 과오, 조사설계상의 오류, 질문지의 무응답, 기재상의 오류, 기계 제작상의 오류, 조사자의 착오나 편견 등이 주요 원인이다.
- 표본추출오차와 마찬가지로 완전히 극복할 수 없지만, 검토과정을 추가하거나 조사원을 훈련시키는 등의 방법으로써 어느 정도 감소시킬 수는 있다.

▌투사법 ▌

직접 조사하기 힘들거나 질문에 타당한 응답이 나올 가능성이 적을 때, 어떤 자극상태를 만들어 그에 대한 응답자의 반응을 우회적으로 얻어 의도나 의향을 파악하는 방법이다. 피험자의 정직한 반응을 유도할 수 있고 정확한 성격의 진단이 가능하다.

▌개방형 질문 ▌

- 응답자들이 질문에 대해 자유롭게 응답하도록 되어 있는 것으로서, '자유응답 질문'이라고도 한다.
- 조사자가 표본에 대한 정보를 가지고 있지 않을 때, 또는 예비조사나 탐색적 조사 등 문제의 핵심을 알고자 할 때 사용된다.
- 응답자에 대한 사전지식의 부족으로 응답을 예측할 수 없는 경우 적합하다.
- 특정 행동에 대한 동기조성과 같은 깊이 있는 내용을 다루고자 하는 경우 적합하다.
- 대규모의 조사보다는 규모가 작은, 즉 조사단위의 수가 적은 조사에 더 적합하다.
- 응답자들의 지식수준이 높아 융통성 있게 대답할 수 있으므로, 그 속에 내포하는 의미나 중요성이 응답자마다 다를 수 있다.
- 새로운 사실을 발견할 수 있는 가능성이 크므로 탐색적으로 사용할 수 있다.
- 응답자의 의견이나 태도 및 동기 등에 대해 보다 정확한 파악이 가능하며, 진지한 조사결과를 도출할 수 있다.
- 응답범주의 수적 제한을 받지 않는다.
- 응답자에게 자기표현의 기회를 줌으로써 응답자의 표현능력에 크게 좌우된다.
- 응답을 분류하거나 코딩하는 데 어려움이 있으며, 통계적 분석이 용이하지 않다.
- 응답의 해석에 편견이 개입될 소지가 많으며, 같은 자료라도 분석자에 따라 다른 결과가 나타날 수 있다.
- 폐쇄형 질문보다 시간이 많이 소요되며, 응답률이 상대적으로 낮다.
- 응답자들이 질문에 대한 답변이 즉각적으로 생각나지 않는 경우 불성실하게 응답하거나 응답 자체를 하지 않을 수 있다.

▌폐쇄형 질문 ▌

- 일정한 수의 선택지(질문 또는 진술)로 응답의 내용이 한정되어 있어서, 응답자가 어느 하나를 선택하도록 하는 질문지를 말한다.
- 표적표본이 질문의 주제에 대해 알고 있는 경우, 또는 조사대상이 된 표본집단이 어떠한 응답을 할 것인지 예상할 수 있는 경우 유용하게 사용된다.
- 응답의 처리 및 채점, 코딩이 간편하다.
- 응답자들이 응답을 길게 쓸 필요가 없으므로 간편하며, 민감한 질문에도 비교적 용이하게 응답할 수 있다.
- 응답자의 의견을 충분히 반영할 수 없다.
- 응답자 자신의 생각과 다른 어느 하나를 선택하도록 함으로써 편의가 발생할 수 있다.
- 응답항목의 배열에 따라 응답이 달라지며, 주요 항목이 누락되는 경우 치명적 오류가 발생할 수 있다.

▌질문의 응답항목 ▌

- 분류되는 사례나 단위가 망라적이어서 하나도 남김없이 각 응답항목에 귀속되도록 해야 한다.
- 분류되는 응답항목은 상호배타적이어서 각 사례는 한 번만 분류되어야 한다.
- 가능하면 같은 종류의 다른 조사결과를 비교할 수 있도록 동일한 단위를 사용해야 한다.
- 간결성을 띠어야 한다.

▌질문지 작성 절차 ▌

필요한 정보의 결정 → 자료수집 방법의 결정 → 개별항목 내용의 결정 → 질문형태의 결정 → 개별항목의 결정 → 질문순서의 결정 → 질문지의 초안 완성 → 질문지의 사전조사 → 질문지의 완성

▌질문문항들의 배열 및 순서상 유의사항 ▌

- 민감한 질문이나 개방형 질문은 가급적 질문지의 후반부에 배열한다(교육수준, 소득 등).
- 계속적인 기억이 필요한 질문들을 질문지의 전반부에 배열한다.
- 시작하는 질문은 쉽게 응답할 수 있고 흥미를 유발할 수 있는 문항으로 배열한다.
- 질문문항들을 논리적 순서에 의거하여 배열한다.
- 응답의 신뢰도를 묻는 질문문항들은 분리시켜야 한다.
- 동일한 척도항목들은 모아서 배열한다.
- 질문문항들을 길이와 유형에 따라 변화 있게 배열한다.
- 여과질문을 적절하게 배열하여 사용한다.
- 처음에는 가장 일반적이고 포괄적인 질문을 놓고, 그 다음에는 보다 특수한 질문을 놓으며, 나중에는 가장 세부적이고 특수한 질문을 놓는다.
- 앞의 질문이 다음 질문에 연상작용을 일으키는(이전효과) 질문은 서로 떨어뜨려 놓는다.
- 응답자의 인적사항에 대한 질문은 가능한 한 나중에 한다.

▌질문의 용어와 내용에 관한 유의사항 ▌

- 질문에 사용되는 용어는 간결성·구체성·신축성·명확성·중립성의 요건을 갖추고 각 카테고리 간 용어의 양이 어느 정도 균형이 이루어져야 한다.
- 애매모호한 용어의 사용에 유의한다.
- 어렵고 불필요한 전문용어의 사용을 삼가도록 한다.
- 유사응답세트를 변화 있게 구성한다.
- 유도질문의 사용에 유의한다.
- 위협적 질문의 사용에 유의한다.
- 이중질문을 지양한다.
- 규범적 응답 억제에 유의한다.
- 지방이나 계층 등에 따라 의미가 다른 용어는 삼간다.
- 연구자의 주관이 개입되어 특정 응답을 유도 혹은 암시하는 질문은 하지 않는다.

▌사전조사의 목적 ▌

- 본조사에 들어가기에 앞서 질문지 초안이 작성된 후 마지막 단계에서 질문지의 문제점을 찾아내기 위한 작업으로 본조사에서 실시하는 것과 똑같은 절차와 방법으로 질문지가 잘 구성되어 있는지를 시험해보는 것이다.
- 응답의 내용이 일관성 있는가를 검토해본다.
- 응답이 어느 한쪽으로 치우치게 나타나지는 않는지 살펴본다.
- '기타'에 대한 응답이 많은 경우 그 원인을 파악하며, 응답지의 예를 적절하게 조정한다.
- 질문의 순서가 바뀌었을 때 응답에 실질적인 변화가 일어나는 경우 질문의 구성이 잘못된 것이므로 재검토해야 한다.

▌질문지 표지편지 및 안내문 작성 시 유의사항 ▌

- 조사자나 연구의 후원기관에 대한 신분을 밝혀야 한다.
- 조사의 목적 및 중요성에 대해 설명해야 한다.
- 응답자가 질문문항들에 대해 왜 응답을 해야 하는지 설명하고 본인이 추출되지 않은 수많은 사람들의 견해를 대표한다는 점을 인식시킨다.
- 응답 내용과 응답자의 신분에 대해 엄격한 비밀보장이 이루어짐을 확신시켜야 한다.

▌1차 자료와 2차 자료▐

- 1차 자료

  연구자가 현재 수행 중인 조사연구의 목적을 달성하기 위해 직접 수집하는 자료를 말한다. 조사목적에 적합한 정확도, 타당도, 신뢰도 등을 평가할 수 있으며, 수집된 자료를 의사결정에 필요한 시기에 적절히 이용할 수 있다.
- 2차 자료

  연구목적을 위해 사용될 수 있는 기존의 모든 자료를 의미한다. 1차 자료의 수집에 따른 시간·노력·비용을 절감할 수 있으나 연구의 분석단위나 조작적 정의가 다른 경우 사용이 곤란하며 신뢰도와 타당도가 낮다.

▌참여관찰▐

- 관찰자가 관찰대상 집단 내부로 침투하여 구성원의 하나가 되어 그들과 함께 생활하거나 활동하면서 관찰하는 것이다.
- 피관찰자와 깊이 있는 접촉을 유지할 수 있으며, 대상 집단이 숨기고자 하는 행위에 대해서도 자연스럽게 관찰할 수 있다.
- 동조현상으로 인해 객관성을 잃거나 관찰자의 주관적인 가치가 개입됨으로써 관찰 결과를 변질시킬 수 있다.
- 수집한 자료의 표준화가 어렵다.
- 자연스러운 상태에서 현상을 파악할 수 있기 때문에 미묘한 어감차이, 시간상의 변화 등 심층의 차원을 이해할 수 있다.
- 대규모 모집단에 대한 기술이 어렵다.

▌참여자와 관찰자▐

- 완전참여자

  연구자의 신분을 공개하지 않고 연구대상자들의 활동에 참여한다. 참여관찰의 유형 중 가장 객관성을 유지하기 어려우며 윤리적 및 과학적 문제가 발생할 수 있다.
- 완전관찰자

  연구자의 신분을 공개하지 않으며, 연구대상자들의 활동에는 전혀 참여하지 않고 관찰만 하는 방법이다.
- 참여자적 관찰자

  연구자의 신분을 밝히고 연구대상자들의 활동공간에 들어가 심층적으로 관찰하는 방법이다. 참여보다 관찰이 주를 이룬다.
- 관찰자적 참여자

  연구자의 신분을 밝히고 연구대상자들의 활동공간에 자연스럽게 참여한다. 관찰보다 참여가 주를 이룬다.

▌관찰법의 분류 ▌

- 관찰이 일어나는 상황이 인공적인지 여부에 따라 '자연적/인위적 관찰'로 나누어진다.
- 관찰시기가 행동발생과 일치하는가 여부에 따라 '직접/간접관찰'로 나누어진다.
- 피관찰자가 관찰사실을 알고 있는가 여부에 따라 '공개적/비공개적 관찰'로 나누어진다.
- 관찰주체 또는 도구가 무엇인가에 따라 '인간의 직접적/기계를 이용한 관찰'로 나누어진다.
  - 오디미터(Audimeter) : TV 시청률을 조사하기 위한 자동장치로 TV 시청 시간과 채널을 조사한다.
  - 사이코갈바노미터(Psychogalvanometer) : 응답자의 생체변화를 측정하는 정신 전류계로서, 심리적 변동에 의한 피부 전기의 변화 등을 측정한다.
  - 퓨필로미터(Pupilometer) : 어떠한 자극을 보여주고 피관찰자의 눈동자 크기를 측정하는 것으로, 동공의 크기 변화를 통해 응답자의 반응을 측정한다.
  - 모션 픽처 카메라(Motion Picture Camera) : 영화 촬영 카메라를 뜻한다.
- 관찰조건이 표준화되어있는지 여부에 따라 '통제(체계적)/비통제(비체계적)관찰'로 나누어진다.

▌면접의 종류 ▌

- 표준화면접(구조화된 면접)
  - 면접자가 면접조사표를 만들어서 상황에 구애됨이 없이 모든 응답자에게 동일한 질문 순서와 동일한 질문 내용에 따라 수행하는 방법이다.
  - 비표준화된 면접에 비해 응답 결과에 있어서 상대적으로 신뢰도가 높지만 타당도는 낮다.
  - 반복적인 면접이 가능하며, 면접결과의 계량화가 용이하다.
  - 면접의 신축성·유연성이 낮으며, 깊이 있는 측정을 도모할 수 없다.
  - 면접원의 자율성이 낮다.
- 비표준화면접(비구조화된 면접)
  - 면접자가 면접조사표의 질문내용, 형식, 순서를 미리 정하지 않은 채 면접상황에 따라 자유롭게 응답자와 상호작용을 통해 자료를 수집하는 방법이다.
  - 표준화된 면접에 비해 응답 결과에 있어서 상대적으로 타당도가 높지만 신뢰도는 낮다.
  - 면접의 신축성·유연성이 높으며, 심층적인 질문이 가능하다.
  - 반복적인 면접이 불가능하며, 면접결과에 대한 비교가 어렵다.
  - 부호화가 어렵다. 즉, 면접결과자료의 수량화 및 통계처리가 어렵다.
- 초점집단면접(표적집단면접)
  - 면접 진행자가 동질의 소수의 집단을 대상으로 특정 주제에 대해 자유롭게 토론을 하여 필요한 정보를 얻는 방법이다.
  - 참가자들은 응답을 강요당하지 않기 때문에 솔직한 자신의 의견을 표명할 수 있다.
  - 높은 타당도를 가지지만 조사결과가 체계적이지 않기 때문에 결과의 분석과 해석이 용이하지 않다. 따라서 진행자의 수완이 중요하다.
  - 연구자는 대부분의 과정에서 질문자라기보다는 조정자·관찰자에 가깝다.

- 델파이조사
  - 전문가·관리자들로부터 우편으로 의견이나 정보를 수집하여 그 결과를 분석한 후 그것을 다시 응답자들에게 보내어 의견을 묻는 식으로 만족스러운 결과를 얻을 때까지 계속하는 방법이다.
  - 익명 집단의 상호작용을 통해 도출된 자료를 분석한다.

▌ 프로빙(Probing) 기술 ▌

- 면접과정에서 응답자의 대답이 불충분하거나 정확하지 못할 때 행하는 탐색질문을 뜻하는 것으로서, 충분하고 정확한 대답을 캐내는 과정이다.
- 일종의 폐쇄식 질문에 답을 하고 이에 관련된 의문을 탐색하는 보조방법이다.
- 정확한 답을 얻기 위해 방향을 지시하는 기법이다.
- '무언의 캐묻기', '드러내놓고 권장하기', '더 자세한 해명 요구', '명료화하기', '반복' 등이 있다.

▌ 면접조사법의 장·단점 ▌

- 장 점
  - 다양한 조사내용을 비교적 장기간에 걸쳐서 상세하게 조사할 수 있다.
  - 면접자가 자료를 직접 기입하므로 응답률이 매우 높다.
  - 질문의 내용을 응답자가 잘 이해하지 못하는 경우 면접자가 설명해줄 수 있으며, 응답자의 내용이 분명하지 않은 경우에도 면접자가 응답의 내용을 점검할 수 있어 응답의 오류를 줄일 수 있다.
  - 비언어적 행위를 직접 관찰할 수 있다.
  - 개별적으로 진행하는 면접환경을 표준화할 수 있다.
  - 면접 시 복잡한 질문지를 사용할 수 있다.
- 단 점
  - 비용과 시간이 많이 소요된다.
  - 면접자와 응답자 사이에 친숙한 분위기가 형성되지 않거나 상호 이해가 부족한 경우, 조사 외적인 요인들로부터 오류가 개입될 가능성이 있다.
  - 응답자의 익명성이 결여되어 민감한 사안의 조사 시 정확한 결과를 도출하기 힘들다.
  - 면접자에 의한 편의(Bias)가 발생할 수 있다.

▌ 전화조사법을 사용하는 경우 ▌

- 빠른 시간 안에 개략적인 여론을 확인할 때
- 다른 방법으로 접근하기 어려울 때
- 질문의 내용이 단순할 때
- 어떤 시점에 순간적으로 무엇을 하며, 무슨 생각을 하는가를 알아내야 할 때

▎ 전화조사법의 장 · 단점 ▎

• 장 점
  - 적은 비용으로 단시간에 조사할 수 있어 비용과 신속성 측면에서 매우 경제적이다.
  - 직접 면접이 어려운 사람의 경우에 유리하며, 응답률이 높다.
• 단 점
  - 대인면접에 비해 소요시간이 짧으며, 분량이 제한된다.
  - 대인면접에서와 같이 많은 조사내용에 관한 자료를 수집하기 어렵다.
  - 모집단이 불완전하며, 응답자가 선정된 표본인지를 확인하기 어렵다.
  - 응답자의 주변상황이나 표정, 태도를 확인할 수 없으며, 보조도구를 사용하기가 곤란하다.
  - 응답자가 특정한 주제에 대해 응답을 회피하기도 하며, 무성의하게 대답하기도 한다.
  - 전화상으로 질문을 주고받는 도중 응답자가 끝까지 참지 못하고 전화를 끊는 경우가 있다.
  - 표본의 대표성에 문제가 발생할 수 있다.

▎ 우편조사의 응답률을 높이는 방법(응답률에 영향을 미치는 요소) ▎

• 연구목적과 응답의 중요성을 인식시킨다.
• 이타적 동기에 호소하는 등의 유인책을 사용한다.
• 질문지를 보낸 다음 엽서, 전화, 면접 등을 통한 지속적인 노력을 전개한다.
• 응답 내용에 대해 응답자의 이름을 밝히지 않거나 비밀로 한다고 언급한다.
• 표지편지에 연구의 목적 및 응답의 필요성, 응답 내용에 대한 비밀보장 등의 메시지를 표현한다.
• 반송주소가 기재되고 반송우표가 부착된 반송봉투를 첨부한다.
• 상품권 등의 인센티브를 제공하거나 독촉장을 보낸다.
• 응답률이 높은 특정 집단을 인식함으로써 모집단과 표본추출방법에 대해 보다 세심하게 검토한다.
• 연구주관기관과 지원단체의 성격을 밝힌다.
• 응답집단의 동질성을 높인다.

▎ 우편조사법의 장 · 단점 ▎

• 장 점
  - 최소의 경비와 노력으로 광범위한 지역과 대상을 표본으로 삼을 수 있다.
  - 쉽게 접근할 수 없는 다양한 대상을 포함시킬 수 있다.
  - 응답자의 익명성이 보장되고 사려 깊은 응답이 가능하다.
  - 조사자의 특성에 따른 영향이 적다.
• 단 점
  - 최대의 문제점은 낮은 회수율이다.
  - 응답 내용이 모호한 경우 응답자에 대한 해명의 기회가 없다.
  - 오기나 불기 등이 발생할 수 있다.
  - 융통성이 부족하며, 직접적인 답변 외의 비언어적인 정보를 수집하기 어렵다.
  - 무자격자의 응답 및 주위환경과 응답시기에 대해 통제가 어렵다.

█ 집단조사법의 장·단점 █

• 장 점
  - 조사목적에 부합하는 응답자들이 집합되어 있는 경우 조사를 쉽고 빠르게 진행할 수 있다.
  - 조사조건을 표본화하여 응답조건이 동등해진다.
  - 응답자들과 동시에 직접 대화할 기회가 있으므로 누락을 줄이고, 질문에 대한 오류를 줄일 수 있다.
• 단 점
  - 응답자의 개인별 차이를 무시함으로써 조사 자체의 타당도가 낮아지기 쉽다.
  - 집단상황이 응답을 왜곡시킬 가능성이 있다(동조효과).

█ 온라인조사법의 장·단점 █

• 장 점
  - 시간 및 공간상의 제약이 다른 방법에 비해 상대적으로 적어 응답자의 범위가 넓다.
  - 조사비용이 적게 들며, 조사대상자가 많은 경우에도 추가비용이 들지 않는다.
  - 멀티미디어 자료를 활용하는 등 다양한 형태의 구조화된 설문지 작성이 용이하다.
• 단 점
  - 컴퓨터와 인터넷을 사용할 수 있는 사람만을 대상으로 하므로 표본의 대표성 문제가 제기될 수 있다.
  - 응답자에 대한 통제가 쉽지 않으며, 응답률과 회수율이 낮게 나타날 수 있다.
  - 본인 확인이 불가능한 경우 중복 조사될 수 있다.
  - 온라인 표본의 모집단을 규정하기 힘들다.

█ 내용분석법의 특징 █

• 문헌연구의 일종으로 비개입적 연구이다.
• 메시지를 그 분석대상으로 한다.
• 객관성, 체계성 및 일반성을 그 요건으로 하고 있다.
• 양적분석방법뿐만 아니라 질적분석방법도 사용하며, 질적인 정보를 양적인 정보로 바꾼다.
• 인간의 모든 형태의 의사소통기록물을 활용할 수 있다.

▌측정의 의의와 특징 ▌

- 추상적·이론적 세계를 경험적 세계와 연결시키는 수단이다. 즉, 이론을 구성하고 있는 개념이나 변수들을 현실세계에서 관찰 가능한 자료와 연결시키는 과정이다.
- 일반적으로는 묘사대상이 되는 사상(事象)에 수치를 부여한다는 의미로 사용된다. 따라서 측정은 '일정한 규칙에 따라 사물 또는 사건에 대해 숫자를 부여하는 것'이라고 할 수 있다.
- 가장 표준화되고 간편한 묘사방법이다.
- 사상의 통계적 처리를 가능하게 한다.
- 조사문제에 해답을 제공하고 가설에 대해 경험적인 검증이 이루어지도록 한다.
- 관찰대상이나 현상에 대한 객관화·표준화를 통해 과학적인 관찰과 표준화된 측정을 가능하도록 함으로써, 주관적·추상적인 판단에서 야기되는 오류를 극복할 수 있도록 한다.

▌개념화(개념적 정의, 사전적 정의) ▌

- 연구대상이 되는 사람 또는 사물의 행태 및 속성과 다양한 사회적 현상들을 개념적으로 정의하는 것이다.
- 개념의 의미가 분명해지지 않을 경우 개념에 대한 관찰이 가능하지 않으므로, 개념을 명확하게 하는 것이 측정과정의 첫 단계 작업이다.
- 하나의 개념을 정의하기 위해 다른 개념을 사용함으로써 그 자체로 추상적·일반적·주관적인 양상을 보인다.
- 기존의 정의를 사용할 수도 있다.
- 개념적 정의와 조작적 정의가 반드시 일치하는 것은 아니다.

▌조작화(조작적 정의) ▌

- 측정 과정의 마지막 단계로서 조작화 단계는 분석의 단위를 카테고리별로 분류하는 과정을 의미한다.
- 추상적인 개념들을 경험적·실증적으로 측정 가능하도록 구체화하는 것이다.
- 될 수 있는 한 실행 가능하고 관찰 가능한 조작을 좀 더 명확하게 표현한 용어로 구성된 것이며, 확인이 가능한 정의에 불과하다.
- 한 개념이 여러 조작적 정의를 가질 수 있다.
- 조작적 정의의 최종 산물은 수량화이다.
- 현실세계와 개념적 정의를 연결하는 다리의 역할을 하며, 개념적 정의에 최대한으로 일치하도록 정의해야 한다.
- 적절한 조작적 정의는 정확한 측정의 전제조건이다.
- 동일한 개념을 측정하기 위한 조작적 정의 사이에는 측정의 일관성을 유지해야 한다.
- 조작적 정의가 연구마다 다를 경우 연구결과가 달라질 수 있다.
- 측정을 위한 조작적 정의는 변수의 측정방법을 제시해야 한다.
- 실험적·조작적 정의는 실험변수의 조작방법을 규정해야 한다.

지수(Index)

- 두 개 이상의 항목이나 지표들이 모여 만들어진 합성 측정 도구를 말한다.
- 복합측정치로 여러 문항으로 구성된다.
- 지표(Indicator)보다 변수의 속성을 파악하기 쉽다.
- 변수에 대한 양적 측정치를 제공함으로써 정확성을 높여준다.
- 측정대상의 속성을 객관화하여 그 본질을 보다 명백하게 파악하고 개별 속성들에 할당된 점수를 합산하여 구성한다.
- 단순지표로 측정하기 어려운 복합적인 개념을 측정할 수 있다.
- 경험적 현실세계와 추상적 개념세계를 조화시키고 일치시킨다.

변수의 종류

- 독립변수(원인적 변수, 가설적 변수)
  실험연구에서 독립변수는 연구자에 의해 조작되는 변수를 의미하며, 사회조사연구에서는 연구자의 능동적 개입이 아닌 논리적 선행조건의 개념으로 파악된다.
- 종속변수(결과적 변수)
  실험연구에서 종속변수는 독립변수의 변이 또는 변화에 따라 자연히 변하는 것으로서 결과적인 예측변수라고 할 수 있다.
- 외생변수
  독립변수와 종속변수 간에 상관관계가 있는 것처럼 보이지만 실제로는 두 변수가 우연히 어떤 변수와 연결됨으로써 마치 인과적 관계가 있는 것처럼 보이도록 하는 모든 변수이다.
- 매개변수(개입변수)
  독립변수와 종속변수 간에 직접적인 관련이 없으나 제3의 변수가 두 변수의 중간에서 매개자 역할을 하여 두 변수 간에 간접적인 관계를 맺도록 하는 변수이다.
- 선행변수
  인과관계에서 독립변수에 앞서면서 독립변수에 유효한 영향력을 행사하는 제3의 변수이다.
- 억압변수(억제변수)
  두 변수 간에 상관관계가 있으나 그와 같은 관계가 없는 것처럼 보이게 하는 제3의 변수이다.
- 허위변수(외적변수, 외재적 변수)
  두 변수 간에 상관관계가 없으나 관계가 있는 것처럼 보이게 하는 제3의 변수이다.
- 왜곡변수
  두 변수 간의 관계를 어떤 식으로든 왜곡시키는 제3의 변수로, 두 변수 간의 관계를 정반대의 관계로 나타나게 한다.
- 조절변수
  독립변수와 종속변수 사이의 관계에서 영향을 미칠 것으로 여겨지는 제3의 변수로, 독립변수가 종속변수에 미치는 영향을 강화해 주거나 약화해 주는 변수이다.

• 통제변수

독립변수와 종속변수 간의 관계를 명확히 파악하기 위해 그 관계에 영향을 미칠 수 있는 제3의 변수를 통제하는 변수이다. 외재적 변수의 일종으로 그 영향을 검토하지 않기로 한 변수이다.

▌ 측정의 수준 ▌

구 분	절대영점	수 학	통 계
명 목	×	=	최빈값
서 열	×	=, <, >	최빈값, 중앙값
등 간	×	=, <, >, +, −	최빈값, 중앙값, 산술평균
비 율	○	=, <, >, +, −, ×, ÷	최빈값, 중앙값, 산술·기하·조화평균, 변동계수 등

• 명목수준 측정

대상 자체 또는 그 특징에 대해 명목상의 이름을 부여하는 것이다.

예 성별, 인종, 직업분류, 지역, 야구선수의 등번호, 주민등록번호 등

• 서열수준 측정

측정대상의 특징 및 속성에 따라 일정한 범주로 분류하여, 이들에 대해 상대적인 순서·서열상의 관계를 나타내는 것이다.

예 후보자 선호, 사회계층, 교육수준, 석차(등수) 등

• 등간수준 측정

측정대상을 특징 및 속성에 따라 서열화하는 것은 물론 서열 간의 간격이 일정하도록 연속선상에 수치를 부여하는 것이다.

예 온도, IQ지수 등

• 비율수준 측정

측정대상의 특징 및 속성에 절대적인 0을 가지고 있다. 명목수준의 측정에서처럼 사물이나 현상을 분류하고, 서열수준의 측정에서처럼 서열을 정할 수 있을 뿐만 아니라, 등간수준의 측정에서처럼 이들 분류된 부분(카테고리) 간의 간격(거리)까지 측정할 수 있다.

예 체중, 키, 근무년수, 졸업생 수, 소득, GNP, 출산율, 시험 원점수 등

▌ 신뢰도의 의의 ▌

• 측정도구가 측정하고자 하는 현상을 일관성 있게 측정하는 능력을 말한다. 다시 말해 어떤 측정도구(척도)를 동일한 현상에 반복 적용하여 동일한 결과를 얻게 되는 정도를 그 측정도구의 신뢰도라고 한다.
• 어떤 측정도구를 사용해서 동일한 대상을 측정하였을 때 항상 같은 결과가 나온다면 이 측정도구는 신뢰도가 매우 높다고 할 수 있다.
• 신뢰도와 유사한 표현으로서 신빙성, 안정성, 일관성, 예측성 등이 있다.

재검사법(Retest Method)

- 가장 기초적인 신뢰도 검증방법으로서, 동일한 대상에 동일한 측정도구를 서로 상이한 시간에 두 번 측정한 다음 그 결과를 비교하는 것이다.
- 재검사에 의한 반복측정을 통해 그 결과에 대한 상관관계를 계산하여 도출된 상관계수로 신뢰도의 정도를 추정한다. 여기서 상관계수가 높을 경우 신뢰도가 높다는 것을 의미한다.
- 안정성계수(Coefficient of Stability)를 사용한다. −1.00에서 +1.00의 척도 상에서 통계치가 나타나며 안정성 계수가 높으면 이 검사는 신뢰도가 높고, 안정성 계수가 낮으면 신뢰도도 낮다.
- 측정도구 자체를 직접 비교할 수 있다는 장점이 있다.
- 검사 사이의 기간이 가져올 수 있는 문제로 기간이 너무 짧으면 첫 번째 검사내용을 기억할 수 있으며, 너무 길 경우 측정의 대상이 심경의 변화를 일으켜 측정상의 변화가 나타날 수 있다.

복수양식법(Multiple Forms Technique)

- 두 개 이상의 유사한 측정도구를 사용하여 동일한 표본에 적용한 결과를 서로 비교하여 신뢰도를 측정하는 방법으로서, '대안법' 또는 '평행양식법'이라고도 한다.
- 재검사법의 변형이라고 할 수 있는 방법으로서, 동일한 조작적 정의 또는 지표들에 대한 측정도구(예 일련의 질문문항들)를 두 종류씩 만들어 동일한 측정대상에게 각각 응답하도록 하는 방법이다.
- 평행을 이루는 두 가지 형태의 측정도구를 사용하여 각각 동일한 표본에 차례로 적용해봄으로써 신뢰도를 측정한다. 이 경우 두 가지 형태의 측정도구는 유사성이 매우 높아야만 신뢰도를 측정할 수 있는 수단으로서 인정받을 수 있다.
- 재검사법에서 나타나는 외생변수의 영향 문제를 극복할 수 있다.
- 두 개의 동형검사를 동일집단에 동시에 시행하므로 주시험 효과의 영향을 받지 않는다.
- 동일한 현상을 측정하기 위한 두 개의 동등한 측정도구를 개발하는 것이 쉽지 않다는 단점이 있다.
- 신뢰도가 낮은 것으로 결과가 나타날 경우 그것이 측정도구의 신뢰성 문제인지 동등화에 실패한 것인지 설명할 수 없다.

반분법(Split-half Method)

- 복수양식법의 변형으로서 측정도구를 임의로 반으로 나누어 각각 독립된 두 개의 척도로 사용함으로써 신뢰도를 측정하는 방법이다.
- 조사항목의 반을 가지고 조사결과를 획득한 다음 나머지 반쪽을 동일한 대상에 적용하여 얻은 결과와 비교하는 방법이다(두 부분 간의 상관성 측정).
- 측정도구가 경험적으로 단일성을 지녀야 한다.
- 두 번 검사를 시행하지 않고 신뢰도를 추정할 수 있다.
- 재검사법이나 복수양식법에서의 시험간격이나 동형검사 제작 등이 문제되지 않는다.
- 반분된 각각의 측정문항들을 동등하게 만들기가 어렵다.

내적 일관성 분석법(Internal Consistency Method)

- 단일의 신뢰도 계수를 계산할 수 없는 반분법의 문제점을 고려하여, 가능한 한 모든 반분신뢰도를 구한 다음 그 평균값을 신뢰도로 추정하는 방법이다.
- 동일한 개념을 측정하는 항목인 경우 그 측정결과에 일관성이 있어야 한다는 논리에 따라 일관성이 없는 항목, 즉 신뢰성을 저해하는 항목을 찾아서 배제시킨다.
- 크론바하 알파계수가 대표적이며, 신뢰도 계수를 구할 수 있으므로 현실적으로 가장 많이 사용된다. '0~1'의 값을 가지며, 값이 클수록 신뢰도가 높다. 알파값은 '0.6' 이상이 되어야 만족할 만한 수준이 되며, '0.8~0.9' 정도를 신뢰도가 높은 것으로 본다.

신뢰도의 제고방법

- 항목을 명확히 구성한다.
- 측정상황을 분석하고 일관성을 유지한다.
- 측정항목을 추가적으로 사용한다.
- 대조적인 항목들을 비교·분석한다.
- 표준화된 지시와 설명을 한다.
- 조사대상자가 잘 모르거나 관심이 없는 내용에 대해서는 측정을 하지 않는 것이 좋다.
- 조사자의 주관을 제외한다.
- 신뢰성이 인정된 기존 측정도구를 사용한다.

타당도의 의의

- 조사자가 측정하고자 한 것을 실제로 측정했는가 하는 문제이다.
- 실증적 수단인 조작적 정의나 지표가 측정하고자 하는 개념을 제대로 반영하는 정도를 의미한다.

내용타당도(표면타당도, 액면타당도, 논리적 타당도)

- 측정항목이 연구자가 의도한 내용대로 실제로 측정하고 있는가 하는 문제이다.
- 측정도구가 측정대상이 가지고 있는 많은 속성 중의 일부를 대표성 있게 포함하는 경우 타당도가 있다고 본다.
- 논리적 사고에 입각한 논리적인 분석과정으로 판단하는 주관적인 타당도로서, 객관적인 자료에 근거하지 않는다.
- 문항구성 과정이 그 개념을 얼마나 잘 반영하고 있는지, 그리고 해당 문항들이 각 내용영역들의 독특한 의미를 얼마나 잘 나타내주고 있는지를 의미한다.
- 관련 분야 전문가들의 자문이나 패널토의, 워크숍 등을 통하여 타당도에 관한 의견을 수렴한다.
- 계량화된 정보를 제공하지 못한다고 해도 전문가들의 판단에 의해 검사의 타당도를 입증받게 되므로, 검사의 목적에 대한 부합성의 여부를 검정할 수 있다.
- 조사자의 주관적인 해석과 판단에 지나치게 의존함으로써 판단에 의한 오류나 착오가 개입할 여지가 많다.
- 통계적 검증이 이루어지지 않는다.

기준타당도(기준관련타당도, 실용적 타당도, 경험적 타당도)

- 경험적 근거에 의해 타당도를 확인하는 방법으로서, 이미 전문가가 만들어 놓은 신뢰도와 타당도가 검증된 측정도구에 의한 측정결과를 기준으로 한다.
- 통계적으로 타당도를 평가하는 것으로서, 사용하고 있는 측정도구의 측정값과 기준이 되는 측정도구의 측정값 간의 상관관계에 관심을 두는 것이다.
- 내용타당도보다 경험적 검증이 용이하다.
- 동시적 타당도와 예측적 타당도로 구분된다.
  - 동시적 타당도 : '일치적 타당도'라고도 하며, 새로운 검사를 제작했을 때 새로 제작한 검사의 타당도를 위해 기존에 타당도를 보장받고 있는 검사와의 유사성 혹은 연관성에 의해 타당도를 검정하는 방법이다.
  - 예측적 타당도 : 어떠한 행위가 일어날 것이라고 예측한 것과 실제 대상자 또는 집단이 나타낸 행위 간의 관계를 측정하는 것이다.

개념타당도(구조적 타당도, 구성타당도, 구성체타당도)

- 조작적으로 정의되지 않은 인간의 심리적 특성이나 성질을 심리적 개념으로 분석하여 조작적 정의를 부여한 후, 검사점수가 조작적 정의에서 규명한 심리적 개념들을 제대로 측정하였는가를 검정하는 방법이다.
- 측정에 의해 얻는 측정값 자체보다는 측정하고자 하는 속성에 초점을 맞춘 타당성이며, 이론과 관련하여 측정도구의 타당도를 검증한다.
- 응답 자료가 계량적 방법에 의해 검정되므로, 과학적이고 객관적이라 할 수 있다.
- 측정방법에는 다중속성-다중측정 방법, 요인분석, 이론적 구성개념 등이 있다.
- 이해타당도, 수렴타당도, 판별타당도로 구분된다.
  - 이해타당도 : 특정 개념에 대해 이론적 구성을 토대로 어느 정도 체계적·논리적으로 이해하고 있는가를 나타내는 타당도이다.
  - 수렴타당도 : 집중타당도라고도 하며, 동일한 개념을 측정하기 위해 서로 다른 측정방법을 사용하여 측정으로 얻은 측정치들 간에 높은 상관관계가 존재해야 함을 전제로 한다.
  - 판별타당도 : 서로 다른 개념들을 측정했을 때 얻어진 측정문항들의 결과 간에 상관관계가 낮아야 함을 전제로 한다.

신뢰도와 타당도의 상호관계

- 타당도가 높기 위해서는 신뢰도가 높아야 한다.
- 신뢰도가 높다고 하여 반드시 타당도가 높은 것은 아니다.
- 타당도가 낮다고 하여 반드시 신뢰도가 낮은 것은 아니다.
- 타당도가 없어도 신뢰도를 가질 수 있다.
- 타당도가 있으면 반드시 신뢰도가 있다.
- 신뢰도가 없으면 타당도도 없다.
- 타당도는 신뢰도의 충분조건이고, 신뢰도는 타당도의 필요조건이다.
- 타당도와 신뢰도는 비대칭적 관계이다.

신뢰도와 타당도의 측정

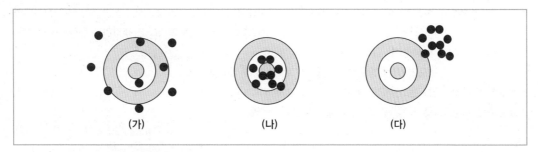

(가)   (나)   (다)

- 그림 (가)는 신뢰도가 낮은 경우에 해당한다. 신뢰도가 낮으므로 타당도를 고려할 수 없으며, 정밀성을 제고하여 신뢰도를 높임으로써 바람직한 척도가 될 수 있다.
- 그림 (나)는 신뢰도와 타당도가 높은 경우에 해당한다. 측정하고자 하는 것을 정확히 측정할 수 있는 바람직한 척도에 해당한다.
- 그림 (다)는 신뢰도는 높지만 타당도가 낮은 경우에 해당한다. 측정의 정밀성이 높음에도 불구하고, 측정하고자 하는 것을 정확히 측정하지 못하여 타당도가 낮게 나타난다.

측정오차의 주요 근원

- 측정자에 의한 오차
- 측정대상에 의한 오차
- 고정반응(극단적인 값을 피하려고 중도값을 택하려는 경향)
- 문화적 차이나 인구 사회학적 차이의 개입
- 사회가 바람직하다고 생각하는 편향
- 측정도구와 측정대상자의 상호작용
- 측정도구 · 방법상의 문제
- 측정대상자의 표기상 오차와 분석과정상의 문제
- 인간의 지적 특수성에 의한 오차
- 시간 · 장소적인 제약에서 오는 오차
- 환경적 요인의 변화

체계적 오차(Systematic Error)

- 자료수집방법이나 수집과정에서 개입되는 오차이다. 조사내용이나 목적에 비해 자료수집방법이 잘못 선정되었거나 조사대상자가 응답할 때 본인의 태도나 가치와 관계없이 사회가 바람직하다고 생각하는 편향(Bias, 편견)으로 응답할 경우 발생할 수 있다.
- 측정 결과의 자료분포가 어떤 방향으로 기울어지는 것이 특징이다.
- 체계적 오차와 타당도는 반비례 관계이다.
- 표준화된 측정도구를 사용하면 체계적 오차를 줄일 수 있다.

비체계적 오차(Random Error)

- 무작위적 오차라고도 하며, 측정과정에서 우연히 또는 일시적인 사정에 의해 나타나는 오차이다.
- 측정대상, 측정과정, 측정환경, 측정자 등에 따라 일관성 없이 영향을 미침으로써 발생한다.
- 통제하기 어려운 상황에서 주로 발생한다.
- 인위적이지 않아 오차의 값이 다양하게 분산되어 있다.
- 방향이 일정하지 않아 상호 간의 영향에 의해 상쇄되는 경우도 있다.
- 비체계적 오차와 신뢰도는 반비례 관계이다.

척도의 의의

- 일종의 측정도구로서 일정한 규칙에 따라 측정대상에 적용할 수 있도록 만들어진 일련의 체계화된 기호 또는 숫자를 의미한다.
- 연속성은 척도의 중요한 속성이며, 이것은 실제로 측정대상의 속성과 일대일 대응의 관계를 맺으면서 대상의 속성을 양적 표현으로 전환한다.
- 척도의 일부를 이루는 개별문항은 하나의 연속체를 이루어야 하며, 이 연속체는 단 하나의 개념을 반영하여야 한다는 것을 전제로 한다.
- 계량화를 위한 도구이다.
- 척도점수는 지수점수보다 더 많은 정보를 전달한다.

척도의 필요성

- 하나의 문항이나 지표로는 제대로 측정하기 어려운 복합적인 개념들을 측정할 수 있도록 한다.
- 여러 개의 지표(또는 문항)를 하나의 점수로 나타냄으로써 자료의 복잡성을 덜어준다.
- 하나의 척도는 단일차원성을 전제로 구성하는데, 복수의 측정지표를 사용하여 단일차원성 여부를 분석할 수 있다.
- 복수의 지표로 구성된 척도를 사용하게 되면 단일문항(지표)을 사용하는 경우보다 측정의 오류를 줄일 수 있으며, 측정의 신뢰도와 타당도를 높일 수 있다.
- 척도에 의한 양적인 측정치를 제공하여 통계적인 활용을 쉽게 한다.

▌척도의 종류 ▌

• 명목척도
측정대상 특성의 존재여부 또는 몇 개의 상호배타적인 범주로의 구분을 위해 수치를 부여하는 일종의 범주형 측정이다. 성격을 전혀 달리하는 범주에 대한 표시일 뿐 양적 의미를 갖지 않으므로, 각 범주는 양적으로 크거나 작다든가, 많거나 적다든가 하는 정도와 밀도 등을 구별해주지 못하며, 등가인지(A=B), 아닌지(A≠B)를 단지 숫자나 기호로 대신 지칭해주는 것에 불과하다.

• 서열척도
측정대상의 분류는 물론 대상의 특수성 또는 속성에 따라 각 측정대상들의 등급순위를 결정하는 척도이다.

• 등간척도
측정대상의 특수한 속성에 따라 대상의 '크다/작다'의 구분뿐만 아니라 그 간격에 있어서의 동일함을 의미하는 동일성의 척도이다.

• 비율척도
등간척도가 지니는 성격에 더하여 절대 '0'의 값(절대영점)을 가짐으로써 비율의 성격을 지니는 척도이다. 가장 높은 수준의 측정척도로서, 명목·서열·등간척도의 특수성을 포함하는 동시에 절대영점을 가지며, 가장 많은 정보를 포함한다.

▌서스톤 척도 ▌

• 등간척도의 일종으로서, 어떤 사실에 대해 가장 긍정적인 태도와 가장 부정적인 태도를 나타내는 태도의 양극단을 등간적으로 구분하여 여기에 수치를 부여함으로써 척도를 구성하는 방법이다.
• 가능한 한 많은 진술들을 수집하여 평가자(Judges)로 하여금 척도에 포함될 문항들이 척도상의 어느 위치에 속할 것인지를 판단하도록 한 다음, 각 문항에 대한 전문 평가자들의 의견 일치도가 높은 항목들을 조사자가 골라서 척도를 구성한다.
• 일단의 평가자들에게 앞에서 정리된 문항들 하나하나를 자신들이 느끼는 대로 11개의 카테고리 가운데 적절한 위치에 서열적으로 배치하도록 요청한다.

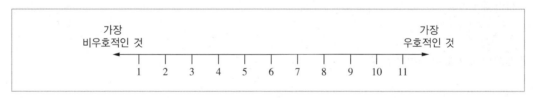

┃리커트 척도(총화평정척도)┃

- 인간의 태도를 측정하는 태도척도이다.
- 서열척도의 일종으로서, 척도의 신뢰도와 타당도를 높이기 위해 일련의 수 개 문항들을 하나의 척도로 사용하는 다문항척도이다.
- 일단의 태도문항들로 구성되어 있으며, 이들 제 문항은 거의 동일한 태도가치를 갖는다고 인정된다. 이들 각 문항에 대해 응답자는 찬성 또는 반대로 나타나는 데 있어서 선택적인 정도의 차를 표시하게 된다.
- 요인분석을 통해 각 문항들이 하나의 요인으로 묶이는가를 확인함으로써 단일차원성을 검증할 수 있다.
- 각 문항별 응답점수의 총합이 측정하고자 하는 개념을 대표한다는 가정에 근거한다.
- 전체 문항의 총점 또는 평균을 가지고 태도를 측정한다.
- 가장 큰 장점은 매우 경제적이라는 것이다. 서스톤 척도가 동일한 신뢰도를 얻기 위해 50개 정도의 문항이 필요하다면, 리커트 척도는 최종적으로 척도에 포함시킬 항목들의 수가 대개 조사자의 판단에 달려있으나 일반적으로 20~25개 항목으로 충분하다.
- 각 문항의 점수를 더한 총점으로는 각 문항에 대한 응답의 강도를 정확히 알 수 없다.
- 척도가 측정하고자 하는 개념을 제대로 측정하고 있는지의 문제가 여전히 남는다.

┃거트만 척도┃

- 태도의 강도에 대한 연속적 증가유형을 측정하고자 하는 척도로서, 초기에는 질문지의 심리적 검사를 위해 고안된 것이었으나, 최근 사회과학의 제 분야에서 널리 사용되고 있다.
- 서열척도의 일종으로서, 강도가 다양한 어떤 태도유형에 대해 가장 약한 표현으로부터 가장 강한 표현에 이르기까지 서열적 순서를 부여한다.
- 중요한 전제조건으로는 측정의 대상이 되는 척도가 하나의 요소이어야만 한다는 것이다(단일차원성).
- 특정점수를 형성하는 데 필요한 응답의 결합이 그보다 낮은 점수에 해당하는 모든 질문들에 대한 응답을 포함함으로써 누적적인 특성을 지닌다.
- 거트만 척도의 유용성을 검증하기 위해 재생가능성계수(CR)를 구한다. 일반적으로 재생가능성계수가 '0.9' 이상인 경우 바람직한 것으로 간주한다.

┃보가더스 사회적 거리척도┃

- 사회적 거리란 어떠한 집단 간의 친밀정도를 말하는 것이다.
- 서열척도의 일종으로서, 서스톤 척도와 마찬가지로 다수의 판정자들의 판정에 의해 척도가 결정된다.
- 소수민족, 사회계급 등에 대한 사회적 거리감의 정도를 측정하기 위해 연속적인 문항들을 동원한다.
- 소시오메트리(Sociometry)가 개인을 중심으로 하여 집단 내에 있어서의 개인 간의 친근관계를 측정하는 데 반해, 사회적 거리척도는 주로 집단 간(가족과 가족, 민족과 민족)의 친근 정도를 측정한다.

소시오메트리

- 사회성 측정법이라고도 하며, 소집단 내의 구성원들 사이에서 집단 내의 선택, 커뮤니케이션 및 상호작용의 패턴에 관한 자료를 수집하여 집단 자체의 역동적 구조나 상태를 알아보는 방법이다.
- 일반적으로는 소시오메트리라고 하면 모레노(Moreno)를 중심으로 하여 발전된 인간관계의 측정에 관한 방법을 말하는 것이 보통이다.
- 한정된 집단성원 간의 관계를 도출함으로써 집단의 성질, 구조, 역동성, 상호관계를 분석하는 일련의 방법이라고 볼 수 있다.
- 보가더스의 사회적 거리척도와 마찬가지로 사회적 거리를 측정한다. 다만, 사회적 거리척도가 단순히 집단 상호 간의 거리를 측정하는 데 비해, 소시오메트리는 소집단 내의 구성원들 사이에 가지는 호감과 반감을 측정하거나 또는 이러한 감정에 의해 나타나는 집단구조에 관심을 가진다.

의미분화 척도(어의차이척도, 어의(의미)분별척도)

- 오스굿(Osgood Scale)에 의하여 개발되기 시작하였다.
- 어떤 대상이 개인에게 주는 주관적인 의미를 측정하는 방법으로서, 하나의 개념을 여러 가지 의미의 차원에서 평가하도록 유도하는 방법이다.
- 일직선으로 도표화된 척도의 양극단에 서로 상반되는 형용사를 배열하여 양극단 사이에서 해당 속성에 대한 평가를 한다. 이때 개념이 갖는 본질적인 뜻을 몇 개의 차원에 따라 측정함으로써 태도의 변화를 좀 더 정확하게 파악하도록 한다.
- 보통 사용되는 척도는 5~7점 척도이다.

스타펠 척도(Stapel Scale)

태도의 방향과 그 강도를 측정하기 위해 사용된다. 특정 주제에 관련된 표현들의 세트를 개발하여 양수 값과 음수 값으로 이루어진 값의 범위를 정하고, 긍정적인 태도는 양수, 부정적인 태도는 음수로 응답할 수 있다.

대푯값과 산포도

- 대푯값

  분포의 중심위치를 나타내는 측정치이다.

  예 산술평균, 기하평균, 조화평균, 평방평균, 중위수, 최빈수, 사분위수, 백분위수 등

- 산포도

  자료의 분산 상황을 나타내는 수치로 변량 x와 그 분포 $F(x)$가 주어졌을 때, 그 분포의 중심적 위치의 측도를 m이라 할 때 $F(x)$의 m주위에서 흩어져 있는 정도를 나타내는 기술적 지표이다.

  예 범위, 사분위수 범위, 평균편차, 사분편차, 분산·표준편차, 변이계수(변동계수), 사분위편차계수, 평균편차 계수 등

산술평균($\overline{X}$)

n개의 수가 있을 때, 이들의 합을 개수로 나눈 것이다. 즉, 계산상 가장 간단한 방법으로 변수의 총합을 그 항의 개수로 나눈 값을 말한다.

$$\frac{1}{n}\sum x_i = \frac{(x_1 + x_2 + \cdots + x_n)}{n}$$

중위수(중앙값, 중앙치, M_e)

- 통계집단의 측정값을 크기순으로 배열했을 때 중앙에 위치한 수치를 말한다.
- X의 중위수를 M_e라 하면 n이 홀수일 경우 중위수는 $(n+1)/2$번째의 값이 되고, n이 짝수일 경우 중위수는 $n/2$번째의 값과 $n/2+1$번째의 값의 평균값이 된다.
- 극단적인 값의 영향을 받지 않으며, 중위수에 대한 편차의 절대치의 합은 다른 어떤 수에 대한 편차의 절대치의 합보다 작다.

최빈수(최빈값, M_o)

- 변량 X의 측정값 중에서 출현도수가 가장 많은 값을 말한다. 도수분포표에서는 도수가 가장 많은 계급의 계급 값이 최빈수가 된다.
- 최빈수는 빈도수가 가장 많이 발생한 관찰값이므로 중위수와 마찬가지로 자료 가운데 극단적인 이상점에 영향을 받지 않는다.
- 분포모양이 좌우대칭일 때에는 최빈수가 대체로 대표성이 있으며, 최빈수는 전형적인 값이므로 가장 납득하기 쉬운 대푯값이다.
- 경우에 따라 하나도 없거나 두 개 이상 존재할 수도 있다.
- 명목수준의 측정에서 사용하는 통계기법이다.

산술평균($\overline{X}$), 중위수(M_e), 최빈수(M_o)의 관계

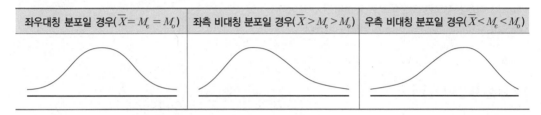

좌우대칭 분포일 경우($\overline{X}=M_e=M_o$)	좌측 비대칭 분포일 경우($\overline{X}>M_e>M_o$)	우측 비대칭 분포일 경우($\overline{X}<M_e<M_o$)

분산과 표준편차

- 분산은 편차의 제곱의 합을 자료의 수로 나눈 값이다.
- 모집단의 수를 N, 모집단의 평균을 μ, 모집단의 분산을 σ^2 그리고 표본의 수를 n, 표본의 평균을 $\overline{X}$, 표본의 분산을 S^2라 할 때, 모집단과 표본의 분산은 다음과 같다.

$$\sigma^2 = \frac{\sum (X_i - \mu)^2}{N} = \frac{1}{N}\sum X_i^2 - \mu^2$$
$$S^2 = \frac{\sum (X_i - \overline{X})^2}{n-1} = \frac{\sum X_i^2 - n\overline{X}^2}{n-1}$$

- 표준편차는 분산의 양의 제곱근이다.

$$표준편차(\sigma) = \sqrt{분산}$$

변이계수(변동계수, CV)

- 표준편차를 산술평균으로 나눈 값이다.
- 평균의 차이가 큰 두 집단의 산포를 비교할 때 이용한다.
- 단위가 다른 두 집단의 산포를 비교할 때 이용한다.
- 관찰치의 산포의 정도를 상대적으로 비교할 때 이용한다.
- 변이계수의 값이 큰 분포보다 작은 분포가 상대적으로 평균에 더 밀집되어 있는 분포이다.

왜 도

- 자료분포의 모양이 어느 쪽으로 얼마만큼 기울어져 있는가, 즉 비대칭 정도를 나타내는 척도이다.
- 왜도가 0이면 대칭분포를 이룬다(정규분포).
- 왜도가 0보다 크면 왼쪽으로 기울어진 분포이다.
- 왜도가 0보다 작으면 오른쪽으로 기울어진 분포이다.
- 왜도의 절댓값이 클수록 비대칭 정도는 커진다.

피어슨 대칭도(S_k)

$$S_k \simeq \frac{\overline{X} - M_o}{S} \simeq \frac{3(\overline{X} - M_e)}{S}$$

* S_k : 왜도, $\overline{X}$: 산술평균, M_o : 최빈수, M_e : 중위수

- S_k가 0이면 대칭분포를 이룬다($M_o = \overline{X}$).
- S_k가 0보다 크면 왼쪽으로 기울어진 분포이다($M_o < \overline{X}$).
- S_k가 0보다 작으면 오른쪽으로 기울어진 분포이다($M_o > \overline{X}$).
- $-1 < S_k < 1$

첨 도

- '첨도 = 3'이면 표준정규분포로 중첨이라고 한다.
- '첨도 > 3'이면 표준정규분포보다 정점이 높고 뾰족한 모양으로 급첨이라고 한다.
- '첨도 < 3'이면 표준정규분포보다 낮고, 무딘 모양으로 완첨이라고 한다.

▎사 상 ▎

• 표본공간의 부분집합을 말한다.

• 여사상

사상 A가 일어나지 않을 사상으로 A^c로 나타낸다. 사상 A^c가 일어날 확률은 전체 확률 1에서 사상 A가 일어날 확률을 뺀 것이다.

$$P(A^c) = 1 - P(A), \ P(A) + P(A^c) = 1$$

• 배반사상

A와 B 두 사상이 동시에 일어날 수 없는 사상이다. 사상 A와 B가 서로 동시에 일어날 수 없는 경우 A와 B를 배반사상이라 한다. A와 B가 배반사상이면 다음이 성립한다.

$$A \cap B = \varnothing$$

• 독립사상

A와 B 두 사상이 서로 영향을 미치지 않으면 두 사상 A와 B는 독립이라고 한다. A와 B가 서로 독립이면 다음이 성립한다.

$$P(A \cap B) = P(A)P(B)$$

▎조건부 확률 ▎

• 한 사건이 일어날 것을 전제로 다른 사건이 일어날 확률에 관한 것으로 일반적으로 $P(A|B) \neq P(B|A)$이다.

• B가 일어날 조건하에서 A가 일어날 확률 $P(A|B) = \dfrac{P(A \cap B)}{P(B)}$

• A가 일어날 조건하에서 B가 일어날 확률 $P(B|A) = \dfrac{P(A \cap B)}{P(A)}$

• A와 B가 상호독립일 경우 조건부 확률 $P(A|B) = P(A), \ P(B|A) = P(B)$

▮ 순 열 ▮

n개의 원소로 된 집합으로부터 한 번에 x개의 원소를 선택하여 이들 간에 순서를 정하여 늘어 놓는 방법을 순열이라 한다.

$$_nP_x = n(n-1)(n-2)\cdots(n-x+1) = \frac{n!}{(n-x)!} \ (\text{단, } n \geq x)$$

$$_nP_n = n(n-1)(n-2)\cdots 3 \times 2 \times 1 = n!$$

$$_nP_0 = 1, \ 0! = 1$$

▮ 조 합 ▮

n개의 원소로 된 집합으로부터 한 번에 x개의 원소를 순서에 관계없이 비복원으로 선택하는 방법을 조합이라 한다.

$$_nC_x = \frac{_nP_x}{x!} = \frac{n(n-1)(n-2)\cdots(n-x+1)}{x!} = \frac{n!}{x!(n-x)!}$$

$$_nC_x = {_nC_{n-x}}$$

$$_nC_n = {_nC_0} = 1$$

$$_nC_1 = n$$

▮ 중복조합 ▮

서로 다른 m개 중에서 중복을 허락하여 k개를 선택하는 조합의 수를 말한다.

$$_mH_k = {_{m+k-1}C_k}$$

▮ 확률변수의 기댓값 ▮

• n개의 배반사상 A_1, A_2, A_3, $\cdots$, A_n이 일어나면 변량 X가 각각 x_1, x_2, x_3, $\cdots$, x_n이라는 값을 취하고 또 X가 x_1, x_2, x_3, $\cdots$, x_n의 값을 취할 확률이 각각 p_1, p_2, p_3, $\cdots$, p_n일 때, $x_1 p_1 + x_2 p_2 + x_3 p_3 + \cdots + x_n p_n$을 변량 X의 기댓값이라 한다. 여기서 $p_1 + p_2 + p_3 + \cdots + p_n = 1$이다.

$$E(X) = \sum [x \times p(x)]$$

• 기댓값의 성질(단, a, b는 상수이고 X, Y는 확률변수)

$$
\begin{aligned}
&E(a) = a \\
&E(aX) = aE(X) \\
&E(X+b) = E(X) + b \\
&E(aX+b) = aE(X) + b \\
&E(X+Y) = E(X) + E(Y) \\
&E(X-Y) = E(X) - E(Y) \\
&E(XY) = E(X)E(Y), \quad X, \ Y \text{는 독립}
\end{aligned}
$$

확률변수의 분산·표준편차

• 확률분포의 분산은 확률변수가 취하는 값들이 기대치로부터 얼마나 흩어져 있는가를 나타내는 것이다.

$$
\begin{aligned}
&Var(X) = \sum x^2 p(x) - [E(X)]^2 \\
&Var(X) = E(X^2) - [E(X)]^2
\end{aligned}
$$

• 확률분포의 표준편차는 확률변수의 분산에 양의 제곱근을 취한 것을 말한다.

$$
\sqrt{Var(X)} = \sqrt{\sum x^2 p(x) - [E(X)]^2} = \sqrt{E(X^2) - [E(X)]^2}
$$

• 분산의 성질(단, a, b는 상수이고 X, Y는 확률변수)

$$
\begin{aligned}
&Var(a) = 0 \\
&Var(aX) = a^2 Var(X) \\
&Var(X+b) = Var(X) \\
&Var(aX+b) = a^2 Var(X) \\
&Var(X+Y) = Var(X) + Var(Y) + 2Cov(X, Y) \\
&Var(X-Y) = Var(X) + Var(Y) - 2Cov(X, Y)
\end{aligned}
$$

* $Cov(X, Y)$는 X와 Y의 공분산이며 X와 Y가 독립일 경우 0

이항분포 $B(n, p)$

- 어떤 시행에서 사건 A가 일어날 확률을 p, 사건 A가 일어나지 않을 확률을 $q(q = 1 - p)$라 하고 이 시행을 독립적으로 n회 되풀이할 때, 그 중에서 x회만 A가 일어날 확률은 ${}_n C_x p^x q^{n-x}(x = 0, 1, 2, \cdots, n)$이다.
- ${}_n C_x p^x q^{n-x}$로 되는 확률분포를 이항분포라 하고 $B(n, p)$로 나타낸다. 이항분포의 확률밀도함수는 다음과 같다.

$$f(x) = {}_n C_x p^x q^{n-x}$$

$x = 0, 1, \cdots, n$

$q = 1 - p$

- 이항분포의 시행횟수가 많아지면 이항분포는 정규분포와 모양이 유사해진다. 즉, 시행횟수가 n이고 성공확률이 p인 이항분포는 $np \geq 5$ 또는 $n(1-p) \geq 5$일 경우 평균이 np이고 분산이 $np(1-p)$인 정규분포와 비슷한 모양이 된다.
- 기댓값 $E(X) = np$
- 분산 $Var(X) = npq = np(1-p)$

포아송분포

- 일반적으로 단위시간, 단위면적 또는 단위공간 내에서 발생하는 어떤 사건의 횟수를 확률변수 X라 하면, 확률변수 X는 λ를 모수로 갖는 포아송분포를 따른다고 한다. 포아송분포의 확률밀도함수는 다음과 같다.

$$f(x) = \frac{e^{-\lambda} \lambda^x}{x!}$$

$x = 0, 1, 2, \cdots$

$e = 2.71818 \cdots = \lim_{n \to \infty} \left(1 + \frac{1}{n}\right)^n$

* λ : 단위시간, 단위면적 또는 단위공간 내에서 발생하는 사건의 평균값

- 포아송분포에서 분산은 λ와 같다.

정규분포

- 확률변수 X가 평균 μ, 표준편차 σ를 갖는 정규분포를 따를 때 다음과 같이 표현한다.

$$X \sim N(\mu, \sigma^2)$$

- 평균(μ)과 표준편차(σ)에 의해 그 위치와 모양이 결정된다. 정규분포의 평균은 분포의 위치를 나타내며, 표준편차는 분포의 모양을 나타낸다.
- 분산이 클수록 정규분포곡선이 양옆으로 퍼지는 모양이며 꼬리 부분이 두꺼워진다.
- 정규분포의 확률밀도함수는 평균을 중심으로 대칭적 종모양의 형태를 가진다.

- 정규분포의 평균 μ에 관해서 좌우대칭이고 이 점에서 최댓값을 가진다.
- 첨도는 3, 왜도는 0이다.
- 산술평균$(\overline{X})=$중위수$(M_e)=$최빈수(M_o)
- 분포의 평균과 표준편차가 어떠한 값을 가지더라도 정규곡선과 x축 사이의 전체면적은 1이다.
- 정규분포곡선은 x축과 맞닿지 않으므로 확률변수가 취할 수 있는 값의 범위는 $-\infty < X < \infty$ 이다.
- 확률밀도함수와 평균 및 표준편차와의 관계는 다음과 같다.

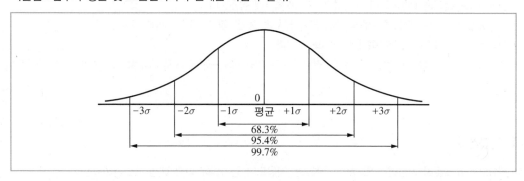

표준정규분포

- 평균이 0이고, 표준편차가 1이 되도록 만들어 주는 작업이다.
- 표준화 공식은 다음과 같다.

$$Z = \frac{X - \mu}{\sigma},\ Z \sim N(0, 1)$$

X : 확률변수, μ : 평균, σ : 표준편차

$X \sim N(\mu, \sigma^2)$

- 확률변수 X가 평균 μ와 분산 σ^2을 갖는 정규분포 $N(\mu, \sigma^2)$을 따를 때 값 $P(a < X < b)$는 다음과 같이 표현할 수 있다.

$$P(a < X < b) = P\left(\frac{a-\mu}{\sigma} < \frac{X-\mu}{\sigma} < \frac{b-\mu}{\sigma}\right) = P\left(\frac{a-\mu}{\sigma} < Z < \frac{b-\mu}{\sigma}\right)$$

▌t-분포 ▌

- 자유도에 따라 그 모양이 변하며, 0을 중심으로 하는 좌우대칭형으로서 자유도가 ∞일 때는 표준정규분포에 접근한다.
- 평균은 0이다.
- 평균을 중심으로 좌우대칭이다.
- 일반적으로 분산은 1보다 크나, 표본수가 커질수록 1에 접근한다.
- 자유도에 따라 다른 모양을 갖는다. 자유도가 클수록 중심부가 더 솟은 모양이 된다.
- 정규분포보다 꼬리가 두꺼우며 첨도는 3보다 크다.
- 표본의 크기 n이 작을 때 즉, $n \leq 30$일 경우에 주로 이용하며 모평균, 모평균의 차 또는 회귀계수의 추정이나 검정에 쓰인다.

▌F-분포 ▌

- 왼쪽으로 비스듬히 기울어져 있지만 그 정도는 자유도가 증가함에 따라 대칭성에 가까워진다.
- 항상 양의 값을 가지며 오른쪽 긴 꼬리 비대칭분포 형태를 이루고 있다.
- 두 정규모집단에서 확률로 추출한 표본으로부터 구한 두 표본분산과 두 모분산과의 관계를 이용하여 모분산비에 대한 추론을 하는 데 사용한다.
- 두 개의 분산을 비교, 추론하는 데 사용되는 것으로 두 집단의 분산의 동일성 검정에 사용된다.
- 확률변수 X가 $F_{(m,n)}$을 따를 때 $\frac{1}{X}$의 분포는 $F_{(n,m)}$을 따른다.

▌카이제곱(χ^2)분포 ▌

- 자유도의 크기에 따라 분포의 모양이 변하고, 자유도가 커지면 대칭에 가까워지며 여러 집단들 사이의 독립성 검정과 적합도 검정을 하는 데 주로 사용된다.
- 왼쪽으로 기울어진 연속형의 분포이다.
- 표준정규분포를 따르는 확률변수 $Z \sim N(0,1)$의 제곱 Z^2는 자유도 1인 카이제곱(χ^2)분포를 따르며, $Z_1^2 + Z_2^2 + \cdots + Z_n^2$는 자유도가 n인 카이제곱(χ^2)분포를 따른다.
- 자유도가 n인 카이제곱분포의 평균은 n이고, 분산은 $2n$이다.
- 모분산 σ^2이 특정한 값을 갖는지 여부를 검정하는 데 사용되는 분포이며, 두 범주형 변수 간의 독립성 검정과 적합도 검정을 하는 데 주로 사용된다.
- 여러 집단들 사이의 독립성 검정과 적합도 검정을 하는 데 주로 사용된다.

표본평균의 분포

- 모집단이 정규모집단이냐 아니냐에 따라서 그 분포가 다르게 나타난다.

- 정규모집단 $N(\mu, \sigma^2)$에서 크기 n인 표본의 표본평균 $\overline{X}$는 정규분포 $N(\mu, \frac{\sigma^2}{n})$을 따른다.

- 표본평균 $\overline{X}$을 표준화시킨 표준화 확률변수 $Z = \dfrac{\overline{X} - \mu}{\sigma / \sqrt{n}}$는 표준정규분포 $N(0, 1)$을 따른다.

- 모집단의 분포가 정규분포가 아닐 경우 표본평균 $\overline{X}$가 정규분포를 따른다고 할 수 없다. 그러나 표본의 크기가 충분히 클 때는 표본평균 $\overline{X}$의 분포는 정규분포로 볼 수 있다. 이것은 중심극한정리에 근거를 두고 있다.

중심극한정리

표본의 크기가 $n \geq 30$이면 대(大)표본으로 간주하여 모집단의 분포와 관계없이 표본평균 $\overline{X}$의 분포는 기댓값이 모평균 μ이고, 분산이 $\dfrac{\sigma^2}{n}$인 정규분포에 근사한다.

$$\overline{X} \sim N(\mu, \frac{\sigma^2}{n}), n \to \infty < N$$

체비셰프 부등식

- 표본의 평균으로 모평균이 속해있는 구간을 추정할 때, 구간의 길이를 조정하기 위해 유용하게 쓰인다.
- 확률변수의 값이 평균으로부터 표준편차의 일정 상수배 이상 떨어진 확률의 상한값 또는 하한값을 제시해 준다.

$$P(|X - \mu| \leq k\sigma) \geq 1 - \frac{1}{k^2}$$

바람직한 통계적 추정량의 결정기준

- 불편성

  추정량의 기대치가 추정할 모수의 실제값과 같을 때, 이 추정량은 불편성을 가졌다고 한다. 모수 θ의 추정량을 $\hat{\theta}$으로 나타내면 $\hat{\theta}$의 기댓값이 θ가 되는 성질이다. 즉, $E(\hat{\theta}) = \theta$이면 $\hat{\theta}$을 불편추정량이라 한다.

- 효율성

  추정량 $\hat{\theta}$이 불편추정량이고, 그 분산이 다른 추정량 $\hat{\theta}_i$에 비해 최소의 분산을 갖는 성질이다. 즉, $Var(\hat{\theta}_1) \geq Var(\hat{\theta}_2)$일 때 $\hat{\theta}_2$가 $\hat{\theta}_1$보다 효율성(유효성)이 크다고 한다.

- 일치성

  표본의 크기(n)가 커짐에 따라 추정량 $\hat{\theta}$이 확률적으로 모수 θ에 가깝게 수렴하는 성질이다. 즉, $\lim_{n \to \infty} P(|\hat{\theta} - \theta| < \epsilon) = 1$이다.

- 충분성

  모수에 대하여 가능한 많은 표본정보를 내포하고 있는 추정량의 성질이다.

표준오차

$$\frac{\sigma}{\sqrt{n}} \ (n\text{은 표본의 크기}, \ \sigma\text{는 모집단의 표준편차})$$

* σ를 알 수 없는 경우 σ 대신 표본표준편차인 $S = \sqrt{\sum (X_i - \overline{X})^2 / (n-1)}$ 을 대입

- 통계량의 표준편차를 표준오차라 한다.
- 표준오차는 모집단의 표준편차보다 언제나 작다.
- 모집단의 표준편차가 클수록 표준오차는 커진다.
- 표본크기가 클수록 표준오차는 작아진다.
- 일반적으로 어떤 불편추정량이 얼마나 좋은 추정량인가를 나타내는 방법으로 그 추정량의 표준편차를 이용한다 (표준편차가 작은 추정량이 더 좋은 추정량).

모평균/모분산/모표준편차/모비율의 점추정

- 모평균의 점추정

  모평균의 점추정량은 표본평균과 같다. 즉, 모집단 평균 μ의 불편추정량은 $\overline{X}$이다.

- 모분산의 점추정

  모분산의 점추정량은 표본분산과 같다. 즉, 모집단 분산 σ^2의 불편추정량은 S^2이다.

- 모표준편차의 점추정

  모표준편차의 점추정량은 표본표준편차와 같다. 즉, 모집단 표준편차 σ의 추정량은 S이다.

- 모비율의 점추정

  모비율이란 모집단 속에서 어떤 특정한 속성을 갖는 것의 비율이다. 모비율의 점추정량은 표본비율과 같다. 즉, 모집단 비율 p의 불편추정량은 $\hat{p}$이다.

신뢰도(신뢰수준)

신뢰수준 95%라 함은, 동일한 추정방법을 사용하여 신뢰구간을 100회 반복하여 추정한다면, 95회 정도는 동일한 결과가 나오는 것을 의미한다.

신뢰구간

일정한 구간을 제시하여 모수가 포함되었을 것이라고 제시한 구간을 신뢰구간이라 하며, 구간추정은 이 신뢰구간을 이용한 추정 방법이다. 즉, 구간추정에서 95% 신뢰구간이란 신뢰구간을 100회 반복하여 측정했을 때 95번은 그 구간 내에 모평균이 포함된다는 의미이다.

오차율과 신뢰계수

- 오차율(α)

  신뢰구간 내에 모집단 평균이 포함되지 않을 확률이다(신뢰도$=1-\alpha$).

신뢰도($1-\alpha$)	0.90(90%)	0.95(95%)	0.99(99%)
$Z_{\alpha/2}$	1.645	1.96	2.575

- 여기서 90%, 95%, 99%를 신뢰수준이라 하고, $Z_{0.05}=1.645$, $Z_{0.025}=1.96$, $Z_{0.005}=2.575$를 신뢰계수라 한다.

┃ 표본의 크기 ┃

- 모평균 추정 시

$$n \geq \frac{Z_{\alpha/2}^2 \times \sigma^2}{D^2}, \quad D(\text{오차한계}=\text{신뢰계수} \times \text{표준오차})$$

- 모비율 추정 시

$$n \geq \hat{p}(1-\hat{p})\left(\frac{Z_{\alpha/2}}{D}\right)^2, \quad \text{모비율을 모를 경우 } \hat{p}=\frac{1}{2} \text{을 대입한다.}$$

┃ 모평균의 $100(1-\alpha)$% 신뢰구간 ┃

모분산을 알고 있을 경우	$\overline{X} - Z_{\alpha/2}\dfrac{\sigma}{\sqrt{n}} \leq \mu \leq \overline{X} + Z_{\alpha/2}\dfrac{\sigma}{\sqrt{n}}$
모분산을 모르는 대표본($n \geq 30$)일 경우	$\overline{X} - Z_{\alpha/2}\dfrac{S}{\sqrt{n}} \leq \mu \leq \overline{X} + Z_{\alpha/2}\dfrac{S}{\sqrt{n}}$
모분산을 모르는 소표본($n < 30$)일 경우	$\overline{X} - t_{\alpha/2,\,n-1}\dfrac{S}{\sqrt{n}} \leq \mu \leq \overline{X} + t_{\alpha/2,\,n-1}\dfrac{S}{\sqrt{n}}$ * 자유도가 $n-1$인 t-분포 이용

┃ 모평균 차이의 $100(1-\alpha)$% 신뢰구간 ┃

모분산을 알고 있을 경우	$(\overline{X_1} - \overline{X_2}) - Z_{\alpha/2}\sqrt{\dfrac{\sigma_1^2}{n_1} + \dfrac{\sigma_2^2}{n_2}} \leq \mu_1 - \mu_2 \leq (\overline{X_1} - \overline{X_2}) + Z_{\alpha/2}\sqrt{\dfrac{\sigma_1^2}{n_1} + \dfrac{\sigma_2^2}{n_2}}$
모분산을 모르는 대표본($n \geq 30$)일 경우	$(\overline{X_1} - \overline{X_2}) - Z_{\alpha/2}\sqrt{\dfrac{S_1^2}{n_1} + \dfrac{S_2^2}{n_2}} \leq \mu_1 - \mu_2 \leq (\overline{X_1} - \overline{X_2}) + Z_{\alpha/2}\sqrt{\dfrac{S_1^2}{n_1} + \dfrac{S_2^2}{n_2}}$
모분산을 모르는 소표본($n < 30$)일 경우	$(\overline{X_1} - \overline{X_2}) - t_{\alpha/2,\,n-1}S_p\sqrt{\dfrac{1}{n_1} + \dfrac{1}{n_2}} \leq \mu_1 - \mu_2$ $\leq \mu_1 - \mu_2 \leq (\overline{X_1} - \overline{X_2}) + t_{\alpha/2,\,n-1}S_p\sqrt{\dfrac{1}{n_1} + \dfrac{1}{n_2}}$ * 자유도가 $n_1 + n_2 - 2$인 t-분포 이용

┃ 합동표본분산(S_p^2) ┃

$$S_p^2 = \frac{(n_1-1)S_1^2 + (n_2-1)S_2^2}{(n_1+n_2-2)}, \quad S_1^2 = \frac{\sum(X_1 - \overline{X_1})^2}{n_1 - 1}, \quad S_2^2 = \frac{\sum(X_2 - \overline{X_2})^2}{n_2 - 1}$$

▌대응표본인 경우 모평균 차이의 $100(1-\alpha)$% 신뢰구간 ▌

대표본($n \geq 30$)일 경우	$$\overline{D} - Z_{\alpha/2}\frac{S_D}{\sqrt{n}} \leq \mu_1 - \mu_2 \leq \overline{D} + Z_{\alpha/2}\frac{S_D}{\sqrt{n}}$$
소표본($n < 30$)일 경우	$$\overline{D} - t_{\alpha/2,\,n-1}\frac{S_D}{\sqrt{n}} \leq \mu_1 - \mu_2 \leq \overline{D} + t_{\alpha/2,\,n-1}\frac{S_D}{\sqrt{n}}$$ * 자유도가 $n-1$인 t-분포 이용

▌모비율/모비율 차이의 $100(1-\alpha)$% 신뢰구간 ▌

모비율	$$\hat{p} - Z_{\alpha/2}\sqrt{\frac{\hat{p}(1-\hat{p})}{n}} \leq p \leq \hat{p} + Z_{\alpha/2}\sqrt{\frac{\hat{p}(1-\hat{p})}{n}}$$
모비율 차이	$$\hat{p_1} - \hat{p_2} - Z_{\alpha/2}\sqrt{\frac{\hat{p_1}(1-\hat{p_1})}{n_1} + \frac{\hat{p_2}(1-\hat{p_2})}{n_2}} \leq p_1 - p_2$$ $$\leq \hat{p_1} - \hat{p_2} + Z_{\alpha/2}\sqrt{\frac{\hat{p_1}(1-\hat{p_1})}{n_1} + \frac{\hat{p_2}(1-\hat{p_2})}{n_2}}$$

▌모분산/모분산 비의 $100(1-\alpha)$% 신뢰구간 ▌

모분산	$$\frac{(n-1)S^2}{\chi^2_{\alpha/2,\,n-1}} \leq \sigma^2 \leq \frac{(n-1)S^2}{\chi^2_{1-\alpha/2,\,n-1}}$$
모분산 비	$$\frac{1}{F_{\alpha/2,\,m-1,\,n-1}}\frac{S_1^2}{S_2^2} \leq \frac{\sigma_1^2}{\sigma_2^2} \leq F_{\alpha/2,\,n-1,\,m-1}\frac{S_1^2}{S_2^2} \text{ 또는 } \frac{1}{F_{1-\alpha/2,\,m-1,\,n-1}}\frac{S_1^2}{S_2^2}$$

▌귀무가설(H_0) ▌

가설검정에서는 모집단의 모수에 대해서 어떤 조건을 가정하여 가설을 설정하는데 이때 이 가설을 귀무가설이라고 하며 H_0로 표기한다. '아무런 차이가 없다' 또는 '전혀 효과가 없다'는 내용을 의미하는 주장이며 주로 기존의 사실을 위주로 보수적으로 세운다.

▌대립가설(H_1) ▌

귀무가설과 반대되는 가설을 대립가설이라 하며, H_1으로 나타낸다. H_0와 H_1은 서로 배타적인 관계에 있고 동시에 성립할 수 없다. 대립가설은 '차이가 있다' 또는 '효과가 있다'는 귀무가설의 반대개념이다. 표본에 근거한 강력한 증거에 의해서 입증한다.

┃ 검정통계량과 임계치 ┃

- 검정통계량
  - 귀무가설의 채택 또는 기각 여부를 결정하는 데 사용되는 표본통계치이다
  - 검정통계량의 관측값이 기각역에 속하면 대립가설을 기각한다.
- 임계치
  - 주어진 유의수준에서 귀무가설의 채택 또는 기각을 결정하는 데 기준이 되는 값을 말한다.
  - 임계치 > 검정통계량 : 귀무가설 채택
  - 임계치 < 검정통계량 : 귀무가설 기각

┃ 유의수준과 유의확률 ┃

- 유의수준(α)
  - 통계적 가설검정에서, 귀무가설이 참인데도 불구하고 이를 기각하는 확률로서 위험률이라고도 한다.
  - 귀무가설이 옳을 때 모집단에서 추출한 임의표본($x_1, x_2, \cdots, x_n$)의 함수로서 정한 어떤 통계량의 실현 값이 미리 결정한 영역(기각역)에 포함될 확률이다.
- 유의확률($p-Value$)
  - 귀무가설이 사실이라는 전제하에 검정통계량이 표본에서 계산된 값과 같거나 그 값보다 대립가설 방향으로 더 극단적인 값을 가질 확률이다. 즉, 검정통계량 값에 대해서 귀무가설을 기각시킬 수 있는 최소의 유의수준으로 귀무가설이 사실일 확률이라 생각할 수 있다.
  - $\alpha > p-Value$: 귀무가설 기각
  - $\alpha < p-Value$: 귀무가설 채택

┃ 양측검정 ┃

가설검정에서 귀무가설을 기각할 영역이 양쪽에 위치하고 있는 것을 양측검정이라 한다.

$$H_0 : \theta = \theta_0$$
$$H_1 : \theta \neq \theta_0$$

* θ : 모수, θ_0 : 모수의 특정한 값

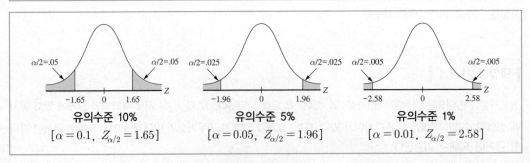

단측검정

- 가설검정에서 귀무가설을 기각할 영역이 한쪽에 위치하고 있는 것을 단측검정이라 한다.
- 우측검정

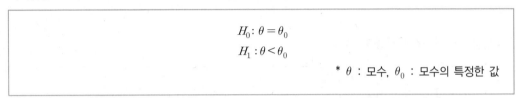

$$H_0 : \theta = \theta_0$$
$$H_1 : \theta > \theta_0$$

* θ : 모수, θ_0 : 모수의 특정한 값

- 좌측검정

$$H_0 : \theta = \theta_0$$
$$H_1 : \theta < \theta_0$$

* θ : 모수, θ_0 : 모수의 특정한 값

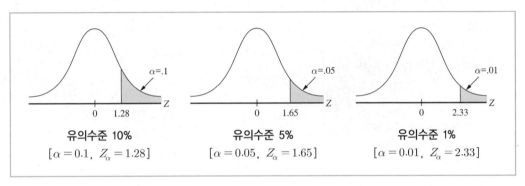

유의수준 10%	유의수준 5%	유의수준 1%
$[\alpha = 0.1,\ Z_\alpha = 1.28]$	$[\alpha = 0.05,\ Z_\alpha = 1.65]$	$[\alpha = 0.01,\ Z_\alpha = 2.33]$

제1종 오류와 제2종 오류

구 분	실제현상	
	귀무가설 참	귀무가설 거짓
귀무가설 채택	정확한 결론$(1-\alpha)$	제2종 오류(β)
귀무가설 기각	제1종 오류(α)	정확한 결론$(1-\beta)$

- 제1종 오류 : 귀무가설이 참임에도 귀무가설을 기각하는 과오를 제1종 오류(과오)라 하며, 제2종 오류보다 더 심각한 오류이다. 오류를 발생시킬 확률은 α(유의수준)이며 이때 α는 제1종 오류를 범할 확률의 최대허용한계를 뜻한다.
- 제2종 오류 : 귀무가설이 거짓임에도 귀무가설을 채택하는 오류를 제2종 오류라 하고, 과오를 발생시킬 확률을 β라 한다. 귀무가설이 거짓일 때 기각하는 옳은 결정의 확률$(1-\beta)$은 검정력이라고 한다.
- ※ 제1종 오류와 제2종 오류 중에 더 심각한 오류는 제1종 오류이다.

모평균에 대한 검정통계량

모분산을 알고 있을 경우	$Z = \dfrac{\overline{X} - \mu_0}{\sigma / \sqrt{n}}$
모분산을 모르는 대표본($n \geq 30$)일 경우	$Z = \dfrac{\overline{X} - \mu_0}{S / \sqrt{n}}$
모분산을 모르는 소표본($n < 30$)일 경우	$t = \dfrac{\overline{X} - \mu_0}{S / \sqrt{n}} \sim t_{n-1}$ * 자유도가 $n-1$인 t-분포 이용

모평균 차이에 대한 검정통계량

모분산을 알고 있을 경우	$Z = \dfrac{(\overline{X_1} - \overline{X_2})}{\sqrt{\dfrac{\sigma_1^2}{n_1} + \dfrac{\sigma_2^2}{n_2}}}$
모분산이 알려져 있지 않으나 동일한 경우	$t = \dfrac{(\overline{X_1} - \overline{X_2})}{S_p \sqrt{\dfrac{1}{n_1} + \dfrac{1}{n_2}}}$, S_P는 합동표본표준편차 $\sqrt{\dfrac{(n_1-1)S_1^2 + (n_2-1)S_2^2}{n_1 + n_2 - 2}}$ * 자유도가 $n_1 + n_2 - 2$인 t-분포 이용
모분산이 알려져 있지 않고 동일하지도 않은 경우	$Z = \dfrac{(\overline{X_1} - \overline{X_2})}{\sqrt{\dfrac{S_1^2}{n_1} + \dfrac{S_2^2}{n_2}}}$
대응표본인 경우	$t = \dfrac{\overline{D}}{S_D / \sqrt{n}}$ * 자유도가 $n-1$인 t-분포 이용

모비율/모비율 차이에 대한 검정통계량

모비율	$Z = \dfrac{\hat{p} - p_0}{\sqrt{p_0 (1 - p_0) / n}}$
모비율 차이	$Z = \dfrac{\hat{p_1} - \hat{p_2}}{\sqrt{\hat{p}(1 - \hat{p})(\dfrac{1}{n_1} + \dfrac{1}{n_2})}}$, $\hat{p}$는 합동표본비율 $\dfrac{x_1 + x_2}{n_1 + n_2}$

모분산 $\sigma_1^2 = \sigma_2^2$에 대한 가설검정

$\begin{aligned} H_0 &: \sigma_1^2 = \sigma_2^2 \\ H_1 &: \sigma_1^2 > \sigma_2^2 \text{ 또는 } H_1 : \sigma_1^2 \neq \sigma_2^2 \end{aligned}$	$F = \dfrac{S_1^2/\sigma_1^2}{S_2^2/\sigma_2^2}$
$\begin{aligned} H_0 &: \sigma_1^2 = \sigma_2^2 \\ H_1 &: \sigma_1^2 < \sigma_2^2 \end{aligned}$	$F = \dfrac{S_2^2/\sigma_2^2}{S_1^2/\sigma_1^2}$

통계분석에 사용하는 검정통계량

구 분	독립변수	종속변수
t검정	질적(범주형)	양적(연속형)
교차분석	질적(범주형)	질적(범주형)
분산분석	질적(범주형)	양적(연속형)
상관분석	양적(연속형)	양적(연속형)
회귀분석	양적(연속형)	양적(연속형)

카이제곱 독립성·동일성 검정

• 기대도수

$$E_{ij} = \frac{O_{i.} \times O_{.j}}{n}$$

$\quad$ * $O_{i.}$: 행의 합, $O_{.j}$: 열의 합, n : 전체관측도수

• 검정통계량

$$\chi^2 = \sum_{i=1}^{r} \sum_{j=1}^{c} \frac{(O_{ij} - E_{ij})^2}{E_{ij}} \sim \chi^2_{(r-1)(c-1)}$$

$\quad$ * O_{ij} : 관찰도수, E_{ij} : 기대도수

• 자유도

r행 c열 분할표에서 카이제곱 통계량의 자유도는 $(r-1) \times (c-1)$이다.

카이제곱 적합성 검정

• 기대도수

$$E_i = n\pi_i$$

* π_i : 미리 주어진 확률

• 검정통계량

$$\chi^2 = \sum_{i=1}^{k} \frac{(O_i - E_i)^2}{E_i} \sim \chi^2_{(k-1)}$$

* O_i : 관찰도수, E_i : 기대도수, $i = 1, 2, \cdots, k$

• 자유도

카이제곱 적합성 검정에서 통계량의 자유도는 $k-1$이다.

분산분석의 의의와 특징

• 세 집단 이상의 평균차이가 통계적으로 유의한가를 검정하는 분석방법이다.
• 세 개 이상 집단 간의 모평균을 비교함이 목적이다.
• 검정통계량은 F-분포를 사용한다.
• F값은 집단 간 분산을 집단 내 분산으로 나눈 값이다.
• 모수적 가설검정법이다.
• 집단 간 차이가 커지면 F값이 커진다.
• 각 집단별 자료의 수가 다를 수 있다.

분산분석의 기본가정

• 종속변수는 등간척도 또는 비율척도이어야 한다.
• 모집단의 분포는 정규분포를 이루어야 한다.
• 각 모집단의 분산(표준편차)은 동일해야 한다.
• 각 집단의 표본은 독립적이어야 한다.

▌분산분석의 오차항에 대한 기본 가정 ▌

- 독립성
  임의의 오차 ϵ_{ij}와 $\epsilon_{i'j'}$는 서로 독립이다.
- 정규성
  오차 ϵ_{ij}의 분포는 정규분포를 따른다.
- 등분산성
  오차 ϵ_{ij}의 분산은 σ_ϵ^2으로 어떤 i, j에 대해서도 같다.

▌일원배치 분산분석 ▌

- 개 념
  요인이 1개인 경우의 종속변수(반응변수)의 평균차이 분석에 사용한다.
- 구조식
  모평균 μ_i는 i번째 요인수준에서의 모평균을 나타낸다. ϵ_{ij}는 y_{ij}를 측정할 때 발생하는 오차를 나타내는 항이다.

$$y_{ij} = \mu + a_i + \epsilon_{ij}$$
$$* \ a_i = \mu_i - \mu, \ \sum a_i = 0, \ i = 1, 2, \cdots, p, \ j = 1, 2, \cdots, n_i$$

- 가설 설정

  귀무가설(H_0) : $\mu_1 = \mu_2 = \cdots = \mu_p(a_1 = a_2 = \cdots = a_p = 0)$
  대립가설(H_1) : 모든 μ_i가 같은 것은 아니다($i = 1, 2, \cdots, p$).

▌일원배치 분산분석표 ▌

요 인	제곱합	자유도	평균제곱	F
처리(집단 간)	$SSR = \sum_{i=1}^{p} \sum_{j=1}^{r} (\overline{y_i} - \overline{\overline{y}})^2$	$p-1$	$MSR = SSR/(p-1)$	$MSR/MSE \sim F_{\alpha, p-1, N-p}$
잔차(집단 내)	$SSE = \sum_{i=1}^{p} \sum_{j=1}^{r} (y_{ij} - \overline{y_i})^2$	$N-p$	$MSE = SSE/(N-p)$	
총 계	$SST = \sum_{i=1}^{p} \sum_{j=1}^{r} (y_{ij} - \overline{\overline{y}})^2$	$N-1$		

*$N = n_1 + n_2 + \cdots + n_p$, 즉 총관찰개수

상관분석

상관분석은 하나의 변수가 다른 변수와 어느 정도 적합 관련성을 갖고 변화하는지를 알아보기 위하여 사용된다.

공분산

- 두 변수 사이의 상관성을 나타내주는 지표이다.
- 공분산이란 X의 증감에 따른 Y의 증감에 대한 척도로서 $(X-\mu_X)(Y-\mu_Y) = (X-E(X))(Y-E(Y))$의 기댓값이다.
- $Cov(X, Y) = \sigma_{XY} = E[(X-\mu_X)(Y-\mu_Y)]$
- $Cov(X, Y) = E(XY) - E(X)E(Y)$
- $Cov(X, Y) = Cov(Y, X)$
- $Cov(aX+b, cY+d) = acCov(X, Y)$, (단, a, b, c, d는 상수)

상관계수

- 대상변수들의 측정에 사용된 척도가 등간·비율척도일 때 하나의 변수와 다른 변수와의 선형 관련성을 분석하는 데 이용된다.
- 두 변수 X, Y의 종류나 특정 단위에 관계없는 측도를 구하기 위해 공분산을 X, Y의 표준편차로 나누어 표준화하여 구한다.

$$-1 \leq Corr(X, Y) = \frac{Cov(X, Y)}{\sigma_X \sigma_Y} = \frac{\sum (X_i - \mu_X)(Y_i - \mu_Y)}{\sqrt{\sum (X_i - \mu_X)^2} \sqrt{\sum (Y_i - \mu_Y)^2}} \leq 1$$

- 두 변수에 대한 n개 표본이 주어졌을 때, 이들 표본에 대한 상관계수를 표본상관계수 r로 나타낸다.

$$r = \frac{Cov(X, Y)}{S_X S_Y} = \frac{S_{XY}}{S_X S_Y}$$

$$= \frac{\sum (X_i - \overline{X})(Y_i - \overline{Y})}{\sqrt{\sum (X_i - \overline{X})^2} \sqrt{\sum (Y_i - \overline{Y})^2}} = \frac{\sum X_i Y_i - n\overline{X}\,\overline{Y}}{\sqrt{\sum X_i^2 - n\overline{X}^2} \sqrt{\sum Y_i^2 - n\overline{Y}^2}}$$

$$* \; -1 \leq r \leq 1, \; S_X : X의 \; 표준편차, \; S_Y : Y의 \; 표준편차$$

상관계수의 특징

- −1에서 1 사이의 값을 갖는다.
- 상관계수가 음의 값을 가지면 부(Negative)의 상관관계가, 양의 값을 가지면 정(Positive)의 상관관계가 있음을 의미한다. 또한 r값이 0에 가까울수록 상관관계가 약한 것을 의미하고 ±1에 가까울수록 강한 상관관계가 있음을 의미한다.
- 상관계수가 0이면 변수 간에 선형연관성이 없는 것이지 곡선의 연관성은 있을 수 있다.
- 두 확률변수가 서로 독립이면 상관계수는 0이다.
- $Corr(X, Y) = Corr(aX+b, cY+d)$ (단, $ac>0$)
- $Corr(X, Y) =- Corr(aX+b, cY+d)$ (단, $ac<0$)
- 임의의 상수 a, b에 대하여 $Y=a+bX$와 같이 X와 선형관계가 있다면, $b>0$일 때 상관계수는 1이고 $b<0$일 때 상관계수는 −1이다.

산점도

산점도는 좌표평면상에 이차원 자료 (x, y)를 타점하여 나타낸 통계 그래프이다. 상관분석 또는 회귀분석을 할 때 산점도를 그려서 변수들 간의 상호 연관성(선형·비선형의 여부, 이상점 존재 여부, 자료의 군집 형태, 회귀직선의 타당성, 오차분산의 등분산성·독립성 등)을 대략적으로 파악해볼 수 있다.

회귀분석

- 독립변수가 종속변수에 미치는 영향을 분석하거나, 독립변수에 따라 종속변수의 변화를 예측하기 위해서 사용하는 통계기법이다.
- 종류
  - 단순회귀분석 : 독립변수가 1개일 때, 독립변수와 종속변수 간의 선형관계를 분석한다.
  - 다중회귀분석 : 독립변수가 2개 이상일 때, 독립변수와 종속변수 간의 선형관계를 분석한다.

단순회귀모형

- 구조식

$$y_i = \alpha + \beta x_i + \epsilon_i$$
$$* \ i = 1, 2, \cdots, n, \ E(\epsilon_i) = 0, \ Var(\epsilon_i) = \sigma^2$$

- 오차항의 기본 가정
  - 정규성 : 오차항 ϵ_i은 정규분포를 따른다.
  - 등분산성 : 오차항 ϵ_i의 분산은 모든 i에 대하여 같다.
  - 독립성 : 임의의 오차항 ϵ_i와 $\epsilon_{i'}$는 독립이다.
- 최소제곱법
  회귀계수의 추정방법 중에서 잔차($e_i = y_i - \hat{y_i}$)의 제곱합을 최소로 하는 방법을 최소제곱법이라 한다.

$$b = \frac{S_{xy}}{S_{xx}} = \frac{\sum(x_i - \bar{x})(y_i - \bar{y})}{\sum(x_i - \bar{x})^2} = \frac{\sum x_i y_i - n\bar{x}\bar{y}}{\sum x_i^2 - n\bar{x}^2}, \ a = \bar{y} - b\bar{x} = \frac{1}{n}\sum y_i - b\frac{1}{n}\sum x_i$$

  - 추정된 회귀직선은 $\hat{y_i} = a + bx_i$이다(a, b는 회귀계수).
  - a는 추정된 회귀선의 절편이라 하고, b는 기울기라 한다. a, b, $\hat{y_i}$는 α, β, y_i의 추정값이다.
  - a는 $x_i = 0$에서 $\hat{y_i}$값이며, b는 x_i가 한 단위 증가할 때에 $\hat{y_i}$의 증가량을 나타낸다.
  - $b = r\dfrac{S_y}{S_x} = r\dfrac{\sqrt{\sum(y_i - \bar{y})^2}}{\sqrt{\sum(x_i - \bar{x})^2}} = \dfrac{\sum(x_i - \bar{x})(y_i - \bar{y})}{\sum(x_i - \bar{x})^2}$
  - $b > 0$이면, $r > 0$이어서 양의 상관관계를 갖는다.
  - $b < 0$이면, $r < 0$이어서 음의 상관관계를 갖는다.
  - $b = 0$이면, $r = 0$이어서 상관관계를 갖지 않는다.

단순회귀모형 분산분석표

요 인	제곱합(SS)	자유도(df)	평균제곱(MS)	F
회 귀	$SSR = \sum_{i=1}^{n}(\hat{y_i} - \bar{y})^2$	1	$MSR = SSR/1$	MSR/MSE $\sim F_{(\alpha, 1, n-2)}$
잔 차	$SSE = \sum_{i=1}^{n}(y_i - \hat{y_i})^2$	$n-2$	$MSE = SSE/(n-2)$	
전 체	$SST = \sum_{i=1}^{n}(y_i - \bar{y})^2$	$1 + (n-2) = n-1$		

잔차($e_i = y_i - \hat{y_i}$)의 성질

- $\sum e_i = 0$
- $\sum x_i e_i = 0$
- $\sum \hat{y_i} e_i = 0$
- $\sum y_i = \sum \hat{y_i}$

결정계수

- 결정계수는 총변동 SST 중에서 SSR이 차지하는 비중을 결정계수(R^2)라 한다.

$$R^2 = \frac{SSR}{SST} = 1 - \frac{SSE}{SST}$$

- 단순선형회귀에서는 상관계수(r)의 제곱이 결정계수(R^2)가 된다.

$$R^2 = r^2 = \left(\frac{S_{XY}}{S_X S_Y} \right)^2$$

- $0 \leq R^2 \leq 1$
- 결정계수는 설명력을 의미하는 수치이다.
- 모든 측정값이 한 직선상에 놓이면 R^2의 값은 1이다.
- R^2은 독립변수의 수가 늘어날수록 증가하는 경향이 있다.
- 단순회귀분석에서 결정계수는 상관계수의 제곱이지만 다중회귀분석에서는 상관계수의 제곱과 동일하지 않다.
- x와 y 사이에 회귀관계가 전혀 존재하지 않아 추정회귀직선의 기울기 b_1이 0인 경우에는 결정계수 R^2은 0이 된다.

┃ 단순회귀계수의 유의성 검정 ┃

• 가설 설정

> 귀무가설(H_0) : 회귀계수 β는 유의하지 않다($\beta = 0$).
> 대립가설(H_1) : 회귀계수 β는 유의하다($\beta \neq 0$).

• 검정통계량

$$t = \frac{b - \beta}{\sqrt{Var(b)}} = \frac{b - \beta}{\sqrt{MSE/S_{xx}}} \sim t_{(n-2)}$$

┃ 중회귀분석 ┃

• 구조식

$$y_i = \beta_0 + \beta_1 x_{1i} + \beta_2 x_{2i} + \cdots + \beta_k x_{ki} + \epsilon_i$$
$$* \ k : \text{독립변수의 개수}, \ i = 1, 2, \cdots, n$$

• 추 정

위의 중회귀모형을 행렬로 표시하면 $Y = Xb + \epsilon$로 나타난다. 여기서 회귀계수벡터 β의 추정량은 $b = (\beta_0, \beta_1, \cdots,$ $\beta_k)'$로 정의된다. 이때 b의 추정치는 $\hat{b} = (X'X)^{-1}X'y$이고 분산-공분산 행렬은 $Var(b) = (X'X)^{-1}\sigma^2$이다 (단, X'는 X의 전치행렬이다).

┃ 중회귀분석의 분산분석표 ┃

요 인	제곱합(SS)	자유도(df)	평균제곱(MS)	F
회 귀	$SSR = \sum_{i=1}^{n}(\hat{y_i} - \overline{y})^2$	k	$MSR = SSR/k$	MSR/MSE $\sim F_{(\alpha, k, n-k-1)}$
잔 차	$SSE = \sum_{i=1}^{n}(y_i - \hat{y_i})^2$	$n-k-1$	$MSE = SSE/(n-k-1)$	
전 체	$SST = \sum_{i=1}^{n}(y_i - \overline{y})^2$	$k+(n-k-1) = n-1$		

"오늘 당신의 노력은 아름다운 꽃의 물이 될 것입니다."

그러나, 이 꽃을 볼 때 사람들은 이 꽃의 아름다움과 향기만을 사랑하고 칭찬하였지, 이 꽃을 그렇게 아름답게 어여쁘게 만들어 주는 병 속의 물은 조금도 생각지 않는 것이 보통입니다.

만일 이 꽃병 속에 들어 있는 물을 죄다 쏟아 버리고 빈 병에다 이 꽃을 꽂아 보십시오. 아무리 아름답고 어여쁜 꽃이기로서니 단 한 송이의 꽃을 피울 수 있으며, 단 한 번이라도 꽃 향기를 날릴 수 있겠는가?

우리는 여기서 아무리 본바탕이 좋고 아름다운 꽃이라도 보이지 않는 물의 숨은 힘이 없으면 도저히 그 빛과 향기를 자랑할 수 없는 것을 알았습니다.

– 방정환의 「우리 뒤에 숨은 힘」 중 –

2018년
기출문제

기출문제해설

제1과목 | 조사방법론 Ⅰ

01

다음 질문문항의 주된 문제점에 해당하는 것은?

> 여러 백화점 중에서 귀하가 특정 백화점만을 고집하여 간다고 한다면 그 주된 이유는 무엇입니까?

① 단어들의 뜻이 명확하지 않다.
② 하나의 항목에 두 가지의 질문 내용이 포함되어 있다.
③ 지나치게 자세한 응답을 요구하고 있다.
④ 임의로 응답자들에 대한 가정을 두고 있다.

해설
특정 백화점만을 고집하여 간다는 가정을 두고 있다.

02

개별적인 질문이 결정된 이후 응답자에게 제시하는 질문순서에 관한 설명으로 틀린 것은?

① 특수한 것을 먼저 묻고 그 다음에 일반적인 것을 질문하도록 하는 것이 좋다.
② 연상작용이 가능한 질문들의 간격은 멀리 떨어뜨리는 것이 좋다.
③ 개인 사생활에 관한 질문과 같이 민감한 질문은 가급적 뒤로 배치하는 것이 좋다.
④ 질문은 논리적인 순서에 따라 자연스럽게 배치하는 것이 좋다.

해설
질문지 내의 질문들을 그 성격에 따라 깔때기 형태로 배열하는 것이 좋다. 처음에는 가장 일반적이고 포괄적인 질문을 놓고, 그 다음에는 보다 특수한 질문을 놓으며, 나중에는 가장 세부적이고 특수한 질문을 놓는다.

03

질적 연구에 관한 설명으로 틀린 것은?

① 소규모 분석에 유리하고 자료분석 시간이 많이 소요된다.

② 주관적 동기의 이해와 의미해석을 하는 현상학적·해석학적 입장이다.

③ 수집된 자료는 타당성이 있고 실질적이나 신뢰성이 낮고 일반화는 곤란하다.

④ 연구참여자와 연구자 간에 상호작용을 통해 연구가 진행되므로 가치지향적이지 않고 편견이 개입되지 않는다.

> **해설**
>
> 질적 연구는 주관적·해석적 사회과학의 연구방법으로 편견이 개입될 가능성이 높으며, 발견지향적, 과정지향적, 탐색적, 확장주의적, 서술적, 귀납적이다.

04

조사계획서에 포함되어야 할 일반적인 내용에 해당하지 않는 것은?

① 조사의 목적과 조사 일정　　　　　② 조사의 잠정적 제목

③ 조사결과의 요약 내용　　　　　　④ 조사일정과 조사참여자의 프로파일

> **해설**
>
> 조사계획서이므로 조사결과의 내용은 포함되지 않는다.

05

사회과학 연구방법을 연구목적에 따라 구분할 때, 탐색적 연구의 목적에 해당하는 것을 모두 고른 것은?

> ㄱ. 개념을 보다 분명하게 하기 위해
> ㄴ. 다음 연구의 우선순위를 정하기 위해
> ㄷ. 많은 아이디어를 생성하고 임시적 가설개발을 위해
> ㄹ. 사건의 카테고리를 만들고 유형을 분류하기 위해
> ㅁ. 이론의 정확성을 판단하기 위해

① ㄱ, ㄴ, ㄷ　　　　　　　　　　② ㄱ, ㄷ, ㄹ

③ ㄴ, ㄹ, ㅁ　　　　　　　　　　④ ㄴ, ㄷ, ㄹ, ㅁ

> **해설**
>
> 탐색적 연구의 목적
> • 보통 연구문제에 대한 사전지식이 부족하거나 개념을 보다 분명히 하기 위해 실시한다.
> • 정확한 조사연구 및 가설 설계를 위한 명제 정립을 목적으로 한다.
> • 조사설계를 확정하기 이전 타당도를 검증하기 위해 실시한다.
> • 연구의 우선순위를 정하고 문제의 중요 부분에 대한 실태를 파악하기 위해 실시한다.

06

다음에서 설명하고 있는 것은?

추상적 구성개념이나 잠재변수의 값을 측정하기 위하여, 측정할 내용이나 측정 방법을 구체적으로 정확하게 표현하고 의미를 부여하는 것으로, 추상적 개념을 관찰 가능한 형태로 표현해 놓은 것이다.

① 조작적 정의(Operational Definition)
② 구성적 정의(Constitutive Definition)
③ 기술적 정의(Descriptive Definition)
④ 가설 설정(Hypothesis Definition)

해설
조작적 정의는 추상적인 개념들을 경험적·실증적으로 측정이 가능하도록 구체화한 것이다.

07

관찰법(Observation Method)의 분류기준에 관한 설명으로 틀린 것은?

① 관찰이 일어나는 상황이 인공적인지 여부에 따라 자연적/인위적 관찰로 나누어진다.
② 관찰시기가 행동발생과 일치하는가 여부에 따라 체계적/비체계적 관찰로 나누어진다.
③ 피관찰자가 관찰사실을 알고 있는가 여부에 따라 공개적/비공개적 관찰로 나누어진다.
④ 관찰주체 또는 도구가 무엇인가에 따라 인간의 직접적/기계를 이용한 관찰로 나누어진다.

해설
관찰조건이 표준화되어 있는지 여부에 따라 체계적(통제)/비체계적(비통제)관찰로 나누어진다.

08

이론으로부터 가설을 도출한 후 경험적 관찰을 통하여 검증하는 탐구방식은?

① 귀납적 방법
② 연역적 방법
③ 기술적 연구
④ 분석적 연구

해설
연역법
이미 참으로 인정된 보편적 원리를 가지고 현상에 연역시켜 설명하는 방법으로, 법칙과 이론으로부터 어떤 현상에 대한 설명과 예측을 도출하는 방법으로 이해할 수 있다. '가설설정 → 조작화 → 관찰·경험 → 검증'의 과정을 거친다.

09

면접조사에 관한 설명과 가장 거리가 먼 것은?

① 면접 시 조사자는 질문뿐 아니라 관찰도 할 수 있다.

② 같은 조건하에서 우편설문에 비하여 높은 응답률을 얻을 수 있다.

③ 여러 명의 면접원을 고용하여 조사할 때는 이들을 조정하고 통제하는 것이 요구된다.

④ 가구소득, 가정폭력, 성적 경향 등 민감한 사안의 조사 시 잘 활용된다.

해설

면접조사는 조사자(면접자)가 연구문제에 대한 적절한 해답을 구하기 위해 마련한 질문에 대해 응답자와 직접 대면한 상태에서 질문하는 상호 간의 직접적인 역할상황이다. 따라서 민감한 사안의 조사에는 적합하지 않다.

10

자료수집방법에 대한 비교설명으로 옳은 것은?

① 인터넷조사는 우편조사에 비해서 비용이 많이 소요된다.

② 전화조사는 면접조사에 비해서 시간이 많이 소요된다.

③ 인터넷조사는 다른 조사에 비해 시각보조자료의 활용이 곤란하다.

④ 면접조사는 다른 조사에 비해 라포(Rapport)의 형성이 용이하다.

해설

① 우편조사는 면접조사 등에 비해 비용이 적게 소모되는 것이 장점이지만 상대적으로 인터넷조사가 조사비용이 더 적게 소요된다.

② 전화조사는 적은 비용으로 단시간에 조사할 수 있어 비용과 신속성 측면에서 매우 경제적인 것이 장점이다. 반면 면접조사는 비용과 시간이 많이 소요된다는 단점이 있다.

③ 인터넷 화면을 통해 시각보조자료의 활용이 가능하다.

11

과학적 연구에서 이론의 역할을 모두 고른 것은?

> ㄱ. 연구의 주요 방향을 결정하는 토대가 된다.
> ㄴ. 현상을 개념화하고 분류하도록 한다.
> ㄷ. 사실을 예측하고 설명해준다.
> ㄹ. 지식을 확장시킨다.
> ㅁ. 지식의 결함을 지적해준다.

① ㄱ, ㄴ, ㄹ

② ㄴ, ㄷ, ㅁ

③ ㄱ, ㄷ, ㄹ, ㅁ

④ ㄱ, ㄴ, ㄷ, ㄹ, ㅁ

12

다음 중 참여관찰에서 윤리적인 문제를 겪을 가능성이 가장 높은 관찰자 유형은?

① 완전참여자(Complete Participant)
② 완전관찰자(Complete Observer)
③ 참여자로서의 관찰자(Observer as Participant)
④ 관찰자로서의 참여자(Participant as Observer)

해설

완전참여자 유형은 연구자의 신분을 공개하지 않고 연구대상자들의 활동에 참여한다. 참여관찰의 유형 중 가장 객관성을 유지하기 어려우며 윤리적 및 과학적 문제가 발생할 수 있다.

13

질문지 설계 시 고려할 사항과 가장 거리가 먼 것은?

① 지시문의 내용
② 자료수집방법
③ 질문의 유형
④ 표본추출방법

해설

질문 작성의 준비
• 질문 작성의 단계에 이르기 전에 문제의 명백한 규정은 물론, 관계 문헌 및 자료조사, 연구문제에 대한 기본전제 및 가설 설정, 실태조사를 위한 표본 결정이 완료되어 있어야 한다.
• 연구의 범위와 차원이 결정됨으로써 질문지에 포함될 질문의 내용, 질문의 수 등을 결정할 수 있는 준거가 마련된다.

14

인과관계의 일반적인 성립조건과 가장 거리가 먼 것은?

① 시간적 선행성(Temporal Precedence)
② 공변관계(Covariation)
③ 비허위적 관계(Lack of Spuriousness)
④ 연속변수(Continuous Variable)

해설

인과관계의 일반적인 성립조건
• 시간적 선후관계 : 원인이 되는 사건이나 현상이 시간적으로 결과보다 먼저 발생해야 한다.
• 동시변화성의 원칙(공변관계) : 원인이 되는 현상이 변화하면, 결과적인 현상도 항상 같이 변화해야 한다.
• 비허위적 관계 : 외부의 영향력을 배제한 상태에서 순수하게 두 변수만의 관계를 볼 수 있어야 한다.

15

다음 중 집단 구성원들 간의 인과관계를 분석하고 그 강도나 빈도를 측정하여 집단 자체의 구조를 파악하고 자 할 때 적합한 방법은?

① 투사법(Projective Technique)
② 사회성측정법(Sociometry)
③ 내용분석법(Content Analysis)
④ 표적집단면접법(Focus Group Interview)

해설
① 응답자의 대답이 불충분하거나 모호할 때 추가질문을 통해 정확한 대답을 이끌어내는 면접조사상의 방법
③ 여러 가지 문서화된 매체들을 중심으로 연구대상에 필요한 자료들을 수집하는 방법
④ 초점집단면접이라고도 하며, 면접 진행자가 동질의 소수의 집단을 대상으로 특정 주제에 대해 자유롭게 토론을 하여 필요한 정보를 얻는 방법

16

인터넷 서베이조사에 관한 설명으로 틀린 것은?

① 실시간 리포팅이 가능하다.
② 개인화된 질문과 자료 제공이 용이하다.
③ 설문응답과 동시에 코딩이 가능하다.
④ 응답자의 지리적 위치에 따라 비용이 발생한다.

해설
통신망상에서 이루어지기 때문에 지리적 위치에 따라 비용이 발생하지 않는다.

17

다음 중 집단조사에 대한 설명으로 틀린 것은?

① 비용과 시간을 절약하고 동일성을 확보할 수 있다.
② 주위의 응답자들과 의논할 수 있어 왜곡된 응답을 줄일 수 있다.
③ 학교나 기업체, 군대 등의 조직체 구성원을 조사할 때 유용하다.
④ 조사대상에 따라서는 집단을 대상으로 한 면접방식과 자기기입방식을 조합하여 실시하기도 한다.

해설
조사대상자가 옆 사람이나 다른 사람의 영향을 받을 가능성이 있다(동조효과).

18

다음 중 설문지 사전검사(Pre-test)의 주된 목적은?

① 응답자의 분포를 확인한다.
② 질문들이 갖고 있는 문제들을 파악한다.
③ 본조사의 결과와 비교할 수 있는 자료를 얻는다.
④ 조사원들을 훈련한다.

해설

사전검사는 본조사에 들어가기에 앞서 질문지 초안이 작성된 후 마지막 단계에서 질문지의 문제점을 찾아내기 위한 작업으로 본조사에서 실시하는 것과 똑같은 절차와 방법으로 질문지가 잘 구성되어 있는지를 시험해보는 것이다.

19

가설의 적정성을 평가하기 위한 기준과 가장 거리가 먼 것은?

① 매개변수가 있어야 한다.
② 동의어가 반복적이지 않아야 한다.
③ 경험적으로 검증될 수 있어야 한다.
④ 동일 분야의 다른 이론과 연관이 있어야 한다.

해설

가설은 일반적으로 독립변수와 종속변수의 관계의 형태로 표명된다.

20

2017년 특정한 3개 고등학교(A, B, C)의 졸업생들을 모집단으로 하여 향후 10년간 매년 일정시점에 표본을 추출하여 조사를 한다면 어떤 조사에 해당하는가?

① 횡단조사　　　　　　　　　　　② 서베이 리서치
③ 코호트조사　　　　　　　　　　④ 사례조사

해설

코호트조사는 일정 기간 동안 어떤 한정된 부분 모집단(특정 3개 고등학교의 졸업생을 매년 일정시점에 표본 추출)의 변화(10년간)를 연구하는 것으로서, 특정 경험을 같이 하는 사람들이 가지는 특성들에 대해 두 번 이상의 다른 시기에 걸쳐서 비교·연구하는 방법이다.

21

다음 중 내용분석에 관한 설명으로 틀린 것은?

① 분석대상에 영향을 미친다.
② 시간과 비용 측면에서의 경제성이 있다.
③ 일정기간 동안 진행되는 과정에 대한 분석이 용이하다.
④ 연구 진행 중에 연구계획의 부분적인 수정이 가능하다.

해설

내용분석은 여러 가지 문서화된 매체들을 중심으로 연구대상에 필요한 자료들을 수집하는 방법이다. 문헌연구의 일종으로 비개입적 연구이다. 따라서 분석대상에 영향을 미치지 않는다.

22

탐색적 조사(Exploratory Research)에 관한 설명으로 옳은 것은?

① 시간의 흐름에 따라 일반적인 대상집단의 변화를 관찰하는 조사이다.
② 어떤 현상을 정확하게 기술하는 것을 주목적으로 하는 조사이다.
③ 동일한 표본을 대상으로 일정한 시간간격을 두고 반복적으로 측정하는 조사이다.
④ 연구문제의 발견, 변수의 규명, 가설의 도출을 위해서 실시하는 조사로서 예비적 조사로 실시한다.

해설

탐색적 조사는 조사설계를 확정하기 이전 연구문제의 발견, 변수규명, 가설도출 등을 위해 예비적으로 실시하는 것이다. 보통 연구문제에 대한 사전지식이 부족하거나 개념을 보다 분명히 하기 위해 실시한다.

23

순수실험설계와 유사실험설계를 구분하는 기준으로 가장 적합한 것은?

① 독립변수의 설정
② 비교집단의 설정
③ 종속변수의 설정
④ 실험대상 선정의 무작위화

해설

순수실험설계의 가장 큰 특징은 실험대상을 선정할 때, 무작위화를 거치는 것이다. 또한, 독립변수의 조작, 측정의 시기 및 측정대상에 대한 통제 등이 연구자의 의도에 따라 가능한 실험설계로서 외생변수의 영향을 효율적으로 제거할 수 있는 설계방법이다. 유사실험설계는 독립변수의 조작에 있어서 실험조작에 대한 시기, 대상, 그리고 집단의 무작위적인 선택에 있어서 충분한 통제가 가능하지 않은 경우 적절하게 사용할 수 있으며, 비동질 통제집단의 설정은 유사실험설계의 특징 중 하나이다.

24

패널조사에 관한 설명으로 틀린 것은?

① 특정 조사대상자들을 선정해 놓고 반복적으로 실시하는 조사방식을 의미한다.
② 종단적 조사의 성격을 지닌다.
③ 반복적인 조사 과정에서 성숙효과, 시험효과가 나타날 수 있다.
④ 패널 운영 시 자연 탈락된 패널구성원은 조사결과에 크게 영향을 미치지 않는다.

해설

패널조사는 '패널(Panel)'이라 불리는 특정 응답자 집단을 정해 놓고 그들로부터 상당히 긴 시간 동안 지속적으로 연구자가 필요로 하는 정보를 획득하는 방법이다. 따라서 패널을 관리하는 것이 어려우며, 탈락된 패널구성원은 조사결과에 영향을 미친다.

25

개방형 질문의 특징에 관한 설명으로 틀린 것은?

① 응답자들의 모든 가능한 의견을 얻어낼 수 있다.
② 탐색조사를 하려는 경우 특히 유용하게 이용될 수 있다.
③ 응답내용의 분류가 어려워 자료의 많은 부분이 분석에서 제외되기도 한다.
④ 질문에 대해 중립적인 입장을 가진 사람만을 대상으로 조사하더라도 극단적인 결론이 얻어진다.

해설

극단적이란 것은 어느 한쪽으로 대답이 몰리는 것을 의미한다. 개방형 질문은 응답자들이 질문에 대해 자유롭게 응답하는 방법이기 때문에 중립적인 입장을 가진 사람만을 대상으로 조사하면 극단적인 결론이 얻어지지 않을 것이다.

26

다음 사례에서 사용한 조사설계는?

> 저소득층의 중학생들을 대상으로 무작위로 실험집단과 통제집단에 각각 50명씩 할당하여 실험집단에는 한 달간 48시간의 학습프로그램 개입을 실시하였고, 통제집단은 아무런 개입 없이 사후조사만 실시하였다.

① 통제집단 사전-사후검사설계(Pretest-posttest Control Group Design)
② 통제집단 사후검사설계(Posttest-only Control Group Design)
③ 단일집단 사전-사후검사설계(One-group Pretest-posttest Design)
④ 정태집단 비교설계(Static Group Comparison Design)

해설

사전검사가 없으므로 통제집단 사후검사설계이다. 통제집단 사후검사설계는 실험대상자를 무작위로 할당한 후 사전검사 없이 실험집단에 대해서는 조작을 가하고 통제집단에 대해서는 아무런 조작을 가하지 않은 채 그 결과를 서로 비교하는 방법이다.

27

면접조사에서 질문의 일반적인 원칙과 가장 거리가 먼 것은?

① 조사대상자가 가능한 비공식적인 분위기에서 편안한 자세로 대답할 수 있어야 한다.
② 질문지에 있는 말 그대로 질문해야 한다.
③ 조사대상자가 대답을 잘 하지 못할 경우 필요한 대답을 유도할 수 있다.
④ 문항은 하나도 빠짐없이 물어야 한다.

해설

일정한 대답이 나오도록 유도하거나 이를 암시해서는 안 된다.

28

연구자들의 신념체계를 구성하는 과학적 연구방법의 기본 가정과 가장 거리가 먼 것은?

① 진리는 절대적이다.
② 모든 현상과 사건에는 원인이 있다.
③ 자명한 지식은 없다.
④ 경험적 관찰이 지식의 원천이다.

해설

과학적 방법의 기본 가정
• 모든 현상과 사건에는 원인이 있다.
• 자명한 지식은 없다.
• 경험적 관찰이 지식의 원천이다.
• 현상을 이해하고 설명할 수 있다.

29

연구의 단위(Unit)를 혼동하여 집합단위의 자료를 바탕으로 개인의 특성을 추리할 때 저지를 수 있는 오류는?

① 집단주의 오류
② 생태주의 오류
③ 개인주의 오류
④ 환원주의 오류

해설

생태주의 오류는 분석단위를 집단에 두고 얻은 연구의 결과를 개인에게 동일하게 적용함으로써 발생하는 오류이다. 즉, 집합단위의 자료를 바탕으로 개인의 특성을 추리할 때 저지를 수 있는 오류이다.

30

다음 설명에 해당하는 가설의 종류는?

> • 수집된 자료에서 나타난 차이나 관계가 진정한 것이 아니라 우연의 법칙으로 생긴 것으로 진술한다.
> • 변수들 간에 관계가 없다거나 혹은 집단들 간에 차이가 없다는 식으로 서술한다.

① 대안가설   ② 귀무가설

③ 통계적 가설   ④ 설명적 가설

해설

① 대립가설이라고 하며, 귀무가설에 대립되는 가설로서 귀무가설이 거짓일 때 채택하기 위해 설정하는 가설이다.
③ 어떤 특징에 대해 둘 이상의 집단 간의 차이나 한 집단 내 또는 몇 집단 간의 관계, 표본 또는 모집단 특징의 점추정 등을 묘사하기 위해 설정하는 것이다. 표본에 의한 모집단의 확률분포를 예상하는 진술로서, 주로 표본의 평균비교를 통해 이루어진다.
④ 사실과 사실 간의 관계를 설명해주는 가설을 말한다. 여기서 설명이란 어떤 사물에 관련되는 기존 지식체계 또는 그것으로부터의 연역(귀납)에 의해 그 사물의 필연성이나 인과관계 등을 제시하는 것이다.

제2과목   **조사방법론 II**

31

다음 중 신뢰성의 개념과 가장 거리가 먼 것은?

① 안정성   ② 일관성

③ 동시성   ④ 예측가능성

해설

신뢰도와 유사한 표현으로서 신빙성, 안정성, 일관성, 예측성 등이 있다.

32

측정 수준에 대한 설명으로 틀린 것은?

① 서열척도는 각 범주 간에 크고 작음의 관계를 판단할 수 있다.
② 비율척도에서 0의 값은 자의적으로 부여되었으므로 절대적 의미를 가질 수 없다.
③ 명목척도에서는 각 범주에 부여되는 수치가 계량적 의미를 갖지 못한다.
④ 등간척도에서는 각 대상 간의 거리나 크기를 표준화된 척도로 표시할 수 있다.

해설

절대영점은 '0'의 수치가 절대적인 의미를 가지는 것을 의미한다.

33

군집표집(Cluster Sampling)에 대한 설명으로 틀린 것은?

① 군집이 동질적이면 오차의 가능성이 낮다.
② 전체모집단의 목록표를 작성하지 않아도 된다.
③ 단순무작위표집에 비해 시간과 비용을 절약할 수 있다.
④ 특정 집단의 특성을 과대 혹은 과소하게 나타낼 위험이 있다.

해설

집단(집락)이 동질적이면 오차의 개입가능성이 높고, 표본추출 오류를 측정하기 어렵다.

34

다음 중 일정한 특성을 지니는 모집단의 구성비율에 일치하도록 표본을 추출함으로써 모집단을 대표할 수 있는 표집방법은?

① 할당표집(Quota Sampling)
② 눈덩이표집(Snowball Sampling)
③ 유의표집(Purposive Sampling)
④ 편의표집(Convenience Sampling)

해설

할당표집은 모집단을 일정한 카테고리로 나눈 다음, 이들 카테고리에서 정해진 요소수를 작위적으로 추출하는 방법이다. 모집단을 구성하고 있는 각 계층을 골고루 적절히 대표하도록 함으로써 모집단의 대표성이 비교적 높다.

35

총학생 수가 2,000명인 학교에서 800명을 표집할 때의 표집률은?

① 25%
② 40%
③ 80%
④ 100%

해설

표집률은 모집단에서 개별 요소가 선택될 비율이다.

$$\frac{표본의\ 크기}{모집단의\ 크기} = \frac{800}{2,000} = 0.4$$

∴ 40%

36

내용타당도(Content Validity)에 관한 설명으로 옳은 것은?

① 통계적 검증이 가능하다.
② 측정대상의 모든 속성들을 파악할 수 있다.
③ 조사자의 주관적 해석과 판단에 의해 결정되기 쉽다.
④ 다른 측정결과와 비교하여 관련성 정도를 파악한다.

해설

내용타당도는 측정항목이 연구자가 의도한 내용대로 실제로 측정하고 있는가 하는 문제이다. 논리적 사고에 입각한 논리적인 분석과정으로 판단하는 주관적인 타당도로서, 객관적인 자료에 근거하지 않는다.

37

연구대상의 속성을 일정한 규칙에 따라서 수량화하는 것을 무엇이라 하는가?

① 척 도
② 측 정
③ 요 인
④ 속 성

해설

측정이란 추상적 · 이론적 세계를 경험적 세계와 연결시키는 수단이다. 즉, 이론을 구성하고 있는 개념이나 변수들을 현실세계에서 관찰이 가능한 자료와 연결시키는 과정이다. 일반적으로 묘사대상이 되는 사상(事象)에 수치를 부여한다는 의미로 사용된다.

38

척도구성방법 중 인종, 사회계급과 같은 여러 가지 형태의 사회집단에 대한 사회적 거리를 측정하기 위한 척도는?

① 서스톤 척도(Thurstone Scale)
② 보가더스 척도(Borgardus Scale)
③ 거트만 척도(Guttman Scale)
④ 리커트 척도(Likert Scale)

해설

② 보가더스 척도는 서열척도의 일종으로서, 소수민족, 사회계급 등에 대한 사회적 거리감의 정도를 측정하기 위해 연속적인 문항들을 동원하는 척도이다.

① 서스톤 척도는 등간척도의 일종으로, 어떤 사실에 대해 가장 긍정적인 태도와 가장 부정적인 태도를 나타내는 태도의 양극단을 등간적으로 구분하여 여기에 수치를 부여하는 척도이다.

③ 거트만 척도는 서열척도의 일종으로서, 강도가 다양한 어떤 태도유형에 대해 가장 약한 표현으로부터 가장 강한 표현에 이르기까지 서열적 순서를 부여한다.

④ 리커트 척도는 서열척도의 일종으로서, 척도의 신뢰도와 타당도를 높이기 위해 일련의 수 개 문항들을 하나의 척도로 사용하는 다문항척도이다.

39

표집오차(Sampling Error)에 대한 일반적인 설명으로 틀린 것은?

① 표본의 크기가 클수록 표집오차는 작아진다.
② 표본의 분산이 작을수록 표집오차는 작아진다.
③ 표본의 크기가 같을 경우 할당표집에서보다 층화표집에서 표집오차가 더 크다.
④ 표본의 크기가 같을 경우 단순무작위표집에서보다 집락표집에서 표집오차가 더 크다.

해설

할당표집은 비확률표집으로 표집오차의 추정이 불가능하다.

40

다음 중 1,500명의 표본을 대상으로 국민들의 소비성향 조사를 하려할 때 최소의 비용으로 표집오차를 가장 효과적으로 감소시킬 수 있는 방법은?

① 표본수를 10배로 증가시킨다.
② 모집단의 동질성 확보를 위한 연구를 한다.
③ 조사요원을 증원하고 이들에 대한 훈련을 철저히 한다.
④ 전 국민을 대상으로 철저한 단순무작위표집을 실행한다.

[해설]

표본이 클수록 이질적인 모집단보다는 동질적인 모집단의 경우 표본추출오차가 줄어든다. 최소한의 비용으로 표집오차를 감소시키기 위해서는 표본을 늘리거나 조사요원을 교육하는 것보다는 모집단의 동질성을 확보하는 것이 더 효과적이다.

41

측정에 관한 설명으로 틀린 것은?

① 관념적 세계와 경험적 세계 간의 교량역할을 한다.
② 통계분석에 활용할 수 있는 정보를 제공해준다.
③ 측정수준에 관계없이 통계기법의 적용은 동일하다.
④ 측정대상이 지니고 있는 속성에 수치나 기호를 부여하는 것이다.

[해설]

측정은 사상의 통계적 처리를 가능하게 한다. 측정의 수준에 따라 사용할 수 있는 통계기법이 달라진다.

42

척도제작 시 요인분석(Factor Analysis)의 활용과 가장 거리가 먼 것은?

① 문항들 간의 관련성 분석
② 척도의 구성요인 확인
③ 척도의 신뢰성 계수 산출
④ 척도의 단일 차원성에 대한 검증

[해설]

요인분석(Factor Analysis)
• 다수의 상호 연관된 변수·문항들을 보다 제한된 수의 차원이나 공통요인으로 분류하는 통계분석기법이다.
• 요인분석의 기본원리는 항목들 간의 상관관계가 높은 것끼리 하나의 요인으로 묶어내며, 요인들 간에는 상호독립성을 유지하도록 하는 것이다.
• 하나의 요인으로 묶인 측정항목들은 하나의 개념을 측정하는 것으로 간주할 수 있고, 요인 간에는 서로 상관관계가 없으므로 각 요인들은 서로 상이한 개념이 된다. 여기서 요인 내의 항목들은 수렴적 타당도에 해당되며, 요인 간에는 차별적 타당도가 적용되는 것으로 해석할 수 있다.

43

서스톤(Thurstone) 척도는 척도의 수준으로 볼 때 어느 척도에 해당하는가?

① 등간척도
② 서열척도
③ 명목척도
④ 비율척도

해설

서스톤 척도는 등현등간척도라고도 하며, 어떤 사실에 대해 가장 긍정적인 태도와 가장 부정적인 태도를 나타내는 태도의 양극단을 등간적으로 구분하여 여기에 수치를 부여하는 척도이다.

44

연구에서 설정한 개념을 실제 현상에서 측정이 가능하도록 관찰 가능한 형태로 표현하는 것은?

① 개념적 정의
② 조작적 정의
③ 이론적 정의
④ 구성적 정의

해설

조작적 정의는 개념적 정의 이후의 단계로 측정 과정의 마지막 단계로서 분석의 단위를 카테고리별로 분류하는 과정을 의미한다. 추상적인 개념들을 경험적·실증적으로 측정이 가능하도록 구체화한 것이며, 개념적 정의와 조작적 정의가 반드시 일치하는 것은 아니나 최대한 일치하도록 정의해야 한다.

45

비확률표본추출방법에 해당하는 것은?

① 할당표집(Quota Sampling)
② 층화표집(Stratified Random Sampling)
③ 군집표집(Cluster Sampling)
④ 단순무작위표집(Simple Random Sampling)

해설

표본추출
• 확률표본추출 : 단순무작위표본추출, 계통적 표본추출, 층화표본추출, 집락(군집)표본추출, 연속표본추출 등
• 비확률표본추출 : 편의표본추출, 할당표본추출, 유의표본추출, 임의표본추출, 배합표본추출, 누적표본추출 등

46

신뢰도 추정방법 중 동일측정도구를 동일상황에서 동일대상에게 서로 다른 시간에 측정한 측정결과를 비교하는 것은?

① 재검사법
② 복수양식법
③ 반분법
④ 내적 일관성 분석

해설
② 두 개 이상의 유사한 측정도구를 사용하여 동일한 표본에 적용한 결과를 서로 비교하여 신뢰도를 측정하는 방법
③ 복수양식법의 변형으로 측정도구를 임의로 반으로 나누어 각각 독립된 두 개의 척도로 사용함으로써 신뢰도를 측정하는 방법
④ 단일의 신뢰도 계수를 계산할 수 없는 반분법의 문제점을 고려하여, 가능한 한 모든 반분신뢰도를 구한 다음 그 평균값을 신뢰도로 추정하는 방법

47

다음 (   )에 알맞은 것은?

> 서로 다른 개념을 측정했을 때 얻은 측정값들 간에는 상관관계가 낮아야만 한다는 것이다. 즉, 서로 다른 두 개의 개념을 측정한 측정값의 상관계수가 낮게 나왔다면 그 측정방법은 (   )타당성이 높다고 할 수 있다.

① 예측(Predictive)
② 동시(Concurrent)
③ 판별(Discriminant)
④ 수렴(Convergent)

해설
① 기준타당도의 한 종류로서 어떠한 행위가 일어날 것이라고 예측한 것과 실제 대상자 또는 집단이 나타낸 행위 간의 관계를 측정하는 것이다.
② 기준타당도의 한 종류로서 새로운 검사를 제작했을 때 새로 제작한 검사의 타당도를 위해 기존에 타당도를 보장받고 있는 검사와의 유사성 혹은 연관성에 의해 타당도를 검정하는 방법이다.
④ 개념타당도의 한 종류로서 동일한 개념을 측정하기 위해 서로 다른 측정방법을 사용하여 측정으로 얻은 측정치들 간에 높은 상관관계가 존재해야 함을 전제로 한다.

48

다음에서 설명하고 있는 측정의 종류는?

> 어떤 사물이나 사건의 속성을 측정하기 위해 관련된 다른 사물이나 사건의 속성을 측정하는 것이다. 대표적인 예로 밀도(Density)는 어떤 사물의 부피와 질량의 비율로 정의하며, 이 경우 밀도는 부피와 질량 사이의 비율을 통해 간접적으로 측정하게 된다.

① A급 측정(Measurement of A Magnitude)
② 추론측정(Derived Measurement)
③ 임의측정(Measurement by Fiat)
④ 본질측정(Fundamental Measurement)

해설

①·④ 속성의 본질적인 법칙에 따라 숫자를 부여하여 측정하는 것으로 본질측정을 A급 측정이라고도 한다.
③ 어떤 속성과 측정값 간에 관계가 있다고 가정을 하고 측정하는 것이다.

49

매개변수(Intervening Variable)에 관한 설명으로 옳은 것은?

① 원인변수 혹은 가설변수라고 하는 것으로서 사전에 조작되지 않은 변수를 의미한다.
② 결과변수라고 하며, 독립변수의 원인을 받아 일정하게 변화된 결과를 나타내는 기능을 하는 변수를 의미한다.
③ 결과변수에 영향을 미치면서도 그 이유를 제대로 설명하지 못하는 변수를 의미한다.
④ 개입변수라고도 불리며, 종속변수에 일정한 영향을 주는 변수로 독립변수에 의하여 설명되지 못하는 부분을 설명해 주는 변수를 말한다.

해설

④ 독립변수와 종속변수 간에 직접적인 관련이 없으나 제3의 변수가 두 변수의 중간에서 매개자 역할을 하여 두 변수 간에 간접적인 관계를 맺도록 하는 변수이다.
① 독립변수는 원인변수 또는 가설변수라고도 불리며, 실험연구에서 독립변수는 연구자에 의해 조작되는 변수를 의미한다.
② 종속변수에 해당하는 설명이다.

50

종업원이 친절할수록 패밀리 레스토랑의 매출액이 증가한다는 가설을 검증하고자 할 경우, 레스토랑의 음식 맛 역시 매출에 영향을 미친다면 음식의 맛은 어떤 변수인가?

① 종속변수　　　　　　　　　② 매개변수
③ 외생변수　　　　　　　　　④ 조절변수

해설

외생변수는 독립변수와 종속변수 간에 상관관계가 있는 것처럼 보이지만 실제로는 두 변수가 우연히 어떤 변수와 연결됨으로써 마치 인과적 관계가 있는 것처럼 보이도록 하는 모든 변수이다. 종업원이 친절할수록 패밀리 레스토랑의 매출액이 증가한다는 가설에서 종업원의 친절은 독립변수, 레스토랑의 매출은 종속변수이다. 가설을 검증할 때에는 독립변수와 종속변수 간의 관계만 검증해야 하지만 레스토랑의 음식 맛이라는 변수가 개입함으로써 매출에 영향이 생겼으므로 음식의 맛은 외생변수이다.

51

다음 중 신뢰성을 높일 수 있는 방법과 가장 거리가 먼 것은?

① 측정항목의 수를 줄인다.
② 측정항목의 모호성을 제거한다.
③ 중요한 질문의 경우 동일하거나 유사한 질문을 2회 이상 한다.
④ 조사대상자가 잘 모르거나 관심이 없는 내용은 측정하지 않는다.

해설

측정도구가 충분히 믿을 만한 것이 못될 경우 동일한 종류와 질을 가진 항목을 추가로 사용하도록 한다. 측정항목을 보다 많이 사용한다는 것은 실제 측정치가 진실된 값에 보다 근접할 가능성을 높이는 것이며, 이를 통해 신뢰도를 증가시키는 것이다.

52

어떤 제품의 선호도를 조사하기 위하여 "아주 좋아한다, 좋아한다, 싫어한다, 아주 싫어한다"와 같은 선택지를 사용하였다. 이는 어떤 척도로 측정된 것인가?

① 서열척도　　　　　　　　　② 명목척도
③ 등간척도　　　　　　　　　④ 비율척도

해설

서열척도는 측정대상의 분류는 물론 대상의 특수성 또는 속성에 따라 각 측정대상들의 등급순위를 결정하는 척도이다. 단지 상대적 등급순위만을 결정할 뿐 각 등급 간의 차이는 문제로 삼지 않는다.

53

다음 중 표본의 대표성이 가장 큰 표본추출방법은?

① 편의표집(Convenience Sampling)
② 판단표집(Judgement Sampling)
③ 군집표집(Cluster Sampling)
④ 할당표집(Quota Sampling)

해설
③ 확률표본추출방법, ①·②·④ 비확률표본추출방법에 해당한다. 확률표본추출방법은 표본의 대표성이 있으며, 비확률표본추출은 인위적 표본추출로 대표성 확보에 어려움이 있다.

54

다음 중 표본추출과정에 해당되지 않는 것은?

① 표본프레임 결정
② 조사연구 자금 확보
③ 표집방법 결정
④ 모집단의 결정

해설
표본추출과정은 일반적으로 '모집단 결정 → 표본프레임 결정 → 표본추출방법 결정 → 표본크기 결정 → 표본추출 실행'을 따른다.

55

다음 ( ) 안에 들어갈 알맞은 것은?

사회조사에서 측정을 할 때 두 가지의 문제를 고려해야 한다. 첫째, 측정하고자 하는 내용을 제대로 측정하고 있는가에 관한 (ㄱ)의 문제이고, 둘째, 반복적으로 측정했을 때 같은 결과를 얻을 수 있는가에 관한 (ㄴ)의 문제이다.

① ㄱ : 타당성, ㄴ : 신뢰성
② ㄱ : 신뢰성, ㄴ : 타당성
③ ㄱ : 신뢰성, ㄴ : 동일성
④ ㄱ : 동일성, ㄴ : 타당성

56

비확률표본추출법과 비교한 확률표본추출방법의 특징을 모두 고른 것은?

> ㄱ. 연구대상이 표본으로 추출될 확률이 알려져 있음
> ㄴ. 표본오차 추정 불가능
> ㄷ. 모수 추정에 조사자의 주관성 배제
> ㄹ. 인위적 표본추출

① ㄱ
② ㄱ, ㄷ
③ ㄴ, ㄹ
④ ㄴ, ㄷ, ㄹ

해설

ㄴ. 확률표본추출방법은 표본오차의 추정이 가능하다.
ㄹ. 확률표본추출방법은 무작위적 표본추출을 한다.

57

4년제 대학에 다니는 대학생의 정치의식을 조사하기 위해 학년(Grade)과 성(Sex)에 따라 할당표집을 할 때 표본추출을 위한 할당범주는 몇 개인가?

① 2개
② 4개
③ 8개
④ 16개

해설

4(학년)×2(성별)=8

58

측정오차의 발생원인과 가장 거리가 먼 것은?

① 통계분석기법
② 측정방법 자체의 문제
③ 측정시점에 따른 측정대상자의 변화
④ 측정시점의 환경요인

해설

측정오차의 주요 근원
- 측정자에 의한 오차
- 측정대상에 의한 오차(③)
- 측정대상들의 편견(고정반응, 사회적 적절성 편견, 문화적 차이 등)
- 사회가 바람직하다고 생각하는 편향
- 측정도구와 측정대상자의 상호작용

- 측정도구 · 방법상의 문제(②)
- 측정대상자의 표기상 오차와 분석과정상의 문제
- 인간의 지적 특수성에 의한 오차
- 시간 · 장소적인 제약에서 오는 오차
- 환경적 요인의 변화(④)

59

다음은 어떤 척도를 활용한 것인가?

> 학원에 다니는 수강생의 만족도를 측정하기 위한 방법으로 '긍정적–부정적, 능동적–수동적' 등과 같은 대칭적 형용사를 제시하고 응답자들이 각 문항에 대해 1부터 7까지의 연속선상에서 평가하도록 하였다.

① 거트만 척도(Guttman Scale)
② 리커트 척도(Likert Scale)
③ 서스톤 척도(Thurstone Scale)
④ 의미분화 척도(Semantic Differential Scale)

해설

① 태도의 강도에 대한 연속적 증가유형을 측정하고자 하는 척도이다. 특정점수를 형성하는 데 필요한 응답의 결합이 그보다 낮은 점수에 해당하는 모든 질문들에 대한 응답을 포함함으로써 누적적인 특성을 지닌다.
② 서열척도의 일종으로 인간의 태도를 측정하는 태도척도이다. 척도의 신뢰도와 타당도를 높이기 위해 일련의 수 개 문항들을 하나의 척도로 사용하는 다문항척도이다. 전체 문항의 총점 또는 평균을 가지고 태도를 측정한다.
③ 등간척도의 일종으로, 어떤 사실에 대해 가장 긍정적인 태도와 가장 부정적인 태도를 나타내는 태도의 양극단을 등간적으로 구분하여 여기에 수치를 부여함으로써 척도를 구성한다.

60

다음 중 군집표집의 추정 효율이 가장 높은 경우는?

① 집락 간 평균이 서로 다른 경우
② 각 집락이 모집단의 축소판일 경우
③ 각 집락 내 관측값들이 비슷할 경우
④ 각 집락마다 집락들의 특성이 서로 다른 경우

해설

군집표집은 모집단 목록에서 구성요소에 대해 여러 가지 이질적인 구성요소를 포함하는 여러 개의 집락 또는 집단으로 구분한 후 집락을 표집단위로 하여 무작위로 몇 개의 집락을 표본으로 추출한 다음, 표본으로 추출된 집락에 대해 그 구성요소를 전수조사하는 방법이다. 따라서 추출된 집락이 모집단의 축소판일 경우 추정 효율이 높다.

61

사건 A의 발생확률이 1/5인 임의실험을 50회 반복하는 독립시행에서 사건 A가 발생한 횟수의 평균과 분산은?

① 평균 : 10, 분산 : 8
② 평균 : 8, 분산 : 10
③ 평균 : 7, 분산 : 11
④ 평균 : 11, 분산 : 7

해설

사건의 발생 확률을 1/5이고, 독립적으로 50회 반복하므로 확률변수 X를 사건 A가 발생한 횟수라고 할 때 X는 이항분포 $B(50, 1/5)$를 따른다. 이항분포의 기댓값은 $E(X) = 50 \times 1/5 = 10$이고 분산은 $Var(X) = 50 \times 1/5 \times (1 - 1/5) = 8$이다.

62

다음 분산분석표의 각 (   ) 안에 들어갈 값으로 옳은 것은?

요 인	자유도	제곱합	평균제곱	F값	유의확률
인 자	1	199.34	199.34	(C)	0.099
잔 차	6	315.54	(B)		
계	(A)	514.88			

① $A : 7$ $B : 1893.24$ $C : 9.50$
② $A : 7$ $B : 1893.24$ $C : 2.58$
③ $A : 7$ $B : 52.59$ $C : 3.79$
④ $A : 7$ $B : 52.59$ $C : 2.58$

해설

$A = 1 + 6 = 7$, $B = \dfrac{315.54}{6} = 52.59$, $C = \dfrac{199.34}{B} = \dfrac{199.34}{52.59} \fallingdotseq 3.79$

63

집단 A에서 크기 n_A의 임의표본(평균 m_A, 표준편차 s_A)을 추출하고, 집단 B에서는 크기 n_B의 임의표본(평균 m_B, 표준편차 s_B)을 추출하였다. 두 집단의 산포(散布)를 비교하는 데 적합한 통계치는?

① $m_A - m_B$
② m_A / m_B
③ $s_A - s_B$
④ s_A / s_B

해설

산포는 단순히 평균만 가지고는 비교할 수 없다. 집단의 크기가 같지 않으므로 표준편차의 차로 산포를 비교하는 것 역시 불가능하다.

64

일원배치법의 모형 $Y_{ij} = \mu + \alpha_i + \epsilon_{ij}$에서 오차항 ϵ_{ij}의 가정에 대한 설명으로 틀린 것은?

① 오차항 ϵ_{ij}는 정규분포를 따른다.
② 오차항 ϵ_{ij}는 서로 독립이다.
③ 오차항 ϵ_{ij}의 기댓값은 0이다.
④ 오차항 ϵ_{ij}의 분산은 동일하지 않아도 무방하다.

해설

분산분석의 오차항에 대한 기본 가정
• 독립성 : 임의의 오차 ϵ_{ij}와 $\epsilon_{i'j}$는 서로 독립이다.
• 정규성 : 오차 ϵ_{ij}의 분포는 정규분포를 따른다.
• 등분산성 : 오차 ϵ_{ij}의 분산은 σ_ϵ^2으로 어떤 i, j에 대해서도 같다.

65

표본평균의 확률분포에 관한 설명으로 틀린 것은?

① 모집단의 확률분포가 정규분포이면 표본평균의 확률분포도 정규분포이다.
② 표본평균의 확률분포는 모집단의 확률분포에 관계없이 정규분포이다.
③ 모집단의 표준편차가 σ이면 표본의 크기가 n인 표본평균의 표준오차는 $\sigma/\sqrt{n}$이다.
④ 표본평균의 평균은 모집단의 평균과 동일하다.

해설

표본평균의 분포는 모집단이 정규모집단이냐 아니냐에 따라서 그 분포가 다르게 나타난다. 또한, 모집단으로부터 표본을 복원으로 추출하느냐 비복원으로 추출하느냐에 따라 표본평균의 분포에 대한 분산의 형태가 달라진다.

66

회귀분석을 실시한 결과 다음의 분산분석표를 얻었다. 결정계수는 얼마인가?

요 인	제곱합	자유도	평균제곱	F
회 귀	3,060	3	1020	51.0
잔 차	1,940	97	20	
전 체	5,000	100		

① 60.0%

② 60.7%

③ 61.2%

④ 62.1%

해설

$$R^2 = \frac{SSR}{SST} = \frac{3060}{5000} = 0.612$$

67

독립변수가 k개인 중회귀모형 $y = X\beta + \epsilon$에서 회귀계수벡터 β의 추정량 b의 분산–공분산 행렬 $Var(b)$은? (단, $Var(\epsilon) = \sigma^2 I$)

① $Var(b) = (X'X)^{-1}\sigma^2$

② $Var(b) = X'X\sigma^2$

③ $Var(b) = k(X'X)^{-1}\sigma^2$

④ $Var(b) = k(X'X)\sigma^2$

해설

중회귀모형 $Y = X\beta + \epsilon$에서 β의 추정치는 $b = (X'X)^{-1}X'y$이고 분산–공분산 행렬은 $Var(b) = (X'X)^{-1}\sigma^2$이다.

68

다음은 두 종류의 타이어의 평균수명에 차이가 있는지를 확인하기 위하여 각각 60개의 표본을 추출하여 조사한 결과이다.

타이어	표본크기	평균수명(km)	표준편차(km)
A	60	48,500	3,600
B	60	52,000	4,200

두 타이어의 평균수명에 차이가 있는지를 유의수준 5%에서 검정한 결과는? (단, $P(Z > 1.96) = 0.025$, $P(Z > 1.645) = 0.05$)

① 두 타이어의 평균수명에 통계적으로 유의한 차이가 없다.
② 두 타이어의 평균수명에 통계적으로 유의한 차이가 있다.
③ 두 타이어의 평균수명이 완전히 일치한다.
④ 주어진 정보만으로는 알 수 없다.

해설

귀무가설(H_0) : $\mu_X = \mu_Y$, 대립가설(H_1) : $\mu_X \neq \mu_X$

모분산이 알려져 있지 않고 동일하지도 않은 경우 모평균 차이에 대한 검정은 검정통계량 $Z = \dfrac{(\overline{X_1} - \overline{X_2})}{\sqrt{\dfrac{S_1^2}{n_1} + \dfrac{S_2^2}{n_2}}}$ 을 이용한다.

$\overline{X_1} = 48500$, $\overline{X_2} = 52000$, $n_1 = 60$, $n_2 = 60$, $S_1 = 3600$, $S_2 = 4200$

검정통계량은 $Z = \dfrac{(48500 - 52000)}{\sqrt{\dfrac{3600^2}{60} + \dfrac{4200^2}{60}}}$ 이고 양측검정이므로 유의수준 5%에서 임계치 $Z_{0.05} = 1.645$ 이다.

검정통계량이 임계치보다 크므로 귀무가설을 기각한다. 따라서 두 타이어의 평균수명에 통계적으로 유의한 차이가 있다.

69

어느 집단의 개인별 신장을 기록한 것이다. 중위수는 얼마인가?

164, 166, 167, 167, 168, 170, 170, 172, 173, 175

① 167
② 168
③ 169
④ 170

해설

변량의 개수가 짝수 개이므로 중위수는 $n/2$번째의 값과 $n/2 + 1$번째의 값의 평균값이다.
$n = 10$이므로 $n/2$번째 값은 168, $n/2 + 1$번째 값은 170이다.
따라서 중위수는 $(168 + 170)/2 = 169$이다.

70

A회사에서 개발하여 판매하고 있는 신형 PC의 수명은 평균이 5년이고 표준편차가 0.6년인 정규분포를 따른다고 한다. A회사의 신형 PC 중 9대를 임의로 추출하여 수명을 측정하였다. 평균수명이 4.6년 이하일 확률은? (단, $P(|Z|>2)=0.046$, $P(|Z|>1.96)=0.05$, $P(|Z|>2.58)=0.01$)

① 0.01

② 0.023

③ 0.025

④ 0.048

해설

모집단분포가 정규분포 $N(\mu, \sigma^2)$을 따를 때, 표본평균의 분포는 정규분포 $N(\mu, \frac{\sigma^2}{n})$을 따른다. 주어진 모집단은 정규분포를 따르므로 표본평균은 정규분포 $N(5, \frac{0.6^2}{9})$을 따른다. 표준화 공식에 의해 평균수명이 4.6년 이하일 확률을 구하면 다음과 같다.

$$P(\overline{X}\leq 4.6)=P(\frac{\overline{X}-\mu}{\sigma/\sqrt{n}}\leq\frac{4.6-5}{0.6/\sqrt{9}})=P(Z\leq-2)=\frac{1}{2}P(|Z|>2)=\frac{1}{2}\times0.046=0.023$$

71

모집단으로부터 추출한 크기 100의 표본을 취하여 조사한 결과 표본비율은 $\hat{p}=0.42$이었다. 귀무가설 $H_0 : p=0.4$와 대립가설 $H_1 : p>0.4$를 검정하기 위한 검정통계량은?

① $\dfrac{0.4}{\sqrt{0.4(1-0.4)/100}}$

② $\dfrac{0.42-0.4}{\sqrt{0.42(1-0.42)/100}}$

③ $\dfrac{0.42+0.4}{\sqrt{0.42(1-0.42)/100}}$

④ $\dfrac{0.42-0.4}{\sqrt{0.4(1-0.4)/100}}$

해설

모비율에 대한 가설검정은 검정통계량 $Z=\dfrac{\hat{p}-p_0}{\sqrt{p_0(1-p_0)/n}}$를 이용한다.

$\hat{p}=0.42$, $p_0=0.4$, $n=100$, $\dfrac{0.42-0.4}{\sqrt{0.4(1-0.4)/100}}$

72

다음은 A 대학 입학시험의 지역별 합격자 수를 성별에 따라 정리한 자료이다. 지역별 합격자 수가 성별에 따라 차이가 있는지를 검정하기 위해 교차분석을 하고자 한다. 카이제곱(χ^2)검정을 한다면 자유도는 얼마인가?

구 분	A지역	B지역	C지역	D지역	합 계
남	40	30	50	50	170
여	60	40	70	30	200
합 계	100	70	120	80	370

① 1   ② 2
③ 3   ④ 4

해설

r행 c열 분할표에서 카이제곱 통계량의 자유도는 $(r-1)\times(c-1)$이다. 4×2행렬이므로 자유도는 $3\times1=1$이다.

73

일원배치 분산분석에서 인자의 수준이 3이고 각 수준마다 반복실험을 5회씩 한 경우 잔차(오차)의 자유도는?

① 9   ② 10
③ 11   ④ 12

해설

p개의 요인수준(인자수준)을 각 r회 반복하는 경우 잔차의 자유도는 총관찰개수에서 인자의 수준(요인수준, 처리수)을 뺀 값이며 총관찰개수는 각 인자의 수준에서 반복수를 모두 더한 것이다. 3개의 인자의 수준에서 각 5회씩 반복했으므로 총관찰개수는 $3\times5=15$이다. 따라서 잔차의 자유도는 $15-3=12$이다.

74

어느 농구선수의 자유투 성공률은 90%이다. 이 선수가 한 시즌에 20번의 자유투를 시도한다고 할 때 자유투의 성공 횟수에 대한 기댓값은?

① 17   ② 18
③ 19   ④ 20

해설

자유투 성공률 90%이고, 자유투를 각각 독립적으로 20회 반복하므로 확률변수 X를 자유투를 성공한 횟수라고 할 때 X는 이항분포 $B(20, 0.9)$를 따른다. 이항분포의 기댓값은 $E(X)=20\times0.9=18$이다.

75

홈쇼핑 콜센터에서 30분마다 전화를 통해 주문이 성사되는 건수는 $\lambda = 6.7$인 포아송분포를 따른다고 할 때의 설명으로 틀린 것은?

① 확률변수 x는 주문이 성사되는 주문 건수를 말한다.

② x의 확률함수는 $\dfrac{e^{-6.7}(6.7)^x}{x!}$이다.

③ 1시간 동안의 주문건수 평균은 13.4이다.

④ 분산 $\lambda^2 = 6.7^2$이다.

해설

포아송분포에서 분산은 λ와 같다.

76

어느 대형마트 고객관리팀에서는 다음과 같은 기준에 따라 매일 고객을 분류하여 관리한다.

구 분	구매 금액
A그룹	20만원 이상
B그룹	10만원 이상 ~ 20만원 미만
C그룹	10만원 미만

어느 특정한 날 마트를 방문한 고객들의 자료를 분류한 결과 A그룹이 30%, B그룹이 50%, C그룹이 20%인 것으로 나타났다. 이 날 마트를 방문한 고객 중 임의로 4명을 택할 때 이들 중 3명만이 B그룹에 속할 확률은?

① 0.25
② 0.27
③ 0.37
④ 0.39

해설

고객이 B그룹에 속할 확률은 $\dfrac{50}{30+50+20} = \dfrac{1}{2}$이고, 고객의 방문은 각 독립이다.

X를 B그룹에 속하는 사람의 수라고 하면 4명을 선택할 때 X명만 B그룹에 속할 확률은 $_4C_X(\frac{1}{2})^X(1-\frac{1}{2})^{4-X}$이다.

따라서 3명만 B그룹에 속할 확률은 $_4C_3(\frac{1}{2})^3(1-\frac{1}{2})^{4-3} = 0.25$이다.

77

두 변수 X와 Y의 상관계수 r_{xy}에 대한 설명으로 틀린 것은?

① r_{xy}는 두 변수 X와 Y의 산포의 정도를 나타낸다.

② $-1 \leq r_{xy} \leq +1$

③ $r_{xy} = 0$이면 두 변수는 선형이 아니거나 무상관이다.

④ $r_{xy} = -1$이면 두 변수는 완전한 음의 상관관계에 있다.

해설

상관계수는 하나의 변수와 다른 변수와의 선형 관련성을 분석하는 데 이용한다.

78

통계학 강의를 수강한 학생들을 대상으로 결석시간 x와 학기말성적 y의 관계를 회귀모형 『$y_i = \beta_0 + \beta_1 x_i + \epsilon_i$, $\epsilon_i \sim N(0, \sigma^2)$이고 서로 독립』의 가정하에 분석하기로 하고 수강생 10명을 임의로 추출하여 얻은 자료를 정리하여 다음의 결과를 얻었다.

추정회귀직선 : $\hat{y} = 85.93 - 10.62x$

$$\sum_{i=1}^{10}(y_i - \overline{y})^2 = 2514.50, \quad \sum_{i=1}^{10}(y_i - \hat{y})^2 = 246.72$$

결석시간 x와 학기말성적 y 간의 상관계수를 구하면?

① 0.95　　　　　　　　　　② -0.95

③ 0.90　　　　　　　　　　④ -0.90

해설

단순선형회귀에서는 상관계수(r)의 제곱이 결정계수(R^2)가 된다.

$R^2 = 1 - \dfrac{SSE}{SST}$이고 $\sum\limits_{i=1}^{10}(y_i - \overline{y})^2 = SST$, $\sum\limits_{i=1}^{10}(y_i - \hat{y})^2 = SSE$이므로 $R^2 = 1 - \dfrac{246.72}{2514.50} ≒ 0.9019$

따라서 상관계수 $r = \pm\sqrt{0.9019} ≒ \pm 0.95$

$b = r\dfrac{S_y}{S_x}$에서 S_y와 S_x는 항상 양수이므로 상관계수와 회귀직선의 기울기 b의 부호는 같다.

주어진 회귀직선 $\hat{y} = 85.93 - 10.62x$에서 $b = -10.62$이므로 상관계수는 음수이다.

∴ -0.95

79

유의확률에 관한 설명으로 옳은 것은?

① 검정통계량의 값을 관측하였을 때, 이에 근거하여 귀무가설을 기각할 수 있는 최소의 유의수준을 말한다.

② 검정에 의해 의미 있는 결론에 이르게 될 확률을 의미한다.

③ 제1종 오류를 범할 확률이 최대허용한계를 뜻한다.

④ 대립가설이 참일 때 귀무가설을 기각하게 될 최소의 확률을 뜻한다.

해설

유의확률($p-Value$)이란 귀무가설이 사실이라는 전제하에 검정통계량이 표본에서 계산된 값과 같거나 그 값보다 대립가설 방향으로 더 극단적인 값을 가질 확률이다. 즉, $p-Value$값은 검정통계량 값에 대해서 귀무가설을 기각시킬 수 있는 최소의 유의수준으로 귀무가설이 사실일 확률이라 생각할 수 있다.

80

다음 설명 중 틀린 것은?

① 변이계수(Coefficient of Variation)는 여러 집단의 분산을 상대적으로 비교할 때 사용하며 $S/\overline{X}$로 정의된다.

② $Y=-2X+3$일 때 $S_Y=4S_X$이다. 단, S_X, S_Y는 각각 X와 Y의 표준편차이다.

③ 상자그림(Box Plot)은 여러 집단의 분포를 비교하는 데 많이 사용한다.

④ 상관계수가 0이라 하더라도 두 변수의 관련성이 있는 경우도 있다.

해설

$$Var(Y)=Var(-2X+3)=(-2)^2 Var(X)=4Var(X)$$
$$S_Y=\sqrt{Var(Y)}=\sqrt{4Var(X)}=2S_X$$

81

단순회귀모형 $Y_i=\alpha+\beta X_i+\epsilon_i,\ i=1,2,\cdots,n$ 에 대한 설명으로 틀린 것은?

① 결정계수는 X와 Y의 상관계수와는 관계없는 값이다.

② $\beta=0$인 가설을 검정하기 위하여 자유도가 $n-2$인 t분포를 사용할 수 있다.

③ 오차 ϵ_i의 분산의 추정량은 평균제곱오차이며 보통 MSE로 나타낸다.

④ 잔차의 그래프를 통해 회귀모형의 가정에 대한 타당성을 검토할 수 있다.

해설

단순회귀모형에서 상관계수는 결정계수의 제곱근이다.

82

표본으로 추출된 15명의 성인을 대상으로 지난해 감기로 앓았던 일수를 조사하여 다음의 데이터를 얻었다. 평균, 중앙값, 최빈값, 범위를 계산한 값 중 틀린 것은?

> 5, 7, 0, 3, 15, 6, 5, 9, 3, 8, 10, 5, 2, 0, 12

① 평균 = 6

② 중앙값 = 5

③ 최빈값 = 5

④ 범위 = 14

해설

범위는 자료의 분산을 측정하는 가장 간단한 방법으로 자료의 관측치 가운데 가장 큰 최댓값과 최솟값의 차이이므로 $15 - 0 = 15$이다.

83

모분산 $\sigma^2 = 16$인 정규모집단에서 표본의 크기가 25인 확률표본을 추출한 결과 표본평균 10을 얻었다. 모평균에 대한 90% 신뢰구간을 구하면? (단, 표준정규분포를 따르는 확률변수 Z에 대해 $P(Z < 1.28) = 0.90$, $P(Z < 1.645) = 0.95$, $P(Z < 1.96) = 0.975$이다)

① (8.43, 11.57)

② (8.68, 11.32)

③ (8.98, 11.02)

④ (9.18, 10.82)

해설

모분산을 알고 있을 경우 모평균의 $100(1-\alpha)\%$ 신뢰구간을 구하는 공식은 다음과 같다.

$$\overline{X} - Z_{\alpha/2} \frac{\sigma}{\sqrt{n}} \le \mu \le \overline{X} + Z_{\alpha/2} \frac{\sigma}{\sqrt{n}}$$

90% 신뢰구간이므로 $\alpha = 0.1$, $Z_{\alpha/2} = Z_{0.05} = 1.645$, $\overline{X} = 10$, $\sigma^2 = 16$이므로 $\sigma = 4$, $n = 25$이다.

$$10 - 1.645 \frac{4}{\sqrt{25}} \le \mu \le 10 + 1.645 \frac{4}{\sqrt{25}}$$

$$\therefore \ 8.684 \le \mu \le 11.316$$

84

가설검정에 대한 설명으로 틀린 것은?

① 제1종 오류란 귀무가설이 사실임에도 불구하고 귀무가설을 기각하는 오류이다.

② 제2종 오류란 대립가설이 사실임에도 불구하고 귀무가설을 기각하지 못하는 오류이다.

③ 가설검정에서 유의수준이란 제1종 오류를 범할 확률의 최대 허용한계이다.

④ 유의수준을 감소시키면 제2종 오류를 범할 확률 역시 감소한다.

해설

유의수준을 감소시키면 제1종 오류의 확률이 감소한다.

85

단순회귀모형 $Y_i = \beta_0 + \beta_1 X_i + \epsilon_i (i = 1, 2, \cdots, n)$의 가정하에 최소제곱법에 의해 회귀직선을 추정하는 경우 잔차 $e_i = Y_i - \hat{Y_i}$의 성질로 틀린 것은?

① $\sum e_i = 0$

② $\sum e_i = \sum X_i e_i$

③ $\sum e_i^2 = \sum \hat{X_i} e_i$

④ $\sum X_i e_i = \sum \hat{Y_i} e_i$

해설

잔차의 성질

• 잔차의 합은 0이다(①).
• 잔차의 X_i에 의한 가중합은 0이다($\sum X_i e_i = 0 = \sum e_i$)(②).
• 잔차의 $\hat{Y_i}$의 가중합은 0이다($\sum \hat{Y_i} e_i = 0 = \sum X_i e_i$)(④).

86

어느 화장품 회사에서 새로 개발한 상품에 대한 선호도를 조사하려고 한다. 400명의 조사 대상자 중에서 새 상품을 선호한 사람은 220명이었다. 이때, 다음 가설에 대한 유의확률은? (단, $Z \sim N(0, 1)$이다)

$$H_0 : p = 0.5 \ \text{vs} \ H_1 : p > 0.5$$

① $P(Z \geq 1)$

② $P(Z \geq \dfrac{5}{4})$

③ $P(Z \geq \dfrac{3}{2})$

④ $P(Z \geq 2)$

해설

모비율에 대한 가설검정은 검정통계량 $Z = \dfrac{\hat{p} - p_0}{\sqrt{p_0 (1 - p_0)/n}}$를 이용한다.

$\hat{p} = \dfrac{220}{400} = 0.55$, $p_0 = 0.5$, $n = 400$이므로 $Z = \dfrac{0.55 - 0.5}{\sqrt{0.5 (1 - 0.5)/400}} = 2$

따라서 유의확률 p-값은 $P(Z \geq 2)$이다.

87

사업시행에 대한 찬반 여론을 수렴하기 위해 400명의 주민을 대상으로 표본조사를 실시하였다. 그러나 표본 수가 너무 적어 신뢰성에 문제가 있다는 지적이 있어 4배인 1600명의 주민을 재조사하였다. 신뢰수준 95% 하에서 추정오차는 얼마나 감소하는가?

① 1.23%

② 1.03%

③ 2.45%

④ 2.06%

모비율 추정 시 표본의 크기를 구하는 공식 $n \geq \hat{p}(1-\hat{p})\left(\dfrac{Z_{\alpha/2}}{D}\right)^2$을 이용한다.

오차의 크기 D에 대해 정리를 하면 $D = \dfrac{Z_{\alpha/2}\sqrt{\hat{p}(1-\hat{p})}}{\sqrt{n}}$이다.

모비율이 주어지지 않았으므로 $\hat{p} = \dfrac{1}{2}$, 95% 신뢰수준이므로 $\alpha = 0.05$, $Z_{\alpha/2} = Z_{0.025} = 1.96$이다.

$n = 400$일 때 오차의 크기는 $D = \dfrac{Z_{\alpha/2}\sqrt{\hat{p}(1-\hat{p})}}{\sqrt{n}} = \dfrac{1.96\sqrt{0.5(1-0.5)}}{\sqrt{400}} = 0.049$

$n = 1600$일 때 오차의 크기는 $D = \dfrac{Z_{\alpha/2}\sqrt{\hat{p}(1-\hat{p})}}{\sqrt{n}} = \dfrac{1.96\sqrt{0.5(1-0.5)}}{\sqrt{1600}} = 0.0245$

따라서 추정오차는 $0.049 - 0.0245 = 0.0245$, $0.0245 \times 100 = 2.45\%$ 감소했다.

88

모수의 추정에서 추정량의 분포에 대하여 요구되는 성질 중 표준오차와 관련 있는 것은?

① 불편성　　　　　　　　　　② 정규성
③ 일치성　　　　　　　　　　④ 유효성

유효성이란 추정량 $\hat{\theta}$이 불편추정량이고, 그 분산이 다른 추정량 $\hat{\theta}_i$에 비해 최소의 분산을 갖는 성질이다. 즉, $Var(\hat{\theta}_1) \geq Var(\hat{\theta}_2)$일 때 $\hat{\theta}_2$가 $\hat{\theta}_1$보다 효율성(유효성)이 크다고 한다. 따라서 표준오차(추정량의 표준편차)와 관련이 있다.

89

어느 고등학교 1학년생 280명에 대한 국어성적의 평균이 82점, 표준편차가 8점이었다. 66점부터 98점 사이에 포함된 학생들은 몇 명 이상인가?

① 211명　　　　　　　　　　② 230명
③ 240명　　　　　　　　　　④ 220명

최소한 몇 명 이상인지 묻고 있지 않기 때문에 체비셰프 부등식을 이용한다.
66점부터 98점 사이에 포함된 학생의 수를 X라고 할 때 다음과 같다.

$P(|X-\mu| \leq k\sigma) = P(-k\sigma \leq X-\mu \leq k\sigma) > 1 - \dfrac{1}{k^2}$

$\mu = 82$, $\sigma = 8$을 대입하면 $P(-8k \leq X-82 \leq 8k) = P(-8k+82 \leq X \leq 8k+82) > 1 - \dfrac{1}{k^2}$

$-8k+82 = 66$, $8k+82 = 98$이므로 $k = 2$

$P(66 \leq X \leq 98) > 1 - \dfrac{1}{2^2} = \dfrac{3}{4}$, 280명$\times \dfrac{3}{4} = 210$명이므로 211명 이상이다.

90

확률변수 X가 정규분포 $N(\mu, \sigma^2)$을 따를 때, 다음 설명 중 틀린 것은?

① X의 확률분포는 좌우 대칭인 종모양이다.

② $Z = (X - \mu)/\sigma$라 두면 Z의 분포는 $N(0, 1)$이다.

③ X의 평균, 중위수는 일치하므로 X의 분포의 비대칭도는 0이다.

④ X의 관측값이 $\mu - \sigma$와 $\mu + \sigma$ 사이에 나타날 확률은 약 95%이다.

해설

X의 관측값이 $\mu - \sigma$와 $\mu + \sigma$ 사이에 나타날 확률은 약 68%, $\mu - 2\sigma$와 $\mu + 2\sigma$ 사이에 나타날 확률은 약 95%, $\mu - 3\sigma$와 $\mu + 3\sigma$ 사이에 나타날 확률은 약 99%이다.

91

어떤 시험에서 학생들의 점수는 평균이 75점, 표준편차가 15점인 정규분포를 따른다고 한다. 상위 10%의 학생에게 A학점을 준다고 했을 때, 다음 중 A학점을 받을 수 있는 최소점수는?
(단, $P(0 < Z < 1.28) = 0.4$)

① 89

② 93

③ 95

④ 97

해설

$\mu = 75$, $\sigma = 15$이고 A학점을 받을 수 있는 최소점수를 x라고 하면 다음과 같이 식을 세울 수 있다.

$P(X \geq x) = 0.1$

표준화 공식 $Z = \dfrac{X - \mu}{\sigma}$에 의해 $P(\dfrac{X - \mu}{\sigma} \geq \dfrac{x - 75}{15}) = P(Z \geq \dfrac{x - 75}{15}) = 0.1$이다.

주어진 조건을 이용하면 $P(Z \geq 1.28) = 0.5 - P(0 < Z < 1.28) = 0.5 - 0.4 = 0.1$이므로 $\dfrac{x - 75}{15} = 1.28$, $x = 94.2$이다.

따라서 94.2보다 높은 점수를 받아야 한다.

92

새로운 복지정책에 대한 찬반 여부가 성별에 따라 차이가 있는지를 알아보기 위해 남녀 100명씩을 랜덤하게 추출하여 조사한 결과이다.

구 분	찬 성	반 대
남 자	40	60
여 자	60	40

가설 "H_0 : 새로운 복지정책에 대한 찬반 여부는 남녀 성별에 따라 차이가 없다."의 검정에 대한 설명으로 틀린 것은?

① 가설검정에 이용되는 카이제곱 통계량의 자유도는 1이다.

② 가설검정에 이용되는 카이제곱 통계량의 값은 8이다.

③ 유의수준 0.05에서 기각역의 임계값이 3.84이면 카이제곱 검정의 유의확률(p값)은 0.05보다 크다.

④ 남자와 여자의 찬성율비에 대한 오즈비(Odds Ratio)는 $\dfrac{P(\text{찬성}|\text{남자})/P(\text{반대}|\text{남자})}{P(\text{찬성}|\text{여자})/P(\text{반대}|\text{여자})} = \dfrac{(0.4/0.6)}{(0.6/0.4)} \fallingdotseq 0.4$

로 구해진다.

해설

③ 검정통계량은 8이고 유의수준 0.05에서 임계값 3.84보다 크므로 귀무가설을 기각한다. 또한 p값이 유의수준보다 작을 때 귀무가설이 기각되어야 하므로 p값은 0.05보다 작아야 한다.

① 독립변수와 종속변수가 질적 변수인 카이제곱 검정을 이용한다. 2×2행렬이므로 자유도는 1×1 = 1이다.

② 관찰도수와 기대도수는 다음과 같다.

구 분	찬 성	반 대	합 계
남 자	40	60	100
여 자	60	40	100
합 계	100	100	200

구 분	찬 성	반 대
남 자	$\dfrac{100 \times 100}{200} = 50$	$\dfrac{100 \times 100}{200} = 50$
여 자	$\dfrac{100 \times 100}{200} = 50$	$\dfrac{100 \times 100}{200} = 50$

$$\chi^2 = \sum_{i=1}^{r} \sum_{j=1}^{c} \frac{(O_{ij} - E_{ij})^2}{E_{ij}} = \frac{(40-50)^2}{50} + \frac{(60-50)^2}{50} + \frac{(60-50)^2}{50} + \frac{(40-50)^2}{50} = 8$$

④ 남자와 여자의 찬성율 비에 대한 오즈비(Odds Ratio)는 $\dfrac{P(\text{찬성}|\text{남자})/P(\text{반대남자})}{P(\text{찬성}|\text{여자})/P(\text{반대여자})} = \dfrac{(0.4/0.6)}{(0.6/0.4)} = \dfrac{4}{9} \fallingdotseq 0.4$이다.

93

매출액과 광고액은 직선의 관계에 있으며, 이때 상관계수는 0.90이다. 만일 매출액을 종속변수 그리고 광고액을 독립변수로 선형회귀분석을 실시할 경우, 추정된 회귀선의 설명력에 해당하는 값은?

① 0.99
② 0.91
③ 0.89
④ 0.81

해설

단순회귀분석에서 상관계수의 제곱은 결정계수이며, 결정계수는 설명력을 의미하는 수치이다. 따라서 $0.9^2 = 0.81$이다.

94

단순회귀모형 $Y_i = \alpha + \beta x_i + \epsilon_i$, $i = 1, 2, \cdots, n$ 의 가정하에 자료를 분석하기로 하였다. 각각의 독립변수 x_i에서 반응변수 Y_i를 관측하여 정리한 결과가 다음과 같을 때, 회귀계수 α, β의 최소제곱 추정값을 순서대로 나열한 것은?

$$\overline{x} = \frac{1}{n}\sum_{i=1}^{n} x_i = 50 \qquad\qquad \sum_{i=1}^{n}(x_i - \overline{x})^2 = 2000$$

$$\overline{y} = \frac{1}{n}\sum_{i=1}^{n} y_i = 100 \qquad\qquad \sum_{i=1}^{n}(y_i - \overline{y})^2 = 3000$$

$$\sum_{i=1}^{n}(x_i - \overline{x})(y_i - \overline{y}) = -3500$$

① 187.5, −1.75
② 190.5, −2.75
③ 200.5, −1.75
④ 187.5, −2.75

해설

단순회귀모형 $Y_i = \alpha + \beta x_i + \epsilon_i$에서 추정된 회귀직선 $\widehat{Y}_i = a + bx_i$에서 b와 a는 다음과 같다(a, b, $\widehat{Y}_i$는 α, β, Y_i의 추정값이다).

$$b = \frac{S_{xy}}{S_{xx}} = \frac{\sum_{i=1}^{n}(x_i - \overline{x})(y_i - \overline{y})}{\sum_{i=1}^{n}(x_i - \overline{x})^2} = \frac{-3500}{2000} = -1.75$$

$$a = \frac{1}{n}\sum_{i=1}^{n} y_i - b\frac{1}{n}\sum_{i=1}^{n} x_i = 100 - (-1.75)50 = 187.5$$

95

$P(A) = P(B) = \dfrac{1}{2}$, $P(A|B) = \dfrac{2}{3}$일 때, $P(A \cup B)$를 구하면?

① $\dfrac{1}{3}$

② $\dfrac{1}{2}$

③ $\dfrac{2}{3}$

④ 1

해설

$P(A|B) = \dfrac{P(A \cap B)}{P(B)}$, $P(A \cap B) = P(A|B)P(B) = \dfrac{2}{3} \times \dfrac{1}{2} = \dfrac{1}{3}$

$\therefore P(A \cup B) = P(A) + P(B) - P(A \cap B) = \dfrac{1}{2} + \dfrac{1}{2} - \dfrac{1}{3} = \dfrac{2}{3}$

96

이항분포를 따르는 확률변수 X에 관한 설명으로 틀린 것은?

① 반복시행횟수가 n이면, X가 취할 수 있는 가능한 값은 0부터 n까지이다.

② 반복시행횟수가 n이고, 성공률이 p이면 X의 평균은 np이다.

③ 반복시행횟수가 n이고, 성공률이 p이면 X의 분산은 $np(1-p)$이다.

④ 확률변수 X는 0 또는 1만을 취한다.

해설

이항분포는 확률실험에서 나타날 수 있는 기본결과가 두 가지일 뿐 확률변수가 0 또는 1만을 취하는 것은 아니다.

97

어느 공장에서 생산되는 축구공의 탄력을 조사하기 위해 랜덤하게 추출한 49개의 공을 조사한 결과 평균이 200mm 표준편차가 20mm였다. 이 공장에서 생산되는 축구공의 탄력의 평균에 대한 95% 신뢰구간을 추정하면? (단, $P(Z > 1.96) = 0.025$, $P(Z > 1.645) = 0.05$)

① $200 \pm 1.645 \dfrac{20}{7}$

② $200 \pm 1.645 \dfrac{20}{49}$

③ $200 \pm 1.96 \dfrac{20}{7}$

④ $200 \pm 1.96 \dfrac{20}{49}$

해설

모분산을 모르는 대표본($n \geq 30$)일 경우 평균의 $100(1-\alpha)$% 신뢰구간을 구하는 공식은 다음과 같다.

$$\overline{X} - Z_{\alpha/2} \frac{S}{\sqrt{n}} \leq \mu \leq \overline{X} + Z_{\alpha/2} \frac{S}{\sqrt{n}}$$

95% 신뢰구간이므로 $\alpha = 0.05$, $Z_{\alpha/2} = Z_{0.025} = 1.96$, $\overline{X} = 200$, $S = 20$, $n = 49$

$$200 - 1.96 \frac{20}{\sqrt{49}} \leq \mu \leq 200 + 1.96 \frac{20}{\sqrt{49}}$$

98

표본자료가 다음과 같을 때, 대푯값으로 가장 적합한 것은?

10, 20, 30, 40, 100

① 최빈수

② 중위수

③ 산술평균

④ 가중평균

해설

분포모양이 비대칭이고 극단적인 값이 존재하므로 극단적인 값의 영향을 받지 않는 중위수가 대푯값으로 가장 적합하다.

99

일원배치 분산분석법을 적용하기에 부적합한 경우는?

① 어느 화학회사에서 3개 제조업체에서 생산된 기계로 원료를 혼합하는 데 소요되는 평균시간이 동일한지를 검정하기 위하여 소요시간(분) 자료를 수집하였다.

② 소기업 경영연구에 실린 한 논문은 자영업자의 스트레스가 비자영업자보다 높다고 결론을 내렸다. 부동산 중개업자, 건축가, 증권거래인들을 각각 15명씩 무작위로 추출하여 5점 척도로 된 15개 항목으로 직무스트레스를 조사하였다.

③ 어느 회사에 다니는 회사원은 입사 시 학점이 높은 사람일수록 급여를 많이 받는다고 알려져 있다. 30명을 무작위로 추출하여 평균평점과 월급여를 조사하였다.

④ A구, B구, C구 등 3개 지역이 서울시에서 아파트 가격이 가장 높은 것으로 나타났다. 각 구마다 15개씩 아파트 매매가격을 조사하였다.

해설

일원배치 분산분석법은 3개 이상의 집단 간의 평균차이를 하나의 요인을 기준으로 차이를 알아보는 분석 방법이다.

100

10개의 전구가 들어 있는 상자가 있다. 그중 2개의 부적합품이 포함되어 있다. 이 상자에서 전구 4개를 비복원으로 추출하여 검사할 때, 부적합품이 1개 포함될 확률은?

① 0.076　　　　　　　　　　　　　　② 0.25

③ 0.53　　　　　　　　　　　　　　④ 0.8

해설

10개의 전구 중 임의로 4개를 비복원 추출할 확률은 $_{10}C_4$ 이다.

4개 중 1개는 부적합품일 확률은 정상품 8개 중 3개를 비복원 추출하고, 부적합품 2개 중 1개를 추출할 확률이므로 $_8C_3 \times _2C_1$ 이다.

따라서 $\dfrac{_8C_3 \times _2C_1}{_{10}C_4} \fallingdotseq 0.53333$ 이다.

제 **2** 회 **기출문제해설**

01

과학적 지식에 가장 가까운 것은?

① 절대적 진리
② 개연성이 높은 지식
③ 전통에 의한 지식
④ 전문가가 설명한 지식

해설

과학적 지식은 문제에 대한 이론에서 가설을 세우고 자료를 수집·분석하여 일반적인 이론을 도출하는 일련의 체계적인 과정을 통해 얻어진다. 즉, 개연성이 높은 지식이라고 할 수 있다.

02

다음 중 조사대상의 두 변수들 사이에 인과관계가 성립되기 위한 조건이 아닌 것은?

① 원인의 변수가 결과의 변수에 선행하여야 한다.
② 두 변수 간의 상호관계는 제3의 변수에 의해 설명되면 안 된다.
③ 때로는 원인변수를 제거해도 결과변수가 존재할 수 있다.
④ 두 변수는 상호연관성을 가져야 한다.

해설

인과관계란 원인이 되는 사건이나 현상이 시간적으로 결과보다 먼저 발생해야 하며, 원인이 되는 현상이 변화하면 결과적인 현상도 항상 같이 변화해야 한다는 것이다. 또한 외부의 영향력을 배제한 상태에서 순수하게 두 변수만의 관계를 볼 수 있어야 한다.

03

사회과학적 연구의 일반적인 연구목적과 가장 거리가 먼 것은?

① 사건이나 현상을 설명(Explanation)하는 것이다.
② 사건이나 상황을 기술 또는 서술(Description)하는 것이다.
③ 사건이나 상황을 예측(Prediction)하는 것이다.
④ 새로운 이론(Theory)이나 가설(Hypothesis)을 만드는 것이다.

해설

일반적으로 사회과학적 연구는 현상을 탐색, 기술, 설명하는 것을 목적으로 한다. 탐색은 보통 연구문제에 대한 사전지식이 부족하거나 개념을 보다 분명히 하는 것이며, 기술은 현상을 정확하게 기술하는 것이 주목적이며, 설명은 어떤 사실과의 관계를 파악하여 인과관계를 규명하거나 미래를 예측하는 것이다.

04

가설에 관한 설명으로 틀린 것은?

① 가설은 과학적 방법을 통하여 검증되어 가설의 옳고 그름을 판단할 수 있어야 한다.
② 가설은 동일 연구 분야의 다른 가설이나 이론과 연관이 없어야 한다.
③ 가설은 두 개 이상의 구성개념이나 변수 간의 관계에 대한 진술이다.
④ 가설은 반드시 검증 가능한 형태로 진술되어야 한다.

해설

가설은 동일 분야의 다른 가설과 연관성이 있어야 한다.

05

다음 중 탐색적 연구를 하기 위한 방법으로 가장 적합한 것은?

① 횡단연구
② 유사실험설계
③ 시계열연구
④ 사례연구

해설

탐색적 연구는 조사설계를 확정하기 이전 연구문제의 발견, 변수규명, 가설도출 등을 위해 예비적으로 실시하는 것으로서, 문헌조사, 경험자조사, 사례조사 등이 해당된다.

06

개념(Concepts)의 정의와 가장 거리가 먼 것은?

① 일정한 관계사실에 대한 추상적인 표현
② 특정한 여러 현상들을 일반화함으로써 나타내는 추상적인 용어
③ 현상을 예측 설명하고자 하는 명제, 이론의 전개에서 그 바탕을 이루는 역할
④ 사실과 사실 간의 관계에 논리의 연관성을 부여하는 것

해설

연구에서 연구문제를 정확하게 서술하려면 그 문제에 포함된 개념과 변수들에 대한 구체적인 정의들이 이루어져야 한다. 개념은 일정하게 관찰된 현상을 대표할 수 있는 추상적 용어로 표현한 것을 말하며, 현상을 설정, 예측하기 위한 명제나 이론의 전개에 있어서 그 밑바탕을 이루는 역할을 한다. ④는 이론의 정의에 해당한다. 이론은 현상에 대한 설명과 예측을 목적으로 변수 간의 관계를 밝힘으로써 그 현상에 대한 체계적인 견해를 제공하는 일련의 상호 연결된 개념 및 정의 또는 명제이다.

07

다음과 같은 특징을 지닌 연구방법은?

- 질적인 정보를 양적인 정보로 바꾼다.
- 예를 들어 최근 유행하는 드라마에서 주로 다루는 주제가 무엇인지 알아낸다.
- 메시지를 연구대상으로 할 수도 있다.

① 투사법   ② 내용분석법
③ 질적 연구법   ④ 사회성측정법

해설

① 직접 조사하기 힘들거나 질문에 타당한 응답이 나올 가능성이 적을 때, 어떤 자극상태를 만들어 그에 대한 응답자의 반응을 우회적으로 얻어 의도나 의향을 파악하는 방법이다.
③ 주관적·해석적 사회과학의 연구방법으로서, 현상학적 사회학, 상징적 상호작용론, 민속방법론 등을 배경으로 한다.
④ 소시오메트리(Sociometry)라고도 하며, 소집단 내의 구성원들 사이에서 집단 내의 선택, 커뮤니케이션 및 상호작용의 패턴에 관한 자료를 수집하여 집단 자체의 역동적 구조나 상태를 알아보는 방법이다.

08

면접원이 자유 응답식 질문에 대한 응답을 기록할 때 지켜야 할 원칙과 가장 거리가 먼 것은?

① 면접조사를 진행한 이후 최종 응답을 기록한다.
② 응답자가 사용한 어휘를 원래 그대로 기록한다.
③ 질문과 관련된 모든 것을 기록에 포함시킨다.
④ 같은 응답이 반복되더라도 가감 없이 있는 그대로 기록한다.

해설

면접의 내용 및 결과를 정확하게 기록하는 것이 무엇보다 중요하므로, 응답자의 응답을 면접하는 도중에 즉시 기입하여 두는 것이 바람직하다.

09

다음 중 정치지도자나 대기업경영자 등 조사대상자의 명단은 구할 수 있으나 그들을 직접 만나기는 매우 어려운 경우에 가장 적합한 자료수집방법은?

① 면접조사
② 집단조사
③ 전화조사
④ 우편조사

해설

편지는 어느 곳에든지, 수취인이 누구든 상관하지 않고 배달된다. 그러므로 어떤 지역이라도 조사대상이 되고 직업, 인종, 국적, 계층에 관계없이 응답자로 선정할 수 있다. 따라서 명단은 구할 수 있으나 그들을 직접 만나기는 매우 어려운 경우 적합하다.

10

양적 조사와 질적 조사의 사례로 틀린 것은?

① 질적 조사 – 사례연구의 기록을 분석하여 핵심적 개념을 추출한다.
② 양적 조사 – 단일사례조사로 청소년들이 흡연횟수를 3개월 동안 주기적으로 기록한다.
③ 질적 조사 – 노숙인과 함께 2주간 생활하면서 참여 관찰한다.
④ 양적 조사 – 초점집단면접을 통해 문제해결방안을 도출한다.

해설

초점집단면접은 전문적인 지식을 가진 면접 진행자가 동질의 소수의 집단을 대상으로 특정 주제에 대해 자유롭게 토론을 하여 필요한 정보를 얻는 방법으로 질적 조사의 사례에 해당한다.

11

실험설계(Experimental Design)의 타당성을 높이기 위한 외생변수 통제방법이 아닌 것은?

① 제거(Elimination)
② 균형화(Matching)
③ 성숙(Maturation)
④ 무작위화(Randomization)

> **해설**
>
> 외생변수를 통제하는 방법에는 제거, 상쇄, 무작위, 짝짓기(균형화) 등이 있다.

12

집합단위의 자료를 바탕으로 개인의 특성을 추리할 때에 저지를 수 있는 오류는?

① 알파 오류(α-Fallacy)
② 베타 오류(β-Fallacy)
③ 생태학적 오류(Ecological Fallacy)
④ 개인주의적 오류(Individualistic Fallacy)

> **해설**
>
> 생태학적 오류는 분석단위를 집단에 두고 얻은 연구의 결과를 개인에게 동일하게 적용함으로써 발생하는 오류이며, 개인주의적 오류는 분석단위를 개인에 두고 얻은 연구결과를 집단에게 동일하게 적용함으로써 발생하는 오류이다.

13

다음에 제시된 설문지 질문유형의 특징이 아닌 것은?

> 귀하가 이번 대통령 선거에서 특정 후보를 선택하는 이유를 자유롭게 작성해주시기 바랍니다.
> (   )

① 탐색적인 연구에 적합하다.
② 질문내용에 대한 연구자의 사전지식을 많이 필요로 하지 않는다.
③ 응답자에게 창의적인 자기표현의 기회를 줄 수 있다.
④ 응답자의 어문능력에 관계없이 이용이 가능하다.

> **해설**
>
> 제시된 설문지는 개방형 질문을 사용한 유형으로 개방형 질문은 응답자들이 질문에 대하여 자유롭게 응답하도록 되어 있다. 따라서 응답자의 어문능력이 필요하다.

14

다음 사례에서 영향을 미칠 수 있는 대표적인 타당도 저해요인은 무엇인가?

> 체육활동을 진행한 후에 대상 청소년들의 키가 부쩍 자랐다. 이 결과를 통해 체육활동이 청소년의 키 성장에 크게 효과가 있었다고 추론하였다.

① 성숙효과(Maturation Effect)
② 외부사건(History)
③ 검사효과(Testing Effect)
④ 도구효과(Instrumentation)

해설
① 시간의 흐름에 따라 연구대상이나 현상에 변화가 발생함으로 인해 결과에 영향을 미친다는 것이다. 키는 시간이 지나면 자라기 때문에 지문에서는 성숙효과로 인해 타당도가 저해된다고 볼 수 있다.
② 연구기간 동안 천재지변이나 예상치 않았던 사건과 같이 특정 사건이 일어나는 경우, 환경이 바뀌고 이에 따라 연구결과가 다르게 나타날 수 있다.
③ 측정이 반복되면서 얻어지는 학습효과로 인해 실험대상자의 반응에 영향을 미친다.
④ 측정자의 측정도구가 달라짐으로 인해 결과에 영향을 미친다.

15

질적 방법으로 수집된 자료에 관한 설명으로 틀린 것은?

① 정보의 심층적 의미를 파악할 수 있다.
② 유용한 정보의 유실을 줄일 수 있다.
③ 현장중심의 사고를 할 수 있다.
④ 자료의 표준화를 도모하기 쉽다.

해설
질적 연구는 주관적·해석적 사회과학의 연구방법으로서, 현상학적 사회학, 상징적 상호작용론, 민속방법론 등을 배경으로 한다. 수집되는 자료는 일상생활 속의 행위자들의 말, 글, 몸짓, 관찰 가능한 행동, 흔적, 상호작용의 상황과 환경적 요인들이다. 따라서 신뢰도에 있어서 문제가 있을 수 있고, 연구결과를 일반화할 수 없으며, 주관적인 연구방법이기 때문에 자료의 표준화를 도모하기 어렵다.

16

다음 중 질문 문항의 배열에 관한 설명으로 틀린 것은?

① 시작하는 질문은 응답자의 흥미를 유발하는 것으로 쉽게 대답할 수 있는 것으로 한다.
② 개인의 사생활과 같이 민감한 질문은 가급적 뒤로 돌린다.
③ 특수한 것을 먼저 묻고, 일반적인 것을 그 다음에 질문한다.
④ 논리적인 순서에 따라 배열함으로써 응답자 자신도 조사의 의미를 찾을 수 있도록 한다.

해설

처음에는 가장 일반적이고 포괄적인 질문을 놓고, 그 다음에는 보다 특수한 질문을 놓으며, 나중에는 가장 세부적이고 특수한 질문을 놓는다.

17

다음 중 연구윤리에 어긋나는 것은?

① 연구 대상자의 동의 확보
② 연구 대상자의 프라이버시 보호
③ 학술지에 기고한 내용을 대중서, 교양잡지에 쉽게 풀어 쓰는 행위
④ 이미 발표된 연구결과 또는 문장을 인용표시 없이 발췌하여 연구계획서 작성

해설

윤리란 옳고 그름에 대한 판단으로서, 선악의 속성이나 도덕적 의무를 결정하는 일련의 지침에 해당한다. 인용표시 없이 발췌하는 것은 연구윤리에 어긋나는 행위이다.

18

질문지 작성의 일반적인 과정을 바르게 나열한 것은?

ㄱ. 필요한 정보의 결정	ㄴ. 자료수집방법 결정
ㄷ. 개별항목 결정	ㄹ. 질문형태 결정
ㅁ. 질문의 순서 결정	ㅂ. 초안완성
ㅅ. 사전조사(Pretest)	ㅇ. 질문지 완성

① ㄱ → ㄴ → ㄷ → ㄹ → ㅁ → ㅂ → ㅅ → ㅇ
② ㄱ → ㅁ → ㄴ → ㄹ → ㄷ → ㅂ → ㅅ → ㅇ
③ ㄱ → ㄹ → ㄷ → ㄴ → ㅁ → ㅂ → ㅅ → ㅇ
④ ㄱ → ㄴ → ㄹ → ㄷ → ㅁ → ㅂ → ㅅ → ㅇ

19

전화조사의 장점과 가장 거리가 먼 것은?

① 신속한 조사가 가능하다.
② 면접자에 대한 감독이 용이하다.
③ 표본의 대표성을 확보하기 쉽다.
④ 광범한 지역에 대한 조사가 용이하다.

해설

전화조사방법에 있어서 가장 커다란 취약점은 표본추출 시에 명백히 나타나는 모집단의 불완전성이라고 말할 수 있다. 전화번호부의 부정확성 및 미등재 전화번호의 존재가 문제시되어 모집단이 불완전하다. 또한 응답자가 선정된 표본인지를 확인하기 어려워 표본의 대표성을 확보하기 어렵다.

20

자료수집방법 중 관찰에 관한 설명으로 틀린 것은?

① 복잡한 사회적 맥락이나 상호작용을 연구하는 데 적절한 방법이다.
② 피조사자가 느끼지 못하는 행위까지 조사할 수 있다.
③ 양적 연구와 질적 연구에 모두 활용될 수 있다.
④ 의사소통능력이 없는 대상에게는 활용될 수 없다.

해설

관찰은 행위, 감정을 언어로 표현하지 못하는, 즉 의사소통능력이 없는 유아나 동물과 같은 대상에게 활용할 수 있다는 장점이 있다.

21

자신의 신분을 밝히지 않은 채 내집단의 완전한 성원이 되어 자연스럽게 일어나는 사회적 과정에 참여하는 관찰자의 역할은?

① 완전참여자(Complete Participant)
② 완전관찰자(Complete Observer)
③ 참여자로서의 관찰자(Observer as Participant)
④ 관찰자로서의 참여자(Participant as Observer)

해설

완전참여자는 연구자의 신분을 공개하지 않고 연구대상자들의 활동에 참여한다. 참여관찰의 유형 중 가장 객관성을 유지하기 어려우며 윤리적 및 과학적 문제가 발생할 수 있다.

22

대인면접조사의 특성으로 옳은 것은?

① 연구문제에 대한 사전지식이 부족할수록 구조화된 대인면접조사방법을 사용하는 것이 좋다.
② 대인면접조사는 우편 설문조사에 비해 질문과정의 유연성이 상대적으로 높다.
③ 대인면접조사는 우편 설문조사에 비해 환경차이에 의한 설문응답의 무작위적 오류를 증가시킨다.
④ 대인면접조사는 우편 설문조사에 비해 응답률이 낮다.

해설

① 구조화된 면접조사방법은 상황에 구애됨이 없이 모든 응답자에게 동일한 질문순서와 동일한 질문내용에 따라 수행하는 방법으로, 면접의 신축성·유연성이 낮다. 따라서 연구문제에 대한 사전지식이 부족할 경우 면접상황에 따라 자유롭게 응답자와 상호작용을 통해 자료를 수집하는 비구조화된 면접조사방법이 적합하다.
③·④ 대인면접조사는 조사자와 응답자가 직접 대면하기 때문에 응답의 무작위적 오류를 면접자가 통제할 수 있으며 응답률도 높다. 하지만 우편설문조사는 응답자가 질문지를 받아 직접 기입하기 때문에 설문응답의 무작위적 오류가 증가할 수 있고, 응답률이 낮을 가능성이 높다.

23

단일사례연구에 관한 설명으로 틀린 것은?

① 외적 타당도가 높다.
② 개입효과에 대한 즉각적인 피드백이 가능하다.
③ 조사연구 과정과 실천 과정이 통합될 수 있다.
④ 개인과 집단뿐만 아니라 조직이나 지역사회도 연구대상이 될 수 있다.

해설

단일사례연구는 전실험설계에 해당하는 것으로 전실험설계는 무작위할당에 의해 연구대상을 나누지 않고, 비교집단 간의 동질성이 없으며, 독립변수의 조작에 따른 변화의 관찰이 제한된 경우에 실시하는 설계유형이다. 인과적 추론이 어려운 설계로서, 내적·외적 타당도를 거의 통제하지 못한다.

24

다음의 조사유형으로 옳은 것은?

> 베이비부머(Baby-boomers)의 정치성향의 변화를 파악하기 위하여 이들이 성년이 된 후 10년마다 500명씩 새로운 표집을 대상으로 조사하여 그 결과를 비교하여 보았다.

① 횡단(Cross-sectional)조사　　　　　② 추세(Trend)조사
③ 코호트(Cohort)조사　　　　　　　　④ 패널(Panel)조사

횡단조사는 일정 시점을 기준으로 모든 관련 변수에 대한 자료를 수집하는 연구하는 것이다. 추세조사는 일정한 기간 동안 동일한 전체 모집단 내의 변화를 연구하는 것이며, 패널조사는 특정 응답자 집단을 정해 놓고 그들로부터 상당히 긴 시간 동안 지속적으로 연구자가 필요로 하는 정보를 획득하는 방법이다. 지문에서는 10년마다 500명씩 새롭게 표집을 하여 조사하였다. 이는 일정 기간 동안 어떤 한정된 부분 모집단의 변화를 연구하는 것으로서, 특정 경험을 같이 하는 사람들이 가지는 특성들에 대해 두 번 이상의 다른 시기에 걸쳐서 비교·연구하는 코호트조사에 해당한다.

25

집중면접(Focused Interview)에 관한 설명으로 가장 적합한 것은?

① 특정한 가설을 개발하기 위해 효율적으로 이용할 수 있다.
② 면접자의 통제하에 제한된 주제에 대해 토론한다.
③ 개인의 의견보다는 주로 집단적 경험을 이야기한다.
④ 사전에 준비한 구조화된 질문지를 이용하여 면접한다.

집중면접은 응답자들에게 그대로 질문을 하는 것보다는 응답자들이 자신들에게 영향을 미치는 요소 및 자극이 어떤 것이며, 그것들이 어떠한 결과를 가져오게 되는가를 스스로 밝히도록 응답자를 도와주는 방법이다. 응답자들의 본래 상황을 충분히 이해하고 그에 따라 일정한 가설을 만든 후 응답자들의 경험에 입각하여 그 가설에 대한 유의성을 검증하도록 한다.

26

다음 중 작업가설(Working Hypothesis)로 적합하지 않은 것은?

① 교육수준이 높을수록 소득이 높을 것이다.
② 21세기 후반에 이르면 서구문명은 몰락하게 될 것이다.
③ 계층 간 소득격차가 클수록 사회갈등이 심화될 것이다.
④ 출산율은 도시보다 농촌에서 더 높을 것이다.

작업가설은 연구자가 주장하고자 하는 가설로서, 종종 연구가설과 동일시된다. 가설은 기본적으로 연구자가 경험적으로 검정할 수 있는 진술이어야 한다.

27

2차 자료의 이용에 관한 설명으로 틀린 것은?

① 2차 자료의 이점은 시간과 비용을 절약할 수 있다는 점이다.

② 2차 자료는 조사목적의 적합성, 자료의 정확성, 일치성 등을 기준으로 평가될 수 있다.

③ 조사목적을 달성하기 위해서는 2차 자료가 반드시 필요하다.

④ 2차 자료는 경우에 따라 당면한 조사문제를 평가할 수도 있다.

> **해설**
>
> 2차 자료는 연구목적을 위해 사용될 수 있는 기존의 모든 자료를 의미한다. 현재의 과학적 목적과는 다른 목적을 위해 독창적으로 수집된 정보로 조사목적을 달성하기 위해 반드시 필요한 것은 아니다.

28

다음 사례의 분석단위로 가장 적합한 것은?

> K교수는 인구센서스의 가구조사 자료를 이용하여 가족 구성원 간 종교의 동질성을 분석해 보기로 하였다.

① 가구원 　　　　　　　② 가 구

③ 종 교 　　　　　　　④ 국 가

> **해설**
>
> 분석단위란 자료 수집 시 표본의 크기를 결정하는 데 사용되는 기본 단위이다. 인구센서스의 가구조사 자료를 이용하는 것이므로 이 사례에서 분석단위는 가구이다.

29

순수실험설계에 관한 설명으로 옳은 것은?

① 통제집단 사전사후설계의 경우 주시험효과를 제거하기 어렵다.

② 순수실험설계는 학문적 연구보다 상업적 연구에서 주로 활용된다.

③ 통제집단 사후실험설계는 결과변수 값을 두 번 측정한다.

④ 솔로몬 4개 집단설계는 통제집단 사전사후설계와 통제집단 사후실험설계의 결합 형태이다.

> **해설**
>
> ① 주시험효과는 내적 타당도의 저해 요인 중 하나이다. 순수실험설계는 내적 타당도를 저해하는 요인들을 최대한 통제한 설계유형 이다.
> ② 상업적 조사는 외생변수의 통제가 어렵기 때문에 학문적 조사에서 주로 순수실험설계가 활용된다.
> ③ 통제집단 사후실험설계는 사전검사 없이 실험집단에 대해서는 조작을 가하고 통제집단에 대해서는 아무런 조작을 가하지 않은 채 그 결과를 서로 비교하는 방법으로 결과변수 값을 한 번 측정한다.

30

질문지를 작성할 때 고려하여야 할 사항과 가장 거리가 먼 것은?

① 관련 있는 질문의 경우 한 문항으로 묶어서 문항 수를 줄인다.
② 특정한 대답을 암시하거나 유도해서는 안 된다.
③ 모호한 질문을 피한다.
④ 응답자의 수준에 맞는 언어를 사용한다.

해설

하나의 질문문항 속에 두 개 이상의 질문이 내포되지 않도록 한다.

| 제2과목 | 조사방법론 II |

31

다음 설명에 포함되어 있는 타당도 저해 요인은?

> 학생 50명에 대한 학습능력검사(사전검사) 결과를 근거로 학습능력이 최하위권인 학생 10명을 선정하여 학습능력향상 프로그램을 시행한 후 사후검사를 했더니 10점 만점에 평균 3점이 향상되었다.

① 역사요인   ② 실험대상의 변동
③ 통계적 회귀   ④ 선정요인

해설

통계적 회귀
극단적인 측정값을 갖는 사례들을 재측정할 때, 평균값으로 회귀하여 처음과 같은 극단적 측정값을 나타낼 확률이 줄어드는 현상이다. 즉, 종속변수의 값이 극단적으로 높거나 낮은 경우 프로그램 실행 이후 검사에서는 독립변수의 효과가 없더라도 높은 집단은 낮아지고, 낮은 집단은 높아지는 현상을 의미한다.

32

측정과정에서 신뢰성을 높이기 위한 방법에 관한 설명으로 틀린 것은?

① 응답자에 따라 다양한 면접방식을 적용한다.
② 측정항목의 모호성을 제거한다.
③ 측정항목의 수를 늘린다.
④ 응답자가 모르는 내용은 측정하지 않는다.

해설

측정도구는 항상 표준화되고 잘 통제되며, 최대한 동일한 조건하에서 적용되도록 해야 한다.

33

다음 중 불법 체류자처럼 일반적으로 쉽게 접근하기 힘든 집단을 대상으로 설문조사를 할 때 가장 적합한 표본추출방법은?

① 눈덩이표본추출(Snowball Sampling)
② 편의표본추출(Convenience Sampling)
③ 판단표본추출(Judgment Sampling)
④ 할당표본추출(Quota Sampling)

해설

눈덩이표본추출은 쉽게 접근하기 힘들고, 연결망을 가진 사람들의 특성을 파악할 때 적절한 방법이다. 주로 약물중독, 성매매, 도박 등과 같이 일탈적 대상을 연구하거나 노숙인, 불법 체류자 등 모집단의 구성원을 찾기 어려운 경우에 사용한다.

34

표본의 크기에 관한 설명으로 틀린 것은?

① 허용오차가 클수록 표본의 크기가 커야 한다.
② 조사하고자 하는 변수의 분산값이 클수록 표본의 크기는 커야 한다.
③ 추정치에 대한 높은 신뢰수준이 요구될수록 표본의 크기는 커야 한다.
④ 비확률표본추출의 경우 표본의 크기는 예산과 시간을 고려하여 조사자가 결정할 수 있다.

해설

표본의 크기는 허용오차의 제곱에 반비례한다. 즉, 허용오차가 작을수록 표본의 크기가 크다.

35

질적 변수와 양적 변수에 관한 설명으로 틀린 것은?

① 질적 변수는 속성의 값을 나타내는 수치의 크기가 의미 없는 변수이다.

② 양적 변수는 측정한 속성값을 연산이 가능한 의미 있는 수치로 나타낼 수 있다.

③ 양적 변수는 이산변수와 연속변수로 구분된다.

④ 몸무게가 80kg 이상인 사람을 1로, 이하인 사람을 0으로 표시하는 것은 질적 변수를 양적 변수로 변환시킨 것이다.

해설

질적 변수를 양적 변수로 변환할 수 없으며 몸무게는 질적 변수가 아닌 양적 변수이다.

36

사회조사에서 개념의 재정의(Reconceptualization)가 필요한 이유와 가장 거리가 먼 것은?

① 사회조사에서 사용되는 개념은 일상생활에서 통상적으로 사용되는 상투어와는 그 의미가 다를 수 있기 때문이다.

② 동일한 개념이라도 사회가 변함에 따라 원래의 뜻이 변할 수 있기 때문이다.

③ 한 가지 개념이라도 두 가지 또는 그 이상의 다양한 의미를 가지고 있을 가능성이 많으므로, 이들 각기 다른 의미 중에서 어떤 특정의 의미를 조사연구 대상으로 삼을 것인가를 밝혀야 하기 때문이다.

④ 개념과 개념 간의 상관관계가 아닌 인과관계를 밝혀야 하기 때문이다.

해설

개념의 재정의(재개념화, Reconceptualization)가 필요한 이유
- 주된 개념에 대한 정리·분석을 통해 개념을 보다 명백히 재규정하는 것을 말한다. 사회조사에서 사용되는 개념은 일상생활에서 통상적으로 사용되는 상투어와는 그 의미가 다를 수 있기 때문이다.
- 개념의 한정성을 높여 관찰 및 측정을 가능하게 하며, 주된 개념적 요소를 알 수 있도록 해준다.
- 자기 개념에 대한 보편성·일반성의 정도를 이해하도록 하며, 개념의 정밀성·명백성의 확보로 조사의 객관적인 신뢰성을 높여준다.
- 한 가지 개념이라도 두 가지 또는 그 이상의 다양한 의미를 가지고 있을 가능성이 많으므로, 이들 각기 다른 의미 중에서 어떤 특정의 의미를 조사연구 대상으로 삼을 것인가를 밝히기 위해 필요하다.

37

크론바하 알파계수(Cronbach's Alpha)에 관한 설명으로 틀린 것은?

① 척도를 구성하는 항목들 간에 나타난 상관관계 값을 평균처리한 것이다.

② 알파계수는 −1에서 +1의 값을 취한다.

③ 척도를 구성하는 항목 중 신뢰도를 저해하는 항목을 발견해 낼 수 있다.

④ 척도를 구성하는 항목 간의 내적 일관성을 측정한다.

해설

크론바하 알파계수는 '0~1'의 값을 가진다.

38

특정 지역 전체인구의 1/4은 A구역에, 3/4은 B구역에 분포되어 있고, A, B 두 구역의 인구 중 60%가 고졸자이고 40%가 대졸자라고 가정한다. 이들 A, B 두 구역의 할당표본표집의 크기를 1,000명으로 제한한다면, A지역의 고졸자와 대졸자는 각각 몇 명씩 조사해야 하는가?

① 고졸자 100명, 대졸자 150명

② 고졸자 150명, 대졸자 100명

③ 고졸자 450명, 대졸자 300명

④ 고졸자 300명, 대졸자 450명

해설

할당표본표집은 기준을 이용하여 몇몇 카테고리로 분류한 다음, 모집단의 특성을 나타낼 수 있도록 특성에 비례하여 각 카테고리를 대표하는 요소수를 할당하고, 할당된 사례수를 작위적으로 추출한다.

A, B 두 구역의 인구가 다 같이 60%가 고졸자이고 40%가 대졸자이므로 표집의 크기 1,000명은 60%는 고졸자, 40%는 대졸자로 구성되어야 한다. 즉, 할당표본 중 고졸자는 600명, 대졸자는 400명이라고 할 수 있다.

또한 전체인구의 1/4은 A 구역에, 3/4은 B 구역에 분포되어 있으므로 고졸자 600명과 대졸자 400명 중 1/4은 A지역에서 추출되어야 한다.

∴ A지역의 고졸자 : $600 \times 1/4 = 150$명, A지역의 대졸자 : $400 \times 1/4 = 100$명

39

다음 설명에 해당하는 척도는?

- 합성측정(Composite Measurements)의 유형 중 하나이다.
- 누적 스케일링(Cumulative Scaling)의 대표적인 형태이다.
- 측정에 동원된 특정 문항이 다른 지표보다 더 극단적인 지표가 될 수 있다는 점에 근거한다.
- 측정에 동원된 개별 항목 자체에 서열성을 미리 부여한다.

① 크루스칼(Kruskal) 척도
② 서스톤(Thurstone) 척도
③ 보가더스(Borgadus) 척도
④ 거트만(Guttman) 척도

해설

거트만 척도는 합성측정(Composite Measurements)의 유형 중 하나로 누적척도라고도 한다. 강도가 다양한 어떤 태도유형에 대해 가장 약한 표현으로부터 가장 강한 표현에 이르기까지 서열적 순서를 부여하며, 특정점수를 형성하는 데 필요한 응답의 결합이 그보다 낮은 점수에 해당하는 모든 질문들에 대한 응답을 포함함으로써 누적적인 특성을 지닌다.

40

다음 사례에 해당하는 타당성은?

새로 개발된 주관적인 피로감 측정도구를 사용하여 측정한 결과와 이미 검증되고 통용 중인 주관적인 피로감 측정도구의 결과를 비교하여 타당도를 확인하였다.

① 내용타당성(Content Validity)
② 동시타당성(Concurrent Validity)
③ 예측타당성(Predictive Validity)
④ 판별타당성(Discriminant Validity)

해설

동시타당성이란 새로운 검사를 제작했을 때 새로 제작한 검사의 타당도를 위해 기존에 타당성을 보장받고 있는 검사와의 유사성 혹은 연관성에 의해 타당성을 검정하는 방법이다. 기존에 타당성을 입증받고 있는 검사가 없을 경우 타당성을 추정할 수 없으며, 타당성이 입증된 검사가 있을 지라도 그 검사와의 관계에 의해 동시타당성이 검정되므로 기존에 타당성을 입증받은 검사에 의존할 수밖에 없다.

41

사회과학에서 척도를 구성하는 이유와 가장 거리가 먼 것은?

① 측정의 신뢰성을 높여준다.
② 변수에 대한 질적인 측정치를 제공한다.
③ 하나의 지표로 측정하기 어려운 복합적인 개념들을 측정한다.
④ 여러 개의 지표를 하나의 점수로 나타내어 자료의 복잡성을 덜어준다.

해설

척도는 계량화를 위한 도구로서 척도에 의한 양적인 측정치를 제공한다.

42

"상경계열에 다니는 대학생이 이공계열에 다니는 대학생보다 물가변동에 대한 관심이 더 높을 것이다."라는 가설에서 '상경계열학생 유무'라는 변수를 척도로 나타낼 때 이 척도의 성격은?

① 순위척도
② 명목척도
③ 서열척도
④ 비율척도

해설

명목척도는 척도의 유형 중 가장 기본이 되는 것으로서, 단지 숫자나 기호로 대신 지칭해주는 것에 불과하다.

43

체계적 표집에서 집단의 크기가 100만 명이고 표본의 크기가 1,000명일 때, 다음 중 가장 적합한 표집방법은?

① 먼저 단순무작위로 1,000명을 뽑아 그중에서 편중된 표본은 제거하고, 그것을 대체하는 표본을 다시 뽑는다.
② 최초의 사람을 무작위로 선정한 후 매 1,000번째 사람을 고른다.
③ 모집단이 너무 크기 때문에 100만 명을 1,000개의 집단으로 나누어야 한다.
④ 모집단을 1,000개의 하위집단으로 나누고, 그 하위집단에서 1명씩 고르면 된다.

해설

체계적 표집은 모집단의 총수에 대해 요구되는 표본수를 나눔으로써 표집간격(Sampling Interval ; K)을 구하고, 첫 번째 요소를 무작위로 선정하여 최초의 표본으로 삼은 후 일정한 표집간격에 의해 표본을 추출한다. 집단의 크기가 100만 명(1,000,000명), 표본의 크기가 1,000명이므로 표집간격은 1,000,000/1,000 = 1,000이다. 따라서 최초의 사람을 무작위로 선정한 후 매 1,000번째 사람을 고른다.

44

측정의 오류에 관한 설명으로 옳은 것은?

① 편향에 의해 체계적 오류가 발생한다.
② 무작위 오류는 측정의 타당도를 저해한다.
③ 표준화된 측정도구를 사용하더라도 체계적 오류를 줄일 수 없다.
④ 측정자, 측정 대상자 등에 일관성이 없어 생기는 오류를 체계적 오류라 한다.

해설

② 무작위 오류와 신뢰도는 반비례 관계이다. 무작위 오류는 측정의 신뢰도를 저해한다.
③ 체계적 오류는 자료수집방법이나 수집과정에서 개입되는 오차로 조사내용이나 목적에 비해 자료수집방법이 잘못 선정되었을 경우 발생한다. 표준화된 측정도구를 사용하면 체계적 오류를 줄일 수 있다.
④ 측정자, 측정 대상자 등에 일관성이 없어 생기는 오류를 비체계적 오류(무작위 오류)라 한다.

45

일반적인 표본추출과정을 바르게 나열한 것은?

① 표본크기 결정 → 모집단 확정 → 표본틀 결정 → 표본추출방법 결정 → 표본추출
② 모집단 확정 → 표본크기 결정 → 표본틀 결정 → 표본추출방법 결정 → 표본추출
③ 모집단 확정 → 표본틀 결정 → 표본추출방법 결정 → 표본크기 결정 → 표본추출
④ 표본틀 결정 → 모집단 확정 → 표본크기 결정 → 표본추출방법 결정 → 표본추출

46

다음 사례의 측정에 대한 설명으로 옳은 것은?

> A초등학교 어린이들의 발달 상태를 조사하기 위해 체중계를 이용하여 몸무게를 측정했는데 항상 2.5kg이 더 무겁게 측정되었다.

① 타당도는 높지만 신뢰도는 낮다.
② 신뢰도는 높지만 타당도는 낮다.
③ 신뢰도도 높고 타당도도 높다.
④ 신뢰도도 낮고 타당도도 낮다.

해설

측정의 타당도는 측정도구가 실제로 측정하고자 하는 개념을 측정하고 있는가에 대한 것이며, 신뢰도는 측정하고자 하는 대상을 얼마나 정확하게 측정하고 있는가의 정도를 말한다. 따라서 실제와 다르게 체중이 일정하게 나타난다면 신뢰도는 높고 타당도는 낮다고 할 수 있다.

47

개념적 정의와 조작적 정의에 관한 설명으로 틀린 것은?

① 개념적 정의는 추상적 수준의 정의이다.
② 조작적 정의는 인위적이기 때문에 가급적 피해야 한다.
③ 개념적 정의와 조작적 정의가 반드시 일치하는 것은 아니다.
④ 조작적 정의는 측정을 위하여 불가피하다.

해설

조작적 정의는 측정 과정의 마지막 단계로 개념을 구체화시키는 것이다.

48

개념타당성(Construct Validity)의 종류가 아닌 것은?

① 이해타당성(Nomological Validity)
② 집중타당성(Convergent Validity)
③ 판별타당성(Discriminant Validity)
④ 기준관련타당성(Criterion-related Validity)

해설

개념타당성은 이해타당성, 집중(수렴)타당성, 판별타당성으로 구분된다.

49

전수조사와 비교한 표본조사의 특징에 관한 설명으로 옳은 것은?

① 시간과 노력이 많이 든다.
② 비표본 오차를 줄일 수 있다.
③ 항상 정확한 자료를 수집할 수 있다.
④ 조사기간 동안에 발생하는 변화를 반영하지 못한다.

해설

표본조사는 비표본오차의 감소와 조사대상의 오염방지를 통해 전수조사보다 더 정확한 자료를 얻을 수 있다.

50

측정의 신뢰성(Reliability)과 가장 거리가 먼 개념은?

① 유연성(Flexibility)
② 안정성(Stability)
③ 일관성(Consistency)
④ 예측가능성(Predictability)

해설

신뢰도와 유사한 표현으로서 신빙성, 안정성, 일관성, 예측성 등이 있다.

51

모든 요소의 총체로서 조사자가 표본을 통해 발견한 사실들을 토대로 하여 일반화하고자 하는 궁극적인 대상을 지칭하는 것은?

① 표본추출단위(Sampling Unit)
② 표본추출분포(Sampling Distribution)
③ 표본추출 프레임(Sampling Frame)
④ 모집단(Population)

해설

① 표본추출의 각 단계에 있어서 표본으로 선정되는 요소 또는 요소의 집합을 말한다.
② 동일한 크기의 표본을 반복해서 추출했을 때 각 표본의 통계량의 확률분포이다.
③ 표본추출 시 필요한 모집단의 구성요소와 표본추출 단계별로 표본추출단위가 수록된 목록을 말한다.

52

서열측정의 특징을 모두 고른 것은?

> ㄱ. 응답자들의 순서대로 구분할 수 있다.
> ㄴ. 절대영점(Absolute Zero Score)을 지니고 있다.
> ㄷ. 어떤 응답자의 특성이 다른 응답자의 특성보다 몇 배가 높은지 알 수 있다.

① ㄱ
② ㄱ, ㄴ
③ ㄴ, ㄷ
④ ㄱ, ㄴ, ㄷ

해설

ㄴ·ㄷ. 비율측정에 해당하는 설명이다. 비율측정은 절대영점을 지니고 있으며 가감승제가 가능하다.

53

다음 설명에 해당하는 척도는?

- 대립적인 형용사의 쌍을 이용
- 의미적 공간에 어떤 대상을 위치시킬 수 있다는 이론적 가정에 기초
- 조사대상에 대한 프로파일분석에 유용하게 사용

① 의미분화 척도(Semantic Differential Scale)
② 서스톤 척도(Thrustone Scale)
③ 스타펠 척도(Staple Scale)
④ 거트만 척도(Guttman Scale)

해설

의미분화 척도는 일직선으로 도표화된 척도의 양극단에 서로 상반되는 형용사를 배열하여 양극단 사이에서 해당 속성에 대한 평가를 한다. 의미적 공간에 어떤 대상을 위치시킬 수 있다는 이론적 가정에 기초하며, 가치와 태도의 측정에 적합하기 때문에 조사대상에 대한 프로파일분석에 유용하게 사용된다.

54

전문직에 종사하는 남성근로자를 대상으로 하는 사회조사에서 변수가 될 수 없는 것은?

① 연 령   ② 성 별
③ 직업종류   ④ 근무시간

해설

조사대상이 남성으로 한정되어 있기 때문에 성별이 변수가 될 수는 없다.

55

확률표본추출방법만으로 짝지어진 것은?

ㄱ. 군집표집(Cluster Sampling)
ㄴ. 체계적 표집(Systematic Sampling)
ㄷ. 편의표집(Convenience Sampling)
ㄹ. 할당표집(Quota Sampling)
ㅁ. 층화표집(Stratified Random Sampling)
ㅂ. 눈덩이표집(Snowball Sampling)
ㅅ. 단순무작위표집(Simple Random Sampling)

① ㄱ, ㄴ, ㄷ, ㄹ
② ㄱ, ㄹ, ㅁ, ㅂ
③ ㄴ, ㄹ, ㅂ, ㅅ
④ ㄱ, ㄴ, ㅁ, ㅅ

해설

표본추출
- 확률표본추출 : 단순무작위표집, 계통적(체계적) 표집, 층화표집, 집락(군집)표집, 연속표집 등
- 비확률표본추출 : 편의표집, 할당표집, 유의표집, 임의표집, 배합표집, 누적(눈덩이)표집 등

56

층화표집과 집락표집에 관한 설명으로 옳은 것은?

① 층화표집은 모든 부분집단에서 표본을 선정한다.
② 집락표집은 모집단을 하나의 집단으로만 분류한다.
③ 집락표집은 부분집단 내에 동질적인 요소로 이루어진다고 전제한다.
④ 층화표집은 부분집단 간에 동질적인 요소로 이루어진다고 전제한다.

해설

①·② 층화표집은 모집단을 보다 동질적인 몇 개의 층으로 나눈 후, 이러한 각 층으로부터 단순무작위표본추출을 하는 방법이다.
집락표집은 모집단 목록에서 구성요소에 대해 여러 가지 이질적인 구성요소를 포함하는 여러 개의 집락 또는 집단으로 구분한 후 집락을 표집단위로 하여 무작위로 몇 개의 집락을 표본으로 추출한 다음, 표본으로 추출된 집락에 대해 그 구성요소를 전수조사하는 방법이다.
③·④ 층화표집은 집단 내 동질적, 집단 간 이질적, 집락표집은 집락 내 이질적, 집락 간 동질적인 특성을 보인다.

57

척도구성방법을 비교척도구성(Comparative Scaling)과 비비교척도구성(Non-comparative Scaling)으로 구분할 때 비비교척도구성에 해당하는 것은?

① 쌍대비교법(Paired Comparison)

② 순위법(Rank-order)

③ 연속평정법(Continuous Rating)

④ 고정총합법(Constant Sum)

해설

척도구성방법

• 비교척도구성 : 쌍대비교법, 순위법, 고정총합법, 비율분할법 등
• 비비교척도구성 : 단일평정법, 연속평정법, 항목평정법 등

58

응답자의 월평균소득금액을 '원' 단위로 조사하고자 하는 경우에 적합한 척도는?

① 비율척도

② 등간척도

③ 서열척도

④ 명목척도

해설

'원' 단위에는 절대 0점이 존재하므로 비율척도가 적합하다.

59

다음 중 사회조사에서 비확률표본추출이 많이 사용되는 이유로 가장 적합한 것은?

① 표본추출오차가 적게 나타난다.

② 모집단에 대한 추정이 용이하다.

③ 표본설계가 용이하고 시간과 비용을 절약할 수 있다.

④ 모집단 본래의 특성과 차이가 나지 않는 결과를 얻을 수 있다.

해설

사회조사에서 비확률표본추출이 많이 사용되는 이유

• 표본추출이 용이하고 경제적이므로 시간적·금전적으로 자원 이용에 제약이 큰 경우 활용된다.
• 조사의 성격상 표본을 의도적으로 구성하는 것이 유효하다고 판단될 경우 활용된다.
• 역사적 사건과 같이 확률표본추출이 불가능한 경우 활용된다.
• 조사자가 민속학이나 참여관찰과 같이 보다 큰 모집단에 대한 일반화에 거의 관심을 기울이지 않는 경우 활용된다.

60

표본오차(Sampling Error)에 관한 설명으로 옳은 것은?

① 표본의 크기가 커지면 늘어난다.
② 모집단의 표본의 차이에 의해 발생하는 오류를 말한다.
③ 조사연구의 모든 과정에서 확산되어 발생한다.
④ 조사원의 훈련부족으로 인해 각기 다른 성격의 자료가 수집되는 경우에 발생한다.

해설

표본오차는 표본추출과정에서 발생하는 오차를 말한다. 즉, 표본추출된 표본을 대상으로 한 조사결과와 모집단을 직접적으로 연구했을 경우에 얻을 수 있는 가정적인 결과와의 차이에 해당한다.

제3과목 **사회통계**

61

자료의 위치를 나타내는 척도로 알맞지 않은 것은?

① 중앙값
② 백분위수
③ 표준편차
④ 사분위수

해설

자료의 위치를 나타내는 척도는 대푯값이다. 표준편차는 자료의 분산 상황을 나타내는 척도이다.

62

어떤 사회정책에 대한 찬성률 θ를 추정하고자 한다. 크기 n인 임의표본(확률표본)을 추출하여 자료를 $x_1, \cdots, x_n$으로 입력하였을 때 θ에 대한 점 추정치로 옳은 것은? (단, 찬성이면 0, 반대면 1로 코딩한다)

① $\dfrac{1}{\sqrt{n}} \sum_{i=1}^{n} x_i$

② $\dfrac{1}{n} \sum_{i=1}^{n} x_i$

③ $\dfrac{1}{\sqrt{n}} \sum_{i=1}^{n} (1 - x_i)$

④ $\dfrac{1}{n} \sum_{i=1}^{n} (1 - x_i)$

해설

찬성이 0, 반대가 1로 코딩되어 있기 때문에 반대율은 $\dfrac{\sum_{i=1}^{n} x_i}{n}$ 이고 찬성률은 $1 - \dfrac{\sum_{i=1}^{n} x_i}{n} = \dfrac{1}{n} \sum_{i=1}^{n} (1 - x_i)$ 이다.

63

다음 중 표준편차가 가장 큰 자료는?

① 3 4 5 6 7

② 3 3 5 7 7

③ 3 5 5 5 7

④ 5 6 7 8 9

해설

② 평균 = $(3+3+5+7+7)/5 = 5$

표준편차 = $\sqrt{[(3-5)^2+(3-5)^2+(5-5)^2+(7-5)^2+(7-5)^2]/5} = \sqrt{16/5}$

① 평균 = $(3+4+5+6+7)/5 = 5$

표준편차 = $\sqrt{[(3-5)^2+(4-5)^2+(5-5)^2+(6-5)^2+(7-5)^2]/5} = \sqrt{10/5}$

③ 평균 = $(3+5+5+5+7)/5 = 5$

표준편차 = $\sqrt{[(3-5)^2+(5-5)^2+(5-5)^2+(5-5)^2+(7-5)^2]/5} = \sqrt{8/5}$

④ 평균 = $(5+6+7+8+9)/5 = 7$

표준편차 = $\sqrt{[(5-7)^2+(6-7)^2+(7-7)^2+(8-7)^2+(9-7)^2]/5} = \sqrt{10/5}$

64

어느 공장에서 일주일 동안 생산되는 제품의 수 X는 평균이 50, 분산이 15인 확률분포를 따른다. 이 공장의 일주일 동안의 생산량이 45개에서 55개 사이일 확률의 하한을 구하면?

① $\dfrac{1}{5}$

② $\dfrac{2}{5}$

③ $\dfrac{3}{5}$

④ $\dfrac{4}{5}$

해설

체비셰프 부등식은 하한을 제시해준다. $\mu = 50$, $\sigma = \sqrt{15}$ 이므로

$$P(|X-\mu| \le k\sigma) = P(|X-50| \le k\sqrt{15}) = P(-k\sqrt{15} \le X-50 \le k\sqrt{15}) \ge 1 - \frac{1}{k^2}$$

$$P(-k\sqrt{15} \le X-50 \le k\sqrt{15}) = P(-k\sqrt{15}+50 \le X \le k\sqrt{15}+50) \ge 1 - \frac{1}{k^2}$$

$-k\sqrt{15}+50 = 45$, $k\sqrt{15}+50 = 55$ 이므로 $k = \dfrac{5}{\sqrt{15}}$ 이다.

$$P(45 \le X \le 55) \ge 1 - \frac{1}{k^2} = 1 - \frac{1}{(\frac{5}{\sqrt{15}})^2} = \frac{2}{5}$$

따라서 45개에서 55개 사이일 확률의 하한은 $\dfrac{2}{5}$ 이다.

65

아파트의 평수 및 가족수가 난방비에 미치는 영향을 알아보기 위해 중회귀분석을 실시하여 다음의 결과를 얻었다. 분석 결과에 대한 설명으로 틀린 것은? (단, Y는 아파트 난방비(천원)이다)

모 형	비표준화계수		표준화계수	t	p-값
	B	표준오차	Beta		
상 수	39.69	32.74		1.21	0.265
평수(X_1)	3.37	0.94	0.85	3.59	0.009
가족수(X_2)	0.53	0.25	0.42	1.72	0.090

① 추정된 회귀식은 $\hat{Y} = 39.69 + 3.37X_1 + 0.53X_2$이다.

② 유의수준 5%에서 종속변수 난방비에 유의한 영향을 주는 독립변수는 평수이다.

③ 가족수가 주어질 때, 난방비는 아파트가 1평 커질 때 평균 3.37(천원) 증가한다.

④ 아파트 평수가 30평이고 가족이 5명인 가구의 난방비는 122.44(천원)으로 예측된다.

해설

④ 아파트 평수가 30평이고 가족이 5명이면 난방비 $Y = 39.69 + 3.37 \times 30 + 0.53 \times 5$는 143.44(천원)이다.

① 중회귀분석 모형은 $Y_i = \beta_0 + \beta_1 X_{1i} + \beta_2 X_{2i} + \cdots + \beta_k X_{ki} + \epsilon_i$로 주어진 표에서 추정된 회귀식은 $Y = 39.69 + 3.37X_1 + 0.53X_2$이다.

② 유의수준 5%, 즉 $\alpha = 0.05$가 p-값보다 작으면 귀무가설을 기각(유의한 영향이 있음)하는 것이므로 p-값이 0.05보다 작은 평수가 영향을 준다고 볼 수 있다.

③ 가족수 X_2가 고정일 때 난방비 Y는 변수 X_1에 의해서만 영향을 받는다. 즉, 아파트 평수(X_1)가 1평 커질 때 계수 3.37(천원)만큼 증가한다.

66

확률변수 X의 평균은 10, 분산은 5이다. $Y = 5 + 2X$의 평균과 분산은?

① 20, 15

② 20, 20

③ 25, 15

④ 25, 20

해설

$E(Y) = E(5 + 2X) = 2E(X) + 5 = 2 \times 10 + 5 = 25$

$Var(Y) = Var(5 + 2X) = 2^2 Var(X) = 4 \times 5 = 20$

67

정규분포를 따르는 모집단으로부터 10개의 표본을 임의추출한 모평균에 대한 95% 신뢰구간은 (74.76, 165.24)이다. 이때 모평균의 추정치와 추정량의 표준오차는? (단, t가 자유도가 9인 t-분포를 따르는 확률변수일 때, $P(t > 2.262) = 0.025$ 이다)

① 90.48, 20

② 90.48, 40

③ 120, 20

④ 120, 40

해설

모분산을 모르는 소표본($n < 30$)일 경우 $100(1-\alpha)$% 신뢰구간은 자유도가 $n-1$인 t-분포를 이용하며 다음과 같다.

$$\overline{X} - t_{\alpha/2} \frac{S}{\sqrt{n}} \le \mu \le \overline{X} + t_{\alpha/2} \frac{S}{\sqrt{n}}$$

$n = 10$, 95% 신뢰구간이므로 $\alpha = 0.05$, $t_{n-1, \alpha/2} = t_{9, 0.025} = 2.262$ 이다.

$$\overline{X} - 2.262 \frac{S}{\sqrt{10}} \le \mu \le \overline{X} + 2.262 \frac{S}{\sqrt{10}}$$

$\overline{X} - 2.262 \frac{S}{\sqrt{10}} = 74.76$, $\overline{X} + 2.262 \frac{S}{\sqrt{10}} = 165.24$ 이므로 연립하여 풀면

모평균의 추정치는 $\overline{X} = 120$, 표준오차는 $\frac{S}{\sqrt{10}} = 20$ 이다.

68

어느 회사는 노조와 협의하여 오후의 중간 휴식시간을 20분으로 정하였다. 그런데 총무과장은 대부분의 종업원이 규정된 휴식시간보다 더 많은 시간을 쉬고 있다고 생각하고 있다. 이를 확인하기 위하여 전체 종업원 1,000명 중에서 25명을 조사한 결과 표본으로 추출된 종업원의 평균 휴식시간은 22분이고 표준편차는 3분으로 계산되었다. 유의수준 5%에서 총무과장의 의견에 대한 가설검정 결과로 옳은 것은?
(단, $t_{(0.05, 24)} = 1.711$)

① 검정통계량 $t < 1.711$ 이므로 귀무가설을 기각한다.

② 검정통계량 $t > 1.711$ 이므로 귀무가설을 채택한다.

③ 종업원의 실제 휴식시간은 규정시간 20분보다 더 길다고 할 수 있다.

④ 종업원의 실제 휴식시간은 규정시간 20분보다 더 짧다고 할 수 있다.

해설

귀무가설(H_0) : $\mu = 20$, 대립가설(H_1) : $\mu > 20$

모평균에 대한 검정통계량에서 모분산을 모르는 소표본($n < 30$)인 경우 검정통계량 $t = \frac{\overline{X} - \mu_0}{S/\sqrt{n}}$ 를 이용한다.

$\overline{X} = 22$, $\mu_0 = 20$, $S = 3$, $n = 25$ 이므로 $t = \frac{22 - 20}{3/\sqrt{25}} = 3.33$

단측검정이며 유의수준 5%에서 임계치는 $t_{(0.05, 24)} = 1.711$ 이고 통계량이 임계치보다 크므로 귀무가설을 기각한다.

따라서 실제 휴식시간이 규정된 휴식시간 20분보다 더 길다고 할 수 있다.

69

회귀분석 결과, 분산분석표에서 잔차제곱합(SSE)은 60, 총제곱합(SST)은 240임을 알았다. 이 회귀모형의 결정계수는?

① 0.25   ② 0.5
③ 0.75   ④ 0.95

> **해설**
>
> $R^2 = \dfrac{SSR}{SST} = 1 - \dfrac{SSE}{SST}$ 이므로 주어진 회귀모형의 결정계수는 $1 - \dfrac{60}{240} = \dfrac{180}{240} = \dfrac{3}{4}$ 이다.
>
> ∴ 0.75

70

다음 중 대푯값에 해당하지 않는 것은?

① 최빈값   ② 기하평균
③ 조화평균   ④ 분 산

> **해설**
>
> 대푯값과 산포도
> - 대푯값 : 자료의 대략적인 중심위치 파악(평균, 중위수, 최빈값 등)
> - 산포도 : 흩트러진 정도의 척도(분산, 표준편차, 변동계수, 범위 등)

71

343명의 대학생을 랜덤하게 뽑아서 조사한 결과 110명의 학생이 흡연 경험이 있었다. 대학생 중 흡연 경험자 비율에 대한 95% 신뢰구간을 구한 것으로 옳은 것은? (단, $Z_{0.025} = 1.96$, $Z_{0.05} = 1.645$, $Z_{0.1} = 1.282$)

① $0.256 < p < 0.386$ ② $0.279 < p < 0.362$
③ $0.271 < p < 0.370$ ④ $0.262 < p < 0.379$

> **해설**
>
> 모비율 p에 대한 $100(1-\alpha)\%$ 신뢰구간을 구하는 공식은 다음과 같다.
>
> $$\hat{p} - Z_{\alpha/2} \sqrt{\frac{\hat{p}(1-\hat{p})}{n}} \leq p \leq \hat{p} + Z_{\alpha/2} \sqrt{\frac{\hat{p}(1-\hat{p})}{n}}$$
>
> $\hat{p} = \dfrac{110}{343}$, 95% 신뢰구간이므로 $\alpha = 0.05$, $Z_{\alpha/2} = Z_{0.025} = 1.96$, $n = 343$이다.
>
> $$\therefore \frac{110}{343} - 1.96 \sqrt{\frac{\frac{110}{343}\left(1 - \frac{110}{343}\right)}{343}} \leq p \leq \frac{110}{343} + 1.96 \sqrt{\frac{\frac{110}{343}\left(1 - \frac{110}{343}\right)}{343}}$$

72

어느 제약회사에서 생산하고 있는 진통제는 복용 후 진통효과가 나타날 때까지 걸리는 시간이 평균 30분, 표준편차 8분인 정규분포를 따른다고 한다. 임의로 추출한 100명의 환자에게 진통제를 복용시킬 때, 복용 후 40분에서 44분 사이에 진통효과가 나타나는 환자의 수는? (단, 다음 표준정규분포표를 이용하시오)

z	$P(0 \leq Z \leq z)$
0.75	0.27
1.00	0.34
1.25	0.39
1.50	0.43
1.75	0.46

① 4
② 5
③ 7
④ 10

해설

$\mu = 30$, $\sigma = 8$이고 표준화 공식 $Z = \dfrac{X - \mu}{\sigma}$을 이용하면 다음과 같다.

$P(40 < X < 44) = P(\dfrac{40 - 30}{8} < \dfrac{X - \mu}{\sigma} < \dfrac{44 - 30}{8}) = P(1.25 < Z < 1.75)$

$P(1.25 < Z < 1.75) = P(0 < Z < 1.75) - P(0 < Z < 1.25)$이므로 $0.46 - 0.39 = 0.07$

따라서 40분에서 44분 사이에 진통효과가 나타나는 환자의 수는 $100 \times 0.07 = 7$명이다.

73

일정기간 공사장지대에서 방목한 가축 소변의 불소 농도에 변화가 있는가를 조사하고자 한다. 랜덤하게 추출한 10마리의 가축 소변의 불소농도를 방목 초기에 조사하고 일정기간 방목한 후 다시 소변의 불소 농도를 조사하였다. 방목 전후의 불소 농도에 차이가 있는가에 대한 분석방법으로 적합한 것은?

① 단일 모평균에 대한 검정
② 독립표본에 의한 두 모평균의 비교
③ 쌍체비교(대응비교)
④ F-Test

해설

t검정은 두 집단의 평균차이가 통계적으로 유의한가를 검정하는 분석방법이다. 조사대상의 개체가 같고 반드시 짝을 이루는 경우 대응표본 t검정(쌍체비교)을 실시한다.

74

확률변수 X는 포아송분포를 따른다고 하자. X의 평균이 5라고 할 때 분산은 얼마인가?

① 1   ② 3

③ 5   ④ 9

해설

포아송분포는 평균과 분산이 같다.

75

단순회귀분석을 수행한 결과, 보기와 같은 결과를 얻었다. 결정계수 R^2값과 기울기에 대한 가설 $H_0 : \beta_1 = 0$에 대한 유의수준 5%의 검정결과로 옳은 것은? (단, $\alpha = 0.05$, $t_{(0.025,\,3)} = 3.182$, $\sum_{i=1}^{5} (x_i - \overline{x})^2 = 329.2$)

> **〈보기〉**
>
> $\hat{y} = 5.766 + 0.722x$, $\overline{x} = 118/5 = 23.6$
> 총제곱합(SST)=192.8, 잔차제곱합(SSE)=21.312

① $R^2 = 0.889$, 기울기를 0이라 할 수 없다.

② $R^2 = 0.551$, 기울기를 0이라 할 수 없다.

③ $R^2 = 0.889$, 기울기를 0이라 할 수 있다.

④ $R^2 = 0.551$, 기울기를 0이라 할 수 있다.

해설

$$R^2 = 1 - \frac{SSE}{SST} = 1 - \frac{21.312}{192.8} \fallingdotseq 0.889$$

단순회귀계수의 유의성 검정에서 검정통계량은 $t = \dfrac{b - \beta_1}{\sqrt{MSE/S_{xx}}} \sim t_{(n-2)}$ 이다.

$$t = \frac{b - \beta_1}{\sqrt{\dfrac{SSE/(n-2)}{S_{xx}}}} = \frac{0.722 - 0}{\sqrt{\dfrac{21.312/(5-2)}{\sum_{i=1}^{5}(x_i - \overline{x})^2}}} = \frac{0.722}{\sqrt{\dfrac{21.312/(5-2)}{329.2}}} \fallingdotseq 4.91$$

유의수준 5%에서 임계치 $t_{(0.025,\,3)} = 3.182$보다 검정통계량이 크므로 귀무가설을 기각한다. 따라서 기울기를 0이라 할 수 없다.

76

어느 자동차 회사의 영업 담당자는 영업전략의 효과를 검정하고자 한다. 영업사원 10명을 무작위로 추출하여 새로운 영업전략을 실시하기 전과 실시한 후의 영업성과(월 판매량)를 조사하였다. 영업사원의 자동차 판매량의 차이는 정규분포를 따른다고 하자. 유의수준 5%에서 새로운 영업전략이 효과가 있는지 검정한 결과는? (단, 유의수준 5%에 해당하는 자유도 9인 t분포값은 −1.833이다)

실시 이전	5	8	7	6	9	7	10	10	12	5
실시 이후	8	10	7	11	9	12	14	9	10	6

① 새로운 영업전략의 판매량 증가 효과가 있다고 할 수 있다.
② 새로운 영업전략의 판매량 증가 효과가 없다고 할 수 있다.
③ 새로운 영업전략 실시 전후 판매량은 같다고 할 수 있다.
④ 주어진 정보만으로는 알 수 없다.

해설

대응표본인 경우 두 집단 간의 차이 $D = \mu_1 - \mu_2$에 대한 검정 $t = \dfrac{\overline{D}}{S_D / \sqrt{n}}$ 를 이용한다.

H_0 : 새로운 전략 실시 전후의 판매량에 차이는 없다.
H_1 : 새로운 전략 실시 후에 판매량이 증가하였다.

실시 이전	5	8	7	6	9	7	10	10	12	5
실시 이후	8	10	7	11	9	12	14	9	10	6
D	3	2	0	5	0	5	4	−1	−2	1
D^2	9	4	0	25	0	25	16	1	4	1

$$\overline{D} = \frac{3+2+0+5+0+5+4-1-2+1}{10} = 1.7$$

$$\overline{D^2} = \frac{9+4+0+25+0+25+16+1+4+1}{10} = 8.5$$

$$S_D = \sqrt{E(D^2) - E(D)^2} = \sqrt{8.5 - 1.7^2} \fallingdotseq 2.37$$

$$t = \frac{\overline{D}}{S_D / \sqrt{n}} = \frac{1.7}{2.37\sqrt{10}} \fallingdotseq 2.269$$

따라서 유의수준 5%에서 $1.833 < 2.269$이므로 귀무가설을 기각하므로 새로운 전략 실시 후에 판매량이 증가하였다고 할 수 있다.

77

다음 분산분석(ANOVA)표는 상품포장색깔(빨강, 노랑, 파랑)이 판매량에 미치는 영향을 알아보기 위해서 4곳의 가게를 대상으로 실험한 결과이다.

요 인	제곱합	자유도	평균제곱	F값	p값
상품포장	72.00	2	63.00	3.18	0.0904
잔 차	102	9	( )		

위의 분산분석표에서 (   )에 알맞은 잔차 평균제곱 값은 얼마인가?

① 11.33

② 14.33

③ 10.23

④ 13.23

해설

잔차평균제곱은 잔차제곱합을 잔차자유도로 나눈 값이므로 102/9 ≒ 11.33이다.

78

$P(A) = 0.4$, $P(B) = 0.2$, $P(B|A) = 0.4$일 때 $P(A|B)$는?

① 0.4

② 0.5

③ 0.6

④ 0.8

해설

$P(B|A) = \dfrac{P(A \cap B)}{P(A)}$ 이므로 $0.4 = \dfrac{P(A \cap B)}{0.4}$ 이고 $P(A \cap B) = 0.16$이다.

$\therefore P(A|B) = \dfrac{P(A \cap B)}{P(B)} = \dfrac{0.16}{0.2} = 0.8$

79

다음 중 표본평균($\overline{X} = \dfrac{1}{n}\sum_{i=1}^{n}x_i$)의 분포에 관한 설명으로 틀린 것은?

① 표본평균의 분포 평균은 모집단의 평균과 동일하다.
② 표본의 크기가 어느 정도 크면 표본평균의 분포는 근사적 정규분포를 따른다.
③ 표본평균의 분포는 모집단의 분포와 동일하다.
④ 표본평균의 분포 분산은 표본의 크기에 따라 달라진다.

해설

표본평균의 분포는 모집단이 정규모집단이냐 아니냐에 따라서 그 분포가 다르게 나타난다. 모집단분포가 정규분포를 따를 때, 표본평균의 분포도 정규분포를 따르지만 모집단이 정규분포가 아닐 경우 표본평균이 정규분포를 따른다고 할 수 없다. 그러나 표본의 크기가 충분히 클 때는 표본평균의 분포는 정규분포로 볼 수 있다. 이것은 중심극한정리에 근거를 두고 있다.

80

왜도가 0이고 첨도가 3인 분포의 형태는?

① 좌우대칭인 분포
② 왼쪽으로 치우친 분포
③ 오른쪽으로 치우친 분포
④ 오른쪽으로 치우치고 뾰족한 모양의 분포

해설

왜도가 0이면 대칭분포를 이루며(정규분포), '첨도＝3'이면 표준정규분포로 중첨이라고 한다.

81

표준정규분포를 따르는 확률변수의 제곱은 어떤 분포를 따르는가?

① 정규분포
② t-분포
③ F-분포
④ 카이제곱분포

해설

표준정규분포를 따르는 확률변수 $Z \sim N(0, 1)$의 제곱 Z^2는 자유도 1인 카이제곱(χ^2)분포를 따른다.

82

다음 설명 중 틀린 것은?

① 모수의 추정에 사용되는 통계량을 추정량이라고 하고 추정량의 관측값을 추정치라고 한다.
② 모수에 대한 추정량의 기댓값이 모수와 일치할 때 불편추정량이라 한다.
③ 모표준편차는 표본표준편차의 불편추정량이다.
④ 표본평균은 모평균의 불편추정량이다.

해설

모표준편차의 점추정량은 표본표준편차와 같다. 또한 모분산의 불편추정량은 표본분산이지만 모표준편차의 불편추정량이 표본표준편차인 것은 아니다.

83

자료들의 분포형태와 대푯값에 관한 설명으로 옳은 것은?

① 오른쪽 꼬리가 긴 분포에서는 중앙값이 평균보다 크다.
② 왼쪽 꼬리가 긴 분포에서는 최빈값 < 평균 < 중앙값 순이다.
③ 중앙값은 분포와 무관하게 최빈값보다 작다.
④ 비대칭의 정도가 강한 경우에는 대푯값으로 평균보다 중앙값을 사용하는 것이 더 바람직하다고 할 수 있다.

해설

① 오른쪽 꼬리가 긴 분포, 즉 좌측 비대칭 분포에서는 $\overline{X} > M_e > M_o$ 이다. 따라서 중앙값이 평균보다 작다.
② 왼쪽 꼬리가 긴 분포, 즉 우측 비대칭 분포에서는 $\overline{X} < M_e < M_o$ 이다. 따라서 평균 < 중앙값 < 최빈값이다.
③ 좌우대칭에서 중앙값은 최빈값과 동일하며 좌측 비대칭 분포에서는 중앙값이 최빈값보다 크다.

84

다음의 자료에 대해 절편이 없는 단순회귀모형 $Y_i = \beta x_i + \epsilon_i$를 가정할 때, 최소제곱법에 의한 β의 추정값을 구하면?

x	1	2	3
y	1	2	2.5

① 0.75
② 0.82
③ 0.89
④ 0.96

해설

절편이 없는 회귀모형의 경우 최소제곱법에 의한 β의 추정값은 $\dfrac{\sum x_i y_i}{\sum x_i^2}$ 이다.

$$\frac{\sum x_i y_i}{\sum x_i^2} = \frac{(1 \times 1) + (2 \times 2) + (3 \times 2.5)}{1^2 + 2^2 + 3^2} = 0.89$$

85

어떤 철물점에서 10가지 길이의 못을 팔고 있으며, 못의 길이는 각각 2.5, 3.0, 3.5, 4.0, 4.5, 5.0, 5.5, 6.0, 6.5, 7.0cm이다. 만약 현재 남아 있는 못 가운데 10%는 4.0cm인 못이고, 15%는 5.0cm인 못이며, 53%는 5.5cm인 못이라면 현재 이 철물점에 있는 못 길이의 최빈수는?

① 4.5cm
② 5.0cm
③ 5.5cm
④ 6.0cm

해설

전체 못의 53%가 5.5cm인 못이므로 길이가 5.5cm인 못이 가장 많다. 따라서 최빈수는 5.5cm이다.

86

똑같은 크기의 사과 10개를 다섯 명의 어린이에게 나누어주는 방법의 수는? (단, $\binom{n}{r}$은 n개 중에서 r개를 선택하는 조합의 수이다)

① $\binom{14}{5}$
② $\binom{15}{5}$
③ $\binom{14}{10}$
④ $\binom{15}{10}$

해설

$$_5H_{10} = {}_{5+10-1}C_{10} = {}_{14}C_{10} = \binom{14}{10}$$

87

어느 지방선거에서 각 후보자의 지지도를 알아보기 위하여 120명을 표본으로 추출하여 다음과 같은 결과를 얻었다. 세 후보 간의 지지도가 같은지를 검정하기 위한 검정통계량의 값은?

후보자	지지자 수
갑	40
을	30
병	50

① 2
② 4
③ 5
④ 8

해설

갑, 을, 병 3명에 대해 120명의 지지도에 차이가 없다는 것을 검정해야 하므로 기대도수는 $E_i = n\pi_i = 120(1/3) = 40$으로 나타난다.

후보자	갑	을	병
관찰도수	40	30	50
기대도수	40	40	40

$$\chi^2 = \sum_{i=1}^{k} \frac{(O_i - E_i)^2}{E_i} = \frac{(40-40)^2}{40} + \frac{(30-40)^2}{40} + \frac{(50-40)^2}{40} = 5$$

88

일원분산분석에 대한 설명으로 틀린 것은?

① 제곱합들의 비를 이용하여 분석하므로 F분포를 이용하여 검정한다.

② 오차제곱합을 이용하므로 χ^2분포를 이용하여 검정할 수도 있다.

③ 세 개 이상 집단 간의 모평균을 비교하고자 할 때 사용한다.

④ 총제곱합은 처리제곱합과 오차제곱합으로 분해된다.

해설

분산분석의 검정통계량은 F-분포를 사용한다.

89

확률변수 X는 시행횟수가 n이고 성공할 확률이 p인 이항분포를 따를 때, 옳은 것은?

① $E(X) = np(1-p)$

② $V(X) = \dfrac{p(1-p)}{n}$

③ $E(\dfrac{X}{n}) = p$

④ $E(\dfrac{X}{n}) = \dfrac{p(1-p)}{n^2}$

해설

이항분포의 확률변수의 기댓값은 $E(X) = np$, 분산 $Var(X) = npq = np(1-p)$이다.

또한 상수 a, b에 대하여 $E(aX+b) = aE(X) + b$이므로 $E(\dfrac{X}{n}) = \dfrac{1}{n}E(X) = \dfrac{1}{n} \times np = p$이다.

90

다음 중 가설검정에 관한 설명으로 옳은 것은? (해설참조)

① 일반적으로 표본자료에 의해 입증하고자 하는 가설을 대립가설로 세운다.

② 1종 오류와 2종 오류 중 더 심각한 오류는 1종 오류이다.

③ $p-$값이 유의수준보다 크면 귀무가설을 기각한다.

④ 양측검정으로 유의하지 않은 자료라도 단측검정을 하면 유의할 수도 있다.

해설

시행처에서 공개한 답은 ④이지만, 출제된 문제에 오류가 있는 것으로 판단되어 아래와 같이 문제를 수정하여 학습하도록 합니다.
다음 중 가설검정에 관한 설명으로 옳지 않은 것은?
①·②·④는 맞는 설명이고, $p-$값이 유의수준보다 작으면 귀무가설을 기각하므로 정답은 ③입니다.

91

교육수준에 따른 생활만족도의 차이를 다양한 배경변수를 통제한 상태에서 비교하기 위해서 다중회귀분석을 실시하고자 한다. 교육수준을 5개의 범주(무학, 초졸, 중졸, 고졸, 대졸 이상)로 측정하였다. 이때, 대졸을 기준으로 할 때, 교육수준별 차이를 나타내는 가변수(Dummy Variable)를 몇 개 만들어야 하는가?

① 1개

② 2개

③ 3개

④ 4개

해설

k개 그룹의 질적 차이를 구분하는 경우, $k-1$개의 가변수를 사용한다.

92

사회조사분석사 시험 응시생 500명의 통계학 성적의 평균점수는 70점이고, 표준편차는 10점이라고 한다. 통계학 성적이 정규분포를 따른다고 할 때, 성적이 50점에서 90점 사이인 응시자는 약 몇 명인가?
(단, $P(Z < 2) = 0.9772$)

① 498명

② 477명

③ 378명

④ 250명

해설

$\mu = 70$, $\sigma = 10$이고 표준화 공식 $Z = \dfrac{X - \mu}{\sigma}$ 을 이용하면 다음과 같다.

$P(50 < X < 90) = P(\dfrac{50-70}{10} < \dfrac{X-\mu}{\sigma} < \dfrac{90-70}{10}) = P(-2 < Z < 2)$

$P(-2 < Z < 2) = 2P(0 < Z < 2) = 2 \times (0.9772 - 0.5) = 0.9544$

따라서 성적이 50점에서 90점 사이인 응시자는 500명×0.9544 = 477.2로 약 477명이다.

93

모집단으로부터 크기가 100인 표본을 추출하였다. 이 표본으로부터 표본비율 $\hat{p} = 0.42$를 추정하였다. 모비율에 대한 가설 $H_0 : p = 0.4$ vs $H_1 : p > 0.4$를 검정하기 위한 검정통계량은?

① $\dfrac{0.4}{\sqrt{0.4(1-0.4)/100}}$

② $\dfrac{0.42 - 0.4}{\sqrt{0.4(1-0.4)/100}}$

③ $\dfrac{0.42 + 0.4}{\sqrt{0.4(1-0.4)/100}}$

④ $\dfrac{0.42}{\sqrt{0.4(1-0.4)/100}}$

해설

모비율에 대한 가설검정은 검정통계량 $Z = \dfrac{\hat{p} - p_0}{\sqrt{p_0(1-p_0)/n}}$ 를 이용한다.

$\hat{p} = 0.42$, $p_0 = 0.4$, $n = 100$을 대입하면 $\dfrac{0.42 - 0.4}{\sqrt{0.4(1-0.4)/100}}$ 이다.

94

변수 x와 y에 대한 n개의 자료 $(x_1, y_1), \cdots, (x_n, y_n)$에 대하여 단순선형회귀모형 $y_i = \beta_0 + \beta_1 x_i + \epsilon_i$을 적합시키는 경우, 잔차 $e_i = y_i - \hat{y}_i (i = 1, \cdots, n)$에 대한 성질이 아닌 것은?

① $\displaystyle\sum_{i=1}^{n} e_i = 0$

② $\displaystyle\sum_{i=1}^{n} x_i e_i = 0$

③ $\displaystyle\sum_{i=1}^{n} y_i e_i = 0$

④ $\displaystyle\sum_{i=1}^{n} \hat{y}_i e_i = 0$

해설

잔차(e_i)의 성질
- 잔차의 합은 0이다$(\sum e_i = 0)$.
- 잔차들의 x_i에 의한 가중 합은 0이다$(\sum x_i e_i = 0)$.
- 잔차들의 $\hat{y}_i$에 의한 가중 합은 0이다$(\sum \hat{y}_i e_i = 0)$.

95

서로 다른 4가지 교수방법 A, B, C, D의 학습효과를 알아보기 위하여 같은 수준에 있는 학생 중에서 99명을 임의추출하여 A교수방법에 19명, B교수방법에 31명, C교수방법에 27명, D교수방법에 22명을 할당하였다. 일정 기간 수업 후 성취도를 100점 만점으로 측정, 정리하여 다음의 평방합(제곱합)을 얻었다. 교수방법 A, B, C, D의 학습효과 사이에 차이가 있는가를 검정하기 위한 F-통계량 값은?

그룹 간 평방합	63.21
그룹 내 평방합	350.55

① 0.175

② 0.180

③ 5.71

④ 8.11

해설

요 인	제곱합	자유도	평균제곱	F
처리(그룹 간)	SSR	$p-1$	$MSR = SSR/(p-1)$	MSR/MSE
잔차(그룹 내)	SSE	$N-p$	$MSE = SSE/(N-p)$	
총 계	SST	$N-1$		

4개의 교수방법이므로 요인수준(p)은 4, 총 99명의 학생을 추출했으므로 총관찰개수(N)는 99이다.

$F = \dfrac{SSR/(p-1)}{SSE/(N-p)}$ 이므로 $\dfrac{63.21/(4-1)}{350.55/(99-4)} = \dfrac{21.07}{3.69} \fallingdotseq 5.71$ 이다.

96

Y의 X에 대한 회귀직선식이 $\hat{Y} = 3 + X$라 한다. Y의 표준편차가 5, X의 표준편차가 3일 때, Y와 X의 상관계수는?

① 0.6

② 1

③ 0.8

④ 0.5

해설

단순선형회귀에서 회귀직선 $\hat{Y} = a + bX$, $b = r\dfrac{S_Y}{S_X}$이다. $b = 1 = r\dfrac{5}{3}$이므로 $r = \dfrac{3}{5}$이다.

∴ 0.6

97

분산분석의 기본 가정이 아닌 것은?

① 각 모집단에서 반응변수는 정규분포를 따른다.

② 각 모집단에서 독립변수는 F분포를 따른다.

③ 반응변수의 분산은 모든 모집단에서 동일하다.

④ 관측값들은 독립적이어야 한다.

해설

분산분석을 위한 기본 가정
- 종속변수는 등간척도 또는 비율척도이어야 한다.
- 모집단의 분포는 정규분포를 이루어야 한다.
- 각 모집단의 분산(표준편차)은 동일해야 한다.
- 각 집단의 표본은 독립적이어야 한다.

98

평균이 μ이고 분산이 16인 정규모집단으로부터 크기가 100인 확률분포의 평균을 $\overline{X}$라 하자. $H_0 : \mu = 8$ vs $H_1 : \mu = 6.416$의 검정을 위해 기각역을 $\overline{X} < 7.2$로 할 때, 제1종 오류와 제2종 오류를 범할 확률은? (단, $P(Z < 2) = 0.977$, $P(Z < 1.96) = 0.975$, $P(Z < 1.645) = 0.95$, $P(Z < 1) = 0.841$)

① 제1종 오류를 범할 확률 0.05, 제2종 오류를 범할 확률 0.025

② 제1종 오류를 범할 확률 0.023, 제2종 오류를 범할 확률 0.025

③ 제1종 오류를 범할 확률 0.023, 제2종 오류를 범할 확률 0.05

④ 제1종 오류를 범할 확률 0.05, 제2종 오류를 범할 확률 0.023

해설

모평균에 대한 검정통계량에서 모분산을 알고 있을 경우 검정통계량 $Z = \dfrac{\overline{X} - \mu_0}{\sigma / \sqrt{n}}$ 를 이용한다.

㉠ $\mu = 8$, $\sigma^2 = 16$, $n = 100$이므로 기각역 $\overline{X} < 7.2$에서 $Z = \dfrac{\overline{X} - \mu_0}{\sigma / \sqrt{n}} < \dfrac{7.2 - 8}{4 / \sqrt{100}} = -2$, 즉 $Z > 2$이다.

　단측검정에서 $Z_{0.05} = 1.65$, $Z_{0.01} = 2.33$이므로 $P(Z > 2)$는 0.01에서 0.05의 확률일 것이다.

　즉, 제1종 오류는 귀무가설이 참임에도 기각하는 확률이므로 0.01에서 0.05 사이의 값을 가진다.

㉡ 제2종 오류는 귀무가설이 거짓인데 채택하는 오류이다.

　대립가설이 $\mu = 6.416$이고 채택역이 $\overline{X} \geq 7.2$이므로 $Z = \dfrac{\overline{X} - \mu_0}{\sigma / \sqrt{n}} \geq \dfrac{7.2 - 6.416}{4 / \sqrt{100}} = 1.96$, 즉 $Z \geq 1.96$이다.

　단측검정에서 $Z_{0.05} = 1.65$, $Z_{0.01} = 2.33$이므로 $P(Z \geq 1.96)$은 0.01에서 0.05의 확률일 것이다.

㉠과 ㉡의 결론을 만족하는 내용은 '② 제1종 오류를 범할 확률 0.023, 제2종 오류를 범할 확률 0.025'이다.

99

$Y = a + bX$, $(b > 0)$인 관계가 성립할 때 두 확률변수 X와 Y 간의 상관계수 $\rho_{X, Y}$는?

① $\rho_{X, Y} = 1.0$　　　　　　　② $\rho_{X, Y} = 0.8$

③ $\rho_{X, Y} = 0.6$　　　　　　　④ $\rho_{X, Y} = 0.4$

해설

임의의 상수 a, b에 대하여 Y를 $Y = a + bX$와 같이 X의 선형변환으로 표현할 수 있다면, $b > 0$일 때 상관계수는 1이고, $b < 0$일 때 상관계수는 -1이 된다.

100

결혼시기가 계절(봄, 여름, 가을, 겨울)별로 동일한 비율인지를 검정하려고 신혼부부 200쌍을 조사하였다. 가장 적합한 가설검정 방법은?

① 카이제곱 적합도 검정   ② 카이제곱 독립성 검정

③ 카이제곱 동질성 검정   ④ 피어슨 상관계수 검정

해설

카이제곱 적합도 검정은 한 모집단 안에 하나의 범주형 변수를 가진 경우에 사용하며, 표본 자료가 가정한 분포와 일치하는지를 결정하는 방법이다.

제 **3** 회 # 기출문제해설

01

다음은 과학적 방법의 특징 중 무엇에 관한 설명인가?

> 대통령 후보 지지율에 대한 여론조사를 여당과 야당이 동시에 실시하였다. 서로 다른 동기에 의해서 조사를 하였지만 양쪽의 조사설계와 자료수집 과정이 객관적이라면 서로 독립적으로 조사했더라도 양쪽 당의 조사 결과는 동일해야 한다.

① 논리적 일관성   ② 검증가능성
③ 상호주관성   ④ 재생가능성

해설

상호주관성은 간주관성이라고도 불리는 것으로, 비록 연구자들이 주관을 달리할지라도 같은 방법을 사용했을 때는 같은 해석 또는 설명에 도달할 수 있어야 한다는 것이다.

02

관찰자료수집의 장점에 해당하지 않은 것은?

① 관찰자의 주관성 개입 방지
② 즉각적 자료수집 가능
③ 비언어적 자료수집 가능
④ 종단분석 가능

해설

관찰을 통해 직접 자료를 수집하며, 선택적으로 관찰하게 되는 경우가 있다. 따라서 관찰자의 주관이 개입될 가능성이 크다.

03

질문지 작성 시 개별질문 내용을 결정할 때 고려해야 할 사항과 가장 거리가 먼 것은?

① 그 질문이 반드시 필요한가?
② 하나의 질문으로 충분한가?
③ 응답자가 응답할 수 있는 질문인가?
④ 조사자가 응답의 결과를 예측할 수 있는가?

해설

개별질문 내용 결정 시 고려 사항
• 그 질문이 반드시 필요한가?
• 질문이 명료하고 가능한 한 구체적인가?
• 응답자가 응답할 수 있는 질문인가?
• 각 질문이 이중적 응답을 요구하고 있지 않은가?
• 질문들이 편견적이거나 어떤 방향으로 반응을 유도하지는 않는가?
• 응답이 응답형태에 의해 영향을 받고 있지는 않은가?

04

인과관계의 성립조건에 관한 설명으로 옳은 것을 모두 고른 것은?

> ㄱ. 원인변수와 결과변수는 함께 변화해야 한다.
> ㄴ. 원인변수와 결과변수는 순차적으로 발생되어야 한다.
> ㄷ. 가설이 검증되어야 한다.
> ㄹ. 표본조사를 이용할 수 있어야 한다.
> ㅁ. 외생변수의 영향을 통제하여야 한다.

① ㄱ, ㄴ, ㅁ
② ㄱ, ㄷ, ㄹ
③ ㄴ, ㄷ, ㄹ
④ ㄷ, ㄹ, ㅁ

해설

인과관계의 성립조건
• 시간적 선후관계(ㄴ)
• 동시변화성의 원칙(ㄱ)
• 비허위적 관계(ㅁ)

05

다음 설명에 가장 적합한 연구 방법은?

> 이 질적 연구는 11명의 여성들이 아동기의 성학대 피해경험을 극복하고 대처해 나가는 과정을 조사한 것이다. 포커스 그룹에 대한 10주간의 심층면접을 통하여 160개가 넘는 개인적인 전략들이 코딩되고 분석되어 1) 극복과 대처전략을 만들어내는 인과조건, 2) 그런 인과조건들로부터 발생한 현상, 3) 전략을 만들어내는 데 영향을 주는 맥락, 4) 중재조건들, 5) 그 전략의 결과들을 설명하기 위한 이론적 모델이 개발되었다.

① 현상학적 연구   ② 근거이론 연구
③ 민속지학적 연구   ④ 내용분석 연구

해설

② 근거이론 연구 : 근거이론이란 현상에 속한 자료를 체계적으로 수집하고 분석하면서 발견하여 발전적이고 잠정적으로 증명될 수 있는 것으로, 근거이론 연구는 체계적인 과정을 통하여 어떤 현상에 대해 귀납적으로 이끌어진 하나의 근거이론을 발전시키는 질적 연구이다.
① 현상학적 연구 : 살아있는 경험을 지향하며 그 경험의 의미를 포함하여 현상의 본질을 밝혀 기술하는 것을 목적으로 한다.
③ 민속지학적 연구 : 현지 조사에 바탕을 둔, 여러 민족의 사회 조직이나 생활 양식의 기술을 목적으로 하는 연구의 한 방법이다.
④ 내용분석 : 여러 가지 문서화된 매체들을 중심으로 연구대상에 필요한 자료들을 수집하는 방법으로, 사례연구와 개방형 질문지 분석의 특성을 동시에 보이는 분석 방법이다. 문헌연구의 일종으로 메시지를 그 분석 대상으로 하며 메시지의 현재적인 내용뿐만 아니라 잠재적인 내용도 분석 대상으로 한다.

06

실험설계에 대한 설명으로 틀린 것은?

① 통제집단 사후검사설계는 무작위할당으로 통제집단과 실험집단을 나누고 실험집단에만 개입을 한다.
② 정태적(Static) 집단비교설계는 실험집단과 개입이 주어지지 않은 집단을 사후에 구분해서 종속변수의 값을 비교한다.
③ 비동일 통제집단설계는 임의적으로 나눈 실험집단과 통제집단 간의 교류를 통제한다.
④ 복수시계열설계는 실험집단과 통제집단에 대해 개입 전과 개입 후 여러 차례 종속변수를 측정한다.

해설

비동일 통제집단설계는 통제집단 전후비교설계와 유사하지만 무작위할당에 의해 실험집단과 통제집단이 선택되지 않는다는 점이 다르다. 임의적인 방법으로 양 집단을 선정하고 사전·사후검사를 실시하여 종속변수의 변화를 비교한다. 따라서 이 설계는 임의적 할당에 의한 선택의 편의가 발생할 수 있으며, 실험집단의 결과가 통제집단으로 모방되는 것을 차단하기 어렵다는 단점을 지닌다. 즉, 실험집단과 통제집단 간의 교류를 통제하지 못한다.

07

서베이(Survey)에서 우편설문법과 비교한 대인면접법의 특성으로 틀린 것은?

① 비언어적 행위의 관찰이 가능하다.
② 대리응답의 가능성이 낮다.
③ 질문과정에서의 유연성이 높다.
④ 응답환경을 구조화하기 어렵다.

해설

대인면접법은 조사자와 응답자가 직접 대면하므로 모든 응답자에게 비슷한 응답환경 제공이 가능하다. 즉, 응답환경의 구조화가 쉽다. 반면 우편설문법은 응답자가 우편을 받고 응답을 하게 되는 주변 환경이 응답자마다 다르다. 즉, 응답환경의 구조화가 어렵다.

08

다음 중 과학적 조사연구의 특징과 가장 거리가 먼 것은?

① 논리적 체계성
② 주관성
③ 수정가능성
④ 경험적 실증성

해설

과학적 조사연구의 특징으로는 재생가능성, 경험성, 객관성, 간주관성, 체계성, 수정가능성 등이 있다.

09

다음에서 설명하는 가설의 종류는?

- 대립가설과 논리적으로 반대의 입장을 취하는 가설이다.
- 수집된 자료에서 나타난 차이나 관계가 우연의 법칙으로 생긴 것이라는 진술로 "차이나 관계가 없다"는 형식을 취한다.

① 귀무가설
② 통계적 가설
③ 대안가설
④ 설명적 가설

해설

② 어떤 특징에 대해 둘 이상의 집단 간의 차이나 한 집단 내 또는 몇 집단 간의 관계, 표본 또는 모집단 특징의 점추정 등을 묘사하기 위해 설정하는 것이다. 표본에 의한 모집단의 확률분포를 예상하는 진술로서, 주로 표본의 평균비교를 통해 이루어진다.
③ 대립가설이라고 하며, 귀무가설에 대립되는 가설로서 귀무가설이 거짓일 때 채택하기 위해 설정하는 가설이다.
④ 사실과 사실 간의 관계를 설명해주는 가설을 말한다. 여기서 설명이란 어떤 사물에 관련되는 기존 지식체계 또는 그것으로부터의 연역(귀납)에 의해 그 사물의 필연성이나 인과관계 등을 제시하는 것이다.

10

일반적인 질문지 작성원칙과 가장 거리가 먼 것은?

① 질문은 의미가 명확하고 간결해야 한다.
② 한 질문에 한 가지 내용만 포함되도록 한다.
③ 응답지의 각 항목은 상호배타적이어야 한다.
④ 과학적이며 학문적인 용어를 선택해서 사용해야 한다.

해설

어렵고 불필요한 전문용어의 사용을 삼가도록 한다.

11

가설의 특성에 관한 설명으로 틀린 것은?

① 가설은 검증될 수 있어야 한다.
② 가설은 문제를 해결해 줄 수 있어야 한다.
③ 가설이 부인되었다면 반대되는 가설이 검증된 것이다.
④ 가설은 변수로 구성되며, 그들 간의 관계를 나타내고 있어야 한다.

해설

가설은 두 개 이상의 구성개념 또는 변수 간의 관계를 검정 가능한 형태로 서술한 문장으로써 과학적 조사에 의하여 검정이 가능한 사실이다. 즉, 하나의 사실과 다른 사실과의 관계를 잠정적으로 나타내는 것으로 이를 검증함으로써 특정 현상에 대한 설명을 가능케 해주어 연구자가 제기한 문제의 해답을 내린다.

12

특정한 시기에 태어났거나 동일 시점에 특정 사건을 경험한 사람들을 대상으로 이들이 시간이 지남에 따라 어떻게 변화하는지를 조사하는 방법은?

① 사례조사   ② 패널조사
③ 코호트조사   ④ 전문가의견조사

해설

코호트조사는 일정 기간 동안 어떤 한정된 부분 모집단의 변화를 연구하는 것으로서, 특정 경험을 같이 하는 사람들이 가지는 특성들에 대해 두 번 이상의 다른 시기에 걸쳐서 비교·연구하는 방법이다.

13

질적 현장연구 중 초점집단연구의 특성과 가장 거리가 먼 것은?

① 빠른 결과를 보여준다.
② 높은 타당도를 가진다.
③ 개인면접에 비해 연구대상을 통제하기 수월하다.
④ 사회환경에서 일어나는 실제의 생활을 포착하는 사회지향적 연구방법이다.

해설

초점집단연구는 면접 진행자가 동질의 소수의 집단을 대상으로 특정 주제에 대해 자유롭게 토론을 하여 필요한 정보를 얻는 방법이다. 높은 타당도를 가지지만 진행자의 수완이 조사결과에 많은 영향을 끼치며, 특정집단의 결과이므로 일반화가 어렵고 개인면접보다 통제하기 어렵다는 단점이 있다.

14

일반적으로 실행되는 면접조사, 전화조사, 우편조사를 비교한 설명으로 틀린 것은?

① 익명성을 보장하려면 면접조사보다는 우편조사를 실시한다.
② 복잡한 질문을 다루는 데는 면접조사가 가장 적합하다.
③ 조사자의 영향을 가장 적게 받는 것은 전화조사이다.
④ 3가지 방법 모두 개방형 질문을 활용할 수 있다.

해설

조사자의 영향을 가장 적게 받는 것은 조사자와 직접 대면하거나 대화하지 않는 우편조사이다.

15

경험적 연구방법에 대한 설명으로 옳은 것은?

① 실험은 연구자가 독립변수와 종속변수 모두를 통제하는 연구방법이다.
② 심리상태를 파악하는 데는 관찰에 의한 연구방법이 효과적이다.
③ 내용분석은 어린이나 언어가 통하지 않는 조사대상자에 대한 연구방법으로 자주 사용된다.
④ 대규모 모집단을 연구하는 데는 질문지를 이용한 조사연구가 효과적이다.

해설

① 실험은 독립변수를 조작하여 종속변수에 영향을 미치는 인과관계에 대한 가설을 검증하는 조사방법이다.
② 심리상태는 관찰만으로는 파악하기 쉽지 않다.
③ 내용분석은 여러 가지 문서화된 매체들을 중심으로 연구대상에 필요한 자료들을 수집하는 방법이다.

16

다음은 조사연구과정의 일부이다. 이를 순서대로 나열한 것은?

> ㄱ. '난민의 수용은 사회분열을 유발할 것이다'로 가설 설정
> ㄴ. 할당표집으로 대상자를 선정하여 자료 수집
> ㄷ. 난민의 수용으로 관심주제 선정
> ㄹ. 구조화된 설문지 작성

① ㄱ → ㄴ → ㄷ → ㄹ
② ㄱ → ㄷ → ㄹ → ㄴ
③ ㄷ → ㄱ → ㄹ → ㄴ
④ ㄷ → ㄹ → ㄱ → ㄴ

해설

일반적인 과학적 조사의 절차는 '문제의 정립(ㄷ) → 가설의 설정(ㄱ) → 연구의 설계(ㄹ) → 자료의 수집(ㄴ) → 자료의 분석, 해석 및 이용 → 보고서 작성'이다.

17

내용분석에 관한 설명과 가장 거리가 먼 것은?

① 분석대상에 영향을 미치지 않는다.
② 필요한 경우 재분석이 가능하다.
③ 양적 내용을 질적 자료로 전환한다.
④ 다양한 기록자료 유형을 분석할 수 있다.

해설

질적인 정보를 양적인 정보로 바꾼다.

18

다음 중 관찰의 단점과 가장 거리가 먼 것은?

① 피관찰자가 관찰사실을 아는 경우 조사반응성으로 인한 왜곡이 있을 수 있다.
② 표현능력이 부족한 대상에게 적용이 어렵다.
③ 연구대상의 특성상 관찰할 수 없는 문제가 있다.
④ 자료처리가 어렵다.

해설

관찰은 피관찰자의 행동이나 태도를 관찰함으로써 자료를 수집하는 방법이다. 따라서 표현능력이 있는 대상자가 조사에 비협조적이거나 면접을 거부할 경우, 혹은 표현능력이 부족한 대상일 경우 효과적이다.

19

다음 중 폐쇄형 질문의 단점과 가장 거리가 먼 것은?

① 응답이 끝난 후 코딩이나 편집 등의 번거로운 절차를 거쳐야 한다.
② 응답자들이 말하고자 하는 내용을 보다 구체적으로 도출해 낼 수가 없다.
③ 개별 응답자들의 특색 있는 응답내용을 보다 생생하게 기록해 낼 수가 없다.
④ 각각 다른 내용의 응답이라도 미리 제시된 응답 항목이 한 가지로 제한되어 있는 경우 동일한 응답으로 잘못 처리될 위험성이 있다.

해설

폐쇄형 질문은 일정한 선택지로 응답의 내용이 한정되어 있어 응답의 처리 및 채점, 코딩이 간편하다는 장점이 있다. 응답 후 코딩이나 편집 등의 번거로운 절차를 거쳐야 하는 것은 응답자들이 질문에 대해 자유롭게 응답하는 개방형 질문의 단점에 해당한다.

20

사회과학에서 조사연구를 실시하기에 적합한 주제가 아닌 것은?

① 지능지수와 학업성적은 상관성이 있는가?
② 기업복지의 수준과 노사분규의 빈도와의 관계는?
③ 여성들은 직장에서 차별대우를 받고 있는가?
④ 개기일식은 왜 일어나는가?

해설

조사연구(Research)는 합리적·과학적인 절차와 논리적인 원칙에 의하여 기존의 지식을 기각 또는 강화하거나 새로운 지식을 만들어 내려는 탐구활동으로서, 연구자가 풀고자 하는 문제에 대한 해답을 찾기 위해 자료를 수집·분석하여 그 결과를 얻는 과정이다. '개기일식은 왜 일어나는가?'는 조사연구로 적합하지 않다.

21

다음 중 면접원의 자율성이 가장 적은 면접 유형은?

① 초점집단면접   ② 심층면접
③ 구조화 면접   ④ 임상면접

해설

구조화 면접은 면접자가 면접조사표를 만들어서 그 순서와 내용에 따라 수행하기 때문에 면접원의 자율성이 적다.

22

다음 중 심층규명(Probing)을 하고자 할 때 가장 적합한 조사방법은?

① 우편설문조사
② 온라인설문조사
③ 간접관찰조사
④ 비구조화 면접조사

해설

심층규명은 면접과정에서 응답자의 대답이 불충분하거나 정확하지 못할 때 행하는 탐색질문을 뜻하는 것으로서, 충분하고 정확한 대답을 캐내는 과정이다. 따라서 조사자와 응답자가 직접 대면하며, 면접의 신축성ㆍ유연성이 높은 비구조화 면접조사에서 적합하다.

23

연역법과 귀납법에 관한 설명으로 옳은 것은?

① 연역법은 선(先)조사 후(後)이론의 방법을 택한다.
② 연역법과 귀납법은 상호보완적으로 사용할 수 없다.
③ 연역법과 귀납법의 선택은 조사의 용이성에 달려 있다.
④ 기존 이론의 확인을 위해서는 연역법을 주로 사용한다.

해설

① 연역법은 선(先)이론 후(後)조사의 방법이다.
② 연역법과 귀납법은 서로 대비되는 장ㆍ단점으로 인해 상호보완적인 관계를 형성한다.
③ 연역법과 귀납법의 선택은 조사연구의 목적에 달려있다.

24

사회조사에서 생태학적 오류(Ecological Fallacy)란?

① 주변환경에 대한 주요 정보를 누락시키는 오류
② 연구에서 사회조직의 활동결과인 사회적 산물들을 누락시키는 오류
③ 집단이나 집합체에 관한 성격을 바탕으로 개인들에 대한 성격을 규정하게 되는 연구분석단위의 혼란
④ 사회조사설계 과정에서 문제를 중심으로 관련된 여러 체계들 간의 상호작용 가능성에 대한 고려를 누락시키는 오류

해설

생태학적 오류란 분석단위를 집단에 두고 얻게 된 연구의 결과를 개인에게 동일하게 적용함으로써 발생하게 되는 오류를 뜻한다.

25

양적-질적 연구방법의 비교에서 질적 연구방법에 대한 옳은 설명을 모두 고른 것은?

> ㄱ. 심층규명(Probing)을 한다.
> ㄴ. 연구자의 주관성을 활용한다.
> ㄷ. 연구도구로 연구자의 자질이 중요하다.
> ㄹ. 선(先)이론 후(後)조사의 방법을 활용한다.

① ㄱ, ㄴ, ㄷ
② ㄱ, ㄷ, ㄹ
③ ㄴ, ㄹ
④ ㄱ, ㄴ, ㄷ, ㄹ

해설

선(先)이론 후(後)조사의 방법은 연역법이다. 질적 연구방법은 심층규명과 연구자의 주관성을 활용하며 연구도구로서 연구자의 자질이 중요하다.

26

면접을 시행하는 면접원의 평가기준과 가장 거리가 먼 것은?

① 응답 성공률
② 면접 소요 시간
③ 라포(Rapport) 형성 능력
④ 무응답 문항의 편집 능력

해설

면접원은 가능한 한 자신의 주관을 배제한 채 응답자의 응답 내용 그대로를 기록하는 것이 바람직하다. 따라서 무응답 문항의 편집 능력은 면접원의 평가기준이 아니다.

27

표준화된 면접조사를 시행함에 있어 유의해야 할 사항과 가장 거리가 먼 것은?

① 응답자로 하여금 면접자와의 상호작용이 유쾌하며 만족스러운 것이 될 것이라고 느끼도록 해야 한다.
② 응답자로 하여금 그 조사를 가치있는 것으로 생각하도록 해야 한다.
③ 응답자에게 연구자의 가치와 생각을 알려준다.
④ 조사표에 담긴 질문내용에서 벗어나는 질문을 해서는 안 된다.

해설

응답에 영향을 줄 수 있는 내용을 응답자에게 알려주어서는 안 된다.

28

다음 중 조사연구결과의 일반화와 가장 관련이 깊은 것은?

① 내적 타당성   ② 외적 타당성
③ 신뢰성   ④ 자료수집방법

해설

외적 타당성은 연구의 결과에 의해 기술된 인과관계가 연구대상 이외의 경우로 확대·일반화될 수 있는 정도를 말한다. 반면, 내적 타당성은 각 변수 사이의 인과관계를 추론하여 그것이 실험에 의한 진정한 변화에 의한 것인지를 판단하는 인과조건의 충족 정도를 말한다.

29

2차 문헌자료를 활용할 때 주의해야 할 사항이 아닌 것은?

① 샘플링의 편향성(Bias)
② 반응성(Reactivity) 문제
③ 자료 간 일관성 부재
④ 불완전한 정보의 한계

해설

반응성이란 실험대상자 스스로 실험의 대상이 되고 있음을 인식할 때 나타나는 의식적 반응이 연구의 결과에 영향을 미치는 것이다. 2차 문헌자료는 이미 만들어진 자료이므로 이를 활용할 때는 반응성의 문제는 나타나지 않는다.

30

질문지 문항 작성 원칙에 부합하는 질문을 모두 고른 것은?

> ㄱ. 정장과 캐주얼 의상을 파는 상점들은 경쟁이 치열합니까?
> ㄴ. 무상의료제도를 시행한다면, 그 비용은 시민들이 추가적으로 부담하여야 한다고 생각하십니까, 아니면 다른 분야의 예산을 줄여 충당해야 한다고 생각하십니까?
> ㄷ. 귀하는 작년 여름에 해운대 해수욕장에 가 보신 적이 있으십니까?
> ㄹ. 귀하는 귀하의 직장에서 받는 임금수준에 대하여 만족하십니까?

① ㄱ, ㄴ   ② ㄴ, ㄷ
③ ㄷ, ㄹ   ④ ㄱ, ㄹ

ㄱ. 질문에 사용되는 용어는 명확해야 한다. 어떤 경쟁이 치열한지, 정장과 캐주얼 의상을 모두 판매하는 상점 간의 경쟁인지, 정장을 판매하는 상점과 캐주얼을 판매하는 상점 간의 경쟁인지 불분명하다.

ㄴ. 무상의료제도를 시행한다는 가정을 두고 있으며, 그에 대한 답변을 둘 중 하나로 제한시켰으므로 좋은 질문지가 아니다.

제2과목 | **조사방법론Ⅱ**

31

신뢰도와 타당도에 영향을 미치는 요인과 가장 거리가 먼 것은?

① 조사도구   ② 조사환경

③ 조사목적   ④ 조사대상자

해설

신뢰도와 타당도에 영향을 미치는 주요 요인
- 검사도구 및 그 내용(①)
- 개인적 요인(④)
- 환경적 요인(②)
- 조사자의 해석

32

명목척도 구성을 위한 측정범주들에 대한 기본 원칙과 가장 거리가 먼 것은?

① 배타성   ② 포괄성

③ 논리적 연관성   ④ 선택성

해설

명목척도의 구성을 위한 측정범주
- 포괄성 : 변수들의 분류범주를 총망라하여 분류대상이 전부 포함될 수 있도록 범주를 정해야 한다.
- 배타성 : 측정대상을 상호배타적인 집단으로 분류해야 한다.
- 연관성 : 동일한 집단의 대상은 동일척도의 값을 가져야 한다.

33

다음 ( )에 알맞은 것은?

> ( ) 순으로 얻어진 자료가 담고 있는 정보의 양이 많으며, 보다 정밀한 분석방법이 적용될 수 있다.

① 서열측정 > 명목측정 > 비율측정 > 등간측정
② 명목측정 > 서열측정 > 등간측정 > 비율측정
③ 등간측정 > 비율측정 > 서열측정 > 명목측정
④ 비율측정 > 등간측정 > 서열측정 > 명목측정

[해설]

측정의 4가지 수준에서 얻어질 수 있는 정보들의 비교

구 분	절대영점	수 학	통 계
명 목	×	=	최빈값
서 열	×	=, <, >	최빈값, 중앙값
등 간	×	=, <, >, +, −	최빈값, 중앙값, 산술평균
비 율	○	=, <, >, +, −, ×, ÷	최빈값, 중앙값, 산술·기하·조화평균, 변동계수 등

34

표본추출과 관련된 용어 설명으로 틀린 것은?

① 관찰단위 : 직접적인 조사대상
② 모집단 : 연구하고자 하는 이론상의 전체집단
③ 표집률 : 모집단에서 개별 요소가 선택될 비율
④ 통계량(Statistic) : 모집단에서 어떤 변수가 가지고 있는 특성을 요약한 통계치

[해설]

④ 통계량은 표본에서 얻은 변수의 값을 요약하고 묘사한 것이다.

35

측정의 체계적 오류와 관련이 있는 것은?

① 통계적 회귀
② 생태학적 오류
③ 환원주의적 오류
④ 사회적 바람직성 편향

체계적 오류는 자료수집방법이나 수집과정에서 개입되는 오차로 조사내용이나 목적에 비해 자료수집방법이 잘못 선정되었거나 조사대상자가 응답할 때 본인의 태도나 가치와 관계없이 사회가 바람직하다고 생각하는 편향(Bias, 편견)으로 응답할 경우 발생할 수 있다.

36

지수(Index)와 척도(Scale)에 관한 설명으로 틀린 것은?

① 지수와 척도 모두 변수에 대한 서열측정이다.

② 척도점수는 지수점수보다 더 많은 정보를 전달한다.

③ 지수와 척도 모두 둘 이상의 자료문항에 기초한 변수의 합성 측정이다.

④ 지수는 동일한 변수의 속성들 가운데서 그 강도의 차이를 이용하여 구별되는 응답유형을 밝혀낸다.

④ 척도는 동일한 변수의 속성들 가운데서 그 강도의 차이를 이용하여 구별되는 응답유형을 밝혀낸다.

37

다음 사례와 같이 조사대상자들로부터 정보를 얻어 다른 조사대상자를 구하는 표집방법은?

> 한 연구자가 마약사용과 같은 사회적 일탈행위를 연구하기 위해 알고 있는 마약사용자 한 사람을 조사하고, 이 사람을 통해 다른 마약사용자들을 알게 되어 조사를 실시하고, 또 이들을 통해 알게 된 또 다른 마약사용자들에 대한 조사를 실시하였다.

① 눈덩이표집(Snowball Sampling)

② 판단표집(Judgment Sampling)

③ 할당표집(Quota Sampling)

④ 편의표집(Convenience Sampling)

① 눈덩이표집은 처음에 소수의 인원을 표본으로 추출하여 그들을 조사한 다음, 그 소수인원을 조사원으로 활용하여 그 조사원의 주위 사람들을 조사하는 방식이다. 연구자가 특수한 모집단의 구성원을 전부 파악하고 있지 못한 경우 또는 비밀을 확인하려는 경우 제한적으로 활용된다.

② 판단표집은 조사자가 그 조사의 성격상 요구하고 있는 사항을 충족시킬 수 있도록 적절한 판단과 전략을 세워, 그에 따라 모집단을 대표하는 제 사례를 추출한다.

③ 할당표집은 기준을 이용하여 몇몇 카테고리로 분류한 다음, 모집단의 특성을 나타낼 수 있도록 특성에 비례하여 각 카테고리를 대표하는 요소수를 할당하고, 할당된 사례수를 작위적으로 추출한다.

④ 편의표집은 정해진 크기의 표본을 선정할 때까지 조사자가 모집단의 일정단위 또는 사례를 표집하며, 일정한 표집의 크기가 결정되면 그 표집을 중지하는 방법이다.

38

실험설계를 통해 인과관계를 추론하기 위해서 서로 다른 값을 갖도록 처치를 하는 변수는?

① 외적변수
② 종속변수
③ 이산변수
④ 독립변수

해설

① 두 개의 변수 간에 상관관계가 없으나 관계가 있는 것처럼 보이게 하는 제3의 변수이다.
② 실험연구에서 종속변수는 독립변수의 변이 또는 변화에 따라 자연히 변하는 것으로서 결과적인 예측변수라고 할 수 있다.
③ 성별, 종교, 학력 등과 같이 변수가 갖는 전체적 성격의 종류에 따라 별개의 카테고리로 구별되는 변수이다. 척도상 명목척도, 서열척도로 측정되는 변수로서, 값과 값 사이가 서로 분리되어 있어 그 사이의 값이 아무런 의미를 가지지 않는다.

39

측정의 신뢰도를 높이는 방법으로 적절하지 않은 것은?

① 측정도구의 모호성을 없앤다.
② 동일한 개념이나 속성을 측정하기 위해 여러 개의 항목보다는 단일항목을 이용한다.
③ 측정자들의 면접방식과 태도의 일관성을 취한다.
④ 조사 대상자가 잘 모르거나 전혀 관심이 없는 내용에 대해서는 측정을 삼간다.

해설

측정항목을 보다 많이 사용한다는 것은 실제 측정치가 진실된 값에 보다 근접할 가능성을 높이는 것이며, 이를 통해 신뢰도를 증가시킬 수 있다.

40

표본 크기의 결정에 관한 설명으로 틀린 것은?

① 표본의 크기는 작을수록 좋다.
② 조사결과의 분석방법에 따라 달라진다.
③ 조사연구에서 수집될 자료의 양은 표본의 크기에 의해 결정된다.
④ 조사연구에 포함된 변수가 많으면 표본의 크기는 늘어나야 한다.

해설

표본의 크기가 커지면 대표성이 높아지기 때문에 표본의 크기는 작은 것보다 큰 것이 좋다. 하지만 표본의 크기가 커지면 대표성이 높아지지만 비용과 시간이 많이 들며 비표본오차가 증가한다. 따라서 표본이 크다고 반드시 좋은 것은 아니다.

38 ④ 39 ② 40 ① 정답

41

다음은 어떤 척도의 특징인가?

- 대체적으로 11점 척도로 구성되어 있다.
- 개발하기 위하여 시간과 노력이 많이 든다.
- 최종적으로 구성된 척도는 동일한 간격을 지닐 수 있다.

① 리커트 척도(Likert Scale)
② 서스톤 척도(Thurstone Scale)
③ 보가더스 척도(Boagardus Scale)
④ 오스굿(Osgood) 척도

해설

서스톤 척도는 주로 11점 척도로 구성되며, 어떤 사실에 대해 가장 긍정적인 태도와 가장 부정적인 태도를 나타내는 태도의 양극단을 등간적으로 구분하여 여기에 수치를 부여함으로써 등간척도를 구성한다. 평가자들에 의해 많은 질문문항들 가운데 측정변수와 보다 직접적으로 연관된 문항들이 선정됨으로써 문항의 선정이 비교적 정확하다는 장점이 있다. 하지만 평가를 위한 문항의 수가 많고 동원되는 평가자들이 다수이므로 척도 구성에 있어서 많은 시간과 인원이 소요된다는 단점이 있다.

42

조작적 정의에 관한 설명으로 틀린 것은?

① 주어진 단어가 이미 정립된 의미를 가진 다른 표현과 동의적일 때 사용된다.
② 용어의 지시물을 식별하는 데 사용되는 관찰 가능한 개념의 구체화이다.
③ 변수는 그것의 관찰과 측정의 단계가 분명히 밝혀져 있을 때 조작적으로 정의될 수 있다.
④ 추상적 개념을 측정 가능한 수치로 변환하는 과정을 의미한다.

해설

① 사전적 정의는 주어진 단어가 이미 정립된 의미를 가진 다른 표현과 동의적일 때 사용된다.

43

표집(Sampling)의 대표성에 대한 의미와 가장 거리가 먼 것은?

① 표본을 이용한 분석결과가 일반화될 수 있는가의 문제
② 표본자료가 계량통계분석기법을 적용하기에 적합한가의 문제
③ 표본의 통계적 특성이 모집단의 통계적 특성에 어느 정도 근접하느냐의 문제
④ 표본이 모집단이 지닌 다양한 성격을 고루 반영하느냐의 문제

해설

표본추출의 핵심쟁점은 표본의 특성이 전체 대상의 특성을 대표할 수 있는지의 여부, 즉 표본의 대표성이다. 따라서 ②는 대표성의 의미와 거리가 멀다.

44

측정도구의 내용타당도를 평가하는 방법과 가장 거리가 먼 것은?

① 관련 분야 전문가들의 자문을 구한다.
② 측정대상과 관련된 이론들을 판단기준으로 사용한다.
③ 패널토의나 워크숍 등을 통하여 타당도에 관한 의견을 수렴한다.
④ 측정도구를 반복하여 측정하고 그 관계를 알아본다.

해설

내용타당도는 측정항목이 연구자가 의도한 내용대로 실제로 측정하고 있는가 하는 문제이다. 논리적 사고에 입각한 논리적인 분석과정으로 판단하는 주관인 타당도로서 전문가들의 판단에 의해 검사의 타당도를 입증받게 되므로, 검사의 목적에 대한 부합성의 여부를 검정할 수 있다.

45

스피어만-브라운(Spearman-Brown) 공식은 주로 어떤 경우에 사용되는가?

① 동형검사 신뢰도 추정
② Kuder-Richardson 신뢰도 추정
③ 반분신뢰도로 전체 신뢰도 추정
④ 범위의 축소로 인한 예언타당도에 대한 교정

해설

반분법은 측정도구를 임의로 반으로 나누어 각각 독립된 두 개의 척도로 사용함으로써 신뢰도를 측정하는 방법이다. 실제로는 두 부분을 따로 떼어 적용하는 것이 아니라 내용적으로만 반으로 갈라놓고 본래의 측정도구를 그대로 사용한다. 그리하여 두 부분의 측정결과를 비교하여 상관관계를 계산함으로써 신뢰도를 측정하는 것이다. 이렇게 하여 얻어진 상관계수를 시정하기 위해서 Spearman-Brown 예측공식을 적용하게 된다.

46

일주일의 시간 간격을 두고 동일한 문제지를 가지고 같은 반 학생들을 대상으로 EQ 검사를 두 차례 실시하였더니 그 결과가 매우 상이하게 나타났다. 이 문제지가 가지는 문제점은?

① 타당성   ② 예측성
③ 대표성   ④ 신뢰성

해설

측정도구가 측정하고자 하는 현상을 일관성 있게 측정하는 능력이 있을 때 신뢰성이 있다고 할 수 있다. 두 차례의 검사에서 그 결과가 매우 상이하게 나타났으므로 신뢰성에 문제가 있다.

47

표본추출을 위한 모집단의 구성요소나 표본추출단위가 수록된 목록은?

① 요소(Element)

② 표집틀(Sampling Frame)

③ 분석단위(Unit of Analysis)

④ 표본추출분포(Sampling Distribution)

해설

① 정보수집의 기본이 되며, 분석의 기본이 되는 단위

③ 자료수집 시 표본의 크기를 결정하는 데 사용되는 기본 단위

④ 동일한 크기의 표본을 반복해서 추출했을 때 각 표본의 통계량의 확률분포

48

다음 중 측정에 관한 설명으로 틀린 것은?

① 측정이란 사물이나 사건의 속성에 수치를 부여하는 작업이다.

② 측정에서는 연구자의 주관적인 판단이 중요한 기능을 한다.

③ 경험의 세계와 추상적인 관념의 세계를 연결하는 기능을 가진다.

④ 측정은 과학적 연구에서 필수적이다.

해설

측정은 관찰대상이나 현상에 대한 객관화·표준화를 통해 과학적인 관찰과 표준화된 측정을 가능하도록 함으로써, 주관적·추상적인 판단에서 야기되는 오류를 극복할 수 있도록 한다.

49

A기업에서 공개채용시험의 타당성을 평가하려는 계획을 세웠다. 우선 입사시험성적과 그 직원의 채용된 후 근무성적을 비교하여 타당성을 평가한다면 이는 무슨 타당성인가?

① 기준관련타당성(Criterion-related Validity)

② 내용타당성(Content Validity)

③ 구성타당성(Construct Validity)

④ 논리적 타당성(Logical Validity)

해설

사용하고 있는 측정도구의 측정값(채용 후 근무성적)과 기준이 되는 측정도구(입사시험성적)의 측정값 간의 상관관계에 관심을 두는 기준관련타당성에 해당한다.

50

어떤 선생님이 학생들의 지능지수(IQ)를 측정하기 위해 정확하기로 소문난 전자저울(체중계)을 사용했을 때, 측정의 신뢰도와 타당도에 관한 설명으로 옳은 것은?

① 신뢰도와 타당도 모두 낮다.
② 신뢰도와 타당도 모두 높다.
③ 신뢰도는 낮지만 타당도는 높다.
④ 신뢰도는 높지만 타당도는 낮다.

해설
측정의 정밀성(신뢰도)이 높음에도 불구하고, 지능지수를 측정하는 데 저울을 이용하여 측정하고자 하는 것을 정확히 측정하지 못하는 것이므로 신뢰도는 높지만 타당도는 낮은 경우이다.

51

변수의 종류에 관한 설명으로 바르게 짝지어진 것은?

> ㄱ. 매개변수는 독립변수와 종속변수 사이에서 독립변수의 결과인 동시에 종속변수의 원인이 되는 변수이다.
> ㄴ. 억제변수는 두 변수 X, Y의 사실상의 관계를 정반대의 관계로 나타나게 하는 제3의 변수이다.
> ㄷ. 왜곡변수는 두 변수 X, Y가 서로 관계가 있는데도 관계가 없는 것으로 나타나게 하는 제3의 변수이다.
> ㄹ. 통제변수는 외재적 변수의 일종으로 그 영향을 검토하지 않기로 한 변수이다.

① ㄱ, ㄴ
② ㄴ, ㄷ
③ ㄷ, ㄹ
④ ㄱ, ㄹ

해설
ㄴ. 억제변수는 두 개의 변수 간에 상관관계가 있으나 그와 같은 관계가 없는 것처럼 보이게 하는 제3의 변수이다.
ㄷ. 왜곡변수는 두 개의 변수 간의 관계를 정반대의 관계로 나타나게 하는 변수이다.

52

거트만 척도(Guttman Scale)에 대한 설명으로 틀린 것은?

① 누적척도(Cumulative Scale)라고도 한다.
② 단일차원의 서로 이질적인 문항으로 구성되며 여러 개의 변수를 측정한다.
③ 재생가능성을 통해 척도의 질을 판단한다.
④ 일단 자료가 수집된 이후에 구성될 수 있다.

[해설]
거트만 척도의 중요한 전제조건으로는 측정의 대상이 되는 척도가 하나의 요소이어야만 한다는 것이다. 거트만 척도는 척도의 누적적인 형성으로 하나의 변수를 측정하게 됨으로써 단일차원성을 지닌다.

53

다음 중 비확률표본추출 방법에 해당하는 것은?

① 단순무작위표집(Simple Random Sampling)
② 층화표집(Stratified Random Sampling)
③ 유의표집(Purposive Sampling)
④ 군집표집(Cluster Sampling)

[해설]
표본추출
• 확률표본추출 : 단순무작위표본추출, 계통적 표본추출, 층화표본추출, 집락(군집)표본추출, 연속표본추출 등
• 비확률표본추출 : 편의표본추출, 할당표본추출, 유의표본추출, 임의표본추출, 배합표본추출, 누적표본추출 등

54

온도계의 눈금을 나타내는 수치의 측정 수준은?

① 명목측정   ② 서열측정
③ 비율측정   ④ 등간측정

[해설]
온도는 등간수준의 측정에 해당한다. 예를 들어 온도상 5℃와 10℃ 사이의 거리는 15℃와 20℃ 사이의 거리와 같다는 측정이 가능하다. 이러한 등간적 척도로서 온도의 경우 10℃는 5℃보다 더 덥다는 것을 말할 수 있을 뿐만 아니라 5℃만큼 더 덥다는 측정까지 가능하다.

55

표집틀(Sampling Frame)을 평가하는 주요 요소와 가장 거리가 먼 것은?

① 포괄성 ② 안정성
③ 추출확률 ④ 효율성

해설

표집틀 구성의 평가요소
• 포괄성 : 연구하고자 하는 전체 모집단 중 얼마나 많은 부분을 포함하는가
• 추출확률 : 모집단에서 개별 요소가 추출될 수 있는 확률이 동일한가
• 효율성 : 조사자가 원하는 대상만을 표집틀 속에 포함하는가

56

확률표본추출법과 비확률표본추출법에 대한 설명으로 틀린 것은?

① 확률표본추출법은 연구대상이 표본으로 추출될 확률이 알려져 있으며, 비확률표본추출법은 표본으로 추출될 확률이 알려져 있지 않은 경우의 추출법이다.
② 확률표본추출법은 표본분석결과의 일반화가 가능하고 비확률표본추출법은 일반화가 제약된다.
③ 확률표본추출법은 표본오차의 추정이 불가능하고, 비확률표본추출법은 표본오차의 추정이 가능하다.
④ 일반적으로 확률표본추출법은 시간과 비용이 많이 들고, 비확률표본추출법은 시간과 비용이 적게 든다.

해설

비확률표본추출법은 표본오차의 추정이 불가능하고, 확률표본추출법은 표본오차의 추정이 가능하다.

57

다음 중 군집표집(Cluster Sampling)은 어떤 경우에 추정 효율이 가장 높은가?

① 각 군집이 모집단의 축소판일 경우
② 각 군집마다 군집들의 특성이 서로 다른 경우
③ 각 군집 내 관측값들이 비슷할 경우
④ 군집 평균들이 서로 다른 경우

해설

군집표집은 모집단 목록에서 구성요소에 대해 여러 가지 이질적인 구성요소를 포함하는 여러 개의 군집으로 구분한 후 군집을 표집단위로 하여 무작위로 몇 개의 군집을 표본으로 추출한 다음, 표본으로 추출된 군집에 대해 그 구성요소를 전수조사하는 방법이다. 따라서 추출된 군집이 모집단의 축소판일 경우 추정 효율이 높다.

58

선거예측조사에서 출구조사를 할 경우, 주로 사용되는 표집방법은?

① 할당표집(Quota Sampling)
② 체계적 표집(Systematic Sampling)
③ 군집표집(Cluster Sampling)
④ 층화표집(Stratified Random Sampling)

해설

선거예측조사에서 출구조사를 할 경우 주로 사용하는 표집방법은 체계적 표집이다.

59

개념적 정의에 대한 설명으로 옳은 것은?

① 측정가능성과 직결된 정의이다.
② 조작적 정의를 현실세계의 현상과 연결시켜주는 역할을 수행한다.
③ 거짓과 진실을 밝히기 위해 정의하는 것이다.
④ 어떤 개념을 보다 명확하고 정확하게 표현하기 위하여 다른 개념을 사용하여 정의하는 것이다.

해설

개념적 정의는 개념에 대한 정의를 명확히 하는 단계이다. 하나의 개념을 정의하기 위해 다른 개념을 사용함으로써 그 자체로 추상적·일반적·주관적인 양상을 보인다.

60

표본추출과정을 바르게 나열한 것은?

ㄱ. 표본추출	ㄴ. 표본틀의 결정
ㄷ. 표본추출방법의 결정	ㄹ. 표본의 크기결정
ㅁ. 모집단의 확정	

① ㅁ → ㄷ → ㄹ → ㄴ → ㄱ
② ㅁ → ㄴ → ㄷ → ㄹ → ㄱ
③ ㄹ → ㅁ → ㄴ → ㄷ → ㄱ
④ ㄷ → ㅁ → ㄴ → ㄹ → ㄱ

해설

표본추출의 절차는 일반적으로 '모집단의 확정 → 표집틀 선정 → 표집방법 결정 → 표집크기 결정 → 표본추출'을 따른다.

61

공정한 주사위 1개를 20번 던지는 실험에서 1의 눈을 관찰한 횟수를 확률변수 X라 하고, 정규근사를 이용하여 $P(X \geq 4)$의 근사값을 구하려 한다. 다음 중 연속성 수정을 고려한 근사식으로 옳은 것은? (단, Z는 표준정규분포를 따르는 확률변수)

① $P(Z \geq 0.1)$ ② $P(Z \geq 0.4)$
③ $P(Z \geq 0.7)$ ④ $P(Z \geq 1)$

해설

주사위의 1이 나올 확률이 $\frac{1}{6}$이고 주사위를 던지는 실험은 각각 독립이다.

20번 던졌을 때 1이 나오는 횟수를 X라고 하면 확률변수 X는 이항분포 $B(20, \frac{1}{6})$을 따른다.

$n = 20$, $p = \frac{1}{6}$일 때, 기댓값은 $np \fallingdotseq 3.33$, 분산은 $np(1-p) \fallingdotseq 2.78$, 표준편차는 $\sqrt{2.78}$ 이다.

정규근사를 이용하고 연속성 수정을 고려하므로 X가 4 이상일 확률이 아니라 $4 - 0.5$ 이상일 확률을 구한다.

$P(X \geq 4) \approx P(X \geq 4 - 0.5) = P\left(Z \geq \dfrac{3.5 - 3.33}{\sqrt{2.78}}\right) = P(Z \geq 0.1)$

62

다음은 왼손으로 글자를 쓰는 사람 8명에 대하여 왼손의 악력 X와 오른손의 악력 Y를 측정하여 정리한 결과이다. 왼손으로 글자를 쓰는 사람들의 왼손 악력이 오른손 악력보다 강하다고 할 수 있는가에 대해 유의수준 5%에서 검정하고자 한다. 검정통계량 T의 값과 기각역을 구하면?

구 분	관측값	평 균	분 산
X	90⋯110	$\overline{X} = 107.25$	$S_X = 18.13$
Y	87⋯100	$\overline{Y} = 103.75$	$S_Y = 18.26$
$D = X - Y$	3⋯10	$\overline{D} = 3.5$	$S_D = 4.93$

$$P[T \leq t_{(n, \alpha)}],\ T \sim t_{(n)}$$

df		α		
	⋯	0.05	0.025	⋯
6	⋯	1.943	2.447	⋯
7	⋯	1.895	2.365	⋯
8	⋯	1.860	2.306	⋯

① $T = 2.01$, $T \geq 1.895$ ② $T = 0.71$, $T \geq 1.860$
③ $T = 2.01$, $|T| \geq 2.365$ ④ $T = 0.71$, $|T| \geq 2.365$

귀무가설(H_0) : 왼손으로 글자를 쓰는 사람의 왼손 악력과 오른손 악력은 차이가 없다($H_0 : \mu_D = 0$)

대립가설(H_1) : 왼손으로 글자를 쓰는 사람의 왼손 악력이 오른손 악력보다 강하다($H_1 : \mu_D > 0$)

대응표본인 경우 두 집단 간의 차이에 대한 검정통계량은 자유도가 $n-1$인 t-분포 $T = \dfrac{\overline{D}}{S_D / \sqrt{n}}$ 를 이용한다.

주어진 표에서 $\overline{D} = 3.5$, $S_D = 4.93$, $n = 8$이다.

$T = \dfrac{3.5}{4.93 / \sqrt{8}} \fallingdotseq 2.01$ 이며 대응표본 t 검정에서 자유도(df)는 $n-1 = 8-1 = 7$이므로 단측검정에서 유의수준 5%의 기각역은 1.895이다.

63

단순선형회귀모형 $Y_i = \alpha + \beta x_i + e_i\,(i = 1, 2, \cdots, n)$에서 최소제곱추정량 $\hat{\alpha}$, $\hat{\beta}$을 이용한 최소제곱회귀추정량 $y = \hat{\alpha} + \hat{\beta}x$로부터 잔차 $\hat{e}_i = y_i - \hat{y}_i$로부터 서로 독립이고 등분산인 오차들의 분산 $Var(e_i) = \sigma^2\,(i = 1, 2, \cdots, n)$의 불편추정량을 구하면?

① $\widehat{\sigma^2} = \dfrac{\displaystyle\sum_{i=1}^{n}(y_i - \hat{y}_i)^2}{n-3}$

② $\widehat{\sigma^2} = \dfrac{\displaystyle\sum_{i=1}^{n}(y_i - \hat{y}_i)^2}{n-2}$

③ $\widehat{\sigma^2} = \dfrac{\displaystyle\sum_{i=1}^{n}(y_i - \hat{y}_i)^2}{n-1}$

④ $\widehat{\sigma^2} = \dfrac{\displaystyle\sum_{i=1}^{n}(y_i - \hat{y}_i)^2}{n}$

단순회귀모형에서 오차항의 분산 $Var(e_i) = \sigma^2$의 불편추정량은 $MSE = \dfrac{SSE}{n-2} = \dfrac{\displaystyle\sum_{i=1}^{n}(y_i - \hat{y}_i)^2}{n-2}$이다.

64

다음 중 중심위치의 척도와 가장 거리가 먼 것은?

① 중앙값

② 평 균

③ 표준편차

④ 최빈수

중심위치의 척도는 대푯값이다. 표준편차는 산포도에 해당한다.

65

남자 직원과 여자 직원의 임금을 조사하여 다음과 같은 결과를 얻었다. 변동(변이)계수에 근거한 남녀 직원 임금의 산포에 관한 설명으로 옳은 것은?

성 별	임금평균(단위 : 천원)	표준편차(단위 : 천원)
남 자	2,000	40
여 자	1,500	30

① 남자 직원 임금의 산포가 더 크다.
② 여자 직원 임금의 산포가 더 크다.
③ 남자 직원과 여자 직원의 임금의 산포가 같다.
④ 이 정보로는 산포를 설명할 수 없다.

해설

남자 직원의 변동계수는 $\dfrac{40}{2,000}=0.02$, 여자 직원의 변동계수는 $\dfrac{30}{1,500}=0.02$ 이다. 따라서 남자 직원과 여자 직원의 임금의 산포는 같다.

66

일원배치법에 대한 설명으로 옳은 것은?

① 한 종류의 인자가 특성값에 미치는 영향을 조사하고자 할 때 사용하는 분석법이다.
② 인자의 처리별 반복수는 동일하여야 한다.
③ 3명의 기술자가 3가지의 재료를 이용해서 어떤 제품을 만들고자 할 때 가장 좋은 제품을 만들 수 있는 조건을 찾으려면 일원배치법이 적절한 방법이다.
④ 일원배치법에 의해 여러 그룹의 분산의 차이를 해석할 수 있다.

해설

①·③·④ 일원배치법은 3개 이상의 집단 간의 평균차이를 하나의 인자를 기준으로 알아보는 분석 방법이다.
② 인자의 처리별 반복수는 동일하지 않아도 된다.

67

다음 자료는 설명변수(X)와 반응변수(Y) 사이의 관계를 알아보기 위하여 조사한 자료이다. 설명변수(X)와 반응변수(Y) 사이에 단순회귀모형을 가정할 때, 회귀직선의 기울기에 대한 추정값은 얼마인가?

X_i	0	1	2	3	4	5
Y_i	4	3	2	0	−3	−6

① −2

② −1

③ 1

④ 2

해설

최소제곱법으로 추정한 회귀직선 $Y = bX + a$에서 기울기 b는 다음과 같이 구할 수 있다.

X_i	0	1	2	3	4	5
Y_i	4	3	2	0	−3	−6
$X_i Y_i$	0	3	4	0	−12	−30

$$\overline{X} = \frac{0+1+2+3+4+5}{6} = 2.5$$

$$\overline{Y} = \frac{4+3+2+0+(-3)+(-6)}{6} = 0$$

$$\sum X_i^2 = (0^2) + (1^2) + (2^2) + (3^2) + (4^2) + (5^2) = 55$$

$$\sum X_i Y_i = 0 + 3 + 4 + 0 + (-12) + (-30) = -35$$

$$b = \frac{\sum X_i Y_i - n\overline{X}\,\overline{Y}}{\sum X_i^2 - n\overline{X}^2} = \frac{-35 - 6 \times 2.5 \times 0}{55 - 6 \times 2.5^2} = \frac{-35}{17.5} = -2$$

68

어느 대학교에서 학생들을 대상으로 4개의 변수(키, 몸무게, 혈액형, 월평균 용돈)에 대한 관측값을 얻었다. 4개의 변수 중에서 최빈값을 대푯값으로 사용할 때 가장 적절한 변수는?

① 키

② 몸무게

③ 혈액형

④ 월평균 용돈

해설

대푯값으로 최빈값을 사용할 수 있는 것은 혈액형 등과 같은 명목척도 자료가 적합하다.

69

작년도 자료에 의하면 어느 대학교의 도서관에서 도서를 대출한 학부 학생들의 학년별 구성비는 1학년 12%, 2학년 20%, 3학년 33%, 4학년 35%였다. 올해 이 도서관에서 도서를 대출한 학부 학생들의 학년별 구성비가 작년도와 차이가 있는가를 분석하기 위해 학부생 도서 대출자 400명을 랜덤하게 추출하여 학생들의 학년별 도수를 조사하였다. 이 자료를 갖고 통계적인 분석을 하는 경우 사용하게 되는 검정통계량은?

① 자유도가 4인 카이제곱 검정통계량
② 자유도가 (3, 396)인 F-검정통계량
③ 자유도가 (1, 398)인 F-검정통계량
④ 자유도가 3인 카이제곱 검정통계량

해설

모집단의 분포에 대한 가정이 옳은지를 실제 관측된 자료를 바탕으로 검정하는 카이제곱 적합성 검정을 실시해야 한다. 카이제곱 적합성 검정에서 자유도는 '범주의 개수-1'이므로 $4-1=3$이다.

70

평균이 μ이고, 표준편차가 σ인 모집단으로부터 크기가 n인 확률표본을 취할 때, 표본평균 $\overline{X}$의 분포에 대한 설명으로 옳은 것은?

① 표본의 크기가 커짐에 따라 점근적으로 평균이 μ이고 표준편차가 $\sigma/\sqrt{n}$인 정규분포를 따른다.
② 표본의 크기가 커짐에 따라 점근적으로 평균이 μ이고 표준편차가 σ/n인 정규분포를 따른다.
③ 모집단의 확률분포와 동일한 분포를 따르되, 평균은 μ이고 표준편차가 $\sigma/\sqrt{n}$이다.
④ 모집단의 확률분포와 동일한 분포를 따르되, 평균은 μ이고 표준편차가 σ/n이다.

해설

모집단의 분포가 정규분포가 아닐 경우 표본평균 $\overline{x}$가 정규분포를 따른다고 할 수 없다. 그러나 표본의 크기가 충분히 클 때는 중심극한정리에 의해 표본평균 $\overline{x}$의 분포는 정규분포로 볼 수 있으며 $N(\mu, \sigma^2)$를 따르는 모집단에서 크기 n인 표본의 표본평균 $\overline{x}$는 정규분포 $N(\mu, \dfrac{\sigma^2}{n})$을 따른다.

71

분산분석에 대한 설명으로 옳은 것은?

① 분산분석이란 각 처리집단의 분산이 서로 같은지를 검정하기 위한 방법이다.
② 비교하려는 처리집단이 k개 있으면 처리에 의한 자유도는 $k-2$가 된다.
③ 두 개의 요인이 있을 때 각 요인의 주효과를 알아보기 위해서는 요인 간 교호작용이 있어야 한다.
④ 일원배치 분산분석에서 일원배치의 의미는 반응변수에 영향을 주는 요인이 하나인 것을 의미한다.

해설

일원배치 분산분석은 요인이 1개인 경우의 종속변수(반응변수)의 평균차이 분석에 사용한다.

72

2010년 도소매업의 사업체당 종사자 수는 평균 3.0명이고 변동계수는 0.4이다. 95% 신뢰구간으로 옳은 것은? (단, $Z_{0.05} = 1.645$, $Z_{0.025} = 1.96$) (해설참조)

① 0.648명~5.352명

② 2.216명~3.784명

③ 1.026명~4.974명

④ 2.342명~3.658명

해설

$CV = \dfrac{\sigma}{\overline{X}} = \dfrac{\sigma}{3.0} = 0.4$, $\sigma = 1.2$

모분산을 알고 있을 경우 모평균의 $100(1-\alpha)\%$ 신뢰구간을 구하는 공식은 다음과 같다.

$$\overline{X} - Z_{\alpha/2}\frac{\sigma}{\sqrt{n}} \le \mu \le \overline{X} + Z_{\alpha/2}\frac{\sigma}{\sqrt{n}}$$

시행처에서 공개된 정답은 ①이지만 이 문제에서는 표본의 수가 제시되지 않았으므로 신뢰구간을 구할 수 없다.

73

다음은 서로 다른 3가지 포장형태(A, B, C)의 선호도가 같은지를 90명을 대상으로 조사한 결과이다. 선호도가 동일한지를 검정하는 카이제곱 검정통계량의 값은?

포장형태	A	B	C
응답자수	23	36	31

① 2.87

② 2.97

③ 3.07

④ 4.07

해설

서로 다른 3가지 방법에 대해 90명의 선호도에 차이가 없다는 것을 검정해야 하므로 기대도수는 $E_i = n\pi_i = 90(1/3) = 30$으로 나타난다.

포장형태	A	B	C
관찰도수	23	36	31
기대도수	30	30	30

$$\chi^2 = \sum_{i=1}^{k} \frac{(O_i - E_i)^2}{E_i} = \frac{(23-30)^2}{30} + \frac{(36-30)^2}{30} + \frac{(31-30)^2}{30} \fallingdotseq 2.87$$

74

단순회귀모형 $Y_i = \alpha + \beta X_i + \epsilon_i$ 에서 회귀계수 β를 최소자승법(Least Squares Method)으로 추정하는 경우와 ϵ_i가 평균이 0, 분산이 σ^2인 정규분포를 따른다는 가정하에 최대우도법(Maximum Likelihood Method)으로 추정하는 경우의 설명으로 옳은 것은?

① 최소자승법으로 구한 β가 최대우도법으로 구한 β보다 크다.
② 최소자승법으로 구한 β가 최대우도법으로 구한 β보다 작다.
③ 최소자승법으로 구한 β와 최대우도법으로 구한 β는 같다.
④ 최소자승법으로 구한 β와 최대우도법으로 구한 β는 크기를 비교할 수 없다.

해설

ϵ_i가 평균이 0, 분산이 σ^2인 정규분포를 따른다는 가정이 있을 경우 단순회귀모형에서 회귀계수 β를 최소자승법으로 추정하는 경우와 최대우도법으로 추정하는 경우 그 값은 같다.

75

버스전용차로를 유지해야 하는 것에 대해 찬반 비율을 조사하기 위하여 서울에 거주하는 성인 1,000명을 임의로 추출하여 조사한 결과 700명이 찬성한다고 응답하였다. 서울에 거주하는 성인 중 버스전용차로제에 찬성하는 사람의 비율의 추정치는?

① 0.4
② 0.5
③ 0.6
④ 0.7

해설

모비율의 점추정량은 표본비율과 같다. 따라서 서울에 거주하는 성인 중 버스전용차로제에 찬성하는 사람의 비율의 추정치는 $\frac{700}{1000} = 0.7$이다.

76

X와 Y의 평균과 분산은 각각 $E(X) = 4$, $V(X) = 8$, $E(Y) = 10$, $V(Y) = 32$이고, $E(XY) = 28$이다. $2X+1$과 $-3Y+5$의 상관계수는?

① 0.75
② −0.75
③ 0.67
④ −0.67

해설

$ac < 0$인 경우 $Corr(X, Y) = -Corr(aX+b, cY+d)$이다. 따라서 $Corr(2X+1, -3Y+5) = -Corr(X, Y)$이다.
$$Corr(X, Y) = \frac{Cov(X, Y)}{\sigma_X \sigma_Y} = \frac{E(XY) - E(X)E(Y)}{\sigma_X \sigma_Y} = \frac{28 - 4 \times 10}{\sqrt{8}\sqrt{32}} = -0.75$$
$$Corr(2X+1, -3Y+5) = 0.75$$

77

확률변수 X는 이항분포 $B(n, p)$를 따른다고 하자. $n = 10$, $p = 0.5$일 때, 확률변수 X의 평균과 분산은?

① 평균 2.5, 분산 5

② 평균 2.5, 분산 2.5

③ 평균 5, 분산 5

④ 평균 5, 분산 2.5

해설

$X \sim B(n, p)$일 때 $E(X) = np$, $Var(X) = np(1-p)$이다.

$np = 10 \times 0.5 = 5$, $np(1-p) = 10 \times 0.5 \times 0.5 = 2.5$

78

주머니 안에 6개의 공이 들어 있다. 그중 1개에는 1, 2개에는 2, 3개에는 3이라고 쓰여 있다. 주머니에서 공 하나를 무작위로 꺼내 나타난 숫자를 확률변수 X라 하고, 다른 확률변수 $Y = 3 \times X + 5$라 할 때, 다음 중 틀린 것은?

① $E(X) = \dfrac{7}{3}$

② $Var(X) = \dfrac{5}{9}$

③ $E(Y) = 12$

④ $Var(Y) = \dfrac{15}{9}$

해설

공 6개 중 한 개는 1, 두 개는 2, 세 개는 3이 쓰여 있으므로 숫자 1, 2, 3이 나올 확률은 다음과 같다.

숫 자	1	2	3
확 률	1/6	2/6	3/6

따라서 $E(X) = (1 \times \dfrac{1}{6}) + (2 \times \dfrac{2}{6}) + (3 \times \dfrac{3}{6}) = \dfrac{14}{6}$

$E(X^2) = (1^2 \times \dfrac{1}{6}) + (2^2 \times \dfrac{2}{6}) + (3^2 \times \dfrac{3}{6}) = 6$이므로 $Var(X) = E(X^2) - E(X)^2 = \dfrac{5}{9}$

$E(Y) = E(3X+5) = 3E(X) + 5 = 12$

$Var(Y) = Var(3X+5) = 3^2 Var(X) = 5$

79

퀴즈 게임에서 우승한 철수는 주사위를 던져서 그 나온 숫자에 100,000원을 곱한 상금을 받게 되었다. 그런데 그 주사위에는 홀수가 없이 짝수만이 있다. 즉, 2가 2면, 4가 2면, 6이 2면인 것이다. 그 주사위를 던졌을 때 받게 될 상금의 기댓값은 얼마인가?

① 300,000원
② 350,000원
③ 400,000원
④ 450,000원

해설

2가 2면, 4가 2면, 6이 2면이므로 각 숫자가 나올 확률은 다음과 같다.

숫 자	2	4	6
확 률	2/6	2/6	2/6

따라서 $E(X) = (2 \times \frac{2}{6}) + (4 \times \frac{2}{6}) + (6 \times \frac{2}{6}) = 4$이므로

주사위를 던져서 나온 숫자에 100,000원을 곱한 상금을 받으므로 받게 되는 상금의 기댓값은 $100,000 \times 4 = 400,000$원이다.

80

검정력(Power)에 관한 설명으로 옳은 것은?

① 귀무가설이 옳음에도 불구하고 이를 기각할 확률이다.
② 옳은 귀무가설을 채택할 확률이다.
③ 대립가설이 참일 때, 귀무가설을 기각할 확률이다.
④ 거짓인 귀무가설을 채택할 확률이다.

해설

③ 검정력은 귀무가설이 거짓일 때 기각하는 옳은 결정의 확률이다. 즉, 대립가설이 참일 때 귀무가설을 기각할 확률이다.

구 분	실제현상	
	귀무가설 참	귀무가설 거짓
귀무가설 채택	정확한 결론$(1-\alpha)$	제2종 오류(β)
귀무가설 기각	제1종 오류(α)	정확한 결론$(1-\beta)$

81

통계학 과목의 기말고사 성적은 평균(Mean)이 40점, 중위값(Median)이 38점이었다. 점수가 너무 낮아서 담당 교수는 12점의 기본점수를 더해 주었다. 새로 산정한 점수의 중위값은?

① 40점

② 42점

③ 50점

④ 52점

해설

중위값은 통계집단의 측정값을 크기순으로 배열했을 때 중앙에 위치한 수치이므로 모든 값에 12점의 점수를 똑같이 더했다면 중위값은 기존의 중위값에서 12를 더한 값이 된다. 따라서 $38+12=50$이다.

82

가설검정의 오류에 대한 설명으로 틀린 것은?

① 제2종 오류는 대립가설(H_1)이 사실일 때 귀무가설(H_0)을 채택하는 오류이다.

② 가설검정의 오류는 유의수준과 관계가 있다.

③ 제1종 오류를 작게 하기 위해서는 유의수준을 크게 할 필요가 있다.

④ 제1종 오류와 제2종 오류를 범할 가능성은 반비례관계에 있다.

해설

제1종의 오류를 범할 확률의 최대허용한계를 유의수준 α라고 한다. 따라서 제1종 오류를 적게 하기 위해서는 유의수준을 작게 해야 한다.

83

공정한 주사위 1개를 굴려 윗면에 나타난 수를 X라 할 때, X의 기댓값은?

① 3

② 3.5

③ 6

④ 2.5

해설

공정한 주사위 한 개를 던졌을 때 눈 1, 2, 3, 4, 5, 6이 나올 확률은 각 1/6으로 동일하다.

X	1	2	3	4	5	6
$P(X)$	$\frac{1}{6}$	$\frac{1}{6}$	$\frac{1}{6}$	$\frac{1}{6}$	$\frac{1}{6}$	$\frac{1}{6}$

X의 기댓값은 $(1\times1/6)+(2\times1/6)+(3\times1/6)+(4\times1/6)+(5\times1/6)+(6\times1/6)=3.5$이다.

84

어느 포장기계를 이용하여 생산한 제품의 무게는 평균이 240g, 표준편차는 8g인 정규분포를 따른다고 한다. 이 기계에서 생산한 제품 25개의 평균 무게가 242g 이하일 확률은? (단, Z는 표준정규분포를 따르는 확률변수)

① $P(Z \leq 1)$

② $P(Z \leq \frac{5}{4})$

③ $P(Z \leq \frac{3}{2})$

④ $P(Z \leq 2)$

해설

모집단분포가 정규분포 $N(\mu, \sigma^2)$을 따를 때, 표본평균의 분포는 정규분포 $N(\mu, \frac{\sigma^2}{n})$을 따른다.

주어진 모집단은 정규분포를 따르므로 표본평균은 정규분포 $N(240, \frac{8^2}{25})$을 따르며

표준화 공식에 의해 $P(\overline{X} \leq 242) = P(\frac{\overline{X} - \mu}{\sigma / \sqrt{n}} \leq \frac{242 - 240}{8 / \sqrt{25}}) = P(Z \leq \frac{5}{4})$ 이다.

85

컴퓨터 제조회사에서 보증기간을 정하려고 한다. 컴퓨터 수명은 평균 3년, 표준편차 9개월인 정규분포를 따른다고 한다. 보증기간 이전에 고장이 나면 무상수리를 해주어야 한다. 이 회사는 출하 제품 가운데 5% 이내에서만 무상수리가 되기를 원한다. 보증기간을 몇 개월로 정하면 되겠는가? (단, $P(Z > 1.645) = 0.05$)

① 17

② 19

③ 21

④ 23

해설

$\mu = 36$, $\sigma = 9$이고 표준화 공식 $Z = \frac{X - \mu}{\sigma}$을 이용하면 다음과 같다.

출하 제품 가운데 5% 이내에서만 무상수리가 되기를 원하므로 주어진 조건을 이용하면 다음과 같다.

$P(Z < -1.645) = 0.05$, $P(\frac{X - 36}{9} < -1.645) = P(X < 21.195)$

따라서 21개월로 정하면 된다.

86

회귀식에서 결정계수 R^2에 관한 설명으로 틀린 것은?

① 단순회귀모형에서는 종속변수와 독립변수의 상관계수의 제곱과 같다.

② R^2은 독립변수의 수가 늘어날수록 증가하는 경향이 있다.

③ 모든 측정값이 한 직선상에 놓이면 R^2의 값은 0이다.

④ R^2값은 0에서 1까지 값을 가진다.

해설

모든 측정값이 추정회귀직선상에 있는 경우(한 직선상에 놓이면) 결정계수는 1이다.

87

중회귀모형 $y_i = \beta_0 + \beta_1 x_{1i} + \beta_2 x_{2i} + \epsilon_i$에 대한 분산분석표가 다음과 같다.

요 인	제곱합	자유도	평균제곱	F	유의확률
회 귀	66.12	2	33.06	33.69	0.000258
잔 차	6.87	7	0.98		

위의 분산분석표를 이용하여 유의수준 0.05에서 모형에 대한 유의성 검정을 할 때, 추론 결과로 가장 적합한 것은?

① 두 설명변수 x_1과 x_2 모두 반응변수에 영향을 주지 않는다.

② 두 설명변수 x_1과 x_2 모두 반응변수에 영향을 준다.

③ 두 설명변수 x_1과 x_2 중 적어도 하나는 반응변수에 영향을 준다.

④ 두 설명변수 x_1과 x_2 중 하나만 반응변수에 영향을 준다.

해설

귀무가설(H_0) : 회귀모형은 유의하지 않다($\beta_1 = \beta_2 = \cdots = \beta_k = 0$).
대립가설(H_1) : 회귀모형은 유의하다[적어도 하나의 $\beta_i \neq 0$이다$(i = 1, 2, \cdots, k)$].
유의확률 0.0002580이 유의수준 0.05보다 작으므로 귀무가설을 기각한다.
따라서 β_1, β_2 중 적어도 하나는 0이 아니므로 두 설명변수 x_1과 x_2 중 적어도 하나는 반응변수에 영향을 준다.

88

확률변수 X가 평균이 100이고 표준편차가 10인 정규분포를 따른다고 했을 때, X가 80보다 작을 확률은 얼마인가? (단, $P(-0.2 < Z < 0.2) = 0.159$, $P(-2 < Z < 2) = 0.954$이다)

① 0.477

② 0.079

③ 0.421

④ 0.023

해설

$\mu = 100$, $\sigma = 10$이고 표준화 공식 $Z = \dfrac{X-\mu}{\sigma}$을 이용하면 다음과 같다.

$$P(X < 80) = P\left(\frac{X-\mu}{\sigma} < \frac{80-100}{10}\right) = P(Z < -2)$$

$$P(Z < -2) = P(Z > 2) = 0.5 - P(0 < Z < 2) = 0.5 - \left[\frac{1}{2}P(-2 < Z < 2)\right] = 0.5 - 0.477 = 0.023$$

89

시계에 넣는 배터리 16개의 수명을 측정한 결과 평균이 2년이고 표준편차가 1년이었다. 이 배터리 수명의 95% 신뢰구간을 구하면? (단, $t_{(15, 0.025)} = 2.13$)

① (1.47, 2.53)

② (1.73, 2.27)

③ (1.87, 2.13)

④ (1.97, 2.03)

해설

모분산을 모르는 소표본($n < 30$)일 경우 $100(1-\alpha)\%$ 신뢰구간은 자유도가 $n-1$인 t-분포를 이용하며 다음과 같다.

$$\overline{X} - t_{\alpha/2}\frac{S}{\sqrt{n}} \leq \mu \leq \overline{X} + t_{\alpha/2}\frac{S}{\sqrt{n}}$$

$n = 16$, 95% 신뢰구간이므로 $\alpha = 0.05$, $t_{n-1, \alpha/2} = t_{15, 0.025} = 2.13$, $\overline{X} = 2$, $S = 1$이다.

$$2 - 2.13 \times \frac{1}{\sqrt{16}} \leq \mu \leq 2 + 2.13 \times \frac{1}{\sqrt{16}}$$

$$\therefore \ 1.4675 \leq \mu \leq 2.5325$$

90

4×5 분할표 자료에 대한 독립성 검정에서 카이제곱 통계량의 자유도는?

① 9

② 12

③ 19

④ 20

해설

r행 c열 분할표에서 카이제곱 통계량의 자유도는 $(r-1) \times (c-1)$이다. 따라서 $(4-1) \times (5-1) = 12$이다.

91

양의 확률을 갖는 사건 A, B, C의 독립성에 대한 설명으로 틀린 것은?

① A와 B가 독립이면, A와 B^c 또한 독립이다.

② A와 B가 독립이면, A^c와 B^c 또한 독립이다.

③ A와 B가 배반사건이면, A와 B는 독립이 아니다.

④ A와 B가 독립이고 A와 C가 독립이면, A와 $B \cap C$ 또한 독립이다.

해설

①·② 동전을 던졌을 때 처음 시행에 앞면이 나올 사건을 A, 두 번째 시행에서 앞면이 나올 사건을 B라고 하면 A와 B는 독립이다. 이때 처음 시행에 앞면이 나올 사건(A)과 두 번째 시행에서 뒷면이 나올 사건(B^c)은 독립이며 마찬가지로 처음 시행에 뒷면이 나올 사건(A^c)과 두 번째 시행에서 뒷면에 나올 사건(B^c)도 독립이다.

③ 동전을 한 번 던졌을 때 앞면이 나오는 사건을 A, 뒷면이 나오는 사건을 B라고 하면 A와 B가 배반사건이지만 A와 B는 독립이 아니다.

92

지난 해 C대학 야구팀은 총 77게임을 하였는데 37번의 홈경기에서 26게임을 이긴 반면에 40번의 원정경기에서는 23게임을 이겼다. 홈경기 승률(p_1)과 원정경기 승률(p_2) 간의 차이에 대한 95% 신뢰구간으로 옳은 것은? (단, 표준화정규분포에서 $P(Z \geq 1.65) = 0.05$이고 $P(Z \geq 1.96) = 0.025$이다)

① $0.128 \pm 1.65\sqrt{0.0005}$

② $0.128 \pm 1.65\sqrt{0.0117}$

③ $0.128 \pm 1.96\sqrt{0.0005}$

④ $0.128 \pm 1.96\sqrt{0.0117}$

해설

모비율의 차 $p_1 - p_2$에 대한 $100(1-\alpha)\%$ 신뢰구간을 구하는 공식은 다음과 같다.

$$\hat{p_1} - \hat{p_2} - Z_{\alpha/2}\sqrt{\frac{\hat{p_1}(1-\hat{p_1})}{n_1} + \frac{\hat{p_2}(1-\hat{p_2})}{n_2}} \leq p_1 - p_2 \leq \hat{p_1} - \hat{p_2} + Z_{\alpha/2}\sqrt{\frac{\hat{p_1}(1-\hat{p_1})}{n_1} + \frac{\hat{p_2}(1-\hat{p_2})}{n_2}}$$

$\hat{p_1} = \frac{26}{37}$, $\hat{p_2} = \frac{23}{40}$, $n_1 = 37$, $n_2 = 40$, 95% 신뢰구간이므로 $\alpha = 0.05$, $Z_{\alpha/2} = Z_{0.025} = 1.96$

공식에 대입하여 정리하면 $\frac{26}{37} - \frac{23}{40} \pm 1.96\sqrt{\dfrac{\frac{26}{37}\left(1-\frac{26}{37}\right)}{37} + \dfrac{\frac{23}{40}\left(1-\frac{23}{40}\right)}{40}}$ 이다.

93

일원배치모형을 $x_{ij} = \mu + a_{i} + \epsilon_{ij}$ $(i = 1, 2, \cdots, k\,;\, j = 1, 2, \cdots, n)$ 로 나타낼 때, 분산분석표를 이용하여 검정하려는 귀무가설 H_0는? (단, i는 처리, j는 반복을 나타내는 첨자이며, 오차항 $\epsilon_{ij} \sim N(0, \sigma^2)$이고 서로 독립적이며 $\overline{x} = \sum\limits_{j=1}^{n} x_{ij}/n$)

① $H_0 : \overline{x_1} = \overline{x_2} = \cdots = \overline{x_k}$

② $H_0 : a_1 = a_2 = \cdots = a_k = 0$

③ H_0 : 적어도 한 a_i는 0이 아니다.

④ H_0 : 오차항 ϵ_{ij}들은 서로 독립이다.

해설

일원배치 분산분석에서 귀무가설은 $H_0 : \mu_1 = \mu_2 = \cdots = \mu_k$이다. 즉, 일원배치 모형 $x_{ij} = \mu + a_i + \epsilon_{ij}$, $a_i = \mu_i - \mu$에서 $\mu_1 = \mu_2 = \cdots = \mu_k$이면 $a_i = 0(i = 1, 2, \cdots, k)$이므로 $H_0 : a_1 = a_2 = \cdots = a_k = 0$이다.

94

다음 중회귀모형에서 오차분산 σ^2의 추정량은? (단, e_i는 잔차를 나타낸다)

$$Y_i = \beta_0 + \beta_1 X_{1i} + \beta_2 X_{2i} + e_i, \ i = 1, 2, \cdots, n$$

① $\dfrac{1}{n-1} \sum e_i^2$

② $\dfrac{1}{n-2} \sum (Y_i - \widehat{\beta}_0 - \widehat{\beta}_1 X_{1i} - \widehat{\beta}_2 X_{2i})^2$

③ $\dfrac{1}{n-3} \sum e_i^2$

④ $\dfrac{1}{n-4} \sum (Y_i - \widehat{\beta}_0 - \widehat{\beta}_1 X_{1i} - \widehat{\beta}_2 X_{2i})^2$

해설

오차항의 분산의 불편추정량은 $MSE = SSE/(n-k-1) = \sum\limits_{i=1}^{n}(Y_i - \widehat{Y}_i)^2/(n-k-1)$이다($k$는 독립변수의 개수).

$e_i = Y_i - \widehat{Y}_i$이고 문제의 중회귀모형에서 독립변수 k는 2개이므로 오차분산의 추정량은 $\dfrac{1}{n-3} \sum e_i^2$이다.

95

"남녀 간 월급여의 차이가 있다"라는 주장을 검정하기 위하여 사회조사를 실시하였다. 조사결과 남자집단의 월평균급여를 μ_1, 여자집단의 월평균급여를 μ_2라고 한다면, 귀무가설은?

① $\mu_1 > \mu_2$

② $\mu_1 = \mu_2$

③ $\mu_1 < \mu_2$

④ $\mu_1 \neq \mu_2$

해설

가설검정에서는 모집단의 모수에 대해서 어떤 조건을 가정하여 가설을 설정하는데 이때 이 가설을 귀무가설이라고 한다. 귀무가설은 "아무런 차이가 없다" 또는 "전혀 효과가 없다"는 내용을 의미하는 주장이다. 따라서 "남녀 간 월급여의 차이가 있다"를 검정하기 위한 귀무가설은 "남녀 간 월급여의 차이가 없다"이므로 $\mu_1 = \mu_2$이다.

96

표본의 수가 n이고, 독립변수의 수가 k인 중선형회귀모형의 분산분석표에서 잔차제곱합 SSE의 자유도는?

① k

② $k+1$

③ $n-k-1$

④ $n-1$

해설

요 인	제곱합	자유도	평균제곱	F
회 귀	SSR	k	MSR	MSR/MSE
잔 차	SSE	$n-k-1$	MSE	
전 체	SST	$n-1$		

97

어떤 정책에 대한 찬성 여부를 알아보기 위해 400명을 랜덤하게 조사하였다. 무응답이 없다고 했을 때 신뢰수준 95% 하에서 통계적 유의성이 만족되려면 적어도 몇 명이 찬성해야 하는가? (단, $Z_{0.05} = 1.645$, $Z_{0.025} = 1.96$) (정답없음)

① 205명

② 210명

③ 215명

④ 220명

해설

모비율에 대한 가설검정은 검정통계량 $Z = \dfrac{\hat{p} - p}{\sqrt{p(1-p)/n}}$ 를 이용한다.

과반수의 찬성여부를 알아보는 것은 단측검정이고 과반수의 찬성하는 비율 $p = \dfrac{1}{2}$을 이용하면 유의수준 95%에서

$$Z = \frac{\hat{p} - \dfrac{1}{2}}{\sqrt{\dfrac{1}{2}\left(1 - \dfrac{1}{2}\right)/400}} > 1.645, \ \hat{p} > 0.541125$$

$400 \times 0.541125 = 216.45$이므로 적어도 217명이 찬성해야 한다. 확정 답안은 ②번으로 나왔으나 풀이상으로 정답은 없다.

98

자료 $x_1, x_2, \cdots, x_n$의 표준편차가 3일 때, $-3x_1, -3x_2, \cdots, -3x_n$의 표준편차는?

① -3

② 9

③ 3

④ -9

해설

X가 각각 $x_1, x_2, \cdots, x_n$의 값을 취하고 표준편차가 3이므로 $\sqrt{Var(X)} = 3$이고 $Var(X) = 9$이다.

$-3x_1, -3x_2, \cdots, -3x_n$은 $-3X$이므로 우선 $-3X$의 분산을 구하면 $Var(-3X) = (-3)^2 Var(X) = 9 \times 9 = 81$이다.

표준편차는 분산의 양의 제곱근이므로 $\sqrt{81} = 9$이다.

99

분산분석에 대한 옳은 설명만 짝지어진 것은?

> ㄱ. 집단 간 분산을 비교하는 분석이다.
> ㄴ. 집단 간 평균을 비교하는 분석이다.
> ㄷ. 검정통계량은 집단 내 제곱합과 집단 간 제곱합으로 구한다.
> ㄹ. 검정통계량은 총제곱합과 집단 간 제곱합으로 구한다.

① ㄱ, ㄷ

② ㄱ, ㄹ

③ ㄴ, ㄷ

④ ㄴ, ㄹ

해설

분산분석은 두 집단 이상의 평균 차이가 통계적으로 유의한가를 검정하는 분석방법이며, 검정통계량은 집단 간 평균제곱을 집단 내 평균제곱으로 나눈 값이다.

100

3개의 공정한 동전을 던질 때 적어도 앞면이 하나 이상 나올 확률은?

① $\dfrac{7}{8}$

② $\dfrac{6}{8}$

③ $\dfrac{5}{8}$

④ $\dfrac{4}{8}$

해설

적어도 앞면이 하나 나올 확률은 전체 확률 1에서 앞면이 하나도 나오지 않을 확률(p)을 뺀 값이다. 앞면이 하나도 나오지 않으려면 세 번의 시행에서 모두 뒷면이 나와야 하며 뒷면이 나올 확률은 $\dfrac{1}{2}$이고 각 사건은 독립이므로 $p = \dfrac{1}{2} \times \dfrac{1}{2} \times \dfrac{1}{2} = \dfrac{1}{8}$이다.

따라서 적어도 앞면이 하나 나올 확률은 $1 - \dfrac{1}{8} = \dfrac{7}{8}$이다.

아이들이 답이 있는 질문을 하기 시작하면 그들이 성장하고 있음을 알 수 있다.

- 존 J. 플롬프 -

2019년

기출문제

제 1 회 기출문제해설

01

직접관찰과 간접관찰을 분류하는 기준으로 옳은 것은?

① 상황배경이 인위적인가 자연적인가
② 관찰대상자가 관찰사실을 아는가
③ 관찰대상의 체계화 정도
④ 관찰시기와 행동발생의 일치 여부

해설

④ 관찰시기가 행동발생과 일치하는가, 일치하지 않는가에 따라 직접/간접 관찰로 나뉜다.
① 관찰이 일어나는 상황이 인공적인지 여부에 따라 자연적/인위적 관찰로 나뉜다.
② 관찰대상자가 관찰사실을 알고 있는가 여부에 따라 공개적/비공개적 관찰로 나뉜다.
③ 관찰에서 통제가 가해지는지에 따라 체계적/비체계적 관찰로 나뉜다.

02

연구에 사용할 가설이 좋은 가설인지 여부를 판단하기 위한 평가기준과 가장 거리가 먼 것은?

① 가설의 표현은 간단명료해야 한다.
② 가설은 계량화할 수 있어야 한다.
③ 가설은 경험적으로 검증할 수 있어야 한다.
④ 동일 연구분야의 다른 가설이나 이론과 연관이 없어야 한다.

해설

가설은 두 개 이상의 구성개념 또는 변수 간의 관계를 검정 가능한 형태로 서술한 문장으로서 과학적 조사에 의하여 검정이 가능한 사실이다. 가설은 동일 분야의 다른 가설과 연관성이 있어야 한다.

03

심층면접법(Depth Interview)에 관한 설명으로 틀린 것은?

① 질문의 순서와 내용은 조사자가 조정할 수 있어 좀 더 자유롭고 심도 깊은 질문을 할 수 있다.

② 조사자의 면접능력과 분석능력에 따라 조사결과의 신뢰도가 달라진다.

③ 초점집단면접과 비교하여 자유롭게 개인적인 의견을 교환할 수 없다.

④ 조사자가 필요하다고 생각되면 반복질문을 통해 타당도가 높은 자료를 수집한다.

해설

③ 초점집단면접은 전문지식을 가진 면접 진행자가 소수 집단을 대상으로 특정 주제에 대해 자유롭게 토론하여 필요한 정보를 얻는 방법으로 심층면접법 역시 자유롭게 개인적인 의견 교환이 가능하다.

심층면접법(Depth Interview)
- 1명의 응답자와 일대일 면접을 통해 응답자의 심리를 조사하는 방법이다.
- 어떤 주제에 대해 응답자의 생각, 느낌 등을 자유롭게 이야기하게 하여 응답자의 욕구, 태도 등을 파악하는 면접조사이다.
- 면접자는 면접지침서에 따라 진행하며 면접자의 편의에 따라 질문의 순서와 내용을 다소 조정할 수 있어 심도 있는 질문이 가능하다.
- 면접자의 면접능력에 크게 의존하는 조사방법으로 숙련된 면접능력과 분석능력이 요구된다. 따라서, 면접 도중에 응답에 대해 평가적인 코멘트를 한다면 면접자의 의도가 응답에 영향을 줄 수 있으므로 삼가야 한다.

04

다음 사례의 외생변수 통제방법은?

> 두 가지 정책대안에 대한 사람들의 선호도를 조사하고자 한다. 두 가지 정책대안의 제시 순서에 따라 선호도에 차이가 발생하여 제시 순서를 바꾸어서 재조사하였다.

① 제거(Elimination)

② 균형화(Matching)

③ 상쇄(Counter Balancing)

④ 무작위화(Randomization)

해설

③ 상쇄 : 외생변수가 적용하는 강도가 동일하지 않은 상황일 때 서로 다른 실험을 실시함으로써 외생변수의 영향을 제거하는 것

① 제거 : 외생변수로 적용할 수 있는 요인이 실험상황에 개입되지 않도록 하는 방법

② 균형화 : 실험집단과 통제집단을 동일하게 하기 위해 주요 변수들을 미리 알아내어 실험집단과 통제집단에서 변수들의 분포가 똑같이 나타나도록 하는 것

④ 무작위화 : 조사대상에 양 집단에서 뽑힐 동일한 확률을 부여함으로써 변수를 통제하는 것

05

자기기입식 설문조사와 비교한 면접설문조사의 장점으로 옳은 것은?

① 자료입력이 편리하다.
② 응답의 결측치를 최소화한다.
③ 조사대상 1인당 비용이 저렴하다.
④ 폐쇄형 질문에 유리하다.

해설

면접설문조사는 조사자가 응답자를 직접 조사하는 방법이므로 응답의 결측치를 최소화할 수 있다. 반면 자기기입식 설문조사는 질문지를 전달 후 응답자가 직접 응답을 질문지에 기입한 다음 나중에 질문지를 회수하므로 응답의 결측치가 높아질 수 있다.

06

이론의 기능을 모두 고른 것은?

> ㄱ. 연구주제 선정 시 아이디어 제공
> ㄴ. 새로운 이론 개발 시 도움
> ㄷ. 가설설정에 도움
> ㄹ. 연구 전반에 대한 지침 제공

① ㄴ, ㄷ   ② ㄱ, ㄴ, ㄹ
③ ㄱ, ㄷ, ㄹ   ④ ㄱ, ㄴ, ㄷ, ㄹ

해설

이론의 주요 기능
• 과학의 주요방향 결정 : 연구방향을 결정하는 기능
• 현상의 개념화 및 분류화 : 현상을 적절히 분류 · 체계화하여 상호연관 짓도록 하는 데 기초를 제공
• 요약 : 과학적 지식을 간단명료하게 표현
• 사실의 예측 및 설명 : 조사하고 있는 현상을 설명, 새로운 사실 예측
• 지식의 확장 : 과학적 지식의 근원이 되는 명제, 가설 등의 판단기준
• 지식의 결함 지적 : 조사 · 검증해야 하는 부분을 제시

07

다음 중 질문지법의 질문항목 배열순서에 대한 설명으로 틀린 것은?

① 간단한 내용의 질문이라도 응답자들이 응답하기를 주저하는 내용의 질문은 가급적 마지막에 배치해야 한다.

② 부담감 없이 쉽게 응답할 수 있는 단순한 내용의 질문은 복잡한 내용의 질문보다 먼저 제시되어야 한다.

③ 응답자들의 관심을 끌 수 있는 일반적인 내용의 질문은 앞부분에 제시되어야 한다.

④ 비록 응답자들이 응답을 회피하는 항목이라도 개인의 사생활에 관련된 기본 항목은 가능한 한 질문지의 시작으로 다루어지는 것이 효과적이다.

해설

질문문항들의 배열 및 순서상 유의사항
- 민감한 질문이나 개방형 질문은 가급적 질문지의 후반부에 배열한다(교육수준, 소득 등).
- 계속적인 기억이 필요한 질문들을 질문지의 전반부에 배열한다.
- 시작하는 질문은 쉽게 응답할 수 있고 흥미를 유발할 수 있는 문항으로 배열한다.
- 질문문항들을 논리적 순서에 의거하여 배열한다.
- 응답의 신뢰도를 묻는 질문문항들은 분리시켜야 한다.
- 동일한 척도항목들은 모아서 배열한다.
- 질문문항들을 길이와 유형에 따라 변화 있게 배열한다.
- 여과질문을 적절하게 배열하여 사용한다.

08

설문지 작성과정 중 사전검사(Pre-test)를 실시하는 이유와 가장 거리가 먼 것은?

① 연구하려는 문제의 핵심적인 요소가 무엇인지 확인한다.

② 응답이 한쪽으로 치우치지 않는지 확인한다.

③ 질문 순서가 바뀌었을 때 응답에 실질적 변화가 일어나는지 확인한다.

④ 무응답, 기타응답이 많은 경우를 확인한다.

해설

사전검사(조사)란 질문지의 초안이 작성된 후에 질문지를 시험해 봄으로써 질문의 내용, 언어의 구성, 응답 형식, 응답배열 등에 문제가 없는지를 찾고 수정하기 위한 조사이다. 본조사를 실시하기 전에 소수의 표본을 대상으로 조사를 행하며, 본조사와 동일한 절차로 진행한다. 따라서 연구하려는 문제의 핵심적인 요소가 무엇인지 확인하기 위해 실시하는 것이 아니다.

09

질문지의 개별항목을 완성할 때 주의사항으로 옳은 것은?

① 다양한 정보의 획득을 위해 한 질문에 2가지 이상의 요소가 포함되는 것이 바람직하다.
② 질문의 용어는 응답자 모두가 이해할 수 있도록 이해력이 낮은 사람의 수준에 맞춰야 한다.
③ 질문내용에 응답자에 대한 가정을 제시하여 응답편의를 제공하는 것이 바람직하다.
④ 질문지의 용이한 작성을 위해 일정한 방향을 유도하는 문항을 가지는 것이 필요하다.

해설
① 한 문항 안에 두 개 이상의 질문이 내포되어서는 안 된다.
③·④ 질문들이 편견이 있거나 어떤 방향으로 반응을 유도하면 안 된다.

10

다음 자료수집방법 중 조사자가 미완성의 문장을 제시하면 응답자가 이 문장을 완성시키는 방법은?

① 투사법　　　　　　　　② 면접법
③ 관찰법　　　　　　　　④ 내용분석법

해설
투사법은 직접 조사하기 힘들거나 질문에 타당한 응답이 나올 가능성이 적을 때, 어떤 자극상태를 만들어 그에 대한 응답자의 반응을 우회적으로 얻어 의도나 의향을 파악하는 방법이다. 피험자의 정직한 반응을 유도할 수 있고 정확한 성격의 진단이 가능하다. 응답자의 내면에 있는 신념이나 태도 등을 단어 연상법, 문장 완성법, 그림 묘사법, 만화 완성법 등과 같은 다양한 심리적인 동기 유발방법을 이용하여 조사한다.

11

다음 중 좋은 가설이 아닌 것은?

① 부모의 학력이 높을수록 자녀의 학력도 높아진다.
② 자녀학업을 위한 가족분리는 바람직하지 않다.
③ 고객만족도가 높을수록 기업의 재무적 성과가 더 높아진다.
④ 리더십형태에 따라 직원의 직무만족도가 달라진다.

해설
② 종속변수와 독립변수의 관계에 대한 설명이 없어 가설의 형태가 아니다.

12

다음에 해당하는 연구유형은?

> **[연구목적]**
> – 현상에 대한 이해
> – 중요한 변수를 확인하고 발견
> – 미래 연구를 위한 가설 도출
>
> **[연구질문]**
> – 여기서 무슨 일이 일어나고 있습니까?
> – 뚜렷한 주제, 패턴, 범주는 무엇입니까?

① 탐색적 연구　　　　　　　　　　② 기술적 연구
③ 종단적 연구　　　　　　　　　　④ 설명적 연구

해설

② 기술적 연구 : 어떤 현상에 대한 탐구와 명백화, 즉 현상을 정확하게 기술하는 것을 주목적으로 한다.
③ 종단적 연구 : 하나의 연구대상을 일정 기간 동안 관찰하여 그 대상의 변화를 파악하는 데 초점을 둔다. 둘 이상의 시점에서 동일한 분석단위를 연구하는 것으로서, 어떤 연구대상의 동태적 변화·발전과정의 연구에 적합하다.
④ 설명적 연구 : 어떤 사실과의 관계를 파악하여 인과관계를 규명하거나 미래를 예측하는 조사이다. 현상에 대한 단순한 기술이 아닌 인과론적 설명을 전개한다는 점에서 기술적 조사와 다르다.

13

실험설계의 내적 타당도 저해요인이 아닌 것은?

① 검사효과　　　　　　　　　　　② 사후검사
③ 실험대상의 탈락　　　　　　　　④ 성숙 또는 시간의 경과

해설

② 사후검사는 실험집단과 통제집단의 종속변수에 대한 검사를 실시하는 것으로 실험설계의 기본절차 중 하나이다.

내적 타당도 저해요인
내적 타당도는 각 변수 사이의 인과관계를 추론하여 그것이 실험에 의한 진정한 변화에 의한 것인지를 판단하는 인과조건의 충족정도이다. 저해요인으로는 외부사건, 성숙 또는 시간의 경과, 통계적 회귀, 검사요인 또는 테스트 효과, 선별요인, 도구요인, 실험대상의 탈락, 모방 등이 있다.

14

실증주의적 과학관에서 주장하는 과학적 지식의 특징과 가장 거리가 먼 것은?

① 객관성(Objectivity)
② 직관성(Intuition)
③ 재생가능성(Reproducibility)
④ 반증가능성(Falsifiability)

해설

실증주의적 과학관에서는 사회현상은 실험과 같은 자연과학의 원리를 사용함으로써 연구되어야 한다고 보며, 사회 내의 법칙, 규칙 등을 찾아내고자 한다. 연구자와 연구대상을 분리하고 가치중립성을 확보함으로써 사회적 실재를 파악할 수 있다고 본다. 현상의 원인을 객관적으로 측정하며, 일반화를 전개하는 것이 중시된다. 따라서 직관성과는 거리가 멀다.

15

조사문제를 해결하기 위한 연구절차를 바르게 나열한 것은?

ㄱ. 자료수집
ㄴ. 연구설계의 기획
ㄷ. 문제의 인식과 정의
ㄹ. 보고서 작성
ㅁ. 결과 분석 및 해설

① ㄴ → ㄷ → ㄱ → ㅁ → ㄹ
② ㄴ → ㄱ → ㄷ → ㄹ → ㅁ
③ ㄷ → ㄴ → ㄱ → ㅁ → ㄹ
④ ㄷ → ㄱ → ㄴ → ㄹ → ㅁ

해설

과학적 조사의 일반적인 과정
문제의 정립(ㄷ) → 가설의 구성(설정) → 연구설계(ㄴ) → 자료의 수집(ㄱ) → 자료의 분석, 해석 및 이용(ㅁ) → 보고서 작성(ㄹ)

16

다음 중 전화조사가 가장 적합한 경우는?

① 어떤 시점에 순간적으로 무엇을 하며, 무슨 생각을 하는가를 알아내기 위한 조사
② 자세하고 심층적인 정보를 얻기 위한 조사
③ 저렴한 가격으로 면접자 편의(Bias)를 줄일 수 있으며 대답하는 요령도 동시에 자세히 알려줄 수 있는 조사
④ 넓은 범위의 지리적인 영역을 조사대상지역으로 하여 비교적 복잡한 정보를 얻으면서, 경비를 절약할 수 있는 조사

② 심층면접이 적합하다.
③ 전화조사는 추출된 조사대상자에게 전화를 걸어 질문문항을 읽어준 후 전화상으로 답변한 것을 기록하여 자료를 수집하는 방법으로 대답하는 요령을 자세히 알려주기 어렵다.
④ 전화조사보다 온라인조사가 적합하다.

17

다음 중 실험설계의 전제조건을 모두 고른 것은?

> ㄱ. 독립변수의 조작이 가능해야 한다.
> ㄴ. 외생변수를 통제하거나 제거해야 한다.
> ㄷ. 실험대상을 무작위로 추출해야 한다.

① ㄱ, ㄴ ② ㄴ, ㄷ
③ ㄱ, ㄷ ④ ㄱ, ㄴ, ㄷ

실험설계의 전제조건
• 독립변수의 조작 : 실험자가 독립변수를 인위적으로 변화시킨다.
• 외생변수의 통제 : 독립변수와 종속변수 이외의 종속변수에 영향을 미칠 수 있는 변수의 영향을 제거한다.
• 실험대상의 무작위화 : 무작위표본추출 또는 무작위할당한다.

18

다음 중 표준화면접의 사용이 가장 적합한 것은?

① 새로운 사실을 발견하고자 할 때
② 정확하고 체계적인 자료를 얻고자 할 때
③ 피면접자로 하여금 자유연상을 하게 할 때
④ 보다 융통성 있는 면접분위기를 유도하고자 할 때

표준화면접은 면접자가 면접조사표를 만들어서 상황에 구애됨이 없이 모든 응답자에게 동일한 질문순서와 동일한 질문 내용에 따라 수행하는 방법이다. 그러므로 비표준화면접에 비해 정확하고 체계적인 자료를 얻을 수 있다.

19

사회조사에서 내용분석을 실시하기에 적합한 경우를 모두 고른 것은?

> ㄱ. 자료 원천에 대한 접근이 어렵고, 자료가 문헌인 경우
> ㄴ. 실증적 자료에 대한 보완적 연구가 필요할 경우, 무엇을 자료로 삼을 것인가 검토하는 경우
> ㄷ. 연구대상자의 언어 · 문체 등을 분석할 경우
> ㄹ. 분석자료가 방대할 때 실제 분석자료를 일일이 수집하기 어려운 경우
> ㅁ. 정책, 매스미디어 내용의 경향이나 변천 등이 필요한 경우

① ㄱ, ㄷ, ㄹ
② ㄱ, ㄴ, ㅁ
③ ㄴ, ㄷ, ㄹ, ㅁ
④ ㄱ, ㄴ, ㄷ, ㄹ, ㅁ

해설

내용분석법은 여러 가지 문서화된 매체들을 중심으로 연구대상에 필요한 자료들을 수집하는 방법으로 ㄱ~ㅁ 모두 내용분석을 실시하기에 적합한 경우이다.

20

다음에서 설명하는 조사방법은?

> 공공기관의 행정서비스 만족도를 알아보기 위해 동일한 시민들을 표본으로 6개월 단위로 10년간 조사한다.

① 추세조사
② 패널조사
③ 탐색적 조사
④ 횡단적 조사

해설

패널조사는 '패널(Panel)'이라 불리는 특정 응답자 집단을 정해 놓고 그들로부터 상당히 긴 시간 동안 지속적으로 연구자가 필요로 하는 정보를 획득하는 방법이다. 동일 표본을 유지하므로 다른 변수의 영향을 통제하고 정부정책, 사회 현상 등으로 인한 변화를 정확하게 측정할 수 있다. 하지만, 표본의 이탈이나 무응답, 초기 패널을 잘못 구성하는 경우 조사에 필요한 자료를 축적하기 어렵다는 단점이 있다.

21

폐쇄형 질문의 응답범주 작성원칙으로 옳은 것은?

① 범주의 수는 많을수록 좋다.
② 제시된 범주가 가능한 모든 응답범주를 다 포함해야 한다.
③ 관련된 현상 중 가장 중요한 것만 범주로 제시한다.
④ 제시된 범주들 사이에 약간의 중복은 있어도 무방하다.

해설

폐쇄형 질문의 응답범주(응답항목)
• 분류되는 사례나 단위가 망라적이어서 하나도 남김없이 각 응답항목에 귀속되도록 해야 한다.
• 분류되는 응답항목은 상호배타적이어서 각 사례는 한 번만 분류되어야 한다.
• 가능하면 같은 종류의 다른 조사결과를 비교할 수 있도록 동일한 단위를 사용하도록 해야 한다.
• 간결성을 띠어야 한다.

22

관찰을 통한 자료수집 시 지각과정에서 나타나는 오류를 감소하기 위한 방안과 가장 거리가 먼 것은?

① 보다 큰 단위의 관찰을 한다.
② 객관적인 관찰 도구를 사용한다.
③ 관찰기간을 될 수 있는 한 길게 잡는다.
④ 가능한 한 관찰단위를 명세화해야 한다.

해설

관찰부터 기록되는 시간을 짧게 잡아 그 사이의 장애를 제거한다.

23

다음 중 과학적 연구에 관한 설명으로 틀린 것은?

① 연구의 목적은 현상을 체계적으로 조사하고 분석하여 문제를 해결하는 것이다.
② 과학적 연구는 핵심적, 실증적 그리고 주관적으로 수행하는 것이다.
③ 예측을 위한 연구는 이론에 근거하여 주로 이루어진다.
④ 연구의 결론은 자료가 제공하는 범위 안에서 내려져야 한다.

해설

과학은 지각적 작용에 의해 사물 및 현상의 구조와 성질을 관찰하고, 기술적 실험조사를 통해 사실을 증명하며, 이론적인 설명과정으로서 객관적인 법칙을 탐구하는 체계적 지식활동이다.

24

질적 연구에 관한 옳은 설명을 모두 고른 것은?

> ㄱ. 자료수집 단계와 자료분석 단계가 분명히 구별되어 있다.
> ㄴ. 사회현상에 대해 폭넓고 다양한 정보를 얻어낸다.
> ㄷ. 표준화(구조화)면접, 비참여관찰이 많이 활용된다.
> ㄹ. 조사자가 조사과정에 깊숙이 관여한다.

① ㄱ, ㄴ   ② ㄱ, ㄷ
③ ㄴ, ㄷ   ④ ㄴ, ㄹ

해설

ㄱ. 조사에 필요한 절차나 단계를 엄격하게 결정하지 않으며, 조사초기에 설정한 분석틀이 중간에 변경될 수 있다.
ㄷ. 표준화면접은 면접자가 면접조사표를 만들어서 상황에 구애됨이 없이 모든 응답자에게 동일한 질문순서와 동일한 질문내용에 따라 수행하는 신축성·유연성이 낮은 방법이고, 비참여관찰은 관찰한다는 사실과 관찰내용을 대상 집단에게 밝히고 시행하는 방법으로 객관적인 입장에서 전체를 정확하게 관찰할 수 있다. 모두 질적 연구와는 거리가 멀다.

25

과학적 연구의 논리체계에 관한 설명으로 틀린 것은?

① 연역적 논리는 일반적인 사실로부터 특수한 사실을 이끌어내는 방법이다.
② 연역적 논리는 반복적 관찰을 통해 반복적인 패턴을 발견한다.
③ 귀납적 논리는 경험을 결합하여 이론을 형성하는 방법이다.
④ 귀납적 방법은 탐색적 연구에 주로 쓰인다.

해설

연역법
• 이미 참으로 인정된 보편적 원리를 가지고 현상에 연역시켜 설명하는 방법
• 법칙과 이론으로부터 어떤 현상에 대한 설명과 예측을 도출하는 방법
• 가설설정 → 조작화 → 관찰·경험 → 검증
예 모든 사람은 죽는다 → A는 사람이다 → 그러므로 A는 죽는다

귀납법
• 확률에 근거한 설명으로 과학은 관찰과 경험으로부터 시작한다고 보는 견해
• 관찰과 자료의 수집을 통해 보편성과 일반성을 가지는 하나의 결론을 도출
• 주제선정 → 관찰 → 유형의 발견 → 임시결론(이론)
예 까마귀 1은 검다 → 까마귀 2는 검다 → … → 까마귀 9999는 검다 → 그러므로 모든 까마귀는 검을 것이다

26

우편조사의 응답률에 영향을 미치는 요인과 가장 거리가 먼 것은?

① 응답집단의 동질성
② 응답자의 지역적 범위
③ 질문지의 양식 및 우송방법
④ 연구주관기관 및 지원단체의 성격

해설

우편조사는 광범위한 지역에 적합한 조사방법이기 때문에 응답자의 지역적 범위에 영향을 받지 않는 장점을 가지고 있다.

27

과학적 조사연구의 목적과 가장 거리가 먼 것은?

① 현상에 대한 기술이나 묘사
② 발생한 사실에 대한 설명
③ 새로운 분야에 대한 탐색
④ 인간 내면의 문제에 대한 가치판단

해설

과학적 조사연구는 지각적 작용에 의해 사물 및 현상의 구조와 성질을 관찰하고, 기술적 실험조사를 통해 사실을 증명하며, 이론적인 설명과정으로서 객관적인 법칙을 탐구하는 체계적 지식활동이다.

28

다음 사례에 해당하는 오류는?

> 전국의 시·도를 조사하여 대학 졸업 이상의 인구비율이 높은 지역이 낮은 지역에 비해 소득이 더 높음을 알게 되었고, 이를 통해 학력수준이 높은 사람이 낮은 사람에 비해 소득수준이 높다는 결론에 도달했다.

① 무작위 오류
② 체계적 오류
③ 환원주의 오류
④ 생태학적 오류

해설

④ 생태학적 오류 : 분석단위를 집단에 두고 얻게 된 연구의 결과를 개인에게 동일하게 적용함으로써 발생하게 되는 오류이다.
① 무작위 오류 : 비체계적 오류라고도 하며, 측정과정에서 우연히 또는 일시적인 사정에 의해 나타나는 오류이다.
② 체계적 오류 : 자료수집방법이나 수집과정에서 개입되는 오차로 조사내용이나 목적에 비해 자료수집방법이 잘못 선정되었거나 조사대상자가 응답할 때 본인의 태도나 가치와 관계없이 사회가 바람직하다고 생각하는 편향(Bias, 편견)으로 응답할 경우 발생할 수 있다.
③ 환원주의 오류 : 넓은 범위의 인간의 사회적 행위를 이해하는 데 필요한 변수 또는 개념의 종류를 지나치게 한정시킴으로써 발생하는 오류이다.

29

비표준화면접에 비해, 표준화면접의 장점이 아닌 것은?

① 새로운 사실, 아이디어의 발견 가능성이 높다.
② 면접결과의 계량화가 용이하다.
③ 반복적 연구가 가능하다.
④ 신뢰도가 높다.

해설
면접의 신축성·유연성이 높은 비표준화면접이 새로운 아이디어를 발견할 가능성이 높다.

30

솔로몬 연구설계에 관한 옳은 설명을 모두 고른 것은?

> ㄱ. 4개의 집단으로 구성한다.
> ㄴ. 사전측정을 하지 않는 집단은 2개이다.
> ㄷ. 사후측정에서의 차이점이 독립변수에 의한 것인지 사전측정에 의한 것인지 알 수 있다.
> ㄹ. 통제집단 사전사후검사설계와 비동일비교집단설계를 합한 형태이다.

① ㄱ, ㄴ, ㄷ
③ ㄴ, ㄹ
② ㄱ, ㄷ
④ ㄱ, ㄴ, ㄷ, ㄹ

해설
ㄹ. 솔로몬 연구설계는 통제집단 사전사후검사설계와 통제집단 사후검사설계를 결합한 것으로 가장 이상적인 실험설계 방법이다.

제2과목 | 조사방법론 II

31

2년제 대학의 대학생 집단을 학년과 성별, 계열별(인문계, 자연계, 예체능계)로 구분하여 할당표본추출을 할 경우 할당표는 총 몇 개의 범주로 구분되는가?

① 3개
③ 12개
② 5개
④ 24개

해설
2(학년)×2(성별)×3(계열별)= 12

32

다음 중 가장 다양한 통계기법을 적용할 수 있는 측정수준은?

① 명목측정　　　　　　　　　　　② 서열측정
③ 비율측정　　　　　　　　　　　④ 등간측정

> 해설

측정의 4가지 수준에서 얻어질 수 있는 정보들의 비교

구 분	절대영점	수 학	통 계
명 목	×	=	최빈값
서 열	×	=, <, >	최빈값, 중앙값
등 간	×	=, <, >, +, −	최빈값, 중앙값, 산술평균
비 율	○	=, <, >, +, −, ×, ÷	최빈값, 중앙값, 산술·기하·조화평균, 변동계수 등

33

개념적 정의의 특성으로 틀린 것은?

① 순환적인 정의가 이루어져야 한다.
② 적극적 혹은 긍정적인 표현을 써야 한다.
③ 정의하려는 대상이 무엇이든 그것만의 특유한 요소나 성질을 적시해야 한다.
④ 뜻이 분명해서 누구나 알아들을 수 있는 의미를 공유하는 용어를 써야 한다.

> 해설

순환적 정의란 "A는 B를 뜻한다.", "B는 A를 뜻한다."와 같은 것을 말한다. 순환적 정의는 지양해야 한다.

34

다음 중 비표본오차의 원인과 가장 거리가 먼 것은?

① 표본선정의 오류　　　　　　　② 조사설계상 오류
③ 조사표 작성 오류　　　　　　　④ 조사자의 오류

> 해설

비표본오차란 표본추출 이외의 과정에서 발생하는 오차를 말한다.

35

측정의 신뢰성을 높이는 방법과 가장 거리가 먼 것은?

① 측정항목의 수를 줄인다.
② 측정항목의 모호성을 제거한다.
③ 조사자의 면접방식과 태도에 일관성을 확보한다.
④ 이전의 조사에서 신뢰성이 있다고 인정된 측정도구를 이용한다.

해설

측정항목을 보다 많이 사용한다는 것은 실제 측정치가 진실된 값에 보다 근접할 가능성을 높이는 것이며, 이를 통해 신뢰도를 증가시키는 것이다.

36

도박중독자의 심리적 상태를 파악하기 위해 처음 알게 된 도박중독자로부터 다른 대상을 소개받고, 다시 소개받은 대상으로부터 제3의 대상자를 소개받는 절차로 이루어지는 표본추출방법은?

① 판단표집(Judgement Sampling)
② 군집표집(Cluster Sampling)
③ 눈덩이표집(Snowball Sampling)
④ 비비례적층화표집(Disproportionate Stratified Sampling)

해설

눈덩이표본추출은 첫 단계에서 연구자가 임의로 선정한 제한된 표본에 해당하는 사람으로부터 추천을 받아 다른 표본을 선정하는 과정을 되풀이하여 마치 눈덩이를 굴리듯이 표본을 누적한다는 의미에서 스노우볼 표본추출이라고도 한다. 주로 약물중독, 성매매, 도박 등과 같이 일탈적 대상을 연구하거나 노숙인, 불법체류자 등 모집단의 구성원을 찾기 어려운 경우에 사용한다.

37

척도구성방법을 비교척도구성(Comparative Scaling)과 비비교척도구성(Non-comparative Scaling)으로 구분할 때 비교척도구성에 해당하는 것은?

ㄱ. 쌍대비교법(Paired comparison)　　　ㄴ. 순위법(Rank-order)
ㄷ. 고정총합법(Constant Sum)　　　　　ㄹ. 연속평정법(Continuous Rating)
ㅁ. 항목평정법(Itemized Rating)

① ㄱ, ㄴ, ㄷ
② ㄱ, ㄷ, ㅁ
③ ㄹ, ㅁ
④ ㄱ, ㄴ, ㄷ, ㄹ, ㅁ

척도구성방법
- 비교척도구성 : 쌍대비교법, 순위법, 고정총합법, 비율분할법 등
- 비비교척도구성 : 단일평정법, 연속평정법, 항목평정법 등

38

측정오차 중 체계적 오차(Systematic Error)와 관련된 것은?

① 통계적 회귀
② 생태학적 오류
③ 환원주의적 오류
④ 사회적 바람직성 편향

해설

자료수집방법이나 수집과정에서 개입되는 오차로 조사내용이나 목적에 비해 자료수집방법이 잘못 선정되었거나 조사대상자가
응답할 때 본인의 태도나 가치와 관계없이 사회가 바람직하다고 생각하는 편향(Bias, 편견)으로 응답할 경우 발생할 수 있다.

39

다음 그림에 대한 설명으로 옳은 것은?

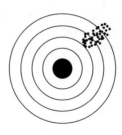

① 신뢰성은 높으나 타당성이 낮은 경우
② 신뢰성은 낮으나 타당성이 높은 경우
③ 신뢰성가 타당성이 모두 낮은 경우
④ 신뢰성과 타당성이 모두 높은 경우

해설

제시된 그림은 측정의 정밀성(신뢰성)이 높음에도 불구하고 측정하고자 하는 것을 정확히 측정하지 못하였으므로 타당하지 않다.

40

다음 중 불포함 오류에 관한 설명으로 옳은 것은?

① 표본조사를 할 때 표본체계가 완전하게 되지 않아서 발생하는 오류이다.
② 표본추출과정에서 선정된 표본 중 일부가 연결이 되지 않거나 응답을 거부했을 때 생기는 오류이다.
③ 면접이나 관찰과정에서 응답자나 조사자 자체의 특성에서 생기는 오류와 양자 간의 상호관계에서 생기는 오류이다.
④ 정확한 응답이나 행동을 한 결과를 조사자가 잘못 기록하거나 기록된 설문지나 면접지가 분석을 위하여 처리되는 과정에서 틀려지는 오류이다.

해설

불포함 오류
표본조사 시 표본체계가 완전하지 않아 발생하는 오류로 표본추출방법이 모호하거나 실제 사용하기 어려운 경우이다. 이러한 오류는 직접 발견하기 어려워 통제가 어렵고, 발생하였다 하더라도 확증을 얻기 어렵기 때문에 오류를 줄이려면 타 조사결과와 비교 또는 전문가 경험에 의존해야 한다.

41

신뢰성 측정방법 중 재검사법(Test-retest Method)에 관한 설명으로 틀린 것은?

① 동일한 측정대상에 대하여 동일한 측정도구를 통해 일정 시간 간격을 두고 반복적으로 측정하여 그 결과값을 비교·분석하는 방법이다.
② 측정도구 자체를 직접 비교할 수 있고 실제 현상에 적용시키는 데 매우 용이하다.
③ 측정시간의 간격이 크면 클수록 신뢰성은 높아진다.
④ 외생변수의 영향을 파악하기 어렵다.

해설

재검사법은 측정도구 자체를 직접 비교할 수 있고 적용이 간편하며 평가가 용이하여 신뢰도를 측정하는 방법으로 가장 많이 사용한다. 그러나 검사와 재검사의 기간 동안에 측정의 타당성을 저해하는 요인, 즉 검사요인의 효과 또는 성숙효과 등이 작용할 수 있다. 따라서 측정시간의 간격이 커질수록 신뢰성이 감소하게 된다.

42

표집틀(Sampling Frame)과 모집단과의 관계로 가장 이상적인 경우는?

① 표집틀과 모집단이 일치할 때
② 표집틀이 모집단 내에 포함될 때
③ 모집단이 표집틀 내에 포함될 때
④ 모집단과 표집틀의 일부분만이 일치할 때

모집단은 조사대상이 되는 집단을 의미하여, 표집틀은 모집단 내에 포함된 조사대상자들의 명단이 수록된 목록을 말한다. 표집틀이 모집단보다 작으면 대표성이 낮아질 수 있고, 모집단보다 크면 조사대상이 아니게 된다. 따라서 표집틀과 모집단이 일치할 때 가장 이상적이다.

43

어떤 개념을 측정하기 위해 여러 개의 문항으로 이루어진 척도(Scale)를 사용하는 이유를 모두 고른 것은?

> ㄱ. 하나의 지표로서는 제대로 측정하기 어려운 복합적인 개념들을 측정하는 데 유용하다.
> ㄴ. 측정의 신뢰도를 높여 주기도 한다.
> ㄷ. 여러 개의 지표를 하나의 점수로 나타내어주어 자료의 복잡성을 덜어주기도 한다.
> ㄹ. 척도에 의한 양적인 측정치는 통계적인 활용을 쉽게 한다.

① ㄱ, ㄴ
② ㄱ, ㄷ, ㄹ
③ ㄴ, ㄷ, ㄹ
④ ㄱ, ㄴ, ㄷ, ㄹ

척 도
- 일종의 측정도구로서 일정한 규칙에 따라 측정대상에 적용할 수 있도록 만들어진 일련의 체계화된 기호 또는 숫자이다.
- 척도에 의한 양적인 측정치를 제공하여 통계적인 활용을 쉽게 한다.
- 여러 개의 지표(또는 문항)를 하나의 점수로 나타냄으로써 자료의 복잡성을 덜어준다.
- 하나의 문항이나 지표로는 제대로 측정하기 어려운 복합적인 개념들을 측정할 수 있도록 한다.
- 복수의 지표(문항)로 구성된 척도를 사용하게 되면 단일지표(문항)를 사용하는 것보다 측정의 오류를 줄일 수 있으며, 측정의 신뢰도와 타당도를 높일 수 있다.

44

확률표본추출방법에 해당하는 것은?

① 판단표집(Judgement Sampling)

② 편의표집(Convenience Sampling)

③ 단순무작위표집(Simple Random Sampling)

④ 할당표집(Quota Sampling)

표본추출
- 확률표본추출 : 단순무작위표본추출, 계통적 표본추출, 층화표본추출, 집락(군집)표본추출, 연속표본추출 등
- 비확률표본추출 : 할당표본추출, 유의(판단)표본추출, 임의(편의)표본추출, 배합표본추출, 누적표본추출 등

45

측정오차(Error of Measurement)에 관한 설명으로 옳은 것은?

① 체계적 오차(Systematic Error)의 값은 상호 상쇄되는 경향이 있다.
② 신뢰성은 체계적 오차(Systematic Error)와 관련된 개념이다.
③ 타당성은 비체계적 오차(Systematic Error)와 관련된 개념이다.
④ 비체계적 오차(Random Error)는 인위적이지 않아 오차의 값이 다양하게 분산되어 있다.

해설

비체계적 오차는 무작위로 발생하기 때문에 인위적이지 않아 오차의 값이 다양하게 분산되며 상호 상쇄되는 경향이 있다. 비체계적 오차는 신뢰성과 관련이 있으며 타당성은 체계적 오차와 관련이 있다.

46

3가지 변수가 다음과 같은 순서로 영향을 미칠 때 사회적 통합을 무슨 변수라고 하는가?

> 종교 → 사회적 통합 → 자살율

① 외적변수   ② 매개변수
③ 구성변수   ④ 선행변수

해설

② 독립변수와 종속변수 간에 직접적인 관련이 없으나 제3의 변수가 두 변수의 중간에서 매개자 역할을 하여 두 변수 간에 간접적인 관계를 맺도록 하는 변수이다.
① 두 변수 간에 상관관계가 없으나 관계가 있는 것처럼 보이게 하는 제3의 변수이다.
③ 포괄적 개념을 구성하는 하위변수이다.
④ 인과관계에서 독립변수에 앞서면서 독립변수에 유효한 영향력을 행사하는 제3의 변수이다.

47

층화표집(Stratified Random Sampling)에 대한 설명으로 틀린 것은?

① 중요한 집단을 빼지 않고 표본에 포함시킬 수 있다.
② 동질적 대상은 표본의 수를 줄이더라도 정확도를 제고할 수 있다.
③ 단순무작위표본추출보다 시간, 노력, 경비를 절약할 수 있다.
④ 층화 시 모집단에 대한 지식이 없어도 된다.

해설

층화표집은 모집단의 각 층별에 대한 정확한 정보를 필요로 한다. 층화 시 모집단에 대한 지식이 요구되며 무엇에 초점을 두어 층화하는가 하는 문제가 제기된다.

48

다음 설명에 해당하는 척도구성기법은?

> 특정 개념을 측정하기 위해 연구자가 수집한 여러 가지의 관련 진술에 대하여 평가자들이 판단을 내리도록 한 후 이를 토대로 각 진술에 점수를 부여한다. 이렇게 얻어진 진술을 실제 측정하고자 하는 척도의 구성항목으로 포함시킨다.

① 서스톤 척도(Thurstone Scale)
② 리커트 척도(Likert Scale)
③ 거트만 척도(Guttman Scale)
④ 의미분화 척도(Semantic Differential Scale)

해설

서스톤 척도는 어떤 사실에 대해 가장 긍정적인 태도와 가장 부정적인 태도를 나타내는 태도의 양극단을 등간적으로 구분하여 여기에 수치를 부여함으로써 등간척도를 구성하는 방법이다. 평가자를 사용하여 척도에 포함될 문항들이 척도상의 어느 위치에 속할 것인지 판단하도록 한 다음, 조사자가 이를 바탕으로 하여 척도에 포함될 적절한 문항들을 선정하여 척도를 구성한다.

49

다음 사례에서 성적은 어떤 변수에 해당되는가?

> 대학교 3학년인 학생 A, B, C군은 학기말 시험에서 모두 A+를 받았다. 3명의 학생은 수업시간에 맨 앞자리에 앉는 공통점이 있다. 따라서 학생들의 성적은 수업시간 중 좌석 위치와 중요한 관련성을 가지고 있다고 생각하게 되었다. 이것이 사실인가 확인하기 위해 더 많은 학생들을 관찰하기로 하였다.

① 독립변수   ② 통제변수
③ 매개변수   ④ 종속변수

해설

④ 결과변수라고도 하며, 독립변수의 영향을 받아 일정하게 전제된 결과를 나타내는 기능을 하는 변수(성적)이다.
① 다른 변수에 영향을 주는 변수(수업시간 중 좌석위치)이다.
② 독립변수와 종속변수 사이의 명백한 관계를 조사하기 위해 도입한 변수이다.
③ 독립변수와 종속변수의 사이에서 독립변수의 결과인 동시에 종속변수의 원인이 되는 변수이다.

50

서로 다른 개념을 측정했을 때 얻어진 측정치들 간의 상관관계가 낮게 형성되어야 하는 타당성의 유형은?

① 집중타당성(Convergent Validity)
② 판별타당성(Discriminant Validity)
③ 표면타당성(Face Validity)
④ 이해타당성(Nomological Validity)

[해설]
① 집중타당성 : 같은 개념을 측정하는 경우에는 상이한 측정방법을 사용하더라도 그 측정값들 간에 높은 상관관계가 형성되는지 평가한다.
③ 표면타당성 : 검사문항을 전문가가 아닌 측정 받는 일반인들이 읽고 측정항목이 연구자가 의도한 내용대로 실제로 측정하고 있는지, 측정도구가 측정대상이 가지고 있는 많은 속성 중의 일부를 대표성 있게 포함하는지를 평가한다.
④ 이해타당성 : 특정 개념에 대해 이론적 구성을 토대로 어느 정도 체계적·논리적으로 이해하고 있는가를 평가한다.

51

측정을 위해 개발한 도구가 측정하고자 하는 대상의 정확한 속성값을 얼마나 포괄적으로 포함하고 있는가를 나타내는 타당도는?

① 내용타당성(Content Validity)
② 기준관련타당성(Criterion-related Validity)
③ 집중타당성(Convergent Validity)
④ 예측타당성(Predictive Validity)

[해설]
② 기준관련타당성 : 경험적 근거에 의해 타당도를 확인하는 방법으로서, 신뢰도와 타당도가 이미 검증된 측정도구에 의한 측정결과를 기준으로 평가한다.
③ 집중타당성 : 같은 개념을 측정하는 경우에는 상이한 측정방법을 사용하더라도 그 측정값들 간에 높은 상관관계가 형성되는지 평가한다.
④ 예측타당성 : 어떤 행위가 일어날 것이라고 예측한 것과 실제 대상자 또는 집단이 나타낸 행위 간의 관계를 측정하여 평가한다.

52

표본의 크기를 결정할 때에 고려하여야 할 사항과 가장 거리가 먼 것은?

① 모집단의 규모
② 표본추출방법
③ 통계분석의 기법
④ 연구자의 수

표본의 크기는 모집단으로부터 표본추출단위의 수를 몇 개로 하는 것이 적절한가에 대한 문제와 연관된 것으로, 표본크기의 결정요인으로는 가용한 자원(시간, 비용), 이론과 조사설계, 모집단의 규모 및 변이성, 표본추출형태, 조사설계 및 방법의 형태, 통계분석기법, 카테고리의 다양성, 위험성 등이 있다.

53

다음 중 표본추출에 대한 설명으로 틀린 것은?

① 표본조사가 전수조사에 비해 시간과 비용이 적게 든다.
② 관찰단위와 분석단위가 반드시 일치하는 것은 아니다.
③ 모수는 표본조사를 통해 얻는 통계량을 바탕으로 추정한다.
④ 단순무작위추출방법은 일련번호와 함께 표본간격이 중요하다.

일련번호와 함께 표본간격이 중요한 표본추출방법은 계통적 추출방법이다. 단순무작위추출방법은 의식적인 조작 없이 표본을 추출함으로써 어떤 요소의 추출이 계속되는 다른 요소의 추출 기회에 아무런 영향을 미치지 않는다.

54

다음 설문문항에서 사용한 척도는?

① 리커트 척도(Likert Scale)
② 거트만 척도(Guttman Scale)
③ 서스톤 척도(Thurstone Scale)
④ 의미분화 척도(Semantic Differential Scale)

의미분화 척도
어떤 대상이 개인에게 주는 주관적인 의미를 측정하는 방법으로, 하나의 개념을 여러 가지 의미의 차원에서 평가하도록 유도하는 방법이다. 일직선으로 도표화된 척도의 양극단에 서로 상반되는 형용사를 배열하여 양극단 사이에서 해당 속성에 대한 평가를 하는데, 이때 개념이 갖는 본질적인 뜻을 몇 개의 차원에 따라 측정함으로써 태도의 변화를 좀 더 정확하게 파악하도록 한다.

55

관찰된 현상의 경험적인 속성에 대해 일정한 규칙에 따라 수치를 부여하는 것은?

① 척도(Scale)
② 지표(Indicator)
③ 변수(Variable)
④ 측정(Measurement)

해설

① 척도 : 일종의 측정도구로서 일정한 규칙에 따라 측정대상에 적용할 수 있도록 만들어진 일련의 체계화된 기호 또는 숫자이다.
② 지표 : 어떤 것의 존재 또는 상태 및 특성을 경험적으로 나타내는 표시물이라고 할 수 있다.
③ 변수 : 두 가지 또는 그 이상의 값으로 경험적으로 분류할 수 있는 개념으로 연구대상의 경험적 속성을 나타내는 동시에 그 속성에 계량적 수치, 계량적 가치를 부여할 수 있다.

56

확률표집(Probability Sampling)에 관한 설명으로 옳은 것은?

① 표본이 모집단에 대해 갖는 대표성을 추정하기 어렵다.
② 모집단이 무한하게 클 경우에 적용할 수 있는 표집방법이다.
③ 표본의 추출 확률을 알 수 있다.
④ 모집단 전체에 대한 구체적 자료가 없는 경우 사용된다.

해설

확률표집은 표본이 추출될 확률이 알려져 있으며 무작위적인 방법을 통해 표본을 추출하는 방법이다. 모집단의 각 표집단위가 모두 추출의 기회를 가지고 있으며, 각 표집단위가 추출될 확률을 정확히 알고 있는 가운데 표집을 한다.

57

축구선수의 등번호를 표현하는 측정수준은?

① 비율수준의 측정
② 명목수준의 측정
③ 등간수준의 측정
④ 서열수준의 측정

해설

② 명목측정 : 가장 낮은 수준의 측정으로서 대상 자체 또는 그 특징에 대해 명목상의 이름을 부여하는 것으로 구분된 각 집단 또는 카테고리에 숫자나 부호 또는 명칭을 부여하는 것이다. 명목수준의 측정을 할 수 있는 변수들은 성별, 인종, 스포츠선수의 등번호 등을 예로 들 수 있다.

① 비율측정 : 측정대상의 특징 및 속성에 절대적인 0을 가진 척도로써 수치를 부여하는 것이다. 명목수준의 측정에서처럼 사물이나 현상을 분류하고, 서열수준의 측정에서처럼 서열을 정할 수 있을 뿐만 아니라, 등간수준의 측정에서처럼 이들 분류된 카테고리 간의 간격까지 측정할 수 있는 가장 세련된 측정수준이다.

③ 등간측정 : 측정대상을 특징 및 속성에 따라 서열화하는 것은 물론 서열 간의 간격이 일정하도록 연속선상에 수치를 부여하는 것이다. 서열뿐만 아니라 분류된 카테고리 간의 간격까지도 측정한다.

④ 서열측정 : 측정대상의 특징 및 속성에 따라 일정한 범주로 분류하며, 이들에 대해 상대적인 순서 · 서열상의 관계를 나타내는 것이다. 명목수준의 측정에서처럼 측정대상인 사물이나 현상을 분류하고 명칭을 부여할 뿐만 아니라, 나아가 순서 또는 서열까지 부여한다.

58

조작적 정의(Operational Definition)에 관한 설명과 가장 거리가 먼 것은?

① 측정의 타당성(Validity)과 관련이 있다.
② 적절한 조작적 정의는 정확한 측정의 전제조건이다.
③ 조작적 정의는 무작위로 기계적으로 이루어지기 때문에 논란의 여지가 없다.
④ 측정을 위해 추상적인 개념을 보다 구체화하는 과정이라고 할 수 있다.

해설

조작적 정의

• 추상적인 개념들을 경험적 · 실증적으로 측정이 가능하도록 구체화한 것으로 각 분석의 단위를 변수들의 카테고리로 할당하는 작업 또는 과정이다.
• 적절한 조작적 정의는 정확한 측정의 전제조건으로 조작적 정의는 측정의 타당성과 관련이 있다.
• 개념적 정의와 반드시 일치하는 것은 아니다.

59

서울지역의 전화번호부를 이용하여 최초의 101번째 사례를 임의로 결정한 후 계속 201, 301, 401번째의 순서로 뽑는 표집방법은?

① 층화표집(Stratified Random Sampling)

② 단순무작위표집(Simple Random Sampling)

③ 계통표집(Systematic Sampling)

④ 편의표집(Convenience Sampling)

해설

① 층화표집 : 모집단을 보다 동질적인 몇 개의 층으로 나눈 후, 이러한 각 층으로부터 단순무작위표집을 하는 확률표본추출방법이다.

② 단순무작위표집 : 가장 기본적인 확률표본추출방법으로 의식적인 조작 없이 표본을 추출함으로써 어떤 요소의 추출이 계속되는 다른 요소의 추출 기회에 아무런 영향을 미치지 않는 확률표본추출방법이다.

④ 편의표집 : 임의표집이라고도 하며 모집단에 대한 정보가 없는 경우에 사용한다. 시간, 편의성, 경제성 등을 염두에 두고 정해진 크기의 표본을 선정할 때까지 조사자가 모집단의 일정 단위 또는 사례를 표집하는 비확률표본추출방법이다.

60

신뢰성을 측정하는 방법과 가장 거리가 먼 것은?

① 반분법

② 공통분산검사

③ 내적 일관성법

④ 복수양식검사

해설

신뢰도는 안정성, 일관성, 믿음성, 의존가능성, 정확성으로 대체할 수 있으며 신뢰도는 타당도의 기본적인 전제조건으로 재검사법, 반분법, 복수양식법, 내적 일관성법 등을 이용해서 측정할 수 있다.

① 반분법 : 조사항목의 반을 가지고 조사결과를 획득한 후, 항목의 다른 반쪽을 동일한 대상에 적용하여 얻은 결과와 비교하는 방법

③ 내적 일관성법 : 동일한 개념을 측정하는 항목인 경우 그 측정결과에 일관성이 있어야 한다는 논리에 따라 일관성이 없는 항목, 즉 신뢰성을 저해하는 항목을 찾아서 배제시키는 방법

④ 복수양식검사 : 두 개 이상의 유사한 측정도구를 사용하여 동일한 표본에 적용한 결과를 서로 비교하여 신뢰도를 측정하는 방법

61

어느 이동통신 회사에서 20대를 대상으로 자사의 선호도에 대한 조사를 하려고 한다. 전년도 조사에서 선호도가 40%이었다. 금년도 조사에서 선호도에 대한 추정이 95% 오차한계가 4% 이내로 되기 위한 표본의 최소 크기는? (단, $Z \sim N(0, 1)$일 때, $P(Z > 1.96) = 0.025$, $P(Z > 1.65) = 0.05$)

① 409   ② 426

③ 577   ④ 601

해설

비율추정 시 표본의 크기를 구하는 공식은 $n \geq \hat{p}(1-\hat{p})\left(\dfrac{Z_{\alpha/2}}{D}\right)^2$ 이다.

$Z_{\alpha/2} = Z_{0.025} = 1.96$, $\hat{p} = 0.4$, $D = 0.04$이므로

$n \geq 0.4(1-0.4)(\dfrac{1.96}{0.04})^2 = 576.24$

$\therefore 577$

62

오른쪽으로 꼬리가 길게 늘어진 형태의 분포에 대해 옳은 설명으로만 짝지어진 것은?

> ㄱ. 왜도는 양의 값을 가진다.
> ㄴ. 왜도는 음의 값을 가진다.
> ㄷ. 자료의 평균은 중앙값보다 큰 값을 가진다.
> ㄹ. 자료의 평균은 중앙값보다 작은 값을 가진다.

① ㄱ, ㄷ   ② ㄱ, ㄹ

③ ㄴ, ㄷ   ④ ㄴ, ㄹ

해설

분포의 형태

• 오른쪽으로 꼬리가 길게 늘어진 분포일 경우(좌측 비대칭 분포) '산술평균>중앙값>최빈값'의 관계를 가지며 왜도는 0보다 크다.

• 왼쪽으로 꼬리가 길게 늘어진 분포일 경우(우측 비대칭 분포) '산술평균<중앙값<최빈값'의 관계를 가지며 왜도는 0보다 작다.

63

두 변수 X와 Y에 대해서 9개의 관찰값으로부터 계산한 통계량들이 다음과 같을 때, 단순회귀모형의 가정하에 추정한 회귀직선은?

$$\overline{X}=5.9, \ \overline{Y}=15.1$$

$$S_{XX}=\sum_{i=1}^{9}(X_i-\overline{X})^2=40.9$$

$$S_{YY}=\sum_{i=1}^{9}(Y_i-\overline{Y})^2=370.9$$

$$S_{XY}=\sum_{i=1}^{9}(X_i-\overline{X})(Y_i-\overline{Y})=112.1$$

① $\widehat{Y}=-1.07-2.74x$ 　　　　② $\widehat{Y}=-1.07+2.74x$

③ $\widehat{Y}=1.07-2.74x$ 　　　　④ $\widehat{Y}=1.07+2.74x$

해설

최소제곱법을 이용한다.

$b=\dfrac{S_{XY}}{S_{XX}}, \ a=\overline{Y}-b\overline{X}$이므로

$b=\dfrac{S_{XY}}{S_{XX}}=\dfrac{112.1}{40.9}=2.74, \ a=\overline{Y}-b\overline{X}=15.1-2.74\times5.9=-1.07$

$\therefore \ \widehat{Y}=-1.07+2.74x$

64

일원분산분석으로 4개의 평균의 차이를 동시에 검정하기 위하여 귀무가설을 $H_0 : \mu_1=\mu_2=\mu_3=\mu_4$라 정할 때 대립가설 H_1은?

① H_1 : 모든 평균이 다르다.

② H_1 : 적어도 세 쌍 이상의 평균이 다르다.

③ H_1 : 적어도 두 쌍 이상의 평균이 다르다.

④ H_1 : 적어도 한 쌍 이상의 평균이 다르다.

해설

일원분산분석에서 귀무가설과 대립가설은 다음과 같다.
귀무가설(H_0) : $\mu_1=\mu_2=\cdots=\mu_p$
대립가설(H_1) : 모든 μ_i가 같은 것은 아니다($i=1, 2, \cdots, p$).

65

월요일부터 금요일까지 업무를 보는 어느 가전제품 서비스센터에서는 요일에 따라 애프터서비스 신청률이 다른가를 알아보기 위해 요일별 서비스 신청건수를 조사한 결과 다음과 같았다.

요 일	월	화	수	목	금	계
서비스 신청건수	21	25	35	32	37	150

귀무가설 "H_0 : 요일별 서비스 신청률은 모두 동일하다."를 유의수준 5%에서 검정할 때, 검정통계량의 값과 검정결과로 옳은 것은? (단, $\chi^2(4, 0.05) = 9.49$이며 $\chi^2(k, \alpha)$는 자유도 k인 카이제곱분포의 $100(1 - \alpha)$% 백분위수이다)

① 10.23, H_0를 기각함
② 10.23, H_0를 채택함
③ 6.13, H_0를 기각함
④ 6.13, H_0를 채택함

해설

요 일	월	화	수	목	금
서비스 신청건수	21	25	35	32	37
기대도수	30	30	30	30	30

서비스 신청건수가 총 150건이고 월요일부터 금요일까지 서비스 신청률이 동일한지를 검증하는 것이므로 기대도수는 각 $150/5 = 30$이다.

카이제곱 적합성 검정을 이용하면 검정통계량은 다음과 같다.

$$\chi^2 = \sum_{i=1}^{k} \frac{(O_i - E_i)^2}{E_i} \sim \chi^2_{(k-1)}$$

O_i : 관찰도수, E_i : 기대도수, $i = 1, 2, \cdots, k$

$$\chi^2 = \frac{(21-30)^2}{30} + \frac{(25-30)^2}{30} + \frac{(35-30)^2}{30} + \frac{(32-30)^2}{30} + \frac{(37-30)^2}{30}$$

$\fallingdotseq 6.13$

$\chi^2(4, 0.05) = 9.49$보다 검정통계량 값이 작으므로 귀무가설을 기각할 수 없다.

66

n개의 베르누이 시행(Bernoulli's Trial)에서 성공의 개수를 X개라 하면 X의 분포는?

① 기하분포
② 음이항분포
③ 초기하분포
④ 이항분포

해설

베르누이 시행에서 각 시행의 결과는 상호 배타적인 두 사건으로 구분된다. 즉, 성공 또는 실패이며 각 시행에서 성공확률과 실패확률의 합은 1이다. n번 독립적으로 반복 시행하였을 때의 확률변수 x를 성공의 횟수라 하면 x의 확률함수 $f(x)$는 다음과 같다.

$$f(x) = {}_nC_x p^x (1-p)^{n-x} = {}_nC_x p^x q^{n-x} (x = 0, 1, \ p : 한 시행에서 성공일 확률)$$

이는 이항분포의 확률밀도함수를 따른다.

67

상자그림에 대한 설명으로 틀린 것은?

① 상자그림을 보면 자료의 분포를 개략적으로 파악할 수 있다.
② 두 집단의 분포 모양에 대한 비교가 가능하다.
③ 이상값에 대한 정보를 알 수 있다.
④ 상자그림의 상자 길이와 분산과는 아무런 관련이 없다.

해설

상자-수염그림(상자그림)
주어진 자료를 그대로 이용하여 그래프를 그리는 것이 아니라 자료로부터 얻어낸 통계량인 다섯 수치요약(최솟값, 제1사분위수, 중앙값, 제3분위수, 최댓값)을 이용하여 그린다. 이상치는 *로 표시한다. 상자그림은 집단이 여러 개인 경우에도 한 공간에 표현할 수 있으며 분포의 모양, 중심 위치, 이상치 등 자료의 특성을 파악할 수 있다.

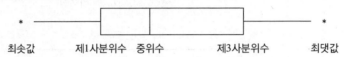

최솟값   제1사분위수 중위수   제3사분위수   최댓값

68

두 변수 (X, Y)의 n개의 표본자료 (x_1, y_1), (x_2, y_2), $\cdots$, (x_n, y_n)에 대하여 다음과 같이 정의된 표본상관계수 r에 관한 설명으로 틀린 것은?

$$r = \frac{\sum_{i=1}^{n}(x_i - \overline{x})(y_i - \overline{y})}{\sqrt{\sum_{i=1}^{n}(x_i - \overline{x})^2}\sqrt{\sum_{i=1}^{n}(y_i - \overline{y})^2}}$$

① 상관계수는 항상 -1 이상, 1 이하의 값을 갖는다.
② X와 Y 사이의 상관계수의 값과 $(X + 2)$와 $2Y$ 사이의 상관계수의 값은 같다.
③ X와 Y 사이의 상관계수의 값과 $-3X$와 $2Y$ 사이의 상관계수의 값은 같다.
④ 서로 연관성이 있는 경우에도 X와 Y 사이의 상관계수의 값은 0이 될 수도 있다.

해설

상관계수
- X와 Y의 상관계수 $r = Corr(X, Y)$는 $-1 \leq r \leq 1$이다.
- 음의 값을 가지면 부(Negative)의 상관관계가, 양의 값을 가지면 정(Positive)의 상관관계가 있음을 의미한다. 0에 가까울수록 상관관계가 약한 것을 의미하고 ±1에 가까울수록 강한 상관관계가 있음을 의미한다.
- 상관계수가 0이면 변수 간에 선형연관성이 없는 것이지 곡선의 연관성은 있을 수 있다.
- 임의의 상수 a, b, c, d에 대하여 X, Y의 상관계수는 $a + bX$, $c + dY$의 상관계수와 $bd > 0$일 때 동일하며, $bd < 0$일 때 부호만 바뀐다.

69

곤충학자가 70마리의 모기에게 A 회사의 살충제를 뿌리고 생존시간을 관찰하여 $\overline{x}=18.3$, $S=5.2$를 얻었다. 생존시간의 모평균 μ에 대한 99% 신뢰구간은?

① $8.6 \leq \mu \leq 28.0$

② $17.1 \leq \mu \leq 19.5$

③ $18.1 \leq \mu \leq 18.5$

④ $16.7 \leq \mu \leq 19.9$

해설

모분산을 모르지만 $n=70$으로 대표본이므로 $\sigma^2 = S^2$로 되어 σ^2 대신 S^2을 사용하여 μ의 구간추정을 할 수 있다. 모분산 σ^2을 모르고 있는 경우 μ에 대한 $100(1-\alpha)\%$ 신뢰구간은 다음과 같다.

$$\overline{x} - Z_{\alpha/2} \frac{S}{\sqrt{n}} \leq \mu \leq \overline{x} + Z_{\alpha/2} \frac{S}{\sqrt{n}}$$

99% 신뢰구간에서 $Z_{\alpha/2} = Z_{0.01/2} = Z_{0.005} = 2.57$이므로

$$18.3 - 2.57 \frac{5.2}{\sqrt{70}} \leq \mu \leq 18.3 + 2.57 \frac{5.2}{\sqrt{70}}$$

$$\therefore \ 16.7 \leq \mu \leq 19.9$$

70

5점 척도의 만족도 설문조사를 한 결과가 다음과 같을 때 만족도 평균은? (단, 1점은 매우 불만족, 5점은 매우 만족)

5점 척도	1	2	3	4	5
백분율(%)	10.0	15.0	20.0	30.0	25.0

① 2.45

② 2.85

③ 3.45

④ 3.85

해설

$(1 \times 0.10) + (2 \times 0.15) + (3 \times 0.20) + (4 \times 0.30) + (5 \times 0.25) = 3.45$

71

두 정당 (A, B)에 대한 선호도가 성별에 따라 다른지 알아보기 위하여 1,000명을 임의추출하였다. 이 경우에 가장 적합한 통계분석법은?

① 분산분석
② 회귀분석
③ 인자분석
④ 교차분석

해설

④ 명목척도나 서열척도의 성격을 가진 두 변수가 가진 각 범주를 교차하여 해당빈도를 표시하는 교차분석표를 작성하여 두 변수 간의 관련성을 분석하는 교차분석법이 적합하다.
① 분산분석 : 세 집단 이상의 평균차이가 통계적으로 유의한가를 검정하는 통계분석법
② 회귀분석 : 독립변수가 종속변수에 미치는 영향력을 분석하거나, 독립변수에 따라 종속변수의 변화를 예측하기 위해서 사용하는 통계분석법

72

확률변수 X가 평균이 5이고 표준편차가 2인 정규분포를 따를 때, X의 값이 4보다 크고 6보다 작을 확률은? (단, $P(Z < 0.5) = 0.6915$, $Z \sim N(0, 1)$)

① 0.6915
② 0.3830
③ 0.3085
④ 0.2580

해설

$$P(4 < X < 6) = P(\frac{4-5}{2} < \frac{X-5}{2} < \frac{6-5}{2})$$
$$P(-0.5 < Z < 0.5) = 2[P(Z < 0.5) - 0.5]$$
$$\therefore 2(0.6915 - 0.5) = 0.3830$$

73

우리나라 사람들 중 왼손잡이 비율은 남자가 2%, 여자가 1%라 한다. 남학생 비율이 60%인 어느 학교에서 왼손잡이 학생을 선택했을 때 이 학생이 남자일 확률은?

① 0.75
② 0.012
③ 0.25
④ 0.05

해설

조건부 확률을 이용한다. B가 일어날 조건하에서 A가 일어날 확률은 $P(A|B) = \dfrac{P(A \cap B)}{P(B)}$ 이다.

A : 남학생일 사건, B : 왼손잡이 학생일 사건

$$\therefore P(A|B) = \frac{0.6 \times 0.02}{(0.6 \times 0.02) + (0.4 \times 0.01)} = 0.75$$

74

유의수준에 대한 설명으로 옳은 것은?

① 대립가설이 참일 때 귀무가설을 채택하는 오류를 범할 확률의 최대허용한계이다.

② 유의수준 α 검정법이란 제2종 오류를 범할 확률이 α 이하인 검정방법을 말한다.

③ 귀무가설이 참임에도 불구하고 귀무가설을 기각하는 오류를 범할 확률의 최대허용한계를 뜻한다.

④ 제1종 오류를 범할 확률과 제2종 오류를 범할 확률 중 큰 쪽의 확률을 의미한다.

> 해설
>
> 유의수준
> 귀무가설이 참임에도 귀무가설을 기각하는 오류를 제1종 오류라 하며, 오류를 발생시킬 확률을 α 라 한다. 이때 α 는 제1종 오류를 범할 확률의 최대허용한계를 뜻한다.

75

A, B, C 세 지역에서 금맥이 발견될 확률은 각각 20%라고 한다. 이들 세 지역에 대하여 금맥이 발견될 수 있는 지역의 수에 대한 기댓값은?

① 0.60

② 0.66

③ 0.72

④ 0.75

> 해설
>
> 각 지역에 금맥이 발견되는 사건은 서로 독립이므로 세 지역에 대하여 금맥이 발견될 수 있을 확률은 각 지역에서 금맥이 발견될 확률의 합과 같다.
> $\therefore$ $0.2+0.2+0.2=0.60$

76

크기가 10인 표본으로부터 얻은 자료 (x_1, y_1), (x_2, y_2) $\cdots$, (x_{10}, y_{10})에서 얻은 단순선형회귀식의 기울기가 0인지 아닌지를 검정할 때, 사용되는 t분포의 자유도는?

① 19

② 18

③ 9

④ 8

> 해설
>
> 단순회귀계수의 유의성 검정에서 검정통계량은 자유도가 $n-2$인 t분포를 따른다. n은 10이므로 자유도는 $10-2=8$이다.

77

다음 중 일원배치법의 모집단 모형으로 적합한 것은? (단, Y_i는 관측값이고 μ는 이들의 모평균, ϵ_i나 ϵ_{ij}는 실험의 오차로서 평균이 0, 분산 σ^2인 정규분포 $N(\mu, \sigma^2)$을 따르고 서로 독립이다)

① $Y_{ij} = \mu + \alpha_i + \epsilon_{ij},\ i = 1, \cdots, k,\ j = 1, \cdots, n$

② $Y_{ij} = \mu + \alpha_i + \beta_j + \epsilon_{ij},\ i = 1, \cdots, p,\ j = 1, \cdots, q$

③ $Y_i = \alpha + \beta x_i + \epsilon_i,\ i = 1, \cdots, n$

④ $Y_i = \alpha + \beta_1 x_{1i} + \beta_2 x_{2i} + \epsilon_i,\ i = 1, \cdots, n$

해설

일원배치 모형의 구조식은 다음과 같다.

$Y_{ij} = \mu + a_i + \epsilon_{ij}$

단, $a_i = \mu_i - \mu,\ \sum a_i = 0,\ i = 1, 2, \cdots, k,\ j = 1, 2, \cdots, n$

i번째 수준에서 Y의 모평균 μ_i는 i번째 수준에서의 모평균을 나타낸다. ϵ_{ij}는 Y_{ij}를 측정할 때 발생하는 오차를 나타내는 항이다.

78

임의의 모집단으로부터 확률표본을 취할 때 표본평균의 확률분포는 표본의 크기가 충분히 크면 근사적으로 정규분포를 따른다는 사실의 근거가 되는 이론은?

① 중심극한의 정리　　　　　　　　　② 대수의 법칙
③ 체비셰프의 부등식　　　　　　　　④ 확률화의 원리

해설

중심극한정리

표본의 크기가 $n \geq 30$이면 대(大)표본으로 간주하여 모집단의 분포와 관계없이 표본평균 $\overline{X}$의 분포는 기댓값이 모평균 μ이고, 분산이 $\dfrac{\sigma^2}{n}$인 정규분포에 근사한다.

$$\overline{X} \sim N(\mu, \frac{\sigma^2}{n}),\ n \to \infty < N$$

79

두 변수 x와 y의 함수관계를 알아보기 위하여 크기가 10인 표본을 취하여 단순회귀분석을 실시한 결과 회귀식 $y = 20 - 0.1x$를 얻었고, 결정계수 R^2은 0.81이었다. x와 y의 상관계수는?

① -0.1
② -0.81
③ -0.9
④ -1.1

해설

결정계수는 회귀분석에서 사용되는 수치로서 회귀모형이 적합한지 확인하기 위해 사용하며, 회귀모형의 독립변수가 종속변수 변동의 몇 %를 설명하고 있는지를 나타내는 지표이다. 결정계수는 상관계수를 제곱한 값이다. 문제에서 결정계수 R^2은 0.81이고 회귀식이 $y = 20 - 0.1x$이므로 음의 상관관계를 지닌다. 따라서 상관계수는 $-\sqrt{0.81} = -0.9$이다.

80

IQ점수는 $N(100, 15^2)$를 따른다고 한다. IQ점수가 100 이상인 경우는 전체의 몇 %인가?

① 0%
② 50%
③ 75%
④ 100%

해설

$$P(X \geq 100) = P\left(Z \geq \frac{100 - 100}{15}\right) = P(Z \geq 0)$$
$P(-1 < Z < 1) = 1$이므로 $P(Z \geq 0) = 0.5$
∴ 50%

81

결정계수(Coefficient of Determination)에 대한 설명으로 틀린 것은?

① 총변동 중에서 회귀식에 의하여 설명되어지는 변동의 비율을 뜻한다.
② 종속변수에 미치는 영향이 적은 독립변수가 추가되어도 결정계수는 변하지 않는다.
③ 모든 측정값들이 추정회귀직선상에 있는 경우 결정계수는 1이다.
④ 단순회귀의 경우 독립변수와 종속변수 간의 표본상관계수의 제곱과 같다.

해설

결정계수는 독립변수의 수가 늘어날수록 증가하는 경향이 있다.

82

가설검정과 관련한 용어에 대한 설명으로 틀린 것은?

① 제2종 오류란 대립가설 H_1이 참임에도 불구하고 귀무가설 H_0를 기각하지 못하는 오류이다.

② 유의수준이란 제1종 오류를 범할 확률의 최대허용한계를 말한다.

③ 유의확률이란 검정통계량의 관측값에 의해 귀무가설을 기각할 수 있는 최소의 유의수준을 뜻한다.

④ 검정력 함수란 귀무가설을 채택할 확률을 모수의 함수로 나타낸 것이다.

해설

검정력 함수는 귀무가설 H_0를 기각하는 확률을 모수의 함수로 나타낸 것이다.

83

다음 중 상관분석의 적용을 위해 산점도에서 관찰해야 하는 자료의 특성이 아닌 것은?

① 선형 또는 비선형 관계의 여부

② 이상점 존재 여부

③ 자료의 층화 여부

④ 원점 $(0, 0)$의 통과 여부

해설

④ 산점도는 주어진 데이터를 점으로 흩뿌리듯이 시각화한 그림으로 선형관계의 정도, 즉 직선과 점들이 어느 정도 가깝게 흩어져 있는가 하는 강도를 측정하기 때문에 '원점의 통과 여부'는 관찰해야 하는 특징에 해당하지 않는다.

산점도
• 두 개 이상 변수의 동시분포에서 각 개체를 점으로 표시한 그림
• 두 변수의 관계를 시각적으로 검토할 때 유용
• 변수들 사이의 관계를 왜곡시키는 특이점을 확인하는 경우에도 유용
• 두 변수가 선형의 관계를 가지는가의 여부를 알아보기 위해 작성
• 자료의 층화 여부 관찰

84

어느 회사에서는 남녀사원이 퇴직할 때까지의 평균근무연수에 차이가 있는지를 알아보기 위하여 표본을 무작위로 추출하여 다음과 같은 자료를 얻었다.

구 분	남자사원	여자사원
표본크기	50	35
평균근무연수	21.8	18.5
표준편차	5.6	2.4

남자사원의 평균근무연수가 여자사원에 비해 2년보다 더 길다고 할 수 있는가에 대해 유의수준 5%로 검정한 결과는?

① 귀무가설을 기각한다. 따라서 남자사원의 평균근무연수는 여자사원보다 더 길다.

② 귀무가설을 채택한다. 따라서 남자사원의 평균근무연수는 여자사원보다 더 길지 않다.

③ 귀무가설을 기각한다. 따라서 남자사원의 평균근무연수는 여자사원에 비해 2년보다 더 길다.

④ 귀무가설을 채택한다. 따라서 남자사원의 평균근무연수는 여자사원에 비해 2년보다 더 길지 않다.

해설

남자사원의 평균근무연수가 여자사원에 비해 2년보다 더 길다고 할 수 있는가에 대한 검정이므로
$H_0 : \mu_1 - \mu_2 \leq 2$, $H_1 : \mu_1 - \mu_2 > 2$이다.
모분산이 알려져 있지 않고 동일하지 않은 경우 두 모평균 차이의 검정이므로

$$Z = \frac{(\overline{x_1} - \overline{x_2}) - (\mu_1 - \mu_2)}{\sqrt{\frac{s_1^2}{n_1} + \frac{s_2^2}{n_2}}} = \frac{(21.8 - 18.5) - 2}{\sqrt{\frac{5.6^2}{50} + \frac{2.4^2}{35}}} \fallingdotseq 1.46$$이다.

유의수준 5%에서 유의확률은 $Z_{0.05} = 1.96$으로 검정통계량 값이 유의확률보다 더 작으므로 귀무가설을 기각할 수 없다.

따라서 귀무가설을 채택하며 남자사원의 평균근무연수는 여자사원에 비해 2년보다 더 길지 않다.

85

어느 기업의 전년도 대졸 신입사원 임금의 평균이 200만원이라고 한다. 금년도 대졸신입사원 중 100명을 조사하였더니 평균이 209만원이고 표준편차가 50만원이었다. 금년도 대졸 신입사원의 임금이 인상되었는지 유의수준 5%에서 검정한다면, 검정통계량의 값과 검정 결과는?
(단, $P(|Z| > 1.640) = 0.10$, $P(|Z| > 1.96) = 0.05$, $P(|Z| > 2.58) = 0.01$)

① 검정통계량 : 1.8

　검정결과 : 금년도 대졸 신입사원 임금이 전년도에 비하여 인상되었다고 할 수 있다.

② 검정통계량 : 1.8

　검정결과 : 금년도 대졸 신입사원 임금이 전년도에 비하여 인상되었다고 할 수 없다.

③ 검정통계량 : 2.0

　검정결과 : 금년도 대졸 신입사원 임금이 전년도에 비하여 인상되었다고 할 수 있다.

④ 검정통계량 : 2.0

　검정결과 : 금년도 대졸 신입사원 임금이 전년도에 비하여 인상되었다고 할 수 없다.

해설

단측검정이고 $H_0 : \mu = 200$, $H_1 : \mu > 200$이다.

대표본이고 모분산을 모르므로 $Z = \dfrac{\overline{X} - \mu_0}{S/\sqrt{n}}$ 를 이용한다.

$\overline{X} = 209$, $S = 50$, $n = 100$, $\mu_0 = 200$을 대입하면 $Z = \dfrac{209 - 200}{50/\sqrt{100}} = 1.8$

유의수준 5%에서 단측검정이므로 $Z_{0.05} = 1.64 < 1.8$을 만족하여 귀무가설을 기각한다.

따라서 대졸 신입사원의 임금이 작년도에 비하여 올랐다고 할 수 있다.

86

다음 6개 자료의 통계량에 대한 설명으로 틀린 것은?

2	2	2	3	4	5

① 최빈값은 2이다.

② 중앙값은 2.5이다.

③ 평균은 3이다.

④ 왜도는 0보다 작다.

해설

$n = 6$으로 짝수이므로 중앙값은 $\dfrac{n}{2}$ 번째와 $\dfrac{n}{2} + 1$번째 측정값의 산술평균이다. 따라서 중앙값은 $\dfrac{2+3}{2} = 2.5$이다.

평균은 $\dfrac{2+2+2+3+4+5}{6} = 3$이고 최빈값은 2이므로 왜도는 0보다 크다($\because$ 산술평균이 최빈값보다 크면 왜도 > 0).

87

일원분산분석 모형에서 오차항에 대한 가정에 해당되지 않는 것은?

① 정규성
② 독립성
③ 일치성
④ 등분산성

해설

분산분석의 오차항에 대한 기본 가정
- 정규성 : 오차 ϵ_{ij}의 분포는 정규분포를 따른다.
- 독립성 : 임의의 오차 ϵ_{ij}와 $\epsilon_{i'j'}$는 서로 독립이다.
- 등분산성 : 오차 ϵ_{ij}의 분산은 σ_ϵ^2으로 어떤 i, j에 대해서도 같다.

88

K라는 양궁선수는 화살을 쏘았을 때 과녁의 중심에 맞출 확률이 0.6이라고 한다. 이 선수가 총 7번 화살을 쏜다면 과녁의 중심에 몇 번 정도 맞출 것으로 기대할 수 있는가?

① 8.57
② 6.00
③ 4.20
④ 1.68

해설

과녁에 화살을 쏘는 사건은 서로 독립이므로 7번 화살을 쏘았을 때 과녁을 맞힐 확률은 각 시행에서 과녁을 맞힐 확률의 합과 같다. 한 번의 시행에서 과녁의 중심에 맞출 확률은 0.6이고 7번 반복하므로 계산식은 다음과 같다.

$0.6 + 0.6 + 0.6 + 0.6 + 0.6 + 0.6 + 0.6 = 7 \times 0.6$

$\therefore 4.20$

89

A지역, B지역, C지역의 가구당 소득을 조사하여 분석한 결과가 다음과 같을 때, 3개 지역의 변이계수를 비교한 결과로 옳은 것은?

지 역	평 균	표준편차
A	2,100,000	70,000
B	1,800,000	50,000
C	1,200,000	60,000

① A지역의 소득이 다른 두 지역에 비해 평균에 밀집되어 있다.

② B지역의 소득이 다른 두 지역에 비해 평균에 가장 밀집되어 있다.

③ C지역의 소득이 다른 두 지역에 비해 평균에 가장 밀집되어 있다.

④ 평균이 다르므로 비교할 수 없다.

해설

변이계수는 평균의 차이가 큰 집단의 산포를 비교할 때 이용할 수 있다. 변이계수는 표준편차를 산술평균으로 나눈 값이다.
A의 변이계수 : $70,000/2,100,000 ≒ 0.0333$
B의 변이계수 : $50,000/1,800,000 ≒ 0.0278$
C의 변이계수 : $60,000/1,200,000 = 0.05$
따라서 변이계수가 가장 작은 B지역이 다른 두 지역에 비해 평균에 가장 밀집되어 있다.

90

어느 기업의 신입직원 월 급여는 평균이 2백만원, 표준편차는 40만원인 정규분포를 따른다고 한다. 신입직원들 중 100명의 표본을 추출할 때, 표본평균의 분포는?

① $N(2백만, 16)$

② $N(2백만, 160)$

③ $N(2백만, 400)$

④ $N(2백만, 1600)$

해설

모집단의 분포가 정규분포 $N(\mu, \sigma^2)$를 따를 때, 크기가 n인 표본의 표본평균 $\bar{x}$는 정규분포 $N(\mu, \frac{\sigma^2}{n})$을 따른다.

모집단의 평균이 2백만원, 표준편차가 40만원이므로 신입직원 100명의 표본평균의 분포는 $N(2백만, \frac{40^2}{100})$이다.

91

다음 자료에 대한 설명으로 틀린 것은?

58	54	54	81	56	81	75	55	41	40	20

① 중앙값은 55이다.
② 표본평균은 중앙값보다 작다.
③ 최빈값은 54와 81이다.
④ 자료의 범위는 61이다.

해설

자료를 크기순으로 나열했을 때 20 40 41 54 54 55 56 58 75 81 81이다.

$n = 11$, 즉 홀수이므로 중앙값은 $\frac{n+1}{2} = \frac{12}{2} = 6$번째 값인 55이고 최빈값은 출현도수가 가장 많은 54와 81이다.

범위는 자료의 최댓값에서 최솟값을 뺀 값이므로 81-20=61이다.

표본평균은 $\frac{20+40+41+54+54+55+56+58+75+81+81}{11} ≒ 55.91$로 중앙값보다 크다.

92

가설검정 시 대립가설(H_1)이 사실인 상황에서 귀무가설(H_0)을 기각할 확률은?

① 검정력
② 신뢰수준
③ 유의수준
④ 제2종 오류를 범할 확률

해설

② 신뢰수준 : 신뢰할 수 있는 구간의 의미이다. 예를 들어, 신뢰수준 95%는 똑같은 연구를 똑같은 방법으로 100번 반복해서 신뢰구간을 구하는 경우, 그중 적어도 95번은 그 구간 안에 모평균이 포함될 것임을 의미하며, 모평균의 위치를 맞추지 못하는 실수는 5% 이상 되지 않는다는 의미이다.

③ 유의수준 : 통계적 가설검정에서, 귀무가설이 참인데도 불구하고 이를 기각하는 확률로서 위험률이라고도 한다. 유의수준은 제1종 오류를 범할 확률의 최대 허용한계이다.

④ 제2종 오류를 범할 확률 : 귀무가설이 거짓임에도 귀무가설을 채택하는 오류를 제2종 오류라 하고, 과오를 발생시킬 확률을 β라 한다($1-\beta$는 검정력이다).

93

두 모집단의 분산이 같지 않다고 가정하여 평균차이를 검정했을 때 유의수준 5% 하에서 통계적으로 평균차이가 유의하였다. 만약 두 모집단의 분산이 같은 경우 가설검정 결과의 변화로 틀린 것은?

① 유의확률이 작아진다.
② 평균차이가 존재한다.
③ 표준오차가 커진다.
④ 검정통계량 값이 커진다.

해설

분산이 동일하면 동일하지 않은 경우보다 표준오차가 작아진다. 검정통계량과 표준오차는 반비례관계이므로 검정통계량 값은 커진다. 따라서 귀무가설을 기각할 확률이 커지므로(유의확률은 작아진다) 평균차이가 존재한다.

94

어떤 공장에 같은 길이의 스프링을 만드는 3대의 기계 A, B, C가 있다. 기계 A, B, C에서 각각 전체 생산량의 50%, 30%, 20%를 생산하고, 기계의 부적합률이 각각 5%, 3%, 2%라고 한다. 이 공장에서 생산된 스프링 하나가 부적합품일 때, 기계 A에서 생산되었을 확률은?

① 0.5
② 0.66
③ 0.87
④ 0.33

해설

조건부 확률을 이용한다. B가 일어날 조건하에서 A가 일어날 확률은 $P(A|B) = \dfrac{P(A \cap B)}{P(B)}$ 이다.

A : 기계 A에서 생산된 부적합품일 사건
B : 부적합일 사건

$\therefore P(A|B) = \dfrac{0.5 \times 0.05}{(0.5 \times 0.05) + (0.3 \times 0.03) + (0.2 \times 0.02)}$

$\quad\quad\quad \fallingdotseq 0.66$

95

남, 여 두 집단의 연간 상여금의 평균과 표준편차가 각각 (200만원, 30만원), (130만원, 20만원)이었다. 변동(변이)계수를 이용해 두 집단의 산포를 비교한 것으로 옳은 것은?

① 남자의 상여금 산포가 더 크다.

② 여자의 상여금 산포가 더 크다.

③ 남녀의 상여금 산포가 같다.

④ 비교할 수 없다.

해설

변동(변이)계수는 평균의 차이가 큰 집단의 산포를 비교할 때 이용할 수 있다. 변이계수는 표준편차를 산술평균으로 나눈 값이다.
남자집단의 변동계수 : $30/200 = 0.15$
여자집단의 변동계수 : $20/130 ≒ 0.154$
따라서 여자의 상여금 산포가 더 크다.

96

확률변수 X의 확률분포가 다음과 같을 때 분산 $Var(X)$의 값은?

x	$P(X=x)$
0	3/10
1	6/10
2	1/10

① 0.36

② 0.6

③ 1

④ 0.49

해설

$V(X) = E(X^2) - [E(X)]^2$
$E(X) = \sum[x \times P(x)]$, $E(X^2) = \sum[x^2 \times P(x)]$ 이므로
$E(X) = (0 \times 3/10) + (1 \times 6/10) + (2 \times 1/10) = 0.8$
$E(X^2) = (0^2 \times 3/10) + (1^2 \times 6/10) + (2^2 \times 1/10) = 1$
$V(X) = E(X^2) - [E(X)]^2 = 1 - 0.8^2$
∴ $1 - 0.64 = 0.36$

97

회귀분석에서는 회귀모형에 대한 몇 가지 가정을 전제로 하여 분석을 실시하게 되며, 이러한 가정들에 대한 타당성은 잔차분석(Residual Analysis)을 통하여 판단하게 된다. 이때 검토되는 가정이 아닌 것은?

① 정규성   ② 등분산성

③ 독립성   ④ 불편성

해설

회귀분석에서 잔차와 오차는 같다고 본다. 회귀분석에서 오차는 정규성, 등분산성, 선형성, 독립성을 가정한다.

98

다중회귀분석에 관한 설명으로 틀린 것은?

① 표준화잔차의 절대값이 2 이상인 값은 이상값이다.

② DW(Durbin-Watson)통계량이 0에 가까우면 독립이다.

③ 분산팽창계수(VIF)가 10 이상이면 다중공선성을 의심해야 한다.

④ 표준화잔차와 예측값의 산점도를 통해 등분산성을 검토해야 한다.

해설

② 더빈왓슨 통계량은 자기상관을 검증하는 통계량이다. 자기상관이란 서로 다른 시차의 오차항이 서로 상관되는 것을 말하며, 회귀모형에서 자기상관이 발생하게 되면 회귀모형의 기본가정인 '오차항들은 서로 독립이다'라는 가정을 위배하게 된다. $DW \approx 2(1-\hat{p})$으로 일반적으로 2에 가까울수록 자기상관이 존재하지 않는 것으로 판정하며 0에 가까우면 상관계수의 추정치는 1에 가까워지므로 독립이 아니다.

①·④ 다중회귀분석은 2개 이상의 독립변수가 종속변수에 미치는 영향을 분석하는 것이다. 두 개 이상의 독립변수들의 함수로 주어지므로 잔차분석에서 이상치를 파악할 수 있고, 표준화 잔차의 절대치가 2 이상인 값은 이상치로 간주하며, 잔차 대 예측치의 산점도를 통해 등분산성을 검토해야 한다.

③ 다중공선성이란 독립변수들 사이에 상관관계가 있는 현상을 말하는 것으로, 즉 어떤 독립변수가 다른 독립변수들과 선형결합의 관계를 갖는 경우를 말하며 다중공선성이 존재하면 회귀계수의 해석이 불가능하다. 다중공선성의 척도는 분산팽창계수로 분산팽창계수는 독립변수 사이에서 발생하는 다중공선성으로 인한 분산의 증가를 의미하고 일반적으로 k개의 분산팽창계수 중 가장 큰 값이 10 이상이면 다중공선성을 의심해야 한다.

99

봉급생활자의 연봉과 근속연수, 학력 간의 관계를 알아보기 위하여 연봉을 반응변수로 하여 회귀분석을 실시하기로 하였다. 그런데 근속연수는 양적 변수이지만 학력은 중졸, 고졸, 대졸로 수준 수가 3개인 지시변수(또는 가변수)이다. 다중회귀모형 설정 시 필요한 설명변수는 모두 몇 개인가?

① 1
② 2
③ 3
④ 4

[해설]

회귀모형을 위해 모형을 설정하는 경우 관심의 대상이 되는 종속변수가 양적인 독립변수(설명변수)들 이외에 학력, 인종, 지역, 종교 등 질적인 독립변수에 의해서도 영향을 받을 수 있다. 이러한 질적 효과를 고려할 수 있는 독립변수로 더미변수(가변수)가 있으며, k개 그룹의 질적 차이를 구분하는 경우, $k-1$개의 더미변수를 사용한다. 문제에서 설명변수에 해당하는 근속연수와 학력 중, 근속연수는 양적 변수이지만 학력은 중졸, 고졸, 대졸로 질적 변수이므로 더미변수 $k-1=3-1=2$를 설정한다. 따라서 다중회귀모형 설정 시 필요한 설명변수는 근속연수와 더미변수 2개를 합하여 총 3개이다.

100

다음 중 추정량에 요구되는 바람직한 성질이 아닌 것은?

① 불편성(Unbiasedness)
② 효율성(Efficiency)
③ 충분성(Sufficiency)
④ 정확성(Accuracy)

[해설]

바람직한 추정량의 성질

- 불편성 : 모수 θ의 추정량을 $\hat{\theta}$으로 나타낼 때, $\hat{\theta}$의 기댓값이 θ가 되는 성질이다. 즉, $E(\hat{\theta}) = \theta$이면 $\hat{\theta}$을 불편추정량이라 한다.
- 효율성 : 추정량 $\hat{\theta}$이 불편추정량이고, 그 분산이 다른 추정량 $\hat{\theta}_i$에 비해 최소의 분산을 갖는 성질이다.
- 충분성 : 모수에 대하여 가능한 한 많은 표본정보를 내포하고 있는 추정량의 성질이다.
- 일치성 : 표본의 크기가 커짐에 따라 추정량 $\hat{\theta}$이 확률적으로 모수 θ에 가깝게 수렴하는 성질이다.

01

다음 사례에 내재된 연구설계의 타당성 저해요인이 아닌 것은?

> 한 집단에 대하여 자아존중감 검사를 하였다. 그 결과 정상치보다 지나치게 낮은 점수가 나온 사람들이 발견
> 되었고, 이들을 대상으로 자아존중감 향상 프로그램을 실시하였다. 프로그램 종료 후에 다시 같은 검사를
> 실시하여 자아존중감을 측정한 결과 사람들의 점수 평균이 이전보다 높아진 것으로 나타났다.

① 시험효과(Testing Effect) ② 도구효과(Instrumentation)
③ 통계적 회귀(Statistical Regression) ④ 성숙효과(Maturation Effect)

해설

② 도구효과는 측정자의 측정도구가 달라짐으로 인해 결과에 영향을 미치는 것을 의미하는데, 프로그램 종료 후 다시 같은 검사를
   실시하였기 때문에 도구효과로 볼 수 없다.

내적 타당도를 저해하는 요인

• 시험효과 : 측정이 반복되면서 얻어지는 학습효과로 인해 실험대상자의 반응에 영향을 미친다.
• 성숙효과 : 시간의 흐름에 따라 연구대상이나 현상에 변화가 발생함으로 인해 결과에 영향을 미친다.
• 통계적 회귀 : 최초의 측정에서 양극단적인 측정값을 보인 결과가 이후 재측정의 과정에서 평균값으로 회귀한다.

02

온라인조사의 장점이 아닌 것은?

① 멀티미디어의 장점을 활용할 수 있다.
② 짧은 기간에 많은 응답자들을 조사할 수 있다.
③ 조사대상에 대한 높은 대표성을 확보할 수 있다.
④ 오프라인조사에 비해 비교적 저렴한 비용으로 실시할 수 있다.

해설

컴퓨터와 인터넷을 사용할 수 있는 사람만을 대상으로 하므로 표본의 대표성을 확보하기 어렵고, 특정 연령층이나 성별에 따른
편중된 응답이 도출될 위험성이 있다.

03

가설에 관한 설명으로 틀린 것은?

① 가설은 다른 가설이나 이론과 독립적이어야 한다.
② 두 변수 이상의 변수 간 관련성이나 영향관계에 관한 진술형 문장이다.
③ 연구문제에 관한 구체적이고 검증 가능한 기대이다.
④ 과학적 방법에 의해 사실 혹은 거짓 중의 하나로 판명될 수 있다.

해설

가설은 두 개 이상의 구성개념 또는 변수 간의 관계를 검정 가능한 형태로 서술한 문장으로서 과학적 조사에 의하여 검정이 가능한 사실이다. 가설은 동일 분야의 다른 가설과 연관성이 있어야 한다.

04

다음 중 작업가설로 가장 적합한 것은?

① 한국사회는 양극화되고 있다.
② 대학생들은 독서를 많이 해야 한다.
③ 경제성장은 사회혼란을 심화시킬 수 있다.
④ 소득수준이 높아질수록 생활에 대한 만족도는 높아진다.

해설

작업가설(대립가설, Alternative Hypothesis)
• 영가설에 대립되는 가설로서, 영가설이 거짓일 때 채택하기 위해 설정하는 가설이다.
• 연구자가 주장하고자 하는 가설로서, 종종 연구가설과 동일시된다.
• "~의 관계(차이)가 있을 것이다"라고 기술하는 명제를 말한다.

05

다음 설명에 해당하는 자료수집 방법은?

> 응답자가 직접 말할 수 없거나 말하고 싶지 않은 대상/행동을 보다 잘 이해하기 위해, 직접적인 질문을 하는
> 대신 가상의 상황으로 응답자를 자극하여 진실한 응답을 이끌어 내는 방법이다.

① 투사법(Projective Method)
② 정보검사법(Information Test)
③ 오진선택법(Error-choice Method)
④ 표적집단면접법(Focus Group Interview)

해설

투사법은 직접 조사하기 힘들거나 질문에 타당한 응답이 나올 가능성이 적을 때, 어떤 자극상태를 만들어 그에 대한 응답자의
반응을 우회적으로 얻어 의도나 의향을 파악하는 방법이다. 피험자의 정직한 반응을 유도할 수 있고 정확한 성격의 진단이 가능하다.
응답자의 내면에 있는 신념이나 태도 등을 단어 연상법, 문장 완성법, 그림 묘사법, 만화 완성법 등과 같은 다양한 심리적인
동기 유발방법을 이용하여 조사한다.

06

과학적 연구방법의 특징에 관한 설명으로 틀린 것은?

① 과학적 연구는 논리적 사고에 의존한다.
② 과학적 진실의 현실적합성을 높이기 위하여 가급적 많은 자료와 변수를 포함하는 것이 좋다.
③ 과학적 현상은 스스로 발생하는 것이 아니라 어떤 원인이 있는 것이며, 그 원인은 논리적으로 확인될
   수 있는 것이다.
④ 사회과학분야 연구에서의 과학성은 연구자들이 공통적으로 가지는 주관성(Inter-subjectivity)에 근거하
   는 경우가 많다.

해설

과학적 연구방법은 간결성을 띠어야 한다. 간결성이란 최소한의 설명변수만을 사용하여 가능한 한 최대의 설명력을 얻는 것을
의미한다.

07

과학적 연구의 논리체계에 관한 설명으로 틀린 것은?

① 사회과학 이론과 연구는 연역과 귀납의 방법을 통해 연결된다.

② 연역은 이론으로부터 기대 또는 가설을 이끌어내는 것이다.

③ 귀납은 구체적인 관찰로부터 일반화로 나아가는 것이다.

④ 귀납적 논리의 고전적인 예는 "모든 사람은 죽는다. 소크라테스는 사람이다. 따라서 소크라테스는 죽는다."이다.

해설

연역적 논리의 예에 해당한다. 귀납적 논리는 "까마귀 1은 검다. → 까마귀 2는 검다. → … 까마귀 9999는 검다. → 그러므로 모든 까마귀는 검을 것이다."이다.

08

자신의 신분을 밝히지 않은 채 자연스럽게 일어나는 사회적 과정에 참여하는 관찰자의 역할은?

① 완전참여자   ② 완전관찰자

③ 참여자적 관찰자   ④ 관찰자적 참여자

해설

완전참여자는 연구자의 신분을 공개하지 않고 연구대상자들의 활동에 참여한다. 참여관찰의 유형 중 가장 객관성을 유지하기 어려우며 윤리적 및 과학적 문제가 발생할 수 있다.

09

조사연구의 목적과 그 예가 틀리게 짝지어진 것은?

① 기술(Description) - 유권자들의 대선후보 지지율 조사

② 탐색(Exploration) - 단일사례설계를 통하여 개입의 효과를 검증하려는 연구

③ 설명(Explanation) - 시민들이 왜 담배값 인상에 반대하는지 파악하고자 하는 연구

④ 평가(Evaluation) - 현재의 공공의료정책이 1인당 국민 의료비를 증가시켰는지에 대한 연구

해설

② 조사연구 목적 중 탐색은 보통 연구문제에 대한 사전지식이 부족하거나 개념을 보다 분명히 하는 것이다.

① 조사연구 목적 중 기술은 어떤 현상에 대한 탐구와 명백화, 즉 현상을 정확히 하는 것이다. 특히 발생빈도와 비율 등을 파악하는 것이다.

③ 조사연구 목적 중 설명은 어떤 사실과의 관계를 파악하여 인과관계를 규명하거나 미래를 예측하는 것이며, '왜(Why)'에 대한 대답을 제공한다.

10

다음 (   )에 알맞은 것은?

> (   )(이)란 Thomas Kuhn이 제시한 개념으로, 어떤 한 시대 사람들의 견해나 사고를 지배하고 있는 이론적 틀이나 개념의 집합체를 말한다. 조사연구에서 (   )의 의미는 특정 과학공동체의 구성원이 공유하는 세계관, 신념 및 연구과정의 체계로서 개념적, 이론적, 방법론적, 도구적 체계를 지칭한다.

① 패러다임(Paradigm)
② 명제(Proposition)
③ 법칙(Law)
④ 공리(Axioms)

11

우편조사, 전화조사, 대면면접조사에 관한 비교설명으로 옳은 것은?

① 우편조사의 응답률이 가장 높다.
② 대면면접조사에서는 추가질문하기가 가장 어렵다.
③ 우편조사와 전화조사는 자기기입식 자료수집 방법이다.
④ 어린이나 노인에게는 대면면접조사가 가장 적절하다.

해설

① 조사자와 응답자와 직접 대면하는 대면면접조사가 우편조사나 전화조사에 비해 응답률이 높다.
② 우편조사는 정해진 질문지를 응답자에게 보내 응답자가 작성하여 다시 조사자에게 우송하기 때문에 추가질문이 가장 어렵다.
③ 전화조사는 전화상으로 답변한 내용을 조사자가 기록한다.

12

기술조사에 적합한 조사주제를 모두 고른 것은?

> ㄱ. 신문의 구독률 조사
> ㄴ. 신문 구독자의 연령대 조사
> ㄷ. 신문 구독률과 구독자의 소득이나 직업 사이의 관련성 조사

① ㄱ, ㄴ
② ㄴ, ㄷ
③ ㄱ, ㄷ
④ ㄱ, ㄴ, ㄷ

해설

기술조사는 어떤 현상에 대한 탐구와 명백화, 즉 현상을 정확하게 기술하는 것을 주목적으로 한다. 어떠한 사건이나 현상의 크기, 비율, 수준 등에 대한 단순 통계적인 자료를 수집하여 문제에 대한 답을 구한다. 특히 발생빈도와 비율을 파악할 때 실시하며, 관련 상황의 특성파악, 변수 간의 상관관계 파악 및 상황변화에 대한 각 변수 간의 반응을 예측한다.

13

질문지 개별 항목의 내용결정 시 고려해야 할 사항으로 옳지 않은 것은?

① 응답 항목들 간의 내용이 중복되어서는 안 된다.
② 가능한 한 쉽고 의미가 명확하게 구분되는 단어를 사용해야 한다.
③ 연구자가 임의로 응답자에 대한 가정을 해서는 안 된다.
④ 하나의 항목으로 두 가지 이상의 질문을 하여 최대한 문항수를 줄여야 한다.

해설

하나의 질문문항 속에 두 개 이상의 질문이 내포되어 있는 이중질문을 지양해야 한다.

14

다음 질문항목의 문제점으로 가장 적합한 것은?

귀하의 고향은 어디입니까?			
서울특별시	( )	부산광역시	( )
대구광역시	( )	인천광역시	( )
광주광역시	( )	대전광역시	( )
울산광역시	( )	세종특별자치시	( )
경기도	( )	강원도	( )
충청북도	( )	충청남도	( )
전라북도	( )	전라남도	( )
경상북도	( )	경상남도	( )
제주특별자치도	( )	외 국	( )

① 간결성 결여
② 명확성 결여
③ 포괄성 결여
④ 상호배제성 결여

해설

고향은 사람마다 의미가 다를 수 있다. 따라서 문제의 질문은 명확성을 만족하지 않는다.

15

온라인조사방법에 해당하지 않는 것은?

① 전자우편조사(E-mail Survey)
② 웹조사(HTML Form Survey)
③ 데이터베이스조사(Database Survey)
④ 다운로드조사(Downloadable Survey)

해설

온라인조사는 인터넷조사나 PC통신망 조사를 총망라하는 것으로서, 전자우편조사(E-mail Survey), 웹조사(HTML Form Survey) 및 다운로드조사(Downloadable Survey) 등이 포함된다.

16

다음 사례에서 영향을 미칠 수 있는 대표적인 타당성 저해요인은?

> 노인들이 요양원에서 사회복지서비스를 받은 후에 육체적으로 약해졌다. 이 결과를 통해 사회복지서비스가 노인들의 신체적 능력을 키우는 데 전혀 효과가 없었다고 추론하였다.

① 우연적 사건(History)
② 시험효과(Testing Effect)
③ 성숙효과(Maturation Effect)
④ 도구효과(Instrumentation)

해설

③ 성숙효과 : 시간의 흐름에 따라 발생하는 조사대상 집단의 신체적, 심리적 특성의 변화 또는 실험이 진행되는 기간으로 인해 실험집단이 성숙하게 되어 독립변수의 순수한 영향 이외의 변화가 종속변수에 미치게 되는 경우이다.
① 우연적 사건(외부사건) : 연구기간 동안 천재지변이나 예상치 않았던 사건과 같이 특정 사건이 일어나는 경우, 환경이 바뀌고 이에 따라 연구결과가 다르게 나타날 수 있다. 이 경우 연구를 위한 환경이나 매개변수에 대한 통제가 어렵기 때문에 인과관계에 대한 입증이 그만큼 약화된다.
② 시험효과 : 실험대상에 대해 동일한 측정을 반복할 경우 프로그램 참여자들이 시험에 친숙해짐으로 인해 결과에 영향을 미치는 것을 말한다.
④ 도구효과 : 사전과 사후의 검사를 다른 검사도구로 실시하였을 경우 발생하는 문제를 의미한다.

17

양적 연구와 질적 연구를 통합한 혼합연구방법(Mixed Method)에 관한 내용으로 틀린 것은?

① 다양한 패러다임을 수용할 수 있어야 한다.
② 질적 연구결과에서 양적 연구가 시작될 수 없다.
③ 질적 연구결과와 양적 연구결과는 상반될 수 있다.
④ 주제에 따라 두 가지 연구방법의 비중은 상이할 수 있다.

해설

혼합연구방법은 다양한 패러다임을 수용할 수 있어야 함을 전제로 한다. 다만 질적 연구와 양적 연구를 수행함에 있어 방법적 비중이 상이하고 상반된 연구결과가 나올 수 있다.

18

다음 (   )에 알맞은 조사방법으로 옳은 것은?

- (ㄱ)는 특정 조사대상을 사전에 선정하고 이들을 대상으로 반복조사를 하는 방식이다.
- (ㄴ)는 다른 시점에서 반복조사를 통해 얻은 시계열자료를 이용하는 방식이다.

	ㄱ	ㄴ
①	패널조사	횡단조사
②	패널조사	추세조사
③	횡단조사	추세조사
④	전문가조사	횡단조사

해설

- 패널조사 : '패널(Panel)'이라 불리는 특정 응답자 집단을 정해 놓고 그들로부터 상당히 긴 시간 동안 지속적으로 연구자가 필요로 하는 정보를 획득하는 방법이다.
- 종단조사 : 하나의 연구대상을 일정 기간 동안 관찰하여 그 대상의 변화를 파악하는 데 초점을 둔 기술적 조사방법으로 추세조사, 코호트조사, 패널조사 등이 해당한다.
- 횡단조사 : 특정 시점에서 다른 특성을 가지고 있는 집단들 사이의 차이를 측정하는 기술적 조사방법이다.
- 전문가조사 : 조사대상에 대해 통찰력이 있는 경험자 또는 전문가를 대상으로 조사하는 것이다.

19

과학적 연구의 과정을 바르게 나열한 것은?

① 이론 → 관찰 → 가설 → 경험적 일반화
② 이론 → 가설 → 관찰 → 경험적 일반화
③ 이론 → 경험적 일반화 → 가설 → 관찰
④ 관찰 → 경험적 일반화 → 가설 → 이론

해설

과학적 연구 과정은 '이론 → 가설 → 관찰 및 검증'을 통해 규칙을 발견하고 이를 일반화하고 논리적인 이론으로 정립하는 것이다.

20

표적집단면접법(Focus Group Interview)에 관한 설명으로 가장 적합한 것은?

① 전문적인 지식을 가진 집단으로 하여금 특정한 주제에 대하여 자유롭게 토론하도록 한 다음, 이 과정에서 필요한 정보를 추출하는 방법이다.
② 응답자가 조사의 목적을 모르는 상태에서 다양한 심리적 의사소통법을 이용하여 자료를 수집하는 방법이다.
③ 조사자가 한 단어를 제시하고 응답자가 그 단어로부터 연상되는 단어들을 순서대로 나열하도록 하여 조사하는 방법이다.
④ 응답자에게 이해하기 난해한 그림을 제시한 다음, 그 그림이 무엇을 묘사하는지 물어 응답자의 심리 상태를 파악하는 방법이다.

해설

표적집단면접은 초점집단면접이라고도 하며, 면접 진행자가 동질의 소수의 집단을 대상으로 특정 주제에 대해 자유롭게 토론을 하여 필요한 정보를 얻는 방법이다.

21

조사자가 필요로 하는 자료를 1차 자료와 2차 자료로 구분할 때 1차 자료에 대한 설명으로 옳지 않은 것은?

① 조사목적에 적합한 정보를 필요한 시기에 제공한다.
② 자료 수집에 인력과 시간·비용이 많이 소요된다.
③ 현재 수행 중인 의사 결정 문제를 해결하기 위해 직접 수집한 자료이다.
④ 1차 자료를 얻은 후 조사목적과 일치하는 2차 자료의 존재 및 사용가능성을 확인하는 것이 경제적이다.

해설

1차 자료는 연구자가 현재 수행 중인 조사연구의 목적을 달성하기 위해 직접 수집하는 자료를 말한다. 따라서 1차 자료를 얻은 후 굳이 2차 자료를 확인할 필요는 없다.

22

면접법의 장점으로 틀린 것은?

① 관찰을 병행할 수 있다.
② 신축성 있게 자료를 얻을 수 있다.
③ 질문순서, 정보의 흐름을 통제할 수 있다.
④ 익명성이 높아 솔직한 의견을 들을 수 있다.

해설

응답자를 대면한 상태에서 질문하여 조사하는 방법으로 응답자의 익명성이 결여되어 정확한 내용을 도출하기 어려우며 특수층의 사람에 대해 면접이 곤란한 경우가 발생하는 등의 단점이 있다.

23

다음 연구의 진행에 있어 내적 타당성을 위협하는 요인이 아닌 것은?

대학생들의 성(性) 윤리의식을 파악하기 위해 실험연구 방법을 적용하여 각각 30명의 대학생을 실험집단과 통제집단으로 선정하여 1개월간의 현지실험조사를 실시하려 한다.

① 우연적 사건(History)
② 표본의 편중(Selection Bias)
③ 측정수단의 변화(Instrumentation)
④ 실험변수의 확산 또는 모방(Diffusion or Imitation of Treatments)

해설

표본의 편중은 외적 타당성을 위협하는 요인에 해당한다. 외적 타당성이란 연구의 결과에 의해 기술된 인과관계가 연구대상 이외의 경우로 확대·일반화될 수 있는 정도를 말하는 것이다. 표본이 모집단의 일반적인 상황과 유사해야 실험 결과를 일반화할 수 있는데 표본이 편중되면 외적 타당성이 저해될 수 있다.

24

질적 연구에 관한 설명과 가장 거리가 먼 것은?

① 질적 연구에서는 어떤 현상에 대해 깊은 이해를 하고 주관적인 의미를 찾고자 한다.
② 질적 연구는 개별 사례 과정과 결과의 의미, 사회적 맥락을 규명하고자 한다.
③ 질적 연구는 양적 연구에 비해 대상자를 정확히 이해할 수 있는 더 나은 연구방법이다.
④ 연구주제에 따라서는 질적 연구와 양적 연구를 동시에 진행할 수 있다.

해설

질적 연구와 양적 연구 둘 중에 어느 것이 더 나은 연구방법이라고 말할 수는 없다.

25

실험설계에 대한 설명으로 틀린 것은?

① 실험의 검증력을 극대화시키고자 하는 시도이다.
② 연구가설의 진위여부를 확인하는 구조화된 절차이다.
③ 실험의 내적 타당도를 확보하기 위한 노력이다.
④ 조작적 상황을 최대한 배제하고 자연적 상황을 유지해야 하는 표준화된 절차이다.

해설

실험은 과학적 방법의 요체인 통제된 연구의 정신에 가장 충실하고자 하는 연구방법으로서, 엄격히 통제된 상황에서 두 변수 사이의 인과관계를 검증하는 것이다. 즉, 인과관계에 대한 가설을 검증하기 위해 변수를 조작ㆍ통제하여, 그 조작의 효과를 관찰하기 위한 방법을 말한다.

26

응답자에게 면접조사에 참여하고자 하는 동기를 부여하는 요인과 가장 거리가 먼 것은?

① 면접자를 돕고 싶은 이타적 충동
② 물질적 보상과 같은 혜택에 대한 기대
③ 사생활 침해에 대한 오인과 자기방어 욕구
④ 자신의 의견이나 식견을 표현하고 싶은 욕망

해설

면접조사에서는 면접원뿐만 아니라 응답자의 동기부여도 중요하다. 응답자의 여러 상황에 따라 응답이 왜곡될 수 있으므로, 질문이 민감하거나 프라이버시에 관한 것이면 협조가 어려울 수 있다. 응답자의 긍정적 동기부여 요인으로는 지적호기심을 갖도록 하는 것이나, 자기표현 욕구, 상호작용의 즐거움, 유무형의 혜택을 기대하도록 만드는 것 등을 들 수 있다. 부정적 요인으로는 면접과정에 대한 두려움, 면접원에 대한 의심과 적대감, 사생활에 대한 방어본능, 긴 면접시간, 응답내용에서 느끼는 곤혹스러움과 패배감 등이 있다.

27

사회조사 시 수집한 자료를 편집, 정정, 보완하거나 필요에 따라서 삭제하여야 할 필요성이 생겨나는 단계는?

① 문제설정단계(Problem Statement Stage)
② 자료수집단계(Data Collection Stage)
③ 자료분석단계(Data Analysis Stage)
④ 예비검사단계(Pilot Test Stage)

해설

자료분석단계는 연구에 의해 수집된 자료가 설정된 가설을 어느 정도로 지지하고 있는가를 평가하는 단계이다. 자료를 편집, 정정, 보완하거나 필요에 따라서 삭제하기도 한다.

28

패널(Panel)조사의 특징과 가장 거리가 먼 것은?

① 패널조사는 측정기간 동안 패널이 이탈될 수 있는 단점이 있다.
② 패널조사는 조사대상자로부터 추가적인 자료를 얻기가 비교적 쉽다.
③ 패널조사는 조사대상자의 태도 및 행동변화에 대한 분석이 가능하다.
④ 패널조사는 최초 패널을 다소 잘못 구성하더라도 장기간에 걸쳐 수정이 가능하다는 장점이 있다.

해설

패널조사
• 패널조사는 '패널(Panel)'이라 불리는 특정 응답자 집단을 정해 놓고 그들로부터 상당히 긴 시간 동안 지속적으로 연구자가 필요로 하는 정보를 획득하는 방법이다.
• 패널조사의 단점
 − 패널의 대표성 확보의 어려움
 − 패널관리의 어려움
 − 정보의 유연성이 적음
 − 부정확한 자료의 제공

29

다음 중 질문지의 구성요소로 볼 수 없는 것은?

① 식별자료

② 지시사항

③ 필요정보 수집을 위한 문항

④ 응답에 대한 강제적 참여 조항

해설

질문지 작성 전 문제의 명백한 규정은 물론, 관계 문헌 및 자료조사, 연구문제에 대한 기본전제 및 가설 설정, 실태조사를 위한 표본 결정을 완료하고, 연구의 범위와 차원을 결정함으로써 질문지에 포함될 질문의 내용, 질문의 수 등을 구성해야 한다.

30

변수 사이의 관계에 대한 설명으로 옳은 것은?

① X가 Y보다 논리적으로 선행하고 두 변수가 높은 상관을 보이면, 두 변수 X와 Y가 인과관계가 있다고 결론짓는다.

② X와 Y가 상관계수(피어슨의 상관계수)가 0이면, 두 변수 간에는 아무런 관계가 존재하지 않는다고 결론짓는다.

③ X와 Y가 실제로는 정(Positive)의 관계를 가지면서도, 상관계수는 부(Negative)의 관계로 나타날 수 있다.

④ X와 Y 사이에 매개변수가 있을 경우, X와 Y 사이에는 인과관계가 존재하지 않는다.

해설

① 인과관계는 시간적 선후관계, 동시변화성, 비허위적 관계를 만족해야 한다. 동시변화성에 대한 설명이 없으므로 인과관계가 있다고 결론 지을 수 없다.

② 상관계수가 0이면, 변수 간에 선형연관성이 없는 것이지 곡선의 연관성은 있을 수 있다.

④ 매개변수가 있어도 인과관계는 존재한다.

31

어의차이척도(Semantic Differential Scale)에 관한 설명으로 옳지 않은 것은?

① 측정된 자료는 요인분석 등과 같은 다변량분석의 적용이 가능하다.
② 측정대상들을 직접 비교하는 형태인 비교척도(Comparative Scale)에 해당한다.
③ 마케팅조사에서 기업이나 브랜드, 광고에 대한 이미지, 태도 등의 방향과 정도를 알기 위해 널리 이용된다.
④ 일련의 대립되는 양극의 형용사로 구성된 척도를 이용하여 응답자의 감정 혹은 태도를 측정하는 데 이용된다.

해설

어의차이척도는 어떤 대상이 개인에게 주는 주관적인 의미를 측정하는 방법으로서, 직선으로 도표화된 척도의 양극단에 서로 상반되는 형용사를 배열하여 양극단 사이에서 해당 속성에 대한 평가를 한다. 주로 심리학적 의미를 파악하기 위한 측정도구로 사용하며 요인평점분석법, 평균치분석법, 거리집락분석법 등 다변량분석의 적용이 가능하다.

32

측정의 수준이 바르게 짝지어진 것은?

> ㄱ. 교육수준 – 중졸 이하, 고졸, 대졸 이상
> ㄴ. 교육연수 – 정규교육을 받은 기간(년)
> ㄷ. 출신 고등학교 지역

	ㄱ	ㄴ	ㄷ
①	명목측정	서열측정	등간측정
②	등간측정	서열측정	비율측정
③	서열측정	등간측정	명목측정
④	서열측정	비율측정	명목측정

해설

ㄱ. 서열측정은 측정대상의 특징 및 속성에 따라 일정한 범주로 분류하여, 이들에 대해 상대적인 순서·서열상의 관계를 나타내는 것이다.
ㄴ. 비율측정은 가장 세련된 측정수준으로서, 절대적인 '0'에 의한 측정이라는 점에서 다른 측정들과 구분된다.
ㄷ. 명목측정은 측정대상을 유사성과 상이성에 따라 구분하고, 구분된 각 집단 또는 카테고리에 숫자나 부호 또는 명칭을 부여하는 것이다.

33

다음 중 확률표집에 해당하는 것은?

① 할당표집(Quota Sampling)

② 판단표집(Judgement Sampling)

③ 편의표집(Convenience Sampling)

④ 단순무작위표집(Simple Random Sampling)

> **해설**
>
> **표본추출**
> • 확률표본추출 : 단순무작위표집, 계통적 표집, 층화표집, 집락표집, 연속표집 등
> • 비확률표본추출 : 할당표집, 유의(판단)표집, 임의(편의)표집, 배합표집, 누적표집 등

34

개념이 사회과학 및 기타 조사방법에 기여하는 역할과 가장 거리가 먼 것은?

① 개념은 연역적 결과를 가져다준다.

② 조사연구에 있어 주요 개념은 연구의 출발점을 가르쳐 준다.

③ 개념은 언어나 기호로 나타내어 지식의 축적과 확장을 가능하게 해준다.

④ 인간의 감각에 의해 감지될 수 있는 현상에 대해서만 이해할 수 있는 방법을 제시해준다.

> **해설**
>
> 개념은 경험적인 사실에 대해서 그것을 눈으로 볼 수 없거나, 느낄 수 없는 만족, 사랑 등과 같은 현상에 대하여 인지하고 이해를 촉진하는 역할을 한다. 과학적인 개념을 통해서 개념화 이전에는 결코 지각할 수 없었던 것을 사물에 대한 일정한 질서와 규칙을 갖고서 그 사물에 대해 인식하게 된다.

35

다음 중 단순무작위표집을 통하여 자료를 수집하기 어려운 조사는?

① 신용카드 이용자의 불편사항

② 조세제도 개혁에 대한 중산층의 찬반 태도

③ 새 입시제도에 대한 고등학생의 찬반 태도

④ 국가기술자격 시험문제에 대한 시험응시자의 만족도

> **해설**
>
> 단순무작위표집은 모집단에 대한 정확한 정의와 완전한 목록의 구비를 전제조건으로 한다. 중산층을 정확히 정의할 수 없어 모집단의 구성이 어려우므로 단순무작위표집이 어렵다.

33 ④ 34 ④ 35 ② **정답**

36

다음과 같이 양극단의 상반된 수식어 대신 하나의 수식어(Unipolar Adjective)만을 평가기준으로 제시하는 척도는?

※ AA백화점은		
5 ⋮ 2 1	5 ⋮ 2 1	5 ⋮ 2 1
고급이다.	서비스가 부족하다.	상품이 다양하다.
−1 ⋮ −4 −5	−1 ⋮ −4 −5	−1 ⋮ −4 −5

① 스타펠 척도(Stapel Scale)
② 리커트 척도(Likert Scale)
③ 거트만 척도(Guttman Scale)
④ 서스톤 척도(Thurstone Scale)

해설

스타펠 척도는 태도의 방향과 그 강도를 측정하기 위해 사용된다. 특정 주제에 관련된 표현들의 세트를 개발하여 양수 값과 음수 값으로 이루어진 값의 범위를 정하고, 긍정적인 태도는 양수, 부정적인 태도는 음수로 응답할 수 있다.

37

표집구간 내에서 첫 번째 번호만 무작위로 뽑고 다음부터는 매 K번째 요소를 표본으로 선정하는 표집방법은?

① 계통표집   ② 층화표집
③ 집락표집   ④ 단순무작위표집

해설

② 모집단을 보다 동질적인 몇 개의 층으로 나눈 후, 이러한 각 층으로부터 단순무작위표본추출을 하는 방법이다.
③ 모집단 목록에서 구성요소에 대해 여러 가지 이질적인 구성요소를 포함하는 여러 개의 집락 또는 집단으로 구분한 후 집락을 표집단위로 하여 무작위로 몇 개의 집락을 표본으로 추출한 다음, 표본으로 추출된 집락에 대해 그 구성요소를 전수조사하는 방법이다.
④ 의식적인 조작이 전혀 없이 표본을 추출하는 방법이다.

38

신뢰성에 대한 설명으로 옳지 않은 것은?

① 측정하고자 하는 개념을 정확히 측정했는지를 의미한다.
② 측정된 결과치의 일관성, 정확성, 예측가능성과 관련된 개념이다.
③ 신뢰성 측정법에는 재검사법, 복수양식법, 반분법 등이 있다.
④ 측정값들 간에 비체계적 오차가 적으면 신뢰성이 높은 측정 결과이다.

해설

측정하고자 하는 개념을 정확히 측정했는지를 의미하는 것은 타당성이다.

39

개념타당성(Construct Validity)에 관한 옳은 설명을 모두 고른 것은?

> ㄱ. 측정에 의해 얻는 측정값 자체보다는 측정하고자 하는 속성에 초점을 맞춘 타당성이다.
> ㄴ. 이론과 관련하여 측정도구의 타당성을 검증한다.
> ㄷ. 개념타당성 측정방법으로 요인분석 등이 있다.
> ㄹ. 통계적 검증을 할 수 있다.

① ㄱ, ㄹ
② ㄴ, ㄷ, ㄹ
③ ㄱ, ㄴ, ㄷ
④ ㄱ, ㄴ, ㄷ, ㄹ

해설

개념타당도는 구성타당도라고도 한다. 측정에 의해 얻는 측정값 자체보다는 측정하고자 하는 속성에 초점을 맞춘 타당성이며, 이론과 관련하여 측정도구의 타당도를 검증한다. 응답 자료가 계량적 방법에 의해 검정되므로, 과학적이고 객관적이라 할 수 있으며, 측정방법에는 다중속성-다중측정 방법, 요인분석, 이론적 구성개념 등이 있다.

40

표본추출(Sampling)에 대한 설명으로 틀린 것은?

① 표본을 추출할 때는 모집단을 분명하게 정의하는 것이 중요하다.
② 표본추출이란 모집단(Population)에서 표본을 선택하는 행위를 말한다.
③ 확률표본추출을 할 경우 표본오차는 없으나 비표본오차는 발생할 수 있다.
④ 일반적으로 표본이 모집단을 잘 대표하기 위해서는 가능한 한 확률표본추출을 하는 것이 바람직하다.

해설

표본추출과정에서 표본추출오차는 무조건 발생한다.

41

표본추출에 관한 설명으로 옳은 것은?

① 분석단위와 관찰단위는 항상 일치한다.
② 표본추출요소는 자료가 수집되는 대상의 단위이다.
③ 통계치는 모집단의 특정변수가 갖고 있는 특성을 요약한 값이다.
④ 표본추출단위는 표본이 실제 추출되는 연구대상 목록이다.

해설

① 분석단위는 자료수집 시 표본의 크기를 결정하는 데 사용되는 기본 단위이고, 관찰단위는 직접적인 조사대상이다. 분석단위와 관찰단위가 항상 일치하는 것은 아니다.
③ 표본에서 얻은 변수의 값을 요약하고 묘사한 것이다.
④ 표본추출의 각 단계에 있어서 표본으로 선정되는 요소 또는 요소의 집합을 말한다.

42

측정의 신뢰도와 타당도에 관한 설명으로 옳은 것은?

① 동일인이 한 체중계로 여러 번 몸무게를 측정하는 것은 체중계의 타당도와 관련되어 있다.
② 측정도구의 높은 신뢰성이 측정의 타당성을 보증하지 않는다.
③ 측정도구의 타당도를 검사하기 위해 반분법을 활용한다.
④ 기준관련타당도는 측정도구의 대표성에 관한 것이다.

해설

② 신뢰도가 높다고 하여 반드시 타당도가 높은 것은 아니다.
① 일관성 있게 측정하는 능력은 신뢰도와 관련되어 있다. 어떤 측정도구를 사용해서 동일한 대상을 측정하였을 때 항상 같은 결과가 나온다면 이 측정도구는 신뢰도가 매우 높다고 할 수 있다.
③ 반분법은 신뢰도를 검증하는 방법 중 하나이다.
④ 기준관련타당도는 경험적 근거에 의해 타당도를 확인하는 방법으로서, 이미 전문가가 만들어 놓은 신뢰도와 타당도가 검증된 측정도구에 의한 측정결과를 기준으로 한다. 대표성에 관한 타당도는 내용타당도이다.

43

다음 사례의 표본추출방법은?

> 외국인 불법체류 근로자의 취업실태를 조사하려는 경우, 모집단을 찾을 수 없어 일상적인 표집절차로는 조사수행이 어려웠다. 그래서 첫 단계에서는 종교단체를 통해 소수의 응답자를 찾아 면접하고, 다음 단계에서는 첫 번째 응답자의 소개로 면접 조사하였으며, 계속 다음 단계의 면접자를 소개받는 방식으로 표본수를 충족시켰다.

① 할당표집(Quota Sampling)
② 군집표집(Cluster Sampling)
③ 편의표집(Convenience Sampling)
④ 눈덩이표집(Snowball Sampling)

해설

눈덩이표집은 연구자가 특수한 모집단의 구성원을 전부 파악하고 있지 못한 경우 또는 비밀을 확인하려는 경우 제한적으로 활용된다.

44

토익점수와 실제 영어회화의 관련성을 분석한 결과, 토익점수가 높다고 해서 영어회화를 잘한다는 가설에 대한 통계적 유의성은 없었다고 가정하면 토익점수라는 측정도구에는 어떤 문제가 있는가?

① 신뢰도
② 타당도
③ 유의도
④ 내적일관성

해설

토익점수가 높다고 해서 영어회화를 잘할 것이라고 예측하는 것은 예측타당도를 활용하는 것이다. 그런데 이 가설에 대한 통계적 유의성이 없으므로 예측타당도가 낮다고 할 수 있다. 즉, 토익점수라는 측정도구는 타당도가 낮다.

45

사회조사에서 어떤 태도를 측정하기 위해 단일지표보다 여러 개의 지표를 사용하는 경우가 많은 이유로 볼 수 없는 것은?

① 신뢰도를 높이기 위해
② 타당도를 높이기 위해
③ 내적 일관성을 높이기 위해
④ 측정도구의 안정성을 높이기 위해

동일한 현상에 반복 적용하여 동일한 결과를 얻게 되는 정도를 그 측정의 신뢰도라고 한다. 단일지표보다 여러 개의 지표를 사용하는 것은 신뢰도를 높이기 위한 것이다. 신뢰도와 유사한 표현으로서 신빙성, 안정성, 일관성, 예측성 등이 있으며, 신뢰도의 검증방법에는 내적 일관성 분석법, 반분법, 재검사법 등이 있다.

46

설문에 응한 응답자들을 가구당 소득에 따라 100만원 이하, 100~200만원, 200~300만원, 300만원 이상 등 네 개의 집단으로 구분하였다면 어떤 문제가 발생하는가?

① 순환성　　　　　　　　　　　　　　② 포괄성
③ 신뢰성　　　　　　　　　　　　　　④ 상호배타성

측정항목의 각 범주들은 상호배타적이고, 응답범주들이 응답 가능한 상황을 다 포함하고 있어야 하며, 응답범주들이 논리적 연관성을 가지고 있어야 한다. '100만원 이하/100~200만원/200~300만원/300만원 이상'은 100만원, 200만원, 300만원이 겹치므로 상호배타적이지 않다.

47

각 문항이 척도상의 어디에 위치할 것인가를 평가자들로 하여금 판단케 한 다음 조사자가 이를 바탕으로 하여 대표적인 문항들을 선정하여 척도를 구성하는 방법은?

① 서스톤 척도　　　　　　　　　　　② 리커트 척도
③ 거트만 척도　　　　　　　　　　　④ 의미분화 척도

① 서스톤 척도는 평가자들로 하여금 각 질문문항에 대한 우호성의 정도를 비교적 객관적으로 결정하도록 한다. 각 진술(질문문항)에 대해 평가자들이 척도상의 위치를 판단한 것을 근거로 하여 척도가치를 결정하고 척도문항을 선정하여 최종척도를 구성한다.
② 리커트 척도는 응답 카테고리를 작성해 그에 대한 배점을 매기고, 총점순위에 의한 응답자들을 배열한다. 이로부터 판별력을 계산하여 판별력이 있는 문항으로 척도를 구성한다.
③ 거트만 척도는 모집단의 항목들로부터 단일차원적 척도를 형성하는 문항집단을 선택하여 누적적으로 배열한다. 그리고 응답자들에게 배부하여 응답을 얻어내어 응답자의 응답이 누적적으로 되어 있는지 확인하며, 척도구성항목에 대한 조정을 통해 척도를 구성한다.
④ 의미분화 척도는 일직선으로 도표화된 척도의 양극단에 서로 상반되는 형용사를 배열하여 양극단 사이에서 해당 속성에 대한 평가를 한다. 이때 개념이 갖는 본질적인 뜻을 몇 개의 차원에 따라 측정함으로써 태도의 변화를 좀 더 정확하게 파악하도록 한다.

48

연속변수(Continuous Variable)로 구성하기 어려운 것은?

① 인 종
② 소 득
③ 범죄율
④ 거주기간

해설

연속변수는 소득, 연령, 산업재해율 등과 같이 변수가 갖는 속성의 양적 정도에 따라 연속체를 기준으로 구별되는 변수이다.
인종은 전체적 성격의 종류에 따라 별개의 카테고리로 구별되는 불연속변수이다.

49

다음 (   )에 공통으로 들어갈 변수는?

(   )는 인과관계에서 독립변수에 앞서면서 독립변수에 대해 유효한 영향력을 행사하는 변수를 의미한다.
(   )는 매개변수와는 달리 독립변수와 종속변수 간의 관계를 설명하는 것이 아니라 그 관계에 미치는 영향을 명확히 하고자 할 때 도입한다.

① 선행변수
② 구성변수
③ 조절변수
④ 외생변수

해설

② 포괄적 개념을 구성하는 하위변수이다.
③ 독립변수가 종속변수에 미치는 영향을 강화해 주거나 약화해 주는 변수이다.
④ 독립변수와 종속변수 간에 상관관계가 있는 것처럼 보이지만 실제로는 두 변수가 우연히 어떤 변수와 연결됨으로써 마치 인과적 관계가 있는 것처럼 보이도록 하는 모든 변수이다.

50

다음 중 표집방법에 관한 설명으로 틀린 것은?

① 편의표집(Convenience Sampling)은 표본의 대표성을 확보하기 어렵다.
② 할당표집(Quota Sampling)에서는 조사결과의 오차 범위를 계산할 수 있다.
③ 확률표집과 비확률표집의 차이는 무작위표집 절차 사용 여부에 의해 결정된다.
④ 층화표집(Stratified Sampling)에서는 모집단이 의미 있는 특징에 의하여 소집단으로 분할된다.

해설

할당표집은 비확률표집방법 중 하나이다. 비확률표집방법은 표본오차의 추정이 불가능하다.

51

판단표집(Judgment Sampling)에 대한 설명으로 가장 거리가 먼 것은?

① 비확률표본추출법에 해당한다.
② 연구자의 주관적인 판단에 의한 표집이다.
③ 모집단이 크면 클수록 연구자가 표본에 대한 정확한 정보를 얻기 쉽다.
④ 연구자가 모집단과 그 구성요소에 대한 풍부한 사전지식을 갖고 있어야 한다.

해설

판단표집은 유의표집이라고도 한다. 조사자가 그 조사의 성격상 요구하고 있는 사항을 충족시킬 수 있도록 적절한 판단과 전략을 세워, 그에 따라 모집단을 대표하는 제 사례를 표집하는 비확률표집방법이다. 연구자의 주관적 판단의 기준에 의거하므로 주관적 판단의 타당도 여부가 표집의 질을 결정하며, 건전한 판단과 적절한 전략에 따라 표본을 선정하는 경우 확률표본추출방법에 의한 표본과 비교할 수 있을 정도의 정보를 획득할 수 있다.

52

측정오차(Measurement Error)의 종류 중 측정상황, 측정과정, 측정대상 등에서 우연적이며 가변적인 일시적 형편에 의해 측정 결과에 대한 영향을 미치는 오차는?

① 계량적 오차
② 작위적 오차
③ 체계적 오차
④ 무작위적 오차

해설

무작위적 오차(비체계적 오차)
• 측정과정에서 우연히 또는 일시적인 사정에 의해 나타나는 오차이다.
• 측정대상, 측정과정, 측정환경, 측정자 등에 따라 일관성 없이 영향을 미침으로써 발생한다.
• 통제하기 어려운 상황에서 주로 발생한다.
• 인위적이지 않아 오차의 값이 다양하게 분산되어 있다.
• 방향이 일정하지 않아 상호 간의 영향에 의해 상쇄되는 경우도 있다.
• 신뢰도와 반비례 관계이다.

53

다음 (　　)에 공통적으로 알맞은 것은?

> (　　)은 측정도구 자체가 측정하고자 하는 속성이나 개념을 얼마나 대표할 수 있는지를 평가하는 것으로 측정도구가 측정대상이 가진 많은 속성 중 일부를 대표성 있게 포함한다면 그 측정도구는 (　　)이 높다고 할 수 있다.

① 내용타당성(Content Validity)
② 개념타당성(Construct Validity)
③ 집중타당성(Convergent Validity)
④ 이해타당성(Nomological Validity)

해설
② 개념타당성은 측정에 의해 얻는 측정값 자체보다는 측정하고자 하는 속성에 초점을 맞춘 타당성이며, 이론과 관련하여 측정도구의 타당도를 검증한다.
③ 집중타당성은 개념타당성의 한 종류로서 동일한 개념을 서로 상이한 측정도구를 이용해서 측정한 결과값들 간의 상관관계가 높을수록 타당성이 높다고 평가한다.
④ 이해타당성은 개념타당성의 한 종류로서 서로 유사한 여러 개념들을 모두 측정할 수 있는 측정도구일수록 타당성이 높다고 평가한다.

54

우리나라 고등학생 집단을 학년과 성별, 계열별(인문계, 자연계, 예체능계)로 구분하여 할당표본추출을 할 경우 총 몇 개의 범주로 구분되는가?

① 6개
② 12개
③ 18개
④ 24개

해설
3(학년)×2(성별)×3(계열별)=18

55

다음은 어떤 변수에 대한 설명인가?

어떤 변수가 검정요인으로 통제되면 원래 관계가 없는 것으로 나타났던 두 변수가 유관하게 나타난다.

① 예측변수　　　　　　　　　　② 왜곡변수
③ 억제변수　　　　　　　　　　④ 종속변수

해설

억제변수는 두 개의 변수 간에 상관관계가 있으나 그와 같은 관계가 없는 것처럼 보이게 하는 제3의 변수이다. 따라서 억제변수가 통제되면 관계가 없는 것으로 나타났던 두 변수가 유관하게 나타난다.

56

다음 중 성인에 대한 우울증 검사도구를 청소년들에게 그대로 적용할 때 가장 우려되는 측정오차는?

① 고정반응　　　　　　　　　　② 문화적 차이
③ 무작위오류　　　　　　　　　④ 사회적 바람직성

해설

① 극단적인 값을 피하려고 중도값을 택하려는 경향을 말한다.
③ 비체계적 오류라고도 하며, 오류가 발생하는 과정에서 일정한 유형이 존재하지 않는다.
④ 기준에 부합하는 것을 택하려는 경향을 말한다.

57

다음 중 표집틀(Sampling Frame)이 모집단(Population)보다 큰 경우는?

① 한국대학교 학생을 한국대학교 학생등록부를 이용해서 표집하는 경우
② 한국대학교 학생을 교문 앞에서 임의로 표집하는 경우
③ 한국대학교 학생을 서울지역 휴대폰 가입자명부를 이용해서 표집하는 경우
④ 한국대학교 체육과 학생을 한국대학교 학생등록부를 이용해서 표집하는 경우

해설

④ 표집틀(한국대학교 학생등록부)이 모집단(한국대학교 체육과 학생)보다 크다.
① 표집틀(한국대학교의 학생등록부)과 모집단(한국대학교 학생)이 같다.
② 표집틀(교문 앞에서 임의로 선정한 사람)이 모집단(한국대학교 학생)보다 클 수도 있고, 한국대학교 학생이 표집틀에 포함되지 않을 수도 있다.
③ 표집틀(서울지역 휴대폰 가입자)과 모집단(한국대학교 학생)은 전혀 다른 집단일 수도 있다.

58

측정의 개념에 대한 옳은 설명을 모두 고른 것은?

> ㄱ. 추상적·이론적 세계와 경험적 세계를 연결시키는 수단이라고 할 수 있다.
> ㄴ. 개념 또는 변수를 현실세계에서 관찰 가능한 자료와 연결시키는 과정이다.
> ㄷ. 질적 속성을 양적 속성으로 전환하는 작업이다.
> ㄹ. 측정대상이 지니고 있는 속성에 수치를 부여하는 것이다.

① ㄱ, ㄴ, ㄷ   ② ㄱ, ㄴ, ㄹ
③ ㄷ, ㄹ   ④ ㄱ, ㄴ, ㄷ, ㄹ

해설

측정은 추상적·이론적 세계를 경험적 세계와 연결시키는 수단이다. 즉, 이론을 구성하고 있는 개념이나 변수들을 현실세계에서 관찰이 가능한 자료와 연결시키는 과정이다. 일반적으로는 묘사대상이 되는 사상에 수치를 부여한다는 의미로 사용하며 질적 속성을 양적 속성으로 전환하여 통계적 분석을 활용할 수 있도록 한다.

59

보가더스(Bogardus)의 사회적 거리척도의 특징으로 옳지 않은 것은?

① 적용 범위가 넓고 예비조사에 적합한 면이 있다.
② 집단 상호 간의 거리를 측정하는 데 유용하다.
③ 신뢰성 측정에는 양분법이나 복수양식법이 매우 효과적이다.
④ 집단뿐 아니라 개인 또는 추상적인 가치에 관해서도 적용할 수 있다.

해설

보가더스 사회적 거리척도의 평가를 위해 신뢰도는 재검사법을 사용하며, 타당도는 집단비교법 등을 활용한다.

60

모집단 전체의 특성치를 요약한 수치를 뜻하는 용어는?

① 평균(Mean)   ② 모수(Parameter)
③ 통계치(Statistics)   ④ 표집틀(Sampling Frame)

해설

② 모수는 모집단의 특성치로써, 통계치를 근거로 추정한다.
① 어떠한 집단의 적절한 특징을 나타낸 값을 의미한다.
③ 통계치는 표본에서 얻은 변수의 값을 요약하고 묘사한 것이다.
④ 표본추출을 위한 모집단의 구성요소나 표본추출단위가 수록된 목록이다.

61

상관분석 및 회귀분석을 실시할 때의 설명으로 틀린 것은?

① 연구자는 먼저 설명변수와 반응변수의 산점도를 그려서 관계를 파악해보아야 한다.

② 두 변수 간의 관계가 선형이 아니라면, 관련이 있어도 상관계수가 0이 될 수 있다.

③ 상관계수가 +1에 가까우면 높은 상관이 있는 것이고, −1에 가까우면 상관이 없는 것으로 해석할 수 있다.

④ 두 개의 설명변수가 있을 때 다중회귀분석을 실시한 경우의 회귀계수와 각각 단순회귀분석을 했을 때의 회귀계수는 달라진다.

해설

상관계수가 음의 값을 가지면 부(Negative)의 상관관계가, 양의 값을 가지면 정(Positive)의 상관관계가 있음을 의미한다. 또한 0에 가까울수록 상관관계가 약한 것을 의미하고 ±1에 가까울수록 강한 상관관계가 있음을 의미한다.

62

단순회귀분석에서 회귀직선의 추정식이 $\hat{y} = 0.5 - 2x$와 같이 주어졌을 때 다음 설명 중 틀린 것은?

① 반응변수는 $\hat{y}$이고 설명변수는 x이다.

② 반응변수와 설명변수의 상관계수는 0.5이다.

③ 설명변수가 0일 때 반응변수가 기본적으로 갖는 값은 0.5이다.

④ 설명변수가 한 단위 증가할 때 반응변수는 평균적으로 2단위 감소한다.

해설

② 상관계수를 구하는 공식은 $r = \dfrac{\sum(X_i - \overline{X})(Y_i - \overline{Y})}{\sqrt{\sum(X_i - \overline{X})^2}\sqrt{\sum(Y_i - \overline{Y})^2}} = \dfrac{S_{XY}}{S_X S_Y}$ 이다.

　주어진 조건만으로는 구할 수 없으므로 상관계수 값은 알 수 없다.

① $\hat{y}$는 반응변수(종속변수), x는 설명변수(독립변수)이다.

③ $\hat{y} = 0.5 - 2x$에서 $x = 0$을 대입하면 반응변수 $\hat{y}$는 0.5이다.

④ $\hat{y} = 0.5 - 2x$에서 기울기가 −2이므로 설명변수 x가 한 단위 증가할 때(1만큼 변할 때) 반응변수 $\hat{y}$는 2만큼 감소한다.

63

A 도시에서는 실업률이 5.5%라고 발표하였다. 그러나 관련 민간단체에서는 실업률 5.5%는 너무 낮게 추정된 값이라고 여겨 이를 확인하고자 노동력 인구 중 520명을 임의로 추출하여 조사한 결과 39명이 무직임을 알게 되었다. 이를 확인하기 위한 검정을 수행할 때 검정통계량의 값은?

① -2.58

② 1.75

③ 1.96

④ 2.00

해설

모비율에 대한 검정통계량은 $Z = \dfrac{\hat{p} - p_0}{\sqrt{p_0(1 - p_0)/n}}$ 이므로 $\hat{p} = \dfrac{39}{520} = 0.075$, $p_0 = 0.055$, $n = 520$을 대입한다.

따라서 $\dfrac{0.075 - 0.055}{\sqrt{0.055(1 - 0.055)/520}} \fallingdotseq 2.0$이다.

64

다음 통계량 중 그 성질이 다른 것은?

① 분 산

② 상관계수

③ 사분위간 범위

④ 변이(변동)계수

해설

분산, 사분위간 범위, 변이계수는 자료의 흩어짐의 정도를 알 수 있는 산포도이다. 상관계수는 하나의 변수와 다른 변수와의 관련성을 분석하는 데 이용된다.

65

구간 [0, 1]에서 연속인 확률변수 X의 확률누적분포함수가 $F(x) = x$일 때, X의 평균은?

① $\dfrac{1}{3}$

② $\dfrac{1}{2}$

③ 1

④ 2

해설

확률누적분포함수에서 구간 $[a, b]$에서의 확률변수 X의 평균은 $\displaystyle\int_a^b xf(x)dx$이고, $F(x) = x$이므로 $F'(x) = f(x) = 1$이다.

따라서 $\displaystyle\int_0^1 xdx = [\dfrac{1}{2}x^2]_0^1 = \dfrac{1}{2}$ 이다.

66

검정력(Power)에 대한 설명으로 옳은 것은?

① 참인 귀무가설을 채택할 확률이다.
② 거짓인 귀무가설을 채택할 확률이다.
③ 귀무가설이 참임에도 불구하고 이를 기각시킬 확률이다.
④ 대립가설이 참일 때 귀무가설을 기각시킬 확률이다.

해설

귀무가설이 거짓일 때, 즉 대립가설이 참일 때 귀무가설을 기각하는 옳은 결정의 확률을 검정력이라 한다.

67

다음의 자료로 줄기-잎 그림을 그리고 중앙값을 찾아보려 한다. 빈칸에 들어갈 잎과 중앙값을 순서대로 바르게 나열한 것은?

	25	45	54	44	42	34	81	73	
66	78	61	46	86	50	43	53	38	

2	5
3	4 8
4	2 3 4 5 6
5	
6	1 6
7	3 8
8	1 6

① 0 3, 중앙값＝46
② 0 3 4, 중앙값＝50
③ 0 0 3, 중앙값＝50
④ 3 4 4, 중앙값＝53

해설

2	5
3	4 8
4	2 3 4 5 6
5	0 3 4
6	1 6
7	3 8
8	1 6

십의 자리가 5인 숫자의 일의 자리를 잎의 자리에 오름차순으로 나열하면 된다. 자료의 개수가 17개이므로 중앙값은 $\frac{n+1}{2} = \frac{18}{2} = 9$번째의 값인 50이다.

68

회귀분석에서의 결정계수에 관한 설명으로 틀린 것은?

① 결정계수 r^2의 범위는 $0 \leq r^2 \leq 1$이다.
② 종속변수의 총변동 중 회귀직선에 기인한 변동의 비율을 나타낸다.
③ 결정계수는 잔차제곱합(SSE)을 총제곱합(SST)으로 나눈 값이다.
④ 단순회귀분석의 경우 종속변수와 독립변수의 상관계수를 제곱한 값이 결정계수이다.

해설

결정계수는 회귀제곱합(SSR)을 총제곱합(SST)으로 나눈 값이다.

$$R^2 = \frac{SSR}{SST} = 1 - \frac{SSE}{SST}$$

69

통계조사 시 한 가구를 조사하는 데 소요되는 시간을 측정하기 위하여 64가구를 임의 추출하여 조사한 결과 평균 소요시간이 30분, 표준편차 5분이었다. 한 가구를 조사하는 데 소요되는 평균시간에 대한 95%의 신뢰구간 하한과 상한은 각각 얼마인가? (단, $Z_{0.025} = 1.96$, $Z_{0.05} = 1.645$)

① 28.8, 31.2
② 28.4, 31.6
③ 29.0, 31.0
④ 28.5, 31.5

해설

모분산을 알고 있는 경우 모평균의 신뢰구간은 $\overline{X} - Z_{\alpha/2} \frac{\sigma}{\sqrt{n}} \leq \mu \leq \overline{X} + Z_{\alpha/2} \frac{\sigma}{\sqrt{n}}$ 이다.

$\overline{X} = 30$, $\sigma = 5$, $n = 64$, 95% 신뢰수준이므로 $\alpha = 0.05$, $Z_{\alpha/2} = 1.96$이다.

$$30 - 1.96 \frac{5}{\sqrt{64}} \leq \mu \leq 30 + 1.96 \frac{5}{\sqrt{64}}$$

$$28.775 \leq \mu \leq 31.225$$

70

20대 성인 여자의 키의 분포가 정규분포를 따르고 평균값은 160cm이고 표준편차는 10cm라고 할 때, 임의의 여자의 키가 175cm보다 클 확률은 얼마인가? (단, 다음 표준정규분포의 누적확률표 참고)

z	.00	.01	.02	.03	.04
1.0	0.8413	0.8438	0.8461	0.8485	0.8508
1.1	0.8643	0.8665	0.8686	0.8708	0.8729
1.2	0.8849	0.8869	0.8888	0.8907	0.8925
1.3	0.9032	0.9049	0.9066	0.9082	0.9099
1.4	0.9192	0.9207	0.9222	0.9236	0.9251
1.5	0.9332	0.9345	0.9357	0.9370	0.9382
1.6	0.9452	0.9463	0.9474	0.9484	0.9495
1.7	0.9554	0.9564	0.9573	0.9582	0.9591
1.8	0.9641	0.9649	0.9656	0.9664	0.9671
1.9	0.9713	0.9719	0.9726	0.9732	0.9738

① 0.0668

② 0.0655

③ 0.9332

④ 0.9345

해설

$X \sim N(\mu, \sigma^2)$일 때 표준화는 $Z = \dfrac{X-\mu}{\sigma}$, $Z \sim N(0, 1)$이다.

$X \sim N(160, 10^2)$이므로 $P(X \geq 175) = P(Z \geq \dfrac{175-160}{10}) = P(Z \geq 1.5)$이다.

$P(Z \geq 1.5) = 1 - P(Z \leq 1.5) = 1 - 0.9332$

$\therefore 0.0668$

71

다음은 k개의 처리효과를 비교하기 위한 일원배치법에서 i-번째 처리에서 얻은 j-번째 관측값 Y_{ij} ($i=1, \cdots, k$, $j=1, \cdots, n$)에 대한 모형이다.

$Y_{ij} = \mu + \alpha_i + \epsilon_{ij}$, $i=1, 2, \cdots, k$, $j=1, 2, \cdots, n$

μ는 총 평균, α_i는 i-번째 처리효과이며 $\sum \alpha_i = 0$이고 ϵ_{ij}는 실험오차에 해당하는 확률변수이다.

다음 중 오차항 ϵ_{ij}에 대한 가정이 아닌 것은?

① ϵ_{ij}는 정규분포를 따른다.
② ϵ_{ij} 사이에 자기상관이 존재한다.
③ 모든 i, j에 대하여 ϵ_{ij}의 분산은 동일하다.
④ 모든 i, j에 대하여 ϵ_{ij}는 서로 독립이다.

해설

분산분석의 오차항에 대한 기본 가정
• 정규성 : 오차 ϵ_{ij}의 분포는 정규분포를 따른다.
• 등분산성 : 오차 ϵ_{ij}의 분산은 σ_ϵ^2으로 어떤 i, j에 대해서도 같다.
• 독립성 : 임의의 오차 ϵ_{ij}와 $\epsilon_{i'j'}$는 서로 독립이다.

72

정규모집단으로부터 뽑은 확률표본 X_1, X_2, X_3가 주어졌을 때, 모집단의 평균에 대한 추정량으로 다음을 고려할 때 옳은 설명은? (단, X_1, X_2, X_3의 관측값은 2, 3, 4이다)

$A = \dfrac{(X_1 + X_2 + X_3)}{3}$

$B = \dfrac{(X_1 + 2X_2 + X_3)}{4}$

$C = \dfrac{(2X_1 + X_2 + 2X_3)}{4}$

① A, B, C 중에 유일한 불편추정량은 A이다.
② A, B, C 중에 분산이 가장 작은 추정량은 A이다.
③ B는 편향(Bias)이 존재하는 추정량이다.
④ 불편성과 최소분산성의 관점에서 가장 선호되는 추정량은 B이다.

추정량의 기대치가 추정할 모수의 실제값과 같을 때, 그 추정량은 불편추정량이다.

$$E(\widehat{\theta_A}) = E\left(\frac{(X_1 + X_2 + X_3)}{3}\right) = \frac{1}{3}E(X_1 + X_2 + X_3)$$

$$= \frac{1}{3}(\mu + \mu + \mu) = \mu$$

$$E(\widehat{\theta_B}) = E\left(\frac{(X_1 + 2X_2 + X_3)}{4}\right) = \frac{1}{4}E(X_1 + 2X_2 + X_3)$$

$$= \frac{1}{4}(\mu + 2\mu + \mu) = \mu$$

$$E(\widehat{\theta_C}) = E\left(\frac{(2X_1 + X_2 + 2X_3)}{4}\right) = \frac{1}{4}E(2X_1 + X_2 + 2X_3)$$

$$= \frac{1}{4}(2\mu + 1\mu + 2\mu) = \frac{5}{4}\mu$$

A와 B가 불편추정량이며(①) 또한 불편추정량은 편향이 없는 것을 뜻하므로 B는 편향이 존재하는 추정량이 아니다(③). 또한 유효추정량은 분산도가 더욱 작은 추정량이다.

$$V(\widehat{\theta_A}) = V\left(\frac{X_1 + X_2 + X_3}{3}\right) = \left(\frac{1}{3}\right)^2 V(X_1 + X_2 + X_3)$$

$$= \frac{1}{9}(\sigma^2 + \sigma^2 + \sigma^2) = \frac{\sigma^2}{3}$$

$$V(\widehat{\theta_B}) = V\left(\frac{X_1 + 2X_2 + X_3}{3}\right) = \left(\frac{1}{4}\right)^2 V(X_1 + 2X_2 + X_3)$$

$$= \frac{1}{16}(\sigma^2 + 4\sigma^2 + \sigma^2) = \frac{6\sigma^2}{16}$$

$$V(\widehat{\theta_C}) = V\left(\frac{2X_1 + X_2 + 2X_3}{3}\right) = \left(\frac{1}{4}\right)^2 V(2X_1 + X_2 + 2X_3)$$

$$= \frac{1}{16}(4\sigma^2 + \sigma^2 + 4\sigma^2) = \frac{9\sigma^2}{16}$$

따라서 A가 분산이 가장 작은 추정량을 가지므로 불편성과 최소분산성의 관점에서 가장 선호되는 추정량이다(② · ④).

73

"성과 정당지지도 사이에 관계가 있는가?"를 살펴보기 위하여 설문조사를 실시, 분석한 결과, Pearson 카이제곱 값이 32.29, 자유도가 2, 유의확률이 0.000이었다. 이 분석에 근거할 때, 유의수준 0.05에서 "성과 정당지지도 사이의 관계"에 대한 결론은?

① 정당의 종류는 2가지이다.

② 성과 정당지지도 사이에 유의미한 관계가 있다.

③ 성과 정당지지도 사이에 유의미한 관계가 없다.

④ 위에 제시한 통계량으로는 성과 정당지지도 사이의 관계를 알 수 없다.

문제에서 귀무가설은 "성과 정당지지도 사이에 유의미한 관계가 없다.", 대립가설은 "성과 정당지지도 사이에 관계가 있다."로 세울 수 있다. 유의확률이 유의수준보다 작을 때 귀무가설을 기각하며, 문제에서 유의확률이 0.000, 유의수준이 0.05이므로 귀무가설을 기각한다. 즉, 성과 정당지지도 사이에 유의미한 관계가 있다.

74

다음 설명 중 틀린 것은?

① 사건 A와 B가 배반사건이면 $P(A \cup B) = P(A) + P(B)$이다.

② 사건 A와 B가 독립사건이면 $P(A \cap B) = P(A) \cdot P(B)$이다.

③ 5개의 서로 다른 종류 물건에서 3개를 복원추출하는 경우의 가지 수는 60가지이다.

④ 붉은색 구슬이 2개, 흰색 구슬이 3개, 모두 5개의 구슬이 들어 있는 항아리에서 임의로 2개의 구슬을 동시에 꺼낼 때, 꺼낸 구슬이 모두 붉은색일 확률은 1/10이다.

해설

복원추출이므로 첫 번째, 두 번째, 세 번째 시행 모두 다섯 개 중 하나를 선택하는 경우이다. 따라서 경우의 가지 수는 $5 \times 5 \times 5 = 125$이다.

75

통계적 가설의 기각 여부를 판정하는 가설검정에 대한 설명으로 옳은 것은?

① 표본으로부터 확실한 근거에 의하여 입증하고자 하는 가설을 귀무가설이라 한다.

② 유의수준은 제2종 오류를 범할 확률의 최대허용한계이다.

③ 대립가설을 채택하게 하는 검정통계량의 영역을 채택역이라 한다.

④ 대립가설이 옳은데도 귀무가설을 채택함으로써 범하게 되는 오류를 제2종 오류라 한다.

해설

① 대립가설에 대한 설명이다.
② 귀무가설이 참임에도 기각하는 오류, 즉 제1종 오류를 범할 확률의 최대허용한계이다.
③ 귀무가설을 채택하게 되는 검정통계량의 영역을 채택역이라 한다.

76

다음과 같은 자료가 주어져 있다. 최소제곱법에 의한 회귀직선은?

x	y
3	12
4	22
5	32
3	22
5	32

① $y = \dfrac{30}{4}x - 6$

② $y = \dfrac{30}{4}x + 6$

③ $y = \dfrac{30}{2}x - 6$

④ $y = \dfrac{30}{2}x + 6$

해설

x	y	xy	x^2
3	12	36	9
4	22	88	16
5	32	160	25
3	22	66	9
5	32	160	25

$\bar{x} = \dfrac{3+4+5+3+5}{5} = 4$

$\bar{y} = \dfrac{12+22+32+22+32}{5} = 24$

회귀직선 $y = ax + b$에서

$b = \dfrac{\sum x_i y_i - n\bar{x}\bar{y}}{\sum x_i^2 - n\bar{x}^2}$

$= \dfrac{(36+88+160+66+160) - 5 \times 4 \times 24}{(9+16+25+9+25) - 5 \times 4^2}$

$= \dfrac{510 - 480}{84 - 80}$

$= \dfrac{30}{4}$ 이다.

$a = \bar{y} - b\bar{x} = 24 - 4b = 24 - 30 = -6, \ y = -6 + \dfrac{30}{4}x$

77

다음 중 평균에 관한 설명으로 틀린 것은?

① 중심경향을 측정하기 위한 척도이다.

② 이상치에 크게 영향을 받는 단점이 있다.

③ 이상치가 존재할 경우를 고려하여 절사평균(Trimmed Mean)을 사용하기도 한다.

④ 표본의 몇몇 특성값이 모평균으로부터 한쪽 방향으로 멀리 떨어지는 현상이 발생하는 자료에서도 좋은 추정량이다.

해설

몇몇 특성값이 모평균으로부터 한쪽 방향으로 멀리 떨어지는 이상점이 존재하는 경우 평균에 영향을 받을 수 있으므로 좋은 추정량이 아니다.

78

다음 분산분석표에 관한 설명으로 틀린 것은?

요 인	자유도	제곱합	평균제곱	F값	유의확률
Month	7	127049	18150	1.52	0.164
잔 차	135	1608204	11913		
계	142	1735253			

① 총 관측자료 수는 142개이다.

② 요인은 Month로서 수준 수는 8개이다.

③ 오차항의 분산 추정값은 11913이다.

④ 유의수준 0.05에서 인자의 효과가 인정되지 않는다.

해설

전체 자유도는 '총 관측자료 수 − 1'이다. 따라서 총 관측자료 수는 143이다.

79

다음 사례에 알맞은 검정방법은?

> 도시지역의 가족과 시골지역의 가족 간에 가족의 수에 있어서 평균적으로 차이가 있는지를 알아보고자 도시지역과 시골지역 중 각각 몇 개의 지역을 골라 가족의 수를 조사하였다.

① 독립표본 t-검정
② 더빈 왓슨검정
③ χ^2-검정
④ F-검정

해설

2개의 집단(도시지역, 시골지역)의 평균 차이에 대한 검정은 독립표본 t-검정을 실시한다.

80

다음 중 X의 확률분포가 대칭이 아닌 것은?

① 공정한 주사위 2개를 차례로 굴릴 때, 두 주사위에 나타난 눈의 합 X의 분포
② 공정한 동전 1개를 10회 던질 때, 앞면이 나타난 횟수 X의 분포
③ 부적합품이 5개 포함된 20개의 제품 중 임의로 3개의 제품을 구매하였을 때, 구매한 제품 중에 포함되어 있는 부적합품의 개수 X의 분포
④ 완치율이 50%인 약품으로 20명의 환자를 치료하였을 때 완치된 환자 수 X의 분포

해설

구매한 3개의 제품 중에 포함되어 있을 수 있는 부적합품의 개수는 $x = 0, 1, 2, 3$이다.

x	$P(X=x)$
0	$_5C_0 \times _{15}C_3 = 455$
1	$_5C_1 \times _{15}C_2 = 525$
2	$_5C_2 \times _{15}C_1 = 150$
3	$_5C_3 \times _{15}C_0 = 10$

따라서 X의 확률분포가 대칭이 아니다.

81

행변수가 M개의 범주를 갖고 열변수가 N개의 범주를 갖는 분할표에서 행변수와 열변수가 서로 독립인지를 검정하고자 한다. (i, j)셀의 관측도수를 O_{ij}, 귀무가설하에서의 기대도수의 추정치를 $\widehat{E_{ij}}$라 할 때, 이 검정을 위한 검정통계량은?

① $\sum\limits_{i=1}^{M}\sum\limits_{j=1}^{N}\dfrac{(O_{ij}-\widehat{E_{ij}})^2}{O_{ij}}$

② $\sum\limits_{i=1}^{M}\sum\limits_{j=1}^{N}\dfrac{(O_{ij}-\widehat{E_{ij}})^2}{\widehat{E_{ij}}}$

③ $\sum\limits_{i=1}^{M}\sum\limits_{j=1}^{N}\dfrac{(O_{ij}-\widehat{E_{ij}})}{\widehat{E_{ij}}}$

④ $\sum\limits_{i=1}^{M}\sum\limits_{j=1}^{N}\left(\dfrac{(O_{ij}-\widehat{E_{ij}})}{\sqrt{n\widehat{E_{ij}}O_{ij}}}\right)$

해설

모집단에서 추출한 자료들이 두 가지 변수로 A, B에 의해서 범주화되어 있을 때 이들 두 가지 변수 A, B 사이에 연관성이 있는지를 검정하는 것을 카이제곱 독립성 검정이라 한다. O_{ij}를 관측도수, $\widehat{E_{ij}}$를 기대도수라 할 때, 검정통계량은 $\chi^2 = \sum\limits_{i=1}^{M}\sum\limits_{j=1}^{N}\dfrac{(O_{ij}-\widehat{E_{ij}})^2}{\widehat{E_{ij}}}$ 이다.

82

어느 공공기관의 민원서비스 만족도에 대한 여론조사를 하기 위하여 적절한 표본크기를 결정하고자 한다. 95% 신뢰수준에서 모비율에 대한 추정오차의 한계가 ±4% 이내에 있게 하려면 표본크기는 최소 얼마가 되어야 하는가? (단, 표준화 정규분포에서 $P(Z \geq 1.96) = 0.025$)

① 157명

② 601명

③ 1,201명

④ 2,401명

해설

비율추정 시 표본의 크기는 $n \geq \hat{p}(1-\hat{p})\left(\dfrac{Z_{\alpha/2}}{D}\right)^2$ 이다.

이때 D는 오차한계=신뢰계수 × 표준오차이며 $\hat{p}$는 모비율이다. 모비율에 대한 값을 알 수 없다면 $\hat{p}$는 $\dfrac{1}{2}$을 사용한다.

$D = 0.04$, 95% 신뢰수준이므로 $\alpha = 0.05$, $Z_{\alpha/2} = 1.96$, $\hat{p} = \dfrac{1}{2}$

따라서 $n \geq \dfrac{1}{2}(1-\dfrac{1}{2})(\dfrac{1.96}{0.04})^2 = 600.25$이므로 최소 601명의 표본을 추출해야 한다.

83

다음과 같은 확률분포를 갖는 이산확률변수가 있다고 할 때 수학적 기댓값 $E[(X-1)(X-1)]$의 값은?

X	0	1	2	3
P	1/3	1/2	0	1/6

① 0.5

② 1

③ 1.5

④ 2

해설

$E[(X-1)(X-1)] = E(X^2 - 2X + 1) = E(X^2) - 2E(X) + 1$

$E(X) = (0 \times \dfrac{1}{3}) + (1 \times \dfrac{1}{2}) + (2 \times 0) + (3 \times \dfrac{1}{6}) = 1$

$E(X^2) = (0^2 \times \dfrac{1}{3}) + (1^2 \times \dfrac{1}{2}) + (2^2 \times 0) + (3^2 \times \dfrac{1}{6}) = 2$

$E[(X-1)(X-1)] = 2 - 2 \times 1 + 1 = 1$

84

3개 이상의 모집단의 모평균을 비교하는 통계적 방법으로 가장 적합한 것은?

① t-검정

② 회귀분석

③ 분산분석

④ 상관분석

해설

2개의 집단(도시지역, 시골지역)의 평균 차이에 대한 검정은 독립표본 t-검정, 3개 이상의 집단의 평균 차이에 대한 검정은 분산분석을 이용한다.

85

다음 자료는 A병원과 B병원에서 각각 6명의 환자를 상대로 하여 환자가 병원에 도착하여 진료서비스를 받기까지의 대기시간(단위 : 분)을 조사한 것이다.

A병원	5	9	17	19	20	32
B병원	10	15	17	17	23	20

두 병원의 진료서비스 대기시간에 대한 비교로 옳은 것은?

① A병원 평균 $= B$병원 평균
   A병원 분산 $> B$병원 분산
② A병원 평균 $= B$병원 평균
   A병원 분산 $< B$병원 분산
③ A병원 평균 $> B$병원 평균
   A병원 분산 $< B$병원 분산
④ A병원 평균 $< B$병원 평균
   A병원 분산 $> B$병원 분산

해설

A	5	9	17	19	20	32
B	10	15	17	17	23	20
A^2	25	81	289	361	400	1024
B^2	100	225	289	289	529	400

A병원 평균 $= (5+9+17+19+20+32)/6 = 17$
B병원 평균 $= (10+15+17+17+23+20)/6 = 17$
A병원 분산 $= E(X^2) - [E(X)]^2 = (25+81+289+361+400+1024)/6 - 17^2 \fallingdotseq 74.33$
B병원 분산 $= E(X^2) - [E(X)]^2 = (100+225+289+289+529+400)/6 - 17^2 \fallingdotseq 16.33$

86

단순회귀모형 $y_i = \beta_0 + \beta_1 x_i + \epsilon_i (i = 1, 2, \cdots, n)$의 적합된 회귀식 $\hat{y_i} = b_0 + b_1 x_i$와 잔차 $e_i = y_i - \hat{y_i}$ 관계에서 성립하지 않는 것은? (단, $\epsilon_i \sim N(0, \sigma^2)$이다)

① $\sum_{i=1}^{n} e_i = 0$

② $\sum_{i=1}^{n} e_i y_i = 0$

③ $\sum_{i=1}^{n} e_i \hat{y_i} = 0$

④ $\sum_{i=1}^{n} e_i x_i = 0$

잔차(e_i)의 기본 가정

- 잔차의 합은 0이다($\sum e_i = 0$).
- 잔차들의 x_i에 의한 가중 합은 0이다($\sum x_i e_i = 0$).
- 잔차들의 $\hat{y_i}$에 의한 가중 합은 0이다($\sum \hat{y_i} e_i = 0$).

87

어떤 학생이 통계학 시험에 합격할 확률은 $\dfrac{2}{3}$ 이고, 경제학 시험에 합격할 확률은 $\dfrac{2}{5}$ 이다. 또한 두 과목 모두에 합격할 확률이 $\dfrac{3}{4}$ 이라면 적어도 한 과목에 합격할 확률은?

① $\dfrac{17}{60}$

② $\dfrac{18}{60}$

③ $\dfrac{19}{60}$

④ $\dfrac{20}{60}$

해설

통계학 시험에 합격할 사건을 A, 경제학 시험에 합격할 사건을 B라고 했을 때, 적어도 한 과목에 합격하는 사건은 $P(A \cup B)$이고 두 과목 모두 합격할 확률은 $P(A \cap B)$이다.

$$P(A) = \frac{2}{3}, \ P(B) = \frac{2}{5}, \ P(A \cap B) = \frac{3}{4}$$

$$P(A \cup B) = P(A) + P(B) - P(A \cap B) = \frac{2}{3} + \frac{2}{5} - \frac{3}{4} = \frac{19}{60}$$

88

5%의 부적합품이 만들어지는 공장에서 하루 만들어지는 제품 중에서 임의로 100개의 제품을 골랐다. 부적합품 개수의 기댓값과 분산은 얼마인가?

① 기댓값 : 5, 분산 : 4.75

② 기댓값 : 10, 분산 : 4.65

③ 기댓값 : 5, 분산 : 4.65

④ 기댓값 : 10, 분산 : 4.75

해설

어떤 시행에서 사건 A가 일어날 확률을 p, 사건 A가 일어나지 않을 확률을 $q(q = 1 - p)$라 하고 이 시행을 독립적으로 n회 되풀이할 때, 그중에서 r만 A가 일어날 확률은 ${}_nC_r p^r q^{n-r}$이다. 이 확률분포를 이항분포라 하고 $B(n, p)$로 나타낸다. $X \sim B(100, 0.05)$일 때,

이항분포에서 기댓값$= E(X) = np = 100 \times 0.05 = 5$이고, 분산$= Var(X) = npq = np(1-p) = 100 \times 0.05 \times 0.95 = 4.75$이다.

89

다음에 적합한 가설검정법과 검정통계량은?

> 중량이 50g으로 표기된 제품 10개를 랜덤추출하니 평균 $\bar{x}=49$g, 표준편차 $s=0.6$g이었다. 제품의 중량이 정규분포를 따를 때, 평균중량 μ에 대한 귀무가설 $H_0: \mu=50$ vs 대립가설 $H_1: \mu<50$ 을 검정하고자 한다.

① 정규검정법, $Z_0 = \dfrac{49-50}{\sqrt{0.6/10}}$

② 정규검정법, $Z_0 = \dfrac{49-50}{0.6/\sqrt{10}}$

③ t - 검정법, $t_0 = \dfrac{49-50}{\sqrt{0.6/10}}$

④ t - 검정법, $t_0 = \dfrac{49-50}{0.6/\sqrt{10}}$

해설

모평균에 대해 t-검정은 모집단의 분산이나 표준편차를 알지 못할 때 모집단을 대표하는 소표본으로부터 추정된 분산이나 표준편차를 가지고 검정하는 방법이며 $t = \dfrac{\bar{x}-\mu_0}{s/\sqrt{n}}$ 으로 구한다.

90

다음 중 첨도가 가장 큰 분포는?

① 표준정규분포
② 자유도가 1인 t분포
③ 평균＝0, 표준편차＝0.1인 정규분포
④ 평균＝0, 표준편차＝5인 정규분포

해설

정규분포보다 꼬리가 두꺼우며 첨도는 3보다 크다. $n-1$이 무한대로 접근할수록 t-분포는 정규분포로 접근한다.

91

단순선형회귀모형 $y = \beta_0 + \beta_1 x + \epsilon$을 고려하여 자료들로부터 다음과 같은 분산분석표를 얻었다. 이때 결정계수는 얼마인가?

변 인	자유도	제곱합	평균제곱합	F
회 귀	1	541.69	541.69	29.036
잔 차	10	186.56	18.656	
전 체	11	728.25		

① 0.7

② 0.72

③ 0.74

④ 0.76

해설

$$R^2 = \frac{SSR}{SST} = 1 - \frac{SSE}{SST}$$

SSR(회귀제곱합) = 541.69

SST(총제곱합) = 728.25

$$R^2 = \frac{SSR}{SST} = \frac{541.69}{728.25} \fallingdotseq 0.74$$

92

특정 질문에 대해 응답자가 답해줄 확률은 0.5이며, 매 질문 시 답변 여부는 상호독립적으로 결정된다. 5명에게 질문하였을 경우, 3명이 답해줄 확률과 가장 가까운 값은?

① 0.50

② 0.31

③ 0.60

④ 0.81

해설

어떤 시행에서 사건 A가 일어날 확률을 p, 사건 A가 일어나지 않을 확률을 $q(q = 1 - p)$라 하고 이 시행을 독립적으로 n회 되풀이할 때, 그중에서 r회만 A가 일어날 확률은 $_nC_r p^r q^{n-r}$이다. 5명의 응답자가 답변하는 사건이 각 독립이라는 것은 어느 응답자의 응답이 다른 응답자의 응답에 영향을 끼치지 않음을 뜻한다. 5명 중 3명이 답해줄 확률은 $_5C_3 (0.5)^3 (1 - 0.5)^2 = 0.3125$ 이다.

93

다음 중 중앙값과 동일한 측도는?

① 평 균

② 최빈값

③ 제2사분위수

④ 제3사분위수

제2사분위수는 변량 X의 n개의 측정값을 작은 것부터 크기순으로 배열하였을 때 전체 측정값을 4등분하여 두 번째 4등분점에 위치한 값을 의미하는 것으로 중앙값과 일치한다.

94

봉급생활자의 근속연수, 학력, 성별이 연봉에 미치는 관계를 알아보고자 연봉을 반응변수로 하여 다중회귀분석을 실시하기로 하였다. 연봉과 근속연수는 양적 변수이며, 학력(고졸 이하, 대졸, 대학원 이상)과 성별(남, 여)은 질적 변수일 때, 중회귀모형에 포함되어야 하는 가변수(Dummy Variable)의 수는?

① 1

② 2

③ 3

④ 4

회귀모형을 위해 모형을 설정하는 경우 관심의 대상이 되는 종속변수가 양적인 독립변수(설명변수)들 이외에 학력, 인종, 지역, 종교 등 질적인 독립변수에 의해서도 영향을 받을 수 있다. 이러한 질적 효과를 고려할 수 있는 독립변수로 더미변수(가변수)가 있으며, k개 그룹의 질적 차이를 구분하는 경우, $k-1$개의 더미변수를 사용한다.

문제에서 설명변수에 해당하는 근속연수와 학력 성별 중, 근속연수는 양적 변수이지만 학력과 성별은 질적 변수이므로 학력의 더미변수 $3-1=2$, 성별의 더미변수 $2-1=1$을 설정한다. 따라서 가변수는 총 3개이다.

95

비대칭도(Skewness)에 관한 설명으로 틀린 것은?

① 비대칭도의 값이 1이면 좌우대칭형인 분포를 나타낸다.

② 비대칭도의 부호는 관측값 분포의 긴 쪽 꼬리방향을 나타낸다.

③ 비대칭도는 대칭성 혹은 비대칭성을 나타내는 측도이다.

④ 비대칭도의 값이 음수이면 자료의 분포형태가 왼쪽으로 꼬리를 길게 늘어뜨린 모양을 나타낸다.

왜도의 특징

• 0이면 대칭분포를 이룬다(정규분포).

• 0보다 크면 왼쪽으로 기울어진 분포이다.

• 0보다 작으면 오른쪽으로 기울어진 분포이다.

• 절댓값이 클수록 비대칭 정도는 커진다.

96

국회의원 후보 A에 대한 청년층 지지율 p_1과 노년층 지지율 p_2의 차이 $p_1 - p_2$는 6.6%로 알려져 있다. 청년층과 노년층 각각 500명씩을 랜덤추출하여 조사하였더니, 위 지지율 차이는 3.3%로 나타났다. 지지율 차이가 줄어들었다고 할 수 있는지를 검정하기 위한 귀무가설 H_0와 대립가설 H_1은?

① $H_0 : p_1 - p_2 = 0.033, \ H_1 : p_1 - p_2 > 0.033$

② $H_0 : p_1 - p_2 > 0.033, \ H_1 : p_1 - p_2 \leq 0.033$

③ $H_0 : p_1 - p_2 < 0.066, \ H_1 : p_1 - p_2 \geq 0.066$

④ $H_0 : p_1 - p_2 = 0.066, \ H_1 : p_1 - p_2 < 0.066$

해설

기존의 지지율 차이 6.6%보다 작아졌다는 단측검정에 대한 가설이므로 $H_0 : p_1 - p_2 = 0.066$, $H_1 : p_1 - p_2 < 0.066$이다.

97

단순회귀분석을 적용하여 자료를 분석하기 위해서 10쌍의 독립변수와 종속변수의 값들을 측정하여 정리한 결과 다음과 같은 값을 얻었다.

- $\displaystyle\sum_{i=1}^{10} x_i = 39$
- $\displaystyle\sum_{i=1}^{10} x_i^2 = 193$
- $\displaystyle\sum_{i=1}^{10} y_i = 35.1$
- $\displaystyle\sum_{i=1}^{10} y_i^2 = 130.05$
- $\displaystyle\sum_{i=1}^{10} x_i y_i = 152.7$

회귀모형 $Y_i = \alpha + \beta x_i + \epsilon$의 β의 최소제곱추정량을 구하면?

① 0.287

② 0.357

③ 0.387

④ 0.487

해설

$$\overline{x} = \frac{\displaystyle\sum_{i=1}^{10} x_i}{10} = \frac{39}{10} = 3.9, \ \ \overline{y} = \frac{\displaystyle\sum_{i=1}^{10} y_i}{10} = \frac{35.1}{10} = 3.51$$

$$S_{xx} = \sum_{i=1}^{10} x_i^2 - 10\overline{x}^2 = 193 - 10 \times 3.9^2 = 40.9$$

$$S_{xy} = \sum_{i=1}^{10} x_i y_i - 10\overline{x}\,\overline{y} = 152.7 - 10 \times 3.9 \times 3.51 = 15.81$$

$$\therefore \ \beta = \frac{S_{xy}}{S_{xx}} = \frac{15.81}{40.9} \fallingdotseq 0.387$$

98

평균이 μ이고 표준편차가 $\sigma(>0)$인 정규분포 $N(\mu, \sigma^2)$에 대한 설명으로 틀린 것은?

① 정규분포 $N(\mu, \sigma^2)$은 평균 μ에 대하여 좌우대칭인 종 모양의 분포이다.

② 평균 μ의 변화는 단지 분포의 중심위치만 이동시킬 뿐 분포의 형태에는 변화를 주지 않는다.

③ 표준편차 σ의 변화는 σ값이 커질수록 μ 근처의 확률은 커지고 꼬리부분의 확률은 작아지는 모양으로 분포의 형태에 영향을 미친다.

④ 확률변수 X가 정규분포 $N(\mu, \sigma^2)$을 따르면, 표준화된 확률변수 $Z = (X - \mu)/\sigma$는 $N(0, 1)$을 따른다.

[해설]

σ값이 커진다는 것은 분산이 커지는 것을 의미하므로 평균 근처의 확률은 작아지고 꼬리부분의 확률은 커지는 모양으로 분포의 형태가 변한다.

99

중심극한정리에 대한 설명으로 옳은 것은?

㉮ 표본의 크기가 충분히 큰 경우 모집단의 분포의 형태에 관계없이 성립한다.
㉯ 모집단의 분포는 연속형, 이산형 모두 가능하다.
㉰ 표본평균의 기댓값과 분산은 모집단의 것과 동일하다.

① ㉮
② ㉮, ㉯
③ ㉯, ㉰
④ ㉮, ㉯, ㉰

[해설]

표본의 크기가 $n \geq 30$이면 대표본으로 간주하여 모집단의 분포와 관계없이 표본평균 $\bar{x}$의 분포는 기댓값이 모평균 μ이고, 분산이 $\dfrac{\sigma^2}{n}$인 정규분포에 근사한다.

100

표본의 수가 n이고 독립변수의 수가 k인 중회귀모형의 분산분석표에서 잔차제곱합 SSE의 자유도는?

① k

② $k+1$

③ $n-1$

④ $n-k-1$

해설

중회귀분석에서 회귀제곱합의 자유도는 k, 잔차제곱합의 자유도는 $n-k-1$, 전체제곱합의 자유도는 $k+(n-k-1)=n-1$이다.

제 **3** 회 기출문제해설

제1과목 **조사방법론 I**

01

연역적 연구방법과 귀납적 연구방법의 논리체계를 바르게 나열한 것은?

> ㄱ. 연역적 : 관찰 → 가설검증 → 유형발전 → 일반화
>
> 　귀납적 : 가설형성 → 유형발전 → 관찰 → 임시결론
>
> ㄴ. 연역적 : 관찰 → 유형발전 → 일반화 → 임시결론
>
> 　귀납적 : 관찰 → 가설검증 → 이론형성 → 일반화
>
> ㄷ. 연역적 : 가설형성 → 관찰 → 가설검증 → 임시결론
>
> 　귀납적 : 가설형성 → 유형발전 → 가설검증 → 일반화
>
> ㄹ. 연역적 : 가설형성 → 관찰 → 가설검증 → 이론형성
>
> 　귀납적 : 관찰 → 유형발전 → 임시결론 → 이론형성

① ㄱ   ② ㄴ

③ ㄷ   ④ ㄹ

해설

연역적 연구방법은 '가설설정 → 조작화 → 관찰·경험 → 검증'을 통해 이론을 형성하며, 귀납적 연구방법은 '주제선정 → 관찰 → 유형의 발견 → 임시결론(이론)'의 과정을 거쳐 이론을 형성한다.

02

실험설계를 위하여 충족되어야 하는 조건과 가장 거리가 먼 것은?

① 독립변수의 조작   ② 인과관계의 일반화

③ 외생변수의 통제   ④ 실험대상의 무작위화

해설

실험설계의 기본요소
- 외생변수의 통제 : 독립변수와 종속변수 이외의 종속변수에 영향을 미칠 수 있는 변수의 영향을 제거
- 무작위할당 : 실험처치 전에 실험집단과 통제집단의 상태를 동질하게 하기 위해 무작위할당
- 독립변수의 조작 : 인과성과 시간적 선행성을 입증하기 위해 독립변수를 조작

03

과학적 연구방법의 특징에 관한 설명으로 옳지 않은 것은?

① 간결성 : 최소한의 설명변수만을 사용하여 가능한 최대의 설명력을 얻는다.
② 인과성 : 모든 현상은 자연발생적인 것이어야 한다.
③ 일반성 : 경험을 통해 얻은 구체적 사실로 보편적인 원리를 추구한다.
④ 경험적 검증가능성 : 이론은 현실세계에서 경험을 통해 검증이 될 수 있어야 한다.

해설

모든 현상은 자연발생되는 것이 아니며 어떤 원인에 의해 나타난 결과이며 논리적으로 설명할 수 있어야 한다.

04

특정 연구대상이 시간이 지남에 따라 의견이나 태도가 변하는 경우에 사용하는 조사기법으로 연구대상을 구성하는 동일한 단위집단에 대하여 상이한 시점에서 반복하여 조사하는 방법은?

① 패널조사　　　　　　　　　　　② 횡단조사
③ 인과조사　　　　　　　　　　　④ 집단조사

해설

패널조사는 동일집단 반복연구로서, '패널(Panel)'이라 불리는 특정 응답자 집단을 정해 놓고 그들로부터 상당히 긴 시간 동안 지속적으로 연구자가 필요로 하는 정보를 획득하는 방법이다.

05

다음 중 2차 자료를 이용하는 조사방법은?

① 현지조사　　　　　　　　　　　② 패널조사
③ 문헌조사　　　　　　　　　　　④ 대인면접법

해설

2차 자료는 연구목적을 위해 사용될 수 있는 기존의 모든 자료를 의미한다. 문헌조사는 관련된 분야에 대한 각종 문헌을 조사하는 것으로 2차 자료를 이용하는 조사방법이다.

06

다음의 특성을 가진 연구방법은?

> • 자연스러운 상태에서 현상을 파악할 수 있기 때문에 미묘한 어감차이, 시간상의 변화 등 심층의 차원을 이해할 수 있다.
> • 때때로 객관적인 판단을 그르칠 수 있으며 대규모 모집단에 대한 기술이 어렵다.

① 참여관찰(Participant Observation)
② 유사실험(Quasi-experiment)
③ 내용분석(Contents Analysis)
④ 우편조사(Mail Survey)

해설
관찰자가 관찰대상 집단 내부로 침투하여 구성원의 하나가 되어 그들과 함께 생활하거나 활동하면서 관찰하는 참여관찰 연구방법에 대한 내용이다.

07

이메일을 활용한 온라인조사의 장점과 가장 거리가 먼 것은?

① 신속성
② 저렴한 비용
③ 면접원 편향 통제
④ 조사모집단 규정의 명확성

해설
이메일을 활용한 온라인조사는 사용이 편리하지만, 주소록을 확보하기가 어려울 뿐만 아니라 조사대상자를 일반적으로 선정할 수 없는 단점이 있다.

08

다음에서 설명하고 있는 실험설계는?

> 수학과외의 효과를 측정하기 위하여, 유사한 특징을 가진 두 집단을 구성하고 각각 수학시험을 보게 하였다. 이후 한 집단에는 과외를 시키고, 다른 집단은 그대로 둔 다음 다시 각각 수학시험을 보게 하였다.

① 집단비교설계
② 솔로몬 4집단설계
③ 통제집단 사후측정설계
④ 통제집단 사전사후측정설계

유사한 특징을 가진 두 집단을 구성하고 두 집단을 각각 수학시험을 보게 하였으므로 무작위할당한 실험집단과 통제집단을 구분한 것을 알 수 있다. 조작을 가하기 전 수학시험을 보고, 한 집단에만 조작을 가한 후 수학시험을 보게 했으므로 통제집단 사전사후측정 설계에 해당한다.

09

질문지를 이용한 자료 수집 방법의 결정 시 조사 속도가 빠르고 일반적으로 비용이 적게 드는 장점이 있으나 질문의 내용이 어렵고 시간이 길어질수록 응답률이 떨어지는 단점을 가진 자료 수집 방법은?

① 전화조사
② 면접조사
③ 집합조사
④ 우편조사

해설

전화조사법은 전화를 걸어 질문문항들을 읽어준 후 응답자가 전화상으로 답변한 것을 조사자가 기록함으로써 자료를 수집하는 방법으로 질문의 내용이 어렵고 길면 응답률이 떨어지는 단점이 있다. 하지만 신속한 정보를 얻을 수 있어 여론조사의 한 방법으로 많이 이용되고 있으며, 적은 비용으로 단시간에 조사할 수 있어 비용과 신속성 측면에서 매우 경제적이다.

10

연구문제가 설정된 후, 연구문제를 정의하는 과정을 바르게 나열한 것은?

> ㄱ. 문제를 프로그램 미션과 목적에 관련시킨다.
> ㄴ. 문제의 배경을 검토한다.
> ㄷ. 무엇을 측정할 것인가를 결정한다.
> ㄹ. 문제의 하위영역, 구성요소, 요인들을 확립한다.
> ㅁ. 관련 변수들을 결정한다.
> ㅂ. 연구목적과 관련 하위 목적을 설정한다.
> ㅅ. 한정된 변수, 목적, 하위 목적들에 대한 예비조사를 수행한다.

① ㄱ → ㄴ → ㄷ → ㄹ → ㅁ → ㅂ → ㅅ
② ㄱ → ㄴ → ㄹ → ㄷ → ㅁ → ㅂ → ㅅ
③ ㄱ → ㄴ → ㅁ → ㄹ → ㅂ → ㄷ → ㅅ
④ ㄱ → ㄴ → ㅂ → ㅁ → ㄹ → ㄷ → ㅅ

11

다음은 어떤 형태의 조사에 해당하는가?

> A기관에서는 3년마다 범죄의 피해를 측정하기 위하여 규모비례 집락표집을 이용하여 범죄피해 조사를 시행하고 있다.

① 사례(Case)조사
② 패널(Panel)조사
③ 추세(Trend)조사
④ 코호트(Cohort)조사

해설

추세조사는 일정한 기간 동안 동일한 전체 모집단 내의 변화를 연구하는 것이다. 어떤 광범위한 연구대상의 특정 속성을 여러 시기를 두고 관찰·비교하는 것으로서, 인구센서스, 물가경향조사, 선거기간 동안의 여론조사 등을 예로 들 수 있다.

12

특정 시점에 다른 특성을 지닌 집단들 사이의 차이를 측정하는 조사방법은?

① 패널(Panel)조사
② 추세(Trend)조사
③ 코호트(Cohort)조사
④ 서베이(Survey)조사

해설

패널조사, 추세조사, 코호트조사는 종단적 조사이며, 서베이조사는 횡단적 조사이다.

13

질문지법에 관한 내용으로 옳지 않은 것은?

① 1차 자료수집방법에 해당한다.
② 간결하고 명료한 문장을 사용해야 한다.
③ 추상적인 개념에 대해 조작적 정의가 필요하다.
④ 응답자가 조사의 목적을 모르는 상태일 때 사용해야 결과에 신뢰성이 높다.

해설

응답자에게 조사의 목적을 알려주어 응답에 대한 동기부여를 상승시켜 응답의 신뢰성을 높이는 것이 바람직하다.

14

독립변수와 종속변수에 대한 설명으로 옳지 않은 것은? (단, 일반적인 경우라 가정한다)

① 독립변수가 변하면 종속변수에 영향을 미친다.
② 독립변수는 종속변수보다 이론적으로 선행한다.
③ 독립변수를 원인변수, 종속변수를 결과변수라고 할 수 있다.
④ 종속변수는 독립변수보다 시간적으로 선행한다.

해설
독립변수는 실험연구에서 연구자에 의해 조작되는 변수를 의미하며, 종속변수는 독립변수의 원인을 받아 일정하게 전제된 결과를 나타내는 기능을 하는 변수이다. 따라서 독립변수는 종속변수보다 시간적으로 선행한다.

15

관찰기법 분류에 관한 설명으로 옳지 않은 것은?

① 응답자에게 자신이 관찰된다는 사실을 알려주고 관찰하는 것은 공개적 관찰이다.
② 관찰할 내용이 미리 명확히 결정되어, 준비된 표준양식에 관찰 사실을 기록하는 것은 체계적 관찰이다.
③ 청소년의 인터넷 이용실태를 조사하기 위해 PC방을 방문하여 이용 상황을 옆에서 직접 지켜본다면 직접 관찰이다.
④ 컴퓨터브랜드 선호도 조사를 위해 판매매장과 비슷한 상황을 만들어 표본으로 선발된 소비자로 하여금 제품을 선택하게 하여 행동을 관찰한다면 자연적 관찰이다.

해설
관찰이 일어나는 상황이 인공적인지 여부에 따라 자연적/인위적 관찰로 나누어진다. ④는 인위적 관찰에 해당한다.

16

양적 연구와 비교한 질적 연구의 특징이 아닌 것은?

① 비공식적인 언어를 사용한다.
② 주관적 동기의 이해와 의미해석을 하는 현상학적 · 해석학적 입장이다.
③ 비통계적 관찰, 심층적 · 비구조적 면접을 실시한다.
④ 자료분석에 소요되는 시간이 짧아 소규모 분석에 유리하다.

해설

④ 질적 연구는 탐색적 성격이 강하여 조사결과를 일반화하기 어렵고 작은 표본 및 대상자에게 적용이 가능하다.

질적 연구 & 양적 연구

질적 연구	• 현상학적 · 주관적 · 해석적 • 자연주의적 · 비통제적 관찰 • 탐색적 · 확장주의적 · 서술적 · 귀납적 • 발견지향적 · 과정지향적 • 타당성이 있는 실질적이고 풍부한 깊이 있는 자료의 특징 • 일반화할 수 없음 • 총체론적 • 동태적 현상을 가정 • 소규모 분석에 유리
양적 연구	• 논리실증주의적 · 객관적 • 강제된 측정과 통제된 측정 • 확증적 · 축소주의적 · 추론적 · 연역적 • 확인지향적 · 결과지향적 • 신뢰성 있는 경성의 반복 가능한 자료의 특징 • 일반화할 수 있음 • 특정적 • 안정적 현상을 가정 • 대규모 분석에 유리

17

가설의 평가기준으로 옳지 않은 것은?

① 계량화할 수 있어야 한다.
② 동의반복적(Tautological)이어야 한다.
③ 동일 연구분야의 다른 가설이나 이론과 연관이 있어야 한다.
④ 가설검증결과는 가능한 한 광범위하게 적용할 수 있어야 한다.

해설

동의어가 반복적이지 않아야 한다.

18

질적 연구의 조사도구에 관한 설명으로 옳은 것을 모두 고른 것은?

> ㄱ. 서비스평가에서 정성적 차원을 분석할 수 있다.
> ㄴ. 양적 도구가 아니므로 신뢰도를 따질 수 없다.
> ㄷ. 연구자 자신이 도구가 된다.
> ㄹ. 구조화와 조작화의 과정을 거친다.

① ㄱ, ㄴ, ㄷ   ② ㄱ, ㄷ

③ ㄴ, ㄹ   ④ ㄹ

해설

질적 연구는 일상생활 속의 행위자들의 말, 글, 몸짓, 관찰 가능한 행동, 흔적, 상호작용의 상황과 환경적 요인들을 수집하므로 연구자 자신이 도구가 된다. 질적 연구는 정성적, 양적 연구는 정량적이며, 질적 연구와 양적 연구 모두 신뢰도를 따질 수 있다.

19

집단면접에 의한 설문조사에 대한 설명과 가장 거리가 먼 것은?

① 조사가 간편하여 시간과 비용을 절약할 수 있다.

② 조사조건을 표본화하여 응답조건이 동등해진다.

③ 응답자의 통제가 용이하여, 타인의 영향을 배제할 수 있다.

④ 응답자들과 동시에 직접 대화할 기회가 있어 질문에 대한 오해를 줄일 수 있다.

해설

집단면접은 조사대상자들을 한 장소에 모아 실시하기 때문에 동조효과, 즉 응답자가 옆 사람이나 다른 사람의 영향을 받을 가능성이 있다.

20

다음 질문 문항의 문제점은?

지난 3년 동안 귀댁의 가계지출 중 식생활비와 문화생활비는 각각 얼마였습니까?
〈식생활비〉　　　　　　　　　　　〈문화생활비〉
주식비 (　　)원　　　　　신문·잡지 구독비 (　　)원
부식비 (　　)원　　　　　전문 서적비　　(　　)원
외식비 (　　)원　　　　　영화·연극비　　(　　)원
기 타 (　　)원　　　　　기 타　　　　　(　　)원

① 대답을 유도하는 질문을 하였다.
② 연구자가 임의로 응답자에 대한 가정을 하였다.
③ 응답자에게 지나치게 자세한 응답을 요구했다.
④ 응답자가 정확한 대답을 모르는 경우에는 중간값을 선택하는 경향을 간과했다.

[해설]
금전 문제 등 민감한 질문들은 자세한 응답을 요구하기보다는 폐쇄형 질문을 활용하는 것이 좋다.

21

표적집단면접법(Focus Group Interview)에 대한 설명으로 옳지 않은 것은?

① 표본이 특정 집단이기 때문에 조사결과의 일반화가 어려운 단점이 있다.
② 조사자의 개입이 미비하므로 조사자의 주관이나 편견이 개입되지 않는다.
③ 응답자는 응답을 강요당하지 않기 때문에 솔직하고 정확히 자신의 의견을 표명할 수 있다.
④ 심층면접법을 응용한 방법으로 조사자가 소수의 응답자를 한 장소에 모이게 한 후 관련된 주제에 대하여 대화와 토론을 통해 정보를 수집하는 방법이다.

[해설]
표적집단면접은 초점집단면접이라고도 한다. 면접 진행자가 동질의 소수의 집단을 대상으로 특정 주제에 대해 자유롭게 토론을 하여 필요한 정보를 얻는 방법이기 때문에 조사자의 개입이 있다.

22

면접조사의 원활한 자료수집을 위해 조사자가 응답자와 인간적인 친밀 관계를 형성하는 것은?

① 라포(Rapport)
② 사회화(Socialization)
③ 조작화(Operationalization)
④ 개념화(Conceptualization)

해설

라포(Rapport)는 면접에서 조사자와 응답자의 상호신뢰관계를 말한다. 조사자는 원활한 자료수집을 위해 우선 응답자에게 접근하여 친밀감과 유대감을 가질 수 있도록 라포를 형성해야 한다.

23

다음과 같은 목적에 적합한 조사의 종류는?

- 연구문제의 도출 및 연구 가치 추정
- 보다 정교한 문제와 기회의 파악
- 연구주제와 관련된 변수들 사이의 관계에 대한 통찰력 제고
- 여러 가지 문제와 기회 사이의 중요도에 따른 우선순위 파악
- 조사를 시행하기 위한 절차 또는 행위의 구체화

① 탐색조사
② 기술조사
③ 종단조사
④ 인과조사

해설

탐색조사는 조사설계를 확정하기 이전 연구문제의 발견, 변수규명, 가설도출 등을 위해 예비적으로 실시하는 것이다. 보통 연구문제에 대한 사전지식이 부족하거나 개념을 보다 분명히 하기 위해 실시한다. 정확한 조사연구 및 가설 설계를 위한 명제 정립을 목적으로 하며, 연구의 우선순위를 정하고 문제의 중요 부분에 대한 실태를 파악할 수 있다.

24

횡단조사(Cross-sectional Study)에 관한 설명으로 옳은 것은?

① 정해진 연구대상의 특정 변수값을 여러 시점에 걸쳐 연구한다.
② 패널조사에 비하여 인과관계를 더 분명하게 밝힐 수 있다.
③ 여러 연구 대상들을 정해진 한 시점에서 조사, 분석하는 방법이다.
④ 집단으로 구성된 패널에 대하여 여러 시점에 걸쳐 조사한다.

해설

③ 횡단연구는 일정 시점을 기준으로 모든 관련 변수에 대한 자료를 수집하고 연구하는 기술적 조사방법이다.
① 하나의 연구대상을 일정 기간 동안 관찰하여 그 대상의 변화를 파악하는 연구는 종단연구에 해당한다.
② 횡단연구는 기술적 조사로 인과관계 규명에는 적합하지 않으며, 여러 시점에 걸쳐 연구하는 패널연구보다 인과관계를 밝히기 어렵다고 볼 수 있다.
④ '패널(Panel)'이라 불리는 특정 응답자 집단을 정해 놓고 여러 시점에 걸쳐 연구하는 것은 패널연구에 해당한다.

25

경험적 연구를 위한 작업가설의 요건으로 옳지 않은 것은?

① 명료해야 한다.
② 특정화되어 있어야 한다.
③ 검정 가능한 것이어야 한다.
④ 연구자의 주관이 분명해야 한다.

해설

가설설정 시 기본조건
• 연구문제를 해결할 수 있어야 한다.
• 실증적인 확인을 위해 구체적이어야 하며 현상과 관련성을 가져야 한다.
• 변수로 구성되며, 그들 간의 관계를 나타내고 있어야 한다.
• 관련 변수의 선정과 변수들의 상태를 나타내는 문장을 조건문 형태의 복문으로 나타내야 한다.
• 표현은 간단명료해야 한다.
• 경험적 · 이론적으로 검증할 수 있어야 한다.
• 검증결과는 가능한 한 광범위하게 적용될 수 있어야 한다.
• 계량적인 형태를 취하거나 계량화할 수 있어야 한다.
• 동일 분야의 다른 가설과 연관성이 있어야 한다.
• 특정적이어야 한다.

26

과학적 연구조사를 목적에 따라 탐색조사, 기술조사, 인과조사로 분류할 때 기술조사에 해당하는 것은?

① 종단조사
② 문헌조사
③ 사례조사
④ 전문가의견조사

해설

종단조사는 하나의 연구대상을 일정 기간 동안 관찰하여 그 대상의 변화를 파악하는 데 초점을 둔 기술적 조사방법이다.

27

다음 상황에서 제대로 된 인과관계 추리를 위해 특히 고려되어야 할 인과관계 요소는?

> 60대 이상의 노인 가운데 무릎이 쑤신다고 하는 분들의 비율이 상승할수록 비가 올 확률이 높아진다.

① 공변성
② 시간적 우선성
③ 외생변수의 통제
④ 외부사건의 통제

해설

인과관계의 요소에는 시간적 선후관계, 동시변화성의 원칙, 비허위적 관계가 있다. 이 중 비허위적 관계란 외부의 영향력을 배제한 상태에서 순수하게 두 변수만의 관계를 볼 수 있어야 한다는 것으로 외생변수를 통제하여 독립변수와 종속변수 사이의 관계를 확인해야 한다는 것이다. 지문에서는 60대 이상의 노인 가운데 무릎이 쑤신다고 하는 분들의 비율이 상승하는 것과 비가 올 확률 간의 관계를 확인하기 위해 외생변수를 통제하는 것이 특히 고려되어야 한다.

28

과학적 조사방법의 일반적인 과정을 올바르게 나열한 것은?

> A. 조사설계
> B. 자료수집
> C. 연구주제의 선정
> D. 연구보고서 작성
> E. 자료분석 및 해석
> F. 가설의 구성 및 조작화

① A → B → C → E → F → D
② A → E → C → B → F → D
③ C → F → A → B → E → D
④ C → A → F → B → E → D

29

우편조사의 응답률에 영향을 미치는 주요 요인과 가장 거리가 먼 것은?

① 응답에 대한 동기부여
② 응답자의 지역적 범위
③ 질문지의 양식이나 우송방법
④ 연구주관기관과 지원단체의 성격

해설

우편조사는 최소의 경비와 노력으로 광범위한 지역과 대상을 표본으로 삼을 수 있다. 따라서 응답자의 지역적 범위는 우편조사의 응답률에 영향을 미치는 요인이 아니다.

30

질문 문항의 배열에 관한 설명으로 옳은 것은?

① 특수한 것을 먼저 묻고 일반적인 것은 먼저 삭제한다.
② 개인의 사생활에 대한 것이나 민감한 내용은 먼저 배열한다.
③ 시작하는 질문은 흥미를 유발하는 것으로 쉽게 응답할 수 있는 것으로 배열한다.
④ 문항이 담고 있는 내용의 범위가 좁은 것에서부터 점차 넓어지도록 배열한다.

해설

① 일반적인 것을 먼저 묻고 특수한 것은 나중에 질문한다.
② 사생활이나 민감한 내용은 가급적 나중에 묻는다.
④ 질문 문항들을 길이와 유형에 따라 변화 있게 배열한다.

제2과목　조사방법론 Ⅱ

31

측정의 타당성(Validity)에 대한 설명으로 옳지 않은 것은?

① 동일한 대상의 속성을 반복적으로 측정할 때 동일한 측정결과를 가져올 수 있는 정도를 말한다.
② 측정의 타당성을 평가하는 방법으로는 표면타당성(Face Validity), 내용타당성(Content Validity), 개념타당성(Construct Validity) 등이 있다.
③ 일반적으로 측정의 타당성을 경험적으로 검증하는 일은 측정의 신뢰성을 검증하는 것보다 어렵다.
④ 측정의 타당성을 높이기 위해서는 측정하고자 하는 개념에 대하여 적절한 조작적 정의(Operational Definition)를 갖는 것이 중요하다.

해설

측정의 신뢰성에 해당하는 설명이다. 타당성이란 조사자가 측정하고자 한 것을 실제로 측정했는가 하는 문제이다. 어떤 측정수단이 조사자가 의도하지 않은 측면을 측정할 경우 이 수단은 타당하지 못한 것이 된다.

32

다음 중 표본오류의 크기에 영향을 미치는 요인과 가장 거리가 먼 것은?

① 표본의 크기   ② 표본추출방법
③ 문항의 무응답   ④ 모집단의 분산 정도

해설

문항의 무응답은 비표본오류의 주요 원인에 해당한다.

33

개념적 정의의 예로 적합하지 않은 것은?

① 무게 → 물체의 중량
② 불안 → 주관화된 공포
③ 지능 → 추상적 사고능력 또는 문제해결 능력
④ 결혼만족 → 배우자에게 아침을 차려준 횟수

해설

①·②·③은 사전적 정의에 해당하지만 ④는 결혼만족도를 배우자에게 아침을 차려준 횟수로 표현한 것으로 조작적 정의에 해당한다.

34

측정방법에 따라 측정을 구분할 때, 밀도(Density)와 같이 어떤 사물이나 사건의 속성을 측정하기 위해 관련된 다른 사물이나 사건의 속성을 측정하는 것은?

① 추론측정   ② 임의측정
③ 본질측정   ④ A급 측정

해설

② 어떤 속성과 측정값 간에 관계가 있다고 가정을 하고 측정하는 것이다.
③·④ 속성의 본질적인 법칙에 따라 숫자를 부여하여 측정하는 것으로 본질측정을 A급 측정이라고도 한다.

35

다음에서 설명하는 신뢰성 측정방법은?

대등한 두 가지 형태의 측정도구를 이용하여 동일한 측정 대상을 동시에 측정한 뒤, 두 측정값의 상관관계를 분석하여 신뢰도를 측정하는 방법이다.

① 반분법(Split-half Method)
② 재검사법(Test-retest Method)
③ 맥니마 기법(McNemar Test)
④ 복수양식법(Parallel-forms Technique)

해설
① 반분법은 복수양식법의 변형으로 측정도구를 임의로 반으로 나누어 각각 독립된 두 개의 척도로 사용함으로써 신뢰도를 측정하는 방법이다.
② 재검사법은 가장 기초적인 신뢰도 검증방법으로 동일한 대상에 동일한 측정도구를 서로 상이한 시간에 두 번 측정한 다음 그 결과를 비교하는 것이다.
③ 맥니마 기법은 응답 보기가 각각 2개인 질적 변수를 교차분석을 실시할 경우 적용하는 통계적 분석 기법이다.

36

다음은 어떤 척도에 관한 설명인가?

우리나라의 특정 정치지도자에 대한 국민의 생각을 측정하기 위한 방법으로 '정직 – 부정직, 긍정적 – 부정적, 약하다 – 강하다, 능동적 – 수동적' 등과 같은 대칭적 형용사를 제시한 후 응답자들로 하여금 이들 각각의 문항에 대해 1부터 7까지의 연속선상에서 평가하도록 하였다.

① 서스톤 척도
② 거트만 척도
③ 리커트 척도
④ 의미분화 척도

해설
양극단에 상반되는 형용사를 사용하므로 의미분화 척도에 해당한다. 의미분화 척도는 보통 5~7점 척도를 사용한다.

37

인구통계학적, 경제적, 사회·문화·자연 요인 등의 분류기준에 따라 전체 표본을 여러 집단으로 구분하고 집단별로 필요한 대상을 사전에 정해진 크기만큼 추출하는 표본추출방법은?

① 할당표본추출법(Quota Sampling)

② 편의표본추출법(Convenience Sampling)

③ 층화표본추출법(Stratified Random Sampling)

④ 단순무작위표본추출법(Simple Random Sampling)

해설

① 할당표본추출법은 모집단을 일정한 카테고리로 나눈 다음, 이들 카테고리에서 정해진 요소수를 작위적으로 추출하는 비확률표본추출방법이다. 추출된 표본이 연구자의 모집단에 대한 사전지식을 기초로 하여 모집단의 특성을 나타내는 하위 집단별로 표본수를 할당한 다음 표본을 작위적으로 추출한다.

② 편의표본추출법은 임의표본추출법이라고도 한다. 정해진 크기의 표본을 선정할 때까지 조사자가 모집단의 일정단위 또는 사례를 표집하며, 일정한 표집의 크기가 결정되면 그 표집을 중지하는 비확률표본추출방법이다.

③ 층화표본추출법은 모집단을 보다 동질적인 몇 개의 층(Strata)으로 나눈 후, 이러한 각 층으로부터 단순무작위표본추출을 하는 확률표본추출방법이다.

④ 단순무작위표본추출법은 가장 기본적인 확률표본추출방법으로서, 모집단을 구성하는 각 요인 또는 구성원에 대해 동등한 선택의 기회를 부여하는 과정으로 이루어지는 확률표본추출방법이다.

38

측정의 수준에 따라 사용할 수 있는 통계기법이 달라지는데 다음 중 측정의 수준과 사용 가능한 기술통계(Descriptive Statistics)를 잘못 짝지은 것은?

① 명목수준 – 중간값(Median)

② 서열수준 – 범위(Range)

③ 등간수준 – 최빈값(Mode)

④ 비율수준 – 표준편차(Standard Deviation)

해설

측정수준에 따른 통계기법

구 분	통 계
명 목	최빈값
서 열	최빈값, 중앙값, 범위
등 간	최빈값, 중앙값, 범위, 산술평균
비 율	최빈값, 중앙값, 범위, 산술·기하·조화평균, 변동계수, 표준편차 등

39

판단표본추출법(Judgment Sampling)에 대한 설명으로 옳지 않은 것은?

① 선정된 표본이 모집단을 적절히 대표하지 못할 경우에 효과적이다.
② 모집단에 대한 조사자의 사전지식을 바탕으로 표본을 추출하는 방법이다.
③ 모집단이 커질수록 조사자가 표본에 대한 정확한 정보를 얻기 힘들어진다.
④ 조사자의 개입의 한계가 있어 주관이 배제되며 결과의 일반화가 용이하다.

해설
판단표본추출법은 조사자가 적절한 판단과 전략을 세워 표본을 추출하는 비확률표본추출법이다. 비확률표본추출법은 표본분석 결과의 일반화에 제약이 있다.

40

다음 중 비확률표본추출법(Non-probability Sampling)에 해당하는 것은?

① 할당표본추출법(Quota Sampling)
② 군집표본추출법(Cluster Sampling)
③ 층화표본추출법(Stratified Random Sampling)
④ 단순무작위표본추출법(Simple Random Sampling)

해설
표본추출
• 확률표본추출 : 단순무작위표본추출, 계통적 표본추출, 층화표본추출, 집락(군집)표본추출, 연속표본추출 등
• 비확률표본추출 : 할당표본추출, 유의(판단)표본추출, 임의(편의)표본추출, 배합표본추출, 누적표본추출 등

41

다음 중 표본추출과정에서 가장 먼저 해야 할 것은?

① 모집단의 확정
② 표본크기의 결정
③ 표집프레임의 선정
④ 표본추출방법의 결정

해설
표본추출과정은 일반적으로 '모집단 결정 → 표본프레임 결정 → 표본추출방법 결정 → 표본크기 결정 → 표본추출 실행'을 따른다.

42

다음 사례에 해당하는 표본프레임 오류는?

> A보험사에 가입한 고객을 대상으로 만족도 조사를 실시하였다. 조사대상 표본은 A보험사에 최근 1년 동안 가입한 고객 명단으로부터 추출하였다.

① 모집단과 표본프레임이 동일한 경우
② 모집단이 표본프레임에 포함되는 경우
③ 표본프레임이 모집단 내에 포함되는 경우
④ 모집단과 표본틀이 전혀 일치하지 않는 경우

해설

문제는 표본틀(A보험사에 최근 1년 동안 가입한 고객 명단)이 모집단(A보험사에 가입한 고객) 내에 포함되는 경우에 해당한다.

43

개념을 경험적 수준으로 구체화하는 과정을 바르게 나열한 것은?

> A. 조작적 정의
> B. 개념적 정의
> C. 변수의 측정

① A → B → C
② B → A → C
③ C → A → B
④ C → B → A

해설

개념의 구체화
개념 → 개념적 정의(개념화) → 조작적 정의(조작화) → 현실세계(변수의 측정)

44

대학수능시험 출제를 위해 대학교수들이 출제를 하고 현직 고등학교 교사들이 검토하여 부적절한 문제를 제외하는 절차를 거친다면 이러한 과정은 무엇을 높이기 위한 것인가?

① 집중타당성
② 내용타당성
③ 동등형 신뢰도
④ 검사-재검사 신뢰도

해설

측정도구(수능문제)가 측정하고자 하는 것을 제대로 측정할 수 있는지에 대한 문제이므로 타당성에 관한 내용이다. 내용타당성이란 측정항목이 연구자가 의도한 내용대로 실제로 측정하고 있는가 하는 것이며 논리적 사고에 입각한 논리적인 분석과정으로 판단하는 주관적인 타당도이다. 집중타당성이란 동일한 개념을 측정하기 위해 서로 다른 측정방법을 사용하여 측정으로 얻은 측정치들 간에 높은 상관관계가 존재해야 함을 전제로 하는 것이다. 대학교수가 출제한 문제를 고등학교 교사들이 논리적으로 판단하는 것이므로 이는 내용타당성을 높이기 위한 것이다.

45

다음 (   )에 알맞은 것은?

> 서스톤(Thurstone) 척도는 어떤 사실에 대하여 가장 우호적인 태도와 가장 비우호적인 태도를 나타내는 양 극단을 구분하여 수치를 부여하는 척도이며, 측정의 수준으로 볼 때 (   )에 해당한다.

① 명목척도
② 서열척도
③ 등간척도
④ 비율척도

해설

서스톤 척도는 등간척도의 일종으로 어떤 사실에 대해 가장 긍정적인 태도와 가장 부정적인 태도를 나타내는 태도의 양극단을 등간적으로 구분하여 여기에 수치를 부여함으로써 척도를 구성하는 방법이다.

46

척도에 관한 설명으로 옳은 것은?

① 리커트 척도는 등간-비율수준의 척도이다.
② 서스톤 척도는 모든 문항에 대해 동일한 척도 값을 부여한다.
③ 소시오메트리(Sociometry)는 집단 간의 심리적 거리를 측정한다.
④ 거트만 척도에서는 일반적으로 재생계수가 0.9 이상이면 적절한 척도로 판단한다.

④ 재생계수가 '1'일 때 완벽한 척도구성 가능성을 획득하며, 보통 계수가 '0.9', 즉 10개의 응답 중 한 개의 오차를 갖는 경우 허용오차수준이라고 본다.
① 리커트 척도는 서열척도의 일종이다.
② 서스톤 척도는 리커트 척도를 구성하는 문항들의 간격이 동일하지 않다는 문제점을 보완하기 위한 것으로서, 중요성이 있는 항목에 가중치를 부여한다.
③ 소시오메트리(Sociometry)는 개인을 중심으로 하여 집단 내에 있어서의 개인 간의 친근관계를 측정한다. 집단 간(가족과 가족, 민족과 민족)의 친근 정도를 측정하는 것은 보가더스 사회적 거리 척도이다.

47

다음 중 비율척도로 측정하기 어려운 것은?

① 각 나라의 국방 예산
② 각 나라의 평균 기온
③ 각 나라의 일인당 평균 소득
④ 각 나라의 일인당 교육년수

기온은 절대영점이 없으므로 비율척도로 측정할 수 없고 등간척도로 측정할 수 있다.

48

군집표본추출법(Cluster Sampling)에 관한 설명으로 옳지 않은 것은?

① 소집단을 이용하여 표본을 추출하는 방식이다.
② 전체 모집단의 목록이 없는 경우에 매우 유용하다.
③ 단순무작위표본추출법에 비해서 시간과 비용면에서 효율적이다.
④ 군집 단계의 수가 많을수록 표본오차(Sampling Error)가 작아지게 된다.

군집을 세분화하면 세분화 과정에서 오차가 발생할 가능성이 커진다.

49

표본의 크기를 결정하는 요소와 가장 거리가 먼 것은?

① 연구자의 수
② 모집단의 동질성
③ 조사비용의 한도
④ 조사가설의 내용

모집단의 동질성(또는 변이성), 조사비용(가용한 자원), 조사가설의 내용(이론) 등은 표본의 크기에 영향을 미치는 요소들이다. 인적 자원 역시 표본의 크기를 결정하는 요소이지만 연구자의 수가 인적 자원을 뜻하지는 않는다.

50

전국 단위 여론조사를 하기 위해 16개 시도와 20대부터 60대 이상까지의 5개 연령층, 그리고 연령층에 따른 성별로 할당표집을 할 때 표본추출을 위한 할당범주는 몇 개인가?

① 10개
② 32개
③ 80개
④ 160개

해설

16(시도)×5(연령층)×2(성별)＝160

51

연구에서 선택된 개념을 실제 현상에서 측정이 가능하도록 관찰 가능한 형태로 표현하는 것은?

① 개념적 정의(Conceptual Definition)
② 이론적 정의(Theoretical Definition)
③ 조작적 정의(Operational Definition)
④ 구성요소적 정의(Constitutive Definition)

해설

측정 과정의 마지막 단계로서 조작화 단계는 추상적인 개념들을 경험적·실증적으로 측정이 가능하도록 구체화하는 것이다.

52

표본추출에 관한 설명으로 옳지 않은 것은?

① 전수조사에 비해 표본조사는 비용과 시간이 절약된다.
② 표본은 모집단을 대표하기에는 일정한 오차를 가지고 있다.
③ 표본조사에 비해 전수조사는 비표본오차가 발생할 가능성이 낮다.
④ 표본추출은 모집단으로부터 조사대상을 선정하는 과정이다.

해설

전수조사는 연구대상이라고 생각되는 모든 부분을 전부 조사하기 때문에 경제성과 신속성이 떨어져 조사과정에서 비표본오차가 발생할 가능성이 높다. 표본조사는 표본오차가 발생하지만 비표본오차의 감소와 조사대상의 오염방지를 통해 전수조사보다 더 정확한 자료를 얻을 수 있다.

53

사회조사에서 신뢰도가 높은 자료를 얻기 위한 방안과 가장 거리가 먼 것은?

① 면접자들의 면접방식과 태도에 일관성을 유지한다.
② 동일한 개념이나 속성을 측정하기 위한 항목이 없어야 한다.
③ 연구자가 임의로 응답자에 대한 가정을 해서는 안 된다.
④ 누구나 동일하게 이해하도록 측정항목을 구성한다.

[해설]
동일한 대상을 동일한 측정도구를 사용하여 측정할 경우 동일한 결과를 얻을 수 있는 정도로 신뢰도를 정의하는 방법인 개념정의 방법은 기초적인 정의로서 가장 많이 사용되는 방법이다.

54

야구선수의 등번호를 표현하는 측정의 수준은?

① 비율수준의 측정
② 등간수준의 측정
③ 서열수준의 측정
④ 명목수준의 측정

[해설]
명목수준의 측정은 대상 자체 또는 그 특징에 대해 명목상의 이름을 부여하는 것이다. 즉, 측정대상을 유사성과 상이성에 따라 구분하고, 구분된 각 집단 또는 카테고리에 숫자나 부호 또는 명칭을 부여하는 것이다. 야구선수 등번호는 명칭이나 부호로서의 의미만 지닐 뿐이므로 명목수준의 측정에 해당한다.

55

두 변수 간의 관계를 보다 정확하고 명료하게 이해할 수 있도록 밝혀주는 역할을 하는 검정변수가 아닌 것은?

① 매개변수(Intervening Variable)
② 구성변수(Component Variable)
③ 예측변수(Predictor Variable)
④ 선행변수(Antecedent Variable)

[해설]
연구자는 검정요인(검정변수, 제3의 변수)을 통해 변수 간의 관계인 인과성을 과학적으로 규명하고 확인한다. 검정변수에는 매개변수, 선행변수, 억압변수, 허위변수, 왜곡변수, 조절변수, 구성변수 등이 있다.

56

단순무작위표본추출에 대한 설명으로 옳지 않은 것은?

① 난수표를 이용하는 표본추출방법이다.
② 모집단을 가장 잘 대표하는 표본추출방법이다.
③ 모집단의 모든 조사단위에 표본으로 뽑힐 기회를 동등하게 부여한다.
④ 모집단의 구성요소를 정확히 파악하여 명부를 작성하여야 한다.

해설

단순무작위표본추출은 모집단의 모든 요소가 동일하고 독립적인 추출기회를 가지므로 추출된 표본이 모집단을 잘 대표하지만
층화표본추출의 경우 층화가 잘 이루어지면 단순무작위표본추출보다 적은 표본으로도 대표성을 확보할 수 있다.

57

**어떤 측정수단을 같은 연구자가 두 번 이상 사용하거나, 둘 이상의 서로 다른 연구자들이 사용한다고 할
때, 그 측정수단을 가지고 측정한 결과가 안정되고 일관성이 있는가를 확인하려고 한다면 어떤 것을 고려해
야 하는가?**

① 신뢰성　　　　　　　　　　　　② 타당성
③ 독립성　　　　　　　　　　　　④ 적합성

해설

신뢰성이란 측정도구가 측정하고자 하는 현상을 일관성 있게 측정하는 능력을 말한다.

58

비체계적 오류를 줄이는 방법과 가장 거리가 먼 것은?

① 측정항목의 모호성을 제거한다.
② 측정항목 수를 가능한 한 늘린다.
③ 조사대상자가 관심 없는 항목도 측정한다.
④ 중요한 질문은 2회 이상 동일한 질문이나 유사한 질문을 한다.

해설

비체계적 오류는 신뢰도와 관련된 것으로서, 비체계적 오류를 줄이려면 신뢰도를 높여야 한다. 신뢰도를 높이려면 조사대상자가
관심 없는 항목의 측정은 하지 않는 것이 좋다.

59

다음에 나타나는 측정상의 문제점은?

> 아동 100명의 몸무게를 실제 몸무게보다 항상 3kg이 더 나오는 불량 체중계를 사용하여 측정한다.

① 타당성이 없다.
② 대표성이 없다.
③ 안정성이 없다.
④ 일관성이 없다.

해설

항상 3kg이 더 나와 신뢰성이 있지만, 측정하고자 하는 것을 정확히 측정하지 못하므로 타당성이 없다.

60

척도의 신뢰도와 타당도의 관계를 표적과 탄착에 비유한 다음 그림에 해당하는 척도의 특성은?

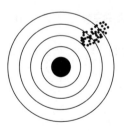

① 타당하나 신뢰할 수 없다.
② 타당하고 신뢰할 수 있다.
③ 신뢰할 수 있으나 타당하지 않다.
④ 신뢰할 수 없고 타당하지도 않다.

해설

제시된 그림은 측정의 정밀성(신뢰성)이 높음에도 불구하고 측정하고자 하는 것을 정확히 측정하지 못하였으므로 타당하지 않다.

61

피어슨의 대칭도를 대표치들 간의 관계식으로 바르게 나타낸 것은? (단, $\overline{X}$: 산술평균, Me : 중위수, Mo : 최빈수)

① $\overline{X} - Mo = 3(Mo - \overline{X})$

② $Mo - \overline{X} = 3(Mo - Me)$

③ $\overline{X} - Mo = 3(\overline{X} - Me)$

④ $Mo - \overline{X} = 3(Me - Mo)$

해설

피어슨 대칭도(S_k)

• $\overline{X} - Mo = 3(\overline{X} - Me)$

• 0이면 대칭분포를 이룬다($Mo = \overline{X}$).

• 0보다 크면 왼쪽으로 기울어진 분포이다($Mo < \overline{X}$).

• 0보다 작으면 오른쪽으로 기울어진 분포이다($Mo > \overline{X}$).

• $-1 < S_k < 1$

62

n개의 관측치 (x_i, y_i)에 대하여 단순회귀모형 $y_i = \beta_0 + \beta_1 x_i + \epsilon_i$을 이용하여 분석하려 한다.

$\sum_{i=1}^{n}(x_i - \overline{x})^2 = 20$, $\sum_{i=1}^{n}(y_i - \overline{y})^2 = 30$, $\sum_{i=1}^{n}(x_i - \overline{x})(y_i - \overline{y}) = -10$일 때 회귀계수의 추정치 $\widehat{\beta_1}$의 값은?

① $-\dfrac{1}{3}$ 　　　　② $-\dfrac{1}{2}$

③ $\dfrac{2}{3}$ 　　　　④ $\dfrac{3}{2}$

해설

회귀직선 $y_i = \beta_0 + \beta_1 x_i + \epsilon_i$에서

$\beta_1 = \dfrac{\sum(x_i - \overline{x})(y_i - \overline{y})}{\sum(x_i - \overline{x})^2} = \dfrac{-10}{20} = -\dfrac{1}{2}$

63

A, B, C 세 공법에 대하여 다음의 자료를 얻었다.

> A : 56, 60, 50, 65, 64
> B : 48, 61, 48, 52, 46
> C : 55, 60, 44, 46, 55

일원분산분석을 통하여 위의 세 가지 공법 사이에 유의한 차이가 있는지 검정하고자 할 때, 처리제곱합의 자유도는?

① 1

② 2

③ 3

④ 4

해설

일원분산분석에서 처리제곱합의 자유도는 '요인수준-1'이다. 문제에서 요인은 A, B, C이므로 처리제곱합의 자유도는 $3-1=2$이다.

64

국회의원 선거에 출마한 A후보의 지지율이 50%를 넘는지 확인하기 위해 유권자 1,000명을 조사하였더니 550명이 A후보를 지지하였다. 귀무가설 $H_0 : p = 0.5$ vs 대립가설 $H_1 : p > 0.5$의 검정을 위한 검정통계량 Z_0는?

① $Z_0 = \dfrac{0.55 - 0.5}{\sqrt{\dfrac{0.55 \times 0.45}{1,000}}}$

② $Z_0 = \dfrac{0.55 - 0.5}{\dfrac{\sqrt{0.55 \times 0.45}}{1,000}}$

③ $Z_0 = \dfrac{0.55 - 0.5}{\sqrt{\dfrac{0.5 \times 0.5}{1,000}}}$

④ $Z_0 = \dfrac{0.55 - 0.5}{\dfrac{\sqrt{0.5 \times 0.5}}{1,000}}$

해설

$\hat{p} = \dfrac{550}{1,000}$, $n = 1,000$, $p_0 = 0.5$, 표본의 비율 $\hat{p}$에 대한 Z값은 $Z = \dfrac{\hat{p} - p_0}{\sqrt{p_0(1-p_0)/n}}$ 이므로

$\therefore \dfrac{0.55 - 0.5}{\sqrt{\dfrac{0.5(1-0.5)}{1,000}}}$

65

성별 평균소득에 관한 설문조사자료를 정리한 결과, 집단 내 평균제곱(Mean Squares Within Groups)은 50, 집단 간 평균제곱(Mean Squares Between Groups)은 25로 나타났다. 이 경우에 F값은?

① 0.5

② 2

③ 25

④ 75

해설

F값은 집단 간 평균제곱을 집단 내 평균제곱으로 나눈 값이다.

$$\therefore \frac{25}{50} = 0.5$$

66

회귀분석에서 결정계수 R^2에 대한 설명으로 틀린 것은? (단, SST는 총제곱합, SSR은 회귀제곱합, SSE는 잔차제곱합)

① $R^2 = \dfrac{SSR}{SST}$

② $-1 \leq R^2 \leq 1$

③ SSE가 작아지면 R^2는 커진다.

④ R^2는 독립변수의 수가 늘어날수록 증가하는 경향이 있다.

해설

결정계수는 $0 \leq R^2 \leq 1$의 값을 가진다.

67

다음은 대응되는 두 변량 X와 Y를 관측하여 얻은 자료 $(x_1, y_1), \cdots, (x_n, y_n)$으로 그린 산점도이다. X와 Y의 표본상관계수의 절댓값이 가장 작은 것은?

①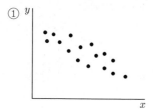

②

③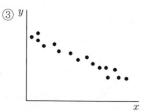

④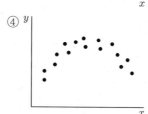

상관계수는 선형관계를 나타낸다. 음의 값을 가지면 부(Negative)의 상관관계가, 양의 값을 가지면 정(Positive)의 상관관계가 있음을 의미한다. 또한 0에 가까울수록 상관관계가 약한 것을 의미하고 ±1에 가까울수록 강한 상관관계가 있음을 의미한다. 또한 상관계수가 0이면 변수 간에 선형연관성이 없는 것이지 곡선의 연관성은 있을 수 있다. 이 문제에서는 곡선의 연관성을 가진 ④번 그래프가 상관계수 값 0으로 절댓값이 가장 작다.

68

어느 경제신문사의 조사에 따르면 모든 성인의 30%가 주식투자를 하고 있고, 그중 대학졸업자는 70%라고 한다. 우리나라 성인의 40%가 대학졸업자라고 가정하고 무작위로 성인 한 사람을 뽑았을 때, 그 사람이 대학은 졸업하였으나 주식투자를 하지 않을 확률은?

① 12%

② 19%

③ 21%

④ 49%

주식을 하는 성인의 집합을 A, 대졸자 성인의 집합을 B라고 하면 $P(A) = 0.3$, $P(B) = 0.4$이다.
그리고 주식을 하는 성인 30% 중 70%가 대학을 졸업했으므로 대학도 졸업하고 주식도 하는 성인의 집합은 $A \cap B$이고 $P(A \cap B) = 0.3 \times 0.7 = 0.21$이다.
이때 대학은 졸업하였으나 주식투자를 하지 않는 성인의 집합은 집합 $A \cup B$에서 집합 A를 뺀 것과 같다.
즉, $P(A \cup B) - P(A) = [P(A) + P(B) - P(A \cap B)] - P(A)$
$$= P(B) - P(A \cap B)$$
$$= 0.4 - 0.21$$
$$= 0.19$$

∴ 19%

69

10명의 스포츠댄스 회원들이 한 달간 댄스 프로그램에 참가하여 프로그램 시작 전 체중과 한 달 후 체중의 차이를 알아보려고 할 때 적합한 검정방법은?

① 대응표본 t-검정
② 독립표본 t-검정
③ z-검정
④ F-검정

해설

독립표본 t-검정은 두 집단이 각각 $N(\mu_1, \sigma_1^2)$과 $N(\mu_2, \sigma_2^2)$인 정규분포를 따르고 서로 독립이라는 가정하에 두 집단 간 모평균에 차이가 있는지를 검정한다. 하지만 대응표본 t-검정은 두 집단이 서로 독립이라는 가정을 필요로 하지 않으며 서로 짝을 이룬 자료일 때 두 집단 간 모평균에 차이가 있는지를 검정한다.

70

평균이 μ이고 표준편차가 σ인 모집단에서 임의추출한 100개의 표본평균 $\overline{X}$와 1,000개의 표본평균 $\overline{Y}$를 이용하여 μ를 추정하고자 한다. μ의 두 추정량 $\overline{X}$와 $\overline{Y}$ 중 어느 추정량이 더 좋은 추정량인지를 올바르게 설명한 것은?

① $\overline{X}$의 표준오차가 더 크므로 $\overline{X}$가 더 좋은 추정량이다.
② $\overline{X}$의 표준오차가 더 작으므로 $\overline{X}$가 더 좋은 추정량이다.
③ $\overline{Y}$의 표준오차가 더 크므로 $\overline{Y}$가 더 좋은 추정량이다.
④ $\overline{Y}$의 표준오차가 더 작으므로 $\overline{Y}$가 더 좋은 추정량이다.

해설

일반적으로 얼마나 좋은 추정량인가를 나타내는 방법으로 그 추정량의 표준편차를 이용한다. 통계량의 표준편차를 통계량의 표준오차라 하며 표준오차는 $\frac{\sigma}{\sqrt{n}}$으로 구한다. 이때 더 작은 추정량이 더 좋은 추정량이다. 표본평균 $\overline{X}$의 표준오차는 $\frac{\sigma}{\sqrt{100}}$, 표본평균 $\overline{Y}$의 표준오차는 $\frac{\sigma}{\sqrt{1,000}}$이다. 따라서 $\overline{Y}$의 표준오차가 더 작으므로 더 좋은 추정량이다.

69 ① 70 ④ **정답**

71

회귀분석에 대한 설명 중 옳은 것은?

① 회귀분석에서 분산분석표는 사용되지 않는다.
② 독립변수는 양적인 관찰값만 허용된다.
③ 회귀분석은 독립변수 간에는 상관관계가 0인 경우만 분석 가능하다.
④ 회귀분석에서 t-검정과 F-검정이 모두 사용된다.

해설

회귀모형의 유의성 검정에서 검정통계량은 F-검정을 사용하고 단순회귀계수의 유의성 검정에서 검정통계량은 t-검정을 사용한다.

72

모집단의 표준편차의 값이 상대적으로 작을 때에 표본평균 값의 대표성에 대한 해석으로 가장 적합한 것은?

① 대표성이 크다.
② 대표성이 적다.
③ 표본의 크기에 따라 달라진다.
④ 대표성의 정도는 표준편차와 관계없다.

해설

표준편차의 값이 상대적으로 작다는 것은 모든 변량이 평균값에 집중되고 있음을 의미한다. 즉, 표본평균 $\bar{x}$ 가 모집단을 대표하는 값으로서 대표성이 크다.

73

회귀분석에서 추정량의 성질이 아닌 것은?

① 선형성
② 불편성
③ 등분산성
④ 유효성

해설

회귀분석의 기본 가정
- 정규성 : 오차항은 정규분포를 따르고 평균은 0이며, 분산은 일정하다.
- 등분산성 : 오차항의 분산은 독립변수 x에 관계없이 일정하다.
- 선형성 : 독립변수와 종속변수의 관계는 선형이다.
- 독립성 : 서로 다른 x값의 오차는 독립적이다.
- 독립변수 x는 고정된 값을 가지며, 확률변수가 아니다.
- 불편성 : 추정량의 기대치가 추정할 모수의 실제값과 같을 때, 이 추정량은 불편성을 가졌다고 한다.

74

6면 주사위의 각 눈이 나타날 확률이 동일한지를 알아보기 위하여 주사위를 60번 던진 결과가 다음과 같다. 다음 설명 중 틀린 것은?

눈	1	2	3	4	5	6
관측도수	10	12	10	8	10	10

① 카이제곱 동질성 검정을 이용한다.
② 카이제곱 검정통계량 값은 0.8이다.
③ 귀무가설은 "각 눈이 나올 확률은 1/6이다."이다.
④ 귀무가설하에서 각 눈이 나올 기대도수는 10이다.

해설

눈	1	2	3	4	5	6
관측도수	10	12	10	8	10	10
기대도수	60/6	60/6	60/6	60/6	60/6	60/6

60회 실행이고 확률이 동일한지를 검정하는 것이므로 기대도수는 각 60/6 = 10이다.
카이제곱 적합성 검정을 이용하며, 귀무가설은 "실제분포와 이론적 분포는 일치한다(각 눈이 나올 확률은 1/6이다)."이고 대립가설은 "실제분포는 이론적 분포와 일치하지 않는다."이다.

검정통계량 $\chi^2 = \sum_{i=1}^{k} \frac{(O_i - E_i)^2}{E_i} = \frac{(10-10)^2}{10} + \frac{(12-10)^2}{10} + \frac{(10-10)^2}{10} + \frac{(8-10)^2}{10} + \frac{(10-10)^2}{10} + \frac{(10-10)^2}{10} = 0.8$이다.

75

어떤 산업제약의 제품 중 10%는 유통과정에서 변질되어 부적합품이 발생한다고 한다. 이를 확인하기 위하여 해당 제품 100개를 추출하여 실험하였다. 이때 10개 이상이 부적합품일 확률은?

① 0.1
② 0.3
③ 0.5
④ 0.7

해설

어떤 시행에서 사건 A가 일어날 확률을 p, 사건 A가 일어나지 않을 확률을 $q(q=1-p)$라 하고 이 시행을 독립적으로 n회 되풀이할 때, 그중에서 x회만 A가 일어날 확률은 $_nC_x p^x q^{n-x}$이다. 이 확률분포를 이항분포라 하고 $B(n, p)$로 나타낸다.
$X \sim B(100, 0.1)$, 기댓값은 $np = 10$, 분산은 $npq = 9$이므로 $X \sim Z(10, 9)$일 때

10개 이상이 부적합품일 확률은 $P(X \geq 10) = P(Z \geq \frac{10-10}{9}) = P(Z \geq 0)$이다.

∴ 0.5

76

어떤 도시의 특정 정당 지지율을 추정하고자 한다. 지지율에 대한 90% 추정오차한계를 5% 이내가 되도록 하기 위한 최소 표본의 크기는? (단, Z가 표준정규분포를 따르는 확률변수일 때 $P(Z \leq 1.645) = 0.95$, $P(Z \leq 1.96) = 0.975$, $P(Z \leq 0.995) = 2.576$ 이다)

① 68

② 271

③ 385

④ 664

해설

모비율추정 시 표본의 크기는 $n \geq \hat{p}(1-\hat{p})\left(\dfrac{Z_{\alpha/2}}{D}\right)^2$ 이다.

이때 D는 오차한계=신뢰도계수×표준오차이며 모비율을 알 수 없으므로 $\hat{p} = \dfrac{1}{2}$ 을 사용한다.

$D = 0.05$, 90% 신뢰수준이므로 $\alpha = 0.1$, $Z_{\alpha/2} = 1.645$, $\hat{p} = \dfrac{1}{2}$

따라서 $n \geq \dfrac{1}{2}\left(1-\dfrac{1}{2}\right)\left(\dfrac{1.645}{0.05}\right)^2 \fallingdotseq 270.60$ 이므로 최소한 271명의 표본을 추출해야 한다.

77

행변수가 M개의 범주를 갖고 열변수가 N개의 범주를 갖는 분할표에서 행변수와 열변수가 서로 독립인지를 검정하고자 한다. (i, j)셀의 관측도수를 O_{ij}, 귀무가설하에서의 기대도수의 추정치를 $\widehat{E}_{ij}$라 할 때, 이 검정을 위한 검정통계량은?

① $\displaystyle\sum_{i=1}^{M}\sum_{j=1}^{N}\frac{(O_{ij} - \widehat{E}_{ij})^2}{O_{ij}}$

② $\displaystyle\sum_{i=1}^{M}\sum_{j=1}^{N}\frac{(O_{ij} - \widehat{E}_{ij})^2}{\widehat{E}_{ij}}$

③ $\displaystyle\sum_{i=1}^{M}\sum_{j=1}^{N}\frac{(O_{ij} - \widehat{E}_{ij})}{\widehat{E}_{ij}}$

④ $\displaystyle\sum_{i=1}^{M}\sum_{j=1}^{N}\left(\frac{O_{ij} - \widehat{E}_{ij}}{\sqrt{n\,\widehat{E}_{ij}\,O_{ij}}}\right)$

해설

모집단에서 추출한 자료들이 두 가지 변수로 A, B에 의해서 범주화되어 있을 때 이들 두 가지 변수 A, B 사이에 연관성이 있는지를 검정하는 것을 카이제곱 독립성 검정이라 한다. O_{ij}를 관측도수, $\widehat{E}_{ij}$를 기대도수라 할 때, 검정통계량은 $\chi^2 = \displaystyle\sum_{i=1}^{M}\sum_{j=1}^{N}\frac{(O_{ij} - \widehat{E}_{ij})^2}{\widehat{E}_{ij}}$ 이다.

78

공정한 동전 두 개를 던지는 시행을 1,200회 하여 두 개 모두 뒷면이 나온 횟수를 X라고 할 때, $P(285 \leq X \leq 315)$의 값은? (단, $Z \sim N(0,1)$일 때, $P(Z < 1) = 0.84$)

① 0.35

② 0.68

③ 0.95

④ 0.99

해설

동전 두 개 모두 뒷면이 나오는 확률은 $\frac{1}{4}$이고

1,200회 시행하여 두 개 모두 뒷면이 나오는 횟수를 X라 할 때

$X \sim B(1200, \frac{1}{4})$, $\mu = 1200 \times \frac{1}{4} = 300$, $\sigma^2 = 1200 \times \frac{1}{4} \times \frac{3}{4} = 225$, $\sigma = \sqrt{225} = 15$

$P(285 \leq X \leq 315)$

$= P(\frac{285-300}{15} \leq \frac{X-300}{15} \leq \frac{315-300}{15})$

$= P(-1 \leq Z \leq 1)$

$P(-1 \leq Z \leq 1) = 2 \times P(0 \leq Z \leq 1)$

$\qquad\qquad\qquad = 2[P(Z < 1) - 0.5]$

$\qquad\qquad\qquad = 0.68$

$\therefore$ 0.68

79

다른 변수들의 상관관계를 통제하고 순수하게 두 변수 간의 상관관계를 나타내는 것은?

① 단순상관계수

② 편상관계수

③ 다중상관계수

④ 결정계수

80

특정 제품의 단위 면적당 결점의 수 또는 단위시간당 사건 발생수에 대한 확률분포로 적합한 분포는?

① 이항분포

② 포아송분포

③ 초기하분포

④ 지수분포

해설

일반적으로 단위시간, 단위면적 또는 단위공간 내에서 발생하는 어떤 사건의 횟수를 확률변수 X라 하면, 확률변수 X는 λ를 모수로 갖는 포아송분포를 따른다고 한다. 포아송분포의 확률밀도함수는 다음과 같다.

$$f(x) = \frac{e^{-\lambda} \lambda^x}{x!} \quad (x = 0, 1, 2, \cdots, \quad \lambda \text{ : 단위시간, 단위면적 또는 단위공간 내에서 발생하는 사건의 평균값})$$

81

가설검정에 대한 설명으로 틀린 것은?

① 가설은 귀무가설과 대립가설이 있다.

② 귀무가설은 주로 기존의 사실을 위주로 보수적으로 세운다.

③ 가설검정의 과정에서 유의수준은 유의확률($p - Value$)을 계산 후에 설정한다.

④ 유의확률($p - Value$)이 유의수준보다 작으면 귀무가설을 기각한다.

해설

유의확률($p - Value$)이란 귀무가설이 사실이라는 전제하에 검정통계량이 표본에서 계산된 값과 같거나 그 값보다 대립가설 방향으로 더 극단적인 값을 가질 확률이다. 즉, $p - Value$값은 검정통계량 값에 대해서 귀무가설을 기각시킬 수 있는 최소의 유의수준으로 귀무가설이 사실일 확률이라 생각할 수 있다. 그러므로 유의수준은 유의확률을 계산한 후에 설정하는 것이 아니라 유의확률 계산 후 주어진 유의수준에 따라 귀무가설의 기각과 채택을 결정한다.

82

다음은 경영학과, 컴퓨터정보학과에서 15점 만점인 중간고사 결과이다. 두 학과 평균의 차이에 대한 95% 신뢰구간은?

구 분	경영학과	컴퓨터정보학과
표본크기	36	49
표본평균	9.26	9.41
표준편차	0.75	0.86

① $-0.15 \pm 1.96 \sqrt{\dfrac{0.75^2}{36} + \dfrac{0.86^2}{49}}$

② $-0.15 \pm 1.645 \sqrt{\dfrac{0.75^2}{36} + \dfrac{0.86^2}{49}}$

③ $-0.15 \pm 1.96 \sqrt{\dfrac{0.75^2}{35} + \dfrac{0.86^2}{48}}$

④ $-0.15 \pm 1.645 \sqrt{\dfrac{0.75^2}{35} + \dfrac{0.86^2}{48}}$

해설

두 모집단의 분포가 정규분포를 하고, 모분산이 알려진 경우 두 모집단 평균차이의 신뢰구간은 표본의 크기와 상관없이 다음과 같이 구한다.

$$(\overline{X_1} - \overline{X_2}) - Z_{\alpha/2} \sqrt{\frac{\sigma_1^2}{n_1} + \frac{\sigma_2^2}{n_2}} \leq \mu_1 - \mu_2 \leq (\overline{X_1} - \overline{X_2}) + Z_{\alpha/2} \sqrt{\frac{\sigma_1^2}{n_1} + \frac{\sigma_2^2}{n_2}}$$

$\overline{X_1} = 9.26$, $\overline{X_2} = 9.41$, $\sigma_1^2 = 0.75^2$, $\sigma_2^2 = 0.86^2$, $n_1 = 36$, $n_2 = 49$

95%에 대한 신뢰구간이므로 $\alpha = 0.05$, $Z_{\alpha/2} = 1.96$이다.

$$\therefore (9.26 - 9.41) - 1.96 \sqrt{\frac{0.75^2}{36} + \frac{0.86^2}{49}} \leq \mu_1 - \mu_2 \leq (9.26 - 9.41) + 1.96 \sqrt{\frac{0.75^2}{36} + \frac{0.86^2}{49}}$$

83

분산에 관한 설명으로 틀린 것은?

① 편차제곱의 평균이다.
② 분산은 양수 또는 음수를 취한다.
③ 자료가 모두 동일한 값이면 분산은 0이다.
④ 자료가 평균에 밀집할수록 분산의 값은 작아진다.

해설

분산은 표준편차의 제곱이므로 음수 값을 취할 수 없다.

84

눈의 수가 3이 나타날 때까지 계속해서 공정한 주사위를 던지는 실험에서 주사위를 던진 횟수를 확률변수 X라고 할 때, X의 기댓값은?

① 3.5

② 5

③ 5.5

④ 6

해설

단 한번의 성공을 위해 실패를 거듭해야 하는 경우 기하분포를 이용한다. 성공 확률 p인 베르누이 시행을 처음으로 성공할 때까지 반복 시행할 때 그 시행횟수를 x라고 하면 확률함수는 $P(X=x)=pq^{x-1}$이고 기댓값 $\dfrac{1}{p}$, 분산 $\dfrac{q}{p^2}$이다.

따라서 주사위의 눈이 3일 확률은 $\dfrac{1}{6}$이므로 눈의 수가 3이 나타날 때까지 주사위를 던진 횟수를 X라고 할 때 X의 기댓값은

$\dfrac{1}{\frac{1}{6}}=6$이다.

85

어느 고등학교 1학년 학생의 신장은 평균이 168cm이고, 표준편차가 6cm인 정규분포를 따른다고 한다. 이 고등학교 1학년 학생 100명을 임의 추출할 때, 표본평균이 167cm 이상 169cm 이하일 확률은?
(단, $P(Z \le 1.67)=0.9525$)

① 0.9050

② 0.0475

③ 0.8050

④ 0.7050

해설

$X \sim N(168, 6^2)$

$$P(167 \le X \le 169)=P\left(\frac{167-168}{6/\sqrt{100}} \le \frac{X-168}{6/\sqrt{100}} \le \frac{169-168}{6/\sqrt{100}}\right)$$
$$=P(-1.67 \le Z \le 1.67)$$
$$P(-1.67 \le Z \le 1.67)=2 \times P(0 \le Z \le 1.67)$$
$$=2 \times [P(Z \le 1.67)-0.5]$$
$$=2(0.9525-0.5)$$
$$=0.9050$$

86

항아리 속에 흰 구슬 2개, 붉은 구슬 3개, 검은 구슬 5개가 들어 있다. 이 항아리에서 임의로 구슬 3개를 꺼낼 때 흰 구슬 2개와 검은 구슬 1개가 나올 확률은?

① $\dfrac{1}{24}$

② $\dfrac{9}{40}$

③ $\dfrac{3}{10}$

④ $\dfrac{1}{5}$

해설

항아리 속 구슬에서 임의로 구슬 3개를 꺼내는 경우의 수 $=_{2+3+5}C_3 = {}_{10}C_3 = 120$

항아리 속 흰 구슬 2개를 꺼낼 경우의 수×항아리 속 검은 구슬 1개를 꺼내는 경우의 수 $=_2C_2 \times {}_5C_1 = 5$

$\therefore \dfrac{5}{120} = \dfrac{1}{24}$

87

3개의 처리(Treatment)를 각각 5번씩 반복하여 실험하였고, 이에 대해 분산분석을 실시하고자 할 때의 설명으로 틀린 것은?

① 분산분석표에서 오차의 자유도는 12이다.
② 분산분석의 영가설(H_0)은 3개의 처리 간 분산이 모두 동일하다고 설정한다.
③ 유의수준 0.05 하에서 계산된 F-비 값은 $F(0.05, 2, 12)$ 분포값과 비교하여, 영가설의 기각여부를 결정한다.
④ 처리 평균제곱은 처리 제곱합을 처리 자유도로 나눈 것을 말한다.

해설

분산분석에서 귀무가설(H_0)은 '$\mu_1 = \mu_2 = \mu_3$', 대립가설(H_1)은 '모든 μ_i가 같은 것은 아니다($i = 1, 2, 3$)'이다. 즉, 분산분석의 영가설(귀무가설)은 3개의 처리 간 평균은 모두 동일하다고 설정한다.

88

단순회귀분석의 적합도 추정에 대한 설명으로 틀린 것은?

① 결정계수가 1이면 상관계수는 반드시 1이다.
② 결정계수는 오차의 변동 대비 회귀의 변동을 비율로 나타낸 값이다.
③ 추정의 표준오차는 잔차에 의한 식으로 계산된다.
④ 모형의 F-검정이 유의하면 기울기의 유의성 검정도 항상 유의하다.

결정계수 R^2은 $\dfrac{SSR}{SST}$이다. 즉, 총변동 대비 회귀의 변동을 비율로 나타낸 값이다.

89

평균이 μ이고, 표준편차가 σ인 정규모집단으로부터 표본을 관측할 때, 관측값이 $\mu + 2\sigma$와 $\mu - 2\sigma$ 사이에 존재할 확률은 약 몇 %인가?

① 33%   ② 68%

③ 95%   ④ 99%

확률밀도함수와 평균 및 표준편차와의 관계

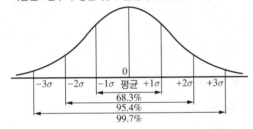

90

A반 학생은 50명이고 B반 학생은 100명이다. A반과 B반의 평균성적이 각각 80점과 85점이었다. A반과 B반의 전체 평균성적은?

① 80.0   ② 82.5

③ 83.3   ④ 84.5

각 반의 총점수를 X라고 하면 $80 = \dfrac{X_A}{50}$, $X_A = 4000$이고 $85 = \dfrac{X_B}{100}$, $X_B = 8500$이다.

A반과 B반의 점수를 합하면 $4000 + 8500 = 12500$이고 총인원은 $50 + 100 = 150$명이므로 A반과 B반의 전체 평균성적은 $\dfrac{12500}{150} \fallingdotseq 83.3$이다.

91

독립변수가 $2(=k)$개인 중회귀모형 $y_j = \beta_0 + \beta_1 x_{1j} + \beta_2 x_{2j} + \epsilon_j,\ j = 1, \cdots,\ n$의 유의성 검정에 대한 내용으로 틀린 것은?

① $H_0 : \beta_1 = \beta_2 = 0$

② H_1 : 회귀계수 β_1, β_2 중 적어도 하나는 0이 아니다.

③ $\dfrac{MSE}{MSR} > F_{(k,\ n-k-1,\ \alpha)}$이면 H_0를 기각한다.

④ 유의확률 p가 유의수준 α보다 작으면 H_0을 기각한다.

> [해설]
> $F = \dfrac{MSR}{MSE} > F_{(k, n-k-1, 1-\alpha)}$이면 귀무가설($H_0$)을 기각한다.

92

두 집단의 분산의 동일성 검정에 사용되는 검정통계량의 분포는?

① t-분포 ② 기하분포

③ χ^2-분포 ④ F-분포

> [해설]
> F-분포는 두 개의 분산을 비교, 추론하는 데 사용되는 것으로 두 집단의 분산의 동일성 검정에 사용된다.

93

다음 중 산포의 측도는?

① 평 균 ② 범 위

③ 중앙값 ④ 제75백분위수

> [해설]
> 산포도란 자료의 분산 상황을 나타내는 수치이다. 산포도를 측정하기 위하여 널리 쓰이는 통계방법으로 범위, 사분위편차, 평균편차, 표준편차 등이 있다. ①·③·④는 대푯값이다.

94

동전을 3회 던지는 실험에서 앞면이 나오는 횟수를 X라고 할 때, 확률변수 $Y = (X-1)^2$의 기댓값은?

① 1/2

② 1

③ 3/2

④ 2

해설

$X \sim B(3, \frac{1}{2})$일 때,

$E(X) = 3 \times \frac{1}{2} = 1.5$, $Var(X) = 3 \times \frac{1}{2} \times (1 - \frac{1}{2}) = 0.75$

$E(Y) = E[(X-1)^2] = E(X^2 - 2X + 1) = E(X^2) - 2E(X) + 1$

$Var(X) = E(X^2) - [E(X)]^2$이므로 $E(X^2) = Var(X) + [E(X)]^2 = 0.75 + 1.5^2 = 3$이다.

$\therefore E(Y) = E(X^2) - 2E(X) + 1 = 3 - 2 \times 1.5 + 1 = 1$

95

대기오염에 따른 신체발육정도가 서로 다른지를 알아보기 위해 대기오염상태가 서로 다른 4개 도시에서 각각 10명씩 어린이들의 키를 조사하였다. 분산분석의 결과가 다음과 같을 때, 다음 중 틀린 것은?

〈분산분석표〉

구 분	제곱합(SS)	자유도(df)	평균제곱합(MS)	F
처리(B)	2100	a	b	f
오차(W)	c	d	e	
총합(T)	4900	g		

① $b = 700$

② $c = 2800$

③ $g = 39$

④ $f = 8.0$

해설

구 분	제곱합(SS)	자유도(df)	평균제곱합(MS)	F
처리(B)	2100	$a=3$	$b=700$	$f=9$
오차(W)	$c=2800$	$d=36$	$e=77.78$	
총합(T)	4900	$g=39$		

4개의 도시이므로 요인수준은 4, 각 도시에서 10명씩 조사하므로 관찰개수는 4×10이다.

$c = 4900 - 2100 = 2800$

$a = $ 처리의 자유도 = 요인수준 $- 1 = 4 - 1 = 3$

$d = $ 오차의 자유도 = 관찰 개수 $-$ 요인수준 $= 10 \times 4 - 4 = 36$

$g = a + d = 3 + 36 = 39$

$b = $ 처리의 평균제곱합 = 처리제곱합/처리의 자유도 $= 2100/3 = 700$

$e = $ 오차의 평균제곱합 = 오차제곱합/오차의 자유도 $= 2800/36 ≒ 77.78$

$f = $ 처리의 평균제곱합/오차의 평균제곱합 $= 700/77.78 ≒ 9$

96

다음은 가전제품 서비스센터에서 어느 특정한 날 하루 동안 신청받은 애프터서비스 건수이다. 자료에 대한 설명으로 틀린 것은?

	9	10	4	16	6	13	12	

① 왜도는 0이다.

② 범위는 12이다.

③ 편차들의 총합은 0이다.

④ 평균과 중앙값은 10으로 동일하다.

해설

① 자료를 오름차순으로 나열했을 때 4 6 9 10 12 13 16이다. 좌우대칭이 아니므로 왜도는 0이 아니다.

② 범위는 가장 큰 값 16에서 가장 작은 값 4를 뺀 12이다.

③ 산술평균으로부터 편차의 합은 0이다.

④ 평균값은 $(9+10+4+16+6+13+12)/7 = 10$, 중앙값은 자료를 오름차순으로 나열했을 때 4 6 9 10 12 13 16이므로 10이다.

97

카이제곱 검정에 의해 성별과 지지하는 정당 사이에 관계가 있는지를 알아보기 위해 자료를 조사한 결과, 남자 200명 중 A정당 지지자가 140명, B정당 지지자가 60명, 여자 200명 중 A정당 지지자가 80명, B정당 지지자는 120명이다. 성별과 정당 사이에 관계가 없을 경우 남자와 여자 각각 몇 명이 B정당을 지지한다고 기대할 수 있는가?

① 남자 : 50명, 여자 : 50명

② 남자 : 60명, 여자 : 60명

③ 남자 : 80명, 여자 : 80명

④ 남자 : 90명, 여자 : 90명

해설

구 분	A정당 지지	B정당 지지	합 계
여 자	80	120	200
남 자	140	60	200
합 계	220	180	400

카이제곱 검정에서 기대도수를 구하는 공식은 다음과 같다.

$E_{ij} = \dfrac{O_{i.} \times O_{.j}}{n}$ (단, $O_{i.}$: 행의 합, $O_{.j}$: 열의 합, n : 전체관측도수)

B정당을 지지하는 여자의 기대도수 : $\dfrac{(80+120) \times (120+60)}{400} = 90$

B정당을 지지하는 남자의 기대도수 : $\dfrac{(140+60) \times (120+60)}{400} = 90$

98

모평균 θ에 대한 95% 신뢰구간이 (−0.042, 0.522)일 때, 귀무가설 $H_0 : \theta = 0$과 대립가설 $H_1 : \theta \neq 0$을 유의수준 0.05에서 검정한 결과에 대한 설명으로 옳은 것은?

① 신뢰구간이 0을 포함하고 있으므로 귀무가설을 기각할 수 없다.

② 신뢰구간과 가설검정은 무관하기 때문에 신뢰구간을 기초로 검증에 대한 어떠한 결론도 내릴 수 없다.

③ 신뢰구간을 계산할 때 표준정규분포의 임계값을 사용했는지 또는 t분포의 임계값을 사용했는지에 따라 해석이 다르다.

④ 신뢰구간의 상한이 0.522로 0보다 크므로 귀무가설을 기각한다.

해설

①·②·④ 신뢰구간 내에 귀무가설을 포함하므로 귀무가설을 채택한다.
③ 모평균에 대한 신뢰구간은 모분산을 아는 경우와 모르는 경우에 따라 표준정규분포나 t분포를 사용하며 해석은 동일하게 한다.

99

검정통계량의 분포가 정규분포가 아닌 검정은?

① 대표본에서 모평균의 검정

② 대표본에서 두 모비율의 차에 관한 검정

③ 모집단이 정규분포인 대표본에서 모분산의 검정

④ 모집단이 정규분포인 소표본에서 모분산을 알 때, 모평균의 검정

해설

모집단이 정규분포인 대표본에서 모분산의 검정은 카이제곱 검정통계량을 이용한다.

100

정규모집단 $N(\mu, \sigma^2)$에서 추출한 확률표본 $X_1, X_2, \cdots, X_n$의 표본분산 $S^2 = \dfrac{1}{n-1} \displaystyle\sum_{i=1}^{n} (X_i - \overline{X})^2$에 대한 설명으로 옳은 것은?

① S^2은 σ^2의 불편추정량이다.

② S는 σ의 불편추정량이다.

③ S^2은 카이제곱분포를 따른다.

④ S^2의 기댓값은 σ^2/n이다.

해설

표본분산은 항상 모분산의 불편추정량이다.

훌륭한 가정만한 학교가 없고, 덕이 있는 부모만한 스승은 없다.

– 마하트마 간디 –

2020년

기출문제

제 1·2 회 기출문제해설

제1과목 | 조사방법론 I

01

설문조사로 얻고자 하는 정보의 종류가 결정된 이후의 질문지 작성과정을 바르게 나열한 것은?

> A. 자료수집방법의 결정
> B. 질문내용의 결정
> C. 질문형태의 결정
> D. 질문순서의 결정

① A → B → C → D
② B → C → D → A
③ B → D → C → A
④ C → A → B → D

해설

질문지 작성 절차
필요한 정보의 결정 → 자료수집방법의 결정(A) → 개별항목내용(질문내용)의 결정(B) → 질문형태의 결정(C) → 개별항목의 결정 → 질문순서의 결정(D) → 질문지의 초안 완성 → 질문지의 사전조사 → 질문지의 완성

02

우편조사 시 취지문이나 질문지 표지에 반드시 포함되지 않아도 되는 사항은?

① 조사기관
② 조사목적
③ 자료분석방법
④ 비밀유지보장

해설

질문지 표지는 응답자에게 조사의 당위성을 설명하고, 이들에게 협조를 구함으로써 응답률을 제고시키는 역할을 한다. 따라서 조사자나 조사기관에 대한 신분을 밝히고, 조사의 목적, 조사의 중요성에 대해 설명하고, 응답내용과 응답자의 신분에 대해 엄격한 비밀보장이 이루어짐을 확신시켜야 한다.

01 ① 02 ③ 정답

03

사회조사의 유형에 관한 설명으로 옳은 것을 모두 고른 것은?

> ㄱ. 탐색, 기술, 설명적 조사는 조사의 목적에 따른 구분이다.
> ㄴ. 패널조사와 동년배집단(Cohort)조사는 동일대상인에 대한 반복측정을 원칙으로 한다.
> ㄷ. 2차 자료 분석연구는 비관여적 연구방법에 해당한다.
> ㄹ. 탐색적 조사의 경우에도 명확한 연구가설과 구체적 조사계획이 사전에 수립되어야 한다.

① ㄱ, ㄴ, ㄷ
② ㄱ, ㄷ
③ ㄴ, ㄹ
④ ㄹ

해설

ㄴ. 동년배집단조사(코호트조사)는 일정 기간 동안 어떤 한정된 부분 모집단의 변화를 연구하는 것이다. 특정 경험을 같이 하는 사람들이 가지는 특성들에 대해 두 번 이상의 다른 시기에 걸쳐서 비교·연구하는 방법으로서, 모집단으로부터 매번 다른 표본을 추출한다.

ㄹ. 탐색적 조사는 조사설계를 확정하기 이전 연구문제의 발견, 변수규명, 가설도출 등을 위해 예비적으로 실시하는 것으로 명확한 결론을 내리기 위한 조사가 아니다. 따라서 명확한 연구가설과 구체적 조사계획이 사전에 수립될 필요는 없다.

04

경험적으로 검증할 수 있는 가설의 예로 옳은 것은?

① 불평등은 모든 사회에서 나타날 것이다.
② 다양성이 존중되는 사회가 그렇지 않은 사회보다 더 바람직하다.
③ 모든 행위는 비용과 보상에 의해 결정된다.
④ 여성의 노동참여율이 높을수록 출산율은 낮을 것이다.

해설

가설은 2개 이상의 변수로 구성되어야 하며, 그것들 간의 관계를 나타내고 있어야 한다. '여성의 노동참여율이 높을수록 출산율은 낮을 것이다.'라는 가설은 여성의 노동참여율과 출산율이란 2개의 변수로 구성되어 있으며, 이 2개의 변수 간에 관계를 나타내고 있으므로 검증 가능하다.

05

논리적 연관성 도출방법 중 연역적 방법과 귀납적 방법에 관한 설명으로 틀린 것은?

① 귀납적 방법은 구체적인 사실로부터 일반원리를 도출해 낸다.

② 연역적 방법은 일정한 이론적 전제를 수립해 놓고 그에 따라 구체적인 사실을 수집하여 검증함으로써 다시 이론적 결론을 유도한다.

③ 연역적 방법은 이론적 전제인 공리로부터 논리적 분석을 통하여 가설을 정립하여 이를 경험의 세계에 투사하여 검증하는 방법이다.

④ 귀납적 방법이나 연역적 방법을 조화시키면 상호 배타적이기 쉽다.

해설

연역적 방법과 귀납적 방법은 서로 대비되는 장·단점으로 인해 상호보완적인 관계를 형성한다.

06

다음에 열거한 속성을 모두 충족하는 자료수집방법은?

- 비용이 저렴하다.
- 조사기간이 짧다.
- 그림·음성·동영상 등을 이용할 수 있어 응답자의 이해도를 높일 수 있다.
- 모집단이 편향되어 있다.

① 면접조사   ② 우편조사

③ 전화조사   ④ 온라인조사

해설

온라인조사는 컴퓨터와 인터넷을 사용할 수 있는 사람만을 대상으로 하므로 표본의 대표성을 확보하기 어렵고, 특정 연령층이나 성별에 따른 편중된 응답이 도출될 위험성이 있다. 하지만 시간 및 공간상의 제약이 다른 방법에 비해 상대적으로 적기 때문에 조사가 신속히 이루어지며, 조사비용이 적게 들고 조사대상자가 많은 경우에도 추가비용이 들지 않는다. 또한 멀티미디어 자료의 활용 등 다양한 형태의 조사가 가능하다.

07

실험연구의 내적 타당도를 저해하는 원인 가운데 실험기간 중 독립변수의 변화가 아닌 피실험자의 심리적·인구통계적 특성의 변화가 종속변수에 영향을 미치는 경우에 해당하는 것은?

① 우발적 사건   ② 성숙효과

③ 표본의 편중   ④ 통계적 회귀

① 우발적 사건 : 연구기간 동안 천재지변이나 예상치 않았던 사건과 같이 특정 사건이 일어나는 경우, 환경이 바뀌고 이에 따라 연구결과가 다르게 나타나는 것이다.

③ 표본의 편중 : 외적 타당도를 위협하는 요인에 해당한다. 외적 타당도란 연구의 결과에 의해 기술된 인과관계가 연구대상 이외의 경우로 확대·일반화될 수 있는 정도를 말하는 것이다. 표본이 모집단의 일반적인 상황과 유사해야 실험 결과를 일반화할 수 있는데 표본이 편중되면 외적 타당도가 저해될 수 있다.

④ 통계적 회귀 : 최초의 측정에서 양극단적인 측정값을 보인 결과가 이후 재측정의 과정에서 평균값으로 회귀하는 것이다.

08

다음 ( )에 알맞은 변수를 순서대로 나열한 것은?

( )는 독립변수의 결과인 동시에 종속변수의 원인이 되는 변수로 두 변수의 관계를 중간에서 설명해 주는 것이고, ( )는 독립변수가 종속변수에 미치는 영향을 강화해 주거나 약화해주는 변수를 의미한다.

① 조절변수 - 억제변수

② 매개변수 - 구성변수

③ 매개변수 - 조절변수

④ 조절변수 - 매개변수

매개변수와 조절변수

• 매개변수 : 독립변수와 종속변수 간에 직접적인 관련이 없으나 제3의 변수가 두 변수의 중간에서 매개자 역할을 하여 두 변수 간에 간접적인 관계를 맺도록 하는 변수이다.

• 조절변수 : 독립변수와 종속변수 사이의 관계에서 영향을 미칠 것으로 여겨지는 제3의 변수로, 독립변수가 종속변수에 미치는 영향을 강화해 주거나 약화해 주는 변수이다.

09

다음에서 설명하고 있는 조사방법은?

대학 졸업생을 대상으로 체계적 표집을 통해 응답집단을 구성한 후 매년 이들을 대상으로 졸업 후의 진로와 경제활동 및 노동시장 이동상황을 조사하였다.

① 집단면접조사

② 파일럿조사

③ 델파이조사

④ 패널조사

④ 매년 같은 응답집단을 대상으로 조사하였으므로 이는 패널조사에 해당한다. 패널조사는 '패널(Panel)'이라 불리는 특정 응답자 집단을 정해 놓고 그들로부터 상당히 긴 시간 동안 지속적으로 연구자가 필요로 하는 정보를 획득하는 조사방법이다.

① 집단면접조사 : 추출된 조사대상자들을 한 자리에 모아놓은 후 조사를 실시한다.

② 파일럿조사 : 연구하려고 하는 문제의 핵심적인 요소들을 분명히 알지 못할 때 질문지 작성의 전 단계에서 실시하는 비지시적 방식의 조사로 탐색적 조사에 속한다.

③ 델파이조사 : 전문가·관리자들로부터 우편으로 의견이나 정보를 수집하여 그 결과를 분석한 후 그것을 다시 응답자들에게 보내어 의견을 묻는 식으로 만족스러운 결과를 얻을 때까지 계속 반복하며, 조사 내용이 정해진 구조화 방식이다.

10

연구유형에 관한 설명으로 틀린 것은?

① 순수연구 : 이론을 구성하거나 경험적 자료를 토대로 이론을 검증한다.
② 평가연구 : 응용연구의 특수형태로 진행 중인 프로그램이 의도한 효과를 가져왔는가를 평가한다.
③ 탐색적 연구 : 선행연구가 빈약하여 조사연구를 통해 연구해야 할 속성을 개념화한다.
④ 기술적 연구 : 축적된 자료를 토대로 특정된 사실관계를 파악하여 미래를 예측한다.

> **해설**
> 기술적 연구는 어떤 현상에 대한 탐구와 명백화, 즉 현상을 정확하게 기술하는 것을 주목적으로 한다. 어떤 사실과의 관계를 파악하여 미래를 예측하는 것은 설명적 연구에 해당한다.

11

면접원을 활용하는 조사 중 상이한 특성의 면접원에 의해 발생하는 편향(Bias)이 가장 클 것으로 추정되는 조사는?

① 전화 인터뷰조사
② 심층 인터뷰조사
③ 구조화된 질문지를 사용하는 인터뷰조사
④ 집단 면접조사

> **해설**
> 편향이란 연구결과에 영향을 줄 수 있는 편견을 의미한다. 심층 인터뷰조사는 한 명의 응답자와 일대일 면접을 통해 응답자의 심리를 조사하는 방법으로서, 면접원이 지침서에 따라 인터뷰를 진행하면서 편의에 따라 질문의 순서와 내용을 다소 조정할 수 있어 심도 있는 질문이 가능하다. 따라서 면접원의 면접 능력에 크게 의존하는 조사방법으로 면접원에 의해 발생하는 편향이 크다.

12

다음 설명에 해당하는 기계를 통한 관찰도구는?

> 어떠한 자극을 보여주고 피관찰자의 눈동자 크기를 측정하는 것으로, 동공의 크기 변화를 통해 응답자의 반응을 측정한다.

① 오디미터(Audimeter)
② 사이코갈바노미터(Psychogalvanometer)
③ 퓨필로미터(Pupilometer)
④ 모션 픽처 카메라(Motion Picture Camera)

> **해설**
> ① 오디미터(Audimeter) : TV 시청률을 조사하기 위한 자동장치로 TV 시청 시간과 채널을 조사한다.
> ② 사이코갈바노미터(Psychogalvanometer) : 응답자의 생체변화를 측정하는 정신 전류계로서, 심리적 변동에 의한 피부 전기의 변화 등을 측정한다.
> ④ 모션 픽처 카메라(Motion Picture Camera) : 영화 촬영 카메라를 뜻한다.

10 ④ 11 ② 12 ③ **정답**

13

다음 중 특정 연구에 대한 사전 지식이 부족할 때 예비조사(Pilot Test)에서 사용하기 가장 적합한 질문유형은?

① 개방형 질문
② 폐쇄형 질문
③ 가치중립적 질문
④ 유도성 질문

해설

예비조사는 일정한 조사 문제에 대한 관계정보를 다각적·전문적으로 획득하기 위한 준비과정으로서의 기초조사에 속한다고 할 수 있다. 즉, 조사연구 문제의 요소를 정확하게 알지 못하는 때에 핵심적인 요점과 요소가 무엇인가를 명백히 하기 위해서 실시되는 탐색적 성격의 조사를 말한다. 개방형 질문은 응답자들이 질문에 대해 자유롭게 응답하도록 되어 있는 것으로서, 조사자가 표본에 대한 정보를 가지고 있지 않을 때, 또는 예비조사나 탐색적 조사 등 문제의 핵심을 알고자 할 때 사용된다.

14

질문지의 형식 중 간접질문의 종류가 아닌 것은?

① 투사법(Projective Method)
② 오류선택법(Error-choice Method)
③ 컨틴전시법(Contingency Method)
④ 토의완성법(Argument Completion)

해설

간접질문은 응답자가 사회규범, 집단 또는 인간관계로 인한 압력, 체면 등의 여러 가지 이유로 진실한 응답을 회피하거나 거절할 경우 또는 거짓말하게 될 가능성이 있는 경우 보다 정확한 응답을 얻기 위해 사용된다. 간접질문의 유형으로는 투사법, 정보검사법, 단어연상법, 오류선택법, 토의완성법 등이 있다.
① 투사법 : 직접 조사하기 힘들거나 질문에 타당한 응답이 나올 가능성이 적을 때, 어떤 자극상태를 만들어 그에 대한 응답자의 반응을 우회적으로 얻어 의도나 의향을 파악하는 방법이다.
② 오류선택법 : 어떤 질문에 대한 틀린 답을 여러 개 제시해 놓은 후 그것을 선택하도록 함으로써 응답자의 태도를 파악한다.
④ 토의완성법 : 응답자에게 미완성된 문장 등을 제시해 놓은 후 그것을 빠른 속도로 완성하도록 하는 방법으로서, 태도나 의견조사에 많이 이용된다.

15

다음 중 사례조사의 장점이 아닌 것은?

① 사회현상의 가치적 측면의 파악이 가능하다.
② 개별적 상황의 특수성을 명확히 파악하는 것이 가능하다.
③ 반복적 연구가 가능하여 비교하는 것이 가능하다.
④ 탐색적 연구방법으로 사용이 가능하다.

해설

사례조사는 변수에 대한 관찰이 이루어지지 않으므로 비교가 불가능하고, 반복적 연구가 어려워 자료의 신뢰성을 확보하기 어렵다는 단점이 있다.

16

변수들 간의 인과성 검증에 대한 설명으로 옳은 것은?

① 인과성은 두 변수의 공변성 여부에 따라 확정된다.

② "가난한 사람들은 무계획한 소비를 한다."라는 설명은 시간적 우선성 원칙에 부합한다.

③ 독립변수와 종속변수 사이의 인과관계는 제3의 변수가 통제되지 않으면 허위적일 수 있다.

④ 실험설계는 인과성 규명을 목적으로 하지 않는다.

해설

① 인과성은 공변성뿐만 아니라 시간적 선후관계와 비허위적 관계를 만족해야 한다.

② 시간적 우선성이란 원인이 되는 사건이나 현상이 시간적으로 결과보다 먼저 발생해야 한다는 것이다. 가난한 사람들이 무계획한 소비를 하는 것이 아니라, 무계획한 소비를 하면 가난해지게 되는 것이므로 시간적 우선성에 부합하지 않는다.

④ 실험설계는 독립변수가 종속변수에 영향을 미치는 인과관계에 대한 가설을 검증하기 위한 조사방법이다.

17

다음 ( ) 안에 알맞은 것은?

> (   )는 집단구성원 간의 활발한 토의와 상호작용을 강조하며 그 과정에서 어떤 논의가 드러나고 진전되는지 파악하는 것이 중요한 자료가 된다. 조사자가 제공한 주제에 근거하여 참가자 간 의사표현 활동이 수행되고 연구자는 대부분의 과정에서 질문자라기보다는 조정자 또는 관찰자에 가깝다.
> (   )는 일반적으로 자료수집시간을 단축시키고 현장에서 수행하기 용이하나, 참여자 수가 제한적인 것으로 인한 일반화의 제한성 또는 집단소집의 어려움 등이 단점으로 지적되기도 한다.

① 델파이조사

② 초점집단조사

③ 사례연구조사

④ 집단실험설계

해설

① 전문가·관리자들로부터 우편으로 의견이나 정보를 수집하여 그 결과를 분석한 후 그것을 다시 응답자들에게 보내어 의견을 묻는 식으로 만족스러운 결과를 얻을 때까지 계속하는 방법이다.

③ 특정 사례를 조사하여 문제를 종합적으로 파악하고, 그에 대한 실증적인 분석을 실행하는 조사이다.

④ 실험은 과학적 방법의 요체인 통제된 연구의 정신에 가장 충실하고자 하는 연구방법으로서, 인과관계를 추리하기 위해 실험집단과 통제집단으로 나누고 실험집단에 자극을 가하여 나타난 결과를 통제집단과 비교하는 방식이다.

18

관찰자의 유형에 관한 설명으로 틀린 것은?

① 완전참여자는 연구 과정에서 윤리적 문제를 발생시킬 수 있다.
② 연구자가 완전참여자일 때는 연구대상에 영향을 미치지 않는다.
③ 완전관찰자의 관찰은 피상적이고 일시적이 될 수 있다.
④ 완전관찰자는 완전참여자보다 연구대상을 충분히 이해할 수 있는 가능성이 낮다.

해설

완전참여자는 연구자의 신분을 공개하지 않으며, 연구대상자들의 활동에 참여한다. 참여관찰의 유형 중 가장 객관성을 유지하기 어려우며 윤리적 및 과학적 문제가 발생할 수 있다. 완전관찰자는 연구자의 신분을 공개하지 않으며, 연구대상자들의 활동에는 전혀 참여하지 않고 관찰만 하는 방법이다.

19

사전–사후 측정에서 나타나는 사전측정의 영향을 제거하기 위해 사전측정을 한 집단과 그렇지 않은 집단을 나누어 동일한 처치를 가하여 모든 외생변수의 통제가 가능한 실험설계 방법은?

① 요인설계
② 솔로몬 4집단설계
③ 통제집단 사후측정설계
④ 통제집단 사전사후측정설계

해설

① 요인설계 : 실험집단에 둘 이상의 프로그램을 실시하여 독립변수가 복수인 경우 적용하는 방법이다. 실험집단과 통제집단을 설정한 후 개별 독립변수와 종속변수, 복수의 독립변수와 종속변수의 인과관계를 검증한다.
③ 통제집단 사후측정설계 : 통제집단 사전사후측정설계의 단점을 보완하기 위해 실험대상자를 무작위로 할당한 후 사전검사 없이 실험집단에 대해서는 조작을 가하고 통제집단에 대해서는 아무런 조작을 가하지 않은 채 그 결과를 서로 비교하는 방법이다.
④ 통제집단 사전사후측정설계 : 무작위할당으로 실험집단과 통제집단을 구분한 후 실험집단에 대해서는 독립변수 조작을 가하고, 통제집단에 대해서는 아무런 조작을 가하지 않은 채 두 집단 간의 차이를 전후로 비교하는 방법이다. 개입 전 종속변수의 측정을 위해 사전검사를 실시한다.

20

다음 사례에서 가장 문제될 수 있는 타당도 저해요인은?

> 2008년 경제위기로 인해 범죄율이 급격히 증가하였고, 이에 경찰은 2009년 순찰활동을 크게 강화하였다.
> 2010년 범죄율은 급속히 떨어졌고, 경찰은 순찰활동이 범죄율의 하락에 크게 영향을 미쳤다고 발표하였다.

① 성숙효과(Maturation Effect)
② 통계적 회귀(Statistical Regression)
③ 검사효과(Testing Effect)
④ 도구효과(Instrumentation)

해설

② 통계적 회귀 : 최초의 측정에서 양극단적인 측정값을 보인 결과가 이후 재측정의 과정에서 평균값으로 회귀한다.
① 성숙효과 : 시간의 흐름에 따라 연구대상이나 현상에 변화가 발생함으로 인해 결과에 영향을 미친다.
③ 검사효과 : 측정이 반복되면서 얻어지는 학습효과로 인해 실험대상자의 반응에 영향을 미친다.
④ 도구효과 : 측정자의 측정도구가 달라짐으로 인해 결과에 영향을 미친다.

21

횡단연구와 종단연구에 관한 설명으로 틀린 것은?

① 횡단연구는 한 시험에서 이루어진 관찰을 통해 얻은 자료를 바탕으로 하는 연구이다.
② 종단연구는 일정 기간에 여러 번의 관찰을 통해 얻은 자료를 이용하는 연구이다.
③ 횡단연구는 동태적이며, 종단연구는 정태적인 성격이다.
④ 종단연구에는 코호트연구, 패널연구, 추세연구 등이 있다.

해설

횡단연구는 정태적이며, 종단연구는 동태적인 성격이다.

22

연구가설(Research Hypothesis)에 대한 설명으로 틀린 것은?

① 모든 연구에는 명백히 연구가설을 설정해야 한다.
② 연구가설은 일반적으로 독립변수와 종속변수로 구성된다.
③ 연구가설은 예상된 해답으로 경험적으로 검증되지 않은 이론이라 할 수 있다.
④ 가치중립적이어야 한다.

해설

연구가설은 연구문제에 대한 잠정적 대답으로, 검증 가능하도록 진술한 가설로서 흔히 '실험적 가설' 혹은 '과학적 가설'이라고도 한다. 귀납적 연구는 가설설정 없이 관찰과 자료의 수집을 통해 개별적인 사실들로부터 일반적인 원리를 이끌어낸다. 따라서 모든 연구가 연구가설을 설정해야 하는 것은 아니다.

23

다음 중 분석단위가 다른 것은?

① 65세 이상 노인층에서 외부활동 시간은 남성보다 여성에서 높게 나타난다.

② X정당 후보에 대한 지지율은 A지역이 B지역보다 높다.

③ A기업의 회장은 B기업의 회장에 비하여 성격이 훨씬 더 이기적이다.

④ 선진국의 근로자들과 후진국의 근로자들의 생산성을 국가별로 비교한 결과 선진국의 생산성이 더 높았다.

해설

④ 국가별로 비교하므로 분석단위는 국가이다.
① 남성과 여성이므로 분석단위는 개인이다.
② 후보에 대한 유권자 개인의 지지율이므로 분석단위는 개인이다.
③ 회장이므로 분석단위는 개인이다.

24

경험적 연구의 조사설계에서 고려되어야 할 핵심적인 구성요소를 모두 고른 것은?

> ㄱ. 조사대상(누구를 대상으로 하는가)
> ㄴ. 조사항목(무엇을 조사할 것인가)
> ㄷ. 조사방법(어떤 방법으로 조사할 것인가)

① ㄱ, ㄴ   ② ㄱ, ㄴ, ㄷ
③ ㄱ, ㄷ   ④ ㄴ, ㄷ

해설

조사설계는 가설을 평가하기 위한 구조, 계획 및 전략이라고 할 수 있다. 여기서 계획은 조사에 대한 전반적인 시행방침 또는 프로그램으로서, 조사자가 가설의 구성 및 그의 조작에서부터 최종적인 자료의 분석에 이르기까지 무엇을 해야 할 것인가에 대한 윤곽을 말한다. 조사문제의 선정에 있어서 조사대상 및 항목 그리고 가설의 요건, 기능, 종류, 평가기준 등을 이해해야 하며, 조사방법과 자료에 대한 접근가능성, 시간, 공간, 비용 등의 문제에 대해 고려해야 한다.

25

좋은 가설의 평가 기준에 대한 설명으로 가장 거리가 먼 것은?

① 경험적으로 검증할 수 있어야 한다.

② 표현이 간단명료하고, 논리적으로 간결하여야 한다.

③ 계량화할 수 있어야 한다.

④ 동의반복적(Tautological)이어야 한다.

해설

동의어가 반복적이지 않아야 한다.

26

개인의 특성에서 집단이나 사회의 성격을 규명하거나 추론하고자 할 때 발생할 수 있는 오류는?

① 원자 오류(Atomistic Fallacy)
② 개인주의적 오류(Individualistic Fallacy)
③ 생태학적 오류(Ecological Fallacy)
④ 종단적 오류(Longitudinal Fallacy)

해설

분석단위를 개인에 두고 얻은 연구의 결과를 집단에 동일하게 적용함으로써 발생하는 오류를 개인주의적 오류라고 한다.

27

변수에 대한 설명으로 틀린 것은?

① 경험적으로 측정 가능한 연구대상의 속성을 나타낸다.
② 독립변수는 결과변수를, 종속변수는 원인의 변수를 말한다.
③ 변수의 속성은 경험적 현실의 전제, 계량화, 속성의 연속성 등이 있다.
④ 변수의 기능에 따른 분류에 따라 독립변수, 종속변수, 매개변수로 나눈다.

해설

독립변수를 원인변수, 종속변수를 결과변수라고 할 수 있다.

28

사후실험설계(Ex-post Facto Research Design)의 특징에 관한 설명으로 틀린 것은?

① 가설의 실제적 가치 및 현실성을 높일 수 있다.
② 분석 및 해석에 있어 편파적이거나 근시안적 관점에서 벗어날 수 있다.
③ 순수실험설계에 비하여 변수들 간의 인과관계를 명확히 밝힐 수 있다.
④ 조사의 과정 및 결과가 객관적이며 조사를 위해 투입되는 시간 및 비용을 줄일 수 있다.

해설

순수실험설계는 실험대상의 무작위화, 실험변수의 조작, 외생변수의 통제 등 실험적 조건을 갖춘 설계유형이며 사후실험설계는 독립변수를 조작할 수 없거나 연구대상을 조건에 따라 설계하기 어려운 경우에 사용한다. 따라서 순수실험설계가 사후실험설계보다 변수들 간의 인과관계를 명확히 밝힐 수 있다.

29

설문조사에 관한 설명으로 옳지 않은 것은?

① 일반적으로 자기기입식 설문조사는 면접설문조사보다 비용이 적게 들고 시간이 덜 걸린다.

② 자기기입식 설문조사는 익명성이 보장되기 때문에 면접설문조사보다 민감한 쟁점을 다루는 데 유리하다.

③ 자기기입식 설문조사는 면접설문조사보다 복잡한 쟁점을 다루는 데 더 효과적이다.

④ 면접설문조사에서는 면접원이 질문에 대한 대답 외에도 중요한 관찰을 할 수 있다.

해설

자기기입식 설문조사는 가정이나 직장에 질문지를 전달하고 응답자로 하여금 직접 기입하게 한 다음 나중에 질문지를 회수하는 방법이다. 따라서 면접원이 직접 면접대상자와 대면하여 실시하는 면접설문조사가 복잡한 쟁점을 다루는 데 더 효과적이라 할 수 있다.

30

다음과 같은 특성을 가진 자료수집방법은?

- 응답률이 비교적 높다.
- 질문의 내용에 대한 면접자와 응답자의 상호작용이 가능하여 보다 신뢰성 있는 대답을 얻을 수 있다.
- 면접자가 응답자와 그 주변 상황을 관찰할 수 있는 이점이 있다.

① 면접조사　　　　　　　　　　　　　② 전화조사

③ 우편조사　　　　　　　　　　　　　④ 집단조사

해설

① 면접조사 : 면접자가 연구문제에 대한 적절한 해답을 구하기 위해 마련한 제질문에 대해 응답자와 직접 대면한 상태에서 질문하는 상호 간의 직접적인 역할상황이다. 면접자가 자료를 직접 기입하므로 응답률이 매우 높으며, 주변 상황이나 비언어적 행위를 직접 관찰할 수 있다.

② 전화조사 : 추출된 응답자에게 전화를 걸어 질문문항들을 읽어준 후 응답자가 전화상으로 답변한 것을 조사자가 기록함으로써 자료를 수집하는 방법이다.

③ 우편조사 : 질문지를 추출된 조사대상자에게 우송하여 응답자로 하여금 스스로 응답하게 한 다음, 응답자가 질문지를 다시 조사자에게 우송하도록 하여 자료를 수집하는 방법으로 가장 큰 단점은 낮은 회수율이다.

④ 집단조사 : 응답자를 개인적으로 접촉할 수 없는 경우 집단적·집합적으로 조사하는 방법이다.

31

신뢰도를 향상시키는 방법에 관한 설명으로 옳지 않은 것은?

① 중요한 질문의 경우 동일하거나 유사한 질문을 2회 이상 한다.
② 측정항목의 모호성을 제거하기 위해 내용을 명확히 한다.
③ 이전의 조사에서 이미 신뢰성이 있다고 인정된 측정도구를 이용한다.
④ 조사대상자가 잘 모르거나 전혀 관심이 없는 내용일수록 더 많이 질문한다.

해설

신뢰성을 향상시키는 방법
• 항목을 명확히 구성한다(②).
• 측정상황을 분석하고 일관성을 유지한다.
• 측정항목을 추가적으로 사용한다(①).
• 대조적인 항목들을 비교·분석한다.
• 표준화된 지시와 설명을 한다.
• 조사대상자가 잘 모르거나 관심이 없는 내용에 대한 측정을 하지 않는 것이 좋다(④).
• 조사자의 주관을 제외한다.
• 신뢰성이 인정된 기존 측정도구를 사용한다(③).

32

신뢰도와 타당도에 관한 설명 중 옳지 않은 것은?

① 신뢰도가 높다고 해서 반드시 타당도가 높다는 것을 의미하지는 않는다.
② 타당도가 신뢰도에 비해 확보하기가 용이하다.
③ 신뢰도가 낮으면 타당도를 말할 수가 없다.
④ 신뢰도가 있는 측정은 타당도가 있을 수도 있고 없을 수도 있다.

해설

타당도는 신뢰도의 충분조건이고, 신뢰도는 타당도의 필요조건이다. 즉, 타당도가 있으면 반드시 신뢰도가 있지만 신뢰도가 있다고 하여 타당도가 있는 것은 아니다. 따라서 타당도가 신뢰도에 비해 확보하기 어렵다.

33

조작적 정의(Operational Definitions)에 관한 설명으로 옳은 것은?

① 현실세계에서 검증할 수 없다.
② 개념적 정의에 앞서 사전에 이루어진다.
③ 경험적 지표를 추상적으로 개념화하는 것이다.
④ 개념적 정의를 측정이 가능한 형태로 변환하는 것이다.

해설

조작적 정의란 변수의 측정 과정 중 하나로서 개념들을 경험적·실증적으로 측정이 가능하도록 구체화하는 것이다.

34

표본크기에 관한 설명으로 옳은 것은?

① 변수의 수가 증가할수록 표본크기는 커야 한다.
② 모집단의 이질성이 클수록 표본크기는 작아야 한다.
③ 소요되는 비용과 시간은 표본크기에 영향을 미치지 않는다.
④ 분석변수의 범주의 수는 표본크기를 결정하는 요인이 아니다.

해설

② 모집단의 동질성이 높으면 표본의 크기는 작아진다.
③ 비용·시간 등은 표본의 크기에 영향을 미치는 외적 요인에 해당한다.
④ 표본의 크기는 각 변수의 카테고리(범주)가 얼마나 다양한가에 따라 다르게 결정되어야 한다. 변수의 카테고리가 다양하면 다양할수록 표본의 크기는 커야 한다.

35

측정 시 발생하는 오차에 대한 설명으로 틀린 것은?

① 신뢰도는 체계적 오차(Systematic Error)와 관련된 개념이다.
② 비체계적 오차(Random Error)는 오차의 값이 다양하게 분산되며, 상호 상쇄되는 경향도 있다.
③ 체계적 오차는 오차가 일정하거나 또는 치우쳐 있다.
④ 비체계적 오차는 측정대상, 측정과정, 측정수단, 측정자 등에 일시적으로 영향을 미쳐 발생하는 오차이다.

해설

신뢰도는 비체계적 오차와 관련된 개념으로 신뢰도와 비체계적 오차는 반비례 관계이다. 반면, 타당도가 체계적 오차와 반비례 관계로 관련된 개념이다.

36

조작적 정의의 예시로 적절하지 않은 것은?

① 빈곤 – 물질적인 결핍 상태
② 소득 – 월 (   )만원
③ 서비스만족도 – 재이용 의사 유무
④ 신앙심 – 종교행사 참여 횟수

해설

물질적인 결핍 상태는 빈곤의 사전적 정의이다.

37

확률표집에 대한 설명으로 틀린 것은?

① 확률표집의 기본이 되는 것은 단순무작위표집이다.
② 확률표집에서는 모집단의 모든 요소가 뽑힐 확률이 '0'이 아닌 확률을 가진다는 것을 전제한다.
③ 확률표집은 여러 가지 통계적인 기법을 적용해 모집단에 대한 일반화를 할 수 있다.
④ 확률표집의 종류로 할당표집이 있다.

해설

할당표집은 비확률표집에 해당한다.

38

중앙값, 순위상관관계, 비모수통계검증 등의 통계방법에 주로 활용되는 척도유형은?

① 명목측정
② 서열측정
③ 등간측정
④ 비율측정

해설

서열측정을 통해 분석될 수 있는 통계기법은 대부분 비모수통계가 적용되며, 대표적으로 교차분석(카이제곱분석)을 포함하며, 순위상관관계분석, 연속성검증 등이 있다. 산출할 수 있는 통계치로는 중앙값(Median)이 있다.

39

교육수준은 소득수준에 영향을 미치지 않지만, 연령을 통제하면 두 변수 사이의 상관관계가 매우 유의미하게 나타난다. 이때 연령과 같은 검정요인을 무엇이라 부르는가?

① 억제변수(Suppressor Variable)
② 왜곡변수(Distorter Variable)
③ 구성변수(Component Variable)
④ 외재적 변수(Extraneous Variable)

해설

① 억제변수 : 두 개의 변수 간에 상관관계가 있으나 그와 같은 관계가 없는 것처럼 보이게 하는 제3의 변수이다. 연령을 통제했더니 교육수준과 소득수준 사이의 상관관계가 유의미하게 나타났으므로 연령이 두 변수 간의 관계가 없는 것처럼 보이게 했다는 것을 알 수 있다. 즉, 연령은 억제변수이다.
② 왜곡변수 : 두 변수 간의 관계를 어떤 식으로든 왜곡시키는 제3의 변수로, 두 개의 변수 간의 관계를 정반대의 관계로 나타나게 한다.
③ 구성변수 : 포괄적 개념을 구성하는 하위변수로 제3의 변수이다.
④ 외재적 변수 : 두 개의 변수 간에 상관관계가 없으나 관계가 있는 것처럼 보이게 하는 제3의 변수이다.

40

4년제 대학교 대학생 집단을 학년과 성, 단과대학(인문사회, 자연, 예체능, 기타)으로 총 몇 개의 범주로 구분되는가?

① 4
② 24
③ 32
④ 48

해설

4(학년)×2(성별)×4(단과대학)= 32

41

특정 변수를 중심으로 모집단을 일정한 범주로 나눈 다음 집단별로 필요한 대상을 사전에 정해진 비율로 추출하는 표집방법은?

① 할당표집
② 군집표집
③ 판단표집
④ 편의표집

해설

② 군집표집 : 모집단 목록에서 구성요소에 대해 여러 가지 이질적인 구성요소를 포함하는 여러 개의 집락 또는 집단으로 구분한 후 집락을 표집단위로 하여 무작위로 몇 개의 집락을 표본으로 추출한 다음 표본으로 추출된 집락에 대해 그 구성요소를 전수조사하는 방법이다.
③ 판단표집 : 조사자가 그 조사의 성격상 요구하고 있는 사항을 충족시킬 수 있도록 적절한 판단과 전략을 세워, 그에 따라 모집단을 대표하는 제 사례를 표본추출하는 방법이다.
④ 편의표집 : 정해진 크기의 표본을 선정할 때까지 조사자가 모집단의 일정단위 또는 사례를 표집하며, 일정한 표집의 크기가 결정되면 그 표집을 중지하는 방법이다.

42

어느 커피매장에서 그 커피매장에 오는 고객들을 대상으로 제품 선호도 설문조사를 실시하여 신상품을 개발한 경우, 설문조사 표본을 구성하는 과정에 해당하는 표집방법은?

① 군집표집
② 판단표집
③ 편의표집
④ 할당표집

해설

③ 편의표집 : 정해진 크기의 표본을 선정할 때까지 조사자가 모집단의 일정단위 또는 사례를 표집하며, 일정한 표집의 크기가 결정되면 그 표집을 중지하는 방법이다. 문제의 사례는 편의표집에 해당한다. 모집단에 대한 정보가 없고 구성요소 간의 차이가 별로 없다고 판단될 때, 표본선정의 편리성에 기준을 두고 임의로 표본을 선정한다. 따라서 연구자가 쉽게 이용 가능한 대상을 표본으로 선택할 수 있다.

① 군집표집 : 모집단 목록에서 구성요소에 대해 여러 가지 이질적인 구성요소를 포함하는 여러 개의 집락 또는 집단으로 구분한 후 집락을 표집단위로 하여 무작위로 몇 개의 집락을 표본으로 추출한 다음 표본으로 추출된 집락에 대해 그 구성요소를 전수조사하는 방법이다.

② 판단표집 : 조사자가 그 조사의 성격상 요구하고 있는 사항을 충족시킬 수 있도록 적절한 판단과 전략을 세워, 그에 따라 모집단을 대표하는 제 사례를 표본추출하는 방법이다.

④ 할당표집 : 모집단을 일정한 카테고리로 나눈 다음, 이들 카테고리에서 정해진 요소수를 작위적으로 추출하는 방법이다.

43

척도의 종류 중 비율척도에 관한 설명으로 틀린 것은?

① 절대적인 기준을 가지고 속성의 상대적 크기비교 및 절대적 크기까지 측정할 수 있도록 비율의 개념이 추가된 척도이다.

② 수치상 가감승제와 같은 모든 산술적인 사칙연산이 가능하다.

③ 비율척도로 측정된 값들이 가장 많은 정보를 포함하고 있다고 볼 수 있다.

④ 월드컵 축구 순위 등이 대표적인 예이다.

해설

순위는 서열척도에 해당한다.

44

개념의 구성요소가 아닌 것은?

① 일반적 합의
② 정확한 정의
③ 가치중립성
④ 경험적 준거틀

해설

개념이란 일정하게 관찰된 사실들(④)에 대한 추상적 표현을 말하며 관찰된 현상의 특정한 측면을 설명하는 추상적인 관념을 용어 또는 기호로 표현한 것이다. 개념은 일반적으로 합의(①)된 내용을 반영하고 있으므로 정의를 명확히(②) 해야 하며, 개념에 대한 통일된 정의가 존재하지 않을 경우에는 이를 새롭게 정의할 수 있다.

42 ③ 43 ④ 44 ③ **정답**

45

통계적인 유의성을 평가하는 것으로, 속성을 측정해줄 것으로 알려진 기준과 측정도구의 측정 결과인 점수 간의 관계를 비교하는 타당도는?

① 표면타당도(Face Validity)
② 기준관련타당도(Criterion-related Validity)
③ 구성체타당도(Construct Validity)
④ 내용타당도(Content Validity)

해설

① · ④ 내용타당도를 표면타당도, 액면타당도 또는 논리적 타당도라고도 하며, 측정항목이 연구자가 의도한 내용대로 실제로 측정하고 있는지를 나타낸다.

③ 개념타당도를 구조적 타당도 또는 구성체(구성)타당도라고도 하며, 측정에 의해 얻는 측정값 자체보다는 측정하고자 하는 속성에 초점을 맞춘 타당성이다. 이론과 관련하여 측정도구의 타당도를 검증한다.

46

표본의 크기를 결정하는 데 고려해야 하는 요인과 가장 거리가 먼 것은?

① 신뢰도
② 조사대상지역의 지리적 여건
③ 모집단의 동질성
④ 수집된 자료가 분석되는 범주의 수

해설

표본크기의 결정에 영향을 미치는 외적 요인에는 모집단의 변이성(또는 동질성), 가용한 자원, 조사자의 능력, 카테고리의 다양성 등이 있으며 내적 요인에는 신뢰도, 정밀도 등이 있다.

47

연구자가 확률표본을 사용할 것인지, 비확률표본을 사용할 것인지를 결정할 때 고려요인이 아닌 것은?

① 연구목적
② 비용 대 가치
③ 모집단위 수
④ 허용되는 오차의 크기

해설

비확률표본추출법은 무작위추출이 아닌 다른 선택방법들에 의해 표본을 선택하는 방법을 말한다. 실제 표본추출을 함에 있어서 모든 조사연구 대상에 대한 표본추출이 무작위적인 확률표본추출로써 가능한 것은 아니기 때문에 다음과 같은 이유로 비확률표본추출법이 사용된다.

• 표본추출이 용이하고 경제적이므로 시간적 · 금전적으로 자원 이용에 제약이 큰 경우 사용된다.
• 조사의 성격상 표본을 의도적으로 구성하는 것이 유효하다고 판단될 경우 사용된다. 이는 검증하고자 하는 가설의 구성에 유용한 정보를 얻기 위해, 또는 모집단을 최대한으로 대표하도록 하기 위해 극단적인 사례도 알아보고 비교해보는 것이다.
• 역사적 사건과 같이 확률표본추출이 불가능한 경우 사용된다.
• 조사자가 민속학이나 참여관찰과 같이 보다 큰 모집단에 대한 일반화에 거의 관심을 기울이지 않는 경우 사용된다.
• 표본오차의 추정이 불가능하지만 허용되는 오차의 크기에 따라 사용된다.

48

표본크기와 표집오차에 관한 설명으로 옳은 것을 모두 고른 것은?

> ㄱ. 자료수집 방법은 표본크기와 관련 있다.
> ㄴ. 표본크기가 커질수록 모수와 통계치의 유사성이 커진다.
> ㄷ. 표집오차가 커질수록 표본이 모집단을 대표하는 정확성이 낮아진다.
> ㄹ. 동일한 표집오차를 가정한다면, 분석변수가 적어질수록 표본크기는 커져야 한다.

① ㄱ, ㄴ, ㄷ   ② ㄱ, ㄷ
③ ㄴ, ㄹ   ④ ㄱ, ㄴ, ㄷ, ㄹ

해설

ㄹ. 분석변수가 적어지면 표본의 크기는 작아진다.

49

다음은 어떤 표집방법에 관한 설명인가?

> • 조사문제를 잘 알고 있거나 모집단의 의견을 효과적으로 반영할 수 있을 것으로 판단되는 특정집단을 표본
>   으로 선정하여 조사하는 방법
> • 예를 들어 휴대폰 로밍 서비스에 대한 전문지식을 가진 표본을 임의로 선정하는 경우

① 편의표집   ② 판단표집
③ 할당표집   ④ 층화표집

해설

① 편의표집 : 정해진 크기의 표본을 선정할 때까지 조사자가 모집단의 일정단위 또는 사례를 표집하며, 일정한 표집의 크기가
    결정되면 그 표집을 중지하는 방법이다.
③ 할당표집 : 모집단을 일정한 카테고리로 나눈 다음, 이들 카테고리에서 정해진 요소수를 작위적으로 추출하는 방법이다.
④ 층화표집 : 모집단을 보다 동질적인 몇 개의 층으로 나눈 후, 이러한 각 층으로부터 단순무작위표본추출을 하는 방법이다.

50

다음의 사항을 측정할 때 측정수준이 다른 것은?

① 교통사고 횟수   ② 몸무게
③ 온 도   ④ 저축금액

해설

①·②·④ 절대영점이 존재하는 비율수준의 측정이다. ③ 온도는 절대영점이 존재하지 않으며, 등간수준의 측정이다.

51

크론바하 알파(Cronbach's alpha)에 관한 설명으로 틀린 것은?

① 표준화된 알파라고도 한다.
② 값의 범위는 −1에서 +1까지이다.
③ 문항 간 평균상관관계가 증가할수록 값이 커진다.
④ 문항의 수가 증가할수록 값이 커진다.

해설
'0~1'의 값을 가진다.

52

A항공사에서 자사의 마일리지 사용자 중 최근 1년 동안 10만 마일 이상 사용자들을 모집단으로 하면서 자사 마일리지 카드 소지자 명단을 표본프레임으로 사용하여 전체에서 표본추출을 할 때의 표본프레임 오류는?

① 모집단이 표본프레임 내에 포함되는 경우
② 표본프레임이 모집단 내에 포함되는 경우
③ 모집단과 표본프레임의 일부분만이 일치하는 경우
④ 모집단과 표본프레임이 전혀 일치하지 않는 경우

해설
표본프레임(표집틀) 오류란 모집단과 표본추출 프레임이 일치하지 않아 발생하는 오류이다. 이 문제는 모집단(최근 1년 동안 10만 마일 이상 사용자)이 표본프레임(마일리지 카드 소지자)보다 작으므로 모집단이 표본프레임 내에 포함되는 경우이다.

53

명목척도(Nominal Scale)에 관한 설명으로 옳지 않은 것은?

① 측정의 각 응답범주들이 상호 배타적이어야 한다.
② 측정 대상의 특성을 분류하거나 확인할 목적으로 숫자를 부여하는 것이다.
③ 하나의 측정대상이 두 개의 값을 가질 수는 없다.
④ 절대영점이 존재한다.

해설
절대영점이 존재하는 것은 비율척도이다.

54

일반적인 표본추출과정을 바르게 나열한 것은?

A. 모집단의 확정
B. 표본프레임의 결정
C. 표본추출의 실행
D. 표본크기의 결정
E. 표본추출방법의 결정

① A → B → E → D → C
② A → D → E → B → C
③ D → A → B → E → C
④ A → B → D → E → C

해설

일반적인 표본추출과정
- 모집단의 확정 : 연구결과의 일반화를 위한 대상을 확정하는 것으로서, 모집단은 조사대상이 되는 집단을 의미한다.
- 표본프레임의 결정 : 모집단이 확정된 경우 표본을 추출하게 될 표집틀을 선정해야 한다. 모집단의 구성요소를 모두 포함하는 반면 각각의 요소가 이중으로 포함되지 않는 것이 좋다.
- 표본추출방법의 결정 : 표집틀이 선정되면 모집단의 대표성을 확보할 수 있는 표집방법을 결정한다. 표집방법에는 크게 확률표본 추출방법과 비확률표본추출방법이 있다.
- 표본크기의 결정 : 모집단의 성격, 시간 및 비용, 조사원의 능력 등은 물론 표본오차를 나타내는 정확도와 신뢰도를 고려하여 표본의 크기를 결정한다.
- 표본추출의 실행 : 결정된 표집방법을 통해 본격적으로 표본을 추출한다. 추출방식에 따라 난수표 등을 이용할 수 있으며, 결과의 일반화 가능성을 항상 염두에 두어야 한다.

55

모집단을 구성하고 있는 구성요소들이 자연적인 순서 또는 일정한 질서에 따라 배열된 목록에서 매 k번째의 구성요소를 추출하여 표본을 형성하는 표집방법은?

① 체계적 표집
② 무작위표집
③ 층화표집
④ 판단표집

해설

① 체계적 표집 : 모집단의 총수에 대해 요구되는 표본수를 나눔으로써 표집간격(Sampling Interval ; K)을 구하고, 첫 번째 요소를 무작위로 선정하여 최초의 표본으로 삼은 후 일정한 표집간격에 의해 표본을 추출하는 방법이다.
② 무작위표집 : 의식적인 조작이 전혀 없이 표본을 추출함으로써 어떤 요소의 추출이 계속되는 다른 요소의 추출 기회에 아무런 영향을 미치지 않는 방법이다.
③ 층화표집 : 모집단을 보다 동질적인 몇 개의 층으로 나눈 후, 이러한 각 층으로부터 단순무작위표본추출을 하는 방법이다.
④ 판단표집 : 조사자가 그 조사의 성격상 요구하고 있는 사항을 충족시킬 수 있도록 적절한 판단과 전략을 세워, 그에 따라 모집단을 대표하는 제 사례를 표본추출하는 방법이다.

56

측정도구 자체가 측정하고자 하는 속성이나 개념을 얼마나 대표할 수 있는지를 평가하는 것은?

① 실용적 타당도(Pragmatic Validity)

② 내용타당도(Content Validity)

③ 기준관련타당도(Criterion-related Validity)

④ 구성체타당도(Construct Validity)

해설

② 내용타당도는 표면타당도, 액면타당도 또는 논리적 타당도라고도 하며, 측정항목이 연구자가 의도한 내용대로 실제로 측정하고 있는지를 나타낸다.

①·③ 기준관련타당도를 실용적 타당도 또는 경험적 타당도라고도 한다. 사용하고 있는 측정도구의 측정값과 기준이 되는 측정도구의 측정값 간의 상관관계를 검증한다.

④ 개념타당도를 구조적 타당도 또는 구성체(구성)타당도라고도 하며, 측정에 의해 얻는 측정값 자체보다는 측정하고자 하는 속성에 초점을 맞춘 타당성이다. 이론과 관련하여 측정도구의 타당도를 검증한다.

57

의미분화 척도(Semantic Differential Scale)에 관한 설명과 가장 거리가 먼 것은?

① 어떠한 개념에 함축되어 있는 의미를 평가하기 위한 방법으로 고안되었다.

② 하나의 개념을 주고 응답자들로 하여금 여러 가지 의미의 차원에서 그 개념을 평가하도록 한다.

③ 일반적인 형태는 척도의 양극단에 서로 상반되는 형용사를 배치하여 그 문항들을 응답자에게 제시한다.

④ 자료의 분석과정에서 다변량분석과 같은 통계적 처리 과정에 적용하는 것이 용이하지 않다.

해설

의미분화 척도는 어떤 대상이 개인에게 주는 주관적인 의미를 측정하는 방법으로서, 하나의 개념을 여러 가지 의미의 차원에서 평가하도록 유도하는 방법이다. 일직선으로 도표화된 척도의 양극단에 서로 상반되는 형용사를 배열하여 양극단 사이에서 해당 속성에 대한 평가를 하며 보통 5~7점 척도를 사용한다.

58

측정(Measurement)에 대한 설명과 가장 거리가 먼 것은?

① 변수에 대한 조작적 정의에 입각해 이루어진다.

② 하나의 변수에 대한 관찰값은 동시에 두 가지 속성을 지닐 수 없다.

③ 이론과 현실을 연결시켜주는 매개체이다.

④ 경험적으로 관찰 가능한 것을 추상적 개념으로 바꾸어 놓는 과정이다.

해설

측정은 추상적·이론적 세계를 경험적 세계와 연결시키는 수단이다. 즉, 추상적 개념을 현실세계에서 관찰 가능한 것으로 바꾸어 놓는 과정이다.

59

다음 중 확률표집방법이 아닌 것은?

① 층화표집
② 판단표집
③ 군집표집
④ 체계적 표집

해설

표본추출
• 확률표본추출 : 단순무작위표집, 계통적(체계적) 표집, 층화표집, 집락(군집)표집, 연속표집 등
• 비확률표본추출 : 할당표집, 유의(판단)표집, 임의(편의)표집, 배합표집, 누적표집 등

60

측정항목이 가질 수 있는 모든 조합의 상관관계의 평균값을 산출해 신뢰도를 측정하는 방법은?

① 재검사법(Test-retest Method)
② 복수양식법(Parallel Form Method)
③ 반분법(Split-half Method)
④ 내적 일관성법(Internal Consistency Method)

해설

① 재검사법 : 동일한 대상에 동일한 측정도구를 서로 상이한 시간에 두 번 측정한 다음 그 결과를 비교하는 방법
② 복수양식법 : 두 개 이상의 유사한 측정도구를 사용하여 동일한 표본에 적용한 결과를 서로 비교하여 신뢰도를 측정하는 방법
③ 반분법 : 복수양식법의 변형으로서 측정도구를 임의로 반으로 나누어 각각 독립된 두 개의 척도로 사용함으로써 신뢰도를 측정하는 방법

61

다음 표는 완전 확률화 계획법의 분산분석표에서 자유도의 값을 나타내고 있다. 반복수가 일정하다고 한다면 처리수와 반복수는 얼마인가?

변 인	자유도
처 리	( )
오 차	42
전 체	47

① 처리수 5, 반복수 7

② 처리수 5, 반복수 8

③ 처리수 6, 반복수 7

④ 처리수 6, 반복수 8

해설

변 인	자유도
처 리	$p-1$
오 차	$N-p$
전 체	$N-1$

처리자유도$= 47 - 42 = 5$이며, 처리수(요인수준 p)-1과 같으므로 처리수는 $5 + 1 = 6$개이다. 전체자유도는 총관찰개수-1이므로 총관찰개수는 $47 + 1 = 48$이다. 총관찰개수는 각 처리에서 관측값의 수(반복한 수)를 모두 더한 것이므로, 반복수가 같다면 총관찰개수는 처리수(p)×반복수(r)이다. 따라서 반복수(r)는 $48 = 6 \times r$, $r = 8$이다.

62

5개의 자료값 10, 20, 30, 40, 50의 특성으로 옳은 것은?

① 평균 30, 중앙값 30

② 평균 35, 중앙값 40

③ 평균 30, 최빈값 50

④ 평균 25, 최빈값 10

해설

자료의 개수가 5개로 홀수이므로 중앙값은 $(n+1)/2 = 3$번째 값인 30이다. 최빈값은 없으며 평균은 $(10 + 20 + 30 + 40 + 50)/5 = 30$이다.

63

$N(\mu, \sigma^2)$인 모집단에서 표본을 임의추출할 때 표본평균이 모평균으로부터 0.5σ 이상 떨어져 있을 확률이 0.3174이다. 표본의 크기를 4배로 할 때, 표본평균이 모평균으로부터 0.5σ 이상 떨어져 있을 확률은? (단, Z가 표준정규분포를 따르는 확률변수일 때, 확률 $P(Z > z)$은 다음과 같다)

z	$P(Z > z)$
0.5	0.3085
1.0	0.1587
1.5	0.0668
2.0	0.0228

① 0.0456

② 0.1336

③ 0.6170

④ 0.6348

해설

$N(\mu, \sigma^2)$인 모집단에서 표본 n을 임의추출했을 때 표본평균이 모평균으로부터 0.5σ 이상 떨어져 있을 확률이 0.3174이므로 $P(\overline{X} > \mu + 0.5\sigma) + P(\overline{X} < \mu - 0.5\sigma) = 2 \times P(\overline{X} > \mu + 0.5\sigma) = 0.3174$이다.

$2 \times P(\overline{X} > \mu + 0.5\sigma) = 2 \times P\left(\dfrac{\overline{X} - \mu}{\sigma/\sqrt{n}} > \dfrac{\mu + 0.5\sigma - \mu}{\sigma/\sqrt{n}}\right) = 2 \times P\left(Z > \dfrac{\sqrt{n}}{2}\right) = 0.3174$이므로

$P\left(Z > \dfrac{\sqrt{n}}{2}\right) = \dfrac{1}{2} \times 0.3174 = 0.1587$, $\dfrac{\sqrt{n}}{2} = 1$, $n = 4$이다.

표본의 크기를 4배로 하면 표본의 크기는 16이고, 이때 표본평균이 모평균으로부터 0.5σ 이상 떨어져 있을 확률은

$2 \times P\left(Z > \dfrac{\mu + 0.5\sigma - \mu}{\sigma/\sqrt{16}} = \dfrac{0.5\sigma}{\sigma/\sqrt{16}} = \dfrac{0.5\sigma}{\sigma/4} = 2\right) = 2 \times 0.0228 = 0.0456$이다.

64

어떤 처리 전후의 효과를 분석하기 위한 대응비교에서 자료의 구조가 다음과 같다.

쌍	처리 전	처리 후	차 이
1	X_1	Y_1	$D_1 = X_1 - Y_1$
2	X_2	Y_2	$D_2 = X_2 - Y_2$
$\vdots$	$\vdots$	$\vdots$	$\vdots$
n	X_n	Y_n	$D_n = X_n - Y_n$

일반적인 몇 가지 조건을 가정할 때 처리 이전과 이후의 평균에 차이가 없다는 귀무가설을 검정하기 위한

검정통계량 $T = \dfrac{\overline{D}}{S_D / \sqrt{n}}$ 은 t분포를 따른다. 이때 자유도는?

(단, $\overline{D} = \dfrac{1}{n} \sum_{i=1}^{n} D_i$, $S_D^2 = \dfrac{\sum_{i=1}^{n} (D_i - \overline{D})^2}{n-1}$ 이다)

① $n - 1$

② n

③ $2(n-1)$

④ $2n$

해설

대응표본인 경우 두 집단 간의 차이에 대한 검정통계량은 자유도가 $n-1$인 t-분포를 이용한다. 따라서 자유도는 $n-1$이다.

65

추정량이 가져야 할 바람직한 성질이 아닌 것은?

① 편의성(Biasness)

② 효율성(Efficiency)

③ 일치성(Consistency)

④ 충분성(Sufficiency)

해설

바람직한 통계량은 불편성(비편향성), 효율성(유효성), 일치성, 충분성의 성질을 가져야 한다.

66

표본크기가 3인 자료 x_1, x_2, x_3의 평균 $\overline{x} = 10$, 분산 $s^2 = 100$이다. 관측값 10이 추가되었을 때, 4개 자료의 분산 s^2은? (단, 표본분산 s^2은 불편분산이다)

① $\dfrac{110}{3}$

② 50

③ 55

④ $\dfrac{200}{3}$

x_1, x_2, x_3의 평균 $\overline{x} = 10$이므로 $\dfrac{x_1 + x_2 + x_3}{3} = 10$, $x_1 + x_2 + x_3 = 30$이고 관측값 10을 추가했을 때 네 자료의 평균은

$\overline{X} = \dfrac{x_1 + x_2 + x_3 + 10}{4} = \dfrac{30 + 10}{4} = 10$이다.

x_1, x_2, x_3의 분산은 $s^2 = 100$이므로 표본분산 공식에 의해

$$s^2 = \dfrac{\sum\limits_{i=1}^{3} x_i^2 - n\overline{x}^2}{n-1} = \dfrac{\sum\limits_{i=1}^{3} x_i^2 - 3 \times 10^2}{3-1} = \dfrac{\sum\limits_{i=1}^{3} x_i^2 - 300}{2} = 100$$

$$\sum\limits_{i=1}^{3} x_i^2 = 100 \times 2 + 300 = 500$$

관측값 10이 추가되었으므로 이때 자료의 분산은

$$\dfrac{\sum\limits_{i=1}^{4} x_i^2 - 4\overline{x}^2}{4-1} = \dfrac{\sum\limits_{i=1}^{4} x_i^2 - 4 \times 10^2}{4-1} = \dfrac{(\sum\limits_{i=1}^{3} x_i^2 + 10^2) - 4 \times 10^2}{4-1} = \dfrac{500 + 100 - 400}{3} = \dfrac{200}{3}$$이다.

67

정규분포를 따르는 모집단의 모평균에 대한 가설 $H_0 : \mu = 50$ vs $H_1 : \mu < 50$을 검정하고자 한다. 크기 $n = 100$의 임의표본을 취하여 표본평균을 구한 결과 $\overline{x} = 49.02$를 얻었다. 모집단의 표준편차가 5라면 유의확률은 얼마인가? (단, $P(Z \leq -1.96) = 0.025$, $P(Z \leq -1.645) = 0.05$이다)

① 0.025

② 0.05

③ 0.95

④ 0.975

모분산을 알고 있을 경우 모평균에 대한 검정통계량 $Z = \dfrac{\overline{X} - \mu_0}{\sigma/\sqrt{n}}$ 를 이용한다.

$Z = \dfrac{49.02 - 50}{5/\sqrt{100}} = -1.96$

단측검정이므로 $P(Z \leq -1.96) = 0.025$

따라서 유의확률은 0.025이다.

68

중회귀분석에서 회귀계수에 대한 검정결과가 아래와 같을 때의 설명으로 틀린 것은? (단, 결정계수는 0.891이다)

요인(Predictor)	회귀계수(Coef)	표준오차(StDev)	통계량(T)	p값(P)
절 편	−275.26	24.38	−11.29	0.000
Head	4.458	3.167	1.41	0.161
Neck	19.112	1.200	15.92	0.000

① 설명변수는 Head와 Neck이다.
② 회귀계수 중 통계적 유의성이 없는 변수는 절편과 Neck이다.
③ 위 중회귀모형은 자료 전체의 산포 중에서 약 89.1%를 설명하고 있다.
④ 회귀방정식에서 다른 요인을 고정시키고 Neck이 한 단위 증가하면 반응값은 19.112가 증가한다.

해설

② p값이 유의수준보다 작으면 통계적으로 유의하다. 유의수준은 제시되어 있지 않지만 일반적으로 사용하는 0.05나 0.01과 비교했을 때 절편과 Neck은 p값이 0에 가까우므로 통계적 유의성이 있고, Head는 0.161이므로 통계적 유의성이 없다.
① 중회귀분석 구조식 $y_i = \beta_0 + \beta_1 x_{1i} + \beta_2 x_{2i} + \cdots + \beta_k x_{ki} + \epsilon_i$에서 설명변수는 독립변수를 뜻한다. 따라서 설명변수는 Head와 Neck이다.
③ 결정계수는 설명력을 의미한다. 문제에서 결정계수가 0.891이므로 문제의 중회귀모형은 자료 전체의 산포 중에서 약 89.1%를 설명하고 있다.
④ Neck의 계수가 19.112이므로 1단위 증가할 때 19.112만큼 증가한다.

69

회귀분석에 관한 설명으로 틀린 것은?

① 회귀분석은 자료를 통하여 독립변수와 종속변수 간의 함수관계를 통계적으로 규명하는 분석방법이다.
② 회귀분석은 종속변수의 값 변화에 영향을 미치는 중요한 독립변수들이 무엇인지 알 수 있다.
③ 단순회귀선형모형의 오차(ϵ_i)에 대한 가정에서 $\epsilon_i \sim N(0, \sigma^2)$이며, 오차는 서로 독립이다.
④ 최소제곱법은 회귀모형의 절편과 기울기를 구하는 방법으로 잔차의 합을 최소화시킨다.

해설

회귀계수의 추정방법 중에서 잔차의 제곱합을 최소로 하는 방법을 최소제곱법이라 한다.

70

분산과 표준편차에 관한 설명으로 틀린 것은?

① 분산이 크다는 것은 각 측정치가 평균으로부터 멀리 떨어져 있다는 것을 의미한다.
② 분산도를 구하기 위해 분산과 표준편차는 각각의 편차를 제곱하는 방법을 사용한다.
③ 분산은 관찰값에서 관찰값들의 평균값을 뺀 값의 제곱의 합계를 관찰 개수로 나눈 값이다.
④ 표준편차는 분산의 값을 제곱한 것과 같다.

해설

표준편차는 분산의 값을 제곱한 것이 아니라, 분산의 양의 제곱근 값이다.

71

자료의 산술평균에 대한 설명으로 틀린 것은?

① 이상점의 영향을 받지 않는다.
② 편차들의 합은 0이다.
③ 분포가 좌우대칭이면 산술평균과 중앙값은 같다.
④ 자료의 중심위치에 대한 측도이다.

해설

몇몇 특성값이 한 쪽 방향으로 멀리 떨어지는 이상점이 존재하는 경우 산술평균은 영향을 받는다.

72

화장터 건립의 후보지로 거론되는 세 지역의 여론을 비교하기 위해 각 지역에서 500명, 450명, 400명을 임의 추출하여 건립에 대한 찬성 여부를 조사하고 분할표를 작성하여 계산한 결과 검정통계량의 값이 7.55이었다. 유의수준 5%에서 임계값과 검정결과가 알맞게 짝지어진 것은? (단, $\chi^2_{0.025}(2) = 7.38$, $\chi^2_{0.05}(2) = 5.99$, $\chi^2_{0.025}(3) = 9.35$, $\chi^2_{0.05}(3) = 7.81$ 이다)

① 7.38, 지역에 따라 건립에 대한 찬성률에 차이가 있다.
② 5.99, 지역에 따라 건립에 대한 찬성률에 차이가 있다.
③ 9.35, 지역에 따라 건립에 대한 찬성률에 차이가 없다.
④ 7.81, 지역에 따라 건립에 대한 찬성률에 차이가 없다.

교차분석은 범주형인 두 변수에 대한 교차표를 작성하여 교차표의 각 셀의 관찰도수와 기대도수 간의 차이를 검정하기 위하여 카이제곱(χ^2) 검정통계량을 사용한다.

귀무가설(H_0) : 두 변수는 서로 연관성이 없다(지역에 따라 건립에 대한 찬성률에 차이가 없다).

대립가설(H_1) : 두 변수는 서로 연관성이 있다(지역에 따라 건립에 대한 찬성률에 차이가 있다).

r행 c열 분할표에서 카이제곱 통계량의 자유도는 $(r-1) \times (c-1)$이고 주어진 문제는 세 지역에서 찬성/반대를 조사하는 것이므로 자유도는 $(3-1) \times (2-1) = 2$이다.

유의수준 5%에서 $\alpha = 0.05$이므로 임계값은 $\chi^2_{0.05}(2) = 5.99$이고 검정통계량이 7.55로 더 크므로 귀무가설을 기각한다.

따라서 지역에 따라 건립에 대한 찬성률에 차이가 있다.

73

다음 분산분석표에 관한 설명으로 틀린 것은?

변 동	제곱합(SS)	자유도(df)	F
급간(Between)	10.95	1	
급내(Within)	73	10	
합계(Total)			

① F 통계량의 값은 0.15이다.

② 두 개의 집단의 평균을 비교하는 경우이다.

③ 관찰치의 총 개수는 12개이다.

④ F 통계량이 임계값보다 작으면 각 집단의 평균이 같다는 귀무가설을 기각하지 않는다.

변 동	제곱합	자유도	평균제곱	F
급 간	$SSR = 10.95$	$p-1 = 1$	$MSR = SSR/(p-1)$ $= 10.95/1 = 10.95$	MSR/MSE $= 10.95/7.3$ $= 1.5$
급 내	$SSE = 73$	$N-p = 10$	$MSE = SSE/(N-p)$ $= 73/10 = 7.3$	
합 계	$SST = SSR + SSE$	$N-1$		

① F 통계량의 값은 1.50이다.

② 일반적으로 두 집단의 평균차이가 통계적으로 유의한가를 검정하는 분석방법으로 t검정을 사용하지만, 경우에 따라 분산분석방법을 사용할 수도 있다.

③ $N-1 = (p-1) + (N-p) = 1 + 10 = 11$이므로 $N = 12$(관찰치의 총 개수)이다.

④ F 통계량이 임계값보다 작으면 귀무가설을 기각할 수 없다.

74

통계적 가설검정을 위한 검정통계값에 대한 유의확률($p-Value$)이 주어졌을 때, 귀무가설을 유의수준 α로 기각할 수 있는 경우는?

① $p-Value > \alpha$　　　　　　　② $p-Value < \alpha$
③ $p-Value \geq \alpha$　　　　　　　④ $p-Value > 2\alpha$

해설

$\alpha > p$이면 귀무가설을 기각, $\alpha < p$이면 귀무가설을 채택한다.

75

다음 중 이항분포에 관한 설명으로 틀린 것은?

① $p = \dfrac{1}{2}$이면 좌우대칭의 형태가 된다.

② $p = \dfrac{3}{4}$이면 왜도가 음수(-)인 분포이다.

③ $p = \dfrac{1}{4}$이면 왜도가 0이 아니다.

④ $p = \dfrac{1}{2}$이면 왜도는 양수(+)인 분포이다.

해설

p가 $\dfrac{1}{2}$에 가까워짐에 따라 그래프는 좌우대칭의 산 모양 곡선이 된다. 즉, $p = \dfrac{1}{2}$이면 좌우대칭 형태이므로 왜도는 0이다.

76

A회사에서 생산하고 있는 전구의 수명시간은 평균이 $\mu = 800$(시간)이고 표준편차가 $\sigma = 40$(시간)이라고 한다. 무작위로 이 회사에서 생산한 전구 64개를 조사하였을 때 표본의 평균수명시간이 790.2시간 미만일 확률은? (단, $z_{0.005} = 2.58$, $z_{0.025} = 1.96$, $z_{0.05} = 1.645$이다)

① 0.01　　　　　　　　　　② 0.025
③ 0.05　　　　　　　　　　④ 0.10

모집단의 분포가 정규분포가 아닐 경우 표본평균 $\overline{x}$가 정규분포를 따른다고 할 수 없다.

그러나 표본의 크기가 충분히 클 때는 중심극한정리에 의해 표본평균 $\overline{x}$의 분포는 정규분포 $N\left(\mu, \dfrac{\sigma^2}{n}\right)$을 따른다.

이 문제에서 표본의 크기는 $n=64$로 충분히 크므로 표본평균의 분포는 $N\left(800, \dfrac{40^2}{64}\right)$을 따른다.

표본평균이 790.2시간 미만일 확률은 표준화 공식에 의해

$$P(\overline{X} < 790.2) = P\left(\frac{\overline{X}-\mu}{\sigma/\sqrt{n}} < \frac{790.2-800}{40/\sqrt{64}}\right) = P\left(Z < \frac{-9.8}{5}\right) = P(Z < -1.96) = P(Z > 1.96)$$

주어진 조건 $z_{0.025} = 1.96$에서 $P(Z > 1.96) = 0.025$이므로 평균수명시간이 790.2시간 미만일 확률은 0.025이다.

77

반복수가 동일한 일원배치법의 모형 $Y_{ij} = \mu + \alpha_i + \epsilon_{ij}$, $i = 1, 2, \cdots, k$, $j = 1, 2, \cdots, n$에서 오차항 ϵ_{ij}에 대한 가정이 아닌 것은?

① 오차항 ϵ_{ij}는 서로 독립이다.

② 오차항 ϵ_{ij}의 분산은 동일하다.

③ 오차항 ϵ_{ij}는 정규분포를 따른다.

④ 오차항 ϵ_{ij}는 자기상관을 갖는다.

분산분석에서 오차항의 기본 가정으로는 정규성, 독립성, 등분산성이 있다.

78

A약국의 드링크제 판매량에 대한 표준편차(σ)는 10으로 정규분포를 이루는 것으로 알려져 있다. 이 약국의 드링크제 판매량에 대한 95% 신뢰구간을 오차한계 0.5보다 작게 하기 위해서는 표본의 크기를 최소한 얼마로 하여야 하는가? (단, 95% 신뢰구간의 $Z_{0.025} = 1.96$)

① 77

② 768

③ 784

④ 1537

모평균 추정 시 표본의 크기는 $n \geq \dfrac{Z_{\alpha/2}^2 \times \sigma^2}{D^2}$ 이다.

$\sigma = 10$, 0.5보다 작은 오차한계이므로 $D = 0.5$, 95% 신뢰수준이므로 $\alpha = 0.05$, $Z_{\alpha/2} = Z_{0.025} = 1.96$이다.

$n \geq \dfrac{1.96^2 \times 10^2}{0.5^2} = 1536.64$

따라서 표본의 최소 크기는 1537이다.

79

동전을 던질 때 앞면이 나올 확률을 0.4라고 할 때 동전을 세 번 던져서 두 번은 앞면이, 한 번은 뒷면이 나올 확률은?

① 0.125　　　　　　　　　　　　② 0.192

③ 0.288　　　　　　　　　　　　④ 0.375

해설

동전을 던지는 시행에서 동전을 던졌을 때 앞면일 확률이 0.4이고 동전을 던지는 시행은 각각 독립이다.

3번 던질 때 앞면이 나타난 개수를 X라고 하면 X회만 앞면일 확률은 ${}_3C_X(0.4)^X(1-0.4)^{3-X}$이다.

$X=2$를 대입하면, ${}_3C_2(0.4)^2(1-0.4)^{3-2}={}_3C_2(0.4)^2(0.6)=0.288$이다.

80

단순회귀모형 $y_i=\beta_0+\beta_1 x_i+\epsilon_i$, $\epsilon_i \sim N(0, \sigma^2)\,(i=1, 2, \cdots, n)$에서 최소제곱법에 의해 추정된 회귀직선을 $\hat{y}=b_0+b_1 x$라 할 때, 다음 설명 중 옳지 않은 것은?

(단, $S_{xx}=\displaystyle\sum_{i=1}^{n}(x_i-\overline{x})^2$, $MSE=\displaystyle\sum_{i=1}^{n}(y_i-\hat{y_i})^2/(n-2)$이다)

① 추정량 b_1은 평균이 β_1이고 분산이 σ^2/S_{xx}인 정규분포를 따른다.

② 추정량 b_0은 회귀직선 절편 β_0의 불편추정량이다.

③ MSE는 오차항 ϵ_i의 분산 σ^2에 대한 불편추정량이다.

④ $\dfrac{b_1-\beta_1}{\sqrt{MSE/S_{xx}}}$는 자유도 각각 1, $n-2$인 F-분포 $F(1, n-2)$를 따른다.

해설

$\dfrac{b_1-\beta_1}{\sqrt{MSE/S_{xx}}}$는 자유도가 $n-2$인 t분포를 따른다.

81

평균이 μ, 분산이 σ^2인 모집단에서 크기 n의 임의표본을 반복추출하는 경우, n이 크면 중심극한정리에 의하여 표본합의 분포는 정규분포로 수렴한다. 이때 정규분포의 형태는?

① $N\left(\mu, \dfrac{\sigma^2}{n}\right)$　　　　　　　② $N(\mu, n\sigma^2)$

③ $N(n\mu, n\sigma^2)$　　　　　　　④ $N\left(n\mu, \dfrac{\sigma^2}{n}\right)$

모집단에서 추출한 각 확률변수 X의 평균은 $\dfrac{X_1+X_2+\cdots+X_n}{n}=\overline{X}$임을 알 수 있다.

$X_1+X_2+\cdots+X_n=n\overline{X}$이고, n이 크면 평균이 μ, 분산이 σ^2인 모집단에서 표본평균의 분포는 정규분포 $N\left(\mu,\ \dfrac{\sigma^2}{n}\right)$을 따르므로

$E(\overline{X})=\mu$이고, $Var(\overline{X})=\dfrac{\sigma^2}{n}$이다.

따라서 표본합 $S=X_1+X_2+\cdots+X_n$의 평균은 $E(S)=E(n\overline{X})=nE(\overline{X})=n\mu$이고,

표본합의 분산은 $Var(S)=Var(n\overline{X})=n^2\,Var(\overline{X})=n^2\dfrac{\sigma^2}{n}=n\sigma^2$이다.

82

행의 수가 2, 열의 수가 3인 이원교차표에 근거한 카이제곱 검정을 하려고 한다. 검정통계량의 자유도는 얼마인가?

① 1
② 2
③ 3
④ 4

해설

r행 c열 분할표에서 카이제곱 통계량의 자유도는 $(r-1)\times(c-1)$이다. 따라서 $(2-1)\times(3-1)=2$이다.

83

두 변수 간의 상관계수 값으로 옳은 것은?

x	2	4	6	8	10
y	5	4	3	2	1

① −1
② −0.5
③ 0.5
④ 1

해설

주어진 표에서 $\overline{x}=6$, $\overline{y}=3$이다.

x	2	4	6	8	10
y	5	4	3	2	1
$x_i-\overline{x}$	−4	−2	0	2	4
$y_i-\overline{y}$	2	1	0	−1	−2
$(x_i-\overline{x})(y_i-\overline{y})$	−8	−2	0	−2	−8

$r=\dfrac{\sum(x_i-\overline{x})(y_i-\overline{y})}{\sqrt{\sum(x_i-\overline{x})^2}\,\sqrt{\sum(y_i-\overline{y})^2}}=\dfrac{-20}{\sqrt{40}\,\sqrt{10}}=-1$

84

X는 정규분포를 따르는 확률변수이다. $P(X < 10) = 0.5$일 때, X의 기댓값은?

① 8

② 8.5

③ 9.5

④ 10

해설

분포의 평균과 표준편차가 어떠한 값을 가지더라도 정규곡선과 X축 사이의 전체면적은 1이다. 정규분포곡선은 평균을 중심으로 대칭이고 $P(X < 10) = 0.5$이므로 X의 기댓값은 10이다.

85

초기하분포와 이항분포에 대한 설명으로 틀린 것은?

① 초기하분포는 유한모집단으로부터의 복원추출을 전제로 한다.

② 이항분포는 베르누이 시행을 전제로 한다.

③ 초기하분포는 모집단의 크기가 충분히 큰 경우 이항분포로 근사될 수 있다.

④ 이항분포는 적절한 조건하에서 정규분포로 근사될 수 있다.

해설

초기하분포는 비복원추출 또는 모집단의 크기가 작은 경우가 전제된다.

86

피어슨 상관계수 값의 범위는?

① 0에서 1 사이

② −1에서 0 사이

③ −1에서 1 사이

④ $-\infty$ 에서 $+\infty$ 사이

해설

상관계수는 −1에서 1 사이의 값을 갖는다.

87

독립변수가 k개인 중회귀모형 $y = X\beta + \epsilon$에서 회귀계수벡터 β의 추정량 b의 분산-공분산 행렬 $Var(b)$은? (단, $Var(\epsilon) = \sigma^2 I$)

① $Var(b) = (X^{'}X)^{-1}\sigma^2$

② $Var(b) = X^{'}X\sigma^2$

③ $Var(b) = k(X^{'}X)^{-1}\sigma^2$

④ $Var(b) = k(X^{'}X)\sigma^2$

해설

중회귀모형 $Y = X\beta + \epsilon$에서 β의 추정치는 $\hat{b} = (X^{'}X)^{-1}X^{'}y$이고 분산-공분산 행렬은 $Var(b) = (X^{'}X)^{-1}\sigma^2$이다.

88

어떤 자격시험의 성적은 평균 70, 표준편차 10인 정규분포를 따른다고 한다. 상위 5%까지를 1등급으로 분류한다면, 1등급이 되기 위해서는 최소한 몇 점을 받아야 하는가? (단, $P(Z \leq 1.645) = 0.95$, $Z \sim N(0, 1)$이다)

① 86.45

② 89.60

③ 90.60

④ 95.0

해설

최소 점수를 x라고 하면 다음과 같이 식을 세울 수 있다.

$P(X > x) = 0.05$일 때, $\mu = 70$, $\sigma = 10$이므로 표준화 공식에 의해 $P\left(\dfrac{X - \mu}{\sigma} > \dfrac{x - 70}{10}\right) = P\left(Z > \dfrac{x - 70}{10}\right) = 0.05$

주어진 조건에서 $P(Z \leq 1.645) = 0.95$이므로 $P(Z > 1.645) = 0.05$이다.

따라서 $\dfrac{x - 70}{10} = 1.645$이므로 $x = 86.45$, 즉 최소 86.45점 이상 되어야 한다.

89

어떤 공장에서 생산하고 있는 진공관은 10%가 부적합품이라고 한다. 이 공장에서 생산되는 진공관 중에서 임의로 100개를 취할 때, 표본부적합률의 분포는 근사적으로 어느 것을 따르는가? (단, N은 정규분포를 의미한다)

① $N(0.1, 9 \times 10^{-4})$

② $N(10, 9)$

③ $N(10, 3)$

④ $N(0.1, 3 \times 10^{-4})$

해설

부적합품이 생산될 확률은 0.10이고 100개를 임의로 취하므로, 확률변수 X를 부적합품의 개수라고 할 때 X는 이항분포 $B(100, 0.1)$을 따른다. 이항분포의 기댓값은 $E(X) = 100 \times 0.1 = 10$, 분산은 $Var(X) = 100 \times 0.1 \times 0.9 = 9$이다.

표본부적합률(p)은 $p = \dfrac{X}{n} = \dfrac{X}{100}$이므로

$E(p) = E\left(\dfrac{X}{100}\right) = \dfrac{1}{100} E(X) = \dfrac{1}{100} \times 10 = 0.1$

$Var(p) = Var\left(\dfrac{X}{100}\right) = \dfrac{1}{100^2} Var(X) = \dfrac{1}{100^2} \times 9 = \dfrac{9}{10^4} = 9 \times 10^{-4}$이다.

$\therefore N(0.1, 9 \times 10^{-4})$

90

명중률이 75%인 사수가 있다. 1개의 주사위를 던져서 1 또는 2의 눈이 나오면 2번 쏘고, 그 이외의 눈이 나오면 3번 쏘기로 한다. 1개의 주사위를 한 번 던져서 이에 따라 목표물을 쏠 때, 오직 한 번만 명중할 확률은?

① $\dfrac{3}{32}$ ② $\dfrac{5}{32}$

③ $\dfrac{7}{32}$ ④ $\dfrac{9}{32}$

해설

2번 쏠 확률은 $\dfrac{2}{6}$, 3번 쏠 확률은 $\dfrac{4}{6}$이다.

2번 쏴서 한 번 명중할 확률은 $_2C_1(0.75)(1-0.75)^{2-1}=2\left(\dfrac{3}{4}\right)\left(\dfrac{1}{4}\right)=\dfrac{6}{16}$이다.

3번 쏴서 한 번 명중할 확률은 $_3C_1(0.75)(1-0.75)^{3-1}=3\left(\dfrac{3}{4}\right)\left(\dfrac{1}{4}\right)\left(\dfrac{1}{4}\right)=\dfrac{9}{64}$이다.

따라서 $\dfrac{2}{6}\times\dfrac{6}{16}+\dfrac{4}{6}\times\dfrac{9}{64}=\dfrac{1}{8}+\dfrac{3}{32}=\dfrac{7}{32}$이다.

91

단순회귀모형 $y_i=\beta_0+\beta_1 x_i+\epsilon_i(i=1,2,\cdots,n)$에서 최소제곱법에 의한 추정회귀직선 $\hat{y}=b_0+b_1 x$의 설명력을 나타내는 결정계수 r^2에 대한 설명으로 틀린 것은?

① 결정계수 r^2은 총변동 $SST=\displaystyle\sum_{i=1}^{n}(y_i-\overline{y})^2$ 중 추정회귀직선에 의해 설명되는

$SSR=\displaystyle\sum_{i=1}^{n}(\hat{y}_i-\overline{y})^2$의 비율, 즉 SSR/SST로 정의된다.

② x와 y 사이에 회귀관계가 전혀 존재하지 않아 추정회귀직선의 기울기 b_1이 0인 경우에는 결정계수 r^2은 0이 된다.

③ 단순회귀의 경우 결정계수 r^2은 x와 y의 상관계수 r_{xy}와는 직접적인 관계가 없다.

④ x와 y의 상관계수 r_{xy}는 추정회귀계수 b_1이 음수이면 결정계수의 음의 제곱근 $-\sqrt{r^2}$과 같다.

해설

단순선형회귀에서는 상관계수의 제곱이 결정계수가 된다.

92

초등학생과 대학생의 용돈의 평균과 표준편차가 다음과 같을 때 변동계수를 비교한 결과로 옳은 것은?

구 분	용돈평균	표준편차
초등학생	130,000	2,000
대학생	200,000	3,000

① 초등학생 용돈이 대학생 용돈보다 상대적으로 더 평균에 밀집되어 있다.

② 대학생 용돈이 초등학생 용돈보다 상대적으로 더 평균에 밀집되어 있다.

③ 초등학생 용돈과 대학생 용돈의 변동계수는 같다.

④ 평균이 다르므로 비교할 수 없다.

해설

초등학생의 변동계수 $= \dfrac{2,000}{130,000} \fallingdotseq 0.01538$, 대학생의 변동계수 $= \dfrac{3,000}{200,000} = 0.015$

대학생의 변동계수가 초등학생의 변동계수보다 작으므로 대학생 용돈이 초등학생 용돈보다 상대적으로 평균에 더 밀집되어 있다.

93

다음 표와 같은 분포를 갖는 확률변수 X에 대한 기댓값은?

X	1	2	4	6
$P(X=x)$	0.1	0.2	0.3	0.4

① 3.0

② 3.3

③ 4.1

④ 4.5

해설

기댓값은 $E(X) = \sum[x \times p(x)]$이므로, $(1 \times 0.1) + (2 \times 0.2) + (4 \times 0.3) + (6 \times 0.4) = 0.1 + 0.4 + 1.2 + 2.4 = 4.1$

94

다음은 두 모집단 $N(\mu_1, \sigma^2)$, $N(\mu_2, \sigma^2)$으로부터 서로 독립인 표본을 추출하여 얻은 결과이다.

$$n_1 = 11, \ \overline{x_1} = 23, \ s_1^2 = 10$$
$$n_2 = 16, \ \overline{x_2} = 25, \ s_2^2 = 15$$

공통분산 s_p^2의 값은?

① 11

② 12

③ 13

④ 14

해설

$$s_p^2 = \frac{(n_1 - 1)s_1^2 + (n_2 - 1)s_2^2}{(n_1 + n_2 - 2)} = \frac{(11-1)10 + (16-1)15}{(11+16-2)} = \frac{100 + 225}{25} = 13$$

95

통계학 과목을 수강한 학생 가운데 학생 10명을 추출하여, 그들이 강의에 결석한 시간(X)과 통계학 점수(Y)를 조사하여 다음 표를 얻었다.

X	5	4	5	7	3	5	4	3	7	5
Y	9	4	5	11	5	8	9	7	7	6

단순선형회귀분석을 수행한 다음 결과의 (   )에 들어갈 것으로 틀린 것은?

요 인	자유도	제곱합	평균제곱	F값
회 귀	(a)	9.9	(b)	(c)
오 차	(d)	33.0	(e)	
전 체	(f)	42.9		

$R^2 = \boxed{\ (\ g\ )\ }$

① $a = 1$, $b = 9.9$

② $d = 8$, $e = 4.125$

③ $c = 2.4$

④ $g = 0.7$

해설

단순선형회귀모형에서 회귀의 자유도는 1(a)이고, 회귀평균제곱은 회귀제곱합을 회귀자유도로 나눈 값이므로 $9.9/1 = 9.9(b)$이다. 오차자유도는 전체 n개의 관측자료-2이므로 $10 - 2 = 8(d)$이고, 오차평균제곱은 오차제곱합을 오차자유도로 나눈 값이므로 $33.0/8 = 4.125(e)$이다.

전체자유도는 회귀자유도와 오차자유도를 합한 값이므로 $1 + 8 = 9(f)$이고, F값은 회귀평균제곱을 오차평균제곱으로 나눈 값이므로 $9.9/4.125 = 2.4(c)$이다.

단순선형회귀에서 결정계수는 $R^2 = \dfrac{SSR}{SST} = 1 - \dfrac{SSE}{SST}$이므로 $\dfrac{SSR}{SST} = \dfrac{9.9}{42.9} \fallingdotseq 0.23$, $g = 0.23$이다.

96

다음 중 제1종 오류가 발생하는 경우는?

① 참이 아닌 귀무가설(H_0)을 기각하지 않을 경우

② 참인 귀무가설(H_0)을 기각하지 않을 경우

③ 참이 아닌 귀무가설(H_0)을 기각할 경우

④ 참인 귀무가설(H_0)을 기각할 경우

해설

귀무가설이 참임에도 귀무가설을 기각하는 과오를 제1종 오류(과오)라 한다.

97

어느 정당에서는 새로운 정책에 대한 찬성과 반대를 남녀별로 조사하여 다음의 결과를 얻었다.

구 분	남 자	여 자	합 계
표본수	250	200	450
찬성지수	110	104	214

남녀별 찬성률에 차이가 있다고 볼 수 있는가에 대하여 검정할 때 검정통계량을 구하는 식은?

① $Z = \dfrac{\dfrac{110}{250} - \dfrac{104}{200}}{\sqrt{\dfrac{214}{450}\left(1 - \dfrac{214}{450}\right)\left(\dfrac{1}{250} - \dfrac{1}{200}\right)}}$

② $Z = \dfrac{\dfrac{110}{250} - \dfrac{104}{200}}{\sqrt{\dfrac{214}{450}\left(1 - \dfrac{214}{450}\right)\left(\dfrac{1}{250} + \dfrac{1}{200}\right)}}$

③ $Z = \dfrac{\dfrac{110}{250} + \dfrac{104}{200}}{\sqrt{\dfrac{214}{450}\left(1 - \dfrac{214}{450}\right)\left(\dfrac{1}{250} + \dfrac{1}{200}\right)}}$

④ $Z = \dfrac{\dfrac{110}{250} + \dfrac{104}{200}}{\sqrt{\dfrac{214}{450}\left(1 - \dfrac{214}{450}\right)\left(\dfrac{1}{250} - \dfrac{1}{200}\right)}}$

해설

모비율 차이에 대한 가설검정은 검정통계량 $Z = \dfrac{\hat{p_1} - \hat{p_2}}{\sqrt{\hat{p}(1-\hat{p})\left(\dfrac{1}{n_1} + \dfrac{1}{n_2}\right)}}$ 를 이용한다.

$\hat{p} = \dfrac{110 + 104}{250 + 200} = \dfrac{214}{450}$, $n_1 = 250$, $n_2 = 200$, $\hat{p_1} = \dfrac{110}{250}$, $\hat{p_2} = \dfrac{104}{200}$

$Z = \dfrac{\dfrac{110}{250} - \dfrac{104}{200}}{\sqrt{\dfrac{214}{450}\left(1 - \dfrac{214}{450}\right)\left(\dfrac{1}{250} + \dfrac{1}{200}\right)}}$

98

다음 중 분산분석표에 나타나지 않는 것은?

① 제곱합
② 자유도
③ F-값
④ 표준편차

해설

요 인	제곱합	자유도	평균제곱	F
처리(집단 간)	SSR	$p-1$	MSR	MSR/MSE
잔차(집단 내)	SSE	$N-p$	MSE	
총 계	SST	$N-1$		

99

어느 중학교 1학년의 신장을 조사한 결과 평균이 136.4cm, 중앙값은 130.0cm, 표준편차가 2.0cm이었다. 학생들의 신장의 분포에 대한 설명으로 옳은 것은?

① 오른쪽으로 긴 꼬리를 갖는 비대칭분포이다.
② 왼쪽으로 긴 꼬리를 갖는 비대칭분포이다.
③ 좌우 대칭분포이다.
④ 대칭분포인지 비대칭분포인지 알 수 없다.

해설

평균이 중앙값보다 크므로 오른쪽으로 긴 꼬리를 갖는 비대칭분포(좌측 비대칭분포)이다.

100

표본평균에 대한 표준오차의 설명으로 틀린 것은?

① 표본평균의 표준편차를 말한다.
② 모집단의 표준편차가 클수록 작아진다.
③ 표본크기가 클수록 작아진다.
④ 항상 0 이상이다.

해설

표준오차는 표본평균의 표준편차로 $\frac{\sigma}{\sqrt{n}}$ 이다. 따라서 모집단의 표준편차가 클수록 표준오차는 커지고, 표본의 크기가 클수록 표준오차는 작아진다. 항상 $n > 0$이고 $\sigma \geq 0$이므로 표준편차는 0 이상이다.

제3회 기출문제해설

제1과목	조사방법론 I

01

내용분석에 관한 설명으로 틀린 것은?

① 조사대상에 영향을 미친다.
② 시간과 비용 측면에서 경제성이 있다.
③ 일정기간 진행되는 과정에 대한 분석이 용이하다.
④ 연구 진행 중에 연구계획의 부분적인 수정이 가능하다.

해설

비관여적이므로 연구자가 연구대상에 영향을 미치지 않고 조사 자체에 대한 반응이 없다.

02

온라인조사의 특징과 관계가 없는 내용은?

① 응답자에 대한 접근이 용이하다.
② 응답자의 익명성이 보장되기 어렵다.
③ 현장조사에 비해서 경비를 절감할 수 있다.
④ 표본의 대표성 확보가 용이하다.

해설

컴퓨터와 인터넷을 사용할 수 있는 사람만을 대상으로 하므로 표본의 대표성 문제가 제기될 수 있다.

03

다음 중 연구대상에 영향을 미칠 가능성이 가장 적은 것은?

① 완전관찰자
② 관찰자로서의 참여자
③ 참여자로서의 관찰자
④ 완전참여자

해설

완전관찰자는 연구자의 신분을 공개하지 않으며, 연구대상자들의 활동에는 전혀 참여하지 않고 관찰만 하므로 연구대상에 영향을 미칠 가능성이 가장 적다.

04

사례조사연구의 목적으로 가장 적합한 것은?

① 명제나 가설의 검증
② 연구대상에 대한 기술과 탐구
③ 분석단위의 파악
④ 연구결과에 대한 일반화

해설

사례조사연구는 특정 사례를 조사하여 문제를 종합적으로 파악하고, 그에 대한 실증적인 분석을 실행하는 조사이다. 탐색적 목적을 위해 유용하게 사용할 수 있다.

05

조사자의 주관이 개입될 가능성이 가장 높은 자료수집방법은?

① 면접조사
② 온라인조사
③ 우편조사
④ 전화조사

해설

면접조사는 면접자에 의한 편의(Bias)가 발생할 수 있다.

06

정확한 응답을 유도하거나 응답이 지엽적으로 흐르는 것을 막기 위해 추가질문을 행하는 것은?

① 캐어묻기(Probing)
② 맞장구쳐주기(Reinforcement)
③ 라포(Rapport)
④ 단계적 이행(Transition)

해설

프로빙(Probing) 기술
- 면접과정에서 응답자의 대답이 불충분하거나 정확하지 못할 때 행하는 탐색질문을 뜻하는 것으로서 충분하고 정확한 대답을 캐내는 과정이다.
- 일종의 폐쇄식 질문에 답을 하고 이에 관련된 의문을 탐색하는 보조방법이다.
- 답변의 정확도를 판단하는 방법으로 활용되기도 한다.
- 정확한 답을 얻기 위해 방향을 지시하는 기법이다.
- 응답을 원하는 태도나 표정을 한쪽으로 유도를 해선 안 되며 필요 이상의 지나친 질문은 삼가야 한다.
- 대표적인 기술로는 '무언의 캐묻기', '드러내놓고 권장하기', '더 자세한 해명 요구', '명료화하기', '반복' 등이 있다.

07

연구문제가 학문적으로 의미 있는 것이라고 할 때, 학문적 기준과 가장 거리가 먼 것은?

① 독창성을 가져야 한다.
② 이론적인 의의를 지녀야 한다.
③ 경험적 검증가능성이 있어야 한다.
④ 광범위하고 질문형식으로 쓴 상태여야 한다.

해설

관련 변수의 선정과 변수들의 상태를 나타내는 문장을 조건문 형태의 복문으로 나타내야 한다.

08

양적 연구와 질적 연구에 관한 설명으로 옳지 않은 것은?

① 양적 연구는 연구자와 연구대상이 독립적이라는 인식론에 기초한다.
② 질적 연구는 현실 인식의 주관성을 강조한다.
③ 질적 연구는 연역적 과정에 기초한 설명과 예측을 목적으로 한다.
④ 양적 연구는 가치중립성과 편견의 배제를 강조한다.

해설

양적 연구는 연역적 과정에 기초한 설명과 예측을 목적으로 한다.

09

설문지 작성에서 질문의 순서를 결정할 때 고려할 사항이 아닌 것은?

① 시작하는 질문은 쉽고 흥미를 유발할 수 있어야 한다.
② 인적사항이나 사생활에 대한 질문은 가급적 처음에 묻는다.
③ 일반적인 내용을 먼저 묻고, 다음에 구체적인 것을 묻도록 한다.
④ 연상 작용을 일으키는 문항들은 간격을 멀리 떨어뜨려 놓는다.

`해설`

민감한 질문이나 개방형 질문은 가급적 질문지의 후반부에 배열한다(교육수준, 소득 등).

10

실제 연구가 가능한 주제가 되기 위한 조건과 가장 거리가 먼 것은?

① 기존의 이론 체계와 반드시 관련이 있어야 한다.
② 연구현상이 실증적으로 검증 가능해야 한다.
③ 연구문제가 관찰 가능한 현상과 밀접히 연결되어야 한다.
④ 연구대상이 되는 현상에 대한 명확한 규정이 존재해야 한다.

`해설`

설정된 연구문제의 적정성 판단 기준
• 설정은 두 개 이상의 변수들 간의 관계를 서술해야 하며, 실증적 연구를 통해 해결될 수 있도록 작성되어야 한다.
• 가능한 한 명백하고 확실한 것이어야 한다.
• 관찰 가능한 현상과 밀접히 연결되어야 한다.

11

단일집단 사후측정설계에 관한 설명으로 옳은 것은?

① 외적 타당도가 높다.
② 실험적 처치를 필요로 하지 않는다.
③ 인과관계를 규명하는 데 취약한 설계이다.
④ 외생변수를 쉽게 통제할 수 있다.

`해설`

단일사례 또는 단일집단에 실험조치를 한 후 그 결과를 관찰하는 실험설계이다. 사전조사를 진행하지 않아 인과관계를 규명하기 어렵고 외적 타당도가 낮으며 외생변수를 쉽게 통제할 수 없다.

12

정당 공천에 앞서 당선 가능성이 높은 후보를 알아보고자 할 때 가장 적합한 조사 방법은?

① 단일사례 관찰조사
② 델파이조사
③ 표본집단 설문조사
④ 초점집단 면접조사

해설

서베이조사(설문조사)의 장점
• 풍부한 자료를 얻을 수 있다.
• 서베이조사에 의해 수집된 자료는 비교적 정확성이 높다.
• 자료의 범위가 넓다.

13

면접조사 시 유의해야 할 사항으로 틀린 것은?

① 응답의 내용은 조사자가 해석하여 요약·정리해 둔다.
② 응답자와 친숙한 분위기(Rapport)를 형성한다.
③ 조사자는 응답자가 이질감을 느끼지 않도록 복장이나 언어사용에 유의한다.
④ 조사자는 조사에 임하기 전에 스스로 질문내용에 대해 숙지한다.

해설

면접의 기록은 가능한 한 자신의 주관을 배제한 채 응답자의 응답 내용 그대로를 기록하는 것이 바람직하다.

14

우편조사에 대한 설명으로 틀린 것은?

① 비용이 적게 든다.
② 자기기입식 조사이다.
③ 면접원에 의한 편향(Bias)이 없다.
④ 조사대상 지역이 제한적이다.

해설

우편조사는 최소의 경비와 노력으로 광범위한 지역과 대상을 표본으로 삼을 수 있다.

15

비과학적 지식형성 방법 중 직관에 의한 지식형성의 오류에 해당하지 않는 것은?

① 부정확한 관찰
② 지나친 일반화
③ 자기중심적 현상 이해
④ 분명한 명제에서 출발

해설

직관에 의한 지식탐구방법은 가설설정 및 추론의 과정을 거치지 않은 채 확실한 명제를 토대로 대상에 대한 직접적인 인식을 추구하는 방법이다.

16

사회과학 연구방법을 연구목적에 따라 구분할 때, 탐색적 연구의 목적에 해당하는 것을 모두 고른 것은?

ㄱ. 개념을 보다 분명하게 하기 위해
ㄴ. 다음 연구의 우선순위를 정하기 위해
ㄷ. 많은 아이디어를 생성하고 임시적 가설 개발을 위해
ㄹ. 사건의 범주를 구성하고 유형을 분류하기 위해
ㅁ. 이론의 정확성을 판단하기 위해

① ㄱ, ㄴ, ㄷ
② ㄱ, ㄷ, ㄹ
③ ㄴ, ㄹ, ㅁ
④ ㄴ, ㄷ, ㄹ, ㅁ

해설

탐색적 연구의 목적
• 보통 연구문제에 대한 사전지식이 부족하거나 개념을 보다 분명히 하기 위해 실시한다.
• 정확한 조사연구 및 가설 설계를 위한 명제 정립을 목적으로 한다.
• 조사설계를 확정하기 이전 타당도를 검증하기 위해 실시한다.
• 연구의 우선순위를 정하고 문제의 중요 부분에 대한 실태를 파악하기 위해 실시한다.

15 ④ 16 ① 정답

17

관찰조사방법의 장점으로 옳지 않은 것은?

① 비언어적 자료를 수집하는 데 효과적이다.
② 장기적인 연구조사를 할 수 있다.
③ 환경변수를 완벽하게 통제할 수 있다.
④ 자연스러운 연구 환경의 확보가 용이하다.

해설

환경변수는 완벽하게 통제할 수 없을뿐더러 통제하게 되면 자연스러운 상태에서 현상을 파악하는 데에 어려움을 겪을 수 있다.

18

좋은 가설의 평가기준으로 옳지 않은 것은?

① 가설의 표현은 간단명료해야 한다.
② 가설은 경험적으로 검증할 수 있어야 한다.
③ 계량화 가능성은 가설의 평가기준이 될 수 없다.
④ 가설은 동의반복이어서는 안 된다.

해설

가설의 평가기준
• 경험적 검증가능성
• 계량화 가능성
• 가설 자체의 개연성
• 간결성
• 입증의 명백성
• 가치중립성

19

전문가의 견해를 물어 종합적인 상황을 파악하거나 미래의 불확실한 상황을 예측할 때 주로 이용되는 조사기법은?

① 이차적 연구(Secondary Research)
② 코호트(Cohort) 설계
③ 추세(Trend) 설계
④ 델파이(Delphi) 기법

해설

① 이미 만들어진 방대한 자료인 2차 자료를 통하여 진행되는 연구를 의미한다.
② 일정 기간 동안 어떤 한정된 부분 모집단의 변화를 연구하는 것으로서, 특정 경험을 같이 하는 사람들이 가지는 특성들에 대해 두 번 이상의 다른 시기에 걸쳐서 비교·연구하는 방법이다.
③ 동일한 전체 모집단 내의 변화를 여러 시기에 걸쳐 표본을 추출하여 계속적으로 연구하는 것이다.

20

다음 중 개방형 질문의 특징이 아닌 것은?

① 자료처리를 위한 코딩이 쉬운 장점을 갖는다.
② 예기치 않은 응답을 발견할 수 있다.
③ 자세하고 풍부한 응답내용을 얻을 수 있다.
④ 탐색조사에서 특히 유용한 질문의 형태이다.

해설

개방형 질문은 응답자가 유사한 응답을 했어도 그 속에 내포하는 의미나 중요성이 다를 수 있어 응답을 분류하거나 코딩하는 데 어려움이 있다.

21

다음 중 실험설계의 특징이 아닌 것은?

① 실험의 검증력을 극대화시키고자 하는 시도이다.
② 연구가설의 진위여부를 확인하는 구조화된 절차이다.
③ 실험의 내적 타당도를 확보하기 위한 노력이다.
④ 조작적 상황을 최대한 배제하고 자연적 상황을 유지해야 하는 표준화된 절차이다.

해설

실험적 조사설계는 인과관계에 대한 가설을 검증하기 위해 변수를 조작·통제하여, 그 조작의 효과를 관찰하기 위한 방법을 말한다.

22

다음 중 질문지 작성 시 요구되는 원칙이 아닌 것은?

① 규범성   ② 간결성
③ 명확성   ④ 가치중립성

해설

질문에 사용되는 용어는 간결성·구체성·신축성·명확성·중립성의 요건을 갖추고 각 카테고리 간 용어의 양이 어느 정도 균형을 이루어져야 한다.

23

다음 기업조사 설문의 응답 항목이 가지고 있는 문제점은?

> **귀사는 기업이윤의 몇 퍼센트를 재투자하십니까?**
> ① 0%
> ② 1~10%
> ③ 11~40%
> ④ 41~50%
> ⑤ 100% 이상

① 간결성   ② 명확성

③ 포괄성   ④ 상호배제성

해설

51~99%를 포함할 수 없기 때문에 포괄성을 만족하지 않는다.

24

다음 중 과학적 연구의 특징으로 옳은 것을 모두 고른 것은?

> ㄱ. 간결성
> ㄴ. 수정가능성
> ㄷ. 경험적 검증가능성
> ㄹ. 인과성
> ㅁ. 일반성

① ㄱ, ㄴ, ㄹ   ② ㄴ, ㄹ, ㅁ

③ ㄱ, ㄴ, ㄷ, ㄹ   ④ ㄱ, ㄴ, ㄷ, ㄹ, ㅁ

해설

과학적 방법의 특징

- 재생가능성(Reproducibility)
- 경험성(Empiricism)
- 인과성(Causality)
- 객관성(Objective)
- 상호주관성(Intersubjective)
- 체계성(Systematic)
- 변화가능성(수정가능성, Changeable)
- 간결성(Parsimony)
- 반증가능성(Falsifiability) 등

25

다음 중 외생변수의 통제가 가장 용이한 실험설계는?

① 비동질 통제집단 사전사후측정 설계
② 단일집단 사전사후측정 설계
③ 집단 비교설계
④ 통제집단 사전사후측정 설계

해설

④ 순수실험설계로 실험집단과 통제집단에 대한 무작위할당, 독립변수의 조작, 외생변수의 통제 등 실험적 조건을 갖춘 설계유형이다.
① 유사실험설계, ②·③ 원시실험설계이다.

26

사회조사의 윤리적 원칙으로 옳지 않은 것은?

① 윤리적 원칙은 연구결과의 보고에도 적용된다.
② 고지된 동의는 조사자를 보호하기 위해 활용될 수 있다.
③ 연구 참여에 따른 위험과 더불어 혜택도 고지되어야 한다.
④ 조사대상자의 익명성은 조사결과를 읽는 사람에게만 해당된다.

해설

조사자는 조사의뢰자의 사업 정보 및 조사결과에 관한 정보를 비밀로 한다. 단, 조사의뢰자가 그 정보의 배포를 명시적으로 승인하였을 경우 또는 조사윤리위원회가 본 강령의 위반 여부를 판단하기 위하여 공식적으로 자료를 요구하는 경우는 예외로 한다(한국조사연구학회 조사윤리강령 제5조 제1호).

27

소득수준과 출산력의 관계를 알아볼 때, 개별사례를 바탕으로 어떤 일반적 유형을 찾아내는 방법은?

① 연역적 방법
② 귀납적 방법
③ 참여관찰법
④ 질문지법

해설

① 법칙과 이론으로부터 어떤 현상에 대한 설명과 예측을 도출하는 방법이다.
③ 관찰자가 관찰대상 집단 내부로 침투하여 구성원의 하나가 되어 그들과 함께 생활하거나 활동하면서 관찰하는 것이다.
④ 질문지를 활용해 조사하는 방법이다.

28

연구 진행 과정에서 위약효과(Placebo Effect)가 큰 것으로 의심이 될 때 연구자가 유의해야 할 점은?

① 연구대상자 수를 줄여야 한다.
② 사전조사와 본조사의 간격을 줄여야 한다.
③ 연구결과를 일반화시키지 말아야 한다.
④ 연구대상자에게 피험자임을 인식시켜야 한다.

해설

위약효과는 외적 타당도를 저해하는 요인이다. ① · ② · ④는 내적 타당도를 높이는 방법이다.

29

다음 중 대규모 모집단의 특성을 기술하기에 유용한 방법은?

① 참여관찰(Participant Observation)
② 표본조사(Sample Survey)
③ 유사실험(Quasi-experiment)
④ 내용분석(Contents Analysis)

해설

다양한 표본추출방법에 따라 조사대상 전체 중 일부분을 선출하여 그 전체를 추정하는 조사이다. 대표성을 만족하는 표본을 추출한다면 대규모 모집단의 특성을 효율적으로 추정할 수 있다.

30

두 변수 X, Y 중 X의 변화가 Y의 변화를 생산해낼 경우 X와 Y의 관계로 옳은 것은?

① 상관관계
② 인과관계
③ 선후관계
④ 회귀관계

해설

인과관계란 원인이 되는 사건이나 현상이 시간적으로 결과보다 먼저 발생해야 하며, 원인이 되는 현상이 변화하면, 결과적인 현상도 항상 같이 변화해야 한다는 것이다. 또한 외부의 영향력을 배제한 상태에서 순수하게 두 변수만의 관계를 볼 수 있어야 한다.

31

측정오차에 관한 설명으로 틀린 것은?

① 체계적 오차는 사회적 바람직성 편견, 문화적 편견과 관련이 있다.

② 비체계적 오차는 일관적 영향 패턴을 가지지 않고 측정을 일관성 없게 만든다.

③ 측정의 신뢰도는 체계적 오차와 관련성이 크고, 측정의 타당도는 비체계적 오차와 관련성이 크다.

④ 측정의 오차를 피하기 위해 간과했을 수도 있는 편견이나 모호함을 찾아내기 위해 동료들의 피드백을 얻는다.

해설

측정의 신뢰도는 비체계적 오차와 관련성이 크고, 측정의 타당도는 체계적 오차와 관련성이 크다.

32

서열측정을 위한 방법으로 단순합산법을 사용하는 대표적인 척도는?

① 거트만(Guttman) 척도

② 서스톤(Thurstone) 척도

③ 리커트(Likert) 척도

④ 보가더스(Bogardus) 척도

해설

리커트 척도는 각각의 응답자가 전체 문항에 대해 얻은 점수를 합계한 후 전체 응답자들을 총점순위에 의해 배열한다. 예를 들어 질문문항이 10개이고 응답평균이 5부터 1인 경우 최고 50점에서 최저 10점 사이에서 전체 응답자들을 배열할 수 있다.

33

측정의 신뢰성을 향상시킬 수 있는 방법으로 가장 거리가 먼 것은?

① 측정도구에 포함된 내용이 측정하고자 하는 내용을 대표할 수 있도록 한다.
② 응답자가 모르는 내용은 측정하지 않는다.
③ 측정항목의 모호성을 제거한다.
④ 측정항목의 수를 늘린다.

해설

신뢰도의 제고방법
• 항목을 명확히 구성한다.
• 측정상황을 분석하고 일관성을 유지한다.
• 측정항목을 추가적으로 사용한다.
• 대조적인 항목들을 비교·분석한다.
• 표준화된 지시와 설명을 한다.
• 조사대상자가 잘 모르거나 관심이 없는 내용에 대한 측정을 하지 않는 것이 좋다.
• 조사자의 주관을 제외한다.
• 신뢰성이 인정된 기존 측정도구를 사용한다.

34

표집에서 가장 중요한 요인은?

① 대표성과 경제성
② 대표성과 신속성
③ 대표성과 적절성
④ 정확성과 경제성

해설

표본이 모집단을 얼마나 잘 대표하고 있느냐 하는 대표성도 중요하지만, 이에 못지않게 어느 정도 크기의 표본을 선정하는 것이 일정한 정확성을 적은 비용으로도 가질 수 있도록 해주는가 하는 적절성의 문제도 중요하다.

35

확률표집방법에 해당하지 않는 것은?

① 체계적 표집(Systematic Sampling)
② 군집표집(Cluster Sampling)
③ 할당표집(Quota Sampling)
④ 층화표집(Stratified Random Sampling)

해설

확률표본추출에는 단순무작위표본추출, 계통적(체계적) 표본추출, 층화표본추출, 집락(군집)표본추출, 연속표본추출 등이 있다. 할당표집은 비확률표본추출의 예이다.

36

신뢰도와 타당도 간의 관계에 관한 설명으로 가장 거리가 먼 것은?

① 신뢰도가 높은 측정은 항상 타당도가 높다.
② 타당도가 높은 측정은 항상 신뢰도가 높다.
③ 신뢰도가 낮은 측정은 항상 타당도가 낮다.
④ 타당도가 낮다고 해서 반드시 신뢰도가 낮은 것은 아니다.

해설

타당도는 신뢰도의 충분조건이고, 신뢰도는 타당도의 필요조건이다. 따라서 신뢰도가 높더라도 타당도가 낮을 수도 있다.

37

사회조사에서 발생하는 측정오차의 원인과 가장 거리가 먼 것은?

① 조사의 목적
② 측정대상자의 상태 변화
③ 환경적 요인의 변화
④ 측정도구와 측정대상자의 상호작용

해설

측정오차의 주요 근원
• 측정자에 의한 오차
• 측정대상에 의한 오차
• 고정반응(극단적인 값을 피하려고 중도값을 택하려는 경향)
• 문화적 차이나 인구 사회학적 차이의 개입
• 사회가 바람직하다고 생각하는 편향
• 측정도구와 측정대상자의 상호작용
• 측정도구 · 방법상의 문제
• 측정대상자의 표기상 오차와 분석과정상의 문제
• 인간의 지적 특수성에 의한 오차
• 시간 · 장소적인 제약에서 오는 오차
• 환경적 요인의 변화

38

단순무작위표집에 대한 설명으로 틀린 것은?

① 표본이 모집단으로부터 추출된다.
② 모든 요소가 동등한 확률을 가지고 추출된다.
③ 구성요소가 바로 표집단위가 되는 것은 아니다.
④ 표집 시 보편적인 방법은 난수표를 사용하는 것이다.

해설

각 구성요소에 고유번호를 부여하면서 바로 표집단위가 된다.

39

다음에서 사용한 표집방법은?

> 580개 초등학교 모집단에서 5개 학교를 임의표집하였다. 선택된 학교마다 2개씩의 학급을 임의선택하고, 또 선택된 학급마다 5명씩의 학생들을 임의선택하여 학생들이 학원에 다니는지 조사하였다.

① 단순무작위표집　　　　　　　　② 층화표집
③ 군집표집　　　　　　　　　　　④ 할당표집

해설

모집단 목록에서 구성요소에 대해 여러 가지 이질적인 구성요소를 포함하는 여러 개의 집락 또는 집단으로 구분한 후 집락을 표집단위로 하여 무작위로 몇 개의 집락을 표본으로 추출한 다음 표본으로 추출된 집락에 대해 그 구성요소를 전수조사하는 방법을 군집표본추출 혹은 집락표본추출이라 한다.

40

척도와 지수에 관한 설명으로 옳지 않은 것은?

① 지수는 개별적인 속성들에 할당된 점수들을 합산하여 구한다.
② 척도는 속성들 간에 존재하고 있는 강도(Intensity) 구조를 이용한다.
③ 지수는 척도보다 더 많은 정보를 제공해준다.
④ 척도와 지수 모두 변수에 대한 서열측정이다.

해설

지수는 양적 측정치를 제공해야 하는 반면 척도의 표시는 반드시 숫자일 필요는 없다. 따라서 척도점수는 지수점수보다 더 많은 정보를 전달한다.

41

타당도에 대한 설명으로 옳지 않은 것은?

① 조사자가 측정하고자 하는 것을 어느 정도 측정하였는가의 문제이다.
② 같은 대상의 속성을 반복적으로 측정할 때 같은 측정 결과를 가져올 수 있는 정도를 말한다.
③ 여러 가지 조작적 정의를 이용해 측정을 하고, 각 측정값 사이의 상관관계를 조사하여 타당도를 평가한다.
④ 외적 타당도란 연구결과를 일반화시킬 수 있는 정도를 의미한다.

해설

타당도는 측정하고자 한 것을 실제로 측정했는지의 정도를 의미한다. 같은 대상의 속성을 반복적으로 측정할 때 같은 측정 결과를 가져올 수 있는 정도는 신뢰도이다.

42

다음 사례에서 사용한 표집방법은?

> 앞으로 10년간 우리나라의 경제상황을 예측하기 위하여, 경제학 전공교수 100명에게 설문조사를 실시하였다.

① 할당표집
② 판단표집
③ 편의표집
④ 눈덩이표집

해설

조사자가 그 조사의 성격상 요구하고 있는 사항을 충족시킬 수 있도록 적절한 판단과 전략을 세워, 그에 따라 모집단을 대표하는 제 사례를 표본추출하는 방법을 판단표본추출 혹은 유의표본추출이라 한다.

43

리커트(Likert) 척도를 작성하는 기본절차와 가장 거리가 먼 것은?

① 척도문항의 선정과 척도의 서열화
② 응답자의 진술문항 선정과 각 문항에 대한 응답자들의 서열화
③ 응답범주에 대한 배점과 응답자들의 총점순위에 따른 배열
④ 상위응답자들과 하위응답자들의 각 문항에 대한 판별력의 계산

해설

리커트 척도의 작성절차
• 응답자와 질문문항의 선정
• 응답 카테고리의 작성
• 응답 카테고리에 대한 배점
• 총점순위에 의한 응답자들의 배열
• 상위응답자들과 하위응답자들 간의 각 문항에 대한 판별력의 계산
• 척도문항의 분석
• 척도의 구성
• 내적 일관성의 측정

44

표집과 관련된 용어에 대한 설명으로 틀린 것은?

① 모수(Parameter)는 표본에서 어떤 변수가 가지고 있는 특성을 요약한 통계치이다.
② 표집률(Sampling Ratio)은 모집단에서 개별요소가 선택될 비율이다.
③ 표집간격(Sampling Interval)은 모집단으로부터 표본을 추출할 때 추출되는 요소와 요소 간의 간격을 의미한다.
④ 관찰단위(Observation Unit)는 직접적인 조사대상을 의미한다.

해설
모수는 변수의 값을 모집단의 구성요소들에서 추출하여 요약·묘사한 값을 말한다.

45

측정도구의 신뢰도 검사방법에 관한 설명으로 옳지 않은 것은?

① 검사-재검사법(Test-retest Method)은 측정대상이 동일하다.
② 복수양식법(Parallel-forms Method)은 측정도구가 동일하다.
③ 반분법(Split-half Method)은 측정도구의 문항을 양분한다.
④ 크론바하 알파(Cronbach's Alpha) 계수는 0에서 1 사이의 값을 가지며, 값이 높을수록 신뢰도가 높다.

해설
복수양식법은 동일한 측정도구가 아닌 유사한 측정도구를 사용하여 동일한 표본에 적용한 결과를 서로 비교하여 신뢰도를 측정하는 방법이다.

46

실험에서 인과관계를 추론하기 위해서 서로 다른 값을 갖도록 처치를 하는 변수는?

① 외적변수
② 종속변수
③ 매개변수
④ 독립변수

해설
① 두 개의 변수 간에 상관관계가 없으나 관계가 있는 것처럼 보이게 하는 제3의 변수이다.
② 실험연구에서 종속변수는 독립변수의 변이 또는 변화에 따라 자연히 변하는 것으로서 결과적인 예측변수라고 할 수 있다.
③ 독립변수와 종속변수 간에 직접적인 관련이 없으나 제3의 변수가 두 변수의 중간에서 매개자 역할을 하여 두 변수 간에 간접적인 관계를 맺도록 하는 변수이다.

47

일반적으로 표집방법들 간의 표집효과를 계산할 때 준거가 되는 표집방법은?

① 군집표집
② 체계적 표집
③ 층화표집
④ 단순무작위표집

해설

단순무작위표집은 가장 기본적인 확률표본추출방법이다.

48

표본크기를 결정할 때 고려하는 사항과 가장 거리가 먼 것은?

① 모집단의 동질성   ② 모집단의 크기
③ 척도의 유형   ④ 신뢰도

해설

표본의 크기는 모집단으로부터 표본추출단위의 수를 몇 개로 하는 것이 적절한가에 대한 문제와 연관된 것으로 표본크기의 결정요인으로는 가용한 자원(시간 및 비용), 이론과 조사설계, 모집단의 규모 및 변이성, 표본추출형태, 조사설계 및 방법의 형태, 통계분석기법, 카테고리의 다양성, 위험성, 신뢰도 등이 있다.

49

타당도에 관한 설명으로 옳은 것은 모두 고른 것은?

> ㄱ. 타당도는 측정하고자 하는 바를 얼마나 정확하게 측정하였는가에 대한 개념이다.
> ㄴ. 내적 타당도는 측정된 결과가 실험변수의 변화 때문에 일어난 것인가에 관한 문제이다.
> ㄷ. 외적 타당도는 연구결과의 일반화 가능성에 대한 것이다.
> ㄹ. 일반적으로 내적 타당도를 높이고자 하면 외적 타당도가 낮아지고, 외적 타당도를 높이고자 하면 내적 타당도가 낮아진다.

① ㄱ   ② ㄱ, ㄴ
③ ㄱ, ㄴ, ㄷ   ④ ㄱ, ㄴ, ㄷ, ㄹ

50

특정한 구성개념이나 잠재변수의 값을 측정하기 위해 측정할 내용이나 측정방법을 구체적으로 정확하게 표현하고 의미를 부여하는 것은?

① 구성적 정의(Constitutive Definition)

② 조작적 정의(Operational Definition)

③ 개념화(Conceptualization)

④ 패러다임(Paradigm)

해설

①·③ 구성적 정의는 개념적 정의 혹은 사전적 정의라고도 하며 연구대상이 되는 사람 또는 사물의 행태 및 속성과 다양한 사회적 현상들을 개념적으로 정의하는 것이다.

④ 패러다임은 특정 과학 공동체의 구성원이 공유하는 세계관, 신념 및 연구과정의 체계로서 개념적, 이론적, 방법론적, 도구적 체계를 말한다.

51

의미분화 척도(Semantic Differential Scale)의 특성으로 옳지 않은 것은?

① 언어의 의미를 측정하기 위한 것으로, 응답자의 태도를 측정하는 데 적당하지 않다.

② 양적 판단법으로 다변량 분석에 적용이 용이하도록 자료를 얻을 수 있게 해주는 방법이다.

③ 척도의 양극단에 서로 상반되는 형용사나 표현을 이용해서 측정한다.

④ 의미적 공간에 어떤 대상을 위치시킬 수 있다는 이론적 가정을 사용한다.

해설

의미분화 척도는 어떤 대상이 개인에게 주는 주관적인 의미를 측정하는 방법으로서, 하나의 개념을 여러 가지 의미의 차원에서 평가하도록 유도하는 방법이다.

52

변수에 관한 설명으로 가장 거리가 먼 것은?

① 변수는 연구대상의 경험적 속성을 나타내는 개념이다.

② 인과적 조사연구에서 독립변수란 종속변수의 원인으로 추정되는 변수이다.

③ 외재적 변수는 독립변수와 종속변수와의 관계에 개입하면서 그 관계에 영향을 미칠 수 있는 제3의 변수이다.

④ 잠재변수와 측정변수는 변수를 측정하는 척도의 유형에 따른 것이다.

해설

잠재변수는 지능, 태도, 직무만족도 등 구성개념이 직접적으로 관찰되거나 측정이 되지 않는 변수이다. 따라서 측정변수(관찰변수)에 의해서 간접적으로 통계 측정을 수행한다.

53

다음은 어떤 척도에 관한 설명인가?

- 관찰대상의 속성에 따라 관찰대상을 상호배타적이고 포괄적인 범주로 구분하여 수치를 부여하는 도구
- 변수 간의 사칙연산은 의미가 없음
- 운동선수의 등번호, 학번 등이 있음

① 명목척도 ② 서열척도
③ 등간척도 ④ 비율척도

해설

② 측정대상의 분류는 물론 대상의 특수성 또는 속성에 따라 각 측정대상들의 등급 순위를 결정하는 척도이다.
③ 명목척도와 서열척도의 특성을 포함하여 크기의 정도를 제시하는 척도이다.
④ 등간척도가 지니는 성격에 더하여 절대 '0'의 값(절대영점)을 가짐으로써 비율의 성격을 지니는 척도이다.

54

표본의 크기에 관한 설명으로 틀린 것은?

① 표본의 크기는 전체적인 조사목적, 비용 등을 감안하여 결정한다.
② 부분집단별 분석이 필요한 경우에는 표본의 수를 작게 하는 대신 무응답을 줄이려고 노력한다.
③ 일반적으로 표본의 크기가 증가할수록 표본오차의 크기는 감소한다.
④ 비확률표본추출법의 경우 표본의 크기와 표본오차와는 무관하다.

해설

변수의 카테고리가 다양하면 다양할수록 표본의 크기는 커야 한다. 또한 무응답을 줄일 경우 비표본추출오차가 줄어들므로 무응답의 여부는 표본의 크기와 관련이 없다.

55

외적 타당도를 저해하는 요소에 관한 설명이 아닌 것은?

① 측정도구나 관찰자에 따라 측정이 달라질 수 있다.
② 측정 자체가 실험대상자들의 행동을 변화시킬 수 있다.
③ 실험대상자 선정에서 오는 편향과 독립변수 간에 상호작용이 있을 수 있다.
④ 연구의 결과가 일반화될 수 있는가의 여부는 표집뿐만 아니라 생태학적 상황에 의해서도 결정될 수 있다.

해설

측정도구나 관찰자에 따라 측정이 달라지는 것은 내적 타당도이다.

56

개념적 정의에 대한 설명으로 틀린 것은?

① 순환적인 정의를 해야 한다.
② 적극적 혹은 긍정적인 표현을 써야 한다.
③ 정의하려는 대상이 무엇이든 그것만의 특유한 요소나 성질을 적시해야 한다.
④ 뜻이 분명해서 누구나 알아들을 수 있는 의미를 공유하는 용어를 써야 한다.

해설

순환적 정의란 "A는 B를 뜻한다.", "B는 A를 뜻한다."와 같은 것을 말한다. 순환적 정의는 지양해야 한다.

57

다음 빈칸에 들어갈 알맞은 것은?

> 체계적 표집(계통표집)을 이용하여 5,000명으로 구성된 모집단으로부터 100명의 표본을 구하기 위해서는
> 먼저 1과 (A) 사이에서 무작위로 한 명의 표본을 선정한 후 첫 번째 선정된 표본으로부터 모든 (B)번째
> 표본을 선정한다.

	A	B
①	50	50
②	10	50
③	100	50
④	100	100

해설

첫 번째 표본을 1과 50 사이에서 추출한 후 동일한 간격인 50 단위로 추출하면 100명의 표본을 구할 수 있다. 예를 들어 '17'이
최초의 표본으로 추출된 경우, 나머지 표본들은, '67', '117', '167', …, '967'이 될 것이다.

58

질적 변수(Qualitative Variable)와 양적 변수(Quantitative Variable)에 관한 설명으로 틀린 것은?

① 성별, 종교, 직업, 학력 등을 나타내는 변수는 질적 변수이다.
② 질적 변수에서 양적 변수로의 변환은 거의 불가능하다.
③ 계량적 변수 혹은 메트릭(Metric) 변수라고 불리는 것은 양적 변수이다.
④ 양적 변수는 몸무게나 키와 같은 이산변수(Discrete Variable)와 자동차의 판매대수와 같은 연속변수 (Continuous Variable)로 나누어진다.

해설

이산변수는 값과 값 사이가 서로 분리되어 있어 그 사이의 값이 아무런 의미를 가지지 않는다. 연속변수는 값과 값 사이가 서로 연결되어 있어 그 사이의 값이 의미를 가진다. 따라서 몸무게와 키는 연속변수에 해당하며, 자동차의 판매대수는 이산변수에 해당한다.

59

자료에 대한 통계분석 방법 결정 시 가장 중요하게 고려해야 할 측정의 요소는?

① 신뢰도
② 타당도
③ 측정방법
④ 측정수준

60

다음 표본추출방법 중 표집오차의 추정이 확률적으로 가능한 것은?

① 할당표집
② 판단표집
③ 편의표집
④ 단순무작위표집

해설

④ 단순무작위표집이 해당하는 확률표집방법은 표집오차의 추정이 가능하다.
①·②·③ 표집오차의 추정이 불가능한 비확률표집방법에 해당한다.

61

철선을 생산하는 어떤 철강회사에서는 A, B, C 세 공정에 의해 생산되는 철선의 인장강도(kg/cm²)에 차이가 있는가를 알아보기 위해 일원배치법을 적용하였다. 각 공정에서 생산된 철선의 인장강도를 5회씩 반복 측정한 자료로부터 총제곱합 606, 처리제곱합 232를 얻었다. 귀무가설 "H_0 : A, B, C 세 공정에 의한 철선의 인장강도에 차이가 없다."를 유의수준 5%에서 검정할 때, 검정통계량의 값과 검정결과로 옳은 것은? (단, $F(2, 12 \,;\, 0.05) = 3.89$, $F(3, 11 \,;\, 0.05) = 3.59$ 이다)

① 3.72, H_0를 기각함
② 2.72, H_0를 기각함
③ 3.72, H_0를 기각하지 못함
④ 2.72, H_0를 기각하지 못함

해설

총관찰횟수는 A, B, C 각 공정에서의 처리에서의 반복수를 모두 더한 것이므로, 반복수가 5로 같다면 총관찰횟수는 3×5이다. 주어진 조건을 토대로 분산분석표를 완성하면 다음과 같다.

구 분	제곱합	자유도	평균제곱합	F
처 리	232	2	$\dfrac{232}{2} = 116$	$\dfrac{116}{31.17} \fallingdotseq 3.72$
잔 차	$606 - 232 = 374$	$3 \times 5 - 3 = 12$	$\dfrac{374}{12} \fallingdotseq 31.17$	
총 합	606	14		

따라서 검정통계량은 3.72이며
$F(2, 12, 0.05) = 3.89 > 3.72 = F$이므로 귀무가설($H_0$)을 기각하지 못한다.

62

확률변수 X가 이항분포 $B\left(36, \dfrac{1}{6}\right)$을 따를 때, 확률변수 $Y = \sqrt{5}\,X + 2$의 표준편차는?

① $\sqrt{5}$
② $5\sqrt{5}$
③ 5
④ 6

해설

$V(X) = 36 \times \dfrac{1}{6} \times (1 - \dfrac{1}{6}) = 5$
$V(Y) = V(\sqrt{5}\,X + 2) = 5\,V(X) = 25$
$\therefore \sigma(Y) = \sqrt{V(Y)} = \sqrt{25} = 5$

63

다음 중 이산확률변수에 해당하는 것은?

① 어느 중학교 학생들의 몸무게
② 습도 80%의 대기 중에서 빛의 속도
③ 장마기간 동안 A도시의 강우량
④ 어느 프로야구 선수가 한 시즌 동안 친 홈런의 수

해설

한 시즌 동안 친 홈런의 수는 $1, 2, \cdots$와 같이 이산적인 값만을 나타내므로 이산확률변수에 해당한다.

64

성공확률이 0.5인 베르누이 시행을 독립적으로 10회 반복할 때, 성공이 1회 발생할 확률 A와 성공이 9회 발생할 확률 B 사이의 관계는?

① $A < B$ ② $A = B$
③ $A > B$ ④ $A + B = 1$

해설

$A = {}_{10}C_1 (0.5)^1 \times (1-0.5)^9 = 10 \times (0.5)^{10}$
$B = {}_{10}C_9 (0.5)^9 (1-0.5)^1 = 10 \times (0.5)^{10}$

65

피어슨 상관계수에 관한 설명으로 옳은 것은?

① 두 변수가 곡선관계가 되었을 때 기울기를 의미한다.
② 두 변수가 모두 질적 변수일 때만 사용한다.
③ 상관계수가 음일 경우는 어느 한 변수가 커지면 다른 변수도 커지려는 경향이 있다.
④ 단순회귀분석에서 결정계수의 제곱근은 반응변수와 설명변수의 피어슨 상관계수이다.

해설

① 피어슨 상관계수는 두 변수의 선형적 관계를 나타낸다.
② 두 변수가 모두 양적 변수일 때만 사용한다.
③ 상관계수가 음일 경우는 어느 한 변수가 커지면 다른 변수는 작아지려는 경향이 있다.

66

단순회귀모형 $Y_i = \alpha + \beta x_i + \epsilon_i (i = 1, 2, \cdots, n)$을 적합하여 다음을 얻었다.

$$\sum_{i=1}^{n}(y_i - \hat{y_i})^2 = 200, \quad \sum_{i=1}^{n}(\hat{y_i} - \bar{y})^2 = 300$$

이때 결정계수 r^2을 구하면? (단, $\hat{y_i}$는 i번째 추정값을 나타낸다)

① 0.4　　　　　　　　　　　　② 0.5
③ 0.6　　　　　　　　　　　　④ 0.7

해설

$SST = SSR + SSE$이므로,

$SST = \sum_{i=1}^{n}(y_i - \bar{y})^2 = SSR + SSE = 500$

$\therefore r^2 = \dfrac{SSR}{SST} = \dfrac{300}{500} = 0.6$

67

중회귀모형에서 결정계수에 대한 설명으로 옳은 것은?

① 결정계수는 1보다 큰 값을 가질 수 있다.
② 상관계수의 제곱은 결정계수와 동일하다.
③ 설명변수를 통한 반응변수에 대한 설명력을 나타낸다.
④ 변수가 추가될 때 결정계수는 감소한다.

해설

① $0 \le R^2 \le 1$
② 단순선형회귀에서만 상관계수(r)의 제곱이 결정계수(R^2)가 된다.
④ R^2은 독립변수의 수가 늘어날수록 증가하는 경향이 있다.

68

어느 대학생들의 한 달 동안 다치는 비율을 알아보기 위하여 150명을 대상으로 조사한 결과 그중 90명이 다친 것으로 나타났다. 다칠 비율 p의 점추정치는?

① 0.3　　　　　　　　　　　　② 0.4
③ 0.5　　　　　　　　　　　　④ 0.6

해설

모비율의 점추정량은 표본비율과 같다. 따라서 p의 점추정치는 $\dfrac{90}{150} = 0.6$이다.

69

어느 회사에서 만들어 낸 제품의 수명의 표준편차는 50이라고 한다. 제품 100개를 생산하여 실험한 결과 수명평균($\overline{X}$)이 280이었다. 모평균의 신뢰구간에 대한 설명으로 틀린 것은?

① 표본평균 $\overline{X}$ 가 모평균 μ 로부터 $1.96\dfrac{\sigma}{\sqrt{n}} = 9.8$ 이내에 있을 확률은 약 0.95 이다.

② 부등식 $\mu - 9.8 < \overline{X} < \mu + 9.8$ 은 $|\overline{X} - \mu| < 9.8$ 또는 $\mu \in (\overline{X} - 9.8, \overline{X} + 9.8)$ 로 표현가능하다.

③ 100개의 시제품의 표본평균 $\overline{X}$ 를 구하는 작업을 무한히 반복하여 구해지는 구간들 $(\overline{X} - 9.8, \overline{X} + 9.8)$ 가운데 약 95%는 모평균 μ 를 포함할 것이다.

④ 모평균 μ 가 95% 신뢰구간 $(\overline{X} - 9.8, \overline{X} + 9.8)$ 에 포함될 확률이 0.95 이다.

해설

모평균이 신뢰구간에 포함될 확률이 아니라, 반복적으로 신뢰구간을 추정했을 때 그 신뢰구간이 모평균을 포함할 확률이 0.95이다.

70

이라크 파병에 대한 여론조사를 실시했다. 100명을 무작위로 추출하여 조사한 결과 56명이 파병에 대해 찬성했다. 이 자료로부터 파병을 찬성하는 사람이 전 국민의 과반수 이상이 되는지를 유의수준 5%에서 통계적 가설검정을 실시했다. 다음 중 옳은 것은?

$$P(|Z| > 1.64) = 0.10, \;\; P(|Z| > 1.96) = 0.05, \;\; P(|Z| > 2.58) = 0.01$$

① 찬성률이 전 국민의 과반수 이상이라고 할 수 있다.
② 찬성률이 전 국민의 과반수 이상이라고 할 수 없다.
③ 표본의 수가 부족해서 결론을 얻을 수 없다.
④ 표본의 과반수 이상이 찬성했으므로 찬성률이 전 국민의 과반수 이상이라고 할 수 있다.

해설

귀무가설(H_0) : $p = 0.5$, 대립가설(H_1) : $p > 0.5$

모비율에 대한 가설검정은 검정통계량 $Z = \dfrac{\hat{p} - p_0}{\sqrt{p_o(1 - p_0)/n}}$ 를 이용한다.

$\hat{p} = 0.56, p_0 = 0.5, n = 100$ 이므로 $Z = \dfrac{0.56 - 0.5}{\sqrt{0.5 \times 0.5/100}} = 1.2$

단측검정이고 유의수준 5%에서 $Z_\alpha = Z_{0.05} = 1.64$ 이다.

따라서 검정통계량이 임계치보다 작으므로 귀무가설을 기각할 수 없으므로 한국인의 찬성률이 과반수 이상이라고 결론을 내릴 수 없다.

71

모평균에 대한 신뢰구간의 길이를 $\dfrac{1}{4}$로 줄이고자 한다. 표본의 크기를 몇 배로 해야 하는가?

① $\dfrac{1}{4}$배

② $\dfrac{1}{2}$배

③ 2배

④ 16배

해설

모평균 μ의 신뢰구간의 길이는 $2Z_{\alpha/2}\dfrac{\sigma}{\sqrt{n}}$이다. 이 길이를 $\dfrac{1}{4}$로 줄이면, $\dfrac{1}{2}Z_{\alpha/2}\dfrac{\sigma}{\sqrt{n}} = 2Z_{\alpha/2}\dfrac{\sigma}{\sqrt{16n}}$이다.

따라서 표본의 크기를 16배 늘려야 한다.

72

두 변수 간의 상관계수에 대한 설명 중 틀린 것은?

① 한 변수의 값이 일정할 때 상관계수는 0이 된다.
② 한 변수의 값이 다른 변수값보다 항상 100만큼 클 때 상관계수는 1이 된다.
③ 상관계수는 변수들의 측정 단위에 따라 변할 수도 있다.
④ 상관계수가 0일 때는 두 변수의 공분산도 0이 된다.

해설

상관계수는 두 변수의 종류나 특정 단위에 관계 없는 측도를 구하기 위해 공분산을 표준편차로 나누어 표준화하여 구한다.

73

변수 x와 y에 대한 n개의 자료$(x_1, y_1), \cdots, (x_n, y_n)$에 대하여 단순회귀모형 $y_i = \beta_0 + \beta_1 x_i + \epsilon_i$를 적합시키는 경우, 잔차 $e_i = y_i - \hat{y_i}(i = 1, \cdots, n)$에 대한 성질이 아닌 것은?

① $\displaystyle\sum_{i=1}^{n} e_i = 0$

② $\displaystyle\sum_{i=1}^{n} e_i x_i = 0$

③ $\displaystyle\sum_{i=1}^{n} y_i e_i = 0$

④ $\displaystyle\sum_{i=1}^{n} \hat{y_i} e_i = 0$

잔차($e_i = y_i - \hat{y_i}$)의 성질

- $\sum e_i = 0$
- $\sum x_i e_i = 0$
- $\sum \hat{y_i} e_i = 0$
- $\sum y_i = \sum \hat{y_i}$

74

단순회귀모형 $Y_i = \beta_0 + \beta_1 x_i + \epsilon_i, \epsilon_i \sim N(0, \sigma^2)$에 관한 설명으로 틀린 것은?

① ϵ_i들은 서로 독립인 확률변수이다.

② Y는 독립변수이고 x는 종속변수이다.

③ $\beta_0, \beta_1, \sigma^2$은 회귀모형에 대한 모수이다.

④ 독립변수가 종속변수의 기댓값과 직선 관계인 모형이다.

x_i의 값에 대해 Y_i의 값이 변하므로 Y는 종속변수이고 x는 독립변수이다.

75

평균이 μ이고 분산이 σ^2인 임의의 모집단에서 확률표본 $X_1, X_2, \cdots, X_n$을 추출하였다. 표본평균 $\overline{X}$에 대한 설명으로 틀린 것은?

① $E(\overline{X}) = \mu$이다.

② $V(\overline{X}) = \dfrac{\sigma^2}{n}$이다.

③ n이 충분히 클 때, $\overline{X}$의 근사분포는 $N(\mu, \sigma^2)$이다.

④ n이 충분히 클 때, $\dfrac{\overline{X} - \mu}{\sigma / \sqrt{n}}$의 근사분포는 $N(0, 1)$이다.

중심극한정리에 의해 n이 충분히 클 때, $\overline{X}$의 분포는 $N(\mu, \dfrac{\sigma^2}{n})$으로 근사한다.

76

시험을 친 학생 중 국어합격자는 50%, 영어합격자는 60%이며 두 과목 모두 합격한 학생은 15%라고 한다. 이때 임의로 한 학생을 뽑았을 때, 이 학생이 국어에 합격한 학생이라면 영어에도 합격했을 확률은?

① 10%

② 20%

③ 30%

④ 40%

해설

조건부 확률을 이용한다. 국어시험에 합격한 사건을 A, 영어시험에 합격한 사건을 B라 하자.

그러면 $P(B|A) = \dfrac{P(A \cap B)}{P(A)} = \dfrac{0.15}{0.5} = 0.3$이다.

77

가설검정에 대한 다음 설명 중 틀린 것은?

① 귀무가설이 참일 때, 귀무가설을 기각하는 오류를 제1종 오류라고 한다.

② 대립가설이 참일 때, 귀무가설을 기각하지 못하는 오류를 제2종 오류라고 한다.

③ 유의수준 1%에서 귀무가설을 기각하면 유의수준 5%에서도 귀무가설을 기각한다.

④ 주어진 관측값의 유의확률이 5%일 때, 유의수준 1%에서 귀무가설을 기각한다.

해설

유의수준이 유의확률보다 작을 때에는 귀무가설을 채택한다.

78

흡연자 200명과 비흡연자 600명을 대상으로 한 흡연장소에 관한 여론조사 결과가 다음과 같다. 비흡연자 중 흡연금지를 선택한 사람의 비율과 흡연자 중 흡연금지를 선택한 사람의 비율 간의 차이에 대한 95% 신뢰구간은? (단, $P(Z \le 1.96) = 0.025$이다)

구 분	비흡연자	흡연자
흡연금지	44%	8%
흡연장소 지정	52%	80%
제재 없음	4%	12%

① 0.24±0.08

② 0.36±0.05

③ 0.24±0.18

④ 0.36±0.16

모비율의 차 $p_1 - p_2$에 대한 $100(1-\alpha)\%$ 신뢰구간을 구하는 공식은 다음과 같다.

$$\hat{p_1} - \hat{p_2} - Z_{\alpha/2}\sqrt{\frac{\hat{p_1}(1-\hat{p_1})}{n_1} + \frac{\hat{p_2}(1-\hat{p_2})}{n_2}} \leq p_1 - p_2 \leq \hat{p_1} - \hat{p_2} + Z_{\alpha/2}\sqrt{\frac{\hat{p_1}(1-\hat{p_1})}{n_1} + \frac{\hat{p_2}(1-\hat{p_2})}{n_2}}$$

$\hat{p_1} = 0.44$, $\hat{p_2} = 0.08$, $n_1 = 600$, $n_2 = 200$이고 95% 신뢰구간이므로 $\alpha = 0.05$, $Z_{\alpha/2} = Z_{0.025} = 1.96$이므로

공식에 대입하여 정리하면 $0.44 - 0.08 \pm 1.96\sqrt{\dfrac{0.44 \times 0.56}{600} + \dfrac{0.08 \times 0.92}{200}} = 0.36 \pm 0.05$이다.

79

왜도가 0이고 첨도가 3인 분포의 형태는?

① 좌우 대칭인 분포
② 왼쪽으로 치우친 분포
③ 오른쪽으로 치우친 분포
④ 오른쪽으로 치우치고 뾰족한 모양의 분포

왜도가 0이면 대칭분포를 이룬다(정규분포).

80

이산확률변수 X의 확률분포가 다음과 같을 때, 확률변수 X의 기댓값은?

X	0	1	2	3	4
$P(X=x)$	0.15	0.30	0.25	0.20	( )

① 1.25
② 1.40
③ 1.65
④ 1.80

$\sum_{i=0}^{4} P(X=x) = 1$이므로 $P(X=4) = 1 - (0.15 + 0.30 + 0.25 + 0.20) = 0.10$이다.

따라서 $E(X=x) = 0 \times 0.15 + 1 \times 0.30 + 2 \times 0.25 + 3 \times 0.20 + 4 \times 0.10 = 1.80$이다.

81

어떤 기업체의 인문사회계열 출신 종업원 평균급여는 140만원, 표준편차는 42만원이고, 공학계열 출신 종업원 평균급여는 160만원, 표준편차는 44만원일 때의 설명으로 틀린 것은?

① 공학계열 종업원의 평균급여 수준이 인문사회계열 종업원의 평균급여 수준보다 높다.

② 인문사회계열 종업원 중 공학계열 종업원보다 급여가 더 높은 사람도 있을 수 있다.

③ 공학계열 종업원들 급여에 대한 중앙값이 인문사회 계열 종업원들 급여에 대한 중앙값보다 크다고 할 수는 없다.

④ 인문사회계열 종업원들의 급여가 공학계열 종업원들의 급여에 비해 상대적 산포도를 나타내는 변동계수가 더 작다.

해설

변동계수는 표준편차를 산술평균으로 나눈 값이다.

인문사회계열 출신 종업원 급여의 변동계수 $= \dfrac{42}{140} = 0.3$

공학계열 출신 종업원 급여의 변동계수 $= \dfrac{44}{160} = 0.275$

따라서 인문사회계열 종업원들의 급여가 공학계열 종업원들의 급여에 비해 변동계수가 더 크다.

82

다음 중 단위가 다른 두 집단의 자료 간 산포를 비교하는 측도로 가장 적절한 것은?

① 분 산　　　　　　　　　　② 표준편차
③ 변동계수　　　　　　　　　④ 표준오차

해설

변동계수는 표준편차를 산술평균으로 나눈 값으로서 단위가 다른 두 집단의 산포를 비교할 때 이용한다.

83

어느 회사에 출퇴근하는 직원들 500명을 대상으로 이용하는 교통수단을 지하철, 자가용, 버스, 택시, 지하철과 택시, 지하철과 버스, 기타의 분야로 나누어 조사하였다. 이 자료의 정리방법으로 적합하지 않은 것은?

① 도수분포표　　　　　　　　② 막대그래프
③ 원형그래프　　　　　　　　④ 히스토그램

해설

히스토그램은 연속형 자료에 더 적합하다.

84

가정 난방의 선호도와 방법에 대한 분할표가 다음과 같다. 난방과 선호도가 독립이라는 가정하에서 '가스난방'이 '아주 좋다'에 응답한 셀의 기대도수를 구하면?

난방방법 선호도	기 름	가 스	기 타
아주 좋다	20	30	20
적당하다	15	40	35
좋지 않다	50	20	10

① 26.25

② 28.25

③ 31.25

④ 32.45

해설

카이제곱 독립성 검정에서 기대도수는 $E_{ij} = \dfrac{O_{i.} \times O_{.j}}{n}$ 이다($O_{i.}$: 행의 합, $O_{.j}$: 열의 합, n : 전체관측도수).

표를 참고하여 '가스난방'이 '아주 좋다'에 응답한 셀의 기대도수는

$$\frac{(20+30+20) \times (30+40+20)}{20+30+20+15+40+35+50+20+10} = \frac{70 \times 90}{240} = 26.25 \text{이다.}$$

85

분산분석에 관한 설명으로 틀린 것은?

① 3개의 모평균을 비교하는 검정에서 분산분석을 사용할 수 있다.

② 서로 다른 집단 간에 독립을 가정한다.

③ 분산분석의 검정법은 t-검정이다.

④ 각 집단별 자료의 수가 다를 수 있다.

해설

분산분석의 검정통계량은 F-분포를 사용한다.

86

다음은 A병원과 B병원에서 각각 6명의 환자를 상대로 환자가 병원에 도착하여 진료서비스를 받기까지의 대기시간(분)을 조사한 것이다. 두 병원의 진료서비스 대기시간에 대한 비교로 옳은 것은?

A병원	17	32	5	19	20	9
B병원	10	15	17	17	23	20

① A병원의 평균 = B병원의 평균
   A병원의 분산 < B병원의 분산
② A병원의 평균 = B병원의 평균
   A병원의 분산 > B병원의 분산
③ A병원의 평균 > B병원의 평균
   A병원의 분산 < B병원의 분산
④ A병원의 평균 < B병원의 평균
   A병원의 분산 > B병원의 분산

해설

A병원의 평균 : $\dfrac{17+32+5+19+20+9}{6}=17$

B병원의 평균 : $\dfrac{10+15+17+17+23+20}{6}=17$

A병원의 분산 : $\dfrac{(17-17)^2+(32-17)^2+(5-17)^2+(19-17)^2+(20-17)^2+(9-17)^2}{6-1}=89.2$

B병원의 분산 : $\dfrac{(10-17)^2+(15-17)^2+(17-17)^2+(17-17)^2+(23-17)^2+(20-17)^2}{6-1}=19.6$

87

확률분포에 대한 설명으로 틀린 것은?

① X가 연속형 균일분포를 따르는 확률변수일 때, $P(X=x)$는 모든 x에서 영(0)이다.
② 포아송분포의 평균과 분산은 동일하다.
③ 연속확률분포의 확률밀도함수 $f(x)$와 x축으로 둘러싸인 부분의 면적은 항상 1이다.
④ 정규분포의 표준편차 σ는 음의 값을 가질 수 있다.

해설

확률분포의 표준편차는 확률변수의 분산에 양의 제곱근을 취한 것이기 때문에 음의 값을 가질 수 없다.

88

다음은 처리(Treatment)의 각 수준별 반복수이다. 오차제곱합의 자유도는?

수 준	반복수
1	7
2	4
3	6

① 13   ② 14

③ 15   ④ 16

해설

• 일원배치법에서 처리의 자유도 : (처리 수)$-1 = 3-1 = 2$
• 잔차의 자유도 : (총관찰개수)$-$(처리 수)
• 총관찰개수(각 처리에서 반복수를 모두 더한 것) : $7+4+6 = 17$
∴ 잔차의 자유도 : $17-3 = 14$

89

성공률이 p인 베르누이 시행을 4회 반복하는 실험에서 성공이 일어난 횟수 X의 표준편차는?

① $2\sqrt{p(1-p)}$ ② $2p(1-p)$

③ $\dfrac{\sqrt{p(1-p)}}{2}$ ④ $\dfrac{p(1-p)}{2}$

해설

성공률이 p인 베르누이 시행을 4회 반복하는 실험에서 성공이 일어난 횟수 X는 $B(4, p)$인 이항분포를 따른다.
이항분포의 표준편차는 $\sqrt{np(1-p)}$ 이므로 X의 표준편차는 $\sqrt{4p(1-p)} = 2\sqrt{p(1-p)}$ 이다.

90

어느 투자자가 구성한 포트폴리오의 기대수익률이 평균 15%, 표준편차 3%인 정규분포를 따른다고 한다.
이때 투자자의 수익률이 15% 이하일 확률은?

① 0.25   ② 0.375

③ 0.475   ④ 0.5

해설

확률변수 X는 정규분포 $N(15, 3^2)$을 따른다.

이때 투자자의 수익률이 15% 이하일 확률은 $P(X \leq 15) = P(\dfrac{X-15}{3} \leq \dfrac{15-15}{3}) = P(Z \leq 0)$이다.

표준정규분포의 곡선과 X축 사이의 전체면적은 1이고 평균 0을 기준으로 대칭이므로 $P(Z \leq 0) = 0.5$이다.

91

비가 오는 날은 임의의 한 여객기가 연착할 확률이 $\frac{1}{10}$ 이고, 비가 안 오는 날은 여객기가 연착할 확률이 $\frac{1}{50}$ 이다. 내일 비가 올 확률이 $\frac{2}{5}$ 일 때, 비행기가 연착할 확률은?

① 0.06

② 0.056

③ 0.052

④ 0.048

[해설]

조건부 확률을 이용한다. 비가 오는 사건을 A, 여객기가 연착하는 사건을 B라고 하자.

이때 비가 오는 날 여객기가 연착할 확률은 $P(B|A) = \frac{1}{10}$ 이며 비가 안 오는 날 여객기가 연착할 확률은 $P(B|A^c) = \frac{1}{50}$ 이다.

따라서 내일 비가 올 확률 $P(A) = \frac{2}{5}$ 라고 할 때, 비행기가 연착할 확률은 다음과 같다.

$$P(B) = P(A)P(B|A) + P(A^c)P(B|A^c)$$
$$= \frac{2}{5} \times \frac{1}{10} + \frac{3}{5} \times \frac{1}{50}$$
$$= 0.052 \text{이다.}$$

92

기존의 금연교육을 받은 흡연자들 중 30%가 금연을 하는 것으로 알려져 있다. 어느 금연 운동단체에서는 새로 구성한 금연교육프로그램이 기존의 금연교육보다 훨씬 효과가 높다고 주장한다. 이 주장을 검정하기 위해 임의로 택한 20명의 흡연자에게 새 프로그램으로 교육을 실시하였다. 검정해야 할 가설은 $H_0 : p = 0.3$ vs $H_1 : p > 0.3$(p : 새 금연교육을 받은 후 금연율)이며, X를 20명 중 금연한 사람의 수라 할 때 기각역을 "$X \geq 8$"로 정하였다. 이때, 유의수준은?

$P(X \geq c | 금연교육 후 금연율 = p)$

c \ p	0.2	0.3	0.4	0.5
⋮	⋮	⋮	⋮	⋮
5	0.370	0.762	0.949	0.994
6	0.196	0.584	0.874	0.979
7	0.087	0.392	0.750	0.942
8	0.032	0.228	0.584	0.868
⋮	⋮	⋮	⋮	⋮

① 0.032

② 0.228

③ 0.584

④ 0.868

[해설]

유의수준은 귀무가설이 참인데도 불구하고 이를 기각하는 확률이다. 따라서 $p = 0.3$으로 참일 때 기각역인 $X \geq 8$에 속할 확률을 구하면 된다. 따라서 $P(X \geq 8 | p = 0.3) = 0.228$이다.

93

다중선형회귀분석에 대한 설명으로 틀린 것은?

① 결정계수는 회귀직선에 의해 종속변수가 설명되어지는 정도를 나타낸다.

② 추정된 회귀식에서 절편은 독립변수들이 모두 0일 때 종속변수의 값을 나타낸다.

③ 회귀계수는 해당 독립변수가 1단위 증가하고 다른 독립변수는 변하지 않을 때, 종속변수의 증가량을 뜻한다.

④ 각 회귀계수의 유의성을 판단할 때는 정규분포를 이용한다.

해설

다중회귀계수의 유의성 검정은 t-검정을 이용한다.

94

다음은 어느 한 야구선수가 임의의 한 시합에서 치는 안타수의 확률분포이다. 이 야구선수가 내일 시합에서 2개 이상의 안타를 칠 확률은?

안타수(x)	0	1	2	3	4	5
$P(X=x)$	0.30	0.15	0.25	0.20	0.08	0.02

① 0.2

② 0.25

③ 0.45

④ 0.55

해설

$$P(X \geq 2) = P(X=2) + P(X=3) + P(X=4) + P(X=5)$$
$$= 0.25 + 0.20 + 0.08 + 0.02 = 0.55$$

95

다음 빈칸에 들어갈 분석방법으로 옳은 것은?

종속변수(Y) ＼ 독립변수(X)	범주형 변수	연속형 변수
범주형 변수	(ㄱ)	
연속형 변수	(ㄴ)	(ㄷ)

	ㄱ	ㄴ	ㄷ
①	교차분석	분산분석	회귀분석
②	교차분석	회귀분석	분산분석
③	분산분석	분산분석	회귀분석
④	회귀분석	회귀분석	분산분석

해설

분석방법

구 분	독립변수	종속변수
t 검정	질적(범주형)	양적(연속형)
교차분석	질적(범주형)	질적(범주형)
분산분석	질적(범주형)	양적(연속형)
상관분석	양적(연속형)	양적(연속형)
회귀분석	양적(연속형)	양적(연속형)

96

다음 중 유의확률($p-Value$)에 대한 설명으로 틀린 것은?

① 주어진 데이터와 직접적으로 관계가 있다.
② 검정통계량이 실제 관측된 값보다 대립가설을 지지하는 방향으로 더욱 치우칠 확률로서 귀무가설하에서 계산된 값이다.
③ 유의확률이 작을수록 귀무가설에 대한 반증이 강한 것을 의미한다.
④ 유의수준이 유의확률보다 작으면 귀무가설을 기각한다.

해설

유의수준이 유의확률보다 작으면 귀무가설을 채택한다.

97

다음은 어느 손해보험회사에서 운전자의 연령과 교통법규 위반횟수 사이의 관계를 알아보기 위하여 무작위로 추출한 18세 이상, 60세 이하인 500명의 운전자 중에서 지난 1년 동안 교통법규위반 횟수를 조사한 자료이다. 두 변수 사이의 독립성 검정을 하려고 할 때, 검정통계량의 자유도는?

위반횟수	연 령			합 계
	18~25	26~50	51~60	
없 음	60	110	120	290
1회	60	50	40	150
2회 이상	30	20	10	60
합 계	150	180	170	500

① 1

② 3

③ 4

④ 9

해설

카이제곱 통계량의 자유도는 $(r-1) \times (c-1)$이다. 따라서 $(3-1) \times (3-1) = 4$이다.

98

어느 회사에서는 두 공장 A와 B에서 제품을 생산하고 있다. 각 공장에서 8개와 10개의 제품을 임의로 추출하여 수명을 조사한 결과 다음의 결과를 얻었다.

> A 공장 제품의 수명 : 표본평균 = 122
> 표본표준편차 = 22
> B 공장 제품의 수명 : 표본평균 = 120
> 표본표준편차 = 18

다음과 같은 t-검정 통계량을 사용하여 두 공장 제품의 수명에 차이가 있는지를 검정하고자 할 때, 필요한 가정이 아닌 것은?

> 검정통계량 : $t = \dfrac{122-120}{\sqrt{(\dfrac{7 \times 22^2 + 9 \times 18^2}{16}) \times (\dfrac{1}{8} + \dfrac{1}{10})}}$

① 두 공장 A, B의 제품의 수명은 모두 정규분포를 따른다.

② 공장 A의 제품에서 임의추출한 표본과 공장 B의 제품에서 임의추출한 표본은 서로 독립이다.

③ 두 공장 A, B에서 생산하는 제품 수명의 분산은 동일하다.

④ 두 공장 A, B에서 생산하는 제품 수명의 중위수는 같다.

모평균의 차이가 있는지를 검정할 때 소표본에서 모분산이 동일하다는 것을 알고 있는 경우 또는 모분산이 알려져 있지 않으나 동일한 경우에 자유도가 $n_1 + n_2 - 2$인 t-분포를 이용하여 검정한다.

99

중심극한정리(Central Limit Theorem)는 어느 분포에 관한 것인가?

① 모집단
② 표 본
③ 모집단의 평균
④ 표본의 평균

중심극한정리

표본의 크기가 $n \geq 30$이면 대(大)표본으로 간주하여 모집단의 분포와 관계없이 표본평균 $\overline{X}$ 의 분포는 기댓값이 모평균 μ이고, 분산이 $\dfrac{\sigma^2}{n}$인 정규분포에 근사한다.

$$\overline{X} \sim N(\mu, \frac{\sigma^2}{n}),\ n \to \infty < N$$

100

두 변량 중 X를 독립변수, Y를 종속변수로 하여 X와 Y의 관계를 분석하고자 한다. X가 범주형 변수이고 Y가 연속형 변수일 때 가장 적합한 분석방법은?

① 회귀분석
② 교차분석
③ 분산분석
④ 상관분석

분석방법

구 분	독립변수	종속변수
t 검정	질적(범주형)	양적(연속형)
교차분석	질적(범주형)	질적(범주형)
분산분석	질적(범주형)	양적(연속형)
상관분석	양적(연속형)	양적(연속형)
회귀분석	양적(연속형)	양적(연속형)

제4회 기출문제해설

제 **4** 회

01

다음의 사례에서 활용한 연구방법은?

> 웰스(Ida B. Wells)는 1891년에 미국 남부지방의 흑인들이 집단폭행을 당한 이유가 백인여성을 겁탈했기 때문이라는 당시 사람들의 믿음이 사실인지를 확인할 목적으로 이전 10년간 보도된 728건의 집단폭행 관련 기사들을 검토하였다. 그 결과 보도 사례들 가운데 단지 1/3의 경우에만 강간으로 정식기소가 이루어졌으며 나머지 대부분의 사례들은 흑인들이 분수를 모르고 건방지게 행동한 것이 죄라면 죄였던 것으로 확인되었다.

① 투사법　　　　　　　　　　　② 내용분석법
③ 질적 연구법　　　　　　　　　④ 사회성 측정법

해설

① 직접 조사하기 힘들거나 질문에 타당한 응답이 나올 가능성이 적을 때, 어떤 자극 상태를 만들어 그에 대한 응답자의 반응을 우회적으로 얻어 의도나 의향을 파악하는 방법이다.
③ 주관적·해석적 사회과학의 연구방법으로써 현상학적 사회학, 상징적 상호작용론, 민속방법론 등을 배경으로 한다.
④ 소시오메트리(Sociometry)라고도 하며, 소집단 내의 구성원들 사이에서 집단 내의 선택, 커뮤니케이션 및 상호작용의 패턴에 관한 자료를 수집하여 집단 자체의 역동적 구조나 상태를 알아보는 방법이다.

02

설문지 작성의 일반적인 과정으로 가장 적합한 것은?

① 필요한 정보의 결정 → 개별항목의 내용결정 → 질문형태의 결정 → 질문순서의 결정 → 설문지의 완성
② 필요한 정보의 결정 → 질문형태의 결정 → 개별항목의 내용결정 → 질문순서의 결정 → 설문지의 완성
③ 개별항목의 내용결정 → 필요한 정보의 결정 → 질문형태의 결정 → 질문순서의 결정 → 설문지의 완성
④ 개별항목의 내용결정 → 질문형태의 결정 → 질문순서의 결정 → 필요한 정보의 결정 → 설문지의 완성

03

자기기입식 설문조사에 비해 면접 설문조사가 갖는 장점이 아닌 것은?

① 답변의 맥락을 이해할 수 있다.
② 무응답 항목을 최소화한다.
③ 조사대상 1인당 비용이 저렴하다.
④ 개방형 질문에 유리하다.

해설

자기기입식 설문조사는 응답자로 하여금 질문지에 직접 기입하게 하는 조사방법인 반면, 면접 설문조사는 조사원이 표본으로 선정된 응답자를 상대로 직접 대면하여 조사하는 방법이다. 조사원이 응답자와 직접 대면해야 하므로, 일반적으로 조사비용과 시간이 많이 소요된다.

04

의사소통을 통한 자료수집방법에서 비체계적-비공개적 의사소통방법에 해당하는 것은?

① 우편조사
② 표적집단면접법
③ 대인면접법
④ 역할행동법

해설

우편조사와 면접법은 체계적이고 공개적인 의사소통방법이다.

05

다음 중 과학적 방법을 설명하고 있는 것은?

① 전문가에게 위임하는 방법과 어떤 어려운 결정에 있어 외적 힘을 요구하는 방법이다.
② 주장의 근거를 습성이나 관습에서 찾는 방법이다.
③ 스스로 분명한 명제에 호소하는 방법이다.
④ 의문을 제기하고, 가설을 설정하고 과학적으로 증명하는 방법이다.

해설

과학적 방법은 '이론 → 가설 → 관찰 및 검증'을 통해 규칙을 발견하고 이를 일반화하고 논리적인 이론으로 정립한다.

06

다음 중 탐색적 연구를 하기 위한 방법으로 가장 적합한 것은?

① 횡단연구 ② 유사실험설계
③ 시계열연구 ④ 사례연구

해설

탐색적 연구는 조사설계를 확정하기 이전 연구문제의 발견, 변수 규명, 가설도출 등을 위해 예비적으로 실시하는 것으로써 문헌조사, 경험자조사, 사례조사 등이 해당된다.

07

다음에 해당하는 외생변수의 통제방법은?

하나의 실험집단에 두 개 이상의 실험변수가 가해질 때 사용하는 방법이다. 예를 들어 두 가지 정책대안의 제시순서나 조사지역에 따라 선호도에 차이가 발생한다고 판단된다면, 제시순서를 달리하거나 지역을 바꿔 재실험하는 경우가 해당한다.

① 제 거 ② 상 쇄
③ 균형화 ④ 무작위화

해설

상쇄란 외생변수가 작용하는 강도가 동일하지 않은 상황일 때 서로 다른 실험을 실시함으로써 외생변수의 영향을 제거하는 것이다.

08

문헌고찰에 관한 설명으로 틀린 것은?

① 문헌고찰은 연구의 과정에서 매우 중요한 위치를 차지한다.
② 문헌고찰은 가능한 한 연구 초기에 해야 한다.
③ 문헌고찰을 통해 해당 연구주제에 대한 과거 관련 연구들의 결과를 학습할 수 있다.
④ 문헌고찰을 통해 기존 연구문제와 관련된 새로운 아이디어를 얻기는 어렵다.

해설

문헌고찰을 통한 분석방법 또한 과학적 방법이므로 새로운 아이디어를 얻고 가설을 설정하고 이를 논리적으로 설명할 수 있다.

09

연구방법으로서의 연역적 접근법과 귀납적 접근법에 관한 설명으로 틀린 것은?

① 연역적 접근법을 취하려면 기존 이론에 대한 분석이 필요하다.
② 귀납적 접근법은 현실세계에 대한 관찰을 통해 경험적 일반화를 추구한다.
③ 사회조사에서 연역적 접근법과 귀납적 접근법은 상호보완적으로 사용된다.
④ 연역적 접근법은 탐색적 연구에, 귀납적 접근법은 가설검증에 주로 사용된다.

해설

연역적 접근법은 가설검증, 귀납적 접근법은 탐색적 연구에 주로 사용된다.

10

질문지 문항배열에 대한 고려사항으로 적합하지 않은 것은?

① 시작하는 질문은 쉽게 응답할 수 있고 흥미를 유발할 수 있어야 한다.
② 앞의 질문이 다음 질문에 연상작용을 일으켜 응답에 영향을 미칠 수 있다면 질문들 사이의 간격을 멀리 떨어뜨린다.
③ 응답자의 인적사항에 대한 질문은 가능한 한 나중에 한다.
④ 질문이 담고 있는 내용의 범위가 좁은 것에서부터 점차 넓어지도록 배열한다.

해설

일반적인 질문을 먼저 배열하고, 세부적이고 특수한 질문을 나중에 배열하는 것이 좋다.

11

인간의 행위를 이해하는 데 필요한 개념 또는 변수의 종류를 지나치게 한정시키려는 경향은?

① 거시주의
② 미시주의
③ 환원주의
④ 조작주의

해설

환원주의적 오류란 넓은 범위의 인간의 사회적 행위를 이해하는 데 필요한 변수 또는 개념의 종류를 지나치게 한정시킴으로써 발생하는 오류를 뜻한다.

12

다음 중 관찰자에게 필요한 사항으로 거리가 먼 것은?

① 관찰자는 인내심이 있어야 한다.
② 관찰자는 연구하는 집단에 참여해서는 안 된다.
③ 주관성을 배제하고 객관성을 유지해야 한다.
④ 관찰자는 집단에 동화되지 않아야 한다.

해설

참여자와 관찰자
• 완전참여자 : 연구자의 신분을 공개하지 않고 연구대상자들의 활동에 참여한다. 참여관찰의 유형 중 가장 객관성을 유지하기 어려우며 윤리적 및 과학적 문제가 발생할 수 있다.
• 완전관찰자 : 연구자의 신분을 공개하지 않으며, 연구대상자들의 활동에는 전혀 참여하지 않고 관찰만 하는 방법이다.
• 참여자적 관찰자 : 연구자의 신분을 밝히고 연구대상자들의 활동공간에 들어가 심층적으로 관찰하는 방법이다. 참여보다 관찰이 주를 이룬다.
• 관찰자적 참여자 : 연구자의 신분을 밝히고 연구대상자들의 활동공간에 자연스럽게 참여한다. 관찰보다 참여가 주를 이룬다.

13

다음 사례의 분석단위로 가장 적합한 것은?

> K교수는 인구센서스의 가구조사 자료를 이용하여 가족 구성원 간 종교의 동질성을 분석해 보기로 하였다.

① 가구원
② 가 구
③ 종 교
④ 국 가

해설

분석단위란 자료수집 시 표본의 크기를 결정하는 데 사용되는 기본 단위이다. 인구센서스의 가구조사 자료를 이용하는 것이므로 이 사례에서 분석단위는 가구이다.

14

다음 중 연구주제의 선정요령으로 거리가 먼 것은?

① 연구자가 흥미를 느끼는 주제를 선정한다.
② 철저한 평가를 한 뒤에 선택 여부를 결정한다.
③ 경험이 있거나 사전지식이 있는 주제를 선정한다.
④ 새로운 학문적 기여를 위하여 가급적 연구를 뒷받침해줄 이론적 배경이 없는 주제를 선정한다.

> **해설**
>
> 설정된 연구문제의 적정성 판단 기준
> • 설정은 두 개 이상의 변수들 간의 관계를 서술해야 하며, 실증적 연구를 통해 해결될 수 있도록 작성되어야 한다.
> • 가능한 한 명백하고 확실한 것이어야 한다.
> • 관찰 가능한 현상과 밀접히 연결되어야 한다.

15

관찰의 세부 유형에 관한 설명으로 틀린 것은?

① 관찰이 일어나는 상황이 실제상황인지 연구자가 만들어 놓은 인위적인 상황인지를 기준으로 자연적 관찰과 인위적 관찰로 구분한다.
② 피관찰자가 자신의 행동이 관찰된다는 사실을 알고 있는지 모르고 있는지를 기준으로 공개적 관찰과 비공개적 관찰로 구분한다.
③ 표준관찰기록양식의 사전 결정 등 체계화의 정도에 따라 체계적 관찰과 비체계적 관찰로 구분한다.
④ 관찰에 사용하는 도구에 따라 직접관찰과 간접관찰로 구분한다.

> **해설**
>
> 관찰시기가 행동발생과 일치하는가 여부에 따라 직접/간접관찰로 나누어지며, 관찰주체 또는 도구가 무엇인가에 따라 인간의 직접적/기계를 이용한 관찰로 나누어진다.

16

인간의 무의식 속에 내재되어 있는 동기, 가치, 태도 등을 알아내기 위하여 모호한 자극을 응답자에게 제시하여 반응을 알아보는 자료수집 방법은?

① 관찰법(Observational Method)
② 면접법(Depth Interview)
③ 투사법(Projective Technique)
④ 내용분석법(Content Analysis)

해설

투사법은 직접 조사하기 힘들거나 질문에 타당한 응답이 나올 가능성이 적을 때, 어떤 자극 상태를 만들어 그에 대한 응답자의 반응을 우회적으로 얻어 의도나 의향을 파악하는 방법이다.

17

질적 연구에 관한 설명과 가장 거리가 먼 것은?

① 조사자와 조사 대상자의 주관적인 인지나 해석 등을 모두 정당한 자료로 간주한다.
② 조사결과를 폭넓은 상황에 일반화하기에 유리하다.
③ 연구절차가 양적 조사에 비해 유연하고 직관적이다.
④ 일반적으로 상호작용의 과정에 보다 많은 관심을 둔다.

해설

조사결과를 일반화하기에 유리한 연구는 양적 연구이다.

18

가설의 구비요건 중 올바르게 서술된 것은?

① 검증이 용이하도록 표현되어야 한다.
② 동일 연구 분야의 다른 가설이나 이론과 무관해야 한다.
③ 이론적 근거가 없더라도 탐색적 목적을 위해 가설을 구성할 수 있다.
④ 내용과 방향이 모호하더라도 이는 검증절차를 통해 보완될 수 있다.

해설

가설은 경험적으로 검증 가능해야 한다.

19

설문조사에서 사전조사(Pilot Test)에 관한 설명으로 옳은 것은?

① 기초적인 자료가 확보되지 않은 상태에서 이루어지는 조사이다.
② 응답자들이 조사내용을 분명히 이해할 수 있는지의 여부를 확인하기 위해 실시되는 조사이다.
③ 검증해야 할 가설을 찾아내기 위해 실시하는 조사이다.
④ 사전조사에 참여한 응답자들이 실제 연구에 참여해도 된다.

해설

본조사에 들어가기에 앞서 질문지 초안이 작성된 후 마지막 단계에서 질문지의 문제점을 찾아내기 위해 실시되는 조사이다.

20

외생변수를 사전에 아는 경우, 외생변수가 실험대상이 되는 각 집단에 균등하게 영향을 미칠 수 있도록 실험집단과 통제집단을 선정하여 외생변수의 효과를 통제하는 방법은?

① 상쇄(Counter Balancing)
② 균형화(Matching)
③ 제거(Elimination)
④ 무작위화(Randomization)

해설

① 외생변수가 작용하는 강도가 동일하지 않은 상황일 때 서로 다른 실험을 실시함으로써 외생변수의 영향을 제거하는 것이다.
③ 외생변수로 적용할 수 있는 요인이 실험상황에 개입되지 않도록 하는 방법이다.
④ 어느 하나의 대상이 실험집단이나 통제집단에 할당될 동일한 기회의 조건을 가진 상태로 두 집단 중 하나에 배정하도록 한다는 것이다.

21

심층면접 시 중요하게 고려해야 할 사항으로 틀린 것은?

① 피면접자와 친밀한 관계(Rapport)를 형성해야 한다.
② 비밀보장, 안전성 등 피면접자가 편안한 분위기를 느낄 수 있도록 해야 한다.
③ 피면접자의 대답을 주의 깊게 경청하여야 하며 이전의 응답과 연결시켜 생각하는 습관을 가져야 한다.
④ 피면접자가 대답을 하는 도중에 응답내용에 대한 평가적인 코멘트를 자주 해 주는 것이 좋다.

해설

심층면접은 한 명의 응답자와 일대일 면접을 통해 응답자의 심리를 조사하는 방법이다. 면접자의 면접능력에 크게 의존하는 조사방법으로 숙련된 면접능력과 분석능력이 요구된다. 따라서 도중에 응답에 대해 평가적인 코멘트를 한다면 면접자의 의도가 응답에 영향을 줄 수 있으므로 삼가야 한다.

22

다음 중 이론에 대한 함축적 의미가 아닌 것은?

① 과학적인 지식을 증진시키는 가장 효과적인 수단을 말한다.
② 명확하게 정의된 구성개념이 상호 관련된 상태에서 형성된 일련의 명제를 말한다.
③ 구성개념을 실제로 나타내는 구체적인 변수들 간의 관계에 대한 체계적 견해를 제시한다.
④ 개념들 간의 연관성에 대한 현상을 설명한다.

해설

이론은 현상에 대한 설명과 예측을 목적으로 변수 간의 관계를 밝힘으로써 그 현상에 대한 체계적인 견해를 제공하는 일련의 상호 연결된 개념 및 정의 또는 명제이다. 경험적으로 검증이 가능하고 어느 정도의 법칙적인 일반성을 포함하는, 체계적으로 연관성을 가진 일련의 진술이다.

23

서베이조사의 일반적인 특성에 관한 설명으로 틀린 것은?

① 모집단으로부터 추출된 표본을 대상으로 조사하는 방법이다.
② 센서스(Census)는 대표적인 서베이 방법 중 하나이다.
③ 인과관계 분석보다는 예측과 기술을 주목적으로 한다.
④ 대인조사, 전화조사, 우편조사, 온라인조사 등이 있다.

해설

서베이조사는 모집단을 대상으로 추출된 표본에 대해 설문지와 같은 표준화된 조사도구를 직접 질문함으로써 필요한 자료를 수집하는 방법이다. 그에 반해 센서스는 인구나 주택 등을 모집단 전체에 대해 현황을 조사하는 방법이다.

24

초점집단(Focus Group)조사와 델파이조사에 관한 설명으로 옳은 것은?

① 초점집단조사에서는 익명 집단의 상호작용을 통해 도출된 자료를 분석한다.
② 초점집단조사는 내용타당도를 높이는 목적으로 사용될 수 있다.
③ 델파이조사는 비구조화 방식으로 정보의 흐름을 제어한다.
④ 델파이조사는 대면(Face to Face) 집단의 상호작용을 통해 도출된 자료를 분석한다.

해설

① 델파이조사에 대한 설명이다.
③ 델파이조사는 전문가·관리자들로부터 우편으로 의견이나 정보를 수집하여 그 결과를 분석한 후 그것을 다시 응답자들에게 보내어 의견을 묻는 식으로 만족스러운 결과를 얻을 때까지 계속하는 방법이며, 조사 내용이 정해진 구조화 방식이다.
④ 초점집단조사에 대한 설명이다.

25

전화조사의 장점과 가장 거리가 먼 것은?

① 비용을 줄일 수 있다.
② 높은 응답률을 보장할 수 있다.
③ 응답자 추출, 질문, 응답 등이 자동 처리될 수 있다.
④ 복잡한 문제들에 대한 의견을 파악하기 용이하다.

해설

전화조사법은 적은 비용으로 단시간에 조사할 수 있어 비용과 신속성 측면에서 매우 경제적인 방법이다. 소요시간이 짧으며, 분량이 제한되기 때문에 많거나 복잡한 조사내용에 관한 자료를 수집하기 어렵다.

26

다음은 조사연구과정의 일부이다. 이를 순서대로 나열한 것은?

> ㄱ. '난민의 수용은 사회분열을 유발할 것이다'로 가설 설정
> ㄴ. 할당표집으로 대상자를 선정하여 자료 수집
> ㄷ. 난민의 수용으로 관심주제 선정
> ㄹ. 구조화된 설문지 작성

① ㄱ → ㄴ → ㄷ → ㄹ
② ㄱ → ㄷ → ㄹ → ㄴ
③ ㄷ → ㄱ → ㄹ → ㄴ
④ ㄷ → ㄹ → ㄱ → ㄴ

해설

일반적인 과학적 조사의 절차는 '문제의 정립(ㄷ) → 가설의 설정(ㄱ) → 연구의 설계(ㄹ) → 자료의 수집(ㄴ) → 자료의 분석, 해석 및 이용 → 보고서 작성'이다.

27

광범위한 개인의 감정이나 생활경험을 알아보고자 할 경우 많이 활용하는 조사방법은?

① 집중면접(Focused Interview)
② 임상면접(Clinical Interview)
③ 비지시적 면접(Nondirective Interview)
④ 구조식 면접(Structured Interview)

해설

① 응답자들에게 그대로 질문을 하는 것보다는 응답자들이 자신들에게 영향을 미치는 요소 및 자극이 어떤 것이며, 그것들이 어떠한 결과를 가져오게 되는가를 스스로 밝히도록 응답자를 도와주는 방법이다.
③ 면접자가 어떤 지정된 방법 및 절차에 의해 응답자를 면접하는 것이 아니고, 응답자로 하여금 어떠한 응답을 하든지 간에 공포감 없이 자유롭게 응답할 수 있는 분위기를 마련해준 다음 면접을 하는 방법이다.
④ 면접자가 면접조사표를 만들어서 상황에 구애됨이 없이 모든 응답자에게 동일한 질문순서와 동일한 질문내용에 따라 수행하는 방법이다.

28

다음 중 2차 자료가 아닌 것은?

① 각종 통계자료
② 연구자가 직접 응답자에게 질문해서 얻은 자료
③ 조사기관의 정기, 비정기 간행물
④ 기업에서 수집한 자료

해설

2차 자료는 이미 만들어진 방대한 자료로, 연구자가 직접 응답자에게 질문해서 얻은 자료는 1차 자료이다.

29

실험설계를 사전실험설계, 순수실험설계, 유사실험설계, 사후실험설계로 구분할 때 유사실험설계에 해당하는 것은?

① 단일집단 사후측정설계
② 집단비교설계
③ 솔로몬 4집단설계
④ 비동일 통제집단설계

해설

유사실험설계는 실험설계의 기본요소에 해당하는 무작위할당, 독립변수의 조작, 통제집단, 사전·사후검사 중 한두 가지가 결여된 설계유형으로 비동일 통제집단설계, 단순시계열설계, 복수시계열설계, 회귀불연속설계 등이 있다.

30

다음에서 설명하고 있는 연구방법은?

소위 386 세대라고 일컬어지는 사회집단이 가진 정치의식이 1990년 이후 5년 단위로 어떠한 변화를 보이고 있는지에 대해 종단분석을 실시했다.

① 추세연구
② 패널연구
③ 현장연구
④ 코호트연구

해설

① 동일한 전체 모집단 내의 변화를 여러 시기에 걸쳐 표본을 추출하여 계속적으로 연구하는 것이다.
② '패널(Panel)'이라 불리는 특정 응답자 집단을 정해 놓고 그들로부터 상당히 긴 시간 동안 지속적으로 연구자가 필요로 하는 정보를 획득하는 방법이다.
③ 어떤 가설을 검증하기 위해 연구자가 현실적인 사회상황 속에서 독립변수를 조작하는 논리적인 목적을 가진 조사를 의미한다.

31

오후 2시부터 4시 사이 서울 강남역을 지나는 행인들 중 접근이 쉬운 사람을 대상으로 신제품에 대한 의견을 물어보는 경우 이에 해당하는 표집방법은?

① 판단표집
② 편의표집
③ 층화표집
④ 군집표집

해설

표본선정의 편리성에 기준을 두고 임의로 표본을 선정하였기 때문에 편의표집에 해당한다.

32

변수의 종류에 관한 설명으로 옳은 것을 모두 고른 것은?

ㄱ. 매개변수는 독립변수와 종속변수 사이에서 독립변수의 결과인 동시에 종속변수의 원인이 되는 변수이다.
ㄴ. 억제변수는 두 변수 X, Y의 사실상의 관계를 정반대의 관계로 나타나게 하는 제3의 변수이다.
ㄷ. 왜곡변수는 두 변수 X, Y가 서로 관계가 있는데도 관계가 없는 것으로 나타나게 하는 제3의 변수이다.
ㄹ. 통제변수는 외재적 변수의 일종으로 그 영향을 검토하지 않기로 한 변수이다.

① ㄱ, ㄴ
② ㄴ, ㄷ
③ ㄷ, ㄹ
④ ㄱ, ㄹ

해설

ㄴ. 억제변수는 두 개의 변수 간에 상관관계가 있으나 그와 같은 관계가 없는 것처럼 보이게 하는 제3의 변수이다.
ㄷ. 왜곡변수는 두 개의 변수 간의 관계를 정반대의 관계로 나타나게 하는 변수이다.

33

신뢰도에 관한 기술 중 옳은 것은?

① 오차분산이 작으면 작을수록 그 측정의 신뢰도는 낮아진다.
② 신뢰도 계수는 -1과 1 사이를 움직인다.
③ 신뢰도에 관한 오차는 체계적 오차를 말한다.
④ 신뢰도 계수는 실제값의 분산에 대한 참값의 분산의 비율로 나타낸다.

해설

측정변수에 대한 신뢰도 계수는 실제값의 분산을 나타내는 참값의 분산이 차지하는 비율로 계산한다.

34

다음 중 표집틀(Sampling Frame)을 평가하는 주요 요소와 가장 거리가 먼 것은?

① 포괄성
② 추출확률
③ 효율성
④ 안정성

해설

표집틀 구성의 평가요소
- 포괄성 : 연구하고자 하는 전체 모집단 중 얼마나 많은 부분을 포함하고 있는가
- 추출확률 : 모집단에서 개별 요소가 추출될 수 있는 확률이 동일한가
- 효율성 : 조사자가 원하는 대상만을 표집틀 속에 포함하는가

35

척도구성방법을 비교척도구성(Comparative Scaling)과 비비교척도구성(Non-comparative Scaling)으로 구분할 때 비비교척도구성에 해당하는 것은?

① 쌍대비교법(Paired Comparison)
② 순위법(Rank-order)
③ 연속평정법(Continuos Rating)
④ 고정총합법(Constant Sum)

해설

척도구성방법
- 비교척도구성 : 쌍대비교법, 순위법, 고정총합법, 비율분할법 등
- 비비교척도구성 : 단일평정법, 연속평정법, 항목평정법 등

36

종교와 계급이라는 2개의 변수와 각 변수에는 4개의 범주를 두고(4종류의 종교 및 4종류의 계급) 표를 만들 때 칸들이 만들어진다. 각 칸마다 10가지 사례가 있다면 표본의 크기는?

① 8
② 16
③ 80
④ 160

해설

모든 칸은 4(4종류의 종교)×4(4종류의 계급)=16개이며, 각 칸에 10가지 사례가 있으므로 표본의 크기는 16×10=160이다.

37

다음 중 비비례층화표집(Disproportionate Stratified Sampling)이 가장 적합한 경우는?

① 미국시민권자의 민족적(Ethnic) 특성을 비교하고 싶을 때
② 유권자 지지율 조사 시 모집단의 주거형태별 구성비율을 정확히 반영하고 싶을 때
③ 연구자의 편의에 따라 표본을 추출하고 싶을 때
④ 대규모 조사에서 최종표집단위와는 다른 군집별로 1차 표집하고 싶을 때

해설

비비례층화표집은 각 층에서 각 층의 크기와는 상관없이 같은 수의 표본을 추출하는 방법이다.

38

타당도에 관한 설명으로 틀린 것은?

① 측정도구가 측정하고자 하는 현상을 일관성 있게 측정하였는가를 말해준다.
② 측정도구가 실제로 측정하고자 하는 개념을 측정하였는가를 말해준다.
③ 타당도는 그 개념이 정확히 측정되었는가를 말해준다.
④ 문항구성이 측정하고자 하는 개념을 얼마나 잘 반영하고 있는가를 말해준다.

해설

타당도는 측정하고자 하는 개념을 정확히 측정하였는가에 대한 개념이다.

39

표집오차에 대한 설명으로 옳지 않은 것은?

① 표집오차는 통계량과 모집단의 모수 간 오차이다.
② 표집오차는 표본추출과정에서 발생하는 오차이다.
③ 표본의 크기가 크면 표집오차는 감소한다.
④ 비확률표집오차를 줄이면 표집오차도 줄어든다.

해설

비표본추출오차와 표본추출오차는 상호 독립적이다.

40

한국인이 중국인을 어느 정도 받아들이는지에 대한 조사 결과, 100명 중 30명은 ⑩번을, 70명은 ⑥번을 각각 응답하였다. 이때의 인종 간 거리계수는?

> ㉠ 결혼해서 가족으로 받아들인다. – 1점
> ㉡ 개인적 친구로 받아들인다. – 2점
> ㉢ 이웃에서 같이 산다. – 3점
> ㉣ 같은 직장에서 일한다. – 4점
> ㉤ 우리나라 국민으로 받아들인다. – 5점
> ㉥ 방문객으로만 받아들인다. – 6점

① 1.5

② 4.2

③ 5.5

④ 5.7

[해설]

인종 간 거리계수는 문항점수에 응답자 수만큼의 가중치를 적용한 평균으로 구한다.

⑩ 30명, ⑥ 70명이므로 인종 간 거리계수는 $\dfrac{5 \times 30 + 6 \times 70}{100} = 5.7$이다.

41

청소년의 비행에 관하여 연구할 때 조작적 정의(Operational Definition) 단계에 해당하는 것은?

① 사전(Dictionary)을 참고하여 비행을 명확히 정의한다.
② 청소년의 비행에 대한 기존 연구 결과를 정리한다.
③ 비행 관련 척도를 탐색한 후 선정한다.
④ 비행청소년의 현황을 파악한다.

[해설]

조작적 정의의 최종 산물은 수량화이며, 척도란 일종의 측정도구로서 일정한 규칙에 따라 측정대상에 적용할 수 있도록 만들어진 일련의 체계화된 기호 또는 숫자를 의미한다. 따라서 비행 관련 척도를 탐색 후 선정하는 것은 조작적 정의에 해당한다.

42

조작적 정의에 관한 설명으로 틀린 것은?

① 추상적인 개념을 구체적인 경험세계와 연결시키는 과정이다.
② 특정 개념은 반드시 한 가지의 조작적 정의만을 갖는다.
③ 조사목적과 관련하여 실용주의적인 측면을 포함한다.
④ 실행가능성, 관찰가능성이 중요하다.

해설

조작적 정의는 측정을 위해 추상적인 개념을 보다 구체화하는 것이다. 될 수 있는 한 실행 가능하고 관찰 가능한 조작을 좀 더 명확하게 표현한 용어로 구성된 것으로, 한 개념이 여러 조작적 정의를 가질 수 있다. 또한 조작적 정의가 연구마다 다를 경우 연구결과가 달라질 수 있다.

43

다음 표집방법 중 비확률표집방법이 아닌 것은?

① 판단표집(Judgemental Sampling)
② 편의표집(Convenience Sampling)
③ 집락표집(Cluster Sampling)
④ 할당표집(Quota Sampling)

해설

표본추출
- 확률표본추출 : 단순무작위표본추출, 계통적(체계적) 표본추출, 층화표본추출, 집락(군집)표본추출, 연속표본추출 등
- 비확률표본추출 : 할당표본추출, 유의(판단)표본추출, 임의(편의)표본추출, 배합표본추출, 누적표본추출 등

44

전수조사 대신 표본조사를 하는 이유와 가장 거리가 먼 것은?

① 경비를 절감하기 위해
② 전수조사에 비해 조사과정을 보다 잘 통제할 수 있어서
③ 표본오류를 줄이기 위해
④ 광범위한 주제에 걸쳐서 연구하기 위해

해설

표본오류는 표본조사를 실시할 때 나타난다.

45

층화표집과 군집표집에 관한 설명으로 옳은 것은?

① 층화표집은 모든 부분집단에서 표본을 선정한다.
② 군집표집은 모집단을 하나의 집단으로만 분류한다.
③ 군집표집은 부분집단 내에 동질적인 요소로 이루어진다고 전제한다.
④ 층화표집은 부분집단 간에 동질적인 요소로 이루어진다고 전제한다.

해설
층화표집은 전체 모집단에서 표본을 선정하기보다 이미 알고 있는 지식을 이용하여 모집단을 동질적인 부분집합으로 나누고 이들 각각으로부터 적정한 수의 요소를 무작위 선정하게 된다.

46

조작화와 관련하여 다음은 무엇에 대한 예에 해당하는가?

신앙심을 측정하기 위해 사용된 일주일간 성경책을 읽은 횟수

① 개념적 정의
② 지 표
③ 개 념
④ 지 수

해설
지표란 '어떤 것의 존재 또는 상태 및 특성을 경험적으로 나타내는 표시물'이라고 할 수 있다. 문제에서는 '신앙심'이라는 변수를 '일주일간 성경책을 읽은 횟수'로 나타내었다.

47

측정의 무작위 오류(Random Error)에 관한 설명으로 옳은 것은?

① 응답자가 자신에 대한 이미지를 좋게 만들기 위해 응답할 때 발생한다.
② 타당도를 낮추는 주요 원인이다.
③ 설문문항이 지나치게 많을 경우 발생하기 쉽다.
④ 연구자가 응답자에게 유도성 질문을 할 때 발생한다.

해설
무작위 오류는 측정과정에서 우연히 또는 일시적인 사정에 의해 나타나는 오차이다. 설문문항이 지나치게 많을 경우 통제하기 어렵기에 발생하기 쉽다.

48

군집표집(Cluster Sampling)의 특성으로 옳지 않은 것은?

① 대규모 조사에서 경제적으로 효율적이다.
② 일반적으로 다단계를 통하여 표집이 이루어진다.
③ 층화표집에 비하여 일반적으로 통계적 효율성이 높다.
④ 목표모집단의 구성요소들을 총망라한 목록을 수집하기가 현실적으로 어려울 경우에 사용될 수 있다.

해설

군집표집은 층화표집에 비해 같은 표본의 수를 추출할 때 오류가 발생할 확률이 더 높기 때문에 통계적 효율성이 더 낮다.

49

측정의 신뢰도와 타당도에 관한 설명으로 옳지 않은 것은?

① 반분법은 신뢰도 측정방법이다.
② 내적 타당도는 측정의 정확성이다.
③ 신뢰도가 높지만 타당도는 낮을 수 있다.
④ 측정오류는 신뢰도 및 타당도와 관련이 있다.

해설

측정의 정확성은 신뢰도와 관련이 있다.

50

다음에서 설명하고 있는 타당도의 원리는?

타당도를 평가하는 데 있어, 동일한 속성에 대한 두 측정은 서로 다른 방법을 사용하더라도 각각 높은 상관관계를 가져야 한다.

① 수렴원리   ② 차별원리
③ 독단주의   ④ 요인분석

해설

수렴타당도는 동일한 개념을 측정하기 위해 서로 다른 측정 방법을 사용하여 측정으로 얻은 측정치들 간에 높은 상관관계가 존재해야 함을 전제로 한다.

51

사람, 사건, 상태, 또는 대상에게 미리 정해놓은 일정한 규칙에 따라서 숫자를 부여하는 것은 무엇인가?

① 측 정

② 척 도

③ 개 념

④ 가 설

해설

② 일종의 측정도구로서 일정한 규칙에 따라 측정대상에 적용할 수 있도록 만들어진 일련의 체계화된 기호 또는 숫자를 의미한다.

③ 이론의 핵심적 구성요소이며 언어나 기호로 나타내어 지식의 축적과 확장을 가능하게 해주는 요소를 의미한다.

④ 두 개 이상의 구성개념 또는 변수 간의 관계를 검정 가능한 형태로 서술한 문장으로써 과학적 조사에 의하여 검정이 가능한 사실이다.

52

측정의 신뢰도를 높이기 위한 방법으로 거리가 먼 것은?

① 측정항목의 내용을 명확하게 한다.

② 측정항목의 수를 늘린다.

③ 가능한 범위에서 측정의 시점을 최대한 길게 정하여 측정한다.

④ 응답자를 배려한 환경, 분위기를 조성한다.

해설

신뢰도의 제고방법

• 항목을 명확히 구성한다.

• 측정상황을 분석하고 일관성을 유지한다.

• 측정항목을 추가적으로 사용한다.

• 대조적인 항목들을 비교·분석한다.

• 표준화된 지시와 설명을 한다.

• 조사대상자가 잘 모르거나 관심이 없는 내용에 대한 측정을 하지 않는 것이 좋다.

• 조사자의 주관을 제외한다.

• 신뢰성이 인정된 기존 측정도구를 사용한다.

53

서스톤 척도(Thurstone Scale)에 대한 설명으로 틀린 것은?

① 리커트 척도법이나 거트만 척도법에 비해 서스톤 척도법은 상당한 비용과 시간이 걸린다는 단점을 가지고 있다.

② 리커트 척도법이나 거트만 척도법의 경우는 구간 수준(Interval Level)의 측정이 가능하지만, 서스톤 척도법은 서열 수준(Ordinal Level)의 측정만이 가능하다.

③ 평가자의 편견이 개입될 가능성이 있으며, 이 문제를 완화하기 위해서는 가능하면 많은 수의 평가자를 선정하는 것이 좋다.

④ 문항의 선정 과정에서 평가자 간의 이견이 큰 문항은 제외한다.

해설

서스톤 척도법은 등간척도의 일종이기 때문에 구간 수준의 측정이 가능하다.

54

다음 중 표본의 크기를 결정하는 요인과 가장 거리가 먼 것은?

① 조사목적
② 조사비용
③ 분석기법
④ 집단별 통계치의 필요성

해설

표본크기의 결정에 영향을 미치는 요소들
- 가용한 자원
- 이론과 조사설계
- 모집단의 변이성
- 조사결과의 분석방법
- 집단별 통계치의 필요성
- 카테고리의 다양성
- 위험성

55

A대학 경상학부의 학생들을 대상으로 학과 만족도를 조사하려고 한다. 남학생이 800명, 여학생 200명일 때 층화를 성별에 따라 남자 80%, 여자 20%가 되게 표집하는 방법은?

① 비례층화표집
② 단순무작위표집
③ 할당표집
④ 집락표집

해설

비례층화표본추출은 모집단에서 각 층이 정하는 비례에 따라 각 층의 크기를 할당하여 추출하는 방법이다.

56

등간척도를 이용한 측정방법을 모두 고른 것은?

> ㄱ. 등급법(Rating Method)　　　　　　　ㄴ. 순위법(Ranking Method)
> ㄷ. 어의차이척도법(Semantic Differential Scale)　　ㄹ. 스타펠 척도(Stapel Scale)

① ㄱ, ㄴ

② ㄴ, ㄹ

③ ㄱ, ㄷ, ㄹ

④ ㄴ, ㄷ, ㄹ

해설

순위법은 서열척도를 이용한 측정방법이다.

57

신뢰도와 타당도에 영향을 미치는 요인과 가장 거리가 먼 것은?

① 조사도구

② 조사환경

③ 조사목적

④ 조사대상자

해설

신뢰도와 타당도에 영향을 미치는 요인
- 검사도구 및 그 내용(①)
- 개인적 요인(④)
- 환경적 요인(②)
- 조사자의 해석

58

척도를 구성하는 과정에서 질문문항들이 단일차원을 이루는지를 검증할 수 있는 척도는?

① 의미분화 척도(Semantic Differential Scale)

② 서스톤 척도(Thurstone Sclae)

③ 리커트 척도(Likert Scale)

④ 거트만 척도(Guttman Scale)

해설

① 하나의 개념을 여러 가지 의미의 차원에서 평가하도록 유도하는 방법이다.
② 어떤 사실에 대해 가장 긍정적인 태도와 가장 부정적인 태도를 나타내는 태도의 양극단을 등간적으로 구분하여 여기에 수치를 부여함으로써 척도를 구성하는 방법이다.
③ 인간의 태도를 측정하는 태도척도로 척도의 신뢰도와 타당도를 높이기 위해 일련의 수 개 문항들을 하나의 척도로 사용하는 다문항척도이다.

59

측정수준의 특성상 지역별로 측정된 실업률의 사칙연산 가능범위는?

① 사칙연산이 불가능
② 덧셈과 뺄셈만 가능
③ 곱셈과 나눗셈만 가능
④ 사칙연산이 모두 가능

해설

지역별로 측정된 실업률은 절대영점이 존재하는 비율척도로, 사칙연산이 모두 가능하다.

60

측정도구의 타당도 평가방법에 대한 설명으로 틀린 것은?

① 한 측정치를 기준으로 다른 측정치와의 상관관계를 추정한다.
② 크론바하 알파값을 산출하여 문항 상호 간의 일관성을 측정한다.
③ 내용타당도는 점수 또는 척도가 일반화하려고 하는 개념을 어느 정도 잘 반영해 주는가를 의미한다.
④ 개념타당도는 측정하고자 하는 개념이 실제로 적절하게 측정되었는가를 의미한다.

해설

크론바하 알파값은 신뢰도를 평가하는 내적 일관성 분석법에서 신뢰도 계수를 구하기 위해 사용하는 값이다.

61

표본으로 추출된 6명의 학생이 지원했던 여름방학 아르바이트의 수가 다음과 같이 정리되었다.

10   3   3   6   4   7

피어슨의 비대칭계수(p)에 근거한 자료의 분포에 관한 설명으로 옳은 것은?

① 비대칭계수의 값이 0에 근사하여 좌우 대칭형 분포를 나타낸다.
② 비대칭계수의 값이 양의 값을 나타내어 왼쪽으로 꼬리를 늘어뜨린 비대칭 분포를 나타낸다.
③ 비대칭계수의 값이 음의 값을 나타내어 왼쪽으로 꼬리를 늘어뜨린 비대칭 분포를 나타낸다.
④ 비대칭계수의 값이 양의 값을 나타내어 오른쪽으로 꼬리를 늘어뜨린 비대칭 분포를 나타낸다.

해설

자료를 오름차순으로 정리하면 3 3 4 6 7 10이다.

$\overline{X} = \dfrac{10+3+3+6+4+7}{6} = 5.5$, $Mo = 3$, $M_e = \dfrac{6+4}{2} = 5$, $\overline{X} - Mo = 5.5 - 3 = 2.5$이고 S는 항상 양수이므로 $S_k \simeq \dfrac{\overline{X} - Mo}{S}$

$\simeq \dfrac{3(\overline{X} - M_e)}{S} > 0$이다. 따라서 비대칭계수의 값이 양의 값을 나타내므로 주어진 자료는 오른쪽으로 꼬리를 늘어뜨린 비대칭 분포(왼쪽으로 기울어진 분포)를 나타낸다.

62

다음 중 분산분석(ANOVA)에 관한 설명으로 틀린 것은?

① 분산분석은 분산값들을 이용해서 두 개 이상의 집단 간 평균 차이를 검정할 때 사용된다.
② 각 집단에 해당되는 모집단의 분포가 정규분포이며 서로 동일한 분산을 가져야 한다.
③ 관측값에 영향을 주는 요인은 등간척도나 비율척도이다.
④ 분산분석의 가설검정에는 F-분포 통계량을 이용한다.

해설

독립변수는 범주형 척도이고 종속변수는 연속형 척도여야 한다. 관측값에 영향을 주는 요인은 독립변수이므로 명목척도나 서열척도여야 한다.

63

추정된 회귀선이 주어진 자료에 얼마나 잘 적합되는지 알아보는 데 사용하는 결정계수를 나타낸 식이 아닌 것은? (단, Y_i는 주어진 자료의 값이고, $\widehat{Y}_i$은 추정값이며, $\overline{Y}$는 자료의 평균이다)

① $\dfrac{회귀제곱합}{총제곱합}$

② $\dfrac{\sum(\widehat{Y}_i - \overline{Y})^2}{\sum(Y_i - \overline{Y})^2}$

③ $1 - \dfrac{잔차제곱합}{회귀제곱합}$

④ $1 - \dfrac{\sum(Y_i - \widehat{Y}_i)^2}{\sum(Y_i - \overline{Y})^2}$

해설

결정계수(R^2)는 총변동 SST 중에서 회귀변동 SSR이 차지하는 비중이다.

$$R^2 = \frac{SSR}{SST} = 1 - \frac{SSE}{SST}$$

①과 ②는 $\dfrac{SSR}{SST}$이고, ④는 $1 - \dfrac{SSE}{SST}$이다.

64

설명변수(X)와 반응변수(Y) 사이에 단순회귀모형을 가정할 때, 결정계수는?

X	0	1	2	3	4	5
Y	4	3	2	0	-3	-6

① 0.205

② 0.555

③ 0.745

④ 0.946

해설

단순선형회귀에서는 상관계수(r)의 제곱이 결정계수(R^2)가 된다.

$\overline{X} = \dfrac{0+1+2+3+4+5}{6} = 2.5$

$\overline{Y} = \dfrac{4+3+2+0-3-6}{6} = 0$

$S_{XY} = \sum(X_i - \overline{X})(Y_i - \overline{Y}) = \sum X_i Y_i - n\overline{X}\overline{Y} = 0\times4 + 1\times3 + 2\times2 + 3\times0 + 4\times(-3) + 5\times(-6) = -35$

$S_X = \sqrt{\sum(X_i - \overline{X})^2} = \sqrt{\sum X_i^2 - n\overline{X}^2} = \sqrt{0^2 + 1^2 + 2^2 + 3^2 + 4^2 + 5^2 - 6\times(2.5)^2} = \sqrt{17.5}$

$S_Y = \sqrt{\sum(Y_i - \overline{Y})^2} = \sqrt{\sum Y_i^2 - n\overline{Y}^2} = \sqrt{4^2 + 3^2 + 2^2 + 0^2 + (-3)^2 + (-6)^2 - 6\times(0)^2} = \sqrt{74}$

$R^2 = r^2 = \left(\dfrac{S_{XY}}{S_X S_Y}\right)^2 = \left(\dfrac{-35}{\sqrt{17.5}\sqrt{74}}\right)^2 \fallingdotseq 0.946$

65

평균이 100, 표준편차가 10인 정규분포에서 110 이상일 확률은 어느 것과 같은가? (단, Z는 표준정규분포를 따르는 확률변수이다)

① $P(Z \le -1)$
② $P(Z \le 1)$
③ $P(Z \le -10)$
④ $P(Z \le 10)$

해설

$$P(X \ge 110) = P(\frac{X-100}{10} \ge \frac{110-100}{10}) = P(Z \ge 1) = P(Z \le -1)$$

66

표본의 크기가 커짐에 따라 확률적으로 모수에 수렴하는 추정량은?

① 불편추정량
② 유효추정량
③ 일치추정량
④ 충분추정량

해설

일치성이란 표본의 크기(n)가 커짐에 따라 추정량 $\hat{\theta}$이 확률적으로 모수 θ에 가깝게 수렴하는 성질이다.
즉, $\lim_{n \to \infty} P(|\hat{\theta} - \theta| < \epsilon) = 1$이다.

67

다음은 중회귀식 $\widehat{Y} = 39.689 + 3.372X_1 + 0.532X_2$의 회귀계수표이다. 빈칸에 알맞은 값은?

[Coefficients]

모 형	비표준화계수		표준오차	t	유의수준
	B	표준오차	Beta		
상 수	39.689	32.74		(가)	0.265
평수(X_1)	3.372	0.94	0.85	(나)	0.009
가족수(X_2)	0.532	6.9	0.02	(다)	0.941

① 가 = 1.21, 나 = 3.59, 다 = 0.08
② 가 = 2.65, 나 = 0.09, 다 = 9.41
③ 가 = 10.21, 나 = 36, 다 = 0.8
④ 가 = 39.69, 나 = 3.96, 다 = 26.5

해설

중회귀모형의 유의성 검정에서 귀무가설은 '회귀계수는 유의하지 않다($\beta_i = 0, i = 1, 2, \cdots, k$).'이고 대립가설은 '회귀계수는 유의하다($\beta_i \neq 0, i = 1, 2, \cdots, k$).'이다.

검정통계량은 $t = \dfrac{b_i - \beta_i}{\sqrt{MSE/S_{xx}}} \sim t_{n-k-1}$이고, $\sqrt{MSE/S_{xx}}$는 표준오차이므로

가 $= \dfrac{39.69 - 0}{32.74} \doteqdot 1.21$, 나 $= \dfrac{3.37 - 0}{0.94} \doteqdot 3.59$, 다 $= \dfrac{0.53 - 0}{6.9} \doteqdot 0.08$이다.

68

3×4 분할표 자료에 대한 독립성 검정을 위한 카이제곱 통계량의 자유도는?

① 12　　　　　　　② 10
③ 8　　　　　　　　④ 6

해설

r행 c열 분할표에서 카이제곱 통계량의 자유도는 $(r-1) \times (c-1)$이다. 따라서 $(3-1) \times (4-1) = 6$이다.

69

산포도에 관한 설명으로 틀린 것은?

① 관측값들이 평균으로부터 멀리 떨어져 나타날수록 분산은 커진다.
② 범위는 변수값으로 측정된 관측값들 중에서 가장 큰 값과 가장 작은 값의 절대적인 차이를 말한다.
③ 분산은 평균편차의 절댓값들의 평균이다.
④ 표준편차는 분산의 제곱근이다.

해설

분산은 편차의 제곱의 합을 자료의 수로 나눈 값이다.

70

k개 처리에서 n회씩 실험을 반복하는 일원배치 모형 $x_{ij} = \mu + a_i + \epsilon_{ij}$에 관한 설명으로 틀린 것은?
(단, $i = 1, 2, \cdots, k$ 이고 $j = 1, 2, \cdots, n$ 이며 $\epsilon_{ij} \sim N(0, \sigma^2)$ 이다)

① 오차항 ϵ_{ij}들의 분산은 같다.
② 총 실험횟수는 $k \times n$이다.
③ 총 평균 μ와 i번째 처리효과 a_i는 서로 독립이다.
④ x_{ij}는 i번째 처리의 j번째 관측값이다.

해설

일원배치모형에서 $\sigma_i = \mu_i - \mu$이다. 따라서 서로 독립이 아니다.

71

어떤 동전이 공정한가를 검정하고자 20회를 던져본 결과 앞면이 15번 나왔다. 이 검정에서 사용되는 카이제곱

통계량 $\displaystyle\sum_{i=1}^{2} \frac{(O_i - e_i)^2}{e_i}$의 값은?

① 2.5 　　　　　　　　　　　　② 5
③ 10 　　　　　　　　　　　　④ 12.5

해설

동전이 공정한가를 검정해야 하므로 기대도수는 $e_i = 20 \times \dfrac{1}{2} = 10$으로 나타낸다.

따라서 카이제곱 통계량은 $\displaystyle\sum_{i=1}^{2} \frac{(O_i - e_i)^2}{e_i} = \frac{(15-10)^2 + (5-10)^2}{10} = 5$이다.

72

어느 도시에 살고 있는 주민 중에서 지난 1년간 해외여행을 경험한 비율을 조사하려고 한다. 이 비율에 대한 추정량의 오차가 0.02 미만일 확률이 최소한 95%가 되기를 원할 때 필요한 최소 표본의 크기 n을 구하는 식은? (단, Z가 표준정규분포를 따르는 확률변수일 때, $P(Z > 1.96) = 0.025$ 이다)

① $n \geq \dfrac{1}{4}\left(\dfrac{1.96}{0.02}\right)^2$

② $n \geq \dfrac{1}{2}\left(\dfrac{1.96}{0.02}\right)^2$

③ $n \geq \dfrac{1}{4}\left(\dfrac{1.96}{0.02}\right)$

④ $n \geq \dfrac{1}{2}\left(\dfrac{1.96}{0.02}\right)$

해설

모비율 추정 시 표본의 크기는 $n \geq \hat{p}(1-\hat{p})\left(\dfrac{Z_{\alpha/2}}{D}\right)^2$ 이다.

모비율이 주어지지 않았으므로 $\hat{p} = \dfrac{1}{2}$, 2% 오차한계이므로 $D = 0.02$, 95% 신뢰수준이므로 $\alpha = 0.5$, $Z_{\alpha/2} = Z_{0.025} = 1.96$이다.

따라서 최소 표본의 크기는 $n \geq \dfrac{1}{2}(1 - \dfrac{1}{2})\left(\dfrac{1.96}{0.02}\right)^2$ 이다.

73

다음 중 가설검정에 관한 설명으로 옳은 것은?

① 제2종의 오류를 유의수준이라고 한다.
② 유의수준이 커질수록 기각역은 넓어진다.
③ 제1종 오류의 확률을 크게 하면 제2종 오류의 확률도 커진다.
④ p값은 귀무가설 또는 대립가설을 입증하는 정도와 상관없는 개념이다.

해설

① 제1종 오류의 확률을 유의수준이라고 한다.
③ 제1종 오류의 확률과 제2종 오류의 확률은 반비례 관계이다.
④ p값이 유의수준 α보다 작을 경우 귀무가설을 기각하고, 클 경우 귀무가설을 채택한다.

74

다음은 특정한 4개의 처리수준에서 각각 6번의 반복을 통해 측정된 반응값을 이용하여 계산한 값들이다. 이를 이용하여 계산된 평균오차제곱합(MSE)은?

> 총제곱합(SST) = 1200
> 총자유도 = 23
> 처리제곱합(SSR) = 640

① 28.0
② 5.29
③ 31.1
④ 213.3

해설

총자유도는 $N-1=23$이고 처리자유도는 $p=4$이므로 잔차자유도는 $N-p=20$이다.
잔차제곱합은 $SSE=SST-SSR=1200-640=560$이므로 평균오차제곱합은 $MSE=SSE/(N-p)=560/20=28$이다.

75

자료의 분포에 대한 대푯값으로 평균(Mean) 대신 중앙값(Median)을 사용하는 이유로 가장 적합한 것은?

① 자료의 크기가 큰 경우 평균은 계산이 어렵다.
② 편차의 총합은 항상 0이다.
③ 평균은 음수가 나올 수 있다.
④ 평균은 중앙값보다 극단적인 관측값에 의해 영향을 받는 정도가 심하다.

해설

중앙값은 극단적인 값의 영향을 받지 않으며, 중앙값에 대한 편차의 절대치의 합은 다른 어떤 수에 대한 편차의 절대치의 합보다 작다. 대푯값에 있어서 평균은 이상치에 영향을 많이 받는다는 단점이 있다.

76

어느 지역 고등학교 학생 중 안경을 착용한 학생들의 비율을 추정하기 위해 이 지역 고등학교 성별 구성비에 따라 남학생 600명, 여학생 400명을 각각 무작위로 추출하여 조사하였더니 남학생 중 240명, 여학생 중 60명이 안경을 착용한다는 조사결과를 얻었다. 이 지역 전체 고등학생 중 안경을 착용한 학생들의 비율에 대한 가장 적절한 추정값은?

① 0.4

② 0.3

③ 0.275

④ 0.15

해설

모비율에 대한 추정값은 표본비율을 사용한다. 따라서 추정값은 $\hat{p} = \dfrac{240+60}{600+400} = 0.3$이다.

77

다음 단순회귀모형에 대한 설명으로 틀린 것은?

$$Y_i = \beta_0 + \beta_1 X_i + \epsilon_i, \ i = 1, 2, \cdots, n$$
(단, 오차항 ϵ_i는 서로 독립이며 동일한 분포 $N(0, \sigma^2)$을 따른다)

① 각 Y_i의 기댓값은 $\beta_0 + \beta_1 X_i$로 주어진다.

② 오차항 ϵ_i와 Y_i는 동일한 분산을 갖는다.

③ β_0는 X_i가 $\overline{X}$일 경우 Y의 반응량을 나타낸다.

④ 모든 Y_i들은 상호 독립적으로 측정된다.

해설

X_i가 $\overline{X}$이 경우 Y의 반응량은 $\beta_0 + \beta_1 \overline{X}$이다. β_0는 회귀식의 Y절편을 나타낸다.

78

확률변수 X는 표준정규분포를 따른다. 이때, $2X$의 확률분포는?

① $N(0, 1)$

② $N(0, 2)$

③ $N(0, 4)$

④ $N(0, 16)$

해설

$E(2X) = 2E(X) = 0$

$Var(2X) = 2^2 Var(X) = 4 \times 1 = 4$

$\therefore \ 2X \sim N(0, 4)$

79

어느 공정에서 생산되는 제품의 약 40%가 부적합품이라고 한다. 이 공정의 제품 4개를 임의로 추출했을 때, 4개가 부적합품일 확률은?

① $\dfrac{16}{125}$

② $\dfrac{64}{625}$

③ $\dfrac{62}{625}$

④ $\dfrac{16}{625}$

해설

$p = 0.4$이므로 $_4C_4(0.4)^4 = \dfrac{16}{625}$ 이다.

80

5명의 흡연자를 무작위로 선정하여 체중을 측정하고, 금연을 시킨 뒤 4주 후에 다시 체중을 측정하였다. 금연 전후의 체중에 변화가 있는가에 대해 t-검정하고자 할 때, 검정통계량의 값은?

번 호	금연 전	금연 후
1	70	75
2	80	77
3	65	68
4	55	58
5	70	75

① -0.21

② -0.32

③ -0.48

④ -1.77

해설

대응표본인 경우 두 집단 간의 차이에 대한 검정통계량은 $t = \dfrac{\overline{D}}{S_D / \sqrt{n}} \sim t_{n-1}$ 이다.

$$\overline{D} = \frac{(70-75) + (80-77) + (65-68) + (55-58) + (70-75)}{5} = -\frac{13}{5}$$

$$S_D = \sqrt{\frac{(-5+2.6)^2 + (3+2.6)^2 + (-3+2.6)^2 + (-3+2.6)^2 + (-5+2.6)^2}{4}} = \sqrt{10.8}$$

$$\therefore \frac{-13/5}{\sqrt{10.8}/\sqrt{5}} \fallingdotseq -1.77$$

참고

실험전후 차이인 D값을 구할 때 원칙은 (실험 이후 − 실험 이전) 분석이지만, 실제 D값을 계산할 경우 (실험 이전 − 실험 이후)와 (실험 이후 − 실험 이전)의 값은 부호만 다르다. 해당 문제와 같이 (실험 이전 − 실험 이후)로 분석하더라도 검정통계량의 부호만 변경되기에 상황에 맞춰 -1.77로 값을 변경할 수 있다. 덧붙여 실제 시험에서도 보기에 1.77과 -1.77이 동시에 제시되는 경우는 없으니 참고하길 바란다.

81

다음은 어느 공장의 요일에 따른 직원들의 지각 건수이다. 지각 건수가 요일별로 동일한 비율인지 알아보기 위해 카이제곱(χ^2)검정을 실시할 경우, 이 자료에서 χ^2값은?

요 일	월	화	수	목	금	합 계
지각횟수	65	43	48	41	73	270

① 14.96
② 16.96
③ 18.96
④ 20.96

해설

요일별로 동일한 비율인지 알아보기 위해 가설검정을 진행하므로 $\pi_i = \frac{1}{5}$ 이다.

기대도수는 $E_i = n\pi_i = 270 \times \frac{1}{5} = 54$이므로

$\chi^2 = \sum_{i=1}^{5} \frac{(O_i - E_i)^2}{E_i} = \frac{(65-54)^2 + (43-54)^2 + (48-54)^2 + (41-54)^2 + (73-54)^2}{54} \fallingdotseq 14.96$이다.

82

단순회귀모형에 대한 추정회귀직선이 $\hat{y} = a + bx$일 때, b의 값은?

구 분	평 균	표준편차	상관계수
x	40	4	0.75
y	30	3	

① 0.07
② 0.56
③ 1.00
④ 1.53

해설

$b = r \times \frac{S_y}{S_x} = 0.75 \times \frac{3}{4} \fallingdotseq 0.56$

83

측도의 단위가 관측치의 단위와 다른 것은?

① 평 균
② 중앙값
③ 표준편차
④ 분 산

해설

분산은 평균편차를 제곱한 것이므로 관측치의 단위가 다르다.

84

우리나라 대학생들의 1주일 동안 독서시간은 평균이 20시간, 표준편차가 3시간인 정규분포를 따른다고 알려져 있다. 이를 확인하기 위해 36명의 학생을 조사하였더니 평균이 19시간으로 나타났다. 위 결과를 이용하여 우리나라 대학생들의 평균 독서시간이 20시간보다 작다고 말할 수 있는지를 검정한다고 할 때 다음 설명 중 옳은 것은? (단, $P(|Z| < 1.645) = 0.9$, $P(|Z| < 1.96) = 0.95$)

① 검정통계량의 값은 -2이다.
② 가설검정에는 χ^2 분포가 이용된다.
③ 유의수준 0.05에서 검정할 때, 우리나라 대학생들의 평균 독서시간이 20시간보다 작다고 말할 수 없다.
④ 표본분산이 알려져 있지 않아 가설검정을 수행할 수 없다.

해설

정규분포를 따르고 모분산을 알고 있을 때 모평균에 대한 가설검정은 정규분포를 이용하여 검정하며 계산식은 다음과 같다.

$$Z = \frac{\overline{X} - \mu_0}{\sigma / \sqrt{n}} = \frac{19 - 20}{3 / \sqrt{36}} = -2$$

85

정규분포에 관한 설명으로 틀린 것은?

① 정규분포곡선은 자유도에 따라 모양이 달라진다.
② 정규분포는 평균을 기준으로 대칭인 종 모양의 분포를 이룬다.
③ 평균, 중위수, 최빈수가 동일하다.
④ 정규분포에서 분산이 클수록 정규분포곡선은 양옆으로 퍼지는 모습을 한다.

해설

정규분포곡선은 기댓값과 분산에 따라 모양이 달라진다.

86

평균이 8이고 분산이 0.6인 정규모집단으로부터 10개의 표본을 임의로 추출하는 경우, 표본평균의 평균과 분산은?

① (0.8, 0.6) ② (0.8, 0.06)

③ (8, 0.06) ④ (8, 0.19)

해설

정규모집단 $N(\mu, \sigma^2)$에서 크기 n인 표본의 표본평균 $\overline{X}$는 정규분포 $N(\mu, \dfrac{\sigma^2}{n})$을 따른다.

따라서 $\mu = 8, \sigma^2 = 0.6, n = 10$이므로 $\overline{X} \sim N(8, 0.06)$이다.

87

귀무가설이 참임에도 불구하고 이를 기각하는 결정을 내리는 오류를 무엇이라고 하는가?

① 제1종 오류
② 제2종 오류
③ 제3종 오류
④ 제4종 오류

해설

귀무가설이 참임에도 귀무가설을 기각하는 과오를 제1종 오류(과오)라 하며, 제2종 오류는 귀무가설이 거짓임에도 불구하고 이를 채택하는 결정을 내리는 오류를 의미한다.

88

정규분포를 따르는 어떤 집단의 모평균이 10인지를 검정하기 위하여 크기가 25인 표본을 추출하여 관측한 결과 표본평균은 9, 표본표준편차는 2.5이었다. t - 검정을 할 경우 검정통계량의 값은?

① 2
② 1
③ − 1
④ − 2

해설

모평균에 대한 검정통계량에서 모분산을 모르는 소표본$(n \le 30)$인 경우 검정통계량 $t = \dfrac{\overline{X} - \mu_0}{S/\sqrt{n}}$을 이용한다.

따라서 $t = \dfrac{9 - 10}{2.5/\sqrt{25}} = -2$이다.

89

다음은 PC에 대한 월간 유지비용(원)을 종속변수로 하고 주간 사용기간(시간)을 독립변수로 하여 회귀분석을 한 결과이다.

구 분	계 수	표준오차	t 통계량
Y절편	6.1092	0.9361	
사용시간	0.8951	0.149	

월간 유지비용이 사용시간과 관련이 있는지 여부를 검정하기 위한 t 통계량의 값은?

① 4.513

② 5.513

③ 6.007

④ 6.526

해설

회귀계수의 유의성 검정에서 귀무가설은 '회귀계수 β는 유의하지 않다($\beta = 0$).'이고 대립가설은 '회귀계수 β는 유의하다($\beta \neq 0$).' 이다. 사용시간에 대한 회귀계수의 검정통계량은 $t = \dfrac{b - \beta}{\sqrt{Var(b)}} = \dfrac{0.8951}{0.149} \fallingdotseq 6.007$ 이다.

90

다음 자료는 새로 개발한 학습방법에 의해 일정기간 교육을 실시하기 전·후에 시험을 통해 얻은 자료이다. 학습효과가 있는지에 대한 가설검정에 관한 설명으로 틀린 것은?

(단, $\bar{d} = \displaystyle\sum_{i=1}^{5} d_i / 5 = 18$, $S_D = \sqrt{\dfrac{\displaystyle\sum_{i=1}^{5}(d_i - \bar{d})^2}{4}} = 17.899$ 이다)

학 생	학습 전	학습 후	차이(d)
1	50	90	40
2	40	40	0
3	50	50	0
4	70	100	30
5	30	50	20

① 가설의 형태는 $H_0 : \mu_d = 0$ vs $H_1 : \mu_d > 0$이다. 단, μ_d는 학습 전후 차이의 평균이다.

② 가설검정에는 자유도가 4인 t분포가 이용된다.

③ 검정통계량 값은 2.25이다.

④ 조사한 학생의 수가 늘어날수록 귀무가설을 채택할 가능성이 많아진다.

해설

④ 표본의 크기와 귀무가설 기각/채택 여부는 관련이 없다.

① 귀무가설(H_0) : 학습 전·후 성적에 차이가 없다($H_0 : \mu_D = 0$),

대립가설(H_1) : 학습 전·후 성적에 차이가 있다($H_1 : \mu_D > 0$)

②・③ 대응표본인 경우 두 집단 간의 차이에 대한 검정통계량은 자유도가 $n-1$인 t-분포 $t = \dfrac{\overline{D}}{S_D/\sqrt{n}}$를 이용한다.

$n = 5$이고 문제에서 주어진 $\overline{D} = 18$, $S_D = 17.889$를 이용하면 가설검정은 자유도 $5-1 = 4$인 t-분포를 이용하며 검정통계량은 $t = \dfrac{18}{17.899/\sqrt{5}} = \fallingdotseq 2.25$이다.

91

다음 분산분석표에서 빈칸에 들어갈 F-값은?

요 인	제곱합	자유도	평균제곱	F-값
처 리	40	5	***	( )
잔 차	60	15	***	
계	100	20		

① 1.5
② 2.0
③ 2.5
④ 3.0

해설

$SSR = 40$, $SSE = 60$, $p-1 = 5$, $N-p = 15$이므로 $MSR = SSR/(p-1) = \dfrac{40}{5} = 8$, $MSE = SSE/(N-p) = \dfrac{60}{15} = 4$이다.

따라서 $F = \dfrac{MSR}{MSE} = \dfrac{8}{4} = 2$이다.

92

취업을 위한 특별교육프로그램을 시행한 결과 통계가 다음과 같이 집계되었다. 특별교육을 이수한 어떤 사람이 취업할 확률은?

구 분	미취업	취 업	합 계
특별교육 이수	200	300	500
교육 이수 안 함	280	220	500
합 계	480	520	1000

① 48%
② 50%
③ 52%
④ 60%

해설

조건부 확률을 이용한다. 특별교육을 이수한 사건을 A, 취업한 사건을 B라고 하자.

$P(B|A) = \dfrac{P(A \cap B)}{P(A)} = \dfrac{0.3}{0.5} = 0.6$

$\therefore$ 60%

93

어느 부서의 사원들 중 대졸 직원은 60명이고, 고졸 직원은 40명이다. 대졸 직원들의 월 평균 급여는 150만 원이고 고졸 직원들의 월 평균 급여는 120만원이다. 이 부서 전체 사원 100명의 월 평균 급여는?

① 138만원 ② 135만원
③ 132만원 ④ 130만원

해설

$\frac{3}{5} \times 150 + \frac{2}{5} \times 120 = 138$

∴ 138만원

94

두 확률변수 X와 Y 상관계수는 0.92이다. $U = \frac{1}{2}X + 5$, $V = \frac{3}{2}Y + 1$이라 할 때, 두 확률변수 U와 V의 상관계수는?

① 0.69 ② -0.69
③ 0.92 ④ -0.92

해설

$Corr(X, Y) = Corr(aX + b, cY + d)$이므로 $Corr(U, V) = Corr(\frac{1}{2}X + 5, \frac{3}{2}Y + 1) = Corr(X, Y) = 0.92$이다.

95

자동차 보험의 가입자가 보험금 지급을 청구할 확률은 0.2라 한다. 200명의 가입자 중 보험금 지급을 청구하는 사람의 수를 X라 할 때, X의 평균과 분산은?

① 평균 : 40, 분산 : 16 ② 평균 : 40, 분산 : 32
③ 평균 : 16, 분산 : 40 ④ 평균 : 16, 분산 : 32

해설

자동차 보험의 가입자 중 보험금 지급을 청구할 확률이 0.2이고 각 가입자의 보험은 독립이므로 확률변수 X는 이항분포 $B(200, 0.2)$를 따른다.
이항분포의 평균은 $E(X) = 200 \times 0.2 = 40$, 분산은 $Var(X) = 200 \times 0.2 \times (1 - 0.2) = 32$이다.

96

어느 공장에서 생산되는 나사못의 10%가 부적합품이라고 한다. 이 공장에서 만든 나사못 중 400개를 임의로 뽑았을 때 부적합품 개수 X의 평균과 표준편차는?

① 평균 : 30, 표준편차 : 6
② 평균 : 40, 표준편차 : 36
③ 평균 : 30, 표준편차 : 36
④ 평균 : 40, 표준편차 : 6

해설

$X \sim B(400, 0.1)$이므로 $E(X) = 400 \times 0.1 = 40$, $\sqrt{Var(X)} = \sqrt{400 \times 0.1 \times (1-0.1)} = 6$이다.

97

자가용 승용차 운전자를 대상으로 지난 한 해 동안 본인이 일으킨 사고에 대해 보험처리를 한 운전자의 비율을 조사하고자 한다. 보험처리를 한 운전자 비율의 추정치가 0.03 이내라고 95%의 확신을 가지려면 최소한 몇 개의 표본을 취해야 하는가? (단, $Z_{0.025} = 1.96$)

① 968명
② 1068명
③ 1168명
④ 1268명

해설

모비율 추정 시 표본의 크기는 $n \geq \hat{p}(1-\hat{p})\left(\dfrac{Z_{\alpha/2}}{D}\right)^2$이다.

모비율이 주어지지 않았으므로 $\hat{p} = \dfrac{1}{2}$, 3% 오차한계이므로 $D = 0.03$, 95% 신뢰수준이므로 $\alpha = 0.5$, $Z_{\alpha/2} = Z_{0.025} = 1.96$이다.

따라서 $n \geq \dfrac{1}{2} \times \dfrac{1}{2} \times (\dfrac{1.96}{0.03})^2 \fallingdotseq 1067.1$이므로 1068개 이상의 표본을 취해야 한다.

98

다음 중 상관계수(r_{xy})에 대한 설명으로 틀린 것은?

① 상관계수 r_{xy}는 두 변수 X와 Y의 선형관계의 정도를 나타낸다.
② 상관계수의 범위는 $(-1, 1)$이다.
③ $r_{xy} = \pm 1$이면 두 변수는 완전한 상관관계에 있다.
④ 상관계수 r_{xy}는 두 변수의 이차곡선관계를 나타내기도 한다.

해설

상관계수는 두 변수의 선형관계만을 나타낸다.

99

카이제곱분포에 대한 설명으로 틀린 것은?

① 자유도가 k인 카이제곱분포의 평균은 k이고, 분산은 $2k$이다.

② 카이제곱분포의 확률밀도함수는 오른쪽으로 치우쳐져 있고, 왼쪽으로 긴 꼬리를 갖는다.

③ V_1, V_2가 서로 독립이며 각각 자유도가 k_1, k_2인 카이제곱분포를 따를 때 $V_1 + V_2$는 자유도가 $k_1 + k_2$인 카이제곱분포를 따른다.

④ $Z_1, \cdots, Z_k$가 서로 독립이며 각각 표준정규분포를 따르는 확률변수일 때 $Z_1^2 + \cdots + Z_k^2$은 자유도가 k인 카이제곱분포를 따른다.

해설

카이제곱분포의 확률밀도함수는 왼쪽으로 치우쳐져 있고, 오른쪽으로 긴 꼬리를 갖는다.

100

대규모의 동일한 모집단에서 무작위로 100명과 1000명으로 된 표본을 각각 추출하였을 때, 모집단의 평균을 더 정확히 추정할 수 있는 표본은 어느 것이며 그 이유는 무엇인가?

① $n = 100$인 경우이며, 표준오차가 $n = 1000$인 경우보다 작기 때문이다.

② $n = 100$인 경우이며, 표준오차가 $n = 1000$인 경우보다 크기 때문이다.

③ $n = 1000$인 경우이며, 표준오차가 $n = 100$인 경우보다 작기 때문이다.

④ $n = 1000$인 경우이며, 표준오차가 $n = 100$인 경우보다 크기 때문이다.

해설

표준오차는 $\dfrac{\sigma^2}{\sqrt{n}}$이므로 표본의 크기가 클수록 표준오차가 줄어든다.

2021년

기출문제

제 **1** 회 **기출문제해설**

01

관찰 대상자가 관찰사실을 아는지에 대한 여부를 기준으로 관찰기법을 분류한 것은?

① 직접/간접 관찰
② 자연적/인위적 관찰
③ 공개적/비공개적 관찰
④ 체계적/비체계적 관찰

해설

관찰법의 분류
- 관찰이 일어나는 상황이 인공적인지 여부에 따라 자연적/인위적 관찰로 나누어진다.
- 관찰시기가 행동발생과 일치하는가 여부에 따라 직접/간접 관찰로 나누어진다.
- 피관찰자가 관찰사실을 알고 있는가 여부에 따라 공개적/비공개적 관찰로 나누어진다.
- 관찰주체 또는 도구가 무엇인가에 따라 인간의 직접적/기계를 이용한 관찰로 나누어진다.

02

설문지 회수율을 높이는 방안과 가장 거리가 먼 것은?

① 폐쇄형 질문의 수를 가능한 한 줄인다.
② 독촉편지를 보내거나 독촉전화를 한다.
③ 개인신상에 민감한 질문들을 가능한 한 줄인다.
④ 겉표지에 설문내용의 중요성을 부각시켜 응답자가 인식하게 한다.

해설

설문지 회수율을 높이는 방법
- 조사에 대한 사전예고를 한다.
- 반송용 봉투를 동봉하여 조사대상자의 편의를 도모한다.
- 인사장을 동봉하여 조사의 협력을 구하고 조사표의 기입 요령을 알기 쉽게 전달한다.
- 물질적 보상 등을 통해 질문 응답에 대한 동기부여를 한다.
- 독촉편지를 보내는 등의 후속조치를 취한다.
- 겉표지에 설문내용의 중요성을 부각시키고 설문하는 단체에 대해 언급하여 신뢰감을 준다.
- 개인 신상에 민감한 질문들을 가능한 하지 않도록 한다.
- 질문지를 가급적 간단명료화한다.

03

측정이 반복됨으로써 얻어지는 학습효과로 인해 실험대상자의 반응에 영향을 미치는 것은?

① 성숙효과

② 통계적 회귀

③ 시험효과

④ 실험대상의 소멸

해설

① 성숙효과 : 시간의 흐름에 따라 연구대상이나 현상에 변화가 발생함으로 인해 결과에 영향을 미친다.

② 통계적 회귀 : 최초의 측정에서 양극단적인 측정값을 보인 결과가 이후 재측정의 과정에서 평균값으로 회귀한다.

④ 실험대상의 소멸 : 조사 기간 중 특정 실험대상인이 탈락함으로 인해 결과에 영향을 미친다.

04

우편조사에 관한 설명으로 틀린 것은?

① 응답자의 익명성을 보장하기 어렵다.

② 접근하기 편리하고 광범위한 지역에 걸쳐 조사가 가능하다.

③ 응답 대상자 자신이 직접 응답했는지에 대한 통제가 어렵다.

④ 회수율이 낮으므로 서면 또는 전화로 협조를 구하는 것이 좋다.

해설

우편조사법은 다른 조사방법에 비해 익명성이 보장된다는 장점이 있다.

05

기술적 조사의 연구문제로 적합하지 않은 것은?

① 대도시 인구의 연령별 분포는 어떠한가?

② 어느 도시의 도로확충이 가장 시급한가?

③ 아동복지법 개정에 찬성하는 사람의 비율은 얼마인가?

④ 가족 내 영유아 수와 의료비 지출은 어떤 관계를 가지는가?

해설

기술적 조사연구는 어떤 현상에 대한 탐구와 명백화, 즉 현상을 정확하게 기술하는 것을 주목적으로 한다. 따라서 어떠한 사건이나 현상의 크기, 비율, 수준 등에 대한 단순 통계적인 자료를 수집하여 문제에 대한 답을 구한다. "가족 내 영유아 수와 의료지출은 어떤 관계를 가지는가"는 어떤 사실과의 관계를 파악하는 설명적 조사연구에 해당한다.

06

통계청에서 실시하는 인구센서스에 해당하는 조사방법은?

① 사례조사
② 패널조사
③ 횡단조사
④ 코호트(Cohort)조사

해설

인구센서스는 인구 상황을 총체적으로 파악하기 위하여 일정 시점을 기준으로 행한 전국적인 인구 조사로 특정 시점에 집단의 특성이나 집단 간의 차이를 측정하는 횡단조사에 해당한다.

07

시간과 비용이 많이 들며, 조사원과 응답자의 상호 이해 부족으로 오류가 개입될 가능성이 높고, 질문과정에서 조사원이 응답자의 응답에 영향을 미칠 수 있는 자료수집 방법은?

① 대인면접법
② 전화면접법
③ 우편조사법
④ 인터넷조사법

해설

대인면접법은 면접자와 응답자가 직접 대면하여 조사하는 방식이므로 면접자의 주관이 개입될 가능성이 매우 높다.

08

질문지 작성방법에 관한 설명으로 가장 적합한 것은?

① 질문지는 한 번 실시되면 돌이킬 수 없으므로 가능한 한 많은 양의 정보가 실릴 수 있도록 작성한다.
② 필요한 정보의 종류, 측정방법, 분석할 내용, 분석의 기법까지 모두 미리 고려된 상황에서 질문지를 작성한다.
③ 질문지 작성에는 일정한 원리와 이론이 적용되는 것이므로 이에 대한 내용을 숙지한 후 상당한 시간과 노력을 들여 신중하게 작성한다.
④ 동일한 양의 정보를 담고 있어도 설문지의 분량은 가급적 적어야 하기 때문에, 필요한 정보의 획득을 위한 질문문항 외에 다른 요소들은 설문지에 포함시키지 않아야 한다.

해설

①·④ 지나치게 많은 질문은 응답자의 피로를 유발하여 피상적인 응답이 도출되는 반면, 지나치게 적은 질문은 연구결과의 타당성을 저해한다.
③ 질문 작성을 위한 준거가 충분히 구비되지 못한 경우 직접관찰 또는 면접을 통한 예비조사를 하는 것이 필요하다. 모든 질문지 작성에 적용되는 일정한 원리와 이론은 존재하지 않는다.

09

연구문제의 가치를 판단하는 학문적 기준으로 가장 거리가 먼 것은?

① 독창성을 가지고 있어야 한다.
② 경험적 검증가능성이 있어야 한다.
③ 이론적인 의의를 가지고 있어야 한다.
④ 사회적 쟁점에 대처할 수 있어야 한다.

해설
④ 가설에 대한 설명이다.

10

다음 중 분석단위가 나머지 셋과 다른 하나는?

① 가구소득 조사
② 대학생의 연령 조사
③ 가구당 자동차 보유현황 조사
④ 전국 슈퍼마켓당 종업원 수 조사

해설
①·③·④ 집단, ② 개인에 해당한다.

11

다음과 같은 질문의 형태는?

> 당신의 학력은 다음 중 어디에 해당합니까? (   )
> ㉮ 무 학   ㉯ 초 졸
> ㉰ 중 졸   ㉱ 고 졸
> ㉲ 대 졸   ㉳ 대학원 이상

① 개방형   ② 양자택일형
③ 다지선다형   ④ 자유답변형

해설
하나의 질문에 대해 몇 개의 항목을 미리 정하여 답변하도록 하는 방법으로 선다형 질문이라고도 한다.

12

순수실험설계(True Experimental Design)의 특징이 아닌 것은?

① 독립변수의 조작
② 외생변수의 통제
③ 비동일 통제집단의 설정
④ 실험집단과 통제집단에 대한 무작위할당

해설

순수실험설계는 실험집단과 통제집단에 대한 무작위할당, 독립변수의 조작, 외생변수의 통제 등 실험적 조건을 갖춘 설계유형이다. 비동일 통제집단설계는 유사실험설계에 해당한다.

13

다음 질문항목의 문제점은?

> 환경오염에 대한 1차적 책임은 개인, 기업, 정부 중 어디에 있다고 생각하십니까?
> ㉮ 개 인
> ㉯ 기 업
> ㉰ 정 부

① 응답항목 간의 내용이 중복되어 있다.
② 대답 가능한 응답을 모두 제시해 주지 않았다.
③ 의미가 명확하게 구분되는 단어를 사용하지 않았다.
④ 조사자 임의로 응답자들에 대한 가정을 하고 있다.

해설

기업과 정부는 모든 단체를 포괄할 수 없기에 대답 가능한 응답을 모두 제시해 주지 않았다.

14

참여관찰(Participant Observation)에 대한 설명으로 틀린 것은?

① 연구자는 상황에 대한 통제를 할 수 없다.

② 양적 자료이기 때문에 대규모 모집단에 대한 기술이 쉽다.

③ 연구자가 관심을 가지고 있는 변수들 간의 관계를 현실상황에서 체계적으로 관찰하는 연구조사방법이다.

④ 독립변수를 조작하는 현장실험과는 다르며, 자연 상태에서 연구대상을 관찰해 그들의 관계를 규명하는 것이다.

해설

참여관찰이란 관찰자가 관찰대상 집단 내부로 침투하여 구성원의 하나가 되어 그들과 함께 생활하거나 활동하면서 관찰하는 것으로 대상 각각에 대한 심층적인 정보를 얻을 수 있는 질적 자료이므로 표준화 또는 부호화가 어렵다.

15

과학적 조사가 필요한 사례와 가장 거리가 먼 것은?

① 정량평가 외에 정성평가를 체계화하고 싶을 때

② 임상심리사의 윤리적 갈등을 해소할 필요가 있을 때

③ 선임 사회조사분석사의 경험적 지식이 타당한지 알고 싶을 때

④ 결혼이주민 조사시 연구자의 문화적 편견을 검토하고 싶을 때

해설

과학적 조사방법은 '이론 → 가설 → 관찰 및 검증'을 통해 규칙을 발견하고 이를 일반화하여 논리적인 이론으로 정립하는 것이다. 따라서 ②는 적합하지 않다.

16

어떤 대상이나 사람에 대한 일반적인 견해가 그 대상이나 사람의 구체적인 특성을 평가하는 데 영향을 미치는 현상이 발생하는 이유는 어떤 효과에 기인한 것인가?

① 후광효과(Halo Effect)

② 동조효과(Conformity Effect)

③ 위신향상효과(Self-lifting Effect)

④ 체면치레효과

해설

후광효과는 측정대상의 한 가지 속성에 강한 인상을 받아 이를 토대로 전체 속성을 평가하는 오류이다.

17

2차 자료(Secondary Data) 사용에 관한 설명으로 틀린 것은?

① 자료 수집에 걸리는 시간과 노력을 줄일 수 있다.

② 2차 자료는 가설의 검증을 위해서는 사용할 수 없다.

③ 다른 방법에 의해 수집된 자료를 보충하고 타당성을 검토하기 위해 사용한다.

④ 연구자가 원하는 개념을 마음대로 측정할 수 없으므로 척도의 타당도가 문제될 수 있다.

해설

2차 자료는 신뢰도와 타당도가 낮다는 단점이 있지만 가설의 검증을 위해 사용할 수 있다.

18

사례연구의 단계를 순서대로 나열한 것은?

> ㄱ. 사실의 설명   ㄴ. 사실 또는 자료수집
> ㄷ. 연구문제 선정   ㄹ. 사실 또는 자료의 요약
> ㅁ. 보고를 위한 기술

① ㄱ → ㄷ → ㄴ → ㄹ → ㅁ

② ㄷ → ㄱ → ㄹ → ㄴ → ㅁ

③ ㄷ → ㄴ → ㄱ → ㅁ → ㄹ

④ ㄷ → ㄴ → ㄹ → ㄱ → ㅁ

해설

사례연구의 일반적인 단계는 연구문제 선정 → 사실 또는 자료수집 → 사실 또는 자료의 요약 → 사실의 설명 → 보고를 위한 기술이다.

19

면접조사에서 면접과정의 관리에 대한 설명으로 맞는 것은?

① 면접지침을 작성하여 응답자들에게 배포한다.

② 면접기간 동안에도 면접원에 대한 철저한 통제가 이루어져야 한다.

③ 면접원 교육과정에서 예외적인 상황은 언급하지 않도록 주의한다.

④ 면접원에 대한 사전교육은 면접원에 의한 편향(Bias)을 크게 할 수 있다.

해설

면접원에 의한 편향이나 윤리적 문제 등을 위해 철저한 통제가 이루어져야 한다.

20

다음에서 설명하는 실험설계의 타당성을 저해하는 외생변수는?

> 실험 기간 중에 실험집단의 육체적 · 심리적 특성이 자연적으로 변화해 종속변수에 영향을 미칠 수 있다.

① 시험효과　　　　　　　　　　　　② 표본의 편중
③ 성숙효과　　　　　　　　　　　　④ 우연적 사건

해설

① 시험효과 : 측정이 반복되면서 얻어지는 학습효과로 인해 실험대상자의 반응에 영향을 미친다.
② 표본의 편중 : 선택의 편중이라고도 한다. 실험집단이 모집단을 대표하지 못하는 경우 또는 실험집단의 특성이 서로 다른 경우 발생한다.
④ 우연적 사건 : 연구기간 동안 천재지변이나 예상치 않았던 사건과 같이 특정 사건이 일어나는 경우, 환경이 바뀌고 이에 따라 연구결과가 다르게 나타날 수 있다.

21

다음에 해당하는 연구 형태는?

> 특수목적 고등학교에 입학한 학생들을 대상으로 2016년에서 2020년까지의 자존감 변화를 연구하기 위해 모집단으로부터 매년 다른 표본을 추출하였다.

① 패널 연구　　　　　　　　　　　　② 횡단적 연구
③ 동질성집단 연구　　　　　　　　　④ 경향성 연구

해설

동질성집단 연구란 일정 기간 동안 어떤 한정된 부분 모집단의 변화를 연구하는 것으로서, 특정 경험을 같이 하는 사람들이 가지는 특성들에 대해 두 번 이상 다른 시기에 걸쳐서 비교 · 연구하는 방법을 의미한다.

22

설문조사의 질문항목 배치에 대한 설명으로 틀린 것은?

① 민감한 질문이나 주관식 질문은 앞에 배치한다.

② 서로 연결되는 질문은 논리적 순서대로 배치한다.

③ 비슷한 형태로 질문을 계속하면 정형화된 불성실 응답이 발생할 수 있다.

④ 문항이 담고 있는 내용의 범위가 넓은 것에서부터 점차 좁아지도록 배열하는 것이 좋다.

해설

민감한 질문이나 개방형 질문은 가급적 질문지의 후반부에 배열한다(교육수준, 소득 등).

23

심층면접법(In-depth Interview)에 대한 설명으로 틀린 것은?

① 대체로 대규모 조사연구에 적합하다.

② 같은 표본 규모의 전화조사에 비해 대체로 비용이 많이 든다.

③ 면접자는 응답자와 친숙한 분위기를 형성하도록 해야 한다.

④ 면접자 개인별 차이에서 오는 영향이나 오류를 통제하기 어렵다.

해설

심층면접법은 한 명의 응답자와 일대일 면접을 통해 응답자의 심리를 조사하는 방법이다.

24

귀납법에 관한 설명으로 틀린 것은?

① 귀납적 논리의 마지막 단계에서는 가설과 관찰결과를 비교하게 된다.

② 특수한 사실을 전제로 하여 일반적 진리 또는 원리로서의 결론을 내리는 방법이다.

③ 관찰된 사실 중에서 공통적인 유형을 객관적으로 증명하기 위하여 통계적 분석이 요구된다.

④ 경험적 세계에서 관찰된 많은 사실들이 공통적인 유형으로 전개되는 것을 발견하고 이들의 유형을 객관적인 수준에서 증명하는 것이다.

해설

① 연역법에 대한 설명이다.

25

과학적 방법에 관한 설명으로 맞는 것은?

① 선별적 관찰에 근거한다.
② 연구의 반복을 요구하지 않는다.
③ 연역법적 논리의 상대적 우월성을 지지한다.
④ 모든 지식은 잠정적이라는 태도에 기반한다.

해설

① 과학적 방법은 연구자들이 주관을 달리할지라도 같은 방법을 사용했을 때는 같은 해석 또는 설명에 도달할 수 있어야 한다.
② 과학적 방법은 일정한 절차, 방법을 되풀이했을 때 누구나 같은 결론을 내릴 수 있어야 한다.
③ 연역법과 귀납법은 서로 대비되는 장·단점으로 인해 상호보완적인 관계를 형성한다.

26

좋은 가설이 되기 위한 요건과 가장 거리가 먼 것은?

① 검증 가능해야 한다.
② 입증된 결과는 일반화가 가능해야 한다.
③ 사용된 변수는 계량화가 가능해야 한다.
④ 추상적이며 되도록 긴 문장으로 표현을 해야 한다.

해설

가설설정 시 표현은 간단명료해야 한다.

27

실험설계 방법 중 유사실험설계에 해당하지 않는 것은?

① 동류집단설계
② 비동질 통제집단설계
③ 단일집단 반복실험설계
④ 통제집단 사후측정설계

해설

유사실험설계에는 비동일 통제집단설계, 단순시계열설계, 복수시계열설계, 회귀불연속설계 등이 있다.

28

경험적 연구방법에 관한 설명으로 틀린 것은?

① 참여관찰의 결과는 일반화의 가능성이 높다.
② 내용분석은 질적인 내용을 양적 자료로 전환하는 방법이다.
③ 조사연구는 대규모의 모집단 특성을 기술하는 데 유용하다.
④ 실험은 외생변수들의 영향을 배제할 수 있다는 장점을 가지고 있다.

해설

참여관찰은 질적 연구이기 때문에 표준화가 어렵다.

29

다음 중 종단적 연구가 아닌 것은?

① 패널 연구(Panel Study)
② 코호트 연구(Cohort Study)
③ 시계열 연구(Time Series Study)
④ 단면 연구(Cross-sectional Study)

해설

종단적 연구는 하나의 연구대상을 일정 기간 동안 관찰하여 그 대상의 변화를 파악하는 데 초점을 둔 기술적 조사방법으로 단면 연구는 횡단적 연구에 해당한다.

30

집단이나 사회의 특성을 분석한 결과를 바탕으로 집단 속 개인에 관한 결론을 도출할 때 발생하는 오류는?

① 제1종 오류
② 생태학적 오류
③ 제3종 오류
④ 비체계적 오류

해설

① 귀무가설이 참임에도 귀무가설을 기각하는 오류
④ 측정 시마다 일정하지 않게 무작위로 발생하는 오류

31

전수조사(Population Survey)와 비교한 표본조사(Sample Survey)의 장점으로 틀린 것은?

① 표본오류가 줄어든다.
② 시간과 비용을 절약할 수 있다.
③ 단시간 내에 많은 정보를 얻을 수 있다.
④ 조사과정을 보다 잘 통제할 수 있어서 정확한 자료를 얻을 수 있다.

해설

전수조사에서는 표본오류가 일어나지 않는다.

32

표집오차(Sampling Error)에 대한 설명으로 틀린 것은?

① 표본의 크기가 클수록 표집오차는 작아진다.
② 표본의 분산이 작을수록 표집오차는 작아진다.
③ 표집오차란 통계량들이 모수 주위에 분산되어 있는 정도를 의미한다.
④ 표본의 크기가 같을 때 단순무작위표집에서보다 집락표집에서 표집오차가 작다.

해설

일반적으로 단순무작위표집에서 표집오차가 가장 작다.

33

다음 중 표본의 대표성이 가장 큰 표본추출방법은?

① 편의표집
② 판단표집
③ 군집표집
④ 할당표집

해설

군집표집은 확률표본추출방법으로 비확률표본추출방법인 ①·②·④에 비해 대표성이 크다.

34

측정에 대한 설명으로 틀린 것은?

① 질적 속성을 양적 속성으로 전환하는 작업이다.
② 경험의 세계와 개념적·추상적 세계를 연결하는 수단이다.
③ 조사대상의 속성을 추상적 개념으로 전환시키는 과정이다.
④ 이론을 구성하는 개념들을 현실 세계에서 관찰이 가능한 자료와 연결해 주는 과정이다.

해설
측정은 이론을 구성하고 있는 개념이나 변수들을 현실세계에서 관찰이 가능한 자료와 연결시키는 과정이다.

35

대상자들의 종교를 불교, 기독교, 가톨릭, 기타의 범주로 나누어 조사한 경우 측정수준은?

① 서열척도
② 명목척도
③ 등간척도
④ 비율척도

해설
① 서열척도 : 측정대상의 분류는 물론 대상의 특수성 또는 속성에 따라 각 측정대상들의 등급순위를 결정하는 척도
③ 등간척도 : 명목척도와 서열척도의 특성을 포함하여 크기의 정도를 제시하는 척도
④ 비율척도 : 등간척도가 지니는 성격에 더하여 절대 '0'의 값(절대영점)을 가짐으로써 비율의 성격을 지니는 척도

36

층화표본추출방법에 관한 설명으로 틀린 것은?

① 확률표본추출방법 중 시간, 비용 및 노력을 가장 절약할 수 있다.
② 무작위로 표본을 추출할 때보다 표본의 대표성을 높일 수 있는 방법이다.
③ 각 소집단에서 뽑는 표본 수에 따라 비례·불비례층화추출방법으로 나뉜다.
④ 모집단을 특정한 기준에 따라 서로 상이한 소집단으로 나누고 이들 각각의 소집단들로부터 빈도에 따라 적절한 일정수의 표본을 무작위로 추출하는 방법이다.

해설
시간, 비용 및 노력을 가장 절약할 수 있는 확률표본추출방법은 단순무작위추출법이다.

37

계통표집(Systematic Sampling)에 관한 설명으로 가장 거리가 먼 것은?

① 각 층위별 정보를 얻을 수 있다.
② 단순무작위표집의 대응으로 사용될 수 있다.
③ 표집틀에 주기성이 없는 경우 모집단을 잘 반영할 수 있다.
④ 최초의 표본집단을 무작위로 선정한 다음에 k번째마다 표본을 추출하는 것을 의미한다.

해설
① 층화표집에 대한 설명이다.

38

다음 중 비율척도가 아닌 것은?

① 온 도
② 투표율
③ 소득 금액
④ 몸무게

해설
온도는 절대영점을 갖지 않으므로 등간척도이다.

39

신뢰도 측정방법의 유형으로 틀린 것은?

① 복수양식법
② 재검사법
③ 내적 일관성법
④ 다속성・다측정 방법

해설
신뢰도의 측정방법으로는 재검사법, 복수양식법, 반분법, 관찰자 신뢰도, 내적 일관성 분석법이 있다.

40

대학수학능력시험의 타당도를 평가하기 위해 대학수학능력시험 점수와 대학 진학 후 학업성적과의 상관관계를 조사하는 방법은?

① 내용타당도
② 논리적 타당도
③ 내적 타당도
④ 기준관련타당도

해설

기준관련타당도(기준타당도)는 경험적 근거에 의해 타당도를 확인하는 방법으로서, 이미 전문가가 만들어 놓은 신뢰도와 타당도가 검증된 측정도구에 의한 측정결과를 기준으로 한다.

41

표집과 관련된 용어에 대한 설명으로 틀린 것은?

① 관찰단위란 직접적인 조사대상을 의미한다.
② 모집단이란 우리가 규명하고자 하는 집단의 총체이다.
③ 표집단위란 표집과정의 각 단계에서의 표집대상을 지칭한다.
④ 표집간격이란 표본을 추출할 때 추출되는 표집단위와 단위 간의 간격을 의미한다.

해설

표집간격이란 모집단으로부터 표본을 추출할 때 추출되는 표본 사이의 간격을 의미한다.

42

과녁의 가운데를 조준하고 쏜 화살 5개 모두 제일 가장자리의 동일한 위치에 집중되었을 때 신뢰도와 타당도의 개념에 관한 설명으로 맞는 것은?

① 신뢰도와 타당도가 모두 높다.
② 신뢰도와 타당도가 모두 낮다.
③ 신뢰도는 높지만 타당도는 낮다.
④ 타당도는 높지만 신뢰도는 낮다.

해설

동일한 위치에 집중되어서 신뢰도는 높지만 가장자리에 위치했기 때문에 타당도는 낮다.

43

다음 설명에 해당되는 척도는?

> 현직 대통령의 인기도를 측정하기 위해 0부터 100까지의 값 가운데 하나를 제시하도록 하였다. 가장 싫은 경우는 0, 가장 만족한 경우는 100으로 정하였다.

① 명목척도
② 등간척도
③ 서열척도
④ 비율척도

해설

크기의 정도를 제시할 수 있어 등간척도 혹은 비율척도이지만, 절대영점을 가지지 않기 때문에 등간척도이다.

44

다음 중 군집표집의 추정 효율이 가장 높은 경우는?

① 집락 간 평균이 서로 다른 경우
② 각 집락이 모집단의 축소판일 경우
③ 각 집락 내 관측값들이 비슷할 경우
④ 각 집락마다 집락들의 특성이 서로 다른 경우

해설

군집표집은 모집단 목록에서 구성요소에 대해 여러 가지 이질적인 구성요소를 포함하는 여러 개의 집락 또는 집단으로 구분한 후 집락을 표집단위로 하여 무작위로 몇 개의 집락을 표본으로 추출하고, 표본으로 추출된 집락에 대해 그 구성요소를 전수조사하는 방법이다. 따라서 추출된 집락이 모집단의 축소판일 경우 추정 효율이 높다.

45

신뢰도 측정방법 중 설문지 혹은 시험지의 문항들을 두 부분으로 나누어서 각 부분에서 얻은 측정값들을 두 번의 조사에서 얻어진 것처럼 간주하여 그 사이의 상관계수를 구하여 검사하는 방법은?

① 반분법
② 재검사법
③ 동형방법
④ 상관분석법

해설

반분법은 복수양식법의 변형으로서 측정도구를 임의로 반으로 나누어 각각 독립된 두 개의 척도로 사용함으로써 신뢰도를 측정하는 방법이다.

46

서열척도를 이용한 측정방법은?

① 등급법
② 고정총합척도법
③ 순위법
④ 어의차이척도법

해설

순위법은 비교척도구성에 해당하며 일정한 순서를 정해 비교하는 척도이므로 서열척도를 이용하는 방법이다.

47

비확률표집방법이 아닌 것은?

① 편의표집
② 유의표집
③ 집락표집
④ 눈덩이표집

해설

표본추출
- 확률표본추출 : 단순무작위표본추출, 계통적(체계적) 표본추출, 층화표본추출, 집락(군집)표본추출, 연속표본추출 등
- 비확률표본추출 : 할당표본추출, 유의(판단)표본추출, 임의(편의)표본추출, 배합표본추출, 누적표본추출 등

48

무작위표집과 비교할 때 할당표집(Quota Sampling)의 장점이 아닌 것은?

① 비용이 적게 든다.
② 표본오차가 적을 가능성이 높다.
③ 신속한 결과를 원할 때 사용 가능하다.
④ 각 집단을 적절히 대표하게 하는 층화의 효과가 있다.

해설

할당표집은 비확률표본추출방법이기 때문에 확률표본추출방법인 무작위표집에 비해 표본오차가 일어날 가능성이 높다.

49

단순무작위표본추출에 따른 표본평균의 분포가 갖는 특성이 아닌 것은?

① 표본평균의 분포는 모집단 평균을 중심으로 대칭형이다.
② 표본평균 분포의 평균은 모집단의 평균과 같은 것은 아니다.
③ 큰 표본을 사용할수록 표본평균의 분포는 모집단 평균 근처에 집중적으로 나타난다.
④ 표본평균의 분포는 모집단 평균 근처가 가장 밀집되어 있고 평균에서 떨어질수록 적어진다.

해설
표본평균 분포의 평균은 모집단의 평균이다.

50

이론적 개념을 측정 가능한 수준의 변수로 전환시키는 작업 과정은?

① 서열화
② 수량화
③ 척도화
④ 조작화

해설
조작화란 측정 과정의 마지막 단계로서 조작화 단계는 분석의 단위를 카테고리별로 분류하는 과정을 의미한다.

51

개념(Concept)에 관한 설명으로 틀린 것은?

① 개념은 이론의 핵심적 구성요소이다.
② 개념은 특정 대상의 속성을 나타낸다.
③ 개념 자체를 직접 경험적으로 측정할 수 있다.
④ 개념의 역할은 실제 연구에서 연구방향을 제시해 준다.

해설
개념은 연역적 결과를 가져다주기 때문에 경험적으로 측정할 수 없다.

52

측정오차의 발생원인과 가장 거리가 먼 것은?

① 통계분석기법
② 측정시점의 환경요인
③ 측정방법 자체의 문제
④ 측정시점에 따른 측정대상자의 변화

해설

측정오차의 발생원인
- 측정자에 의한 오차
- 측정대상자에 의한 오차(④)
- 측정대상자의 편견(고정반응, 사회적 적절성 편견, 문화적 차이 등)
- 문화적 차이나 인구 사회학적 차이의 개입
- 사회가 바람직하다고 생각하는 편향
- 측정도구와 측정대상자의 상호작용
- 측정도구 · 방법상의 문제(③)
- 측정대상자의 표기상 오차와 분석과정상의 문제
- 인간의 지적 특수성에 의한 오차
- 시간 · 장소적인 제약에서 오는 오차
- 환경적 요인의 변화(②)

53

사회조사에서 척도에 대한 설명으로 틀린 것은?

① 불연속성은 척도의 중요한 속성이다.
② 척도는 변수에 대한 양적인 측정치를 제공한다.
③ 척도는 여러 개의 지표를 하나의 점수로 나타낸다.
④ 척도를 통하여 하나의 지표로서 제대로 측정하기 어려운 복합적인 개념을 측정할 수 있다.

해설

연속성은 척도의 중요한 속성이다.

54

일반적인 표본추출과정의 순서를 바르게 나열한 것은?

> ㄱ. 표본추출
> ㄴ. 표본추출방법의 결정
> ㄷ. 모집단의 확정
> ㄹ. 표본프레임의 선정
> ㅁ. 표본 크기의 결정

① ㄴ → ㄹ → ㄷ → ㅁ → ㄱ
② ㄷ → ㄹ → ㄴ → ㅁ → ㄱ
③ ㄷ → ㄴ → ㄹ → ㄱ → ㅁ
④ ㄹ → ㄷ → ㄴ → ㅁ → ㄱ

해설

일반적인 표본추출과정의 순서는 모집단 규정 → 표집틀의 결정 → 표본추출방법 결정 → 표본 크기 결정 → 표본추출 실행이다.

55

리커트(Likert) 척도의 장점이 아닌 것은?

① 적은 문항으로도 높은 타당도를 얻을 수 있어서 매우 경제적이다.
② 한 항목에 대한 응답의 범위에 따라 측정의 정밀성을 확보할 수 있다.
③ 응답 카테고리가 명백하게 서열화되어 응답자에게 혼란을 주지 않는다.
④ 항목의 우호성 또는 비우호성을 평가하기 위해 평가자를 활용하므로 객관적이다.

해설

④ 서스톤 척도에 대한 설명이다.

56

기준관련타당도(Criterion-related Validity)와 가장 거리가 먼 것은?

① 경험적 타당도
② 이론적 타당도
③ 예측적 타당도
④ 동시적 타당도

해설

기준관련타당도를 기준타당도, 경험적 타당도라고도 하며, 동시적 타당도와 예측적 타당도로 나눌 수 있다.

57

다음 중 범주형 변수(Categorical Variable)인 것은?

① 자녀 수
② 지능지수(IQ)
③ 원화로 나타낸 연간소득
④ 3단계(상, 중, 하)로 나눈 계층적 지위

해설

명목척도와 서열척도는 범주형 변수에 속하고, 등간척도와 비율척도는 연속형 변수에 속한다. ① · ③ 비율척도, ② 등간척도, ④ 서열척도이다.

58

측정도구의 타당도와 신뢰도에 대한 설명으로 맞는 것은?

① 측정값은 참값, 확률오차, 체계오차의 합과 같다.
② 측정오차는 체계오차의 부분도 포함하는데 이는 신뢰도와 관계가 있다.
③ 확률오차 = 0, 체계오차 ≠ 0인 경우, 측정도구는 타당하지만 신뢰할 수 있다.
④ 체계오차 = 0, 확률오차 ≠ 0인 경우, 측정도구는 신뢰할 수 있지만 타당하지 않다.

해설

② 측정오차는 타당도와 관련성이 크다. 서로 반비례 관계를 가지고 있다.
③ 신뢰도가 없으면 타당도를 설명할 수 없다.
④ 확률오차가 크면 신뢰도가 낮아진다.

59

다음의 가설을 검증하기 위해 국가별 통계자료를 수집한다고 할 때, '출생률'은 어떤 변수인가?

> 1인당 국민소득(GNP)이 올라가면 출생률 즉, 인구 1,000명당 신생아의 수는 감소한다.

① 매개변수   ② 독립변수
③ 외적변수   ④ 종속변수

해설

1인당 국민소득이 출생률에 영향을 주므로 1인당 국민소득은 독립변수, 출생률은 종속변수에 해당한다.

60

측정의 신뢰도를 높이는 방법으로 틀린 것은?

① 측정도구의 모호성을 제거한다.

② 면접자들은 일관된 태도로 면접을 한다.

③ 가능하면 단일 항목을 이용하여 개념이나 속성을 측정한다.

④ 조사대상자가 관심 없거나 너무 어려워하는 내용은 제외한다.

해설

측정항목을 보다 많이 사용한다는 것은 실제 측정치가 진실된 값에 보다 근접할 가능성을 높이는 것이며, 이를 통해 신뢰도를 증가시킬 수 있다.

제3과목 사회통계

61

다음은 독립변수가 k개인 경우의 중회귀모형이다. 최소제곱법에 의한 회귀계수벡터 β의 추정식 b는?
(단, X'은 X의 치환행렬이다)

$$y = X\beta + \varepsilon$$

$$y = \begin{bmatrix} y_1 \\ y_2 \\ \vdots \\ y_n \end{bmatrix} \qquad X = \begin{bmatrix} 1 & x_{11} & x_{12} & \cdots & x_{1k} \\ 1 & x_{21} & x_{22} & \cdots & x_{2k} \\ \vdots & \vdots & \vdots & \vdots & \vdots \\ 1 & x_{n1} & x_{n2} & \cdots & x_{nk} \end{bmatrix}$$

$$\beta = \begin{bmatrix} \beta_0 \\ \beta_1 \\ \beta_2 \\ \vdots \\ \beta_k \end{bmatrix} \qquad \varepsilon = \begin{bmatrix} \varepsilon_1 \\ \varepsilon_2 \\ \vdots \\ \varepsilon_n \end{bmatrix}$$

① $b = X'y$

② $b = (X'X)^{-1}y$

③ $b = X^{-1}y$

④ $b = (X'X)^{-1}X'y$

해설

중회귀모형 $Y = Xb + \varepsilon$에서 b의 추정치는 $b = (X'X)^{-1}X'y$이고 분산-공분산 행렬은 $Var(b) = (X'X)^{-1}\sigma^2$이다.

62

평균이 μ이고, 분산이 $\sigma^2 = 9$인 정규모집단으로부터 추출한 크기 100인 확률표본의 표본평균 $\overline{x}$를 이용하여 가설 $H_0: \mu = 0$ vs $H_1: \mu > 0$을 유의수준 0.05에서 검정하는 경우 기각역이 $Z_0 \geq 1.645$이다. 이때 검정통계량 Z_0에 해당하는 것은?

① $10 \times \dfrac{\overline{x}}{9}$

② $10 \times \dfrac{\overline{x}}{3}$

③ $100 \times \dfrac{\overline{x}}{9}$

④ $100 \times \dfrac{\overline{x}}{3}$

해설

모평균에 대한 검정통계량은 $Z_0 = \dfrac{\overline{x} - \mu_0}{\sigma / \sqrt{n}}$이다.

$\mu_0 = 0$, $n = 100$, $\sigma = 3$이므로 $\dfrac{\overline{x} - 0}{3 / \sqrt{100}} = \dfrac{\overline{x}}{3} \times 10$이다.

63

정규모집단 $N(\mu, \sigma^2)$으로부터 추출한 크기 n의 임의표본 $X_1, X_2, \cdots, X_n$에 근거한 표본분포에 대한 설명으로 틀린 것은? (단, $\overline{X}$는 표본평균, s^2은 불편분산이다)

① $\overline{X}$와 s^2은 확률적으로 독립이다.

② $\overline{X}$는 정규분포를 따르며 평균은 μ이고, 분산은 σ^2이다.

③ $(n-1)s^2$은 자유도가 $n-1$인 카이제곱분포를 따른다.

④ 스튜던트화된 확률변수 $\dfrac{\overline{X} - \mu}{s / \sqrt{n}}$는 자유도가 $n-1$인 t-분포를 따른다.

해설

③ $\dfrac{(n-1)s^2}{\sigma^2}$은 자유도가 $n-1$인 카이제곱분포를 따른다.

64

단순회귀모형 $y_i = \beta_0 + \beta_1 x_i + \varepsilon_i$에 대한 분산분석표가 다음과 같다. 설명변수와 반응변수가 양의 상관관계를 가질 때, $H_0 : \beta_1 = 0$ vs $H_1 : \beta_1 \neq 0$을 검정하기 위한 t-검정통계량의 값은?

요 인	제곱합	자유도	평균제곱	F-통계량
회 귀	24.0	1	24.0	4.0
오 차	60.0	10	6.0	

① -2 ② -1

③ 1 ④ 2

해설

단순회귀계수의 유의성 검정통계량(t)의 제곱은 단순회귀모형의 유의성 검정통계량(F)과 동일하다.
따라서 $t^2 = 4, t = \pm \sqrt{4}$ 이고 설명변수와 반응변수가 양의 상관관계를 가지므로 $t = 2$이다.

65

관측값 12개를 갖고 수행한 단순회귀분석에서 회귀직선의 유의성 검정을 위해 작성된 분산분석표가 다음과 같다. ㉠~㉢에 해당하는 값은?

요 인	제곱합	자유도	평균제곱	F-통계량
회 귀	66	1	66	㉢
오 차	220	㉠	㉡	

① ㉠ : 10, ㉡ : 22, ㉢ : 3

② ㉠ : 10, ㉡ : 220, ㉢ : 3.67

③ ㉠ : 11, ㉡ : 22, ㉢ : 3.3

④ ㉠ : 11, ㉡ : 220, ㉢ : 0.3

해설

㉠ : $n-k-1 = 12-1-1 = 10$

㉡ : $220/10 = 22$

㉢ : $66/22 = 3$

66

평균이 70이고, 표준편차가 5인 정규분포를 따르는 집단에서 추출된 1개의 관찰값이 80이었다고 하자. 이 개체의 상대적 위치를 나타내는 표준화점수는?

① -2

② 0.025

③ 2

④ 2.5

해설

$$\frac{X-\mu}{\sigma} = \frac{80-70}{5} = 2$$

67

확률변수 X는 평균이 2이고, 표준편차가 2인 분포를 따를 때, $Y = -2X + 10$의 평균과 표준편차는?

① 평균 : 6, 표준편차 : 4

② 평균 : 6, 표준편차 : 6

③ 평균 : 14, 표준편차 : 4

④ 평균 : 14, 표준편차 : 6

해설

$E(Y) = E(-2X+10) = -2E(X) + 10 = -2 \times 2 + 10 = 6$

$\sigma(Y) = \sigma(-2X+10) = |-2| \times \sigma(X) = 2 \times 2 = 4$

68

X는 정규분포를 따르는 확률변수이다. $P(X \geq 1) = 0.16$, $P(X \geq 0.5) = 0.31$, $P(X < 0) = 0.5$일 때, $P(0.5 < X < 1)$의 값은?

① 0.15

② 0.19

③ 0.235

④ 0.335

해설

$P(0.5 < X < 1) = P(X \geq 0.5) - P(X \geq 1)$

$\qquad\qquad\quad = 0.31 - 0.16 = 0.15$

69

10m당 평균 1개의 흠집이 나타나는 전선이 있다. 이 전선 10m를 구입하였을 때, 발견되는 흠집수의 확률분포는?

① 이항분포
② 초기하분포
③ 기하분포
④ 포아송분포

해설

일반적으로 단위시간, 단위면적 또는 단위공간 내에서 발생하는 어떤 사건의 횟수를 확률변수 X라 하면, 확률변수 X는 μ를 모수로 갖는 포아송분포를 따른다고 한다.

70

상관계수(피어슨 상관계수)에 대한 설명으로 가장 거리가 먼 것은?

① 선형관계에 대한 설명에 사용된다.
② 상관계수의 값은 변수의 단위가 달라지면 영향을 받는다.
③ 상관계수의 부호는 회귀계수의 기울기(b)의 부호와 항상 같다.
④ 상관계수의 절대치가 클수록 두 변수의 선형관계가 강하다고 할 수 있다.

해설

상관계수는 변수 간의 연관성을 나타내는 값이므로 변수의 단위와 관련이 없다.

71

공정한 주사위 1개를 20번 던지는 실험에서 1의 눈을 관찰한 횟수를 확률변수 X라 하고, 정규근사를 이용하여 $P(X \geq 4)$의 근삿값을 구하려고 할 때, 연속성 수정을 고려한 근사식으로 맞는 것은? (단, Z는 표준정규분포를 따르는 확률변수이다)

① $P(Z \geq 0.1)$
② $P(Z \geq 0.4)$
③ $P(Z \geq 0.7)$
④ $P(Z \geq 1)$

해설

공정한 주사위 1개를 20번 던지는 실험에서 1의 눈을 관찰한 횟수를 확률변수 X라 하면 $n = 20$, $p = \dfrac{1}{6}$인 이항분포를 따른다.

이를 정규근사로 정규분포로 나타내면 $X \sim N(np, np(1-p)) = N\left(\dfrac{10}{3}, \left(\dfrac{5}{3}\right)^2\right)$이다.

연속성 수정을 고려했을 때 $P(X \geq 4)$는 $P(X > 4 - 0.5)$로 나타내므로 표준화 공식을 이용하면

$P\left(\dfrac{3X - 10}{5} \geq \dfrac{3 \cdot 3.5 - 10}{5}\right) = P(Z \geq 0.1)$이다.

72

중회귀분석에서 회귀제곱합(SSR)이 150이고, 오차제곱합(SSE)이 50인 경우, 결정계수는?

① 0.25
② 0.3
③ 0.75
④ 1.1

해설

$$R^2 = \frac{SSR}{SST} = \frac{SSR}{(SSE + SSR)} = \frac{150}{(150 + 50)} = 0.75$$

73

다음 중 바람직한 추정량(Estimator)의 선정기준이 아닌 것은?

① 할당성(Quota)
② 효율성(Efficiency)
③ 일치성(Consistency)
④ 불편성(Unbiasedness)

해설

바람직한 통계적 추정량의 결정기준
- 불편성(Unbiasedness)
- 효율성(유효성, Efficiency)
- 일치성(Consistency)
- 충분성(Sufficiency)

74

자동차 부품을 생산하는 회사에서 품질을 관리하기 위하여 생산된 제품 가운데 100개를 추출하여 조사하였다. 그중 부적합품수를 X라 할 때, X의 기댓값이 5이면, X의 분산은?

① 0.05
② 0.475
③ 4.75
④ 9.5

해설

각각의 시행이 독립이라 가정하면 X는 이항분포를 따른다. $n = 100$이고, 기댓값 $E(X) = np = 100p = 5$이므로 $p = \frac{1}{20}$이다.

따라서 분산 $Var(X) = np(1-p) = 100 \times \frac{1}{20} \times \frac{19}{20} = 4.75$이다.

75

다음 설명 중 틀린 것은? (단, S_X, S_Y는 각각 X와 Y의 표준편차이다)

① $Y = -2X + 3$일 때, $S_Y = 4S_X$이다.

② 상자그림(Box Plot)은 여러 집단의 분포를 비교하는 데 많이 사용한다.

③ 상관계수가 0이라 하더라도 두 변수의 관련성이 없는 경우도 있다.

④ 변이계수(Coefficient of Variation)는 여러 집단의 분산을 상대적으로 비교할 때 사용된다.

[해설]

$Y = -2X + 3$일 때, $S_Y = 2S_X$이다.

76

어느 질병에 대한 3가지 치료약의 효과를 비교하기 위한 일원분산분석 모형 $X_{ij} = \mu + \alpha_i + \varepsilon_{ij}$에서 오차항 ε_{ij}에 대한 가정으로 틀린 것은?

① ε_{ij}의 기댓값은 0이 아니다.

② ε_{ij}의 분포는 정규분포를 따른다.

③ ε_{ij}의 분산은 어떤 i, j에 대해서도 일정하다.

④ 임의의 ε_{ij}와 $\varepsilon_{i'j'}(i \neq i'$ 또는 $j \neq j')$는 서로 독립이다.

[해설]

오차항의 기본 가정
- 정규성 : 오차항 ε_i는 정규분포를 따른다.
- 등분산성 : 오차항 ε_i의 분산은 모든 i에 대하여 같다.
- 독립성 : 임의의 오차항 ε_i와 $\varepsilon_{i'}$는 독립이다.

77

도수분포가 비대칭이고 극단치들이 있을 때보다 적절한 중심성향 척도는?

① 산술평균

② 중위수

③ 조화평균

④ 최빈수

[해설]

분포모양이 비대칭인 경우에는 중앙값이 산술평균이나 최빈수보다 자료의 대표성을 높일 수 있다.

78

k개의 독립변수 $x_i(i=1, 2, \cdots, k)$와 종속변수 y에 대한 중회귀모형 $y = \alpha + \beta_1 x_1 + \cdots + \beta_k x_k + \varepsilon$을 고려하여, n개의 자료에 대해 중회귀분석을 실시하고자 한다. 총 편차 $y_i - \bar{y}$를 분해하여 얻을 수 있는 3개의 제곱합 $\sum_{i=1}^{n}(y_i - \bar{y})^2$, $\sum_{i=1}^{n}(y_i - \hat{y_i})^2$, $\sum_{i=1}^{n}(\hat{y_i} - \bar{y})^2$의 자유도를 각각 구하여 순서대로 나열한 것은?

① $n, \ n-k, \ k$

② $n, \ n-k-1, \ k-1$

③ $n-1, \ n-k-1, \ k$

④ $n-1, \ n-k-1, \ k-1$

해설

각각 $\sum_{i=1}^{n}(y_i - \bar{y})^2$은 총제곱합($SST$), $\sum_{i=1}^{n}(y_i - \hat{y_i})^2$은 오차제곱합($SSE$), $\sum_{i=1}^{n}(\hat{y_i} - \bar{y})^2$은 회귀제곱합($SSR$)이다.
각각의 자유도는 $n-1$, $n-k-1$, k이다.

79

20개로 이루어진 자료를 순서대로 나열하면 다음과 같을 때, 중위수와 사분위 범위(Interquartile Range)의 값을 순서대로 나열한 것은?

| 29 32 33 34 37 39 39 39 40 40 42 43 44 44 45 45 46 47 49 55 |

① 40, 7

② 40, 8

③ 41, 7

④ 41, 8

해설

총 20개의 자료이므로 10번째 수와 11번째 수의 평균 즉, $\dfrac{40+42}{2} = 41$이 중위수가 된다.

또한 제1사분위수(Q_1)는 5번째 수와 6번째 수의 평균 즉, $\dfrac{37+39}{2} = 38$이고,

제3사분위수(Q_3)는 14번째 수와 15번째 수의 평균 즉, $\dfrac{45+45}{2} = 45$이므로 사분위 범위는 $Q_3 - Q_1 = 45 - 38 = 7$이다.

80

다음은 무엇에 관한 설명인가?

> 평균이 μ이고, 분산이 σ^2인 임의의 모집단으로부터 추출한 크기 n인 랜덤표본의 표본평균 $\overline{X}$의 확률분포는 n이 충분히 크면 근사적으로 정규분포 $N\left(\mu, \dfrac{\sigma^2}{n}\right)$을 따른다.

① 이항분포   ② 정규분포
③ 표본분포   ④ 중심극한정리

해설
① 이항분포 : 확률실험에서 나타날 수 있는 기본결과가 두 가지뿐일 경우가 있다. 확률실험을 몇 번 실행하여 어떤 한 가지 결과가 나오는 수를 변수값으로 부여할 때 이 변수를 이항확률변수라 한다.
② 정규분포 : 대표적인 연속확률분포로서 가장 많이 사용되는 분포이다.
③ 표본분포 : 모집단으로부터 채택된 일정한 크기의 표본들을 대상으로 분석한 결과 나타난 통계량들의 분포를 표본분포라 한다.

81

평균이 40, 중앙값이 38, 표준편차가 4일 때, 변이계수(Coefficient of Variation)는?

① 4%   ② 10%
③ 10.5%   ④ 40%

해설

$$CV = \frac{S}{\overline{X}} = \frac{4}{40} = 0.1$$

82

어느 대형마트 고객관리팀에서는 다음과 같은 기준에 따라 매일 고객을 분류하여 관리한다. 어느 특정한 날 마트를 방문한 고객들의 자료를 분류한 결과 A 그룹이 30%, B 그룹이 50%, C 그룹이 20%인 것으로 나타났다. 이날 마트를 방문한 고객 중 임의로 4명을 택할 때, 이들 중 3명만이 B 그룹에 속할 확률은?

구 분	구매 금액
A 그룹	20만원 이상
B 그룹	10만원 이상 20만원 미만
C 그룹	10만원 미만

① 0.25   ② 0.27

③ 0.37   ④ 0.39

해설

$$_4C_3 \times \left(\frac{1}{2}\right)^3 \times \left(\frac{3}{10}+\frac{1}{5}\right) = 0.25$$

83

똑같은 크기의 사과 10개를 5명의 어린이에게 나누어주는 방법의 수는? (단, $\binom{n}{r}$은 n개 중에서 r개를 선택하는 조합의 수이다)

① $\binom{14}{5}$ ② $\binom{15}{5}$

③ $\binom{14}{10}$ ④ $\binom{15}{10}$

해설

중복조합을 이용한다. 5명의 어린이에게 중복을 허락하여 10개의 사과를 나누어주는 방법의 수이므로

$_5H_{10} = {_{5+10-1}C_{10}} = \binom{14}{10}$이다.

84

확률변수 X의 분포의 자유도가 각각 a와 b인 $F(a, b)$를 따른다면 확률변수 $Y = \dfrac{1}{X}$의 분포는?

① $F(a, b)$

② $F(b, a)$

③ $F\left(\dfrac{1}{a}, \dfrac{1}{b}\right)$

④ $F\left(\dfrac{1}{b}, \dfrac{1}{a}\right)$

해설

F분포는 표준정규분포를 따르는 표본데이터 $(X_1, X_2, \cdots, X_n)$, $(Y_1, Y_2, \cdots, Y_m)$을 따르는 2개의 카이제곱분포 통계량을 $S_X = X_1 + X_2 + \cdots + X_n$, $S_Y = Y_1 + Y_2 + \cdots + Y_m$ 이라 할 때 $F = \dfrac{S_X/n}{S_Y/m}$ 을 따르는 분포를 의미한다. 따라서 X가 $F(a, b)$를 따른다면 $\dfrac{1}{X}$은 통계량이 역수가 되어 $F(b, a)$를 따른다.

85

어느 지역의 청년취업률을 알아보기 위해 조사한 500명 중 400명이 취업을 한 것으로 나타났다. 이 지역의 청년취업률에 대한 95%의 신뢰구간은?
(단, Z가 표준정규분포를 따르는 확률변수일 때, $P(Z > 1.96) = 0.025$ 이다)

① $0.8 \pm 1.96 \times \dfrac{0.8}{\sqrt{500}}$

② $0.8 \pm 1.96 \times \dfrac{0.16}{\sqrt{500}}$

③ $0.8 \pm 1.96 \times \sqrt{\dfrac{0.8}{500}}$

④ $0.8 \pm 1.96 \times \sqrt{\dfrac{0.16}{500}}$

해설

모비율의 신뢰구간은 $\hat{p} \pm Z_{\alpha/2} \sqrt{\dfrac{\hat{p}(1-\hat{p})}{n}}$ 이다.

$\hat{p} = 0.8, \alpha = 0.025, n = 500$ 이므로

대입하면 $0.8 \pm 1.96 \times \sqrt{\dfrac{0.16}{500}}$ 이다.

86

제1종 오류를 범할 확률의 허용한계를 뜻하는 통계적 용어는?

① 기각역
② 유의수준
③ 검정통계량
④ 대립가설

해설

① 기각역 : 모집단에서 추출한 임의표본의 함수로서 정한 어떤 통계량의 실현 값이 미리 결정한 영역
③ 검정통계량 : 귀무가설의 채택 또는 기각 여부를 결정하는 데 사용되는 표본통계치
④ 대립가설 : 귀무가설과 반대되는 가설

87

다음은 왼손으로 글자를 쓰는 사람 8명에 대하여 왼손의 악력 X와 오른손의 악력 Y를 측정하여 정리한 결과이다. 왼손으로 글자를 쓰는 사람들의 왼손 악력이 오른손 악력보다 강하다고 할 수 있는가에 대해 유의수준 5%에서 검정하고자 한다. 검정통계량 T의 값과 기각역을 구하면?

구 분	관측값	평 균	표준편차
X	$90, \cdots, 110$	107.25	18.13
Y	$87, \cdots, 100$	103.75	18.26
$D = X - Y$	$3, \cdots, 10$	3.5	4.93

$$P[T \leq t_{(n,\alpha)}], \quad T \sim t_{(n)}$$

d.f		α		
	$\cdots$	0.05	0.025	$\cdots$
$\vdots$	$\vdots$	$\vdots$	$\vdots$	$\vdots$
6	$\cdots$	1.943	2.447	$\cdots$
7	$\cdots$	1.895	2.365	$\cdots$
8	$\cdots$	1.860	2.306	$\cdots$
$\vdots$	$\vdots$	$\vdots$	$\vdots$	$\vdots$

① $T = 0.71, \quad T \geq 1.860$
② $T = 2.01, \quad T \geq 1.895$
③ $T = 0.71, \quad |T| \geq 2.365$
④ $T = 2.01, \quad |T| \geq 2.365$

해설

대응표본인 경우 두 집단 간의 차이에 대한 검정통계량은 자유도가 $n-1$인 t-분포 $t = \dfrac{\overline{D}}{S_D / \sqrt{n}}$를 이용한다.

$\overline{D} = 3.5$, $S_D = 4.93$, $n = 8$이므로 대입하면 $\dfrac{3.5}{4.93/\sqrt{8}} \fallingdotseq 2.01$이다.

자유도가 $n - 1 = 7$이고, 유의수준 5%에서 단측검정을 하고자하므로 기각역은 $T \geq 1.895$이다.

88

다음 분산분석표의 ㉠~㉢에 들어갈 값은?

요 인	제곱합	자유도	평균제곱	F값	유의확률
인 자	199.34	1	199.34	㉢	0.099
잔 차	315.54	6	㉡		
계	514.88	㉠			

① ㉠ : 7, ㉡ : 52.59, ㉢ : 2.58

② ㉠ : 7, ㉡ : 52.59, ㉢ : 3.79

③ ㉠ : 7, ㉡ : 1893.24, ㉢ : 2.58

④ ㉠ : 7, ㉡ : 1893.24, ㉢ : 9.50

해설

㉠ : $1+6=7$

㉡ : $\dfrac{315.54}{6}=52.59$

㉢ : $\dfrac{199.34}{52.59}≒3.79$

89

x를 독립변수로 y를 종속변수로 하여 선형회귀분석을 하고자 한다. 다음의 요약 자료를 이용하여 추정회귀직선의 기울기와 절편을 구하면?

$$\bar{x}=4 \qquad \sum_{i=1}^{5}(x_i-\bar{x})^2=10$$

$$\bar{y}=7 \qquad \sum_{i=1}^{5}(x_i-\bar{x})(y_i-\bar{y})=13$$

① 기울기＝0.77, 절편＝1.80

② 기울기＝0.77, 절편＝3.92

③ 기울기＝1.30, 절편＝1.80

④ 기울기＝1.30, 절편＝3.92

해설

최소제곱법을 이용한다.

$$기울기(b)=\dfrac{\sum_{i=1}^{5}(x_i-\bar{x})(y_i-\bar{y})}{\sum_{i=1}^{5}(x_i-\bar{x})^2}=\dfrac{13}{10}=1.30$$

절편$(a)=\bar{y}-b\bar{x}=7-1.3\times4=1.80$

90

어떤 화학약품을 생산하는 공정에서 온도에 따라 수율(%)에 차이가 있는가를 알아보고자 4개의 온도수준에 다음과 같이 완전임의배열법을 적용하여 실험하여 분산분석표를 작성하였다. ㉠~㉣에 해당하는 값은?

온 도	90°C	100°C	110°C	120°C
반복수	3개	4개	3개	3개

요 인	제곱합	자유도	평균제곱	F값
인 자	㉠	3	1.14	㉣
잔 차	1.66	㉡	㉢	
계	5.08	12		

① ㉠ : 3.42, ㉡ : 9, ㉢ : 0.18, ㉣ : 6.33

② ㉠ : 3.42, ㉡ : 10, ㉢ : 0.17, ㉣ : 6.71

③ ㉠ : 3.42, ㉡ : 9, ㉢ : 0.18, ㉣ : 1.04

④ ㉠ : 6.74, ㉡ : 10, ㉢ : 0.17, ㉣ : 6.71

해설

㉠ : $5.08 - 1.66 = 3.42$

㉡ : $12 - 3 = 9$

㉢ : $\dfrac{1.66}{9} \fallingdotseq 0.18$

㉣ : $\dfrac{1.14}{0.18} \fallingdotseq 6.33$

91

어느 여행사에서 앞으로 1년 이내에 어학연수를 원하는 대학생들의 비율을 조사하기를 원한다. 95% 신뢰수준에서 참비율과의 오차가 3% 이내가 되도록 하기 위하여 최소한 몇 명의 대학생을 조사해야 하는가? (단, $Z_{0.05} = 1.645$, $X_{0.025} = 1.96$이고, 표본비율 p는 0.5로 추측한다)

① 250

② 435

③ 752

④ 1068

해설

모비율 추정 시 표본의 크기는 $n \geq \hat{p}(1-\hat{p})\left(\dfrac{Z_{\alpha/2}}{D}\right)^2$이다.

표본비율 p를 0.5로 추측한다 했으므로 $\hat{p} = 0.5$, $\alpha = 0.05$, $D = 0.03$이므로, $n \geq 0.5 \times 0.5 \times \left(\dfrac{1.96}{0.03}\right)^2 \fallingdotseq 1067.1$이다.

따라서 최소한 1068명의 대학생을 조사해야 한다.

92

독립변수가 3개인 중회귀분석 결과가 다음과 같을 때, 오차분산의 추정값은?

$$\sum_{i=1}^{n}(y_i - \widehat{y_i})^2 = 1100, \ \sum_{i=1}^{n}(\widehat{y_i} - \overline{y})^2 = 110, \ n = 100$$

① 11.20   ② 11.32

③ 11.46   ④ 11.58

해설

오차항의 분산의 불편추정량은 $MSE = SSE/(n-k-1) = \sum_{i=1}^{n}(y_i - \widehat{y_i})^2/(n-k-1)$ 이다.

따라서 $MSE = 1100/(100-3-1) ≒ 11.46$ 이다.

93

검정통계량의 분포가 나머지 셋과 다른 것은?

① 모분산이 미지인 정규모집단 모평균에 대한 검정
② 독립인 두 정규모집단의 모분산의 비에 대한 검정
③ 모분산이 미지이고 동일한 두 정규모집단의 모평균의 차에 대한 검정
④ 단순회귀모형 $y = \beta_0 + \beta_1 x + \varepsilon$ 에서 모회귀직선 $E(y) = \beta_0 + \beta_1 x$ 의 기울기 β_1 에 관한 검정

해설

①·③·④는 t 분포, ②는 정규분포를 따르는 검정통계량을 이용해 검정한다.

94

어떤 공장에서 생산된 전자제품 중 5개의 표본에서 1개 이상의 부적합품이 발견되면, 그날의 생산된 전제품을 불합격으로 처리하고 그렇지 않으면 합격으로 처리한다. 이 공장의 생산공정의 모부적합품률이 0.1일 때, 어느 날 생산된 전제품이 불합격 처리될 확률은? (단, $9^5 = 59049$ 이다)

① 0.10745 　　　　　　　　　　　　② 0.28672

③ 0.40951 　　　　　　　　　　　　④ 0.42114

[해설]

생산된 전 제품이 불합격 처리될 확률은 전체 확률 1에서 부적합품이 한 개도 발견되지 않을 확률과 같다. 부적합품이 생산될 확률은 0.1이고, 각 제품 생산은 독립이다. 확률변수 X를 부적합품의 개수라고 하면 5개의 표본 중 X개만 불합격일 확률은 $_5C_X(0.1)^X(1-0.1)^{5-X}$이고, $X=0$일 때 $_5C_X(0.1)^0(1-0.1)^{5-0} = 0.59049$이다. 따라서 생산된 전 제품이 불합격 처리될 확률은 $1-0.59049 = 0.40951$이다.

95

다음 표는 빨강, 파랑, 노랑 3가지 색상에 대한 선호도가 성별에 따라 차이가 있는지를 알아보기 위해 초등학교 남학생 200명과 여학생 200명을 임의로 추출하여 선호도를 조사한 분할표이다. 성별에 따라 선호하는 색상에 차이가 없다면, 파랑을 선호하는 여학생 수에 대한 기대도수의 추정값은?

구 분	빨 강	파 랑	노 랑	표본크기
남학생	60	90	50	200
여학생	90	70	40	200
합 계	150	160	90	400

① 70 　　　　　　　　　　　　② 75

③ 80 　　　　　　　　　　　　④ 85

[해설]

카이제곱 독립성 검정에서 기대도수는 $\dfrac{O_{i.} \times O_{.j}}{n}$ 이다.

따라서 $\dfrac{200 \times 160}{400} = 80$ 이다.

96

어느 지역의 유권자 중 940명을 임의로 추출하여 가장 선호하는 정당을 조사한 결과를 연령대별로 정리하여 다음의 이차원 분할표를 얻었고, 분할표 분석결과는 다음과 같다. 유의수준 0.05에서 연령대와 선호하는 정당과의 관련성을 검정하기 위한 검정결과에 대한 해석으로 맞는 것은?

[연령별 정당의 선호도 분할표]

정당 연령	A정당	B정당	C정당	계
30 미만	158	53	62	273
30 ~ 49	172	128	83	383
50 이상	95	162	27	284
계	425	343	172	940

[카이제곱 검정]

구 분	값	자유도	점근유의확률(양쪽검정)
Pearson 카이제곱	91.3412	4	0.000
우도비	93.347	4	0.000
선형대 선형결합	3.056	1	0.080
유효 케이스	940		

① 카이제곱 통계량이 유의수준보다 크므로 귀무가설을 기각한다.
② 우도비 통계량이 유의수준보다 크므로 귀무가설을 기각할 수 없다.
③ 우도비 통계량에 대한 유의확률이 유의수준보다 작으므로 귀무가설을 기각할 수 없다.
④ 카이제곱 통계량에 대한 유의확률이 유의수준보다 작으므로 귀무가설을 기각한다.

해설
①·② 검정통계량과 유의수준의 비교로는 귀무가설의 기각 여부를 판단할 수 없다.
③ 유의확률이 유의수준보다 작으면 귀무가설을 기각한다.

97

추정에 대한 설명으로 맞는 것은?

① 검정력은 작을수록 바람직하다.
② 신뢰구간은 넓을수록 바람직하다.
③ 표본의 수는 통계적 추론에 영향을 미치지 않는 표본조사시의 문제이다.
④ 모든 다른 조건이 동일하다면 표본의 수가 클수록 신뢰구간의 길이는 짧아진다.

해설
① 검정력은 클수록 바람직하다.
② 신뢰구간은 좁을수록 바람직하다.
③ 표본의 수는 표본조사뿐만 아니라 통계적 추론에도 영향을 미친다.

98

가설검정에 관한 설명으로 맞는 것은?

① p-값이 유의수준보다 크면 귀무가설을 기각한다.

② 1종 오류와 2종 오류 중 더 심각한 오류는 1종 오류이다.

③ 일반적으로 표본자료에 의해 입증하고자 하는 가설을 귀무가설로 세운다.

④ 양측검정으로 유의하지 않은 자료라도 단측검정을 하면 유의할 수도 있다.

해설

시행처에서 공개한 답은 ④이지만, 출제된 문제에 오류가 있는 것으로 판단되어 ②, ④를 중복 정답으로 처리한다.

① p-값이 유의수준보다 작으면 귀무가설을 기각한다.

③ 일반적으로 표본자료에 의해 입증하고자 하는 가설을 대립가설로 세운다.

99

표본자료로부터 추정한 모평균 μ에 대한 95% 신뢰구간이 (−0.042, 0.522)일 때, 유의수준 0.05에서 귀무가설 $H_0 : \mu = 0$ vs 대립가설 $H_0 : \mu \neq 0$의 검증결과는 어떻게 해석할 수 있는가?

① 신뢰구간이 0을 포함하기 때문에 귀무가설을 기각할 수 없다.

② 신뢰구간의 상한이 0.522로 0보다 상당히 크기 때문에 귀무가설을 기각해야 한다.

③ 신뢰구간과 가설검증은 무관하기 때문에 신뢰구간을 기초로 검증에 대한 어떠한 결론을 내릴 수 없다.

④ 신뢰구간을 계산할 때 표준정규분포의 임계값을 사용했는지 또는 t분포의 임계값을 사용했는지에 따라 해석이 다르다.

해설

①・③ 귀무가설의 내용이 신뢰구간에 속하면 귀무가설을 채택할 수 있다. 귀무가설이 $H_0 : \mu = 0$이고 신뢰구간 안에 0이 포함되므로 귀무가설을 채택한다.

② 신뢰구간의 상한이 큰 것과 귀무가설의 기각/채택 여부는 관련이 없다.

④ 표준정규분포의 임계값을 사용할지 t분포의 임계값을 사용할지에 대해서는 표본의 종류에 따라 다르지만 결과의 해석에는 차이가 없다.

100

다음은 3개의 자료 A, B, C에 대한 산점도이다. 이 자료에 대한 상관계수가 -0.93, 0.20, 0.70 중 하나일 때, 산점도와 해당하는 상관계수의 값을 올바르게 짝지은 것은?

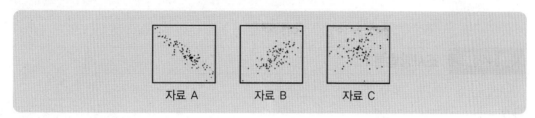

자료 A   자료 B   자료 C

① 자료 A : -0.93, 자료 B : 0.20, 자료 C : 0.70
② 자료 A : -0.93, 자료 B : 0.70, 자료 C : 0.20
③ 자료 A : 0.20, 자료 B : -0.93, 자료 C : 0.70
④ 자료 A : 0.20, 자료 B : 0.70, 자료 C : -0.93

해설

자료 A는 반비례 관계이므로 상관계수가 음수이다. 따라서 -0.93이다. 자료 B가 자료 C에 비해 높은 상관관계를 보이므로 자료 B가 0.70, 자료 C가 0.20이다.

제 2 회 기출문제해설

제1과목	조사방법론 I

01

면접조사에서 조사의 질을 높이기 위한 방법이 아닌 것은?

① 지도원의 면접지도
② 지도원의 완성된 질문지 심사
③ 조사항목별 부호화 작업 및 검토
④ 조사원의 질문지 내 응답의 일관성 점검

해설

부호화 작업 및 검토는 현장조사가 끝난 상태에서 이루어지는 일이다. 여기서의 지도원은 감독자를 말하는 것으로 감독자의 역할이 곧 조사의 질을 높이는 것이다.

02

질적 연구에 관한 설명으로 틀린 것은?

① 소규모 분석에 유리하고 자료분석 시간이 많이 소요된다.
② 주관적 동기의 이해와 의미해석을 하는 현상학적 · 해석학적 입장이다.
③ 수집된 자료는 타당성이 있고 실질적이나 신뢰성이 낮고 일반화는 곤란하다.
④ 연구 참여자와 연구자 간에 상호작용을 통해 연구가 진행되므로 가치 지향적이지 않고 편견이 개입되지 않는다.

해설

질적 연구는 주관적 · 해석적 사회과학의 연구방법으로 편견이 개입될 가능성이 높으며, 발견지향적, 과정지향적, 탐색적, 확장주의적, 서술적, 귀납적이다.

03

탐색적 연구(Exploratory Research)의 연구목적을 반영하고 있는 것만을 고른 것은?

> ㄱ. 보다 정교한 문제와 기회의 파악
> ㄴ. 연도별 광고비지출에 따른 매출액의 변화 조사
> ㄷ. 연구주제와 관련된 변수에 대한 통찰력 제고
> ㄹ. 특정 시점에서 집단 간 차이의 조사

① ㄱ, ㄷ
② ㄴ, ㄷ
③ ㄴ, ㄹ
④ ㄷ, ㄹ

해설

탐색적 연구의 연구목적
- 보통 연구문제에 대한 사전지식이 부족하거나 개념을 분명히 하기 위해 실시한다.
- 정확한 조사연구 및 가설 설계를 위한 명제 정립을 목적으로 한다.
- 조사설계를 확정하기 이전 타당도를 검증하기 위해 실시한다.
- 연구의 우선순위를 정하고 문제의 중요 부분에 대한 실태를 파악하기 위해 실시한다.

04

면접조사에서 면접자에게 일반적으로 허용되는 사항은?

① 피면접자가 아닌 다른 사람의 조언을 받아 면접내용을 수정한다.
② 선정된 피면접자가 부재중일 때 다른 사람으로 대체하여 면접을 한다.
③ 피면접자가 질문내용을 이해하지 못할 때 간단한 부연 설명을 추가한다.
④ 2회 이상 방문하여 대상자를 만나지 못할 경우, 전화조사로 대체하여 조사한다.

해설

면접조사를 실시할 때 응답자에게 응답에 필요한 일정한 시간을 주는 것이 좋으며, 응답자들이 질문을 제대로 이해하지 못하는 경우 부연 설명을 해주는 것이 좋다.

05

어떤 연구자가 한 도시의 성인 500명을 무작위로 추출하여 인터넷 이용이 흡연에 미치는 영향을 조사한 결과, 인터넷 이용량이 많은 사람일수록 흡연량도 유의미하게 많은 것으로 나타났다. 이를 토대로 인터넷 이용이 흡연을 야기시킨다는 인과적인 설명을 하는 경우 가장 문제가 되는 인과성의 요건은?

① 경험적 상관
② 허위적 상관
③ 통계적 상관
④ 시간적 순서

해설

인터넷 이용이 흡연을 야기시킨다는 것은 원인과 결과로 설명할 수 없다. 따라서 문제에서 나타난 연구결과는 순수하게 두 변수만의 관계로 볼 수 없으므로 허위적 상관이다.

06

다음 중 질문지법의 단점이 아닌 것은?

① 측정의 신뢰도에 있어서 약점이 있다.
② 조사대상자의 삶에 대한 전체적인 맥락을 다루지 못한다.
③ 최소한으로 적합한 질문들을 만듦으로써 가장 적절한 선택지를 빠뜨릴 수 있다.
④ 인위성의 문제에 있어서 특정 설문에 편견이 심한 응답을 하더라도 반드시 응답자의 편견이 강하다고 할 수 없다.

[해설]
질문지법은 질문지가 표준화된 언어로 구성되어 모든 응답자에게 동일하게 적용되며, 응답자의 익명성이 보장된다. 또한, 복수의 지표로 구성된 척도를 사용하기에 측정의 오류를 줄일 수 있으며, 측정의 신뢰도를 높일 수 있다.

07

우편조사를 실시하는 이유와 가장 거리가 먼 것은?

① 지리적으로 멀리 떨어져 있을 경우 조사비용을 줄일 수 있다.
② 쉽게 접근할 수 없는 대상을 조사할 수 있다.
③ 응답자에게 익명성에 대한 확신을 줄 수 있다.
④ 조사를 신속하게 완료할 수 있다.

[해설]
우편조사는 어느 곳에든지, 수취인이 누구이든 상관하지 않고 조사할 수 있으며 조사자와 직접 대면하거나 대화하지 않아 응답자에게 익명성에 대한 확신을 줄 수 있다.

08

질문지 작성의 일반적 원칙으로 틀린 것은?

① 질문 문장은 완전한 문장을 사용하는 것이 바람직하다.
② 이중적으로 해석될 수 있는 질문을 피하도록 한다.
③ 질문 문항은 명료하고 적절한 언어를 사용하여야 한다.
④ 사회적으로 바람직한 응답이 도출될 수 있도록 하여야 한다.

[해설]
질문지를 작성할 때 질문은 중립성의 요건을 갖추어야 한다. 연구자의 주관이 개입되어 특정 응답을 유도하거나 혹은 암시하는 질문은 하지 않는다. 도덕적 규범이나 사회적 규범이 내제되어 있는 문항은 배제하도록 한다.

09

전화조사의 장점과 가장 거리가 먼 것은?

① 신속한 조사가 가능하다.
② 표본의 대표성을 확보하기 쉽다.
③ 면접자에 대한 감독이 용이하다.
④ 광범한 지역에 대한 조사가 용이하다.

해설

전화조사 방법에 있어서 가장 커다란 취약점은 표본추출 시에 명백히 나타나는 모집단의 불완전성이다. 전화번호부의 부정확성 및 미등재 전화번호의 존재가 문제시되어 모집단이 불완전하다. 또한, 응답자가 선정된 표본인지를 확인하기 어려워 표본의 대표성을 확보하기 어렵다.

10

다음의 사례는 과학적 조사의 어떤 특징과 가장 관련이 있는가?

> A 연구원은 유권자의 투표행위가 아무런 이유 없이 일어난 행동이 아니라 후보자의 공약, 지연, 학연 등 다양한 원인으로 인해 행동이 일어났다고 결론을 내렸다.

① 간결성   ② 상호 주관성
③ 인과성   ④ 수정가능성

해설

③ 모든 현상은 자연발생하는 것이 아니며 어떤 원인에 의해 나타난 결과이고 논리적으로 설명할 수 있어야 한다.
① 가급적 적은 수의 변수로 많은 현상을 설명할 수 있어야 한다.
② 비록 연구자들이 주관을 달리할지라도 같은 방법을 사용했을 때는 같은 해석이나 설명에 도달할 수 있어야 한다는 것이다.
④ 기존의 신념이나 연구결과는 언제든지 비판되고 수정될 수 있다.

11

가설의 특성에 관한 설명으로 틀린 것은?

① 가설은 검증될 수 있어야 한다.
② 가설검증은 연구자가 제기한 문제의 해결과 관련이 있어야 한다.
③ 가설은 변수로 구성되며, 그들 간의 관계를 나타내고 있어야 한다.
④ 가설이 기각되었다면 반대되는 가설이 참임을 의미하는 것이다.

해설

어느 가설이 기각되었다고 해서 반대되는 가설이 검증된 것이라고 할 수 없다.

12

다음 사례에서 사용한 조사설계 방법은?

> 저소득층의 중학생들을 대상으로 무작위로 실험집단과 통제집단에 각각 50명씩 할당하여 실험집단에는 한 달간 48시간의 학습프로그램 개입을 실시하였고 통제집단은 아무런 개입 없이 사후조사만 실시하였다.

① 정태집단 비교설계(Static Group Comparison Design)
② 단일집단 사전-사후검사설계(One-group Pretest-posttest Design)
③ 통제집단 사후검사설계(Posttest-only Control Group Design)
④ 통제집단 사전-사후검사설계(Pretest-posttest Control Group Design)

해설

사전검사가 없으므로 통제집단 사후검사설계이다. 통제집단 사후검사설계는 실험대상자를 무작위로 할당한 후 사전검사 없이, 실험집단에 대해서는 조작을 가하고 통제집단에 대해서는 아무런 조작을 가하지 않은 채 그 결과를 서로 비교하는 방법이다.

13

가설의 적정성을 평가하기 위한 기준과 가장 거리가 먼 것은?

① 매개변수가 있어야 한다.
② 동의어가 반복적이지 않아야 한다.
③ 경험적으로 검증될 수 있어야 한다.
④ 동일분야의 다른 이론과 연관이 있어야 한다.

해설

가설은 일반적으로 독립변수와 종속변수의 관계의 형태로 표명된다.

14

다음 중 연구의 성격이 다른 것은?

① 설문지법을 통한 지역사회욕구조사
② 표본 추출을 통한 유권자 성향 조사 연구
③ 매년 혹은 5년에 한 번씩 실시되는 인구조사
④ 특정 수업방식이 학생들의 발표능력 향상에 효과적인지를 알아보려는 단일집단 전-후시험 설계

15

탐색적 연구방법이 아닌 것은?

① 패널연구
② 문헌연구
③ 사례연구
④ 전문가의견연구

해설

탐색적 연구는 조사설계를 확정하기 이전 연구문제의 발견, 변수 규명, 가설도출 등을 위해 예비적으로 실시하는 것이다. 문헌조사, 경험자조사, 사례조사 등이 해당된다.

16

과학적 연구(Scientific Research)의 특성에 대한 설명과 가장 거리가 먼 것은?

① 과학적 연구는 경험적으로 검증 가능해야 한다.
② 과학적 연구를 통해 얻은 지식은 바뀌지 않는다.
③ 연구방법과 과정이 같으면 같은 결론을 얻을 수 있어야 한다.
④ 과학적 연구는 최소한의 변수를 이용하여 최대한의 설명을 하려고 한다.

해설

과학적 방법의 특징
- 재생가능성(Reproducibility)
- 경험성(Empiricism)
- 인과성(Causality)
- 객관성(Objective)
- 상호주관성(Intersubjective)
- 체계성(Systematic)
- 변화가능성(수정가능성, Changeable)
- 간결성(Parsimony)
- 반증가능성(Falsifiability)

17

자기기입식 조사방법이 아닌 것은?

① 전화조사
② 집단조사
③ 우편조사
④ 온라인조사

해설

자기기입식 설문조사는 가정이나 직장에 질문지를 전달하고, 응답자로 하여금 직접 기입하게 한 다음 나중에 질문지를 회수하는 방법이다. 전화조사는 전화상으로 답변한 내용을 조사자가 기록한다.

18

집중면접(Focused Interview)에 관한 설명으로 가장 적합한 것은?

① 면접자의 통제하에 제한된 주제에 대해 토론한다.

② 사전에 준비한 구조화된 질문지를 이용하여 면접한다.

③ 개인의 의견보다는 주로 집단적 경험을 이야기한다.

④ 특정한 가설을 개발하기 위해 효율적으로 이용할 수 있다.

해설

집중면접(Focused Interview)
응답자들에게 그대로 질문을 하는 것보다는 응답자들이 자신들에게 영향을 미치는 요소 및 자극이 어떤 것이며, 그것들이 어떠한 결과를 가져오게 되는가를 스스로 밝히도록 응답자를 도와주는 방법이다. 응답자들의 본래 상황을 충분히 이해하고 그에 따라 일정한 가설을 만든 후 응답자들의 경험에 입각하여 그 가설에 대한 유의성을 검증하도록 한다.

19

참여관찰에서 윤리적인 문제를 겪을 가능성이 가장 높은 관찰자 유형은?

① 완전관찰자(Complete Observer)

② 완전참여자(Complete Participant)

③ 관찰자로서의 참여자(Participant as Observer)

④ 참여자로서의 관찰자(Observer as Participant)

해설

완전참여자 유형은 연구자의 신분을 공개하지 않고 연구대상자들의 활동에 참여한다. 참여관찰의 유형 중 가장 객관성을 유지하기 어려우며 윤리적 및 과학적 문제가 발생할 수 있다.

20

표면적으로 인과관계인 것처럼 보이던 두 변수 X와 Y가 검정요인 Z를 도입한 후 두 변수 사이의 관계가 사라졌다. X와 Y의 관계는?

① 상관관계(Correlation)

② 공변관계(Covariation)

③ 종속관계(Dependent Relation)

④ 허위적 관계(Spurious Relation)

해설

④ 독립변수와 종속변수 사이의 인과관계는 제3의 변수가 통제되지 않으면 허위적일 수 있다.

인과관계의 일반적인 성립조건
• 시간적 선후관계 : 원인이 되는 사건이나 현상이 시간적으로 결과보다 먼저 발생해야 한다.
• 동시변화성의 원칙(공변관계) : 원인이 되는 현상이 변화하면, 결과적인 현상도 항상 같이 변화해야 한다.
• 비허위적 관계 : 외부의 영향력을 배제한 상태에서 순수하게 두 변수만의 관계를 볼 수 있어야 한다.

21

질문지 작성의 일반적인 과정을 바르게 나열한 것은?

> ㉠ 필요한 정보의 결정
> ㉡ 자료수집 방법 결정
> ㉢ 개별항목 결정
> ㉣ 질문형태 결정
> ㉤ 질문의 순서 결정
> ㉥ 초안 완성
> ㉦ 사전조사(Pretest)
> ㉧ 질문지 완성

① ㉠ → ㉡ → ㉢ → ㉣ → ㉤ → ㉥ → ㉦ → ㉧
② ㉠ → ㉤ → ㉡ → ㉣ → ㉢ → ㉥ → ㉦ → ㉧
③ ㉠ → ㉣ → ㉢ → ㉡ → ㉤ → ㉥ → ㉦ → ㉧
④ ㉠ → ㉡ → ㉣ → ㉢ → ㉤ → ㉥ → ㉦ → ㉧

해설

질문지 작성 절차
필요한 정보의 결정 → 자료수집 방법의 결정 → 개별항목내용(질문내용)의 결정 → 질문형태의 결정 → 개별항목의 결정 →
질문순서의 결정 → 질문지의 초안 완성 → 질문지의 사전조사 → 질문지의 완성

22

다음 중 가설로 적합하지 않은 것은?

① 부모 간의 불화가 소년범죄를 유발한다.
② 기업 경영은 근본적으로 인간이 결정한다.
③ 지연(地緣) 때문에 행정의 발전이 저해된다.
④ 도시 거주자들이 농어촌에 거주하는 사람들보다 더 야당 성향을 띤다.

해설

가설은 하나의 사실과 다른 사실과의 관계를 잠정적으로 나타내는 것으로 이를 검증함으로써 특정 현상에 대한 설명을 가능케
해주어 연구자가 제기한 문제의 해답을 내린다.

23

관찰시기와 행동발생 시기의 일치 여부를 기준으로 관찰기법을 분류한 것은?

① 직접(Direct)/간접(Indirect) 관찰
② 체계적(Structured)/비체계적(Instructed) 관찰
③ 공개적(Undisguised)/비공개적(Disguised) 관찰
④ 자연적(Natural Setting)/인위적(Contrived Setting) 관찰

해설

관찰법의 분류
• 관찰시기와 행동발생의 일치 여부 : 직접/간접 관찰
• 관찰조건의 표준화 여부 : 체계적(통제적)/비체계적(비통제적) 관찰
• 피관찰자가 관찰사실을 알고 있는지 여부 : 공개적/비공개적 관찰
• 관찰이 일어나는 상황 : 자연적/인위적 관찰
• 관찰주체 또는 도구의 종류 : 인간의 직접적/기계를 이용한 관찰

24

기술적 조사(Descriptive Research)와 설명적 조사(Explanatory Research)에 관한 설명으로 틀린 것은?

① 설명적 조사는 두 변수 간의 시간적 선행성과는 무관하게 진행되는 경우가 많다.
② 설명적 조사연구를 수행하기 위해서는 변수의 수가 둘 또는 그 이상이 되는 경우가 낳다.
③ 기술적 조사는 물가조사와 국세조사 등 어떤 현상에 대한 탐구와 명백화가 주목적이다.
④ 기술적 조사는 관련 상황의 특성파악, 변수 간에 상관관계 파악 및 상황변화에 대한 각 변수 간의 반응을 예측할 수 있다.

해설

목적에 따른 조사 방법
• 기술적 조사 : 어떤 현상에 대한 탐구와 명백화, 즉 현상을 정확하게 기술하는 것을 주목적으로 한다.
• 설명적 조사 : 어떤 사실과의 관계를 파악하여 인과관계를 규명하거나 미래를 예측한다.

25

사회과학연구에서 분석단위로 쓰이는 것과 가장 거리가 먼 것은?

① 개 인
② 프로그램
③ 집 단
④ 사회 가공물

해설

분석단위에는 개인, 집단, 조직·제도, 사회적 가공물/생성물, 지역사회·지방정부·국가 등이 주로 쓰인다.

26

학교에서 실시하는 금연교육이 학생들의 호흡에 미치는 효과를 알아보기 위하여 중학교 두 곳을 선정하였다. 이때 실험집단은 해당 지역의 교육청에서 금연 교육 대상으로 추천해 준 중학교이며 통제집단은 실험집단 학교와 인접해 있으면서 인구학적으로 유사한 특성을 가진 학교이다. 두 학교 모두 금연 관련 설문 조사 및 호흡 관련 검사를 허락해 주었다. 연구자가 취한 실험설계는?

① 솔로몬 설계
② 비동일 통제집단 설계
③ 플라시보 통제집단 설계
④ 통제집단 사전사후검사 설계

해설

비동일 통제집단(비교집단) 설계
- 비동일 통제집단 설계는 통제집단 전후비교 설계와 유사하지만 무작위할당에 의해 실험집단과 통제집단이 선택되지 않는다는 점이 다르다.
- 임의적인 방법으로 양 집단을 선정하고 사전사후검사를 실시하여 종속변수의 변화를 비교한다.
- 임의적 할당에 의한 선택의 편의가 발생할 수 있다.
- 실험집단의 결과가 통제집단으로 모방되는 것을 차단하기 어렵다.

27

순수실험설계와 유사실험설계를 구분하는 기준으로 가장 적합한 것은?

① 독립변수의 설정
② 비교집단의 설정
③ 종속변수의 설정
④ 실험대상 선정의 무작위화

해설

순수실험설계
- 실험대상을 선정할 때, 무작위화를 거친다.
- 독립변수의 조작, 측정의 시기 및 측정 대상에 대한 통제 등이 연구자의 의도에 따라 가능한 실험설계이다.
- 외생변수의 영향을 효율적으로 제거할 수 있다.

유사실험설계
- 독립변수의 조작에 있어서 실험조작에 대한 시기, 대상, 그리고 집단의 무작위적인 선택에 있어서 충분한 통제가 가능하지 않은 경우 적절하게 사용할 수 있다.
- 비동질 통제집단을 설정한다.

28

일반적인 연구수행 절차로 가장 적합한 것은?

① 문제설정 → 문헌고찰 → 가설설정 → 연구설계 → 자료수집 → 분석 및 논의
② 문제설정 → 가설설정 → 문헌고찰 → 연구설계 → 자료수집 → 분석 및 논의
③ 문제설정 → 문헌고찰 → 자료수집 → 가설설정 → 연구설계 → 분석 및 논의
④ 문제설정 → 가설설정 → 자료수집 → 문헌고찰 → 연구설계 → 분석 및 논의

해설

일반적인 과학적 연구 과정
문제의 정립 → 가설의 구성(설정) → 연구의 설계 → 자료의 수집 → 자료의 분석, 해석 및 이용 → 보고서 작성
문제의 정립을 보다 명확하게 하기 위해 관련된 문헌을 조사하고, 해당 분야의 전문가들과 토의해 의견을 참조하거나 예비조사를
실시할 수도 있다.

29

**어떤 질문을 하고 나면 다음 질문이 필요한지의 여부를 판별할 수 있도록 일련의 관련 질문들을 배열하는
질문방식은?**

① 유도 질문   ② 탐사 질문
③ 여과 질문   ④ 열린 질문

해설

③ 여과 질문 : 한 질문을 하고 난 후 다음 질문이 필요한지의 여부를 판별할 수 있도록 일련의 관련 질문들을 배열하는 질문방식
① 유도 질문 : 원하는 자료를 효과적으로 유도하기 위해서 질문지의 질문문항에서 단어 하나로 어떤 응답항목에 대해 응답비율을
　　높이거나 낮추려는 조사자의 의도가 개입된 질문
② 탐사 질문 : 구체적이고 명확한 답을 얻기 위해 질문
④ 열린 질문 : 질문받은 사람이 자유롭게 자신의 관점에서 생각하고 말할 수 있는 질문

30

조사연구의 일반적인 목적과 가장 거리가 먼 것은?

① 현상의 설명
② 현상의 탐색
③ 현상의 학습
④ 현상의 기술

해설

조사연구의 목적은 사건이나 현상을 탐색, 설명, 기술하는 것이다.

31

표본추출오차와 비표본추출오차에 관한 설명으로 틀린 것은?

① 표본추출오차의 크기는 표본크기의 제곱근에 반비례한다.
② 비표본추출오차는 표본조사와 전수조사에서 모두 발생할 수 있다.
③ 표본추출오차의 크기는 표본의 크기가 증가함에 따라 감소한다.
④ 전수조사의 경우 비표본추출오차는 없으나 표본추출오차는 상당히 클 수 있다.

해설
오차의 유형
• 표본추출오차 : 표본추출 과정에서 발생하는 오차이다. 따라서 전수조사에서는 표본추출오차가 없다.
• 비표본추출오차 : 표본추출 이외의 과정에서 발생하는 오차를 말하는 것으로서, 일반적으로 측정상의 오차를 의미하며, 표본조사
  와 전수조사에서 모두 발생할 수 있다.

32

일상적인 삶에서 야기되는 스트레스를 측정하기 위하여 여러 개의 문항들을 바탕으로 하나의 척도를 만들려
고 한다. 이 문항들은 모두 등간척도로 구성되었으며, 전문가들로 하여금 각 문항들의 등급을 지워서 11개의
문항을 선택하여 점수의 범위를 나타내게 하였다. 이 절차를 거쳐서 만들어진 척도는?

① 거트만 척도
② 리커트 척도
③ 서스톤 척도
④ 보가더스의 사회적 거리척도

해설
서스톤 척도
• 주로 11점 척도로 구성된다.
• 어떤 사실에 대해 가장 긍정적인 태도와 가장 부정적인 태도를 나타내는 태도의 양극단을 등간적으로 구분하여 여기에 수치를
  부여함으로써 등간척도를 구성한다.
• 평가자들에 의해 많은 질문 문항 중에서 측정 변수와 직접적으로 연관된 문항들이 선정되기에 문항의 선정이 비교적 정확하다.
• 평가를 위한 문항의 수가 많고 동원되는 평가자들이 다수이므로 척도 구성에 있어서 많은 시간과 인원이 소요된다.

33

A 후보와 B 후보의 이미지 비교 프로파일을 보여주는 아래의 그림에서 사용된 척도는?

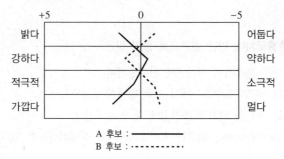

① 리커트(Likert) 척도
② 거트만(Guttman) 척도
③ 서스톤(Thurstone) 척도
④ 의미분화(Semantic Differntial) 척도

해설

양극단에 서로 상반되는 형용사를 배열하여 양극단 사이에서 해당 속성에 대한 평가를 했으므로 의미분화 척도를 사용한 것이다.

34

군집표집(Cluster Sampling)에 대한 설명으로 틀린 것은?

① 군집이 동질적이면 오차의 가능성이 낮다.
② 전체모집단의 목록표를 작성하지 않아도 된다.
③ 단순무작위표집에 비해 시간과 비용을 절약할 수 있다.
④ 특정 집단의 특성을 과대 혹은 과소하게 나타낼 위험이 있다.

해설

군집표집은 집락 내 이질적, 집락 간 동질적인 특성을 보이며, 내부적으로 이질적인 군집을 추출하는 것이 유리하다.

35

개념타당성(Construct Validity)에 해당하지 않는 것은?

① 내용타당성(Content Validity)
② 집중타당성(Convergent Validity)
③ 이해타당성(Nomological Validity)
④ 판별타당성(Discriminant Validity)

해설

개념타당성은 이해타당성, 집중(수렴)타당성, 판별타당성으로 구분된다.

33 ④ 34 ① 35 ① 정답

36

모집단이 충분히 큰 경우 표집오차에 가장 작게 영향을 주는 요인은?

① 표본율　　　　　　　　　　　② 표본의 크기
③ 표집방법　　　　　　　　　　④ 분산의 크기

해설

일반적으로 표집오차는 표본의 크기와 반비례하며, 표본의 분산과는 비례한다.

37

다음 상황에 가장 적절한 표집방법은?

> 국내에 거주하는 탈북자가 약 900명에 이른다고 할 때 이들 탈북자와 일반시민을 각각 200명씩 확률표집
> 하여 통일에 대한 태도를 비교하려고 한다.

① 가중표집　　　　　　　　　　② 층화표집
③ 집락표집　　　　　　　　　　④ 단순무작위표집

해설

① 탈북자보다 일반시민의 수가 더 많음에도 각 200명씩 확률표집하였다.
비비례층화표본추출(가중표본추출)
• 각 층에서 각 층의 크기와는 상관없이 같은 수의 표본을 추출하는 방법이다.
• 층화된 하위집단의 규모와 관계없이 동일하거나 의도적으로 각 층에 상이한 비율을 주어 표본의 수를 조정하고자 하는 표집방법이다.

38

지수(Index)에 대한 설명으로 틀린 것은?

① 두 개 이상의 항목이나 지표들이 모여 만들어진 합성 측정도구를 말한다.
② 측정하고자 하는 대상의 속성이 명확하고 복잡하지 않은 경우에 자주 활용된다.
③ 개별 항목의 중요성에 차이가 있을 경우는 가중치(Weight)를 부여하는 것이 좋다.
④ 지수 작성을 위한 자료는 서베이를 통해 직접 조사한 자료뿐만 아니라 간접적으로 확보한 2차 자료를
   활용할 수도 있다.

해설

② 단순지표로 측정하기 어려운 복합적인 개념을 측정할 수 있다.

39

경제민주화에 대한 신문사설의 입장을 평가하기 위해 다수의 인원이 각 신문사설의 내용을 분류한다고 가정할 때, 같은 입장의 사설을 다르게 분류할 경우 나타날 수 있는 문제는?

① 타당도
② 신뢰도
③ 유의도
④ 후광효과

해설

신뢰도는 측정도구가 측정하고자 하는 현상을 일관성 있게 측정하는 능력을 말한다. 따라서 같은 내용을 다르게 분류하는 것은 신뢰도에 문제가 나타날 수 있다.

40

소시오메트리에 관한 설명으로 옳은 것은?

① 사회적 거리척도로서 집단 간 거리를 측정하는 척도이다.
② 리더십연구와 집단 내의 갈등, 응집에 관한 연구에서 사용된다.
③ Moreno를 중심으로 발전한 인간과 친환경관계의 측정에 관한 방법이다.
④ 소시오메트리의 분석방법에는 소시오메트릭 행렬, 지니지수, 집단확장지수가 있다.

해설

① 집단 내에 있어서의 개인 간의 친근관계를 측정한다.
③ 모레노(Moreno)를 중심으로 하여 주로 발전된 인간관계의 측정에 관한 방법을 말한다.
④ 소시오메트리의 분석방법에는 소시오메트릭 행렬, 소시오그램, 소시오메트릭지수(선택지위지수, 집단확장지수, 집단응집지수)가 있다.

41

크론바하의 알파값(Cronbach α)에 대한 설명으로 틀린 것은?

① 문장의 수가 적을수록 크론바하의 알파값은 커진다.
② 크론바하의 알파값이 클수록 신뢰도가 높다고 인정된다.
③ 표준화된 크론바하의 알파값은 0에서 1에 이르는 값으로 존재한다.
④ 문항 간의 평균 상관계수가 높을수록 크론바하의 알파값도 커진다.

해설

크론바하의 알파값이 클수록 신뢰도가 높으며, 문항의 수가 많을수록 크론바하 알파값이 커진다.

42

속성이 전혀 존재하지 않는 상태인 영점(0)이 존재하는 척도는?

① 서열척도
② 명목척도
③ 비율척도
④ 등간척도

해설

절대영점이 존재하는 것은 비율척도이다.

43

척도에 관한 설명으로 틀린 것은?

① 척도는 계량화를 위한 도구이다.
② 불연속은 척도의 중요한 속성이다.
③ 척도의 구성 항목은 단일한 차원을 반영해야 한다.
④ 척도를 구성하는 방법은 측정하려는 변수의 구조적 성격에 따라 결정된다.

해설

척도는 일정한 규칙에 입각하여 연속체상에 표시된 숫자나 기호의 배열에 해당한다. 연속성은 척도의 중요한 속성이며, 이것은 실제로 측정대상의 속성과 1대1 대응의 관계를 맺으면서 대상의 속성을 양적 표현으로 전환한다.

44

다음 중 확률표본추출법은?

① 누적표본추출법 ② 편의표본추출법
③ 판단표본추출법 ④ 단순무작위 표본추출법

해설

표본추출
- 확률표본추출 : 단순무작위 표본추출, 계통적(체계적) 표본추출, 층화표본추출, 집락(군집)표본추출, 연속표본추출 등
- 비확률표본추출 : 할당표본추출, 유의(판단)표본추출, 임의(편의)표본추출, 배합표본추출, 누적표본추출 등

45

내용타당도(Content Validity)의 의미로 맞는 것은?

① 측정하고자 하는 현상을 일관되게 측정하는 능력
② 측정목적에 기초하여 측정항목들의 적합성을 결정
③ 두 명 이상의 관찰자들이 관찰 후 얼마나 일관성이 있는지를 확인
④ 같은 측정도구를 사용하여 측정을 두 번 하여 그 상관관계를 확인

해설

내용타당도
- 표면타당도, 액면타당도 또는 논리적 타당도라고도 함
- 측정항목이 연구자가 의도한 내용대로 실제로 측정하고 있는지를 나타냄
- 논리적 사고에 입각한 논리적인 분석과정으로 판단하는 주관적인 타당도
- 객관적인 자료에 근거하지 않음

46

편의표본추출(Convenience Sampling)에 관한 설명과 가장 거리가 먼 것은?

① 모집단에 대한 정보가 전혀 없는 경우에 사용된다.
② 표본의 크기를 확대하여 모집단의 대표성 문제를 해결할 수 있다.
③ 편의표집으로 수집된 자료라 할지라도 유용한 정보를 제공할 수 있다.
④ 편의표집에 의해 얻어진 표본에 대해서는 표준오차 추정치를 부여할 수 없다.

해설

② 표본을 많이 추출한다고 해서 대표성 문제를 해결할 수 있는 것이 아니다.

편의표본추출법
- 모집단에 대한 정보가 없고 구성요소 간의 차이가 별로 없다고 판단될 때, 표본선정의 편리성에 기준을 두고 임의로 표본을 선정하는 방법이다.
- 결과의 일반화나 오차 등에 대해 관심이 없으며, 단지 시간, 편의성, 경제성을 염두에 둔다.

47

확률표본추출(Probability Sampling)에서 가장 중요하게 고려할 사항은?

① 가능한 한 표본수를 최대로 증가시킨다.
② 표집오차를 완전히 제거하여야 한다.
③ 모든 표집단위는 동등한 표집확률이 보장되어야 한다.
④ 최종표본수의 규모는 모집단의 크기에 비례해서 결정한다.

> **해설**
>
> 확률표본추출방법
> • 무작위적인 방법을 통해 표본을 추출하는 방법
> • 모집단의 각 표집단위가 모두 추출의 기회를 가짐
> • 각 표집단위가 추출될 확률을 정확히 알고 있는 가운데 표집을 하는 방법
> • 확률표본추출 과정의 핵심
> • 무작위선택은 선택할 때마다 독립적으로 모집단의 각 요소가 표본으로 선택될 기회(확률)가 동등하도록 보장

48

어느 교사가 50문항으로 구성된 독해력을 측정하기 위한 질문지를 만들었다. 자료수집 후 확인해 본 결과 10개의 문항은 독해력이 아닌 어휘력을 측정하는 것으로 나타났다. 따라서 이 10개의 문항을 제외하고 40문항으로 질문지를 재구성하였다. 이 교사는 어떤 결과를 기대할 수 있겠는가?

① 신뢰도와 타당도 모두를 증가시킬 것이다.
② 신뢰도와 타당도 모두를 저하시킬 것이다.
③ 신뢰도를 저하시키고 타당도를 증가시킬 것이다.
④ 신뢰도를 증가시키고 타당도를 저하시킬 것이다.

> **해설**
>
> 10개의 문항이 제외되었기에 신뢰도는 저하될 것이다. 다만 교사가 측정하고자 했던 독해력과 관련된 문항으로만 질문지가 재구성되었기에 타당도는 증가될 것이다.

49

표집오차를 줄이기 위한 방법으로 가장 거리가 먼 것은?

① 가능한 한 표본 크기를 크게 한다.
② 조사자의 주관적 해석을 삼간다.
③ 가능한 한 표본으로 추출될 동등한 기회를 부여한다.
④ 동질적인 모집단은 이질적인 모집단보다 오차를 줄일 수 있다.

해설

② 조사자의 주관적 해석을 삼가는 것은 비표집오차를 줄이기 위한 방법이다.

표집오차와 비표집오차의 의미 차이
• 표집오차는 표본추출된 표본을 대상으로 한 조사결과와 모집단을 직접적으로 연구했을 경우에 얻을 수 있는 가정적인 결과와의 차이를 의미한다.
• 비표집오차는 표본추출 이외의 과정에서 발생하는 오차를 말하는 것으로서, 일반적으로 측정상의 오차를 의미한다.

50

어떤 제품의 선호도를 조사하기 위하여 "아주 좋아한다, 좋아한다, 싫어한다, 아주 싫어한다"와 같은 선택지를 사용하였다. 이는 어떤 척도로 측정된 것인가?

① 서열척도
② 명목척도
③ 등간척도
④ 비율척도

해설

서열척도는 측정대상의 분류는 물론 대상의 특수성 또는 속성에 따라 각 측정대상들의 등급순위를 결정하는 척도이다. 단지 상대적 등급순위만을 결정할 뿐 각 등급 간의 차이는 문제로 삼지 않는다.

51

눈덩이표본추출(Snowball Sampling)에 관한 옳은 설명을 모두 고른 것은?

> ⊙ 모집단을 파악하기 어려운 대상의 표본추출에 적합하다.
> ⊙ 표본의 대표성을 확보하기 어렵다.
> ⓒ 연결망을 가진 사람들의 특성을 파악할 때 적절한 방법이다.

① ⊙, ⊙
② ⊙, ⓒ
③ ⊙, ⓒ
④ ⊙, ⊙, ⓒ

눈덩이표본추출(Snowball Sampling)
- 처음에 소수의 인원을 표본으로 추출하여 그들을 조사한 다음, 그 소수인원을 조사원으로 활용하여 그 조사원의 주위 사람들을 조사하는 방법
- 연결망을 가진 사람들의 특성을 파악할 때 적절함
- 연구자가 특수한 모집단의 구성원을 전부 파악하고 있지 못한 경우 또는 비밀을 확인하려는 경우 제한적으로 활용
- 비확률표본추출방법에 해당하기 때문에 표본의 대표성을 확보하기는 어려움

52

종업원이 친절할수록 패밀리 레스토랑의 매출액이 증가한다는 가설을 검증하고자 할 경우, 레스토랑의 음식의 맛 역시 매출에 영향을 미친다면 음식의 맛은 어떤 변수인가?

① 종속변수
② 매개변수
③ 외생변수
④ 조절변수

해설

③ 외생변수는 독립변수와 종속변수 간에 상관관계가 있는 것처럼 보이지만, 실제로는 두 변수가 우연히 어떤 변수와 연결됨으로써 마치 인과적 관계가 있는 것처럼 보이도록 하는 모든 변수이다. 가설을 검증할 때에는 독립변수와 종속변수 간의 관계만 검증해야 하지만 레스토랑의 음식 맛이라는 변수가 개입함으로써 매출에 영향이 생겼다. 따라서 음식의 맛은 외생변수이다.

① 종업원이 친절할수록 패밀리 레스토랑의 매출액이 증가한다는 가설에서 종업원의 친절은 독립변수, 레스토랑의 매출은 종속변수이다.

53

사회조사에서 개념의 재정의(Reconceptualization)가 필요한 이유로 가장 거리가 먼 것은?

① 개념과 개념 간의 상관관계가 아닌 인과관계를 밝혀야 하기 때문이다.
② 동일한 개념이라도 사회가 변함에 따라 원래의 뜻이 변할 수 있기 때문이다.
③ 사회조사에서 사용되는 개념은 일상생활에서 통상적으로 사용되는 상투어와는 그 의미가 다를 수 있기 때문이다.
④ 한 가지 개념이라도 두 가지 또는 그 이상의 다양한 의미가 있을 가능성이 많으므로, 이들 각기 다른 의미 중에서 어떤 특정의 의미를 조사연구 대상으로 삼을 것인가를 밝혀야 하기 때문이다.

해설

개념의 재정의(재개념화, Reconceptualization)가 필요한 이유
- 개념의 재정의는 주된 개념을 정리·분석하여 개념을 명백히 재규정하는 것을 의미한다. 사회조사에서 사용되는 개념은 일상생활에서 통상적으로 사용되는 상투어와는 그 의미가 다를 수 있기 때문이다.
- 개념의 한정성을 높여 관찰 및 측정을 가능하게 하며, 주된 개념적 요소를 알 수 있도록 한다.
- 자기 개념에 대한 보편성·일반성의 정도를 이해하도록 하며, 개념의 정밀성·명백성을 확보하여 조사의 객관적인 신뢰성을 높인다.
- 한 가지 개념이라도 두 가지 또는 그 이상의 다양한 의미가 있을 가능성이 높으므로 이들 각각 다른 의미 중에서 어떤 특정의 의미를 조사연구 대상으로 삼을 것인가를 밝히기 위해 필요하다.

54

다음은 비확률표본추출법과 비교한 확률표본추출방법의 특징이다. 맞는 것을 모두 고른 것은?

> ㉠ 연구대상이 표본으로 추출될 확률이 알려져 있음
> ㉡ 표본오차 추정 불가능
> ㉢ 무작위적 표본추출
> ㉣ 시간과 비용이 적게 듦

① ㉠

② ㉡, ㉣

③ ㉡, ㉢, ㉣

④ ㉠, ㉢

해설

㉡ 확률표본추출방법은 표본오차의 추정이 가능하다.
㉣ 확률표본추출방법은 시간과 비용이 많이 든다.

55

연구자가 관찰하려고 하는 것을 어느 정도 제대로 관찰하였는가는 어떤 개념과 관계를 갖는가?

① 신뢰성

② 유의성

③ 인과성

④ 타당성

해설

타당성은 연구자가 측정하고자 한 것을 실제로 측정했는가 하는 문제이다. 또한, 실증적 수단인 조작적 정의나 지표가 측정하고자 하는 개념을 제대로 반영하는 정도를 말한다.

56

신뢰도와 타당도 간의 관계를 보여주는 다음 그림 중에서 신뢰도는 있으나 타당도가 떨어지는 것은?

①

②

③

④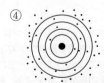

해설

① 표적을 빗나갔지만(측정하고자 하는 것을 측정하지 못함) 탄착이 일정한 부분에 몰려있다(측정했을 때 항상 같은 결과가 나옴). 따라서 신뢰도는 있으나 타당도가 떨어지는 그림이다.

57

특정한 구성개념이나 잠재변수의 값을 측정하기 위해 측정할 내용이나 측정방법을 구체적으로 정확하게 표현하고 의미를 부여하는 것은?

① 패러다임(Paradigm)
② 개념화(Conceptualization)
③ 조작적 정의(Operational Definition)
④ 구성적 정의(Constitutive Definition)

해설

① 패러다임이란 특정 과학 공동체의 구성원이 공유하는 세계관, 신념 및 연구과정의 체계로서 개념적, 이론적, 방법론적, 도구적 체계를 말한다.
② · ④ 구성적 정의는 개념적 정의 혹은 사전적 정의라고도 하며 연구대상이 되는 사람 또는 사물의 행태 및 속성과 다양한 사회적 현상들을 개념적으로 정의하는 것이다.

58

다음에서 설명하고 있는 측정의 종류는?

> 어떤 사물이나 사건의 속성을 측정하기 위해 관련된 다른 사물이나 사건의 속성을 측정하는 것이다. 대표적인 예로 밀도(Density)는 어떤 사물의 부피와 질량의 비율로 정의하며, 이 경우 밀도는 부피와 질량 사이의 비율을 통해 간접적으로 측정하게 된다.

① 임의측정(Measurement by Flat)
② 추론측정(Derived Measurement)
③ 본질측정(Fundamental Measurement)
④ A급 측정(Measurement of A Magnitude)

해설

① 임의측정 : 어떤 속성과 측정값 간에 관계가 있다고 가정을 하고 측정한다.
③ · ④ 본질측정(A급 측정) : 속성의 본질적인 법칙에 따라 숫자를 부여하여 측정한다.

59

두 변수 간의 관계를 보다 정확하고 명료하게 이해할 수 있도록 밝혀주는 역할을 하는 검정요인으로만 짝지어진 것은?

① 매개변수, 왜곡변수
② 선행변수, 억제변수
③ 구성변수, 매개변수
④ 외적변수, 구성변수

해설

제3의 변수의 종류
- 매개변수 : 독립변수와 종속변수 간에 직접적인 관련은 없으나, 두 변수의 중간에서 매개자 역할을 하여 간접적인 관계를 맺도록 하는 변수이다.
- 왜곡변수 : 두 변수 간의 관계를 정반대의 관계로 나타나게 한다.
- 선행변수 : 독립변수에 앞서 독립변수에 유효한 영향력을 행사한다.
- 억제변수(억압변수) : 두 변수 간에 상관관계가 있으나 그와 같은 관계가 없는 것처럼 보이게 하거나 약화시킨다. 두 변수에 대해 각각 긍정적·부정적으로 상관되어 변수 간의 관계를 억압함으로써 '가식적 영 관계(Spurious Zero Relationship)'를 형성한다.
- 구성변수 : 포괄적 개념을 구성하는 하위변수이다.
- 외적변수(허위변수) : 두 변수 간에 상관관계가 없으나 관계가 있는 것처럼 보이게 한다.
- 조절변수 : 독립변수가 종속변수에 미치는 영향을 강화해 주거나 약화해 준다.

60

모집단에 대한 대표성과 표본오차의 수준을 동일하게 하고 싶을 때, 표본추출방법 중 표본의 크기가 상대적으로 커야 하는 방법부터 작아도 되는 방법의 순서로 옳은 것은?

① 층화표집 > 군집표집 > 단순무작위표집
② 층화표집 > 단순무작위표집 > 군집표집
③ 단순무작위표집 > 군집표집 > 층화표집
④ 군집표집 > 단순무작위표집 > 층화표집

해설

표본의 크기가 같다면 표본오차의 크기는 '층화표본추출 < 단순무작위표본추출 < 집락표본추출'이다.

61

확률변수 X의 확률분포가 다음과 같다. 평균과 분산으로 맞는 것은?

X	0	1	2	계
$P(X=x)$	0.2	0.6	0.2	1

① $E(X)=0.8$, $V(X)=0.2$

② $E(X)=0.8$, $V(X)=0.4$

③ $E(X)=1.0$, $V(X)=0.2$

④ $E(X)=1.0$, $V(X)=0.4$

해설

$E(X)=(0\times0.2)+(1\times0.6)+(2\times0.2)=1.0$
$E(X^2)=(0^2\times0.2)+(1^2\times0.6)+(2^2\times0.2)=1.4$
$V(X)=E(X^2)-E(X)^2=1.4-(1.0^2)=1.4-1.0=0.4$
$\therefore$ $E(X)=1.0$, $V(X)=0.40$이다.

62

다음은 A 대학 입학시험의 지역별 합격자 수를 성별에 따라 정리한 자료이다. 지역별 합격자 수가 성별에 따라 차이가 있는지를 검정하기 위해 교차분석을 하고자 한다. 카이제곱(χ^2) 검정통계량의 자유도는?

구 분	A 지역	B 지역	C 지역	D 지역	합 계
남	40	30	50	50	170
여	60	40	70	30	200
합 계	100	70	120	80	370

① 1

② 2

③ 3

④ 4

해설

r행 c열 분할표에서 카이제곱(χ^2) 통계량의 자유도는 $(r-1)\times(c-1)$이다. 따라서 (2-1)×(4-1)=3이다.

63

귀무가설 H_0가 참인데 대립가설 H_1이 옳다고 잘못 결론을 내리는 오류는?

① 제1종 오류
② 제2종 오류
③ 제3종 오류
④ β

해설

① 귀무가설이 참임에도 불구하고 귀무가설을 기각하는 오류를 제1종 오류라고 한다.

구 분	실제현상	
	귀무가설 참	귀무가설 거짓
귀무가설 채택	정확한 결론($1-\alpha$)	제2종 오류(β)
귀무가설 기각	제1종 오류(α)	정확한 결론($1-\beta$)

64

어떤 주사위가 공정한지를 검정하기 위해 실제로 60회를 굴려 다음과 같은 결과를 얻었다. 유의수준 5%에서의 검정결과로 맞는 것은? (단, $\chi^2_{0.05}(5) = 1.145$, $\chi^2_{0.95}(5) = 11.07$이다)

눈의 수	1	2	3	4	5	6
도 수	13	19	11	8	5	4

① 주사위는 공정하다고 볼 수 없다.
② 주사위는 공정하다고 볼 수 있다.
③ 눈의 수가 2인 면이 이상하다고 볼 수 있다.
④ 60번의 시행으로는 통계적 결론의 도출이 어렵다.

해설

귀무가설(H_0) : 주사위는 공정하다.
대립가설(H_1) : 주사위는 공정하지 않다.

주사위를 60회 굴려 주사위가 공정하다는 것을 검정해야 하므로 기대도수는 $E_i = n\pi_i = 60(\frac{1}{6}) = 10$으로 나타난다.

눈의 수	1	2	3	4	5	6
관찰도수	13	19	11	8	5	4
기대도수	10	10	10	10	10	10

$$\chi^2 = \sum_{i=1}^{k} \frac{(O_i - E_i)^2}{E_i} = \frac{(13-10)^2}{10} + \frac{(19-10)^2}{10} + \frac{(11-10)^2}{10} + \frac{(8-10)^2}{10} + \frac{(5-10)^2}{10} + \frac{(4-10)^2}{10} = 15.6$$

카이제곱 적합성 검정에서 통계량의 자유도는 $k-1 = 6-1 = 5$이고 유의수준 5%에서 $\alpha = 0.05$이므로 임계치는 $\chi^2_{5, 0.05} = 11.07$이다. 검정통계량이 임계치보다 크므로 귀무가설을 기각한다. 따라서 주사위는 공정하다고 볼 수 없다.

65

어느 학생은 버스 또는 지하철을 이용하여 등교하는데, 버스를 이용하는 경우가 40%, 지하철을 이용하는 경우가 60%이다. 버스로 등교하면 교통체증으로 인하여 지각하는 경우가 10%이고 지하철로 등교하면 지각하는 경우가 4%라고 한다. 이 학생이 어느 날 지각하였을 때 버스로 등교하였을 확률은?

① 4%
② 40%
③ 62.5%
④ 64.5%

해설

조건부 확률을 이용한다. B가 일어날 조건에서 A가 일어날 확률은 $P(A|B) = \dfrac{P(A \cap B)}{P(B)}$ 이다.

A : 버스로 등교하였을 사건, B : 지각하였을 사건

$\therefore P(A|B) = \dfrac{0.4 \times 0.1}{(0.4 \times 0.1) + (0.6 \times 0.04)} = 62.5\%$이다.

66

모평균과 모분산이 각각 μ, σ^2인 무한모집단으로부터 추출한 크기 n의 랜덤표본에 근거한 표본평균 $\overline{X_n}$의 확률분포에 대한 설명으로 틀린 것은?

① 모집단의 확률분포가 정규분포이면 표본평균 $\overline{X_n}$ 역시 정규분포를 따른다.

② 모집단의 확률분포가 비대칭인 분포이면 표본평균 $\overline{X_n}$의 확률분포는 정규분포로 근사하지 않는다.

③ 모집단의 분포가 무엇이든 관계없이 표본평균 $\overline{X_n}$의 확률분포는 표본의 크기가 커짐에 따라 근사적으로 평균이 μ이고 분산이 σ^2/n인 정규분포를 따른다.

④ 표본평균 $\overline{X_n}$의 기댓값은 표본의 크기 n에 관계없이 항상 모평균 μ와 같으나 표본평균 $\overline{X_n}$의 표준편차는 표본의 크기 n이 커짐에 따라 점점 작아져 0으로 가까이 가게 된다.

해설

중심극한정리

모집단의 분포가 정규분포가 아닐 경우 표본평균 $\overline{X_n}$가 정규분포를 따른다고 할 수 없다. 하지만 표본의 크기가 충분히 클 때는 모집단의 분포와 관계없이 표본평균 $\overline{X_n}$의 분포는 기댓값이 모평균 μ이고, 분산이 $\dfrac{\sigma^2}{n}$인 정규분포로 볼 수 있다.

67

상관계수에 대한 설명으로 틀린 것은?

① 범위는 -1에서 1이다.
② 1차 직선의 함수관계가 어느 정도 강한가를 나타내는 척도이다.
③ 상관계수가 0이라는 것은 두 변수 사이에 어떠한 관계도 없다는 것을 의미한다.
④ -1의 상관계수는 기울기가 음수인 직선 위에 모든 자료가 있다는 것을 의미한다.

해설

상관계수가 0이면 변수 간에 선형연관성이 없는 것이지 곡선의 연관성은 있을 수 있다.

68

어느 조사기관에서 대한민국에 거주하는 10세 아동의 평균키는 112cm이고, 표준편차가 6cm인 정규분포를 따르는 것으로 보고하였다. 이 결과를 확인하기 위하여 36명을 무작위로 추출하여 측정한 결과 표본평균이 109cm이었다. 가설 $H_0 : \mu = 112$cm vs $H_1 : \mu \neq 112$cm에 대한 유의수준 5%의 검정 결과로 옳은 것은? (단, $Z_{0.025} = 1.96$, $Z_{0.05} = 1.645$ 이다)

① 검정통계량은 2이다.
② 귀무가설을 기각한다.
③ 귀무가설을 기각할 수 없다.
④ 위 사실로는 판단할 수 없다.

해설

모평균에 대한 검정통계량에서 모분산을 알고 있을 경우 검정통계량 $Z = \dfrac{\overline{X} - \mu_0}{\sigma/\sqrt{n}}$ 를 이용한다.

$Z = \dfrac{109 - 112}{6/\sqrt{36}} = -3$

양측검정이고 유의수준 5%에서 $Z_{\alpha/2} = Z_{0.025} = 1.96$이다.
따라서 통계치가 임계치보다 크므로 (1.96<|-3|) 귀무가설을 기각할 수 있다.

69

아파트의 평수 및 가족수가 난방비에 미치는 영향을 알아보기 위해 중회귀분석을 실시하여 다음의 결과를 얻었다. 분석 결과에 대한 설명으로 틀린 것은? (단, Y는 아파트 난방비(단위 : 천원)이다)

모 형	비표준화계수		표준화계수	t	$p-$값
	B	표준오차	Beta		
상 수	39.69	32.74		1.21	0.265
평수(X_1)	3.37	0.94	0.85	3.59	0.009
가족수(X_2)	0.53	0.25	0.42	1.72	0.090

① 추정된 회귀식은 $\hat{Y} = 39.69 + 3.37X_1 + 0.53X_2$이다.

② 가족수가 주어지며 아파트가 1평 커질 때 난방비가 평균 3.37(천원) 증가한다.

③ 유의수준 5%에서 종속변수 난방비에 유의한 영향을 주는 독립변수는 평수이다.

④ 아파트 평수가 30평이고, 가족이 5명인 가구의 난방비는 122.44(천원)으로 예측된다.

해설

④ 아파트 평수가 30평이고 가족이 5명이면 난방비 $Y = 39.69 + 3.37 \times 30 + 0.53 \times 5$는 143.44(천원)이다.

① 중회귀분석 모형은 $Y_i = \beta_0 + \beta_1 X_{1i} + \beta_2 X_{2i} + \cdots + \beta_k X_{ki} + e_i$로 주어진 표에서 추정된 회귀식은
$\hat{Y} = 39.69 + 3.37X_1 + 0.53X_2$이다.

② 가족수 X_2가 고정일 때 난방비 Y는 변수 X_1에 의해서만 영향을 받는다. 즉, 아파트 평수(X_1)가 1평 커질 때 계수 3.37(천원)만큼 증가한다.

③ 유의수준 5%, 즉 $\alpha = 0.05$보다 $p-$값이 작으면 귀무가설을 기각(유의미한 영향이 있음)하는 것이므로 $p-$값이 0.05보다 작은 평수가 영향을 준다고 볼 수 있다.

70

어떤 시스템은 각각 독립적으로 작동하는 n개의 성분으로 구성되어 있다. 이 시스템은 그 성분 중, 반 이상 작동을 하면 효과적으로 작동을 한다. 각 성분의 작동확률을 p라고 하면 5개의 성분으로 구성된 시스템이 3개의 성분으로 구성된 시스템보다 더 효과적으로 작동을 하기 위한 p값의 조건은?

① $p > \dfrac{1}{2}$

② $p > \dfrac{1}{3}$

③ $p > \dfrac{1}{4}$

④ $p > \dfrac{1}{5}$

71

단일 모집단의 모분산의 검정에 사용되는 분포는?

① 정규분포
② F-분포
③ 이항분포
④ χ^2분포

해설

모분산 σ^2에 대한 검정통계량은 $\chi^2 = \dfrac{(n-1)S^2}{\sigma_0^2}$이다.

72

두 변수 가족 수와 생활비 간의 상관계수가 0.6이라면, 생활비 변동의 몇 %가 가족 수로 설명되어진다고 할 수 있는가?

① 0.36%
② 0.6%
③ 36%
④ 60%

해설

단순회귀분석에서 상관계수(r)의 제곱이 결정계수(R^2)가 되며, 설명력을 의미하는 수치이다.
따라서 결정계수는 $(0.6)^2 = 0.36$으로 백분율로 나타내면 $0.36 \times 100 = 36\%$이다.

73

자료의 산포(Dispersion)의 정도를 나타내는 측도가 아닌 것은?

① 범위(Range)
② 왜도(Skewness)
③ 변동계수(Coefficient of Variation)
④ 사분편차(Quartile Deviation, 사분위수범위)

해설

② 왜도는 자료분포의 비대칭 정도를 나타내는 척도이다.

산포도
• 자료의 산포의 정도를 나타내는 수치
• 절대적인 분포의 산포도 : 범위, 사분편차, 평균편차, 분산, 표준편차
• 상대적인 분포의 산포도 : 변동계수, 사분편차계수, 평균편차계수

74

통계적 가설검정에 대한 설명으로 틀린 것은?

① 유의수준은 제1종 오류를 범할 확률의 최대 허용한계를 말한다.

② 기각역은 귀무가설을 기각하게 되는 검정통계량의 관측값의 영역이다.

③ 귀무가설은 표본에 근거한 강력한 증거에 의하여 입증하고자 하는 가설이다.

④ 제2종 오류는 대립가설이 참임에도 불구하고, 귀무가설을 기각하지 못하는 오류이다.

해설

③ 대립가설에 대한 설명이다.

75

특성치의 산포를 총제곱합으로 나타내고, 이 총제곱합을 실험과 관련된 요인마다 제곱합으로 분해하여 오차에 비해 특히 큰 영향을 주는 요인이 무엇인지를 찾아내는 분석방법은?

① 분산분석   ② 추 정

③ 상관분석   ④ 회귀분석

해설

분산분석표

요 인	제곱합	자유도	평균제곱	F
처리 (집단 간)	$SSR = \sum_{i=1}^{p}\sum_{j=1}^{r}(\overline{y_i} - \hat{y})^2$	$p-1$	MSR	MSR/MSE
잔차 (집단 내)	$SSE = \sum_{i=1}^{p}\sum_{j=1}^{r}(y_{ij} - \overline{y_i})^2$	$N-p$	MSE	
총 계	$SST = \sum_{i=1}^{p}\sum_{j=1}^{r}(y_i - \hat{y})^2$	$N-1$		

76

어느 지역에서 A 후보의 지지도를 알아보기 위하여 무작위로 추출한 100명 중 50명이 A 후보를 지지한다고 응답하였다. A 후보 지지율에 대한 95% 신뢰구간은? (단, $P(|Z| > 1.64) = 0.10$, $P(|Z| > 1.96) = 0.05$, $P(|Z| > 2.58) = 0.01$)

① $0.39 \leq P \leq 0.61$　　　　② $0.40 \leq P \leq 0.60$

③ $0.42 \leq P \leq 0.58$　　　　④ $0.45 \leq P \leq 0.55$

해설

모비율의 p에 대한 $100(1-\alpha)\%$ 신뢰구간을 구하는 공식은 다음과 같다.

$$\hat{p} - Z_{\alpha/2}\sqrt{\frac{\hat{p}(1-\hat{p})}{n}} \leq p \leq \hat{p} + Z_{\alpha/2}\sqrt{\frac{\hat{p}(1-\hat{p})}{n}}$$

$\hat{p} = \dfrac{50}{100} = 0.5$, $n = 100$, 95%의 신뢰구간이므로 $\alpha = 0.05$, $Z_{\alpha/2} = Z_{0.025} = 1.96$이다.

$$0.5 - 1.96\sqrt{\frac{0.5(1-0.5)}{100}} \leq p \leq 0.5 + 1.96\sqrt{\frac{0.5(1-0.5)}{100}}$$

$0.402 \leq p \leq 0.598$

77

이상치(Outlier)를 탐지하는 기능이 있고 최솟값, 제1사분위수, 중앙값, 제3사분위수, 최댓값의 정보를 이용하여 자료를 도표로 나타내는 방법은?

① 도수다각형　　　　② 리그레쏘그램

③ 히스토그램　　　　④ 상자-수염그림

해설

상자-수염그림(상자그림)

주어진 자료를 그대로 이용하여 그래프를 그리는 것이 아니라 자료로부터 얻어낸 통계량인 다섯 수치요약(최솟값, 제1사분위수, 중앙값, 제3분위수, 최댓값)을 이용하여 그린다. 이상치는 *로 표시한다. 상자그림은 집단이 여러 개인 경우에도 한 공간에 표현할 수 있으며 분포의 모양, 중심 위치, 이상치 등 자료의 특성을 파악할 수 있다.

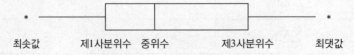

78

다음 6개 자료의 통계량에 대한 설명으로 틀린 것은?

> 2 2 2 3 4 5

① 평균은 3이다.
② 최빈값은 2이다.
③ 중앙값은 2.5이다.
④ 왜도는 0보다 작다.

해설

④ 최빈수가 평균보다 작으므로 왜도는 0보다 크다.

① 평균은 $\dfrac{2+2+2+3+4+5}{6}=3$이다.

② 최빈값은 2이다.

③ $n=6$으로 짝수이므로 중앙값은 $\dfrac{n}{2}$ 번째와 $\dfrac{n}{2}+1$번째 측정값의 산술평균이다. 따라서 중앙값은 $\dfrac{2+3}{2}=2.5$이다.

79

중소기업들 간 30대 직원의 연봉에 차이가 있는지 알아보기 위해 몇 개의 기업을 조사한 결과 다음과 같은 분산분석표를 얻었다. 총 몇 개 기업이 비교 대상이 되었으며, 총 몇 명이 조사되었나?

요 인	제곱합	자유도	평균제곱	F_0
그룹 간	777.39	2	388.69	5.36
그룹 내	1522.58	21	72.50	
합 계	2299.97	23		

① 2개 회사, 21명
② 2개 회사, 22명
③ 3개 회사, 23명
④ 3개 회사, 24명

해설

요인은 중소기업이며 요인수준은 중소기업의 수이다. 그룹 간 자유도는 요인수준-1이므로 요인수준은 3, 즉 3개 회사가 비교대상이다. 그룹 내 자유도(21)는 총관찰개수 N에서 요인수준(3)을 뺀 값이므로 $N=21+3=24$, 즉 총 24명이 조사되었다.

80

일정기간 공사장 지대에서 방목한 가축 소변의 불소 농도에 변화가 있는가를 조사하고자 한다. 랜덤하게 추출한 10마리의 가축 소변의 불소 농도를 방목 초기에 조사하고 일정기간 방목한 후 다시 소변의 불소 농도를 조사하였다. 방목 전후의 불소 농도에 차이가 있는가에 대한 분석방법으로 적합한 것은?

① F검정
② 쌍체비교(대응비교)
③ 단일 모평균에 대한 검정
④ 독립표본에 의한 두 모평균의 비교

해설

t검정은 두 집단의 평균차이가 통계적으로 유의한가를 검정하는 분석방법이다. 조사대상의 개체가 같고 반드시 짝을 이루는 경우 대응표본 t검정(쌍체비교)을 실시한다.

81

다음 중회귀모형에서 오차분산 σ^2의 자유도는?

$$Y_i = \beta_0 + \beta_1 X_{1i} + \beta_2 X_{2i} + e_i, \qquad\qquad i = 1, 2, \cdots, n$$

① $n-1$
② $n-2$
③ $n-3$
④ $n-4$

해설

오차항 분산의 자유도는 $n-k-1$이다. 독립변수의 개수 k는 2이므로 오차분산의 자유도는 $n-3$이다.

82

4지 택일형 문제가 10개 있다. 각 문제에 임의로 답을 적을 때 정답을 맞힌 개수 X의 분포는?

① 이항분포
② t-분포
③ 정규분포
④ F-분포

해설

4지 택일형 문제에서 임의로 답을 적을 때 답을 맞힐 확률은 $\frac{1}{4}$이고 문제의 답을 써넣는 시행은 서로 독립이며 총 10문제가 있으므로 확률변수 X는 이항분포 $B(10, \frac{1}{4})$을 따른다.

83

다음은 일원분산분석에 대한 결과표이다. (㉠)과 (㉡)에 알맞은 값은?

요 인	제곱합	자유도	평균제곱	F 값
처 리	130.0	3	(㉠)	8.404
잔 차	330.0	64	(㉡)	
계	460.0	67		

① ㉠ : 41.07, ㉡ : 4.67
② ㉠ : 43.33, ㉡ : 5.16
③ ㉠ : 45.64, ㉡ : 6.49
④ ㉠ : 47.81, ㉡ : 7.62

해설

처리의 평균제곱합은 처리제곱합/처리의 자유도로, $\frac{130}{3} \fallingdotseq 43.330$이다.

잔차의 평균제곱합은 잔차제곱합/잔차의 자유도로, $\frac{330}{64} \fallingdotseq 5.160$이다.

84

두 변수 X, Y의 상관계수에 대한 유의성 검정($H_0 : \rho_{XY} = 0$)을 t-검정으로 할 때 검정통계량은? (단, r_{XY}는 표본 상관계수이다)

① $r_{XY}\sqrt{\dfrac{n-2}{1-r_{XY}^2}}$
② $r_{XY}\sqrt{\dfrac{n+2}{1-r_{XY}^2}}$

③ $r_{XY}\sqrt{\dfrac{n-2}{1+r_{XY}^2}}$
④ $r_{XY}\sqrt{\dfrac{n+2}{1+r_{XY}^2}}$

해설

상관계수의 유의성 검정에서 검정통계량의 공식은 $t = r\dfrac{\sqrt{n-2}}{\sqrt{1-r^2}} \sim t_{(n-2)}$ 이다.

85

A, B, C 세 가지 공법에 의해 생산된 철선의 인장강도에 차이가 있는지를 알아보기 위해 공법 A에서 5회, 공법 B에서 6회, 공법 C에서 7회, 총 18회를 랜덤하게 실험하여 인장강도를 측정하였다. 측정한 자료를 정리한 결과 총제곱합 SST=100이고, 잔차제곱합 SSE=65이었다. 처리제곱합 SSA와 처리제곱합의 자유도 ν_A를 바르게 나열한 것은?

① SSA=35, ν_A=2
② SSA=16, ν_A=17
③ SSA=35, ν_A=3
④ SSA=165, ν_A=18

해설

처리제곱합 SSA는 총제곱합(SST)−잔차(SSE)=100−65=35이고, 처리의 자유도는 요인수준−1이다.
세 가지 공법에 의한 차이를 검정하는 것이므로, 처리제곱합의 자유도 ν_A는 $p-1$=3−1=2이다.

86

500원짜리 동전 3개와 100원짜리 동전 2개를 동시에 던져 앞면이 나오는 동전을 받기로 할 때, 받는 금액의 기댓값은?

① 550

② 650

③ 750

④ 850

해설

금액을 X라고 할 때 각 확률 $P(X)$은 다음과 같다.

X	$P(X)$	X	$P(X)$
0	1/32	1000	3/32
100	2/32	1100	6/32
200	1/32	1200	3/32
500	3/32	1500	1/32
600	6/32	1600	2/32
700	3/32	1700	1/32

$$E(X) = \sum [X \times P(X)] = (0 \times \frac{1}{32}) + (100 \times \frac{2}{32}) + (200 \times \frac{1}{32}) + (500 \times \frac{3}{32}) + (600 \times \frac{6}{32}) + (700 \times \frac{3}{32}) + (1000 \times \frac{3}{32})$$
$$+ (1100 \times \frac{6}{32}) + (1200 \times \frac{3}{32}) + (1500 \times \frac{1}{32}) + (1600 \times \frac{2}{32}) + (1700 \times \frac{1}{32}) = 850$$

87

어느 자동차 회사의 영업 담당자는 영업전략의 효과를 검정하고자 한다. 영업사원 10명을 무작위로 추출하여 새로운 영업전략을 실시하기 전과 후의 영업성과(월 판매량)를 조사하였다. 영업사원의 자동차 판매량의 차이는 정규분포를 따른다고 할 때 유의수준 5%에서 새로운 영업전략이 효과가 있는지 검정한 결과로 타당한 것은? (단, 유의수준 5%에 해당하는 자유도 9인 t분포값은 −1.833이다)

실시 이전	5	8	7	6	9	7	10	10	12	5
실시 이후	8	10	7	11	9	12	14	9	10	6

① 주어진 정보만으로는 알 수 없다.

② 새로운 영업전략 실시 전후 판매량은 같다고 할 수 있다.

③ 새로운 영업전략의 판매량 증가 효과가 없다고 할 수 있다.

④ 새로운 영업전략의 판매량 증가 효과가 있다고 할 수 있다.

대응표본인 경우 두 집단 간의 차이 $D=\mu_1-\mu_2$에 대한 검정 $t=\dfrac{\overline{D}}{S_D/\sqrt{n}}$를 이용한다.

H_0 : 새로운 전략 실시 전후의 판매량에 차이는 없다.

H_1 : 새로운 전략 실시 후에 판매량이 증가하였다.

실시 이전	5	8	7	6	9	7	10	10	12	5
실시 이후	8	10	7	11	9	12	14	9	10	6
D	3	2	0	5	0	5	4	−1	−2	1
D^2	9	4	0	25	0	25	16	1	4	1

$$\overline{D}=\frac{3+2+0+5+0+5+4-1-2+1}{10}=1.7$$

$$\overline{D^2}=\frac{9+4+0+25+0+25+16+1+4+1}{10}=8.5$$

$$S_D=\sqrt{E(D^2)-E(D)^2}=\sqrt{8.5-1.7^2}\fallingdotseq 2.37$$

$$t=\frac{\overline{D}}{S_D/\sqrt{n}}=\frac{1.7}{2.37/\sqrt{10}}\fallingdotseq 2.269$$

따라서 유의수준 5%에서 1.83<2.269이므로 귀무가설을 기각하므로 새로운 전략 실시 후에 판매량이 증가하였다고 할 수 있다.

88

표준정규분포에서 오른쪽 꼬리부분의 면적이 α가 되는 지점을 z_α라 하고, 자유도가 ν인 $t-$분포에서 오른쪽 꼬리 부분의 면적이 α가 되는 점을 $t_\alpha(\nu)$라 한다. Z는 표준정규분포, T는 자유도가 ν인 $t-$분포를 따른다고 할 때, 다음 설명 중 틀린 것은? (단, $P(Z>z_\alpha)=\alpha$, $P(T>t_\alpha\nu)=\alpha$이다)

① $t_{0.05}(5)$ 값과 $-t_{0.05}(5)$ 값은 같다.

② $t_{0.05}(5)$ 값은 $t_{0.05}(10)$ 값보다 작다.

③ ν에 관계없이 $Z_{0.05}<t_{0.05}(\nu)$이다.

④ ν가 매우 커지면, $t_\alpha(v)$ 값은 Z_α 값과 거의 같다.

$t-$분포는 자유도 n에 따라 그 모양이 변하며, 0을 중심으로 하는 좌우대칭으로 자유도가 ∞일 때 표준정규분포에 접근한다. 자유도가 클수록 중심부가 더 솟은 모양으로 $t_{0.05}(5)$ 값은 $t_{0.05}(10)$ 값보다 크다.

89

$\sigma = 10$으로 알려진 정규모집단에서 $n = 25$개의 표본을 랜덤하게 추출한 결과 $\bar{x} = 40$이었다. 모평균의 추정값의 95% 오차한계는? (단, $Z \sim N(0, 1)$일 때 $P(Z > 1.96) = 0.025$, $P(Z > 1.654) = 0.05$이다)

① 0.658   ② 0.784
③ 3.29   ④ 3.92

해설

$D^2 = \dfrac{Z_{\alpha/2}^2 \times \sigma^2}{n}$ 이다. $\sigma = 10$, $n = 25$, $Z_{\alpha/2}^2 = Z_{0.05/2}^2 = 1.96$이다.

$\therefore D = \sqrt{\dfrac{1.96^2 \times 10^2}{25}} = \sqrt{15.3664} = 3.92$

90

남자직원과 여자직원의 임금을 조사하여 다음과 같은 결과를 얻었다. 변동(변이)계수에 근거한 남녀직원 임금의 산포에 관한 설명으로 맞는 것은?

성 별	임금 평균(단위 : 천원)	표준편차(단위 : 천원)
남 자	2,000	40
여 자	1,500	30

① 남자직원 임금의 산포가 더 크다.   ② 여자직원 임금의 산포가 더 크다.
③ 이 정보로는 산포를 설명할 수 없다.   ④ 남자직원과 여자직원의 임금의 산포가 같다.

해설

변동계수는 표준편차를 산술평균으로 나눈 값이다.

여자직원의 변동계수는 $\dfrac{30}{1,500} = 0.02$이며, 남자직원의 변동계수는 $\dfrac{40}{2,000} = 0.02$이다.

따라서 남자직원과 여자직원의 임금의 산포는 같다.

91

다음 자료에 대해 절편이 없는 단순회귀모형 $Y_i = \beta x_i + e_i$를 가정할 때 최소제곱법에 의한 β의 추정값을 구하면?

x	1	2	3
y	1	2	2.5

① 0.75   ② 0.82
③ 0.89   ④ 0.96

절편이 없는 회귀모형의 경우 최소제곱법에 의한 β의 추정값은 $\dfrac{\sum x_i y_i}{\sum x_i^2}$ 이다.

$$\therefore \frac{\sum x_i y_i}{\sum x_i^2} = \frac{(1\times 1)+(2\times 2)+(3\times 2.5)}{1^2+2^2+3^2} \fallingdotseq 0.89$$

92

구분되지 않는 n개의 공을 서로 다른 r개의 항아리에 넣는 방법의 수는? (단, $r \leq n$이고, 모든 항아리에는 최소한 1개 이상의 공이 들어가야 한다)

① $\dbinom{n-1}{r-1}$ ② r^n

③ $\dbinom{n-1}{r}$ ④ $\dbinom{n}{r}$

해설

r개의 항아리에는 적어도 하나의 공이 들어가야 한다. 따라서 r개의 공은 각 항아리에 배치하고(경우의 수 1가지) 나머지 $n-r$개의 공을 r개의 항아리에 넣어주는 조합의 수를 구한다. $n-r$개의 공은 r개의 항아리 중에서 중복하여 넣어도 상관없으므로 중복조합 한다.

$$_rH_{n-r} = {}_{r+n-r-1}C_{n-r} = {}_{n-1}C_{n-r} = {}_{n-1}C_{n-1-(n-r)} = {}_{n-1}C_{r-1} = \binom{n-1}{r-1}$$

93

일원배치법에 대한 설명으로 맞는 것은?

① 인자의 처리별 반복수는 동일하여야 한다.

② 일원배치법에 의해 여러 그룹의 분산의 차이를 해석할 수 있다.

③ 한 종류의 인자가 특성값에 미치는 영향을 조사하고자 할 때 사용하는 분석법이다.

④ 3명의 기술자가 3가지의 재료를 이용해서 어떤 제품을 만들고자 할 때 가장 좋은 제품을 만들 수 있는 조건을 찾으려면 일원배치법이 적절한 방법이다.

해설

②·③·④ 일원배치법은 3개 이상의 집단 간에 평균의 차이를 하나의 인자를 기준으로 알아보는 분석 방법이다.
① 인자의 처리별 반복수는 동일하지 않아도 된다.

94

모평균이 10, 모분산이 9인 정규모집단으로부터 추출한 크기 36인 표본의 표본평균은 어떤 분포를 따르는가?

① $N(10, \frac{1}{2})$

② $N(10, \frac{1}{4})$

③ $N(10, \frac{1}{9})$

④ $N(10, \frac{3}{2})$

해설

모집단분포가 정규분포 $N(\mu, \sigma^2)$을 따를 때, 표본평균의 분포는 정규분포 $N(\mu, \frac{\sigma^2}{n})$을 따른다.

따라서 문제에서 추출한 표본은 정규분포 $N(10, \frac{3^2}{36}) = N(10, \frac{1}{4})$을 따른다.

95

어느 제약회사에서 생산하고 있는 진통제는 복용 후 진통효과가 나타날 때까지 걸리는 시간이 평균 30분, 표준편차 8분인 정규분포를 따른다고 한다. 임의로 추출한 100명의 환자에게 진통제를 복용시킬 때, 복용 후 40분에서 44분 사이에 진통효과가 나타나는 환자의 수는? (단, 다음 표준정규분포표를 이용하시오)

z	$P(0 \leq Z \leq z)$
0.75	0.27
1.00	0.34
1.25	0.39
1.50	0.43
1.75	0.46

① 4

② 5

③ 7

④ 10

해설

$\mu=30$, $\sigma=8$이고 표준화 공식 $Z=\frac{X-\mu}{\sigma}$을 이용하면 다음과 같다.

$P(40 < X < 44) = P(\frac{40-30}{8}) < P(\frac{X-\mu}{8}) < P(\frac{44-30}{8}) = P(1.25 < Z < 1.75)$

$P(1.25 < Z < 1.75) = P(0 < Z < 1.75) - P(0 < Z < 1.25)$이므로 $z=0.46-0.39=0.07$이다.

따라서 40분에서 44분 사이에 진통효과가 나타나는 환자의 수는 $100 \times 0.07 = 7$명이다.

96

점추정치(Point Estimate)에 관한 설명 중 틀린 것은?

① 좋은 추정량의 성질 중 하나는 추정량의 기댓값이 모수값이 되는 것인데 이를 불편성(Unbiasedness)이라 한다.

② 표본의 크기가 커질수록, 표본으로부터 구한 추정치가 모수와 다를 확률이 0에 가깝다는 것을 일치성(Consistency)이 있다고 한다.

③ 표본에 의한 추정치 중에서 중위수는 평균보다 중앙에 위치하기 때문에 더욱 효율성(Efficiency)이 있는 추정치가 될 수 있다.

④ 좋은 추정량의 성질 중 하나는 추정량의 값이 주어질 때 조건부 분포가 모수에 의존하지 않는다는 것이며 이를 충분성(Sufficiency)이라 한다.

> **해설**
>
> 효율성(유효성)이란 추정량 $\hat{\theta}$이 불편추정량이고, 그 분산이 다른 추정량 $\hat{\theta}_i$에 비해 최소의 분산을 갖는 성질이다.
>
> 즉, $Var(\hat{\theta}_1) \geq Var(\hat{\theta}_2)$일 때 $\hat{\theta}_2$가 $\hat{\theta}_1$보다 효율성(유효성)이 크다고 한다.

97

단순회귀모형에서 오차항에 대한 기본 가정이 아닌 것은?

① 전형성(Linearity)
② 정규성(Normality)
③ 독립성(Independence)
④ 등분산성(Homoscedasticity)

> **해설**
>
> 오차항의 기본 가정
> - 정규성 : 오차항 e_i은 정규분포를 따른다.
> - 등분산성 : 오차항 e_i의 분산의 모든 i에 대하여 같다.
> - 독립성 : 임의의 오차항 e_i와 $e_{i'}$는 독립이다.

98

통계학 과목의 기말고사 성적은 평균(Mean)이 40점, 중위값(Median)이 38점이었다. 점수가 너무 낮아서 담당 교수는 12점의 기본점수를 더해 주었다. 새로 산정한 점수의 중위값은?

① 40점
② 42점
③ 50점
④ 52점

> **해설**
>
> 중위값은 통계집단의 측정값을 크기순으로 배열했을 때 중앙에 위치한 수치이므로 모든 값에 12점의 점수를 똑같이 더했다면 중위값은 기존의 중위값에서 12를 더한 값이 된다. 따라서 38+12＝50이다.

99

단순선형회귀모형 $y = \beta_0 + \beta_1 + e$에서 오차항 e의 분포가 평균이 0이고, 분산이 σ^2인 정규분포를 따른다고 가정하였다. 22개의 자료들로부터 회귀식을 추정하고 나서 잔차제곱합(SSE)을 구하였더니 그 값이 4,000이었다. 이때 분산 σ^2의 불편추정량은?

① 100

② 150

③ 200

④ 250

해설

단순회귀모형에서 오차항의 분산 σ^2의 불편추정량은 $MSE = \dfrac{SSE}{n-2} = \dfrac{\sum\limits_{i=1}^{n}(y_i - \hat{y_i})^2}{(n-2)}$ 이다.

분산 σ^2의 불편추정량은 $\dfrac{4,000}{20} = 200$이다.

100

평균이 10이고, 분산이 4인 정규분포를 따르는 모집단에서 임의로 크기가 4인 표본을 뽑았다. 이때 표본평균의 기댓값은?

① 1

② 2

③ 4

④ 10

해설

정규분포를 따르는 모집단의 평균이 μ라고 할 때, 표본평균의 기댓값은 μ이다.

제3회 기출문제해설

제 **3** 회

제1과목	조사방법론 I

01

횡단연구(Cross-sectional Study)에 관한 설명으로 틀린 것은?

① 추세연구는 횡단연구의 일종이다.

② 인구센서스 조사는 횡단연구의 대표적인 예이다.

③ 어느 한 시점에서 어떤 현상을 주의 깊게 연구하는 방법이다.

④ 횡단연구로 인과적 관계를 규명하려는 가설검증이 가능하다.

해설

① 추세연구는 종단연구의 일종이다.

② 인구센서스를 절대적으로 종단연구인지 횡단연구인지 확실히 구분하기는 어렵다. 문제에서 요구하는 '조건'에 따라 횡단적인지 종단적인지 그 성격이 결정된다. 해당 문제의 경우 '통계청에서 실시한' 인구센서스라는 조건에서 그 성격이 횡단적임을 알 수 있다. 통계청에서 인구센서스를 실시할 경우 일반적으로 일정 시점에, 넓은 지역을 대상으로, 많은 연구 대상에게 실시하는데, 일정 시기에만 실시하는 인구주택총조사를 예로 들 수 있다. 종단조사의 하나인 추세조사에서의 인구센서스는 '변화 관찰 및 미래 예측'이 주요 목적이다. 인구주택총조사의 결과를 모아 그 변화를 비교하는 자체가 추세조사로서의 인구센서스에 해당한다.

02

탐색적 조사의 유형(방법)에 해당하지 않는 것은?

① 문헌조사

② 인과조사

③ 사례조사

④ 경험자・전문가 의견조사

해설

탐색적 조사에는 문헌연구, 경험자연구, 사례연구 등이 해당된다.

03

소시오메트리(Sociometry)에 관한 설명으로 틀린 것은?

① 델파이 조사방법을 준용한다.
② 네트워크 분석과 관련이 있다.
③ 사람들의 대인관계에 관한 조사연구방법이다.
④ 주관적 경험을 통한 현상학적 접근으로 집단의 구조를 이해하려 한다.

소시오메트리의 분석방법에는 소시오메트릭행렬, 소시오그램, 소시오메트릭지수(선택지위지수, 집단확장지수, 집단응집지수)가
있다.

04

다음은 솔로몬 연구설계에 관한 설명으로 맞는 것을 모두 고른 것은?

> ⊙ 4개의 집단으로 구성한다.
> ⓒ 사전측정을 하지 않는 집단은 2개이다.
> ⓒ 사후측정에서의 차이점이 독립변수에 의한 것인지 사전측정에 의한 것인지 알 수 있다.
> ⓔ 통제집단 사전사후검사설계와 비동일 비교집단설계를 합한 형태이다.

① ⊙, ⓒ
② ⊙, ⓒ, ⓒ
③ ⓒ, ⓔ
④ ⊙, ⓒ, ⓒ, ⓔ

솔로몬 연구설계는 연구대상을 4개의 집단으로 무작위할당한 것으로, 사전검사를 한 2개의 집단 중 하나와 사전검사를 하지
않은 2개의 집단 중 하나를 실험조치하여 실험집단으로 하며, 나머지 2개의 집단에 대해서는 실험조치를 하지 않은 채 통제집단으로
한다. 통제집단 사전사후검사설계와 통제집단 사후검사설계를 결합한 것으로 가장 이상적인 실험설계 방법이다.

05

인과관계의 일반적인 성립조건과 가장 거리가 먼 것은?

① 공변관계(Covariation)
② 연속변수(Continuous Variable)
③ 시간적 선행성(Temporal Precedence)
④ 비허위적 관계(Lack of Spuriousness)

인과관계의 일반적인 성립조건
• 시간적 선후관계 : 원인이 되는 사건이나 현상이 시간적으로 결과보다 먼저 발생해야 한다.
• 동시변화성의 원칙(공변관계) : 원인이 되는 현상이 변화하면, 결과적인 현상도 항상 같이 변화해야 한다.
• 비허위적 관계 : 외부의 영향력을 배제한 상태에서 순수하게 두 변수만의 관계를 볼 수 있어야 한다.

06

개인수준의 분석단위에서 도출된 결과를 집단수준으로 확대 해석할 때 나타날 수 있는 오류는?

① 분석오류
② 생태학적 오류
③ 집단주의적 오류
④ 개인주의적 오류

해설

분석단위와 관련된 오류
- 생태학적 오류 : 분석단위를 집단에 두고 얻은 연구의 결과를 개인에게 동일하게 적용함으로써 발생하는 오류
- 개인주의적 오류 : 분석단위를 개인에 두고 얻은 연구결과를 집단에게 동일하게 적용함으로써 발생하는 오류
- 환원주의적 오류 : 넓은 범위의 인간의 사회적 행위를 이해하는 데 필요한 변수 또는 개념의 종류를 지나치게 한정시킴으로써 발생하는 오류

07

자신의 신분을 밝히지 않은 채 자연스럽게 일어나는 사회적 과정에 참여하는 관찰자의 역할은?

① 완전관찰자
② 참여자적 관찰자
③ 완전참여자
④ 관찰자적 참여자

해설

참여자와 관찰자
- 완전참여자 : 연구자의 신분을 공개하지 않고 연구대상자들의 활동에 참여한다. 참여관찰의 유형 중 가장 객관성을 유지하기 어려우며 윤리적 및 과학적 문제가 발생할 수 있다.
- 완전관찰자 : 연구자의 신분을 공개하지 않으며, 연구대상자들의 활동에는 전혀 참여하지 않고 관찰만 하는 방법이다.
- 참여자적 관찰자 : 연구자의 신분을 밝히고 연구대상자들의 활동공간에 들어가 심층적으로 관찰하는 방법이다. 참여보다 관찰이 주를 이룬다.
- 관찰자적 참여자 : 연구자의 신분을 밝히고 연구대상자들의 활동공간에 자연스럽게 참여한다. 관찰보다 참여가 주를 이룬다.

08

단일사례연구에 관한 설명으로 틀린 것은?

① 비반응성 연구의 한 유형이다.
② 기초선으로 성숙효과를 통제할 수 있다.
③ 단일사례로서 개인, 가족, 단체 등이 분석대상이다.
④ 여러 명의 조사대상들에게 개입시기를 다르게 하면 우연한 사건효과를 통제할 수 있다.

해설

단일사례연구는 반복측정의 과정에서 조사자의 반응성을 유발할 수 있어 비반응성 연구가 아니다. 비반응성 연구는 관찰과 측정방법이 실험대상의 반응에 큰 영향을 미치지 않는 것으로 간접관찰, 문헌조사 등이 있다.

09

다음 중 가설로서 가장 적합한 형태의 진술은?

① 철수는 지금 서울에 있다.
② 철수는 지금 서울에 있으면서 부산에 있다.
③ 철수는 지금 서울에 있으면서 동시에 서울에 있지 않다.
④ 철수는 지금 서울에 있거나 그렇지 않으면 서울에 있지 않다.

해설

가설은 명료성, 가치중립성, 한정성, 검증가능성을 갖춰야 한다.

10

과학적 지식에 가장 가까운 것은?

① 절대적 진리
② 전통에 의한 지식
③ 개연성이 높은 지식
④ 전문가가 설명한 지식

해설

과학적 지식은 문제에 대한 이론에서 가설을 세우고 자료를 수집·분석하여 일반적인 이론을 도출하는 일련의 체계적인 과정을 통해 얻어진다. 즉, 개연성이 높은 지식이라고 할 수 있다.

11

질적 방법으로 수집된 자료에 관한 설명으로 틀린 것은?

① 현장중심의 사고를 할 수 있다.
② 자료의 표준화를 도모하기 쉽다.
③ 유용한 정보의 유실을 줄일 수 있다.
④ 정보의 심층적 의미를 파악할 수 있다.

해설

질적 연구는 주관적·해석적 사회과학의 연구방법으로서, 현상학적 사회학, 상징적 상호작용론, 민속방법론 등을 배경으로 한다. 수집되는 자료는 일상생활에서 행위자의 말, 글, 몸짓, 관찰 가능한 행동, 흔적, 상호작용의 상황과 환경적 요인들이다. 따라서 신뢰도에 있어서 문제가 있을 수 있고, 연구결과를 일반화할 수 없으며, 주관적인 연구방법이기 때문에 자료의 표준화를 도모하기 어렵다.

12

연구의 목적과 사례의 연결이 잘못된 것은?

① 기술(Description) - 유권자들의 대선후보 지지율 조사
② 설명(Explanation) - 시민들이 왜 담배값 인상에 반대하는지 파악하고자 하는 연구
③ 평가(Evaluation) - 현재의 공공의료정책이 1인당 국민 의료비를 증가시켰는지에 대한 연구
④ 탐색(Exploration) - 단일사례설계를 통하여 운동이 체중 감소에 미치는 효과를 검증하는 연구

해설

④ 조사연구 목적 중 탐색은 보통 연구문제에 대한 사전지식이 부족하거나 개념을 보다 분명히 하는 것이다.
① 조사연구 목적 중 기술은 어떤 현상에 대한 탐구와 명백화, 즉 현상을 정확히 하는 것이다. 특히 발생빈도와 비율 등을 파악하는 것이다.
② 조사연구 목적 중 설명은 어떤 사실과의 관계를 파악하여 인과관계를 규명하거나 미래를 예측하는 것이며, '왜(Why)'에 대한 대답을 제공한다.

13

2차 자료 분석의 특징과 가장 거리가 먼 것은?

① 자료의 결측값을 추적할 수 있다.
② 자료를 직접 수집하지 않아도 된다.
③ 기존 데이터를 수정·편집해 분석할 수 있다.
④ 비교적 적은 비용으로 대규모사례 분석이 가능하다.

해설

2차 자료는 연구목적을 위해 사용될 수 있는 기존의 모든 자료로 이미 만들어진 방대한 자료이다. 1차 자료의 수집에는 비용, 인력, 시간이 많이 소요되므로 연구를 시작하게 되면 우선 필요한 2차 자료를 수집한다. 직접 수집하지 않아도 되며 기존 데이터를 수정하고 편집하여 분석할 수 있으나, 자료의 결측값은 추적하기 어렵다.

14

내용분석에 관한 설명으로 틀린 것은?

① 비개입적 연구이다.
② 표본추출은 하지 않는다.
③ 코딩을 위해서는 개념화 및 조작화가 이루어져야 한다.
④ 서적을 내용분석할 때 분석단위는 페이지, 단락, 줄 등이 가능하다.

해설

내용분석법은 서적, 신문, 문서 등의 기록된 정보의 내용을 조사하기 위해 고안된 체계적인 절차로 인간의 모든 형태의 의사소통기록물을 활용할 수 있다. 양적 분석방법뿐만 아니라 질적 분석방법도 사용하며, 질적인 정보를 양적인 정보로 바꾼다. 자료가 방대한 경우 내용분석법에서도 모집단 내에서 표본을 추출하여 분석할 수 있다.

15

회수된 질문지를 실제 분석에 사용할 것인지 판단할 필요가 있다. 다음의 질문지 중에서 분석에 포함시켜도 되는 질문지는?

① 질문지의 일부가 분실된 질문지
② 조사일정을 지나서 조사된 질문지
③ 조사지역을 벗어나서 조사된 질문지
④ 소수 항목에 대해 응답을 하지 않은 질문지

해설

표본의 대표성을 확보하기 위해 조사일정을 지나거나 조사지역을 벗어나 조사된 질문지, 다수 항목에 응답을 하지 않은 질문지는 분석에서 제외한다. 질문지의 일부가 분실된 질문지의 경우에도 대표성에 문제가 생길 수 있다.

16

기술조사에 적합한 조사주제를 모두 고른 것은?

> ㉠ 신문의 구독률 조사
> ㉡ 신문 구독자의 연령대 조사
> ㉢ 신문 구독률과 구독자의 소득이나 직업 사이의 관련성 조사

① ㉠, ㉡
② ㉡, ㉢
③ ㉠, ㉢
④ ㉠, ㉡, ㉢

해설

기술조사는 어떤 현상에 대한 탐구와 명백화, 즉 현상을 정확하게 기술하는 것을 주목적으로 한다. 어떠한 사건이나 현상의 크기, 비율, 수준 등에 대한 단순 통계적인 자료를 수집하여 문제에 대한 답을 구한다. 특히 발생빈도와 비율을 파악할 때 실시하며, 관련 상황의 특성파악, 변수 간의 상관관계 파악 및 상황변화에 대한 각 변수 간의 반응을 예측한다.

17

과학적 연구방법의 특징이 아닌 것은?

① 논리성
② 인과성
③ 주관성
④ 경험적 검증가능성

해설

과학적 방법의 특징
- 재생가능성(Reproducibility)
- 경험성(Empiricism)
- 인과성(Causality)
- 객관성(Objective)
- 상호주관성(Intersubjective)
- 체계성(Systematic)
- 변화가능성(수정가능성, Changeable)
- 간결성(Parsimony)
- 반증가능성(Falsifiability)

18

실험설계에 대한 설명으로 틀린 것은?

① 실험의 내적 타당도를 확보하기 위한 노력이다.
② 실험의 검증력을 극대화시키고자 하는 시도이다.
③ 연구가설의 진위여부를 확인하는 구조화된 절차이다.
④ 조작적 상황을 최대한 배제하고 자연적 상황을 유지해야 하는 표준화된 절차이다.

해설

실험은 과학적 방법의 요체인 통제된 연구의 정신에 가장 충실하고자 하는 연구방법으로서, 엄격히 통제된 상황에서 두 변수 사이의 인과관계를 검증하는 것이다. 즉, 인과관계에 대한 가설을 검증하기 위해 변수를 조작·통제하여, 그 조작의 효과를 관찰하기 위한 방법을 말한다.

19

시간의 변화에 따른 특정 하위모집단의 변화를 관찰하는 연구는?

① 횡단연구
② 추이연구
③ 패널연구
④ 코호트연구

해설

코호트연구는 일정 기간 동안 어떤 한정된 부분 모집단의 변화를 연구하는 것으로서, 특정 경험을 같이 하는 사람들이 가지는 특성들에 대해 두 번 이상의 다른 시기에 걸쳐서 비교·연구하는 방법이다.

20

프로빙(Probing)에 대한 설명으로 틀린 것은?

① 정확한 답을 얻기 위해 방향을 지시하는 기법이다.

② 답변의 정확도를 판단하는 방법으로 활용되기도 한다.

③ 개방형 질문에 대한 답을 비교하는 절차로서 활용된다.

④ 일종의 폐쇄식 질문에 답을 하고 이에 관련된 의문을 탐색하는 보조방법이다.

해설

프로빙(Probing) 기술

• 면접과정에서 응답자의 대답이 불충분하거나 정확하지 못할 때 행하는 탐색질문을 뜻하는 것으로서 충분하고 정확한 대답을 캐내는 과정이다.

• 일종의 폐쇄식 질문에 답을 하고 이에 관련된 의문을 탐색하는 보조방법이다.

• 답변의 정확도를 판단하는 방법으로 활용되기도 한다.

• 정확한 답을 얻기 위해 방향을 지시하는 기법이다.

• 응답을 원하는 태도나 표정을 한쪽으로 유도를 해선 안 되며 필요 이상의 지나친 질문은 삼가야 한다.

• 대표적인 기술로는 '무언의 캐묻기', '드러내놓고 권장하기', '더 자세한 해명 요구', '명료화하기', '반복' 등이 있다.

21

어떤 대학의 학생생활지도연구소에서는 해마다 신입생에 대한 인성검사를 실시하고 있다. 이 경우 시간과 비용면에서 효율적으로 조사를 하는 데 가장 적합하다고 생각되는 조사양식은?

① 우편조사

② 대면적인 면접조사

③ 자기기입식 집단설문조사

④ 개별적으로 접근되는 질문지 조사

해설

집단조사법은 조사대상자들을 한 자리에 모아놓은 후 질문지를 일제히 배부하고, 응답자 자신에게 직접 기입하도록 하여 회수하는 방법이다. 자기기입식 방법은 응답자로 하여금 직접 기입하게 한 다음 나중에 질문지를 회수하는 방법으로 응답 시 다른 사람의 개입이나 방해가 없는 상황에서 응답할 수 있기 때문에 인성검사에서 정직한 답변을 이끌어내는 데 유리할 것이다.

22

질문지에 사용되는 질문이나 진술을 작성하는 원칙과 가장 거리가 먼 것은?

① 항목들이 명확해야 한다.

② 질문항목들은 되도록 짧아야 한다.

③ 편견에 치우친 항목과 용어를 지양한다.

④ 부정어가 포함된 질문을 반드시 포함한다.

해설

부정어를 반드시 포함할 필요는 없다.

23

가설에 관한 설명으로 틀린 것은?

① '모든 사람은 죽는다.'는 좋은 가설의 예라고 할 수 있다.
② 가설은 방향성을 가질 수도 있고 그렇지 않을 수도 있다.
③ 가설은 서로 다른 두 개념이나 변수의 관계를 표시한다.
④ 가설은 아직까지 진실 여부가 확인되지 않은 사실에 대한 진술문이라고 할 수 있다.

해설

가설은 두 개 이상의 구성개념 또는 변수 간의 관계를 검정 가능한 형태로 서술한 문장으로서 과학적 조사에 의하여 검정이 가능한 사실이다. 하나의 사실과 다른 사실과의 관계를 잠정적으로 나타내는 것으로 이를 검증함으로써 특정 현상에 대한 설명을 가능케 해주어 연구자가 제기한 문제의 해답을 내린다. 즉, 원인과 결과의 형태로 독립변수와 종속변수의 관계로 표명된다.

24

다음 사례에 내재된 연구설계의 타당성 저해요인이 아닌 것은?

> 한 집단에 대하여 자아존중감 검사를 하였다. 그 결과 정상치보다 지나치게 낮은 점수가 나온 사람들이 발견되었고, 이들을 대상으로 자아존중감 향상 프로그램을 실시하였다. 프로그램 종료 후에 다시 같은 검사를 실시하여 자아존중감을 측정한 결과 사람들의 점수 평균이 이전보다 높아진 것으로 나타났다.

① 시험효과(Testing Effect)
② 도구효과(Instrumentation)
③ 성숙효과(Maturation Effect)
④ 통계적 회귀(Statistical Regression)

해설

② 도구효과는 측정자의 측정도구가 달라짐으로 인해 결과에 영향을 미치는 것을 의미하는데, 프로그램 종료 후 다시 같은 검사를 실시하였기 때문에 도구효과로 볼 수 없다.

내적 타당도를 저해하는 요인
• 시험효과 : 측정이 반복되면서 얻어지는 학습효과로 인해 실험대상자의 반응에 영향을 미친다.
• 성숙효과 : 시간의 흐름에 따라 연구대상이나 현상에 변화가 발생함으로 인해 결과에 영향을 미친다.
• 통계적 회귀 : 최초의 측정에서 양극단적인 측정값을 보인 결과가 이후 재측정의 과정에서 평균값으로 회귀한다.

25

면접조사 시 질문의 일반적인 원칙과 가장 거리가 먼 것은?

① 문항은 하나도 빠짐없이 물어야 한다.

② 질문지에 있는 말 그대로 질문해야 한다.

③ 조사대상자가 대답을 잘 하지 못할 경우 필요한 대답을 유도할 수 있다.

④ 조사대상자가 가능한 한 비공식적인 분위기에서 편안한 자세로 대답할 수 있어야 한다.

해설

면접의 일반적인 원칙

• 일정한 대답이 나오도록 유도하거나 이를 암시해서는 안 된다.

• 응답자의 응답에 주의를 기울이며, 응답에 성급한 찬성이나 반대의 태도를 보여서는 안 된다.

• 표준화질문인 경우 조사표의 내용 및 그 순서에 따라 면접을 해야 한다.

• 응답자에게 응답에 필요한 일정한 시간을 주는 것이 좋으며, 응답자들이 질문을 제대로 이해하지 못하는 경우 부연설명을 해주는 것이 좋다.

• 응답자의 응답이 필요 이상으로 길어지거나 다른 방향으로 이탈하는 경우, 면접의 분위기를 해치지 않는 범위에서 적절히 조절하는 것이 필요하다.

• 문항은 하나도 빠짐없이 물어야 한다.

• '모른다'는 대답이 나올 경우 진실로 모르는 것인지 혹은 다른 이유가 있는 것인지 주의 깊게 파악하여 대처해야 한다.

26

연구에 사용할 가설이 좋은 가설인지 여부를 판단하기 위한 평가기준과 가장 거리가 먼 것은?

① 가설의 표현은 간단명료해야 한다.

② 가설은 계량화할 수 있어야 한다.

③ 가설은 경험적으로 검증할 수 있어야 한다.

④ 동일 연구분야의 다른 가설이나 이론과 연관이 없어야 한다.

해설

가설은 동일 분야의 다른 가설과 연관성이 있어야 한다.

27

관찰법의 장점과 가장 거리가 먼 것은?

① 조사자가 현장에서 즉시 포착할 수 있다.

② 관찰결과의 해석에 대한 객관성이 확보된다.

③ 조사에 비협조적이거나 면접을 거부할 경우에 효과적이다.

④ 행위나 감정을 언어로 표현하지 못하는 유아나 동물이 조사대상인 경우 유용하다.

해설

관찰법은 지각과정상의 오류와 인식과정상의 오류가 발생할 수 있다. 지각과정상의 오류란 조사대상에 대한 통제에도 불구하고, 각각의 조사자가 지각하는 현상 자체의 강도 및 질적 양상에는 차이가 나타나는 것을 의미하며, 인식과정상의 오류란 조사자들이 사실을 인식하는 데 있어서 준거틀의 차이에 의해 오류가 발생하는 것을 의미한다. 따라서 객관성 확보는 관찰법의 장점에 해당하지 않는다.

28

면접조사에서 응답내용의 신빙성을 저해하는 최근효과(Recent Effect)에 관한 설명으로 맞는 것은?

① 질문지(Questionnaire)를 사용하는 사회조사보다는 조사표(Interview Schedule)를 사용하는 면접조사에서 자주 발생한다.

② 무학이나 저학력 응답자들은 제일 먼저 들었던 응답내용을 그 다음에 들은 응답내용에 비해 훨씬 정확하게 기억하게 된다.

③ 무학이나 저학력 응답자들은 면접 직전에 면접자로부터 접하게 된 면접자의 생각이나 조언을 거의 무비판적으로 따라서 응답하는 경향이 있다.

④ 무학이나 저학력 응답자들은 아무리 최근에 입수한 주요한 정보와 직결된 내용일지라도 어려운 질문 내용은 잘 이해할 수 없어 조사의 실효성을 감소시킨다.

해설

최근(정보)효과(Recent Effect)는 면접조사표를 사용하여 면접자가 질문하고 응답자가 대답하면서 면접자가 기록하는 경우에 지적능력이나 학력이 낮은 경우 먼저 불러준 항목을 잊게 되어 가장 최근에 제시한 응답항목을 선택할 가능성이 높은 것을 의미한다.

29

조작적 정의에 관한 설명으로 틀린 것은?

① 개념을 측정 가능한 용어로 구체화한 것이다.

② 연구모형에 제시된 구성개념을 관찰 가능한 형태로 표현한 것이다.

③ 조사에 사용되는 구성개념의 특징을 일반화시켜 추상적으로 표현한 것이다.

④ 사회적응의 조작적 정의 중 하나는 사회적응의 수준을 측정하기 위해 개발된 척도가 될 수 있다.

해설

조작적 정의는 측정을 위해 추상적인 개념을 보다 구체화하는 것이다. 될 수 있는 한 실행 가능하고 관찰 가능한 조작을 좀 더 명확하게 표현한 용어로 구성된 것으로, 한 개념이 여러 조작적 정의를 가질 수 있다. 또한 조작적 정의가 연구마다 다를 경우 연구결과가 달라질 수 있다.

30

전화조사가 가장 적합한 경우는?

① 자세하고 심층적인 정보를 얻기 위한 조사

② 어떤 시점에 순간적으로 무엇을 하며, 무슨 생각을 하는가를 알아내기 위한 조사

③ 저렴한 가격으로 면접자 편의(Bias)를 줄일 수 있으며 대답하는 요령도 동시에 자세히 알려줄 수 있는 조사

④ 넓은 범위의 지리적인 영역을 조사대상지역으로 하여 비교적 복잡한 정보를 얻으면서, 경비를 절약할 수 있는 조사

해설

전화조사는 추출된 응답자에게 전화를 걸어 질문문항들을 읽어준 후 응답자가 전화상으로 답변한 것을 조사자가 기록함으로써 자료를 수집하는 방법이다. 신속한 정보를 얻을 수 있기 때문에 어떤 시점에 순간적으로 무엇을 하며, 무슨 생각을 하는가를 알아내기 위한 조사에 적합하다. 짧은 시간 안에 개략적인 여론을 확인할 때 많이 이용되고 있다.

31

비확률표본추출방법에 관한 설명으로 틀린 것은?

① 표집오류를 확인하기 어렵다.
② 조사결과를 일반화하기 어렵다.
③ 표본의 대표성을 확보하기 어렵다.
④ 확률표본추출방법에 비해 시간과 비용이 많이 소요된다.

해설

비확률표본추출방법은 확률표본추출방법에 비해 시간과 비용을 절감할 수 있다는 장점이 있으나 표집오류 추정이 불가능하고, 대표성 확보가 어려워 일반화가 힘들다는 단점이 있다.

32

리커트(Likert) 척도법에 대한 설명으로 적절하지 않은 것은?

① 각 문항에 대한 가중치를 다르게 부여할 수 없다는 단점이 있다.
② 척도점수에 대한 신뢰성을 검토하기 위해 반분법을 이용할 수 있다.
③ 사용하기 쉽고, 직관적인 이해가 가능하기 때문에 사회조사에서 널리 사용된다.
④ 척도가 단일차원을 측정하고 있는가를 검토하기 위하여 인자분석(Factor Analysis)을 사용하기도 한다.

해설

리커트 척도법은 서열척도의 일종으로 인간의 태도를 측정하는 태도척도이다. 척도의 신뢰도와 타당도를 높이기 위해 일련의 수 개 문항들을 하나의 척도로 사용하는 다문항척도이며 전체 문항의 총점 또는 평균을 가지고 태도를 측정한다. 특히 동일한 개념을 여러 문장으로 질문하여 이러한 항목들이 유사한 값을 나타내는지 측정하는 내적 일관성을 가져야 한다. 이를 통해 신뢰도가 낮은 항목은 삭제하여 신뢰성을 높일 수 있기에, 각 문항에 대한 가중치를 다르게 부여할 수 없어 단점이라는 ①은 적절하지 않다.

33

층화표집의 단점이 아닌 것은?

① 집락이 모집단을 대표하지 못할 수가 있다.

② 표본추출과정에 비용이나 시간이 많이 든다.

③ 표본추출 이전에 모집단에 대한 지식이 필요하다.

④ 발생률이 낮은 경우 표본을 찾아내기가 어려울 수 있다.

해설

층화표집은 전체 모집단에서 표본을 선정하기보다 모집단을 동질적인 부분집합으로 나누고 이들의 각 층별에 대한 정확한 정보를 바탕으로 적정한 수의 요소를 무작위 선정하는 방법으로 모집단의 모수를 추정하는 데 있어서 일정한 정확성을 보다 적은 비용으로 확보할 수 있다는 데 그 의의가 있다.

34

불포함 오류에 관한 설명으로 맞는 것은?

① 표본조사를 할 때 표본체계가 완전하게 되지 않아서 발생하는 오류이다.

② 표본추출과정에서 선정된 표본 중 일부가 연결이 되지 않거나 응답을 거부했을 때 생기는 오류이다.

③ 면접이나 관찰과정에서 응답자나 조사자 자체의 특성에서 생기는 오류와 양자 간의 상호관계에서 생기는 오류이다.

④ 정확한 응답이나 행동을 한 결과를 조사자가 잘못 기록하거나 기록된 설문지나 면접지가 분석을 위하여 처리되는 과정에서 틀려지는 오류이다.

해설

불포함 오류

표본조사 시 표본체계가 완전하지 않아 발생하는 오류로 표본추출방법이 모호하거나 실제 사용하기 어려운 경우이다. 이러한 오류는 직접 발견하기 어려워 통제가 어렵고, 발생하였다 하더라도 확증을 얻기 어렵기 때문에 오류를 줄이려면 타 조사결과와 비교 또는 전문가 경험에 의존해야 한다.

35

조작적 정의에 관한 설명으로 틀린 것은?

① 실제 측정의 전(前)단계이다.

② 관찰가능성 여부가 중요하다.

③ 특정 개념은 한 가지의 조작적 정의를 갖는다.

④ 추상적인 개념을 구체적인 경험세계와 연결시키는 과정이다.

해설

조작적 정의는 측정을 위해 추상적인 개념을 보다 구체화하는 것이다. 될 수 있는 한 실행 가능하고 관찰 가능한 조작을 좀 더 명확하게 표현한 용어로 구성된 것으로, 한 개념이 여러 조작적 정의를 가질 수 있다. 또한 조작적 정의가 연구마다 다를 경우 연구결과가 달라질 수 있다.

36

어떤 사회현상을 측정했을 때의 설명으로 틀린 것은?

① 그 측정이 신뢰성도 타당성도 모두 없을 수 있다.
② 그 측정이 신뢰성과 타당성을 모두 다 가질 수 있다.
③ 그 측정이 타당성은 있으나 신뢰성은 없을 수 있다.
④ 그 측정이 신뢰성은 있으나 타당성은 없을 수 있다.

해설

타당도는 신뢰도의 충분조건이고, 신뢰도는 타당도의 필요조건이다. 따라서 타당도가 있으면 반드시 신뢰도가 있다. 또한 타당도가 신뢰도에 비해 확보하기 어렵기 때문에 신뢰도가 있다고 해서 타당도가 있는 것은 아니다.

37

신뢰도를 측정하는 방법으로 틀린 것은?

① 반분법
② 내용검사법
③ 검사-재검사법
④ 복수양식법

해설

신뢰도의 측정방법으로는 검사-재검사법, 복수양식법, 반분법, 관찰자 신뢰도, 내적 일관성 분석법이 있다.

38

다음은 어떤 변수에 대한 설명인가?

어떤 변수가 검정요인으로 통제되면 원래 관계가 없는 것으로 나타났던 두 변수가 유관하게 나타난다.

① 예측변수
② 억제변수
③ 왜곡변수
④ 종속변수

해설

억제변수
두 개의 변수 간에 상관관계가 있으나 그와 같은 관계가 없는 것처럼 보이게 하는 제3의 변수이다. 두 개의 변수에 대해 각각 긍정적·부정적으로 상관되어 변수 간의 관계를 억압함으로써 '가식적 영 관계(Spurious Zero Relationship)'를 형성한다.

39

용수철이 고장 난 체중계가 있어서 체중을 잴 때마다 항상 실제와 다르게 체중이 일정하게 나타난다면, 이 체중계의 타당도와 신뢰도는?

① 신뢰도와 타당도 모두 높다.
② 신뢰도와 타당도 모두 낮다.
③ 신뢰도는 높고 타당도는 낮다.
④ 신뢰도는 낮고 타당도는 높다.

해설

용수철은 조사자가 측정하고자 한 것을 실제로 측정하지 못하므로 타당도는 낮으나, 항상 같은 값이 나타나므로 신뢰도는 높다고 할 수 있다.

40

측정의 개념에 대한 맞는 설명을 모두 고른 것은?

- ㉠ 추상적·이론적 세계와 경험적 세계를 연결시키는 수단이라고 할 수 있다.
- ㉡ 개념 또는 변수를 현실세계에서 관찰 가능한 자료와 연결시키는 과정이다.
- ㉢ 질적 속성을 양적 속성으로 전환하는 작업이다.
- ㉣ 측정대상이 지니고 있는 속성에 수치를 부여하는 것이다.

① ㉠, ㉡, ㉢
② ㉢, ㉣
③ ㉠, ㉡, ㉣
④ ㉠, ㉡, ㉢, ㉣

해설

측정은 추상적·이론적 세계를 경험적 세계와 연결시키는 수단이다. 즉, 이론을 구성하고 있는 개념이나 변수들을 현실세계에서 관찰이 가능한 자료와 연결시키는 과정이다. 일반적으로는 묘사대상이 되는 사상에 수치를 부여한다는 의미로 사용하며 질적 속성을 양적 속성으로 전환하여 통계적 분석을 활용할 수 있도록 한다.

41

보가더스(Bogardus)의 사회적 거리척도의 특징으로 틀린 것은?

① 적용 범위가 넓고 예비조사에 적합한 면이 있다.
② 집단 상호 간의 거리를 측정하는 데 유용하다.
③ 신뢰성 측정에는 양분법이나 복수양식법이 매우 효과적이다.
④ 집단뿐 아니라 개인 또는 추상적인 가치에 관해서도 적용할 수 있다.

해설

보가더스 사회적 거리척도의 평가를 위해 신뢰도는 재검사법을 사용하며, 타당도는 집단비교법 등을 활용한다.

42

표본의 크기에 관한 설명으로 틀린 것은?

① 허용오차가 클수록 표본의 크기가 커야 한다.
② 조사하고자 하는 변수의 분산값이 클수록 표본의 크기는 커야 한다.
③ 추정치에 대한 높은 신뢰수준이 요구될수록 표본의 크기는 커야 한다.
④ 비확률표본추출의 경우 표본의 크기는 예산과 시간을 고려하여 조사자가 결정할 수 있다.

해설

표본의 크기는 허용오차의 제곱에 반비례한다. 즉, 허용오차가 작을수록 표본의 크기가 크다.

43

다음 사례의 표본추출방법은?

> 불법체류 이주노동자의 취업실태를 조사하려는 경우, 모집단을 찾을 수 없어 일상적인 표집절차로는 조사수행이 어려웠다. 그래서 첫 단계에서는 종교단체를 통해 소수의 응답자를 찾아 면접하고, 다음 단계에서는 첫 번째 응답자의 소개로 면접 조사하였으며, 계속 다음 단계의 면접자를 소개받는 방식으로 표본수를 충족시켰다.

① 할당표집(Quota Sampling)
② 군집표집(Cluster Sampling)
③ 눈덩이표집(Snowball Sampling)
④ 편의표집(Convenience Sampling)

해설

눈덩이표집은 처음에 소수의 인원을 표본으로 추출하여 그들을 조사한 다음, 그 소수인원을 조사원으로 활용하여 그 조사원의 주위 사람들을 조사하는 방식이다. 연구자가 특수한 모집단의 구성원을 전부 파악하고 있지 못한 경우 또는 비밀을 확인하려는 경우 제한적으로 활용된다.

44

측정의 수준에 관한 설명으로 틀린 것은?

① 비율측정은 절대영점이 존재한다.
② 등간측정은 측정단위 간 등간성이 유지된다.
③ 서열측정과 등간측정은 등수, 서열관계를 알 수 있다.
④ 등간측정은 측정치 간의 유의미한 비율계산이 가능하다.

해설

등간측정은 가감(+, −)과 같은 수학적 조작을 가능하게 하는 양적 자료를 상대로 한다. 승제(×, ÷)는 가능하지 않다.

45

조작적 정의가 필요한 이유로 가장 적합한 것은?

① 연구결과를 조작하기 위해
② 이론의 구체성을 줄이기 위해
③ 개념의 의미를 풍부하게 하기 위해
④ 개념을 가시적이고 경험적으로 표현하기 위해

해설

조작적 정의란 추상적인 개념들을 경험적·실증적으로 측정이 가능하도록 구체화하는 것이다.

46

우리나라 100대 기업의 연간 순수익을 '원(₩)' 단위로 조사하고자 할 때 측정의 수준은?

① 비율측정   ② 명목측정
③ 서열측정   ④ 등간측정

해설

연간 순수입은 절대영점이 존재하는 비율수준의 측정이다.

47

성인에 대한 우울증 검사도구를 청소년들에게 그대로 적용할 때 가장 우려되는 측정오류는?

① 고정반응   ② 무작위 오류
③ 문화적 차이   ④ 사회적 바람직성

해설

① 극단적인 값을 피하려고 중도값을 택하려는 경향을 말한다.
② 비체계적 오류라고도 하며, 일정한 패턴 없이 발생하는 오류를 말한다.
④ 기준에 부합하는 것을 택하려는 경향을 말한다.

48

측정도구의 타당도에 관한 설명으로 틀린 것은?

① 내용타당도(Content Validity)는 전문가의 판단에 기초한다.

② 구성타당도(Construct Validity)는 예측타당도(Predictive Validity)라 한다.

③ 동시타당도(Concurrent Validity)는 신뢰할 수 있는 다른 측정도구와 비교하는 것이다.

④ 기준관련타당도(Criterion-related Validity)는 내용타당도보다 경험적 검증이 용이하다.

해설

구성타당도란 조작적으로 정의되지 않은 인간의 심리적 특성이나 성질을 심리적 개념으로 분석하여 조작적 정의를 부여한 후, 검사점수가 조작적 정의에서 규명한 심리적 개념들을 제대로 측정하였는가를 검정하는 방법으로 개념타당도라고도 한다. 예측타당도는 기준타당도의 한 종류로, 어떠한 행위가 일어날 것이라고 예측한 것과 실제 대상자 또는 집단이 나타낸 행위 간의 관계를 측정하는 것이다.

49

측정수준과 예가 잘못 짝지어진 것은?

① 명목측정 : 성별, 인종

② 비율측정 : 소득, 직업

③ 등간측정 : 온도, IQ지수

④ 서열측정 : 후보자 선호, 사회계층

해설

직업은 명목측정에 해당한다. 비율측정의 예로는 체중, 키, 근무년수, 졸업생 수, 소득, GNP, 출산율, 시험 원점수 등이 있다

50

여성근로자를 대상으로 하는 사회조사에서 변수가 될 수 없는 것은?

① 성 별

② 직업종류

③ 연 령

④ 근무시간

해설

조사대상이 여성으로 한정되어 있기 때문에 성별이 변수가 될 수 없다.

51

지수와 척도에 관한 설명으로 틀린 것은?

① 지수와 척도 모두 변수의 합성측정이다.
② 지수점수는 척도점수보다 더 많은 정보를 전달한다.
③ 척도와 지수 모두 변수에 대한 서열측정이다.
④ 척도는 동일한 변수의 속성들 가운데서 그 강도의 차이를 이용하여 구별되는 응답 유형을 밝혀낸다.

해설

척도점수는 지수점수보다 더 많은 정보를 전달한다.

52

구성타당도(Construct Validity)에 대한 설명으로 틀린 것은?

① 이론과 관련하여 측정도구의 타당도를 검증한다.
② 구성타당도를 측정할 수 있는 방법으로 요인분석 등이 있다.
③ 측정값 자체보다 측정하고자 하는 속성에 초점을 맞춘 타당성이다.
④ 측정도구의 측정치와 기준이 되는 측정도구의 측정치와의 상관관계를 나타낸다.

해설

기준타당도는 경험적 근거에 의해 타당도를 확인하는 방법으로서, 사용하고 있는 측정도구의 측정값과 기준이 되는 측정도구의 측정값 간의 상관관계에 관심을 두는 것이다.

53

표집오차(Sampling Error)에 관한 설명으로 틀린 것은?

① 단순무작위표본추출법에서 표집오차는 분산의 크기가 클수록 커진다.
② 단순무작위표본추출법에서 표집오차는 표본의 크기가 클수록 커진다.
③ 전체 표본의 크기가 같다고 했을 때, 단순무작위표본추출법에서보다 층화표본추출법에서 표집오차가 작게 나타난다.
④ 전체 표본의 크기가 같다고 했을 때, 단순무작위표본추출법에서보다 집락표본추출법에서 표집오차가 크게 나타난다.

해설

표본의 크기가 같다면 표본오차의 크기는 '층화표본추출＜단순무작위표본추출＜집락표본추출'이다. 일반적으로 표집오차는 표본의 크기가 클수록 작아진다.

54

확률표집의 논리를 적용하면서, 필요에 따라 표집률을 달리하는 표집방법은?

① 층화표집
② 계통표집
③ 집락표집
④ 가중표집

해설

가중표집은 필요에 따라 표집률을 달리하여 표본을 추출하는 방법이다. 모집단의 비율과 동일한 비율로 표집하게 되면 그 수가 적어서 유용한 분석을 하기 힘들 때 활용한다.

55

측정의 타당도에 관한 설명으로 틀린 것은?

① 내용타당도는 전문가의 견해를 통해 판단할 수 있다.
② 기준타당도는 수렴타당도, 판별타당도로 구분된다.
③ 개념구성타당도는 이론적 틀 내에서 측정도구의 타당성을 경험적으로 검증한다.
④ 동시타당도는 작성한 측정도구를 이미 존재하고 있는 신뢰할만한 측정도구와 비교하여 검증한다.

해설

기준관련타당도를 기준타당도, 경험적 타당도라고도 하며, 동시적 타당도와 예측적 타당도로 나눌 수 있다.

56

표본추출에 관한 설명으로 맞는 것은?

① 분석단위와 관찰단위는 항상 일치한다.
② 표본추출요소는 자료가 수집되는 대상의 단위이다.
③ 표본추출단위는 표본이 실제 추출되는 연구대상 목록이다.
④ 통계치는 모집단의 특정변수가 갖고 있는 특성을 요약한 값이다.

해설

① 분석단위는 자료수집 시 표본의 크기를 결정하는 데 사용되는 기본 단위이고, 관찰단위는 직접적인 조사대상이다. 분석단위와 관찰단위가 항상 일치하는 것은 아니다.
③ 표본추출의 각 단계에 있어서 표본으로 선정되는 요소 또는 요소의 집합을 말한다.
④ 표본에서 얻은 변수의 값을 요약하고 묘사한 것이다.

57

지수나 척도와 같이 합성 측정(Composite Measures)을 이용하는 이유로 가장 타당한 것은?

① 측정오차를 줄일 수 있기 때문이다.
② 타당도 계수를 높일 수 있기 때문이다.
③ 외적 타당도를 높일 수 있기 때문이다.
④ 하나의 개념이 갖는 다양한 의미에 대하여 포괄적인 측정을 할 수 있기 때문이다.

해설

복잡한 개념은 하나의 지표만을 사용해서 측정하는 것이 충분하지 못할 수가 있다. 따라서 하나의 지표를 사용하여 개념을 측정하기 보다는 두 개 이상의 지표를 사용하는 것이 권장된다. 이와 같이 두 개 이상의 지표에 의해 개념을 측정하는 것을 '합성 측정'이라고 한다.

58

오스굿(Charles Osgood)에 의하여 개발되기 시작한 의미분화 척도(意味分化尺度 ; Semantic Differential Scale)의 작성 시 고려해야 하는 사항이 아닌 것은?

① 응답자의 평가
② 평가도구의 작성
③ 매개변수의 도입
④ 차원과 대극점(對極點)의 용어 선정

해설

의미분화 척도는 응답자가 하나의 개념을 여러 가지 의미의 차원에서 평가하도록 유도하는 방법으로, 일직선으로 도표화된 척도의 양극단에 서로 상반되는 형용사를 배열한다. 이때 개념이 갖는 본질적인 뜻을 몇 개의 차원에 따라 측정하여 태도의 변화를 좀 더 명확하게 파악하도록 한다.

59

통계적 추리와 관련된 분포 중 이론상으로만 존재하는 것은?

① 표본분포
② 모집단분포
③ 표집분포
④ 표집틀분포

해설

표집분포(표본분포, Sampling Distribution)
동일한 크기의 표본을 반복해서 추출했을 때 각 표본의 통계량의 확률분포이다.

60

측정오류(Error of Measurement)에 관한 설명으로 틀린 것은?

① 신뢰성은 체계적 오류(Systematic Error)와 관련된 개념이다.
② 체계적 오류(Systematic Error)는 오류가 일정하거나 한쪽으로 치우쳐 있다.
③ 무작위 오류(Random Error)는 오류의 값이 다양하게 분산되어 있으며 상호 상쇄되는 경향도 있다.
④ 무작위 오류(Random Error)는 측정대상, 측정과정, 측정수단, 측정자 등에 일관성 없이 영향을 미쳐 발생하는 오류이다.

해설
측정의 신뢰도는 비체계적(무작위적) 오류와 관련성이 크고, 측정의 타당도는 체계적 오류와 관련성이 크다.

제3과목 사회통계

61

분산분석표가 다음과 같을 때 (   ) 안에 들어갈 값은?

요 인	제곱합	자유도	평균제곱합	검정통계량
작업시간대	360	3	120	(B)
오 차	232	12	(A)	
총 합	592	15		

① A = 19.3, B = 1.55
② A = 19.3, B = 6.21
③ A = 30, B = 0.25
④ A = 30, B = 4

해설
A = 오차의 평균제곱합 = 오차제곱합/오차의 자유도 = 232/12 ≒ 19.3
B = 검정통계량 = 처리의 평균제곱합/오차의 평균제곱합 = 120/19.3 ≒ 6.21

62

기존의 취업 교육 프로그램을 이수한 사람의 취업률 p는 0.7이다. 새로운 교육 프로그램이 취업률을 높인다는 주장이 있어 통계적으로 검정하기 위해 새로운 교육 프로그램을 이수한 사람을 임의로 추출하여 취업률을 조사하였다. 이때 적절한 귀무가설(H_0)과 대립가설(H_1)은?

① $H_0 : p > 0.7$, $H_1 : p = 0.7$

② $H_0 : p \neq 0.7$, $H_1 : p = 0.7$

③ $H_0 : p = 0.7$, $H_1 : p > 0.7$

④ $H_0 : p = 0.7$, $H_1 : p \neq 0.7$

해설

가설검정에서는 모집단의 모수에 대해서 어떤 조건을 가정하여 가설을 설정하는데 이때 이 가설을 귀무가설이라고 한다. 귀무가설은 '아무런 차이가 없다' 또는 '전혀 효과가 없다'는 내용을 의미하는 주장이다. 따라서 '새로운 교육 프로그램이 취업률을 높인다'를 검정하기 위한 귀무가설은 '새로운 교육 프로그램은 취업률을 높이는 데 효과가 없다(=기존의 취업 교육 프로그램을 이수한 사람의 취업률과 차이가 없다)'이므로 $H_0 : p = 0.7$이다. 대립가설은 '새로운 교육 프로그램이 취업률을 높인다'이므로 $H_1 : p > 0.7$이다.

63

표본의 크기가 $n = 10$에서 $n = 160$으로 증가한다면, 평균의 표준오차는 $n = 10$에서 얻은 경우와 비교할 경우 값의 변화는?

① $\dfrac{1}{4}$

② $\dfrac{1}{2}$

③ 2배

④ 4배

해설

표본의 크기가 $n = 10$일 때, 표준오차는 $\dfrac{\sigma}{\sqrt{10}}$ 이다. 표본의 크기가 160으로 증가하였으므로 평균의 표준오차는 $\dfrac{\sigma}{\sqrt{160}}$ 이다.

$\dfrac{\sigma}{\sqrt{160}} = \dfrac{\sigma}{4\sqrt{10}}$ 이므로 표준오차의 값은 $\dfrac{1}{4}$ 배 변화하였다.

64

여론조사 기관에서 특정 프로그램의 시청률을 조사하기 위하여 100명의 시청자를 임의로 추출하여 시청여부를 물었더니 이 중 10명이 시청하였다. 이때 이 프로그램의 시청률에 대한 95% 신뢰구간은? (단, 표준정규분포를 따르는 확률변수 Z는 $P(Z > 1.96) = 0.025$를 만족한다)

① $(0.0312, 0.1688)$ ② $(0.0412, 0.1588)$

③ $(0.0512, 0.1488)$ ④ $(0.0612, 0.1388)$

해설

모비율 p에 대한 $100(1-\alpha)\%$ 신뢰구간을 구하는 공식은 다음과 같다.

$$\hat{p} - Z_{\alpha/2}\sqrt{\frac{\hat{p}(1-\hat{p})}{n}} \leq p \leq \hat{p} + Z_{\alpha/2}\sqrt{\frac{\hat{p}(1-\hat{p})}{n}}$$

$\hat{p} = \dfrac{10}{100}$, 95% 신뢰구간이므로 $\alpha = 0.05$, $Z_{\alpha/2} = Z_{0.025} = 1.96$, $n = 100$이다.

$$\frac{10}{100} - 1.96\sqrt{\frac{\frac{10}{100}(1-\frac{10}{100})}{100}} \leq p \leq \frac{10}{100} + 1.96\sqrt{\frac{\frac{10}{100}(1-\frac{10}{100})}{100}} = 0.1 - 1.96\sqrt{\frac{0.1 \times 0.9}{100}} \leq p \leq 0.1 + 1.96\sqrt{\frac{0.1 \times 0.9}{100}}$$

∴ 이 프로그램의 시청률에 대한 95%의 신뢰구간은 $(0.0412, 0.1588)$이다.

65

한 학생이 경영학 과목에서 합격점수를 받을 확률은 $\dfrac{2}{3}$이고, 경영학과 통계학 두 과목에 모두 합격점수를 받을 확률은 $\dfrac{1}{2}$이다. 만일 이 학생이 경영학 과목에 합격했음을 알고 있다면, 통계학 과목에서 합격점수를 받았을 확률은?

① 20% ② 25%

③ 50% ④ 75%

해설

조건부 확률을 이용한다. B가 일어날 조건에서 A가 일어날 확률은 $P(A|B) = \dfrac{P(A \cap B)}{P(B)}$ 이다.

A : 통계학 과목에서 합격점수를 받았을 사건, B : 경영학 과목에 합격했을 사건

$\therefore P(A|B) = \dfrac{\frac{1}{2}}{\frac{2}{3}} = \dfrac{3}{4} = 75\%$이다.

66

앞면과 뒷면이 나올 확률이 동일한 동전을 10번 독립적으로 던질 때 앞면이 나오는 횟수를 X라고 하면 X의 기댓값과 분산은?

① $E(X) = 2.5$, $Var(X) = 5$

② $E(X) = 5$, $Var(X) = \sqrt{5}$

③ $E(X) = 5$, $Var(X) = \sqrt{2.5}$

④ $E(X) = 5$, $Var(X) = 2.5$

해설

공정한 동전을 던질 때 앞면이 나올 확률은 $\frac{1}{2}$이고 동전을 던지는 각 시행은 독립이며 이 시행을 10번 반복하므로 확률변수 X는 이항분포 $B(10, \frac{1}{2})$를 따른다.

이항분포의 평균은 $E(X) = 10 \times \frac{1}{2} = 5$, 분산은 $Var(X) = 10 \times \frac{1}{2} \times (1 - \frac{1}{2}) = 2.5$이다.

67

변동계수(Coefficient of Variation)에 대한 설명으로 틀린 것은?

① 변동계수는 0 이상, 1 이하의 값을 갖는다.

② 변동계수는 단위에 의존하지 않는 통계량이다.

③ 상대적인 산포의 측도로서 표준편차를 평균으로 나눈 값으로 정의된다.

④ 단위가 서로 다르거나 집단 간에 평균의 차이가 큰 산포를 비교하는 데 유용하게 사용된다.

해설

변동계수는 표준편차를 평균으로 나눈 값으로 변이계수라고도 한다. 단위가 다른 두 집단자료의 산포를 비교하거나 평균의 차이가 큰 두 집단의 산포를 비교할 때 이용하며, 관찰치의 산포의 정도를 상대적으로 비교할 수 있다. 변동계수의 값이 큰 분포보다 작은 분포가 상대적으로 평균에 더 밀집되어 있는 분포이다.

68

어떤 제품의 수명은 특정 부품의 수명과 밀접한 관계가 있다고 한다. 제품수명(Y)의 평균과 표준편차는 각각 13과 4이고, 부품수명(X)의 평균과 표준편차는 각각 12와 3이다. X와 Y의 상관계수가 0.6일 때, 추정회귀직선 $\hat{Y} = \hat{\alpha} + \hat{\beta}X$에서 기울기 $\hat{\beta}$의 값은?

① 0.6

② 0.7

③ 0.8

④ 0.9

해설

단순선형회귀에서 회귀직선 $\hat{Y} = \hat{\alpha} + \hat{\beta}X$, $\hat{\beta} = r\dfrac{S_Y}{S_X}$ 이다.

따라서 기울기는 $\hat{\beta} = 0.6 \times \dfrac{4}{3} = 0.8$이다.

69

다음 통계량 중 그 성격이 다른 것은?

① 분 산

② 최빈값

③ 평 균

④ 중앙값

해설

대푯값과 산포도
- 대푯값 : 자료의 대략적인 중심위치 파악(평균, 중앙값, 최빈값 등)
- 산포도 : 흩트러진 정도의 척도(분산, 표준편차, 변동계수, 범위 등)

70

어느 투자자의 연도별 수익률이 $x_1, x_2, \cdots, x_n$ 일 때, 연평균 수익률을 구하는 방법으로 가장 적절한 것은?

① 기하평균

② 산술평균

③ 절사평균

④ 조화평균

해설

기하평균은 변화율이나 비율의 평균을 구할 때 이용하는 수치로서 모든 측정치를 곱하여 측정치의 수만큼 제곱근을 구한 것이다. 변동률, 물가변동률, 경제성장률과 같은 비율의 대푯값 산정에 주로 쓰인다.

71

다음의 내용에 해당하는 가설로 가장 타당한 것은?

> 기존의 진통제는 진통효과가 지속되는 시간이 평균 30분이고 표준편차는 5분이라고 한다. 새로운 진통제를 개발하였는데, 개발팀은 이 진통제의 진통효과가 30분 이상이라고 주장한다.

① $H_0 : \mu = 30$, $H_1 : \mu > 30$

② $H_0 : \mu < 30$, $H_1 : \mu = 30$

③ $H_0 : \mu = 30$, $H_1 : \mu \neq 30$

④ $H_0 : \mu > 30$, $H_1 : \mu = 30$

해설

가설검정에서는 모집단의 모수에 대해서 어떤 조건을 가정하여 가설을 설정하는데 이때 이 가설을 귀무가설이라고 한다. 귀무가설은 '아무런 차이가 없다' 또는 '전혀 효과가 없다'는 내용을 의미하는 주장이다. 따라서 '새로운 진통제의 진통효과가 30분 이상이다'를 검정하기 위한 귀무가설은 '새로운 진통제의 진통효과가 30분이다(=기존의 진통제의 진통효과가 지속되는 시간과 차이가 없다)'이므로 $H_0 : \mu = 30$이다. 대립가설은 '새로운 진통제의 진통효과가 30분 이상이다'이므로 $H_1 : \mu > 30$이다.

72

일원배치법의 모형 $Y_{ij} = \mu + \alpha_i + \epsilon_{ij}$에서 오차항 ϵ_{ij}의 가정에 대한 설명으로 틀린 것은?

① 오차항 ϵ_{ij}는 서로 독립이다.

② 오차항 ϵ_{ij}의 기댓값은 0이다.

③ 오차항 ϵ_{ij}는 정규분포를 따른다.

④ 오차항 ϵ_{ij}의 분산은 동일하지 않아도 무방하다.

해설

분산분석의 오차항에 대한 기본 가정
• 독립성 : 임의의 오차 ϵ_{ij}와 ϵ_{ij}는 서로 독립이다.
• 정규성 : 오차 ϵ_{ij}의 분포는 정규분포를 따른다.
• 등분산성 : 오차 ϵ_{ij}의 분산은 σ^2으로 어떤 i, j에 대해서도 같다.

73

사건의 독립성에 관한 설명으로 틀린 것은?

① 두 사건 A와 B가 독립이면, A와 B^c 또한 독립이다.

② 두 사건 A와 B가 독립이면, A^c와 B^c 또한 독립이다.

③ 세 사건 A, B, C가 상호독립이면, A와 $B \cap C$ 또한 독립이다.

④ A와 B, A와 C, B와 C가 각각 독립이면, 세 사건 A, B, C가 상호 독립이다.

해설

① · ② 동전을 던졌을 때 처음 시행에 앞면이 나오는 사건을 A, 두 번째 시행에서 앞면이 나오는 사건을 B라고 하면 A와 B는 독립이다. 이때 처음 시행에 앞면이 나올 사건 A와 두 번째 시행에서 뒷면이 나올 사건 B^c은 독립이며 마찬가지로 처음 시행에 뒷면이 나올 사건 A^c과 B^c도 독립이다.

③ 동전을 던졌을 때 처음 시행에 앞면이 나오는 사건을 A, 두 번째 시행에서 앞면이 나오는 사건을 B, 세 번째 사건에서 앞면이 나오는 사건을 C라고 하면 세 사건 A, B, C는 상호독립이다. 이때, A와 $B \cap C$ 역시 독립이다.

74

오른쪽으로 꼬리가 긴 분포를 갖는 것은?

① 평균 = 40, 중위수 = 45, 최빈수 = 50

② 평균 = 40, 중위수 = 50, 최빈수 = 55

③ 평균 = 50, 중위수 = 45, 최빈수 = 40

④ 평균 = 50, 중위수 = 50, 최빈수 = 50

해설

분포의 형태

• 오른쪽으로 꼬리가 길게 늘어진 분포일 경우(좌측 비대칭 분포) '산술평균 > 중앙값 > 최빈값'의 관계를 가지며 왜도는 0보다 크다.

• 왼쪽으로 꼬리가 길게 늘어진 분포일 경우(우측 비대칭 분포) '산술평균 < 중앙값 < 최빈값'의 관계를 가지며 왜도는 0보다 작다.

75

지수의 필통에는 형광펜 4자루와 볼펜 3자루가 들어있고, 동환이의 필통에는 볼펜 4자루와 형광펜 3자루가 들어있다. 임의로 선택된 한 필통에서 펜을 한 자루 꺼낼 때 그 펜이 형광펜일 확률은?

① $\frac{1}{5}$

② $\frac{1}{4}$

③ $\frac{1}{3}$

④ $\frac{1}{2}$

해설

지수의 필통을 선택할 확률은 $\frac{1}{2}$ 이고 이때 형광펜이 나올 확률은 $\frac{4}{7}$ 이다.

동환이의 필통을 선택할 확률은 $\frac{1}{2}$ 이고 이때 형광펜이 나올 확률은 $\frac{3}{7}$ 이다.

따라서 임의로 선택한 한 필통에서 형광펜을 뽑을 확률은 $(\frac{1}{2} \times \frac{4}{7}) + (\frac{1}{2} \times \frac{3}{7}) = \frac{4}{14} + \frac{3}{14} = \frac{7}{14} = \frac{1}{2}$ 이다.

76

모표준편차가 σ인 모집단에서 크기가 10인 표본으로부터 표본평균을 구하여 모평균을 추정하였다. 표본평균의 표준오차를 반(1/2)으로 줄이려면, 추가로 표본을 얼마나 더 추출해야 하는가?

① 20

② 30

③ 40

④ 50

해설

표준오차를 반으로 줄이려면 $\frac{\sigma}{\sqrt{n}}$ 에서 $\frac{\sigma}{\sqrt{10}} \times \frac{1}{2} = \frac{\sigma}{\sqrt{40}}$ 이므로 표본의 크기는 40이 된다.

따라서 추가로 추출해야 하는 표본은 40-10=30이다.

77

회귀분석에서 관측값과 예측값의 차이는?

① 잔차(Residual)

② 오차(Error)

③ 편차(Deviation)

④ 거리(Distance)

75 ④ 76 ② 77 ① **정답**

78

가설검정 시 유의확률(p값)과 유의수준(α)의 관계에 대한 설명으로 맞는 것은?

① 유의확률 < 유의수준일 때 귀무가설을 기각한다.

② 유의확률 ≥ 유의수준일 때만 귀무가설을 기각한다.

③ 유의확률 ≠ 유의수준일 때 귀무가설을 기각한다.

④ 유의확률과 유의수준 중 어느 것이 큰가하는 문제와 가설검정과는 아무런 관계가 없다.

해설

유의확률(p값) < 유의수준(α)이면 귀무가설을 기각, 유의수준(α) < 유의확률(p값)이면 귀무가설을 채택한다.

79

어떤 연속확률변수 X의 평균이 0이고, 분산이 4이다. 체비셰프(Chebyshev) 부등식을 이용하여 $P(-4 \leq X \leq 4)$의 범위를 구하면?

① $P(-4 \leq X \leq 4) \leq 0.5$

② $P(-4 \leq X \leq 4) \geq 0.75$

③ $P(-4 \leq X \leq 4) \geq 0.95$

④ $P(-4 \leq X \leq 4) \leq 0.99$

해설

체비셰프 부등식은 $P(|X-\mu| \leq k\sigma) = P(-k\sigma \leq X-\mu \leq k\sigma) \geq 1-\dfrac{1}{k^2}$ 이다.

문제에서 $\mu=0$, $\sigma=\sqrt{4}=2$이므로 대입을 하면 $P(-2k \leq X-0 \leq 2k) = P(-4 \leq X \leq 4)$이다.

$k=2$로 $1-\dfrac{1}{k^2}=1-\dfrac{1}{2^2}=\dfrac{3}{4}$ 이다.

$\therefore P(-4 \leq X \leq 4) \geq 0.75$

80

X가 이항분포 $B(n, p)$를 따를 때, p의 불편추정량인 $\hat{p}=\dfrac{X}{n}$ 의 분산은?

① np

② $p(1-p)$

③ $\dfrac{p(1-p)}{n}$

④ $np(1-p)$

81

두 변량 X와 Y의 관계를 분석하고자 한다. X와 Y가 모두 연속형 변수일 때가 가장 적합한 분석은?

① 회귀분석
② 분산분석
③ 교차분석
④ 베이즈 분석

해설

분석방법

구 분	독립변수	종속변수
t검정	질적(범주형)	양적(연속형)
교차분석	질적(범주형)	질적(범주형)
분산분석	질적(범주형)	양적(연속형)
상관분석	양적(연속형)	양적(연속형)
회귀분석	양적(연속형)	양적(연속형)

82

단순회귀분석에서 결정계수 r^2에 대한 설명 중 틀린 것은?

① 추정회귀직선의 기울기가 0이면, $r^2 = 0$이다.
② 결정계수가 취할 수 있는 범위는 $0 \leq r^2 \leq 1$이다.
③ 모든 관찰점들이 추정회귀직선상에 위치하면 $r^2 = 1$이다.
④ 결정계수는 설명변수와 반응변수 사이의 상관계수와는 관계가 없다.

해설

결정계수의 특성
• $0 \leq r^2 \leq 1$
• 결정계수는 설명력을 의미하는 수치이다.
• 모든 측정값이 한 직선상에 놓이면, r^2=1이다.
• r^2은 독립변수의 수가 늘어날수록 증가한다.
• 단순회귀분석에서 결정계수는 상관계수의 제곱이지만 다중회귀분석에서는 상관계수의 제곱과 동일하지 않다.
• x와 y 사이에 회귀관계가 전혀 존재하지 않아 추정회귀직선의 기울기 b_1이 0인 경우에는 결정계수 r^2의 값은 0이다.

83

독립변수가 5개인 100개의 자료를 이용하여 절편이 있는 선형회귀모형을 추정할 때 잔차의 자유도는?

① 4

② 5

③ 94

④ 95

해설

독립변수의 수가 2개 이상이므로 다중회귀분석이다.

요 인	제곱합	자유도	평균제곱	F
회 귀	SSR	k	MSR	MSR/MSE
잔 차	SSE	$n-k-1$	MSE	
전 체	SST	$n-1$		

k는 독립변수의 수로 $k=5$, n는 전체 관측자료의 수로 $n=100$이다. 따라서 잔차의 자유도는 100-5-1=94이다.

84

행변수가 M개의 범주를 갖고 열변수가 N개의 범주를 갖는 분할표에서 행변수와 열변수가 서로 독립인지를 검정하고자 한다. $(i,\ j)$셀의 관측도수를 O_{ij}, 귀무가설 하에서의 기대도수의 추정치를 $\widehat{E}_{ij}$라 할 때, 이 검정을 위한 검정통계량은?

① $\sum_{i=1}^{M}\sum_{j=1}^{N}\dfrac{(O_{ij}-\widehat{E}_{ij})^2}{O_{ij}}$

② $\sum_{i=1}^{M}\sum_{j=1}^{N}\dfrac{(O_{ij}-\widehat{E}_{ij})}{\widehat{E}_{ij}}$

③ $\sum_{i=1}^{M}\sum_{j=1}^{N}\dfrac{(O_{ij}-\widehat{E}_{ij})^2}{\widehat{E}_{ij}}$

④ $\sum_{i=1}^{M}\sum_{j=1}^{N}\dfrac{(O_{ij}-\widehat{E}_{ij})}{\sqrt{n\widehat{E}_{ij}O_{ij}}}$

해설

카이제곱 독립성 검정에서 검정통계량은 $\sum_{i=1}^{M}\sum_{j=1}^{N}\dfrac{(O_{ij}-\widehat{E}_{ij})^2}{\widehat{E}_{ij}}$ 이다.

85

어떤 회사에서 생산되는 제품이 부적합품일 확률은 서로 독립적으로 0.01이라 한다. 이 회사는 한 상자에 10개씩 포장해서 판매를 하는데 만일 한 상자에 부적합품이 2개 이상이면 돈을 환불해준다. 판매된 한 상자가 반품될 확률은 약 얼마인가?

① 0.1%
② 0.4%
③ 9.1%
④ 9.6%

해설

이항분포 확률을 활용한다. 상자가 반품되지 않는 경우는 한 상자에 부적합품이 없거나 1개가 있는 경우이다. 전체 사건에서 상자가 반품되지 않는 사건을 제외하면 상자가 반품될 사건을 구할 수 있다.

$$1 - (_{10}C_0 \times (0.01)^0 (0.99)^{10} + _{10}C_1 \times (0.01)^1 (0.99)^9) \fallingdotseq 0.004$$

따라서 판매될 상자가 반품될 확률은 0.4%이다.

86

"남녀 간 월급여의 차이가 있다"라는 주장을 검정하기 위하여 사회조사를 실시하였다. 조사결과 남자집단의 월평균급여를 μ_1, 여자집단의 월평균급여를 μ_2라고 한다면, 귀무가설은?

① $\mu_1 = \mu_2$

② $\mu_1 < \mu_2$

③ $\mu_1 \neq \mu_2$

④ $\mu_1 > \mu_2$

해설

가설검정에서는 모집단의 모수에 대해서 어떤 조건을 가정하여 가설을 설정하는데 이때 이 가설을 귀무가설이라고 한다. 귀무가설은 '아무런 차이가 없다' 또는 '전혀 효과가 없다'는 내용을 의미하는 주장이다. 따라서 '남녀 간 월급여의 차이가 있다'를 검정하기 위한 귀무가설은 '남녀 간 월급여의 차이가 없다'이므로 $\mu_1 = \mu_2$이다.

87

다음 표는 성별과 혼인상태에 따른 교차표이다. 이 표에 대한 설명으로 틀린 것은?

구 분		혼인상태			
		미 혼	기 혼	기 타	계
성 별	남 성	13	45	1	59
	여 성	85	43	6	134
	합 계	98	88	7	193

① 남성 가운데 미혼자의 비율은 22%이다.

② 기혼자 가운데 여성의 비율은 48.9%이다.

③ 전체에서 여성이 차지하는 비율은 69.4%이다.

④ 전체에서 여성 기혼자가 차지하는 비율은 42.3%이다.

해설

① $\dfrac{\text{남성 미혼자}}{\text{남성}} = \dfrac{13}{59} ≒ 22\%$

② $\dfrac{\text{여성 기혼자}}{\text{기혼자}} = \dfrac{43}{88} ≒ 48.9\%$

③ $\dfrac{\text{여성}}{\text{전체}} = \dfrac{134}{193} ≒ 69.4\%$

④ $\dfrac{\text{여성 기혼자}}{\text{전체}} = \dfrac{43}{193} ≒ 22.3\%$

88

연속형 확률변수 X의 확률밀도함수가 다음과 같을 때 상수 k값과 $P(|X|>1)$을 순서대로 구하면?

$$f(x) = \begin{cases} -\dfrac{1}{4}|x|+k, & |x| \leq 2\text{인 경우} \\ 0 & , \ \text{그 외} \end{cases}$$

① $\dfrac{1}{4}$, $\dfrac{1}{4}$

② $\dfrac{1}{2}$, $\dfrac{1}{4}$

③ $\dfrac{1}{2}$, $\dfrac{1}{2}$

④ $\dfrac{1}{4}$, $\dfrac{1}{2}$

해설

해당 문제는 확률밀도함수의 전반적인 이해와 개념을 포함해 고등수학의 미적분 개념이 추가로 요구되기에, 해당 개념이 익숙지 않은 학습자의 경우 문제 풀이 전개 과정이 길고 그 과정을 이해하는 데 시간과 문제 풀이 연습이 필요하다는 점을 참고하여 학습하기를 바란다. 문제의 풀이는 다음과 같다.

연속형 확률변수 X의 확률밀도함수의 합은 항상 1이다.

$0 \leq x \leq 2$일 때, $\displaystyle\int_0^2 -\frac{1}{4}x+kdx = \left[-\frac{1}{8}x^2+kx\right]_0^2 = \left(-\frac{1}{2}+2k\right)-(0+0k) = -\frac{1}{2}+2k$

$-2 \leq x \leq 0$일 때, $\displaystyle\int_{-2}^0 \frac{1}{4}x+kdx = \left[\frac{1}{8}x^2+kx\right]_{-2}^0 = (0+0k)-\left(\frac{1}{2}-2k\right) = -\frac{1}{2}+2k$

$\left(-\frac{1}{2}+2k\right)-\frac{1}{2}+2k = 1$로 식을 전개하면 $k=\frac{1}{2}$이다.

문제에서 요구하는 $P(|X|>1) = 1-P(-1 \leq X \leq 1)$이므로

$0 \leq x \leq 1$일 때, $f(x)$를 적분하면 $\displaystyle\int_0^1 -\frac{1}{4}x+\frac{1}{2}dx = \left[-\frac{1}{8}x^2+\frac{1}{2}x\right]_0^1 = -\frac{1}{8}+\frac{1}{2}-0 = \frac{3}{8}$이다.

$-1 \leq x \leq 0$일 때, $f(x)$를 적분하면 $\displaystyle\int_{-1}^0 \frac{1}{4}x+\frac{1}{2}dx = \left[\frac{1}{8}x^2+\frac{1}{2}x\right]_{-1}^0 = 0-\left(\frac{1}{8}-\frac{1}{2}\right) = \frac{3}{8}$이다.

위 두 식을 합한 $P(-1 \leq X \leq 1) = \frac{6}{8} = \frac{3}{4}$이다.

$\therefore \ P(|X|>1) = 1-P(-1 \leq X \leq 1) = 1-\frac{3}{4} = \frac{1}{4}$

89

일원배치 분산분석에 대한 설명으로 틀린 것은?

① 집단 간 평균을 비교하는 분석이다.
② 요인이 2개인 경우에 적용할 수 있다.
③ 유의확률이 유의수준보다 크면 귀무가설을 기각할 수 없다.
④ 검정통계량은 집단 내 제곱합과 집단 간 제곱합으로 구한다.

해설

일원배치 분산분석은 요인이 1개인 경우의 종속변수(반응변수)의 평균차이 분석에 사용한다.

90

모집단의 모수 θ에 대한 추정량(Estimator)으로서 지녀야 할 성질 중 일치추정량에 대한 설명으로 가장 적합한 것은?

① 추정량의 평균이 θ가 되는 추정량을 의미한다.
② 여러 가지 추정량 중 분산이 가장 작은 추정량을 의미한다.
③ 모집단으로부터 추출한 표본의 정보를 모두 사용한 추정량을 의미한다.
④ 표본의 크기가 커질수록 추정량이 모수에 가까워지는 성질을 의미한다.

해설

일치추정량이란 표본의 크기(n)가 커짐에 따라 추정량 $\hat{\theta}$이 확률적으로 모수 θ에 가깝게 수렴하는 성질이다.
즉, $\lim_{n \to \infty} P(|\hat{\theta} - \theta| < \epsilon) = 1$이다.

91

확률변수 X와 Y는 서로 독립이며, $X \sim N(1, 1^2)$이고, $Y \sim N(2, 2^2)$이다. $P(X + Y \geq 5)$을 표준정 규분포의 누적분포함수 $\Phi(x)$를 이용하여 나타내면?

① $\Phi\left(-\dfrac{2}{3}\right)$

② $\Phi\left(-\dfrac{2}{\sqrt{5}}\right)$

③ $\Phi\left(\dfrac{2}{3}\right)$

④ $\Phi\left(\dfrac{3}{\sqrt{5}}\right)$

해설

$X \sim N(1, 1^2)$이므로 $E(X) = 1$, $V(X) = 1^2$

$Y \sim N(2, 2^2)$이므로 $E(Y) = 2$, $V(Y) = 2^2$

$X + Y = K$라고 하면

$E(K) = E(X + Y) = E(X) + E(Y) = 1 + 2 = 3$

$V(K) = V(X + Y) = V(X) + 2Cov(X + Y) + V(Y)$

$\qquad = 1^2 + 0 + 2^2 \, (\because X, \ Y$는 독립이므로 $Cov(X, Y) = 0)$

$\qquad = 5$

따라서 $K \sim N(3, 5)$이다.

$P(X + Y \geq 5) = P(K \geq 5)$이고, 표준화하면 $P(K \geq 5) = P(\dfrac{K - 3}{\sqrt{5}} \geq \dfrac{5 - 3}{\sqrt{5}}) = P(Z \geq \dfrac{2}{\sqrt{5}})$

누적분포함수 $\Phi(x) = P(Z \leq x)$이고, 위에서 구한 $P(Z \geq \dfrac{2}{\sqrt{5}}) = P(Z \leq -\dfrac{2}{\sqrt{5}})$이므로

$P(X + Y \geq 5)$을 표준정규분포의 누적분포함수 $\Phi(x)$로 나타내면 $\Phi(-\dfrac{2}{\sqrt{5}})$이다.

92

어느 도시의 금연운동단체에서는 청소년들의 흡연율 p를 조사하기 위해 이 도시에 거주하는 청소년들 중 1200명을 임의로 추출하여 조사한 결과 96명이 흡연을 하고 있었다. 이 도시 청소년들의 흡연율 p의 추정값 $\hat{p}$와 $\hat{p}$의 95% 오차한계는? (단, $P(Z > 1.645) = 0.05$, $P(Z > 1.96) = 0.025$, $P(Z > 2.58) = 0.005$이다)

① $\hat{p}$ = 0.06, 오차한계 = 0.013

② $\hat{p}$ = 0.08, 오차한계 = 0.013

③ $\hat{p}$ = 0.08, 오차한계 = 0.015

④ $\hat{p}$ = 0.08, 오차한계 = 0.020

해설

도시 청소년들의 흡연율 p의 추정값 $\hat{p}$는 96/1200=0.080이다.

모비율 추정 시 표본의 크기를 구하는 공식인 $n \geq \hat{p}(1-\hat{p})\left(\dfrac{Z_{\alpha/2}}{D}\right)^2$ 을 이용해 오차한계 D를 구할 수 있다.

n=1200, $Z_{\alpha/2} = Z_{0.025}$=1.96, $\hat{p}$=0.08을 각각 대입하면 $1200 \geq 0.08(1-0.08)\left(\dfrac{1.96}{D}\right)^2 = 1200 \geq \dfrac{736}{10000} \times \dfrac{(1.96)^2}{D^2}$

$\therefore D = \sqrt{\dfrac{736}{10000} \times (1.96)^2 \times \dfrac{1}{1200}} = 0.015$

93

모 상관계수가 ρ인 이변량 정규분포를 따르는 두 변수에 대한 자료 $(x_i, y_i)(i = 1, 2, \cdots, n)$에 대하여

표본상관계수 $r = \dfrac{\displaystyle\sum_{i=1}^{n}(x_i - \overline{x})(y_i - \overline{y})}{\sqrt{\displaystyle\sum_{i=1}^{n}(x_i - \overline{x})^2}\sqrt{\displaystyle\sum_{i=1}^{n}(y_i - \overline{y})^2}}$ 을 이용하여 귀무가설 $H_0 : \rho = 0$ 을 검정하고자

한다. 이때 사용되는 검정통계량과 그 자유도는?

① $\sqrt{n-1}\,\dfrac{r}{\sqrt{1-r}}$, $n-1$

② $\sqrt{n-2}\,\dfrac{r}{\sqrt{1-r}}$, $n-2$

③ $\sqrt{n-1}\,\dfrac{r}{\sqrt{1-r^2}}$, $n-1$

④ $\sqrt{n-2}\,\dfrac{r}{\sqrt{1-r^2}}$, $n-2$

해설

상관계수의 유의성 검정에서 검정통계량은 $\sqrt{n-2}\,\dfrac{r}{\sqrt{1-r^2}}$ 이고 자유도가 $n-2$이다.

94

다음 자료에 대한 설명으로 틀린 것은?

| 1 | 3 | 5 | 10 | 1 |

① 최빈값은 1이다.
② 평균은 4이다.
③ 중위수는 5이다.
④ 범위는 9이다.

해설

자료를 오름차순으로 다시 배열하면 1 1 3 5 10이다. 자료의 개수가 5개로 홀수이므로 중위수는 $\frac{(n+1)}{2}$=3번째 값인 3이다.

95

연속확률변수 X의 확률밀도함수가 다음과 같을 때 X의 기댓값은? (단, 여기서 k는 양의 상수이다)

$$f(x) = \begin{cases} kx(1-x), & 0 \le x \le 1 \\ 0 & , \ x < 0 \ \text{또는} \ x > 1 \end{cases}$$

① 0.25
② 0.5
③ 0.75
④ 1

해설

해당 문제는 88번 문제와 마찬가지로 확률밀도함수의 전반적인 이해와 개념을 포함해 고등수학의 미적분 개념이 추가로 요구되기에, 해당 개념이 익숙지 않은 학습자의 경우 문제 풀이 전개 과정이 낯설고 그 과정을 이해하는 데 시간과 문제 풀이 연습이 필요하다는 점을 참고하여 학습하기를 바란다. 문제의 풀이는 다음과 같다.

연속형 확률변수 X의 확률밀도함수의 합은 항상 1이다.

$f(x) = kx(1-x)$를 적분하면 누적확률분포 함수 $F(X) = \frac{1}{2}kx^2 - \frac{1}{3}kx^3$이다.

이 때 범위는 $0 \le x \le 1$이기에 $\left[\frac{1}{2}kx^2 - \frac{1}{3}kx^3 \right]_0^1 = \frac{1}{2}k - \frac{1}{3}k = \frac{1}{6}k = 1$이므로 $k=6$이다.

$f(x) = 6x(1-x)$로 연속확률변수 X의 확률밀도함수의 기댓값을 구하면 다음과 같다.

$$\int_0^1 xf(x)dx = \int_0^1 6x^2 - 6x^3 dx = \left[\frac{1}{3}6x^3 - \frac{1}{4}6x^4 dx \right]_0^1$$

$$= \frac{1}{2} = 0.5$$

96

상관계수의 범위에 관한 설명으로 맞는 것은?

① 상관계수의 범위는 0에서 1이다.　　② 상관계수의 범위는 1에서 2이다.

③ 상관계수의 범위는 −1에서 0이다.　　④ 상관계수의 범위는 −1에서 1이다.

해설

상관계수는 −1에서 1 사이의 값을 갖는다.

97

정규분포에 대한 설명으로 틀린 것은?

① 평균과 중위수가 동일하다.

② 평균을 중심으로 좌우대칭형의 분포를 이룬다.

③ 확률밀도함수는 평균과 표준편차에 의해 결정된다.

④ 평균을 중심으로 1σ(표준편차) 구간 내에 포함될 확률은 95%이다.

해설

① 정규분포는 평균, 중위수, 최빈수가 같다.

② 정규분포는 평균 μ에 관해서 좌우대칭이다.

③ 확률변수 X가 평균 μ, 표준편차 σ를 갖는 정규분포를 따를 때, $X \sim N(\mu, \sigma^2)$으로 표현한다.

98

두 개의 정규모집단으로부터 추출한 독립인 확률표본에 기초하여 모분산에 대한 가설 $H_0 : \sigma_1^2 = \sigma_2^2$ vs $H_1 : \sigma_1^2 > \sigma_2^2$을 검정하고자 한다. 검정방법으로 맞는 것은?

① $F-$검정　　　　　　　　　　　② $t-$검정

③ χ^2-검정　　　　　　　　　　④ $z-$검정

해설

모분산 $\sigma_1^2 = \sigma_2^2$에 대한 가설검정에서

대립가설이 $H_1 : \sigma_1^2 > \sigma_2^2$ 또는 $H_1 : \sigma_1^2 \neq \sigma_2^2$이면 검정통계량은 $F = \dfrac{S_1^2/\sigma_1^2}{S_2^2/\sigma_2^2}$이다.

대립가설이 $H_1 : \sigma_1^2 < \sigma_2^2$이면 검정통계량은 $F = \dfrac{S_2^2/\sigma_2^2}{S_1^2/\sigma_1^2}$이다.

99

다음 분산분석표에 대응하는 통계적 모형으로 적절한 것은?

요 인	제곱합	자유도	제곱평균	F_0	$F(0.05)$
회 귀	550.8	4	137.7	18.36	4.12
잔 차	112.5	15	7.5		
계	663.3	19			

① 수준수가 4인 일원배치모형

② 독립변수가 4개인 중회귀모형

③ 종속변수가 3개인 중회귀모형

④ 종속변수가 1개인 단순회귀모형

해설

회귀자유도는 독립변수가 4개라는 뜻이므로 독립변수가 4개인 중회귀모형에 해당한다.

100

어느 화장품 회사에서 새로 개발한 상품에 대한 선호도를 조사하려고 한다. 400명의 조사 대상자 중 새 상품을 선호한 사람은 220명이었다. 이때 다음 가설에 대한 유의확률은? (단, $Z \sim N(0, 1)$이다)

$$H_0 : p = 0.5 , \ H_1 : p > 0.5$$

① $P(Z \geq 1)$

② $P(Z \geq \dfrac{5}{4})$

③ $P(Z \geq 2)$

④ $P(Z \geq \dfrac{3}{2})$

해설

모비율에 대한 가설검정은 검정통계량 $Z = \dfrac{\hat{p} - p_0}{\sqrt{p_0(1-p_0)/n}}$ 을 이용한다.

$\hat{p} = \dfrac{220}{400} = 0.55$, $p_0 = 0.5$, $n = 400$이므로 $Z = \dfrac{0.55 - 0.5}{\sqrt{0.5(1-0.5)/400}} = 2$

따라서 유의확률 p-값은 $P(Z \geq 2)$이다.

2022년

기출문제

제1회 기출문제해설

제 **1** 회

01

과학적 연구조사를 목적에 따라 탐색조사, 기술조사, 인과조사로 분류할 때 기술조사에 해당하는 것은?

① 종단조사
② 문헌조사
③ 사례조사
④ 전문가의견조사

해설

탐색조사에는 문헌조사, 사례조사, 전문가의견조사 등이 있다. 기술조사에는 횡단조사, 종단조사가 대표적이다.

02

설문지의 질문으로 가장 적합한 것은?

① 당신의 국적은 어디입니까?
② 당신 아버지의 수입은 얼마입니까?
③ 미친 사람에 대한 당신의 반응은 어떻습니까?
④ 어묵과 붕어빵을 파는 노점상들 간에는 경쟁이 치열합니까?

해설

② 수입이 연봉을 뜻하는지, 월급을 뜻하는지 등에 대한 기준이 명확하지 않다.
③ 미친 사람에 대한 개념이 명확하지 않다.
④ 어묵과 붕어빵을 모두 파는 노점상들 간의 경쟁인지 어묵을 파는 노점상과 붕어빵을 파는 노점상 간의 경쟁인지 명확하지 않다.

03

일반적으로 실행되는 면접조사, 전화조사, 우편조사를 비교한 설명으로 틀린 것은?

① 3가지 방법 모두 개방형 질문을 활용할 수 있다.

② 조사자의 영향을 가장 적게 받는 것은 전화조사이다.

③ 복잡한 질문을 다루는 데는 면접조사가 가장 적합하다.

④ 익명성을 보장하려면 면접조사보다는 우편조사를 실시한다.

해설

조사자의 영향을 가장 적게 받는 것은 조사자와 직접 대면하거나 대화하지 않는 우편조사이다.

04

연구자가 검정요인(Test Factor)을 연구에 도입하는 가장 큰 이유는?

① 측정의 타당도 향상

② 측정의 신뢰도 향상

③ 일반화 가능성의 증대

④ 상관관계의 허위 여부 확인

해설

연구자는 검정요인을 통해 상관관계의 허위 여부를 과학적으로 규명하고 확인한다.

05

면접조사에서 조사자가 준수해야 할 일반적인 원칙으로 틀린 것은?

① 질문지를 숙지하고 있어야 한다.

② 응답자와 친숙한 분위기를 형성하여야 한다.

③ 개방형 질문의 경우에는 응답 내용을 해석하고 요약하여 기록하여야 한다.

④ 면접자는 응답자가 이질감을 느끼지 않도록 복장이나 언어사용에 유의하여야 한다.

해설

면접의 내용은 가능한 한 자신의 주관을 배제한 채 응답자의 응답 내용 그대로를 기록하는 것이 바람직하며 질문의 목적과 연관된 것에 대해서는 사소한 것이라도 빼놓지 않고 기록해야 한다.

06

다음에서 설명하고 있는 것은?

> 하나의 사실과 다른 사실과의 관계를 잠정적으로 나타내는 것으로 이것에 대한 검증을 통해 연구자가 제기한 문제의 해답을 내리게 되는 것이다.

① 가 설 ② 연구문제
③ 관 찰 ④ 인과관계

해설

가설은 하나의 사실과 다른 사실과의 관계를 잠정적으로 나타내는 것으로 이를 검증함으로써 특정 현상에 대한 설명을 가능하게 해주어 연구자가 제기한 문제의 해답을 내린다.

07

질문지 작성원칙과 가장 거리가 먼 것은?

① 연구자의 가치관이나 의견이 반영된 문장을 사용한다.
② 질문이 짧을수록 좋고 부연설명이나 단어의 중복 사용은 피해야 한다.
③ 복합적인 질문을 피하고, 두 개 이상의 질문을 하나로 묶지 말아야 한다.
④ 질문은 그 자체로서 의미가 명확히 전달될 수 있도록 구성하고 모호한 질문은 피해야 한다.

해설

일반적인 질문지 작성원칙
• 명료하고 구체적인 질문
• 질문의 필수성
• 응답자가 응답 가능한 질문
• 상호배타적인 질문 항목
• 질문의 가치중립성

08

관찰기법 분류에 관한 설명으로 틀린 것은?

① 응답자에게 자신이 관찰된다는 사실을 알려주고 관찰하는 것은 공개적 관찰이다.
② 관찰할 내용이 미리 명확히 결정되어, 준비된 표준양식에 관찰사실을 기록하는 것은 체계적 관찰이다.
③ 청소년의 인터넷 이용실태를 조사하기 위해 PC방을 방문하여 이용 상황을 옆에서 직접 지켜본다면 직접관찰이다.
④ 컴퓨터브랜드 선호도 조사를 위해 판매 매장과 비슷한 상황을 만들어 표본으로 선발된 소비자로 하여금 제품을 선택하게 하여 행동을 관찰한다면 자연적 관찰이다.

해설

관찰이 일어나는 상황이 인공적인지 여부에 따라 자연적/인위적 관찰로 나누어진다. ④는 인위적 관찰에 해당한다.

09

종단연구(Longitudinal Study)에 관한 설명으로 틀린 것은?

① 추세분석은 종단연구에 속한다.
② 조사내용의 시간에 따른 변화를 분석한다.
③ 변화분석은 조사내용의 시간에 따른 변화의 원인에 대한 분석도 포함한다.
④ 패널조사란 특정 조사대상자들을 선정하여 단 한 차례만 조사를 실시하는 방법이다.

해설

패널조사란 특정 응답자 집단인 패널을 정해 놓고 그들로부터 상당히 긴 시간 동안 지속적으로 연구자가 필요로 하는 정보를 획득하는 방법이다.

10

변수사이의 관계에 대한 설명으로 맞는 것은?

① X와 Y 사이에 매개변수가 있을 경우, X와 Y 사이에는 인과관계가 존재하지 않는다.
② X와 Y가 실제로는 정(Positive)의 관계를 가지면서도, 상관계수는 부(Negative)의 관계로 나타날 수 있다.
③ X와 Y의 상관계수(피어슨의 상관계수)가 0이면, 두 변수 간에는 아무런 관계가 존재하지 않는다고 결론 짓는다.
④ X가 Y보다 논리적으로 선행하고 두 변수가 높은 상관을 보이면, 두 변수 X와 Y가 인과관계가 있다고 결론짓는다.

해설

① 매개변수가 있어도 인과관계는 존재한다.
③ 상관계수가 0이면, 변수 간에 선형연관성이 없는 것이지 곡선의 연관성은 있을 수 있다.
④ 인과관계는 시간적 선후관계, 동시변화성, 비허위적 관계를 만족해야 한다. 동시변화성에 대한 설명이 없으므로 인과관계가 있다고 결론 지을 수 없다.

11

다음은 과학적 방법의 특징 중 무엇에 관한 설명인가?

> 대통령 후보 지지율에 대한 여론조사를 여당과 야당이 동시에 실시하였다. 서로 다른 동기에 의해서 조사를 하였지만, 양쪽의 조사설계와 자료수집 과정이 객관적이라면 서로 독립적으로 조사했더라도 양쪽 당의 조사 결과는 동일해야 한다.

① 검증가능성   ② 상호주관성
③ 재생가능성   ④ 논리적 일관성

해설
상호주관성은 간주관성이라고도 불리는 것으로, 비록 연구자들이 주관을 달리할지라도 같은 방법을 사용했을 때는 같은 해석 또는 설명에 도달할 수 있어야 한다는 것이다.

12

일반적으로 가장 높은 응답률을 확보할 수 있는 조사방법은?

① 우편설문법   ② 전화설문법
③ 직접면접법   ④ 전자서베이

해설
조사자와 조사대상자가 직접 대면하기 때문에 질문의 내용을 응답자가 잘 이해하지 못하는 경우 면접자가 설명해 줄 수 있다. 응답자의 내용이 분명하지 않은 경우에도 면접자가 응답의 내용을 점검할 수 있으므로 응답의 오류를 줄일 수 있으며, 높은 응답률을 확보할 수 있다.

13

분석단위와 연구내용이 잘못 짝지어진 것은?

① 도시 – 흑인이 많은 도시에서 범죄율이 높은 것으로 나타났다.
② 도시 – 인구가 10만 명 이상인 도시 중 89%는 적어도 종합 병원이 2개 이상 있었다.
③ 개인 – 전체 농부 중에서 32%가 여성임에도 불구하고 여성은 전통적으로 농부라기보다 농부의 아내로 인식되었다.
④ 개인 – 1970년부터 현재까지 고용주가 게재한 구인광고의 내용과 강점이 어떻게 변화되었는지 파악하였다.

해설
④ 개인, 집단, 공식적 사회조직, 사회적 생산물 등의 분석단위 중 구인광고는 사회적 생산물에 해당한다.

14

사회조사연구의 과정을 순서대로 잘 배열한 것은?

① 가설형성 → 자료수집 → 표본선정 → 보고서작성
② 표본선정 → 연구문제 정립 → 가설형성 → 자료수집
③ 연구문제 정립 → 가설형성 → 표본선정 → 자료수집
④ 자료수집 → 연구문제 선정 → 자료처리 → 보고서작성

해설

일반적인 과학적 연구 과정은 '문제의 정립 → 가설의 구성(설정) → 연구의 설계 → 자료의 수집 → 자료의 분석·해석 및 이용 → 보고서 작성'을 따른다.

15

다음 중 좋은 가설이 아닌 것은?

① 자녀 학업을 위한 가족분리는 바람직하지 않다.
② 부모의 학력이 높을수록 자녀의 학력도 높아진다.
③ 리더십 형태에 따라 직원의 직무만족도가 달라진다.
④ 고객만족도가 높을수록 기업의 재무적 성과가 더 높아진다.

해설

① 종속변수와 독립변수의 관계에 대한 설명이 없어 가설의 형태가 아니다.

16

실험설계를 위한 필수요건과 가장 거리가 먼 것은?

① 통제집단과 비교집단을 함께 갖추어야 한다.
② 실험대상자들을 실험집단과 통제집단으로 무작위 배분하여야 한다.
③ 독립변수는 실험집단에만 투입하고 통제집단에서는 통제되어야 한다.
④ 독립변수의 효과를 추정하기 위해 두 집단의 종속변수 값이 비교되어야 한다.

해설

실험설계는 기본적으로 실험집단과 통제집단, 자극의 세 가지 요소로 이루어지며, 통제집단과 비교집단을 함께 갖출 필요는 없다.

17

실험연구 설계의 원리에 해당하지 않는 것은?

① 측정 과정에서 발생하는 오차를 최소화해야 한다.

② 실험설계는 조사 질문에 대한 해답을 구할 수 있도록 설계되어야 한다.

③ 실험설계의 중요한 목적 중 하나인 분석 결과의 타당성 확보를 위해서 통제과정이 중요하다.

④ 변수 간 인과관계를 도출한 실험 결과가 일반화되기 위해서 실험 대상들이 무작위 또는 작위적으로 추출
되어야 한다.

해설

변수 간 인과관계를 도출한 실험 결과가 일반화되기 위해서는 실험 대상들이 무작위적으로 추출되어야 한다.

18

두 변수들 사이에 인과관계가 존재하기 위해 필요한 조건과 가장 거리가 먼 것은?

① 원인은 시간적으로 결과를 선행한다.

② 두 변수는 경험적으로 서로 상호 관련되어 있다.

③ 두 변수의 값은 각각 다른 변수의 값에 의하여 결정된다.

④ 두 변수의 상관관계는 제3의 변수에 의해 만들어진 것이 아니다.

해설

인과관계의 일반적인 성립조건
- 시간적 선후관계 : 원인이 되는 사건이나 현상이 시간적으로 결과보다 먼저 발생해야 한다.
- 동시변화성의 원칙(공변관계) : 원인이 되는 현상이 변화하면, 결과적인 현상도 항상 같이 변화해야 한다.
- 비허위적 관계 : 외부의 영향력을 배제한 상태에서 순수하게 두 변수만의 관계를 볼 수 있어야 한다.

19

**특정한 시기에 태어났거나 동일 시점에 특정 사건을 경험한 사람들을 대상으로 이들이 시간이 지남에 따라
어떻게 변화하는지를 조사하는 방법은?**

① 사례조사

② 패널조사

③ 코호트조사

④ 전문가의견조사

해설

코호트조사는 일정 기간 어떤 한정된 부분 모집단의 변화를 연구하는 것으로서, 특정 경험을 같이하는 사람들이 가지는 특성들에
대해 두 번 이상의 다른 시기에 걸쳐서 비교·연구하는 방법이다.

20

직접 관찰과 간접 관찰을 분류하는 기준으로 맞는 것은?

① 상황이 인공적인지 여부
② 의사결정 문제의 확정 여부
③ 관찰시기와 행동발생의 일치 여부
④ 응답자가 관찰사실을 아는지 여부

해설

관찰시기가 행동발생과 일치하는가 여부에 따라 직접, 간접 관찰로 나누어진다.

21

자료수집방법에 관한 설명으로 틀린 것은?

① 비반응성 자료수집 : 연구 대상의 반응성 오류를 피할 수 있다.
② 대인면접설문 : 방문 조사원에 의해 보충적인 자료가 수집될 수 있다.
③ 우편설문 : 원래 표본으로 추출된 응답자가 응답하지 않을 수 있다.
④ 실험자료수집 : 개입을 제공하기 전에는 종속변수의 측정이 사실상 불가능하다.

해설

개입 전에 종속변수에 대한 사전검사를 실시하고, 개입 후에 사후검사를 실시하여 두 값의 비교를 통해 종속변수의 변화 정도를 확인한다.

22

우편조사와 비교했을 때, 면접조사가 가지는 장점이 아닌 것은?

① 응답률이 높다.
② 응답자에게 익명성에 대한 확신을 부여할 수 있다.
③ 응답자와 그 주변의 상황들을 직접 관찰할 수 있다.
④ 민감하지 않은 질문은 보다 신뢰성 있는 대답을 얻을 수 있다.

해설

우편조사는 응답자가 조사지를 다시 발송할 때 주소를 기재하지 않는 등의 방법으로 익명성을 높일 수 있다. 반면 면접조사는 조사자와 응답자를 직접 조사하는 방법이므로 응답자의 익명성이 보장되지 않는다.

23

면접 중에 피면접자가 너무 짧은 응답만을 하였다. 이 상황에서 면접자가 이용할 수 있는 프로빙(Probing)의 기법이 아닌 것은?

① 간단한 찬성적 응답을 한다.
② 물끄러미 상대방을 응시한다.
③ 응답자의 대답을 되풀이한다.
④ 다른 대답은 어떻겠냐고 예를 들어 물어본다.

해설

프로빙은 면접 과정에서 응답자의 대답이 불충분하거나 정확하지 못할 때 행하는 탐색 질문을 뜻하는 것으로서, 충분하고 정확한 대답을 캐내는 과정이다. 응답을 원하는 태도나 표정을 한쪽으로 유도해서는 안 되며 필요 이상의 지나친 질문은 삼가야 한다.

24

사회과학적 연구의 일반적인 연구목적과 가장 거리가 먼 것은?

① 사건이나 상황을 예측(Prediction)하는 것이다.
② 사건이나 현상을 설명(Explanation)하는 것이다.
③ 새로운 이론(Theory)이나 가설(Hypothesis)을 만드는 것이다.
④ 사건이나 상황을 기술 또는 서술(Description)하는 것이다.

해설

일반적으로 사회과학적 연구는 현상을 탐색, 기술, 설명하는 것을 목적으로 한다. 탐색은 보통 연구 문제에 대한 사전지식이 부족하거나 개념을 보다 분명히 하는 것이고, 기술은 현상을 정확하게 기술하는 것이 주목적이며, 설명은 어떤 사실과의 관계를 파악하여 인과관계를 규명하거나 미래를 예측하는 것이다.

25

자료수집을 위한 사전검사에서 검토할 사항이 아닌 것은?

① 응답에 일관성이 있는지의 여부를 검토한다.
② 보다 나은 결과를 얻기 위하여 대규모 표본조사를 실시한다.
③ 응답 거부나 "모른다"라는 항목에 표시한 경우가 많은지 여부를 검토한다.
④ 한쪽으로 치우치는 응답이 나오거나 질문순서의 변화에 따른 반응의 변화를 검토한다.

해설

소규모 사전검사를 실시하여 잘못된 문항을 수정하거나 삭제·추가한다.

26

표적집단면접법(Focus Group Interview)에 대한 설명으로 틀린 것은?

① 표본이 특정 집단이기 때문에 조사 결과의 일반화가 어려운 단점이 있다.

② 조사자의 개입이 미비하므로 조사자의 주관이나 편견이 개입되지 않는다.

③ 응답자는 응답을 강요당하지 않기 때문에 솔직하고 정확히 자신의 의견을 표명할 수 있다.

④ 심층면접법을 응용한 방법으로 조사자가 소수의 응답자를 한 장소에 모이게 한 후 관련된 주제에 대하여 대화와 토론을 통해 정보를 수집하는 방법이다.

해설

표적집단면접은 초점집단면접이라고도 한다. 면접 진행자가 동질의 소수의 집단을 대상으로 특정 주제에 대해 자유롭게 토론을 하여 필요한 정보를 얻는 방법이기 때문에 조사자의 개입이 있다.

27

다음 질문항목의 문제점으로 가장 적합한 것은?

귀하의 고향은 어디입니까?			
서울특별시	( )	부산광역시	( )
대구광역시	( )	인천광역시	( )
광주광역시	( )	대전광역시	( )
울산광역시	( )	세종특별자치시	( )
경기도	( )	강원도	( )
충청북도	( )	충청남도	( )
전라북도	( )	전라남도	( )
경상북도	( )	경상남도	( )
제주특별자치도	( )	외국	( )

① 간결성 결여

② 포괄성 결여

③ 상호배제성 결여

④ 명확성 결여

해설

고향은 사람마다 의미가 다를 수 있다. 따라서 문제의 질문은 명확성을 만족하지 않는다.

28

가설의 특징으로 거리가 가장 먼 것은?

① 간략성　　　　　　　　　② 가치중립성
③ 명료성　　　　　　　　　④ 검정가능성

해설

가설은 명료성, 가치중립성, 한정성, 검증가능성을 갖춰야 한다.

29

다음 사례가 나타내는 연구방법은?

> 폭력적 비디오 시청이 아동의 폭력성에 미치는 영향을 알아보기 위하여 아동들을 무선적으로 두 집단으로 나누어 한 집단에게는 폭력적인 장면이 주로 포함된 비디오를 보여주고 다른 집단에게는 서정적인 장면이 주로 포함된 비디오를 보여준 후, 일주일 동안 두 집단의 아동들이 폭력적인 행동을 얼마나 많이 하는지를 관찰하였다.

① 실험법　　　　　　　　　② 설문조사법
③ 사례연구법　　　　　　　④ 내용연구법

해설

① 과학적 방법의 요체인 통제된 연구의 정신에 가장 충실히 하고자 하는 연구 방법으로서, 엄격히 통제된 상황에서 두 변수 사이의 인과관계를 검증하는 것이다. 조사자는 외생적 요인들에 대해 의도적으로 통제하고 인위적으로 관찰조건을 조성한다.
② 모집단을 대상으로 추출된 표본에 대해 설문지와 같은 표준화된 조사도구를 사용하여 직접 질문함으로써 필요한 자료를 수집하는 방법이다.
③ 특정 사례를 조사하여 문제를 종합적으로 파악하고, 그에 대한 실증적인 분석을 실행하는 방법이다.

30

과학적 연구의 특징에 해당하지 않는 것은?

① 과학적 연구는 논리적(Logical)이다.
② 과학적 연구는 직관적(Intuitive)이다.
③ 과학적 연구는 결정론적(Deterministic)이다.
④ 과학적 연구는 일반화(Generalization)를 목적으로 한다.

해설

과학적 연구는 '이론 → 가설 → 관찰 및 검증'을 통해 규칙을 발견하고 이를 일반화하고 논리적인 이론으로 정립하는 것으로 직관적인 것과 거리가 멀다.

31

측정 방법에 따라 측정을 구분할 때, 밀도(Density)와 같이 어떤 사물이나 사건의 속성을 측정하기 위해 관련된 다른 사물이나 사건의 속성을 측정하는 것은?

① 추론측정
② 임의측정
③ 본질측정
④ A급 측정

해설

② 어떤 속성과 측정값 간에 관계가 있다고 가정을 하고 측정하는 것이다.
③ · ④ 속성의 본질적인 법칙에 따라 숫자를 부여하여 측정하는 것으로 본질측정을 A급 측정이라고도 한다.

32

입사성적이 높은 사람이 회사에 대한 공헌도가 매우 높고 근무성적 또한 우수하다면 입사시험이라는 측정도구는 어떤 타당성이 높다고 할 수 있는가?

① 안면타당성(Face Validity)
② 내용타당성(Content Validity)
③ 예측타당성(Predictive Validity)
④ 집중타당성(Convergent Validity)

해설

입사시험과 합격 후 업무수행 간의 관계를 파악하는 경우는 어떠한 행위가 일어나리라 예측한 것과 실제 대상자 또는 집단이 나타낸 행위 간의 관계를 측정하는 것으로 볼 수 있으므로 예측타당도에 해당한다.

33

리커트(Likert) 척도와 같은 의미로 사용되는 것은?

① 누적척도
② 단일차원척도
③ 비율척도
④ 총화평정척도

해설

리커트 척도는 실용성과 효율성이 높다고 인정되며 총화평정기법(Summated Rating Technique)이라고도 불린다.

34

인구통계학적, 경제적, 사회·문화·자연 요인 등의 분류기준에 따라 전체 표본을 여러 집단으로 구분하고 집단별로 필요한 대상을 사전에 정해진 크기만큼 추출하는 표본추출 방법은?

① 할당표본추출법(Quota Sampling)
② 편의표본추출법(Convenience Sampling)
③ 층화표본추출법(Stratified Random Sampling)
④ 단순무작위표본추출법(Simple Random Sampling)

해설

① 할당표본추출법은 모집단을 일정한 카테고리로 나눈 다음, 이들 카테고리에서 정해진 요소수를 작위적으로 추출하는 비확률표본추출방법이다. 추출된 표본이 연구자의 모집단에 대한 사전지식을 기초로 하여 모집단의 특성을 나타내는 하위 집단별로 표본수를 할당한 다음 표본을 작위적으로 추출한다.
② 편의표본추출법은 임의표본추출법이라고도 한다. 정해진 크기의 표본을 선정할 때까지 조사자가 모집단의 일정단위 또는 사례를 표집하며, 일정한 표집의 크기가 결정되면 그 표집을 중지하는 비확률표본추출방법이다.
③ 층화표본추출법은 모집단을 보다 동질적인 몇 개의 층(Strata)으로 나눈 후, 이러한 각 층으로부터 단순 무작위 표본추출을 하는 확률표본추출 방법이다.
④ 단순무작위표본추출법은 가장 기본적인 확률표본추출방법으로서, 모집단을 구성하는 각 요인 또는 구성원에 대해 동등한 선택의 기회를 부여하는 과정으로 이루어지는 확률표본추출방법이다.

35

단순무작위표본 추출법에 대한 설명으로 맞는 것은?

① 비확률표집방법이다.
② 표본이 모집단의 전체에서 추출된다.
③ 난수표 또는 할당표를 이용할 수 있다.
④ 모집단의 평균에 가까운 요소가 평균에 멀리 떨어진 요소보다 표본으로 추출될 확률이 더 크다.

해설

① 가장 기본적인 확률표본추출 방법이다.
③ 난수표, 추첨법, 컴퓨터를 이용한 난수의 추출 방법 등을 사용한다.
④ 모집단의 모든 요소가 동일하고 독립적인 추출 기회를 가진다.

36

표집대상이 되는 소수의 응답자를 찾아내어 면접하고, 이들을 정보원으로 다른 응답자를 소개 받는 절차를 반복하는 표집방법은?

① 할당표집
② 판단표집
③ 편의표집
④ 눈덩이표집

해설

① 추출된 표본이 연구자의 모집단에 대한 사전지식을 기초로 하여 모집단의 특성을 나타내는 하위집단별로 표본수를 할당한 다음 표본을 작위적으로 추출한다.
② 조사자가 그 조사의 성격상 요구하고 있는 사항을 충족시킬 수 있도록 적절한 판단과 전략을 세워, 그에 따라 모집단을 대표하는 제 사례를 표본추출 하는 방법이다.
③ 정해진 크기의 표본을 선정할 때까지 조사자가 모집단의 일정단위 또는 사례를 표본으로 추출하며, 일정한 표집의 크기가 결정되면 그 표집을 중지하는 방법이다.

37

다음과 같이 양극단의 상반된 수식어 대신 하나의 수식어(Unipolar Adjective)만을 평가 기준으로 제시하는 척도는?

※ AA백화점은		
5 ⋮ 2 1	5 ⋮ 2 1	5 ⋮ 2 1
고급이다.	서비스가 부족하다.	상품이 다양하다.
−1 ⋮ −4 −5	−1 ⋮ −4 −5	−1 ⋮ −4 −5

① 리커트 척도(Likert Scale)
② 스타펠 척도(Stapel Scale)
③ 거트만 척도(Guttman Scale)
④ 서스톤 척도(Thurstone Scale)

해설

스타펠 척도는 태도의 방향과 그 강도를 측정하기 위해 사용된다. 특정 주제에 관련된 표현의 세트를 개발하여 양수 값과 음수 값으로 이루어진 값의 범위를 정하고, 긍정적인 태도는 양수, 부정적인 태도는 음수로 응답할 수 있다.

38

비확률표집이 아닌 것은?

① 할당(Quota)표집

② 유의(Purposive)표집

③ 계통(Systematic)표집

④ 편의(Convenience)표집

해설

확률표집과 비확률표집

• 확률표집 : 단순무작위표집, 계통적 표집, 층화표집, 집락표집, 연속표집 등

• 비확률표집 : 편의표집, 할당표집, 유의(판단)표집, 임의(편의)표집, 배합표집, 누적표집 등

39

다음 ( )에 알맞은 것은?

> 군집표집(Cluster Sampling)에서 표집된 군집들은 가능한 군집 간에는 (ㄱ)이고 군집 속에 포함된 표본 요소 간에는 (ㄴ)이어야 한다.

① ㄱ : 동질적, ㄴ : 동질적

② ㄱ : 동질적, ㄴ : 이질적

③ ㄱ : 이질적, ㄴ : 동질적

④ ㄱ : 이질적, ㄴ : 이질석

해설

군집표집은 모집단 목록에서 구성요소에 대해 여러 가지 이질적인 구성요소를 포함하는 여러 개의 집락 또는 집단으로 구분한 후 집락을 표집 단위로 하여 무작위로 몇 개의 집락을 표집한 다음 표본으로 추출된 집락에 대해 그 구성요소를 전수조사하는 방법이다. 집락 내 이질적, 집락 간 동질적인 특성을 보인다.

40

측정오차(Error of Measurement)에 관한 설명으로 틀린 것은?

① 체계적 오차는 항상 일정한 방향으로 작용하는 편향(Bias)이다.

② 비체계적 오차는 상호상쇄(Self-compensation)되는 경향도 있다.

③ 비체계적 오차는 측정대상, 측정과정, 측정수단 등에 따라 일관성 없이 영향을 미침으로써 발생한다.

④ 측정의 오차를 신뢰성 및 타당성과 관련지었을 때 신뢰성과 타당성은 정도의 개념이 아닌 존재 개념이다.

해설

측정의 오차를 신뢰성 및 타당성과 관련지었을 때 신뢰성과 타당성은 존재의 개념이 아닌 정도의 개념이다.

• 존재의 개념 : 있다/없다

• 정도의 개념 : 높다/낮다

41

표본추출 과정에서 표본크기의 결정에 영향을 미치지 않는 것은?

① 신뢰구간의 크기
② 비용 및 시간의 제약
③ 조사대상 지역의 지리적 여건
④ 유의수준으로 대변되는 정확도

해설

표본크기의 결정에 영향을 미치는 요소들
• 가용한 자원
• 이론과 조사 설계
• 모집단의 변이성
• 조사 결과의 분석 방법
• 집단별 통계치의 필요성
• 카테고리의 다양성
• 위험성

42

신뢰성을 높일 수 있는 방법으로 거리가 가장 먼 것은?

① 측정항목의 수를 줄인다.
② 측정항목의 모호성을 제거한다.
③ 중요한 질문의 경우 동일하거나 유사한 질문을 2회 이상 한다.
④ 조사대상자가 잘 모르거나 관심이 없는 내용은 측정하지 않는다.

해설

측정항목을 보다 많이 사용한다는 것은 실제 측정치가 진실한 값에 보다 근접할 가능성을 높이는 것이며, 이를 통해 신뢰도를 증가시키는 것이다.

43

다음의 예와 같이 응답자에게 한 속성의 보유 정도를 기준으로 다른 속성의 보유 정도를 판단하도록 하는 척도법은?

> 자동차 선택 시 고려하는 요인 중 자동차 가격의 중요성을 100점이라고 한다면, 다음의 요인은 몇 점에 해당한다고 생각하십니까?
> * 가격   100 점
> * 디자인 (   )점
> * 성능   (   )점

① 항목평정법(Itemized Rating)
② 연속평정법(Continuous Rating)
③ 비율분할법(Fractionation Method)
④ 고정총합척도법(Constant Sum Method)

해설

비율분할법은 응답자에게 한 속성의 보유 정도를 기준으로 다른 속성의 보유 정도를 판단하도록 하는 척도법이다. 주로 응답자들이 자극에 대해 명확한 판단을 할 수 있는 경우에 사용한다.

44

표본오류의 크기에 영향을 미치는 요인으로 거리가 가장 먼 것은?

① 표본의 크기   ② 표본추출방법
③ 문항의 무응답   ④ 모집단의 분산정도

해설

문항의 무응답은 비표본오류의 주요 원인에 해당한다.

45

개념의 조작화에 관한 설명으로 거리가 가장 먼 것은?

① 실증주의 패러다임에서 강조된다.
② 개념을 수량화하여 측정 가능하도록 해준다.
③ 사회현상을 보편적 언어로 정의하는 과정이다.
④ 추상적 세계와 경험적 세계를 연결하는 역할을 한다.

해설

사회현상을 보편적 언어로 정의하는 과정은 조작화가 아니라 개념화이다.

46

두 변수 간의 관계를 보다 정확하고 명료하게 이해할 수 있도록 밝혀주는 역할을 하는 검정변수가 아닌 것은?

① 예측변수(Predictor Variable)
② 구성변수(Component Variable)
③ 선행변수(Antecedent Variable)
④ 매개변수(Intervening Variable)

해설

검정변수(제3의 변수)는 두 변수 간의 관계를 보다 정확하고 명료하게 이해할 수 있도록 밝혀주는 역할을 한다. ②·③·④는 제3의 변수이다.
② 구성변수 : 포괄적 개념을 구성하는 하위변수이다.
③ 선행변수 : 인과관계에서 독립변수에 앞서면서 독립변수에 유효한 영향력을 행사하는 변수이다.
④ 매개변수 : 독립변수와 종속변수 간에 직접적인 관련이 없으나 두 변수의 중간에서 매개자 역할을 하여 두 변수 간에 간접적인 관계를 맺도록 하는 변수이다.

47

1,000명으로 구성된 모집단에서 100명을 뽑아 연구하고자 할 때, 첫 번째 사람은 무작위로 추출하고, 그다음부터는 목록에서 매 10번째 사람을 뽑아 표본을 구성한 것은 어떤 표본추출방법에 해당하는가?

① 계통표집(Systematic Sampling)
② 편의표집(Convenience Sampling)
③ 층화표집(Stratified Random Sampling)
④ 단순무작위표집(Simple Random Sampling)

해설

계통표집은 표집 구간 내에서 첫 번째 번호만 무작위로 뽑고 다음부터는 매 K번째 요소를 표본으로 선정하는 표집 방법이다.

48

인과적 관계의 검정요인에 속하지 않는 것은?

① 외적변수
② 매개변수
③ 선행변수
④ 잠재변수

해설

검정요인의 종류에는 외적변수, 매개변수, 선행변수, 구성변수, 억제변수, 왜곡변수가 있다.

49

축구선수의 등번호를 표현하는 측정 수준은?

① 명목수준의 측정
② 비율수준의 측정
③ 등간수준의 측정
④ 서열수준의 측정

해설

명목수준의 측정은 대상 자체 또는 그 특징에 대해 명목상의 이름을 부여하는 것이다. 즉, 측정 대상을 유사성과 상이성에 따라 구분하고, 구분된 각 집단 또는 카테고리에 숫자나 부호 또는 명칭을 부여하는 것이다. 축구선수 등번호는 명칭이나 부호로서의 의미만 지닐 뿐이므로 명목수준의 측정에 해당한다.

50

비율척도로서 의미를 가진다고 보기 어려운 것은?

① A 드라마의 시청률이 20%이고, B 드라마의 시청률이 10%라면, A 드라마의 시청률이 B 드라마보다 2배 높다.
② A 자동차가 시속 100km로 달리고, B 자동차는 시속 150km로 달리고 있다면, B 자동차가 A 자동차보다 1.5배 빠르다.
③ A 학생이 받은 용돈이 20만원이고 B 학생이 받은 용돈이 10만원이라면, A 학생의 용돈이 B 학생보다 2배 많다.
④ A 주전자의 온도가 섭씨 100℃이고 B 주전자의 온도가 섭씨 50℃라면, A 주전자는 B 주전자보다 2배 더 뜨겁다.

해설

비율척도는 등간척도가 지니는 성격에 더하여 절대 '0'의 값(절대영점)을 가짐으로써 비율의 성격을 지니는 척도이다. 온도는 절대영점이 존재하지 않으며, 등간척도에 속한다.

51

어느 검사의 신뢰도가 1로 나왔다면 측정의 표준오차는?

① 0이다.
② 1이다.
③ 표준편차의 제곱근과 같다.
④ 검사점수의 표준편차와 같다.

해설

신뢰도가 1이라는 것은 표준오차가 없다는 것과 같은 의미이다.

49 ① 50 ④ 51 ① 정답

52

개념을 경험적 수준으로 구체화하는 과정을 바르게 나열한 것은?

> A. 조작적 정의
> B. 개념적 정의
> C. 변수의 측정

① A → B → C
② C → A → B
③ B → A → C
④ C → B → A

해설

개념의 구체화
개념 → 개념적 정의(개념화) → 조작적 정의(조작화) → 현실세계(변수의 측정)

53

비확률표본추출방법과 비교한 확률표본추출방법에 관한 설명으로 틀린 것은?

① 비용과 시간이 많이 든다.
② 표본오차 추정이 가능하다.
③ 무작위적 표본추출을 한다.
④ 표본분석 결과의 일반화에 제약이 있다.

해설

확률표본추출방법은 무작위적 표본추출을 하며, 표본오차의 추정이 가능하고 표본분석 결과의 일반화가 가능하다는 장점이 있다. 하지만 비확률표본추출방법에 비해 시간과 비용이 많이 든다는 단점이 있다.

54

비표본오차의 원인으로 가장 거리가 먼 것은?

① 조사자의 오류
② 표본선정의 오류
③ 조사설계상 오류
④ 조사표 작성 오류

해설

비표본오차란 표본추출 이외의 과정에서 발생하는 오차를 말한다.

55

척도구성방법을 비교척도구성(Comparative Scaling)과 비비교척도구성(Non-comparative Scaling)으로 구분할 때 비교척도구성에 해당하는 것은?

> ㄱ. 쌍대비교법(Paired Comparison)
> ㄴ. 순위법(Rank-order)
> ㄷ. 고정총합법(Constant Sum)
> ㄹ. 연속평정법(Continuous Rating)
> ㅁ. 항목평정법(Itemized Rating)

① ㄹ, ㅁ
② ㄱ, ㄴ, ㄷ
③ ㄱ, ㄴ, ㄷ, ㄹ, ㅁ
④ ㄱ, ㄷ, ㅁ

해설

척도구성방법
- 비교척도구성 : 쌍대비교법, 순위법, 고정총합법, 비율분할법 등
- 비비교척도구성 : 단일평정법, 연속평정법, 항목평정법 등

56

측정오차가 체계적인 패턴을 띠게 된다면, 측정도구에 어떠한 문제가 있을 것으로 예상할 수 있는가?

① 신뢰도
② 타당도
③ 검증도
④ 일반화

해설

측정도구의 체계적인 변이가 일어날 때 체계적인 오차라고 하며, 그것은 곧 측정도구의 타당도에 직접적으로 영향을 미친다.

57

대학수능시험 출제를 위해 대학교수들이 출제하고 현직 고등학교 교사들이 검토하여 부적절한 문제를 제외하는 절차를 거친다면 이러한 과정은 무엇을 높이기 위한 것인가?

① 집중타당성
② 내용타당성
③ 동등형 신뢰도
④ 검사-재검사 신뢰도

해설

측정도구(수능문제)가 측정하고자 하는 것을 제대로 측정할 수 있는지에 대한 문제이므로 타당성에 관한 내용이다. 내용타당성이란 측정항목이 연구자가 의도한 내용대로 실제로 측정하고 있는가 하는 것이며 논리적 사고에 입각한 논리적인 분석과정으로 판단하는 주관적인 타당도이다. 집중타당성이란 동일한 개념을 측정하기 위해 서로 다른 측정 방법을 사용하여 측정으로 얻은 측정치 간에 높은 상관관계가 존재해야 함을 전제로 하는 것이다. 대학교수가 출제한 문제를 고등학교 교사들이 논리적으로 판단하는 것이므로 이는 내용타당성을 높이기 위한 것이다.

58

다음 ( )에 공통적으로 알맞은 것은?

> ( )은 측정도구 자체가 측정하고자 하는 속성이나 개념을 얼마나 대표할 수 있는지를 평가하는 것으로 측정도구가 측정 대상이 가진 많은 속성 중 일부를 대표성 있게 포함한다면 그 측정도구는 ( )이 높다고 할 수 있다.

① 내용타당성(Content Validity)
② 개념타당성(Construct Validity)
③ 집중타당성(Convergent Validity)
④ 이해타당성(Nomological Validity)

해설

② 개념타당성은 측정에 의해 얻는 측정값 자체보다는 측정하고자 하는 속성에 초점을 맞춘 타당성이며, 이론과 관련하여 측정도구의 타당도를 검증한다.
③ 집중타당성은 개념타당성의 한 종류로서, 동일한 개념을 서로 상이한 측정도구를 이용해서 측정한 결과값 간의 상관관계가 높을수록 타당성이 높다고 평가한다.
④ 이해타당성은 개념타당성의 한 종류로서, 서로 유사한 여러 개념을 모두 측정할 수 있는 측정도구일수록 타당성이 높다고 평가한다.

59

표본추출과 관련된 용어 설명으로 틀린 것은?

① 관찰단위 : 직접적인 조사 대상
② 모집단 : 연구하고자 하는 이론상의 전체집단
③ 표집률 : 모집단에서 개별 요소가 선택될 비율
④ 통계량(Statistic) : 모집단에서 어떤 변수가 가지고 있는 특성을 요약한 통계치

해설

표본추출의 주요 개념에는 요소, 모집단, 표본추출단위, 표집틀(표본 프레임), 표집간격, 표집률, 표본오차(표집오차), 통계량(통계치), 모수, 변수, 계층, 편의, 표본분포가 있다. 통계량은 표본에서 얻은 변수의 값을 요약하고 묘사한 것이다.

60

사회조사에서 어떤 태도를 측정하기 위해 단일지표보다 여러 개의 지표를 사용하는 이유가 아닌 것은?

① 신뢰도를 높이기 위해
② 타당도를 높이기 위해
③ 내적 일관성을 높이기 위해
④ 측정도구의 안정성을 높이기 위해

해설

동일한 현상에 반복 적용하여 동일한 결과를 얻게 되는 정도를 그 측정의 신뢰도라고 한다. 단일지표보다 여러 개의 지표를 사용하는 것은 신뢰도를 높이기 위한 것이다. 신뢰도와 유사한 표현으로서 신빙성, 안정성, 일관성, 예측성 등이 있으며, 신뢰도의 검증 방법에는 내적 일관성 분석법, 반분법, 재검사법 등이 있다.

61

정규분포 $N(\mu, \sigma^2)$을 따르는 모집단에서 무작위로 표본 3개 X_1, X_2, X_3을 추출했다. 다음 추정량의 기대값이 모평균이 아닌 것은?

① X_2

② $\dfrac{X_1 + X_3}{2}$

③ $\dfrac{X_1 + X_2 + X_3}{(3-1)}$

④ $\dfrac{X_1 + 2X_2 + X_3}{(3+1)}$

62

기계 A에서 제품의 40%를, 기계 B에서 제품의 60%를 생산한다. 기계 A에서 생산된 제품의 부적합품률은 1%이고, 기계 B에서 생산된 제품의 부적합품률은 2%라면, 전체 부적합품률은?

① 1.5%

② 1.6%

③ 1.7%

④ 1.8%

해설

기계 A에서 생산된 제품의 부적합품률 1%의 40%는 0.4%이며, 기계 B에서 생산된 제품의 부적합품률 2%의 60%는 1.2%이다. 전체 부적합품률은 0.4%+1.2%로 1.6%이다.

63

분산분석의 기본 가정이 아닌 것은?

① 관측값들은 독립적이어야 한다.
② 각 모집단에서 독립변수는 F분포를 따른다.
③ 각 모집단에서 반응변수는 정규분포를 따른다.
④ 반응변수의 분산은 모집단에서 동일하다.

해설

분산분석을 위한 기본 가정
• 종속변수는 등간척도 또는 비율척도이어야 한다.
• 모집단의 분포는 정규분포를 이루어야 한다.
• 각 모집단의 분산(표준편차)은 동일해야 한다.
• 각 집단의 표본은 독립적이어야 한다.

64

다음 표는 중회귀모형의 추정식에 대한 결과이다. ⊙~ⓒ에 알맞은 값은?

Coefficients

Model	Unstandardized Coefficients		Standardized Coefficients	t	Sig
	B	Std. Error	Beta		
(Constants)	39.69	30.72		⊙	0.265
평수(X_1)	3.37	0.96	0.85	ⓒ	0.009
가족수(X_2)	0.53	6.6	0.02	ⓒ	0.941

① ⊙ : 0.21, ⓒ : 3.59, ⓒ : 0.08

② ⊙ : 1.29, ⓒ : 3.51, ⓒ : 0.08

③ ⊙ : 10.21, ⓒ : 36.2, ⓒ : 0.80

④ ⊙ : 39.69, ⓒ : 3.37, ⓒ : 26.5

해설

검정통계량 $t = \dfrac{b_i - \beta_i}{S_{b_i}} = \dfrac{b_i - 0}{S_{b_i}} = \dfrac{b_i}{S_{b_i}}$

⊙$= \dfrac{b_0}{S_{b_0}} = \dfrac{39.69}{30.72} = 1.29$, ⓒ$= \dfrac{b_1}{S_{b_1}} = \dfrac{3.37}{0.96} = 3.51$, ⓒ$= \dfrac{b_2}{S_{b_2}} = \dfrac{0.53}{6.6} = 0.08$

65

다음은 두 종류 타이어의 평균수명에 차이가 있는지를 확인하기 위하여 각각 60개의 표본을 추출하여 조사한 결과이다. 두 타이어의 평균수명에 차이가 있는지를 유의수준 5%에서 검정한 결과는?

(단, $P(Z > 1.96) = 0.025$, $P(Z > 1.645) = 0.05$ 이다)

타이어	표본크기	평균수명(km)	표준편차(km)
A	60	48500	3600
B	60	52000	4200

① 주어진 정보만으로는 알 수 없다.

② 두 타이어의 평균수명이 완전히 일치한다.

③ 두 타이어의 평균수명에 통계적으로 유의한 차이가 있다.

④ 두 타이어의 평균수명에 통계적으로 유의한 차이가 없다.

귀무가설(H_0) : $\mu_X = \mu_Y$, 대립가설(H_1) : $\mu_X \neq \mu_Y$

모분산이 알려져 있지 않고 동일하지도 않은 경우 모평균 차이에 대한 검정은 검정통계량 $Z = \dfrac{(\overline{X_1} - \overline{X_2})}{\sqrt{\dfrac{S_1^2}{n_1} + \dfrac{S_2^2}{n_2}}}$ 을 이용한다.

$\overline{X_1} = 48500$, $\overline{X_2} = 52000$, $n_1 = 60$, $n_2 = 60$, $S_1 = 3600$, $S_2 = 4200$

검정통계량은 $Z = \dfrac{(48500 - 52000)}{\sqrt{\dfrac{3600^2}{60} + \dfrac{4200^2}{60}}}$ 이고 양측검정이므로 유의수준 5%에서 임계치 $Z_{0.05} = 1.96$ 이다.

검정통계량이 임계치보다 크므로 귀무가설을 기각한다. 따라서 두 타이어의 평균수명에 통계적으로 유의한 차이가 있다.

66

컴퓨터 제조회사에서 보증기간을 정하려고 한다. 컴퓨터 수명은 평균 3년, 표준편차 9개월인 정규분포를 따른다고 한다. 보증기간 이전에 고장이 나면 무상으로 수리해 주어야 한다. 이 회사는 출하 제품 가운데 5% 이내에서만 무상수리가 되기를 원한다. 보증기간을 몇 개월로 정하면 되겠는가?
(단, $P(Z > 1.645) = 0.05$ 이다)

① 17 ② 19
③ 21 ④ 23

$\mu = 36$, $\sigma = 9$이고 표준화 공식 $Z = \dfrac{X - \mu}{\sigma}$ 을 이용하면 다음과 같다.

출하 제품 가운데 5% 이내에서만 무상수리가 되기를 원하므로 주어진 조건을 이용하면 다음과 같다.

$P(Z < -1.645) = 0.05$, $P(\dfrac{X - 36}{9} < -1.645) = P(X < 21.195)$

따라서 21개월로 정하면 된다.

67

가설검정과 관련한 용어에 대한 설명으로 틀린 것은?

① 유의수준이란 제1종 오류를 범할 확률의 최대 허용한계를 말한다.
② 검정력함수란 귀무가설을 채택할 확률을 모수의 함수로 나타낸 것이다.
③ 제2종 오류란 대립가설(H_1)이 참임에도 불구하고 귀무가설(H_0)을 기각하지 못하는 오류이다.
④ 유의확률이란 검정통계량의 관측값에 의해 귀무가설을 기각할 수 있는 최소의 유의수준을 뜻한다.

검정력함수는 귀무가설 H_0를 기각하는 확률을 모수의 함수로 나타낸 것이다.

68

어느 학교에서 A반과 B반의 영어점수는 평균과 범위가 모두 동일하고, 표준편차는 A반이 15점, B반이 5점이었다. 이 자료를 기초로 내릴 수 있는 결론으로 맞는 것은?

① A반 학생의 점수가 B반 학생보다 평균점수 근처에 더 많이 몰려있다.

② B반 학생의 점수가 A반 학생보다 평균점수 근처에 더 많이 몰려있다.

③ (평균점수 ±1×표준편차)의 범위 안에 들어있는 학생들의 수는 A반이 B반보다 3배가 더 많다.

④ (평균점수 ±1×표준편차)의 범위 안에 들어있는 학생들의 수는 A반이 B반보다 1/3밖에 되지 않는다.

> 해설

② 평균과 표준편차가 주어졌으므로 변동계수를 산출할 수 있다. $CV = \dfrac{표준오차}{평균}$ 에 따르면 A반의 표준편차가 크므로 변동계수가 상대적으로 더 크다는 것을 알 수 있다. 따라서 B반이 A반에 비해 상대적으로 평균에 많이 밀집되어 있다.

③·④ 주어진 평균, 표준편차로만 판단하기 어렵다.

69

단순선형회귀모형 $Y_i = \alpha + \beta x_i + e_i$에서 최소제곱추정량 $\hat{\alpha}$, $\hat{\beta}$을 이용한 최소제곱회귀추정량 $\hat{y} = \hat{\alpha} + \hat{\beta} x$의 잔차 $\hat{e_i} = y_i - \hat{y_i}$로부터 서로 독립이고, 등분산인 오차들의 분산 $Var(e_i) = \sigma^2$의 불편추정량은? (단, $i = 1, 2, \cdots, n$이다)

① $\hat{\sigma^2} = \dfrac{\sum\limits_{i=1}^{n}(y_i - \hat{y_i})^2}{n - 3}$

② $\hat{\sigma^2} = \dfrac{\sum\limits_{i=1}^{n}(y_i - \hat{y_i})^2}{n - 2}$

③ $\hat{\sigma^2} = \dfrac{\sum\limits_{i=1}^{n}(y_i - \hat{y_i})^2}{n - 1}$

④ $\hat{\sigma^2} = \dfrac{\sum\limits_{i=1}^{n}(y_i - \hat{y_i})^2}{n}$

> 해설

단순회귀모형에서 오차항의 분산 $Var(e_i) = \sigma^2$의 불편추정량은 $MSE = \dfrac{SSE}{n-2} = \dfrac{\sum\limits_{i=1}^{n}(y_i - \hat{y_i})^2}{n-2}$ 이다.

70

집단 A에서 크기 n_A의 임의표본(평균 m_A, 표준편차 s_A)을 추출하고, 집단 B에서는 크기 n_B의 임의표본(평균 m_B, 표준편차 s_B)을 추출하였다. 두 집단의 산포(散布)를 비교하는 데 가장 적합한 통계치는?

① $m_A - m_B$

② $\dfrac{m_A}{m_B}$

③ $s_A - s_B$

④ $\dfrac{s_A}{s_B}$

산포는 단순히 평균만 가지고는 비교할 수 없다. 집단의 크기가 같지 않으므로 표준편차의 차로 산포를 비교하는 것 역시 불가능하다.

71

서울지역 300개 고등학교에서 각각 100명씩 추출하여 평균 키를 측정하였다. 측정된 자료의 중앙값, 평균값, 최빈값에 대한 표현으로 적합한 것은? (단, a는 중앙값, b는 평균값, c는 최빈값이다)

① $a > b > c$

② $a = b > c$

③ $a < b < c$

④ $a = b = c$

대표본일 경우 중앙값 = 평균값 = 최빈값이다.

72

이상점 자료에 대한 설명으로 틀린 것은?

① 이상점 자료는 반드시 제외하고 분석하는 것이 바람직하다.

② 상자그림 요약에서 안쪽 울타리를 벗어나는 자료는 이상점 자료이다.

③ 이상점 자료에 의한 산술평균의 변화는 중위수의 경우보다 훨씬 더 심하다.

④ 자료의 수가 적을 경우에 이상점 자료는 산술평균에 민감하게 영향을 미친다.

이상점 자료를 제외하는 것은 현상에 대한 정확한 설명이 되지 않을 수 있다. 더욱 좋은 방법은 이상점 자료를 포함한 모델과 제외한 모델을 모두 만들고 각각의 모델에 대한 설명을 포함하는 것이다.

73

어느 농구선수의 자유투 성공률이 70%라고 알려져 있다. 이 선수가 자유투를 20회 던진다면 몇 회 정도 성공할 것으로 기대되는가?

① 7

② 8

③ 16

④ 14

자유투 성공률 70%이고, 자유투를 각각 독립적으로 20회 반복하므로 확률변수 X를 자유투를 성공한 횟수라고 할 때 X는 이항분포 $B(20, 0.7)$를 따른다. 따라서 이항분포의 기댓값은 $E(X) = 20 \times 0.7 = 14$이다.

74

귀무가설이 참임에도 불구하고 귀무가설을 기각하는 판정을 내릴 확률은?

① 유의확률
② 주변확률
③ 제1종 오류를 범할 확률
④ 제2종 오류를 범할 확률

해설

귀무가설이 참임에도 귀무가설을 기각하는 과오를 제1종 오류(과오)라 하며, 제2종 오류보다 더 심각한 오류이다.

75

어느 시험을 본 응시자의 점수는 정규분포 $N(20, 4^2)$을 따른다고 한다. 두 집단 A와 B에서 이 시험을 본 사람 중 4명씩을 임의로 추출하여 구한 평균 점수가 두 집단 모두 18 이상이고 26 이하가 될 확률은?

z	$P(0 \leq Z \leq z)$
1	0.3413
2	0.4772
3	0.4987

① 0.6587
② 0.7056
③ 0.7078
④ 0.8185

해설

4명의 평균점수를 $\overline{X}$라고 하면 평균 = 20, 표준편차 = $\dfrac{4}{\sqrt{4}} = 2$가 되므로 $\overline{X}$는 $N(20, 2^2)$을 따른다.

집단 A에 있는 4명의 사람의 평균점수가 18 이상 26 이하일 확률은 $P(18 \leq \overline{X} \leq 26)$이다.

$$= \left(\frac{18-20}{2} \leq \frac{\overline{X}-20}{2} \leq \frac{26-20}{2} \right)$$
$$= P(-1 \leq Z \leq 3)$$
$$= P(-1 \leq Z \leq 0) + P(0 \leq Z \leq 3)$$
$$= P(0 \leq Z \leq 1) + P(0 \leq Z \leq 3)$$
$$= 0.3413 + 0.4987$$
$$= 0.84$$

집단 B에서 4명의 평균점수가 18 이상 26 이하일 확률은 0.84이다.

따라서 두 집단 모두 평균점수가 18 이상 26 이하일 확률은 $0.84 \times 0.84 = 0.7056$이다.

76

표본평균과 표준오차에 관한 설명으로 틀린 것은? (단, 모집단의 분산은 σ^2, 표본의 크기는 n이다)

① 표준오차의 크기는 $\sqrt{n}$ 에 비례한다.
② n이 커질 때 표본평균의 분포는 정규분포에 가까워진다.
③ 표준오차는 모집단의 분산 및 표본의 크기에 영향을 받는다.
④ 표준오차는 모평균을 추정할 때, 표본평균의 오차에 대하여 설명한다.

해설

표준오차의 크기는 $\sqrt{n}$ 에 반비례한다.

77

대학생들의 정당 지지도를 조사하기 위해 100명을 뽑은 결과 45명이 지지하는 것으로 나타났다. 지지도에 대한 95% 신뢰구간은? (단, $Z_{0.025} = 1.96$, $Z_{0.05} = 1.645$ 이다)

① 0.45±0.0823
② 0.45±0.0860
③ 0.45±0.0920
④ 0.45±0.0975

해설

100명 중 45명이 지지한다고 했으므로 $\hat{p} = 0.45$이다.

$z_{\frac{\alpha}{2}} = z_{\frac{0.05}{2}} = z_{0.025} = 1.96$이므로 $\hat{p} \pm z_{\frac{\alpha}{2}} \times \sqrt{\frac{\hat{p}(1-\hat{p})}{n}} = 0.45 \pm 1.96 \times \sqrt{\frac{0.45 \times (1-0.45)}{100}} = 0.45 \pm 0.0975$이다.

78

어느 고등학교 1학년생 280명에 대한 국어성적의 평균이 82점, 표준편차가 8점이었다. 66점부터 98점 사이에 포함된 학생들은 몇 명 이상인가?

① 22명
② 211명
③ 230명
④ 240명

해설

최소한 몇 명 이상인지 묻고 있지 않기 때문에 체비셰프 부등식을 이용한다.
66점부터 98점 사이에 포함된 학생의 수를 X라고 할 때 다음과 같다.

$P(|X-\mu| \le k\sigma) = P(-k\sigma \le X-\mu \le k\sigma) > 1 - \frac{1}{k^2}$

$\mu = 82$, $\sigma = 8$을 대입하면 $P(-8k \le X-82 \le 8k) = P(-8k+82 \le X \le 8k+82) > 1 - \frac{1}{k^2}$

$-8k+82 = 66$, $8k+82 = 98$이므로 $k = 2$

$P(66 \le X \le 98) > 1 - \frac{1}{2^2} = \frac{3}{4}$, 280명$\times \frac{3}{4} = 210$명이므로 211명 이상이다.

79

확률변수 X가 정규분포 $N(\mu, \sigma^2)$을 따를 때, $u = \dfrac{X - \mu}{\sigma}$는 어떤 분포를 따르는가?

① $u \sim N(0, 1)$

② $u \sim N(1, 1)$

③ $u \sim N(\mu, 1)$

④ $u \sim N(\mu, \sigma^2)$

해설

표준정규분포를 따르는 확률변수는 $u \sim N(0, 1)$이다.

80

모표준편차가 10인 정규모집단에서 $n = 25$인 표본을 추출하여 $\overline{x} = 40$을 얻었다. 90% 신뢰구간으로 맞는 것은? (단, $P(Z > 1.645) = 0.05$이다)

① $(34.89,\ 46.65)$

② $(34.54,\ 45.78)$

③ $(35.67,\ 44.12)$

④ $(36.71,\ 43.29)$

해설

90%의 신뢰구간은 다음과 같은 식으로 구할 수 있다.

$$\overline{x} - 1.645 \frac{\sigma}{\sqrt{n}} \le \mu \le \overline{x} + 1.645 \frac{\sigma}{\sqrt{n}}$$

$\overline{x} = 40$, $n = 25$, $\sigma = 10$이므로 $40 - 1.645 \dfrac{10}{\sqrt{25}} \le \mu \le 40 + 1.645 \dfrac{10}{\sqrt{25}}$이다.

$\therefore 36.71 \le \mu \le 43.29$

81

일원배치 분산분석에서 자유도에 대한 설명으로 틀린 것은?

① 총제곱합의 자유도는 (자료의 총 개수-1)이다.
② 집단 간 제곱합의 자유도는 (집단의 개수-1)이다.
③ 집단 내 제곱합의 자유도는 (자료의 총 개수-집단 개수-1)이다.
④ 집단 내 제곱합의 자유도는 총제곱합의 자유도에서 집단 간 제곱합의 자유도를 뺀 값이다.

해설

집단 내 제곱합의 자유도는 (총 변동의 자유도 - 집단 간 변동의 자유도) = $(n - 1) - (k - 1) = n - k$이다.

82

공분산에 대한 설명으로 틀린 것은?

① 공분산은 음수의 값을 가질 수 있다.

② 한 변수의 분산이 0이면, 공분산도 0이다.

③ 두 변수의 선형관계의 밀접성 정도를 나타낸다.

④ 공분산이 양수이면 두 변수가 같은 방향으로 움직이는 것을 나타낸다.

해설

공분산의 크기는 X와 Y의 측정단위에 영향을 받기 때문에 상관관계의 방향은 알 수 있으나 상관관계의 크기를 측정하는 지표로서는 부적합하다. 따라서 밀접성 정도는 측정단위의 영향을 받지 않는 상관계수가 상관관계의 밀접성 정도를 측정하는 데 적합하다.

83

가설검정 시 대립가설(H_1)이 사실인 상황에서 귀무가설(H_0)을 기각할 확률을 무엇이라 하는가?

① 검정력

② 신뢰수준

③ 유의수준

④ 제2종 오류를 범할 확률

해설

귀무가설이 거짓일 때 기각하는 옳은 결정의 확률($1-\beta$)을 검정력이라고 한다.

84

2차원 교차표에서 행 변수의 범주 수는 5이고, 열 변수의 범주 수는 4이다. 두 변수 간의 독립성 검정에 사용되는 검정통계량의 분포는?

① 자유도 9인 t분포

② 자유도 12인 t분포

③ 자유도 9인 x^2분포

④ 자유도 12인 x^2분포

해설

두 변수의 독립성검정은 카이제곱분포를 사용하며, r행 c열 분할표에서 카이제곱 통계량의 자유도는 $(r-1)\times(c-1)$이다. 따라서 자유도 $(5-1)\times(4-1)=12$인 x^2분포를 사용한다.

82 ③ 83 ① 84 ④ 정답

85

두 확률변수 X와 Y의 결합확률분포가 다음과 같을 때, $P(X-Y=1)$은?

X ＼ Y	1	3	5
2	0.25	0.15	0.05
4	0.15	0.30	0.10

① 0.25

② 0.40

③ 0.55

④ 0.65

86

어느 회사는 4개의 철강공급업체로부터 철판을 공급받는다. 각 공급업체가 납품하는 철판의 품질을 평가하기 위해 인장강도(kg/psi)를 각 3회씩 측정하여 다음의 중간결과를 얻었다. 4개의 공급업체가 납품하는 철강의 품질에 차이가 없다는 가설을 검정하기 위한 F-비는?

(단, $\overline{X}._j = \dfrac{1}{3}\sum\limits_{i=1}^{3} X_{ij}$, $\overline{\overline{X}} = \dfrac{1}{4}\dfrac{1}{3}\sum\limits_{j=1}^{4}\sum\limits_{i=1}^{3} X_{ij}$ 이다)

$$\sum_{j=1}^{4}(\overline{X}._j - \overline{\overline{X}})^2 = 15.5$$

$$\sum_{j=1}^{4}\sum_{i=1}^{3}(X_{ij} - \overline{X}._j)^2 = 19$$

① 0.816

② 2.175

③ 4.895

④ 6.526

해설

$\sum\limits_{j=1}^{4}\sum\limits_{i=1}^{3}(X_{ij}-\overline{X}_j)^2 = 19$는 잔차의 제곱합이고, 4개의 업체이므로 요인수준(처리 수) $p=4$, 3회씩 측정하므로 $r=3$, 총 관찰 개수는 $4\times3=12$이다.

처리제곱합은 $\sum\limits_{j=1}^{p}\sum\limits_{i=1}^{r}(\overline{X}_j-\overline{\overline{X}})^2 = r\sum\limits_{j=1}^{p}(\overline{X}_j-\overline{\overline{X}})^2$이므로 $3\times15.5=46.5$이다.

이를 토대로 분산분석표를 완성하면 다음과 같다.

구 분	제곱합	자유도	평균제곱합	F
처 리	3×15.5=46.5	4-1=3	46.5/3=15.5	15.5/2.375≒6.526
잔 차	19	12-4=8	19/8=2.375	
총 합	46.5+19=65.5	12-1=11		

87

두 변수 사이의 피어슨 상관계수에 대한 설명으로 틀린 것은?

① -1과 1 사이의 값을 갖는다.
② 두 변수의 직선 관계를 측정한 값이다.
③ 두 변수는 독립변수와 종속변수 관계이어야 한다.
④ 상관계수의 절댓값이 1에 가까울수록 직선 관계가 강하다고 할 수 있다.

해설

상관계수에 사용되는 변수는 모두 연속변수이다.

88

상자 3개에 공이 들어 있다. A 상자에는 빨강공 2개, 노랑공 1개, 파랑공 3개가 들어있고, B 상자에는 빨강공 1개, 노랑공 3개, 파랑공 2개, C 상자에는 빨강공 3개, 노랑공 2개, 파랑공 1개가 들어 있다. 임의로 1개의 상자를 택하여 공 한 개를 꺼냈을 때 노랑공이 나왔다면, 그 공이 B 상자에서 나왔을 확률은 얼마인가?

① 1/2
② 1/3
③ 1/4
④ 1/5

해설

A 상자의 노랑공 1개, B 상자의 노랑공 3개, C 상자의 노랑공 2개를 모두 합한 세 상자의 노랑공 총합은 6개이다.
6개 중 B 상자의 노랑공이 나올 확률은 $\frac{3}{6} = \frac{1}{2}$ 이다.

89

행변수가 M개의 범주를 갖고 열변수가 N개의 범주를 갖는 분할표에서 행변수와 열변수가 서로 독립인지를 검정하고자 한다. (i, j)셀의 관측도수를 O_{ij}, 귀무가설 하에서의 기대도수의 추정치를 $\widehat{E_{ij}}$라 하고, 이때 사용되는 검정통계량은 $\sum_{i=1}^{M} \sum_{j=1}^{N} \frac{(O_{ij} - \widehat{E_{ij}})^2}{\widehat{E_{ij}}}$ 이다. 여기서 $\widehat{E_{ij}}$는?

(단, 전체 데이터 수는 n이고, i번째 행의 합은 $T_{i\cdot}$, j번째 열의 합은 $T_{\cdot j}$이다)

① $\widehat{E_{ij}} = \dfrac{T_{i\cdot}}{n}$

② $\widehat{E_{ij}} = T_{i\cdot} \times T_{\cdot j}$

③ $\widehat{E_{ij}} = \dfrac{T_{\cdot j}}{n}$

④ $\widehat{E_{ij}} = \dfrac{T_{i\cdot} \times T_{\cdot j}}{n}$

해설

카이제곱 독립성 검정에서 기대도수는 $\widehat{E_{ij}} = \dfrac{T_{i\cdot} \times T_{\cdot j}}{n}$이다.

90

다음 분산분석표에 관한 설명으로 틀린 것은?

요 인	SS	df	MS	F_0	유의확률
Month	127049	7	18150	1.52	0.164
잔 차	1608204	135	11913		
계	1735253	142			

① 총 관측자료 수는 142개이다.

② 오차항의 분산 추정값은 11913이다.

③ 요인은 Month로서 수준 수는 8개이다.

④ 유의수준 0.05에서 요인의 효과가 인정되지 않는다.

해설

일원분산분석에서 총합계의 자유도(142)는 총 관측자료 수 N에서 1을 뺀 값이므로 총 관측자료 수는 142+1=143이다.

91

산포의 척도가 아닌 것은?

① 분 산

② 표준편차

③ 중위수(Median)

④ 사분위수 범위

해설

3가지 주요 산포 측정 방법은 분산, 표준편차, 사분위수 범위이다.

92

모집단으로부터 크기가 100인 표본을 추출하였다. 이 표본으로부터 표본비율 $\hat{p}=0.42$를 추정하였다. 모비율에 대한 가설 $H_0 : p = 0.4$ vs $H_1 : p > 0.4$를 검정하기 위한 검정통계량은?

① $\dfrac{0.42-0.4}{\sqrt{0.4(1-0.4)/100}}$

② $\dfrac{0.4}{\sqrt{0.4(1-0.4)/100}}$

③ $\dfrac{0.42+0.4}{\sqrt{0.4(1-0.4)/100}}$

④ $\dfrac{0.42}{\sqrt{0.4(1-0.4)/100}}$

해설

모비율에 대한 가설검정은 검정통계량 Z를 이용한다.

$$Z = \frac{\hat{p}-p_0}{\sqrt{p_0(1-p_0)/n}}$$

93

비대칭도(Skewness)에 관한 설명으로 틀린 것은?

① 비대칭도의 값이 1이면 좌우대칭형인 분포를 나타낸다.
② 비대칭도는 대칭성 혹은 비대칭성을 나타내는 측도이다.
③ 비대칭도의 부호는 관측값 분포의 긴 쪽 꼬리 방향을 나타낸다.
④ 비대칭도의 값이 음수이면 자료의 분포 형태가 왼쪽으로 꼬리를 길게 늘어뜨린 모양을 나타낸다.

해설

비대칭도가 0보다 크면 오른쪽으로 꼬리를 길게 늘어뜨린 분포(왼쪽으로 기울어진 분포)이다. 좌우대칭형 분포는 비대칭도 값이 0이다.

94

어떤 화학 반응에서 생성되는 반응량(Y)이 첨가제의 양(X)에 따라 어떻게 변화하는지를 실험하여 다음과 같은 자료를 얻었다. 변화의 관계를 직선으로 가정하고 최소제곱법에 의하여 회귀직선을 추정할 때 추정된 회귀직선의 절편과 기울기는?

X	1	3	4	5	7
Y	2	4	3	6	9

① 절편 : 0.2, 기울기 : 1.15
② 절편 : 1.15, 기울기 : 0.2
③ 절편 : 0.4, 기울기 : 1.25
④ 절편 : 1.25, 기울기 : 0.4

해설

단순회귀분석의 식은 $\hat{Y} = b_0 + b_1 X_1$ 이다.

$b_1 = \dfrac{S_{xy}}{S_{xx}}$, $b_0 = \overline{Y} - b_1 \overline{X}$

S_{xx} : $(x$값$-$평균값$)^2$의 합, S_{xy} : $(x$값$-$평균값$) \times (y$값$-$평균값$)$의 합

구 분						합 계	평 균
X_i	1	3	4	5	7	20	$4 = \overline{X}$
X편차	1−4=−3	3−4=−1	4−4=0	5−4=1	7−4=3	0	
X편차제곱	$(-3)^2$=9	$(-1)^2$=1	$(0)^2$=0	1^2=1	3^2=9	$20 = S_{xx}$	
Y_i	2	4	3	6	9	24	$4.8 = \overline{Y}$
Y편차	2−4.8=−2.8	4−4.8=−0.8	3−4.8=−1.8	6−4.8=1.2	9−4.8=4.2	0	
XY편차곱	−3×−2.8=8.4	−1×−0.8=0.8	0×−1.8=0	1×1.2=1.2	3×4.2=12.6	$23 = S_{xy}$	

$b_1 = \dfrac{S_{xy}}{S_{xx}} = \dfrac{23}{20} = 1.15$, $b_0 = \overline{Y} - b_1 \overline{X} = 4.8 - (1.15 \times 4) = 4.8 - 4.6 = 0.2$이다.

95

단순회귀모형에 대한 설명으로 틀린 것은?

① 독립변수는 정규분포를 따른다.
② 독립변수는 오차 없이 측정 가능해야 한다.
③ 종속변수의 측정오차들은 서로 독립적이다.
④ 종속변수는 측정오차를 수반하는 확률변수이다.

> **해설**
>
> 독립변수는 정규분포를 따르지 않는다. 단순회귀모형의 오차항이 정규성, 등분산성, 독립성을 갖는다.

96

어느 자동차 정비업소에서 최근 1년 동안의 기록을 근거로 하루 동안에 찾아오는 손님의 수에 대한 확률분포를 다음과 같이 얻었다. 이 확률분포에 근거할 때, 하루에 몇 명 정도의 손님이 이 정비업소를 찾아올 것으로 기대되는가?

손님수	0	1	2	3	4	5
확 률	0.05	0.2	0.3	0.25	0.15	0.05

① 2.0
② 2.4
③ 2.5
④ 3.0

> **해설**
>
> $(0 \times 0.05) + (1 \times 0.2) + (2 \times 0.3) + (3 \times 0.25) + (4 \times 0.15) + (5 \times 0.05) = 2.4$

97

모집단의 평균을 추정하기 위해 1,000개의 표본을 취하여 정리한 결과 표본평균은 100, 표준편차는 5로 계산되었다. 모평균에 대한 점추정치는?

① 5
② 10
③ 25
④ 100

> **해설**
>
> 모평균에 대한 점추정치는 표본평균이다.

98

A 신문사에서 성인 1,000명을 대상으로 현직 대통령에 대한 지지도를 조사한 결과 60%의 지지율을 얻었다. 95%의 신뢰수준에서 이번 조사의 오차한계는 얼마인가? (단, 95% 신뢰수준의 Z값은 ±1.96으로 한다)

① ±2.8%

② ±2.9%

③ ±3.0%

④ ±3.1%

해설

오차한계를 구하는 식은 다음과 같다.

$$D = z \times \frac{\sigma}{\sqrt{n}}$$

$$= 1.96 \times \frac{0.6}{\sqrt{1000}}$$

$$\fallingdotseq 0.03$$

99

두 변수 x, y의 상관계수가 0.5일 때, $(2x+3, -3y-4)$ 와 $(-3x+4, -2y-2)$ 의 상관계수는?

① 0.5, 0.5

② 0.5, -0.5

③ -0.5, 0.5

④ -0.5, -0.5

해설

$ac > 0$인 경우 $Corr(x, y) = Corr(ax+b, cy+d)$, $ac < 0$인 경우 $Corr(x, y) = -Corr(ax+b, cy+d)$이다.

100

대학생이 졸업 후 취업했을 때 초임수준을 조사하였다. 인문사회계열 졸업자 10명과 공학계열 졸업자 20명을 조사한 결과 각각 평균초임은 210만원과 250만원이었으며 분산은 각각 300만원과 370만원이었다. 두 집단의 모분산이 같을 때, 모분산의 추정량인 합동분산(Pooled Variance)은? (단, 단위는 만원이다)

① 325.0

② 324.3

③ 346.7

④ 347.5

해설

$$S_p^2 = \frac{(n_1-1)S_1^2 + (n_2-1)S_2^2}{n_1 + n_2 - 2} = \frac{(10-1) \times 300 + (20-1) \times 370}{10 + 20 - 2} = 347.5$$

제 **2** 회 기출문제해설

제1과목 조사방법론 I

01

실증주의에 관한 설명으로 틀린 것은?

① 관찰결과의 일반화 가능성을 강조한다.

② 과학과 비과학을 철저히 구분하려 한다.

③ 인간 행위를 예측할 수 있는 확률적 법칙을 강조한다.

④ 인간 행위의 사회적 의미를 행위자의 입장에서 이해하려 한다.

해설

사회적 행동을 행위자의 입장에서 이해하려 하는 것은 해석주의이다.

02

개념(Concepts)의 정의와 가장 거리가 먼 것은?

① 일정한 관계사실에 대한 추상적인 표현

② 사실과 사실 간의 관계에 논리의 연관성을 부여하는 것

③ 특정한 여러 현상들을 일반화함으로써 나타내는 추상적인 용어

④ 현상을 예측 설명하고자 하는 명제, 이론의 전개에서 그 바탕을 이루는 역할

해설

연구에서 연구문제를 정확하게 서술하려면 그 문제에 포함된 개념과 변수들에 대한 구체적인 정의들이 이루어져야 한다. 개념은 일정하게 관찰된 현상을 대표할 수 있는 추상적 용어로 표현한 것을 말하며, 현상을 설정·예측하기 위한 명제나 이론의 전개에 있어서 그 밑바탕을 이루는 역할을 한다. ②는 이론의 정의에 해당한다. 이론은 현상에 대한 설명과 예측을 목적으로 변수 간의 관계를 밝힘으로써 그 현상에 대한 체계적인 견해를 제공하는 일련의 상호 연결된 개념 및 정의 또는 명제이다.

03

개방형 질문에 대한 설명으로 틀린 것은?

① 강제성이 없으며, 다양한 응답을 얻을 수 있다.
② 특정 견해에 대한 탐색적 질문방법으로 적합하다.
③ 표현상의 차이는 있으나 응답에 대한 동일한 해석이 가능하므로 응답의 일관성을 유지할 수 있다.
④ 자유응답형 질문으로 응답자가 할 수 있는 응답의 형태에 제약을 가하지 않고 자유롭게 표현하는 방식이다.

해설
개방형 질문은 응답의 해석에 편견이 개입될 소지가 크며, 같은 자료라도 분석자에 따라 다른 결과가 나타날 수 있다.

04

다음 사례에서 영향을 미칠 수 있는 대표적인 타당도 저해 요인은 무엇인가?

> 체육활동을 진행한 후에 대상 청소년들의 키가 부쩍 자랐다. 이 결과를 통해 체육활동이 청소년의 키 성장에 크게 효과가 있었다고 추론하였다.

① 외부사건(History)
② 검사효과(Testing Effect)
③ 성숙효과(Maturation Effect)
④ 도구효과(Instrumentation Effect)

해설
③ 시간의 흐름에 따라 연구대상이나 현상에 변화가 발생함으로 인해 결과에 영향을 미친다는 것이다. 키는 시간이 지나면 자라기 때문에 지문에서는 성숙효과로 인해 타당도가 저해된다고 볼 수 있다.
① 연구기간 천재지변이나 예상치 않았던 사건과 같이 특정 사건이 일어나는 경우, 환경이 바뀌고 이에 따라 연구결과가 다르게 나타날 수 있다.
② 측정이 반복되면서 얻어지는 학습효과로 인해 실험대상자의 반응에 영향을 미친다.
④ 측정자의 측정도구가 달라짐으로 인해 결과에 영향을 미친다.

05

다음에서 설명하는 가설의 종류는?

> • 대립가설과 논리적으로 반대의 입장을 취하는 가설이다.
> • 수집된 자료에서 나타난 차이나 관계가 우연의 법칙으로 생긴 것이라는 진술로 "차이나 관계가 없다"는 형식을 취한다.

① 귀무가설　　　　　　　　　　　② 통계적 가설
③ 대안가설　　　　　　　　　　　④ 설명적 가설

해설
② 어떤 특징에 대해 둘 이상의 집단 간의 차이나 한 집단 내 또는 몇 집단 간의 관계, 표본 또는 모집단 특징의 점추정 등을 묘사하기 위해 설정하는 것이다. 표본에 의한 모집단의 확률분포를 예상하는 진술로서, 주로 표본의 평균 비교를 통해 이루어진다.
③ 대립가설이라고 하며, 귀무가설에 대립하는 가설로서, 귀무가설이 거짓일 때 채택하기 위해 설정하는 가설이다.
④ 사실과 사실 간의 관계를 설명해주는 가설을 말한다. 여기서 설명이란 어떤 사물에 관련되는 기존 지식체계 또는 그것으로부터의 연역(귀납)에 의해 그 사물의 필연성이나 인과관계 등을 제시하는 것이다.

06

면접법의 장점으로 틀린 것은?

① 관찰을 병행할 수 있다.
② 신축성 있게 자료를 얻을 수 있다.
③ 질문순서, 정보의 흐름을 통제할 수 있다.
④ 익명성이 높아 솔직한 의견을 들을 수 있다.

해설
응답자를 대면한 상태에서 질문하여 조사하는 방법으로 응답자의 익명성이 결여되어 정확한 내용을 도출하기 어려우며 특수층의 사람에 대해 면접이 곤란한 경우가 발생하는 등의 단점이 있다.

07

관찰법(Observation Method)의 분류기준에 대한 설명으로 틀린 것은?

① 관찰이 일어나는 상황이 인공적인지 여부에 따라 자연적/인위적 관찰로 나누어진다.
② 관찰시기가 행동 발생과 일치하는지 여부에 따라 체계적/비체계적 관찰로 나누어진다.
③ 피관찰자가 관찰사실을 알고 있는지 여부에 따라 공개적/비공개적 관찰로 나누어진다.
④ 관찰 주체 또는 도구가 무엇인지에 따라 인간의 직접적/기계를 이용한 관찰로 나누어진다.

해설
관찰조건이 표준화되어있는지 여부에 따라 체계적(통제)/비체계적(비통제) 관찰로 나누어진다.

08

가급적 적은 수의 변수로 더욱 많은 현상을 설명하고자 하는 것은?

① 간결성의 원칙(Principle of Parsimony)
② 관료제의 원칙(Iron law of Bureaucracy)
③ 배제성의 원칙(Principle of Exclusiveness)
④ 포괄성의 원칙(Principle of Exhaustiveness)

해설

간결성의 원칙은 가급적 적은 수의 변수로 더욱 많은 현상을 설명할 수 있어야 한다.

09

패널조사에 관한 설명으로 틀린 것은?

① 종단적 조사의 성격을 지닌다.
② 반복적인 조사과정에서 성숙효과, 시험효과가 나타날 수 있다.
③ 패널 운영 시 자연 탈락한 패널구성원은 조사 결과에 크게 영향을 미치지 않는다.
④ 특정 조사대상자들을 선정해 놓고 반복적으로 실시하는 조사방식을 의미한다.

해설

패널조사는 '패널(Panel)'이라 불리는 특정 응답자 집단을 정해놓고 그들로부터 상당히 긴 시간 동안 지속해서 연구자가 필요로 하는 정보를 획득하는 방법이다. 따라서 패널을 관리하는 것이 어려우며, 탈락한 패널구성원은 조사결과에 영향을 미친다.

10

집단조사(Group Questionnaire Survey)의 특징과 거리가 가장 먼 것은?

① 집단조사는 집단이 속한 조직을 연구하는 데에만 사용할 수 있다.
② 집단으로 조사되므로 주변 사람이 응답자에 영향을 미칠 가능성이 높다.
③ 일반적으로 집단조사를 승인한 조직체나 단체에 유리한 쪽으로 응답할 가능성이 높다.
④ 집단이 속한 조직으로부터 적절한 협조가 있으면, 비용과 시간을 절약할 수 있는 조사기법이다.

해설

집단조사는 조사대상자들을 한 장소에 모아놓은 후 조사한다는 의미로, 집단이 속한 조직에만 한정한다는 의미는 아니다.

11

초점집단(Focus Group)조사에 관한 설명으로 맞는 것은?

① 조사결과가 체계적이기 때문에 결과의 분석과 해석이 용이하다.
② 초점집단조사는 내용타당도를 높이는 목적으로 사용될 수 있다.
③ 초점집단조사의 자료수집 과정에서는 연구자의 주관적 개입이 불가능하다.
④ 초점집단조사에서는 익명 집단의 상호작용을 통해 도출된 자료를 분석한다.

해설

① 초점집단조사는 조사 결과가 비체계적이므로 분석과 해석의 한계점이 존재한다.
③ 초점집단조사는 연구자의 주관적 개입 가능성이 높은 방법이다.
④ 델파이에 관한 설명 내용이다.

12

연구가설의 기능과 거리가 가장 먼 것은?

① 경험적 검증의 절차를 시사해 준다.
② 현상들의 잠재적 의미를 찾아내고 현상에 질서를 부여할 수 있다.
③ 문제해결에 필요한 관찰 및 실험의 적정성을 판단하게 한다.
④ 다양한 연구문제를 동시에 해결하기 위해 많은 종류의 변수들을 채택하게 되므로, 복잡한 변수들의 관계를 표시한다.

해설

④ 가설의 기능이 아니며, 간결성에 위배된다.

13

어느 제조업 공장에 근무하는 현장사원들과 관리자 간에 유지되고 있는 사회적 관계의 특성을 규명하기 위해 참여관찰인 현장조사를 실시할 경우의 장점이 아닌 것은?

① 조사과정의 유연성
② 가설도출이 가능한 인과적 연구
③ 조사결과의 높은 일반화 가능성
④ 현장상황에 따라 조사내용 변경 가능

해설

참여관찰법은 조사대상의 변화양상을 포착할 수 없으므로 결과를 일반화하는 것에 제약이 있다는 단점이 있다.

14

일반적으로 자료수집 현장에서 수행하는 일이 아닌 것은?

① 슈퍼바이저가 완성된 조사표 심사
② 기본적인 정보의 상호일치성 점검
③ 조사원에 대한 슈퍼바이저의 면접지도
④ 이전의 통계표를 이용한 조사내용의 확인

15

다음의 특성을 가진 연구방법은?

> • 자연스러운 상태에서 현상을 파악할 수 있기 때문에 미묘한 어감 차이, 시간상의 변화 등 심층의 차원을 이해할 수 있다.
> • 때때로 객관적인 판단을 그르칠 수 있으며 대규모 모집단에 대한 기술이 어렵다.

① 우편조사(Mail Survey)
② 내용분석(Contents Analysis)
③ 유사실험(Quasi-experiment)
④ 참여관찰(Participant Observation)

해설

관찰자가 관찰 대상 집단 내부로 침투하여 구성원의 하나가 되어 그들과 함께 생활하거나 활동하면서 관찰하는 참여관찰 연구방법에 대한 내용이다.

16

의약분업을 하게 되면 국민들이 약의 오·남용을 줄일 수 있기 때문에 국가적으로 의료비의 지출이 줄게 된다. 이 사실을 기초로 의약분업을 실시하게 되면 환자들은 적은 비용으로 치료를 받을 수 있게 된다고 주장한다면 그 주장은?

① 올바른 주장이다.
② 환원주의 오류(Reductionism Fallacy)를 범할 가능성이 있다.
③ 생태학적 오류(Ecological Fallacy)를 범할 가능성이 있다.
④ 개인주의적 오류(Individualistic Fallacy)를 범할 가능성이 있다.

해설

의약분업을 실시하게 되면 환자들은 적은 비용으로 치료를 받을 수 있다는 주장은 분석단위를 집단에 두고 얻은 연구의 결과를 개인에게 동일하게 적용함으로써 발생하는 생태학적 오류에 해당한다.

17

질문지를 설계할 때 폐쇄형 응답식으로 할 때의 장점은?

① 심층적인 정보를 얻기가 용이하다.
② 수집된 자료의 수량적 분석이 용이하다.
③ 응답자로부터 포괄적인 응답을 얻을 수 있다.
④ 연구를 시작할 때 기초정보 수집에 적절하다.

해설

폐쇄형 응답식은 처리 및 채점, 코딩이 간편하여 수집된 자료의 수량적 분석이 용이하다.

18

2차 자료에 대한 설명으로 맞는 것은?

① 1차 자료에 비해 비용과 시간을 절약할 수 있다.
② 현재 연구 중인 조사목적에 따른 정확도, 신뢰도, 타당도를 평가할 수 있다.
③ 1차 자료에 비해 조사목적에 적합한 정보를 의사결정이 필요한 시기에 적절히 이용하기 쉽다.
④ 조사자가 현재 수행 중인 연구의 목적을 달성하기 위해 적절한 조사설계를 통하여 직접 수집한 자료이다.

해설

②·④ 2차 자료는 이미 만들어진 방대한 자료를 말한다. 목적에 맞게 수집한 자료가 아니라 이미 만들어진 자료를 활용하기 때문에 신뢰도와 타당도가 높지 않다.
③ 2차 자료는 정보의 양이 부족하거나 연구의 분석단위나 조작적 정의가 다른 경우 사용이 곤란하기 때문에 필요한 시기에 적절히 이용하기 힘들다.

19

질문지 구성에 관한 설명으로 가장 타당한 것은?

① 사회적 규범 편향(Social Desirability Bias)은 보수적인 사회일수록 더 높다.
② 중간 범주를 생략한 경우에는 선택 범주에 대한 강도를 측정할 필요가 없다.
③ 마지막 범주를 선택하는 최후효과(Recency Effect)는 부동적 응답자일수록 크게 나타난다.
④ 태도를 제대로 측정하기 위해서는 응답자들이 잘 알지 못하는 응답범주를 삽입하는 것이 좋다.

해설

최후효과(Recency Effect)는 시간적으로 끝에 제시된 정보가 인상판단에서 중요한 역할을 하는 현상으로 부동적 응답자일수록 크게 나타난다.

20

연구문제가 설정된 후, 연구문제를 정의하는 과정을 바르게 나열한 것은?

> ㄱ. 문제를 프로그램 미션과 목적에 관련시킨다.
> ㄴ. 문제의 배경을 검토한다.
> ㄷ. 무엇을 측정할 것인가를 결정한다.
> ㄹ. 문제의 하위영역, 구성요소, 요인들을 확립한다.
> ㅁ. 관련 변수들을 결정한다.
> ㅂ. 연구목적과 관련 하위 목적을 설정한다.
> ㅅ. 한정된 변수, 목적, 하위목적들에 대한 예비조사를 수행한다.

① ㄱ → ㄴ → ㄹ → ㄷ → ㅁ → ㅂ → ㅅ
② ㄱ → ㄴ → ㄷ → ㄹ → ㅁ → ㅂ → ㅅ
③ ㄱ → ㄴ → ㅁ → ㄹ → ㅂ → ㄷ → ㅅ
④ ㄱ → ㄴ → ㅂ → ㅁ → ㄹ → ㄷ → ㅅ

21

분석단위의 혼란에서 오는 오류 중 개인의 특성에 관한 자료로부터 집단의 특성을 도출할 경우 발생하기 쉬운 오류는?

① 생태학적 오류
② 비표본 오차
③ 개인주의적 오류
④ 체계적 오류

해설

분석단위의 오류는 생태학적 오류와 환원주의적 오류의 개인주의적 오류가 대표적이다. 개인주의적 오류는 개인의 결과를 집단에 확대하는 오류이며, 생태학적 오류는 집단의 결과를 개인에게 적용하는 오류이다.

22

폐쇄형 질문의 응답범주 작성 원칙으로 맞는 것은?

① 범주의 수는 많을수록 좋다.
② 관련된 현상 중 가장 중요한 것만 범주로 제시한다.
③ 제시된 범주들 사이에 약간의 중복은 있어도 무방하다.
④ 제시된 응답범주는 가능한 응답 내용을 모두 포함해야 한다.

해설

폐쇄형 질문의 응답범주(응답항목)
• 분류되는 사례나 단위가 망라적이어서 하나도 남김없이 각 응답항목에 귀속되도록 해야 한다.
• 분류되는 응답항목은 상호배타적이어서 각 사례는 한 번만 분류되어야 한다.
• 가능하면 같은 종류의 다른 조사 결과를 비교할 수 있도록 동일한 단위를 사용하도록 해야 한다.
• 간결성을 띠어야 한다.

23

양적–질적 연구방법의 비교에서 질적 연구방법에 대한 설명으로 맞는 것을 모두 고른 것은?

> ㄱ. 심층규명(Probing)을 한다.
> ㄴ. 연구자의 주관성을 활용한다.
> ㄷ. 연구도구로 연구자의 자질이 중요하다.
> ㄹ. 선(先)이론 후(後)조사의 방법을 활용한다.

① ㄴ, ㄹ   ② ㄱ, ㄴ, ㄷ

③ ㄱ, ㄷ, ㄹ   ④ ㄱ, ㄴ, ㄷ, ㄹ

해설

선(先)이론 후(後)조사의 방법은 연역법이다. 질적 연구방법은 심층규명과 연구자의 주관성을 활용하며 연구도구로서 연구자의 자질이 중요하다.

24

참여관찰법에 비해 조사연구(Survey Research)가 가지는 장점으로 맞는 것은?

① 연구의 융통성이 크다.
② 시간과 비용을 절약할 수 있다.
③ 연구대상을 심층적으로 관찰할 수 있다.
④ 대규모 모집단의 특성을 기술할 수 있다.

해설

조사연구는 대규모 모집단의 특성을 기술하는 데 유용하다. 대규모 모집단을 조사하기 위한 방법으로는 전수조사와 표본조사가 있다.

25

기술적 조사의 특성과 거리가 가장 먼 것은?

① 연구의 반복이 어렵다.
② 설명적 조사의 기초자료를 제공한다.
③ 패널조사(Panel Study)도 여기에 속한다.
④ 표준화된 문항을 사용하여 측정의 일관성을 유지할 수 있다.

해설

반복적 연구가 불가능하여 신뢰도가 낮은 것은 사례조사의 특성이다.

26

비표준화(비구조화) 면접의 장점으로 짝지어진 것은?

A. 융통성이 있다.
B. 면접결과의 신뢰도가 높다.
C. 면접결과자료의 수량화 및 통계처리가 용이하다.
D. 표준화면접에서 필요한 변수를 찾아내는 데 유용한 자료를 제공한다.

① A, B
② A, D
③ B, C
④ C, D

해설
B. 표준화된 면접에 비해 응답 결과에 있어서 상대적으로 타당도가 높지만, 신뢰도는 낮다.
C. 부호화가 어렵기 때문에 용이하지 않다.

27

질문지 초안 완성 후 실시하는 사전검사에 관한 설명으로 맞는 것은?

① 사전검사 표본수는 본조사와 비슷해야 한다.
② 사전검사는 본조사의 조사 방법과 같아야 한다.
③ 사전검사는 가설을 보다 명확히 하기 위한 조사이다.
④ 사전검사 결과는 본조사에 포함해 분석하여야 한다.

해설
① 사전검사는 모집단과 대체로 유사하다고 판단되는 소규모 표본을 대상으로 실시한다.
③ 사전검사는 질문지의 문제점을 찾아내기 위한 작업이다.
④ 사전검사는 질문지의 개략적인 검사에 해당한다.

28

다음 설명은 외생변수를 통제하는 방법 중 무엇에 해당하는가?

> 하나의 실험집단에 2개 이상의 실험변수가 가해지는 경우 사용하는 방법이다. 예를 들면, 두 가지 광고 A와 B에 대한 사람들의 선호도를 알아보고자 할 때, 광고의 제시순서가 그 광고에 대한 사람들의 선호도에 영향을 미칠 수 있다. 이때 실험집단 참여자의 반에는 광고를 A → B의 순으로 제시하고, 나머지 반에는 B → A의 순으로 제시하여, 각 광고에 대한 그들의 선호도를 측정한다.

① 매칭(Matching)
② 제거(Elimination)
③ 상쇄(Counter Balancing)
④ 무작위화(Randomization)

해설
① 서로 적합하다고 간주하는 모든 특성 · 요인 · 조건 · 변수 등에서 정확하게 서로 똑같은 대상들을 둘씩 골라 하나는 실험집단에, 다른 하나는 통제집단에 배정함으로써 두 집단의 동질성을 확보한다.
② 외생변수로 적용할 수 있는 요인이 실험 상황에 개입되지 않도록 하는 방법이다.
④ 어느 하나의 대상이 실험집단이나 통제집단에 할당될 동일한 기회의 조건을 가진 상태로 두 집단 중 하나에 배정하도록 한다.

29

특정 시점에 다른 특성을 지닌 집단들 사이의 차이를 측정하는 조사 방법은?

① 코호트(Cohort)조사
② 패널(Panel)조사
③ 서베이(Survey)조사
④ 추세(Trend)조사

해설
패널조사, 추세조사, 코호트조사는 종단적 조사이다. 종단적 조사는 둘 이상의 시점에서 동일한 분석단위를 조사한다.

30

다음에 나타난 실험설계 방법은?

> • 비교를 위한 두 개의 집단이 있다.
> • 외부요인 효과의 발생 가능성을 배제하기 어렵다.
> • 상관관계 연구와 유사한 성격을 지닌다.
> • 집단 간 동질성 보장이 어렵다.

① 다중시계열(Multiple Time-series)설계
② 플라시보 통제집단(Placebo Control Group)설계
③ 통제집단 사후검사(Posttest Control Group)설계
④ 정태집단 비교(Static Group Comparison)설계

해설

정태집단 비교설계는 독립변수를 경험한 집단과 그렇지 않은 집단에 대해 사후검사를 실시하고 측정 결과를 비교하는 조사이다. 외적 사건이나 내적 타당도 저해요인을 제거할 수 있다는 장점이 있으나 대상 선정이 작위적으로 이루어져 집단 자체의 차이가 통제되지 않는다는 단점이 있다.

제2과목 **조사방법론 II**

31

신뢰도 측정 방법의 하나인 반분법(Split-half Method)에 관한 스피어만-브라운(Spearman-Brown) 공식의 가정으로 맞는 것은?

① 질문지 전체가 반쪽보다 신뢰도가 높다.
② 측정도구가 경험적으로 다차원적이어야 한다.
③ 측정도구를 반으로 나누어 각각 종속적인 두 개의 척도를 사용한다.
④ 질문의 수가 짝수 개인 질문지가 홀수 개인 질문지보다 신뢰도가 낮다.

해설

Spearman-Brown 예측 공식은 질문의 수가 짝수 개인 질문지가 홀수 개인 질문지보다 신뢰도가 높고 또 질문지 전체가 반쪽보다 신뢰도가 높다는 것을 전제로 한다.

32

선거예측조사에서 출구조사를 할 경우, 주로 사용되는 표집방법은?

① 할당표집(Quota Sampling)
② 군집표집(Cluster Sampling)
③ 체계적 표집(Systematic Sampling)
④ 층화표집(Stratified Random Sampling)

해설

선거예측조사에서 출구조사를 할 경우 주로 사용하는 표집방법은 체계적 표집이다.

33

측정의 체계적 오류와 관련이 있는 것은?

① 통계적 회귀
② 생태학적 오류
③ 환원주의적 오류
④ 사회적으로 바람직한 편향

해설

일정한 패턴이 있는 체계적 오류이므로 사회적 바람직성 편향이 해당한다.

34

표집틀(Sampling Frame)을 평가하는 주요 요소와 가장 거리가 먼 것은?

① 포괄성
② 안정성
③ 효율성
④ 추출확률

해설

표집틀 구성의 평가 요소
• 포괄성 : 연구하고자 하는 전체 모집단 중 얼마나 많은 부분을 포함하는가
• 효율성 : 조사자가 원하는 대상만을 표집틀 속에 포함하는가
• 추출확률 : 모집단에서 개별 요소가 추출될 수 있는 확률이 동일한가

35

부적절한 표집틀(Sampling Frame)을 사용하여 얻은 자료가 가지는 문제점으로 맞는 것은?

① 대표성을 결여하게 된다.
② 정확한 측정을 어렵게 한다.
③ 이론적인 적절성이 결여된다.
④ 정확한 가설을 설정하기 어렵다.

해설
대표성 있는 표집은 적절한 표집틀의 확보를 전제로 한다.

36

표본추출방법에 관한 설명으로 틀린 것은?

① 비확률표본추출방법은 표본추출오차를 구하기 쉽다.
② 확률표본추출방법은 통계치로부터 모수치를 추정할 수 있다.
③ 확률표본추출방법은 모집단의 구성요소가 표본으로 추출될 확률을 알 수 있다.
④ 비확률표본추출방법은 모집단의 구성요소가 표본으로 선정될 확률이 동일하지 않다.

해설
확률표본추출방법은 표본오차의 추정이 가능하나, 비확률표본추출방법은 표본오차의 추정이 불가능하다.

37

측정하고자 하는 것을 얼마나 정확히 측정했는가에 관한 것은?

① 신뢰도
② 정밀도
③ 판별도
④ 타당도

해설
타당도는 조사자가 측정하고자 한 것을 실제로 측정했는가를 말해준다.

38

"상경계열에 다니는 대학생이 이공계열에 다니는 대학생보다 물가 변동에 대한 관심이 더 높을 것이다."라는 가설에서 '상경계열학생 여부'라는 변수를 척도로 나타낼 때 이 척도의 성격은?

① 순위척도

② 서열척도

③ 비율척도

④ 명목척도

해설

명목척도는 척도의 유형 중 가장 기본이 되는 것으로서, 단지 숫자나 기호로 대신 지칭해주는 것에 불과하다.

39

층화표집(Stratified Random Sampling)에 대한 설명으로 틀린 것은?

① 층화 시 모집단에 대한 지식이 필요하다.

② 층화한 모든 부분 집단에서 표본을 추출한다.

③ 층화한 부분 집단 간은 동질적이고, 부분 집단 내에서는 이질적이다.

④ 추정값의 표본오차를 감소시켜 표본의 대표성을 높이기 위해 사용되는 방법이다.

해설

층화한 부분 집단 내에는 동질적이며, 집단 간에는 이질적이다.

40

등간척도에 관한 설명으로 틀린 것은?

① 등간척도는 +, - 양쪽 다 표시된다.

② 섭씨온도계 및 카드번호에서 사용된다.

③ 평균, 표준편차 등의 통계기법을 적용할 수 있다.

④ 측정 대상의 순위를 표시하면서도 간격이 일정하다는 성질을 가지고 있다.

해설

온도계의 눈금을 나타내는 수치의 측정 수준은 등간척도이나, 카드번호, 주민등록번호, 도서 분류번호, 자동차번호 등과 같은 수치는 명목척도이다.

41

연구주제와 관련된 가능한 많은 진술들을 수집하여 평가자들로 하여금 판단토록 한 다음 그 결과를 바탕으로 문항을 선정하는 척도는?

① 거트만 척도
② 서스톤 척도
③ 리커트 척도
④ 총화평정척도

해설

서스톤 척도는 평가자들로 하여금 각 질문 문항에 대한 우호성의 정도를 비교적 객관적으로 결정하도록 한다. 각 진술(질문 문항)에 대해 평가자들이 척도상의 위치를 판단한 것을 근거로 하여 척도 가치를 결정하고 척도 문항을 선정하여 최종척도를 구성한다.

42

전수조사와 비교한 표본조사의 특징에 관한 설명으로 맞는 것은?

① 시간과 노력이 많이 든다.
② 비표본 오차를 줄일 수 있다.
③ 항상 정확한 자료를 수집할 수 있다.
④ 조사 기간 동안에 발생하는 변화를 반영하지 못한다.

해설

① 전수조사를 할 경우에 예상되는 막대한 시간과 비용의 소모를 절감할 수 있다.
③ 표본오차가 발생하기 때문에 항상 정확한 자료를 수집할 수는 없다.
④ 전수조사보다 시간이 적게 소요되며, 더 많은 조사항목을 포함할 수 있으므로 다방면의 정보획득이 가능하다.

43

표집틀(Sampling Frame)과 모집단과의 관계가 가장 이상적인 경우는?

① 표집틀과 모집단이 일치할 때
② 표집틀이 모집단 내에 포함될 때
③ 모집단이 표집틀 내에 포함될 때
④ 모집단과 표집틀의 일부분만이 일치할 때

해설

모집단은 조사 대상이 되는 집단을 의미하여, 표집틀은 모집단 내에 포함된 조사대상자들의 명단이 수록된 목록을 말한다. 따라서 표집틀과 모집단이 일치하는 경우가 가장 이상적인 관계라고 할 수 있다.

44

이타심을 '모금기관에 매년 기부하는 금액'으로 정의하였다면 이러한 정의는?

① 개념적 정의
② 실제적 정의
③ 사전적 정의
④ 조작적 정의

해설

조작적 정의는 추상적인 개념들을 경험적·실증적으로 측정이 가능하도록 구체화한 것이다. 이타심을 사전적 의미가 아니라 '모금기관에 매년 기부하는 금액'으로 정의한 것은 조작적 정의에 해당한다.

45

사용하고 있는 측정도구의 측정값과 기준이 되는 측정도구의 측정값과의 상관관계로 측정되는 타당도는?

① 액면타당도
② 구성체타당도
③ 기준관련타당도
④ 다차원타당도

해설

기준관련타당도는 측정도구를 잘 평가할 수 있다고 생각되는 독립적 기준과의 비교를 통해서 척도의 타당성을 검증하는 것이다. 이 방법은 내용적 타당도와 달리 통계처리에 의해 타당도를 검증하기 때문에 객관성이 더 높은 방법이라고 할 수 있다.

46

확률표본추출방법을 적용하기에 가장 용이한 것은?

① 현지조사(Field Research)
② 델파이조사(Delphi Research)
③ 서베이조사(Survey Research)
④ 참여관찰(Participant Observation)

해설

현지조사, 델파이조사, 참여관찰 등은 무작위 표본추출이 어려워 대규모 조사를 실시하기에 적합하지 않다.

47

측정오류에 관한 설명으로 맞는 것은?

① 편향에 의해 체계적 오류가 발생한다.
② 무작위 오류는 측정의 타당도를 저해한다.
③ 표준화된 측정도구를 사용하더라도 체계적 오류를 줄일 수 없다.
④ 측정자, 측정 대상자 등에 일관성이 없어 생기는 오류를 체계적 오류라 한다.

해설

② 무작위 오류와 신뢰도는 반비례 관계이다. 무작위 오류는 측정의 신뢰도를 저해한다.
③ 체계적 오류는 자료수집방법이나 수집과정에서 개입되는 오차로 조사내용이나 목적에 비해 자료수집방법이 잘못 선정되었을 경우 발생한다. 표준화된 측정도구를 사용하면 체계적 오류를 줄일 수 있다.
④ 측정자, 측정 대상자 등에 일관성이 없어 생기는 오류를 비체계적 오류(무작위 오류)라 한다.

48

서울시민의 정당의식 조사를 위해 첫 번째 단계에서는 임의로 10개 동의 표본추출 지역을 선택하였다. 두 번째 단계에서는 해당 10개 동의 유권자 비율을 고려하여 주민등록명부를 기준으로 100명의 표집 간격을 두고 최종응답자를 선택하였다. 이때 각 단계에서 활용된 표본추출 방법으로 맞는 것은?

① 첫 번째 단계 : 층화표집, 두 번째 단계 : 계통표집
② 첫 번째 단계 : 집락표집, 두 번째 단계 : 계통표집
③ 첫 번째 단계 : 층화표집, 두 번째 단계 : 무작위표집
④ 첫 번째 단계 : 집락표집, 두 번째 단계 : 무작위표집

해설

집락표집은 모집단 목록에서 구성요소에 대해 여러 가지 이질적인 구성요소를 포함하는 여러 개의 집락 또는 집단으로 구분한 후 집락을 표집단위로 하여 무작위로 몇 개의 집락을 표본으로 추출한 다음 표본으로 추출된 집락에 대해 그 구성요소를 전수조사하는 방법이다. 계통표집은 모집단 목록에서 구성요소에 대해 일정한 순서에 따라 매 K번째 요소를 추출하는 방법이다.

49

특정한 규칙에 따라 현상에 숫자를 부여하는 과정은?

① 검 사
② 통 계
③ 척 도
④ 측 정

해설

측정은 묘사대상이 되는 사상(事象)에 수치를 부여한다는 의미로 '일정한 규칙에 따라 사물 또는 사건에 대해 숫자를 부여하는 것'이라고 할 수 있다.

50

대중교통에 대한 시민들의 만족도를 조사하기 위하여 오전 9:00 경에 10군데의 지하철역에 조사자를 배치하여 일부 시민들의 의견을 조사하였다. 이때 사용된 표집법은?

① 계통표집법
② 비확률표집법
③ 층화표집법
④ 단순무작위표집법

해설

비확률표집방법은 연구대상이 표본으로 추출될 확률이 알려져 있지 않으며, 인위적으로 표본을 추출한다.

51

명목척도 구성을 위한 측정 범주들에 대한 기본 원칙과 가장 거리가 먼 것은?

① 상호 배타성
② 포괄성
③ 논리적 연관성
④ 선택성

해설

명목척도의 구성을 위한 측정범주
포괄성, 배타성, 논리적 연관성 등

52

개념적 정의의 특성으로 틀린 것은?

① 순환적인 정의가 이루어져야 한다.
② 적극적 혹은 긍정적인 표현을 써야 한다.
③ 뜻이 분명해서 누구나 알아들을 수 있는 의미를 공유하는 용어를 써야 한다.
④ 정의하려는 대상이 무엇이든 그것만의 특유한 요소나 성질을 적시해야 한다.

해설

순환적 정의란 "A는 B를 뜻한다.", "B는 A를 뜻한다."는 것과 같은 것을 말한다. 순환적 정의는 지양해야 한다.

53

서열척도에 관한 설명으로 맞는 것은?

① 절대 영이 존재한다.
② 표준측정단위가 존재한다.
③ 원칙적으로 사칙연산이 가능하다.
④ 분류범주가 상호배타성을 갖고 있다.

해설

① 비율척도는 절대영점을 가진다.
② 등간척도는 그 간격에서의 동일함을 의미하는 척도로 표준측정단위가 존재한다.
③ 등간척도는 '+, −'의 산술이 가능하지만 비율척도는 사칙연산이 가능하다.

54

조작적 정의에 대한 설명으로 맞는 것은?

① 논리적으로 정의한 것
② 가치중립적으로 정의한 것
③ 측정 가능한 형태로 정의한 것
④ 복잡한 것을 단순하게 정의한 것

해설

조작적 정의는 측정 과정의 마지막 단계로서 추상적인 개념들을 경험적·실증적으로 측정이 가능하도록 구체화하는 것이다.

55

측정에 있어서 신뢰성을 높이는 방법으로 가장 거리가 먼 것은?

① 측정항목의 수를 늘린다.
② 측정항목의 모호성을 제거한다.
③ 전문가의 의견을 듣고 문항을 만든다.
④ 중요한 질문의 경우 유사한 문장을 반복하여 물어본다.

해설

신뢰성을 높이는 주요 방법
• 항목을 명확히 구성한다.
• 측정상황을 분석하고 일관성을 유지한다.
• 측정항목을 추가적으로 사용한다.
• 대조적인 항목들을 비교·분석한다.
• 표준화된 지시와 설명을 한다.
• 조사대상자가 잘 모르거나 관심이 없는 내용에 대한 측정을 하지 않는 것이 좋다.
• 조사자의 주관을 제외한다.
• 신뢰성이 인정된 기존 측정도구를 사용한다.

56

두 변수(X, Y)가 있을 때, 한 변수(X)가 다른 변수(Y)에 시간적으로나 이론적으로 선행하면서 그 변수(X)의 변화가 다른 변수(Y)의 변화에 영향을 미칠 수 있다. 이때 두 변수(X, Y)를 무엇이라고 하는가?

① 독립변수와 종속변수
② 독립변수와 선행변수
③ 종속변수와 매개변수
④ 선행변수와 매개변수

해설

영향을 미치는 변수는 독립변수이며 영향을 받는 변수는 종속변수이다.

57

낙태 수술의 허용 여부에 대한 국민들의 의견을 조사하기 위하여 다음과 같은 일련의 질문으로 조사할 때 가장 관련이 있는 척도는?

낙태 수술이 다음의 각각의 경우에 허용되어야 한다고 생각하십니까?
1. 산모의 생명이 위험한 경우
2. 강간이나 근친상간에 의해 임신한 경우
3. 태아의 건강 상태가 좋지 않은 경우
4. 산모가 미혼모로서 아이를 키울 능력이 없을 경우
5. 부모는 아들을 원하는데 태아가 딸로 밝혀진 경우

① 리커트 척도
② 거트만 척도
③ 서스톤 척도
④ 의미분화 척도

해설

거트만 척도는 태도의 강도에 대한 연속적 증가유형을 측정하고자 하는 척도이다. 초기에는 질문지의 심리적 검사를 위해 고안된 것이었으나, 최근 사회과학의 제 분야에서 널리 사용되고 있다.

58

척도의 신뢰도를 파악하는 방법이 아닌 것은?

① 하나의 척도를 동일인에 대하여 두 번 이상 반복하여 측정한다.
② 여러 평가자들을 통해 얻은 측정 결과들 간의 일치도를 비교한다.
③ 측정점수를 몇 가지 다른 기준과 비교하여 일치되는 정도를 측정한다.
④ 한 측정도구의 전체 문항들을 반씩 나누어 두 부분 간의 상관성을 측정한다.

> **해설**
> 신뢰도가 높은 측정도구는 연구자의 변경이나 측정 시간 및 장소의 차이에도 불구하고 항상 동일한 결과를 가져온다. ① · ② · ④는 일관성이 있는가에 대해 파악하는 내용이지만 ③은 다른 기준과 일치되는 정도를 측정한 것이므로 신뢰도를 파악하는 방법이 아니다.

59

구성요소가 5개인 모집단에서 2개를 표본 추출할 경우 가능한 표본집단의 수는 몇 개인가?

① 5
② 10
③ 15
④ 20

> **해설**
> $$_5C_2 = \frac{5 \times 4}{2 \times 1} = 10$$

60

측정을 위해 개발한 도구가 측정하고자 하는 대상의 정확한 속성값을 얼마나 포괄적으로 포함하고 있는가를 나타내는 타당도는?

① 내용타당도(Content Validity)
② 예측타당도(Predictive Validity)
③ 집중타당도(Convergent Validity)
④ 기준관련타당도(Criterion-related Validity)

> **해설**
> ② 예측타당도 : 어떤 행위가 일어날 것이라고 예측한 것과 실제 대상자 또는 집단이 나타낸 행위 간의 관계를 측정하여 평가한다.
> ③ 집중타당도 : 같은 개념을 측정하는 경우에는 상이한 측정 방법을 사용하더라도 그 측정값 간에 높은 상관관계가 형성되는지 평가한다.
> ④ 기준관련타당도 : 경험적 근거에 의해 타당도를 확인하는 방법으로서, 신뢰도와 타당도가 이미 검증된 측정도구에 의한 측정 결과를 기준으로 평가한다.

61

다음 중 표준편차가 가장 큰 자료는?

① 3 4 5 6 7

② 3 3 5 7 7

③ 3 5 5 5 7

④ 5 6 7 8 9

해설

② 평균 $= (3+3+5+7+7)/5 = 5$

표준편차
$$= \sqrt{[(3-5)^2 + (3-5)^2 + (5-5)^2 + (7-5)^2 + (7-5)^2]/5}$$
$$= \sqrt{16/5}$$

① 평균 $= (3+4+5+6+7)/5 = 5$

표준편차
$$= \sqrt{[(3-5)^2 + (4-5)^2 + (5-5)^2 + (6-5)^2 + (7-5)^2]/5}$$
$$= \sqrt{10/5}$$

③ 평균 $= (3+5+5+5+7)/5 = 5$
$$= \sqrt{[(3-5)^2 + (5-5)^2 + (5-5)^2 + (5-5)^2 + (7-5)^2]/5}$$
$$= \sqrt{8/5}$$

④ 평균 $= (5+6+7+8+9)/5 = 7$

표준편차
$$= \sqrt{[(5-7)^2 + (6-7)^2 + (7-7)^2 + (8-7)^2 + (9-7)^2]/5}$$
$$= \sqrt{10/5}$$

62

다음 분산분석표의 (㉠), (㉡)에 들어갈 값으로 맞는 것은?

요 인	제곱합	자유도	평균제곱	F-값
처 리	42.0	2		(㉡)
잔 차	(㉠)	25		
계	129.5	27		

① ㉠ : 87.5, ㉡ : 6.0

② ㉠ : 87.5, ㉡ : 8.5

③ ㉠ : 92.5, ㉡ : 6.0

④ ㉠ : 92.5, ㉡ : 8.5

해설

㉠은 잔차제곱합(SSE) $\sum_{i=1}^{p} \sum_{j=1}^{r} (y_{ij} - \overline{y_i})^2$ 이므로 총제곱합－처리제곱합 $= 129.5 - 42.0 = 87.5$이다.

㉡은 $F = \dfrac{MSR}{MSE}$ 로 구할 수 있다.

$MSR = \dfrac{42}{2} = 21$, $MSE = \dfrac{87.5}{25} = 3.5$ 이므로 $\dfrac{MSR}{MSE} = \dfrac{21}{3.5} = 6$이다.

63

다음의 단순회귀분석에서의 분산분석결과로 결정계수를 구하면?

구 분	자유도	제곱합
회 귀	1	1575.76
잔 차	8	349.14
계	9	1924.90

① 0.15

② 0.18

③ 0.82

④ 0.94

해설

$$R^2 = \frac{SSR}{SST} = \frac{1575.76}{1924.90} \fallingdotseq 0.82$$

64

4×5 분할표 자료에 대한 독립성 검정에서 카이제곱 통계량의 자유도는?

① 9

② 12

③ 19

④ 20

해설

r행 c열 분할표에서 카이제곱 통계량의 자유도는 $(r-1) \times (c-1)$이다. 따라서 $(4-1) \times (5-1) = 12$이다.

65

확률변수 X와 Y의 결합확률밀도함수가 다음과 같을 때, X와 Y의 상관계수는?

X \ Y	−1	0	1
0	0	0.2	0
1	0.4	0	0.4

① −1

② 0

③ 0.5

④ 1

$$E(X) = (1 \times 0.4) + (1 \times 0.4) = 0.8$$
$$E(Y) = (-1 \times 0.4) + (1 \times 0.4) = 0$$
$$E(XY) = (1 \times -1 \times 0.4) + (1 \times 1 \times 0.4) = 0$$
$$E(X^2) = (1^2 \times 0.4) + (1^2 \times 0.4) = 0.8$$
$$E(Y^2) = (-1^2 \times 0.4) + (1^2 \times 0.4) = 0.8$$
$$Var(X) = E(X^2) - E(X)^2 = 0.8 - (0.8)^2 = 0.16$$
$$Var(Y) = E(Y^2) - E(Y)^2 = 0.8 - (0)^2 = 0.8$$
$$Cov(X, Y) = E(XY) - E(X)E(Y) = 0$$
$$Corr(X, Y) = \frac{Cov(X, Y)}{\sigma_X \sigma_Y} = \frac{0}{\sqrt{0.16}\sqrt{0.8}} = 0$$

66

자료의 위치를 나타내는 척도가 아닌 것은?

① 표준편차
② 중앙값
③ 백분위수
④ 사분위수

해설

자료의 위치를 나타내는 척도는 대푯값이다. 표준편차는 자료의 분산 상황을 나타내는 척도이다.

67

교육 수준에 따른 생활만족도의 차이를 다양한 배경변수를 통제한 상태에서 비교하기 위해서 다중회귀분석을 실시하고자 한다. 교육 수준을 5개의 범주(무학, 초졸, 중졸, 고졸, 대졸 이상)로 측정하였다. 이때, 대졸 이상을 기준으로 할 때 교육 수준별 차이를 나타내는 가변수(Dummy Variable)를 몇 개 만들어야 하는가?

① 1개
② 2개
③ 3개
④ 4개

해설

k개 그룹의 질적 차이를 구분하는 경우, $k-1$개의 가변수를 사용한다.

68

어느 회사는 노조와 협의하여 오후의 중간 휴식시간을 20분으로 정하였다. 그런데 총무과장은 대부분의 종업원이 규정된 휴식시간보다 더 많은 시간을 쉬고 있다고 생각하고 있다. 이를 확인하기 위하여 전체 종업원 1,000명 중에서 25명을 조사한 결과 표본으로 추출된 종업원의 평균 휴식시간은 22분이고, 표준편차는 3분으로 계산되었다. 유의수준 5%에서 총무과장의 의견에 대한 가설검정 결과로 맞는 것은?
(단, $t_{0.05}(24) = 1.711$ 이다)

① 검정통계량 $t < 1.711$ 이므로 귀무가설을 기각한다.
② 검정통계량 $t > 1.711$ 이므로 귀무가설을 채택한다.
③ 종업원의 실제 휴식시간은 규정시간 20분보다 더 짧다고 할 수 있다.
④ 종업원의 실제 휴식시간은 규정시간 20분보다 더 길다고 할 수 있다.

해설

귀무가설(H_0) : $\mu = 20$, 대립가설(H_1) : $\mu > 20$

모평균에 대한 검정통계량에서 모분산을 모르는 소표본$(n < 30)$인 경우 검정통계량 $t = \dfrac{\overline{X} - \mu_0}{S / \sqrt{n}}$ 를 이용한다.

$\overline{X} = 22$, $\mu_0 = 20$, $S = 3$, $n = 25$이므로 $t = \dfrac{22 - 20}{3 / \sqrt{25}} \fallingdotseq 3.33$

단측검정이고 유의수준 5%에서 임계치는 $t_{(0.05, 24)} = 1.711$이고 통계량이 임계치보다 크므로 귀무가설을 기각한다.
따라서 실제 휴식시간이 규정된 휴식시간 20분보다 더 길다고 할 수 있다.

69

대통령 선거에서 A 후보자는 50%의 득표를 할 것으로 예상하고 있다. 이러한 예상을 확인하기 위해 유권자 200명을 무작위추출하여 조사하였더니 그중 81명이 A 후보자를 지지한다고 하였다. 이때 검정통계량값은?

① -2.69
② -1.90
③ 0.045
④ 1.645

해설

50% 득표를 예상하는 것은 모수 $p = 0.5$를 의미한다.

유권자 200명 중 81명이 지지한다는 사실로 p의 추정치 $\hat{p} = \dfrac{81}{200} = 0.405$이다.

검정통계량 $z = \dfrac{\hat{p} - p_0}{\sqrt{\dfrac{p_0(1 - p_0)}{n}}} = \dfrac{0.405 - 0.5}{\sqrt{\dfrac{0.5(1 - 0.5)}{200}}} = -2.69$

70

회귀분석에서 추정량의 성질이 아닌 것은?

① 유효성
② 선형성
③ 불편성
④ 등분산성

해설

회귀분석의 기본 가정
• 정규성 : 오차항은 정규분포를 따르며 평균은 0이며, 분산은 일정하다.
• 등분산성 : 오차항의 분산은 독립변수 x에 관계없이 일정하다.
• 선형성 : 독립변수와 종속변수의 관계는 선형이다.
• 불편성 : 추정량의 기대치가 추정할 모수의 실제값과 같을 때, 이 추정량은 불편성을 가졌다고 한다.
• 독립성 : 서로 다른 x값의 오차는 독립적이다.
• 독립변수 x는 고정된 값을 가지며, 확률변수가 아니다.

71

다중회귀분석에 관한 설명으로 틀린 것은?

① 표준화잔차의 절댓값이 2 이상인 값은 이상값이다.
② 더빈-왓슨(Durbin-Watson) 통계량이 0에 가까우면 독립이다.
③ 표준화잔차와 예측값의 산점도를 통해 등분산성을 검토해야 한다.
④ 분산팽창계수(VIF)가 10 이상이면 다중공선성을 의심해야 한다.

해설

② 더빈-왓슨 통계량은 자기상관을 검증하는 통계량이다. 자기상관이란 서로 다른 시차의 오차항이 서로 상관되는 것을 말하며, 회귀모형에서 자기상관이 발생하게 되면 회귀모형의 기본가정인 '오차항들은 서로 독립이다'라는 가정을 위배하게 된다. $DW \approx 2(1-\hat{p})$으로 일반적으로 2에 가까울수록 자기상관이 존재하지 않는 것으로 판정하며 0에 가까우면 상관계수의 추정치는 1에 가까워지므로 독립이 아니다.

①·③ 다중회귀분석은 2개 이상의 독립변수가 종속변수에 미치는 영향을 분석하는 것이다. 두 개 이상의 독립변수들의 함수로 주어지므로 잔차분석에서 이상치를 파악할 수 있고, 표준화 잔차의 절대치가 2 이상인 값은 이상치로 간주하며, 잔차 대 예측치의 산점도를 통해 등분산성을 검토해야 한다.

④ 다중공선성이란 독립변수들 사이에 상관관계가 있는 현상을 말하는 것으로, 즉 어떤 독립변수가 다른 독립변수들과 선형결합의 관계를 갖는 경우를 말하며 다중공선성이 존재하면 회귀계수의 해석이 불가능하다. 다중공선성의 척도는 분산팽창계수로 분산팽창계수는 독립변수 사이에서 발생하는 다중공선성으로 인한 분산의 증가를 의미하고 일반적으로 k개의 분산팽창계수 중 가장 큰 값이 10 이상이면 다중공선성을 의심해야 한다.

72

어느 대학에서 2014학년도 1학기에 개설된 통계학 강좌에 A반 20명, B반 30명이 수강하고 있다. 중간고사에서 A반, B반의 평균은 각각 70점, 80점이었다. 이번 학기에 통계학을 수강하고 있는 학생 50명의 중간고사 평균은?

① 70점

② 74점

③ 75점

④ 76점

해설

A반 평균은 $\dfrac{(a_1 + a_2 + \cdots + a_{20})}{20} = 70$이므로, $(a_1 + a_2 + \cdots + a_{20}) = 70 \times 20 = 1400$

B반 평균은 $\dfrac{(b_1 + b_2 + \cdots + b_{30})}{30} = 80$이므로, $(b_1 + b_2 + \cdots + b_{30}) = 80 \times 30 = 2400$

$\dfrac{(a_1 + a_2 + \cdots + a_{20}) + (b_1 + b_2 + \cdots + b_{30})}{20 + 30} = \dfrac{1400 + 2400}{50} = 76$

두 반을 합한 50명의 중간고사 평균은 76점이다.

73

다음은 일원분산분석을 실시한 결과이다. 결과에 대한 해석으로 틀린 것은?

Source	DF	SS	MS	F	P
Month	7	127049	18150	1.52	0.164
Error	135	1608204	11913		
Total	142	1735253			

① 총 관측자료 수는 142개이다.

② 오차항의 분산 추정값은 11913이다.

③ 요인은 Month로서 수준 수는 8개이다.

④ 유의수준 0.05에서 요인의 효과는 유의하지 않다.

해설

일원분산분석에서 총합계의 자유도(142)는 총 관측자료 수 N에서 1을 뺀 값이므로 총 관측자료 수는 $142 + 1 = 143$이다.

74

어떤 사람이 즉석 당첨복권을 5일 연속하여 구입한다고 하자. 어느 날 당첨될 확률은 $\frac{1}{5}$이고, 어느 날 구입한 복권의 당첨 여부가 그다음 날 구입한 복권의 당첨 여부에 영향을 미치지 않는다면, 2장이 당첨되고 3장이 당첨되지 않은 복권을 구매할 확률은?

① $10 \times \left(\frac{1}{5}\right)^2 \times \left(\frac{4}{5}\right)^3$

② $2 \times \left(\frac{1}{5}\right)^2 \times \left(\frac{4}{5}\right)^3$

③ $5 \times \left(\frac{1}{5}\right)^2 \times \left(\frac{4}{5}\right)^3$

④ $3 \times \left(\frac{1}{5}\right)^2 \times \left(\frac{4}{5}\right)^3$

해설

복권이 당첨될 확률이 $\frac{1}{5}$이고 복권 당첨 여부는 각각 독립이다.

5장을 구매했을 때 당첨복권의 개수를 X라고 하면 X개 당첨일 확률은 $_5C_X (\frac{1}{5})^X (1-\frac{1}{5})^{5-X}$이다.

당첨복권이 2장일 확률은 $X=2$, $_5C_2 (\frac{1}{5})^2 (1-\frac{1}{5})^{5-2} = 10(\frac{1}{5})^2 (\frac{4}{5})^3$이다.

75

크기가 100인 확률표본으로부터 얻은 표본평균에 근거하여 구한 모평균에 대한 90% 신뢰구간의 오차의 한계가 3이라고 할 때, 오차의 한계가 1.5가 넘지 않도록 표본설계를 하려면 표본의 크기를 최소한 얼마 이상이 되도록 하여야 하는가?

① 100

② 200

③ 400

④ 1000

해설

모평균 추정 시 표본의 크기는 $n \geq \dfrac{Z_{\alpha/2}^2 \times \sigma^2}{D^2}$이다.

오차한계가 3일 때 $D=3$, 90% 신뢰수준이므로 $\alpha=0.1$, $Z_{\alpha/2} = Z_{0.05} = 1.65$, $n=100$이다.

$100 \geq \dfrac{1.65^2 \times \sigma^2}{3^2}$에서 $\sigma^2 \fallingdotseq 330.58$이므로 오차한계 $D=1.5$일 때 표본의 크기는 $n \geq \dfrac{1.65^2 \times 330.58}{1.5^2} \fallingdotseq 400$이다.

따라서 표본의 최소 크기는 400이다.

76

새로운 복지정책에 대한 찬반여부가 성별에 따라 차이가 있는지를 알아보기 위해 남녀 100명씩을 랜덤하게 추출하여 조사한 결과이다. 가설 "H_0 : 새로운 복지정책에 대한 찬반 여부는 남녀 성별에 따라 차이가 없다." 의 검정에 대한 설명으로 틀린 것은?

구 분	찬 성	반 대
남 자	40	60
여 자	60	40

① 가설검정에 이용되는 카이제곱 통계량의 값은 8이다.

② 가설검정에 이용되는 카이제곱 통계량의 자유도는 1이다.

③ 유의수준 0.05에서 기각역의 임계값이 3.84이면, 카이제곱 검정의 유의확률(p값)은 0.05보다 크다.

④ 남자와 여자의 찬성률에 대한 오즈비(Odds Ration)는 $\dfrac{P(찬성|남자)\,P(반대|남자)}{P(찬성|여자)\,P(반대|여자)} = \dfrac{(0.4/0.6)}{(0.6/0.4)} = 0.4444$

로 구해진다.

해설

③ 검정통계량은 8이고 유의수준 0.05에서 임계값 3.84보다 크므로 귀무가설을 기각한다. 또한 p값이 유의수준보다 작을 때 귀무가설이 기각되어야 하므로 p값은 0.05보다 작아야 한다.

① 관찰도수와 기대도수를 이용해 검정통계량을 구하면 다음과 같다.

구 분	찬 성	반 대	합 계
남 자	40	60	100
여 자	60	40	100
합 계	100	100	200

구 분	찬 성	반 대
남 자	$\dfrac{100 \times 100}{200} = 50$	$\dfrac{100 \times 100}{200} = 50$
여 자	$\dfrac{100 \times 100}{200} = 50$	$\dfrac{100 \times 100}{200} = 50$

$$\chi^2 = \sum_{i=1}^{r}\sum_{j=1}^{c}\frac{(O_{ij} - E_{ij})^2}{E_{ij}} = \frac{(40-50)^2}{50} + \frac{(60-50)^2}{50} + \frac{(60-50)^2}{50} + \frac{(40-50)^2}{50} = 8$$

④ 남자와 여자의 찬성율 비에 대한 오즈비(Odds Ration)는 $\dfrac{P(찬성|남자)/P(반대|남자)}{P(찬성|여자)/P(반대|여자)} = \dfrac{(0.4/0.6)}{(0.6/0.4)} = \dfrac{4}{9} \fallingdotseq 0.4$이다.

77

X_1, X_2, $\cdots$, X_n이 정규분포 $N(\mu, \sigma^2)$에서 얻은 확률표본일 때의 설명으로 맞는 것은?

① $\dfrac{\overline{X} - \mu}{\sigma / \sqrt{n}}$ 는 $N(0, 1)$에 따른다.

② $\dfrac{\overline{X} - \mu}{\sigma / \sqrt{n}}$ 는 $N(\mu, 1)$에 따른다.

③ $\dfrac{\overline{X} - \mu}{\sigma / \sqrt{n}}$ 는 $N(1, \sigma^2)$에 따른다.

④ $\dfrac{\overline{X} - \mu}{\sigma / \sqrt{n}}$ 는 $N(0, \sigma^2)$에 따른다.

해설

표준정규분포 $N(0, 1)$에 따른다.

78

상관분석의 적용을 위해 산점도에서 관찰해야 하는 자료의 특징이 아닌 것은?

① 자료의 층화 여부
② 이상점의 존재 여부
③ 원점(0, 0)의 통과 여부
④ 선형 또는 비선형 관계의 여부

해설

③ 산점도는 주어진 데이터를 점으로 흩뿌리듯이 시각화한 그림으로 선형관계의 정도, 즉 직선과 점들이 어느 정도 가깝게 흩어져 있는가 하는 강도를 측정하기 때문에 '원점의 통과 여부'는 관찰해야 하는 특징에 해당하지 않는다.

산점도
• 두 개 이상 변수의 동시분포에서 각 개체를 점으로 표시한 그림
• 두 변수의 관계를 시각적으로 검토할 때 유용
• 변수들 사이의 관계를 왜곡시키는 특이점을 확인하는 경우에도 유용
• 두 변수가 선형의 관계를 가지는가의 여부를 알아보기 위해 작성
• 자료의 층화 여부 관찰

79

두 변수 X와 Y에 대해서 9개의 관찰값으로부터 계산한 통계량들이 다음과 같을 때, 단순회귀모형의 가정하에 추정한 회귀직선은?

$$\overline{X} = 5.9, \ \overline{Y} = 15.1$$

$$S_{xx} = \sum_{i=1}^{9} (X_i - \overline{X})^2 = 40.9$$

$$S_{yy} = \sum_{i=1}^{9} (Y_i - \overline{Y})^2 = 370.9$$

$$S_{xy} = \sum_{i=1}^{9} (X_i - \overline{X})(Y_i - \overline{Y}) = 112.1$$

① $\hat{y} = -1.07 - 2.74x$

② $\hat{y} = -1.07 + 2.74x$

③ $\hat{y} = 1.07 - 2.74x$

④ $\hat{y} = 1.07 + 2.74x$

해설

최소제곱법을 이용한다.

$b = \dfrac{S_{xy}}{S_{xx}}, \ a = \overline{Y} - b\overline{X}$이므로

$b = \dfrac{S_{xy}}{S_{xx}} = \dfrac{112.1}{40.9} = 2.74, \ a = \overline{Y} - b\overline{X} = 15.1 - 2.74 \times 5.9 = -1.07$

$\therefore \hat{Y} = -1.07 + 2.74x$

80

부적합품률이 0.05인 제품을 20개씩 한 박스에 넣어서 포장하였다. 10개의 박스를 구입했을 때, 기대되는 부적합품의 총개수는?

① 1개

② 5개

③ 10개

④ 15개

해설

1박스 20개 × 부적합품률 0.05 = 부적합품 개수 1개이므로, 10박스 200개 × 부적합품률 0.05 = 부적합품 개수 10개이다.

81

분산분석에 대한 설명으로 맞는 것은?

① 분산분석이란 각 처리집단의 분산이 서로 같은지를 검정하기 위한 방법이다.
② 비교하려는 처리집단이 k개 있으면 처리에 의한 자유도는 $k-2$가 된다.
③ 일원배치 분산분석에서 일원배치의 의미는 반응변수에 영향을 주는 요인이 하나인 것을 의미한다.
④ 두 개의 요인이 있을 때 각 요인의 주효과를 알아보기 위해서는 요인 간 교호작용이 있어야 한다.

해설
일원배치 분산분석은 요인이 1개인 경우의 종속변수(반응변수)의 평균차이 분석에 사용한다.

82

피어슨의 대칭도를 대표치 간의 관계식으로 바르게 나타낸 것은? (단, $\overline{X}$: 산술평균, Me : 중위수, Mo : 최빈수이다)

① $\overline{X} - Mo = 3(Me - \overline{X})$
② $Mo - \overline{X} = 3(Mo - Me)$
③ $\overline{X} - Mo = 3(\overline{X} - Me)$
④ $Mo - \overline{X} = 3(Me - Mo)$

해설
피어슨 계수(S_k)
• $\overline{X} - Mo = 3(\overline{X} - Me)$
• 0이면 대칭분포를 이룬다($Mo = \overline{X}$).
• 0보다 크면 왼쪽으로 기울어진 분포이다($Mo < \overline{X}$).
• 0보다 작으면 오른쪽으로 기울어진 분포이다($Mo > \overline{X}$).
• $-1 < S_k < 1$

83

통계적 가설의 기각 여부를 판정하는 가설검정에 대한 설명으로 맞는 것은?

① 표본으로부터 확실한 근거에 의하여 입증하고자 하는 가설을 귀무가설이라 한다.
② 유의수준은 제2종 오류를 범할 확률의 최대허용한계이다.
③ 대립가설을 채택하게 하는 검정통계량의 영역을 채택역이라 한다.
④ 대립가설이 옳은데도 귀무가설을 채택함으로써 범하게 되는 오류를 제2종 오류라 한다.

해설
① 대립가설에 대한 설명이다.
② 귀무가설이 참임에도 기각하는 오류, 즉 제1종 오류를 범할 확률의 최대허용한계이다.
③ 귀무가설을 채택하게 되는 검정통계량의 영역을 채택역이라 한다.

84

상관계수에 대한 설명으로 틀린 것은?

① 두 변수의 직선 관계를 나타내는 척도이다.

② 상관계수는 −1에서 1 사이의 값을 갖는다.

③ 상관계수가 0에 가깝다는 의미는 두 변수 간의 연관성이 없다는 의미이다.

④ 상관계수 값이 1이나 −1에 가깝다는 의미는 두 변수 간의 강한 연관성을 가지고 있다는 의미이기도 하다.

해설

상관계수가 0이면 변수 간에 선형연관성이 없는 것이지 곡선의 연관성은 있을 수 있다.

85

어떤 산업제약의 제품 중 10%는 유통과정에서 변질되어 부적합품이 발생한다고 한다. 이를 확인하기 위하여 해당 제품 100개를 추출하여 실험하였다. 이때 10개 이상이 부적합품일 확률은?

① 0.1

② 0.3

③ 0.5

④ 0.7

해설

어떤 시행에서 사건 A가 일어날 확률을 p, 사건 A가 일어나지 않을 확률을 $q(q=1-p)$라 하고 이 시행을 독립적으로 n회 되풀이할 때, 그중에서 x회만 A가 일어날 확률은 $_nC_x p^x q^{n-x}$이다. 이 확률분포를 이항분포라 하고 $B(n,p)$로 나타낸다. $X \sim B(100, 0.1)$, 기댓값은 $np=10$, 분산은 $npq=9$이므로 $X \sim Z(10, 9)$일 때

10개 이상이 부적합품일 확률은 $P(X \geq 10) = P(Z \geq \dfrac{10-10}{9}) = P(Z \geq 0)$

$\therefore 0.5$

86

일원분산분석 모형에서 오차항에 대한 가정에 해당되지 않는 것은?

① 일치성

② 정규성

③ 독립성

④ 등분산성

해설

분산분석의 오차항에 대한 기본 가정

• 정규성 : 오차 ϵ_{ij}의 분포는 정규분포를 따른다.

• 독립성 : 임의의 오차 ϵ_{ij}와 $\epsilon_{i'j'}$는 서로 독립이다.

• 등분산성 : 오차 ϵ_{ij}의 분산은 σ_ϵ^2으로 어떤 i, j에 대해서도 같다.

87

어떤 가설검정에서 유의확률(P-값)이 0.044일 때, 검정 결과로 맞는 것은?

① 귀무가설을 유의수준 1%와 5%에서 모두 기각할 수 없다.

② 귀무가설을 유의수준 1%와 5%에서 모두 기각할 수 있다.

③ 귀무가설을 유의수준 1%에서 기각할 수 있으나 5%에서는 기각할 수 없다.

④ 귀무가설을 유의수준 1%에서 기각할 수 없으나 5%에서는 기각할 수 있다.

해설

유의확률(p값)이 0.044로 유의수준 0.1, 0.05보다 작으므로 귀무가설을 기각할 수 있으나, 유의수준 0.01 범위에서는 귀무가설을 기각할 수 없다.

88

모평균과 모분산이 각각 μ, σ^2인 모집단으로부터 크기 2인 확률표본 X_1, X_2를 추출하고 이에 근거하여 모평균 μ를 추정하고자 한다. 모평균 μ의 추정량으로 다음의 두 추정량을 고려할 때, 일반적으로 $\widehat{\theta_2}$보다 $\widehat{\theta_1}$이 선호되는 이유는?

$$\widehat{\theta_1} = \frac{X_1 + X_2}{2}, \ \widehat{\theta_2} = \frac{2X_1 + X_2}{3}$$

① 유효성

② 일치성

③ 충분성

④ 비편향성

해설

$$Var(\widehat{\theta_1}) = Var(\frac{X_1 + X_2}{2}) = \frac{1}{2^2}[Var(X_1) + Var(X_2)] = \frac{1}{4} \times 2\sigma^2 = \frac{\sigma^2}{2}$$

$$Var(\widehat{\theta_2}) = Var(\frac{2X_1 + X_2}{3}) = \frac{2^2}{3^2}Var(X_1) + \frac{1}{3^2}Var(X_2) = \frac{4}{9} \times \sigma^2 + \frac{1}{9} \times \sigma^2 = \frac{5\sigma^2}{9}$$

따라서 $Var(\widehat{\theta_1}) < Var(\widehat{\theta_2})$이므로 추정량($\widehat{\theta_1}$)가 유효성이 크기 때문에 ($\widehat{\theta_2}$)보다 더 선호된다.

89

단순회귀모형 $Y = \beta_0 + \beta_1 x + \epsilon, \epsilon \sim N(0, \sigma^2)$을 이용한 적합된 회귀식 $\hat{y} = 30 + 0.44x$에 대한 설명으로 맞는 것은?

① 종속변수가 0일 때, 독립변수 값은 0.44이다.
② 독립변수가 0일 때, 종속변수 값은 0.44이다.
③ 종속변수가 한 단위 증가할 때, 독립변수의 값은 평균 0.44 증가한다.
④ 독립변수가 한 단위 증가할 때, 종속변수의 값은 평균 0.44 증가한다.

해설

회귀식 $\hat{y_i} = a + bx_i$에서 a는 $x_i = 0$에서 $\hat{y_i}$값이며, b는 x_i가 한 단위 증가할 때 $\hat{y_i}$의 증가량을 나타낸다.
따라서 독립변수(x)가 한 단위 증가할 때, 종속변수(y)의 값은 평균 0.44 증가한다.

90

LCD 패널을 생산하는 공장에서 출하 제품의 질적 관리를 위하여 패널 100개를 임의 추출하여 실제 몇 개의 결점이 있는가를 세어본 결과 평균은 5.88개, 표준편차는 2.03개였다. 모평균 추정량 표준오차의 추정치는?

① 0.203
② 0.103
③ 0.230
④ 0.320

해설

통계량의 표준편차를 통계량의 표준오차라 하며 $\overline{X}$의 표준편차인 $\dfrac{\sigma}{X} = \dfrac{\sigma}{\sqrt{n}}$가 표준오차가 된다.

$\sigma = 2.03$, $n = 100$이므로 표준오차는 $\dfrac{\sigma}{\sqrt{n}} = \dfrac{2.03}{\sqrt{100}} = 0.203$이다.

91

전체 인구의 2%가 어느 질병을 앓고 있다고 한다. 이 질병을 검진하기 위해 사용되고 있는 어느 진단 시약은 질병에 걸린 사람 중 80%, 질병에 걸리지 않은 사람 중 10%에 대해 양성반응을 보인다. 어떤 사람의 진단 테스트 결과가 양성반응일 때, 이 사람이 질병에 걸렸을 확률은?

① $\dfrac{7}{57}$
② $\dfrac{8}{57}$
③ $\dfrac{10}{57}$
④ $\dfrac{11}{57}$

D =질병에 걸린 사건

D^c =질병에 걸리지 않은 사건

T^+ =진단테스트 결과가 양성인 사건

T^- =진단테스트 결과가 음성인 사건

인구 중 2%가 질병에 걸린다 하였으므로 $P(D) = 0.02$ 이며 $P(D^c) = 0.98$ 이다.

질병에 걸린 사람 중 80%는 양성반응을 보인다고 했으므로 $P(T^+|D) = 0.80$ 이며 $P(T^-|D) = 0.20$ 이다.

질병에 걸리지 않은 사람 중 10%는 양성반응을 보인다는 것은 질병에 걸리지 않은 사람 중 90%는 음성반응을 보인다는 것과 같은 의미이므로 $P(T^-|D^c) = 0.90$ 이며 $P(T^+|D^c) = 0.10$ 이다.

어떤 사람의 진단 테스트 결과가 양성반응일 때, 이 사람이 질병에 걸렸을 확률은 $P(D|T^+)$ 을 의미한다.

$$\frac{P(T^+|D) \times P(D)}{P(T^+|D) \times P(D) + P(T^+|D^c) \times P(D^c)}$$

$$= \frac{0.80 \times 0.02}{0.80 \times 0.02 + 0.10 \times 0.98}$$

$$= \frac{16}{114}$$

$$= \frac{8}{57}$$

92

다음은 정규분포의 정규곡선을 설명한 것으로 맞는 것은 모두 몇 개인가?

- 정규곡선은 중앙값을 중심으로 좌우대칭을 이룬다.
- 정규곡선의 형태와 위치는 평균과 표준편차에 의해 결정된다.
- 정규곡선 밑의 면적은 1이다.
- 정규곡선이 그려지는 확률변수의 범위는 $-\infty$ 에서 $+\infty$ 까지이다.

① 1개

② 2개

③ 3개

④ 4개

정규분포의 특징

- 정규분포의 기댓값 μ 를 중심으로 좌우대칭이고 이 점에서 최댓값을 갖는다.
- 왜도는 0이고, 첨도는 3이다.
- 평균, 중위수, 최빈값이 모두 같은 값을 가진다.
- 정규곡선과 X 축 사이의 전체면적은 1이다.
- 정규곡선은 X 축과 맞닿지 않으므로 확률변수가 취할 수 있는 값의 범위는 $-\infty \leq x \leq \infty$ 이다.

93

국회의원 후보 A에 대한 청년층 지지율 p_1과 노년층 지지율 p_2의 차이 $p_1 - p_2$는 6.6%로 알려져 있다. 청년층과 노년층 각각 500명씩을 랜덤 추출하여 조사하였더니, 위 지지율 차이는 3.3%로 나타났다. 지지율 차이가 줄어들었다고 할 수 있는지를 검정하기 위한 귀무가설 H_0와 대립가설 H_1은?

① $H_0 : p_1 - p_2 = 0.033, H_1 : p_1 - p_2 > 0.033$

② $H_0 : p_1 - p_2 > 0.033, H_1 : p_1 - p_2 \leq 0.033$

③ $H_0 : p_1 - p_2 < 0.066, H_1 : p_1 - p_2 \geq 0.066$

④ $H_0 : p_1 - p_2 = 0.066, H_1 : p_1 - p_2 < 0.066$

해설

기존의 지지율 차이 6.6%보다 작아졌다는 단측검정에 대한 가설이므로 $H_0 : p_1 - p_2 = 0.066$, $H_1 : p_1 - p_2 < 0.066$이다.

94

어느 조사에서 응답자가 조사에 응답할 확률이 0.4라고 알려져 있다. 1,000명을 조사할 때, 응답자 수의 기댓값과 분산은?

① 기댓값=400, 분산=120

② 기댓값=400, 분산=240

③ 기댓값=600, 분산=120

④ 기댓값=600, 분산=240

해설

응답자가 조사에 응답할 확률은 0.4이고, 1,000명을 각 조사하는 시행은 서로 독립이므로 확률변수 X는 이항분포 $B(1000, 0.4)$를 따른다. 이항분포의 기댓값은 $E(X) = 1000 \times 0.4 = 400$이고 분산은 $Var(X) = 1000 \times 0.4 \times (1 - 0.4) = 240$이다.

95

곤충학자가 70마리의 모기에게 A회사의 살충제를 뿌리고 생존시간을 관찰하여 $\bar{x} = 18.3$, $s = 5.2$를 얻었다. 생존시간의 모평균 μ에 대한 99% 신뢰구간은?
(단, $P(Z > 2.57) = 0.005$, $P(Z > 1.96) = 0.025$, $P(Z > 1.645) = 0.05$이다)

① $8.6 \leq \mu \leq 28.0$

② $16.7 \leq \mu \leq 19.9$

③ $17.1 \leq \mu \leq 19.5$

④ $18.1 \leq \mu \leq 18.5$

해설

모분산을 모르지만 $n = 70$으로 대표본이므로 $\sigma^2 = S^2$로 되어 σ^2 대신 S^2을 사용하여 μ의 구간추정을 할 수 있다.
모분산 σ^2을 모르고 있는 경우 μ에 대한 $100(1-\alpha)$% 신뢰구간은 다음과 같다.

$$\bar{x} - Z_{\alpha/2} \frac{S}{\sqrt{n}} \leq \mu \leq \bar{x} + Z_{\alpha/2} \frac{S}{\sqrt{n}}$$

99% 신뢰구간에서 $Z_{\alpha/2} = Z_{0.01/2} = Z_{0.005} = 2.57$이므로

$$18.3 - 2.57 \frac{5.2}{\sqrt{70}} \leq \mu \leq 18.3 + 2.57 \frac{5.2}{\sqrt{70}}$$

$$\therefore 16.7 \leq \mu \leq 19.9$$

96

크기가 5인 확률표본에 대해 다음과 같은 자료를 얻었다면, 표본 변동계수(Coefficient of Variation)는?

$$\sum_{j=1}^{5} x_j = 10, \ \sum_{j=1}^{5} x_j^2 = 30$$

① 0.5

② 0.79

③ 1.0

④ 1.26

해설

변이계수는 표준편차를 평균으로 나눈 값이므로 표본변이계수는 표본의 표준편차를 표본의 평균으로 나누면 된다.

표본의 평균은 $\dfrac{\sum_{j=1}^{5} x_j}{n} = \dfrac{10}{5} = 2$이고

표본의 분산은 $\dfrac{\sum_{j=1}^{5} x_j^2 - n\overline{X^2}}{n-1} = \dfrac{30 - 5 \times 2^2}{5 - 1} = 2.5$로 표준편차는 $\sqrt{2.5}$이다.

따라서 표본변이계수는 $\dfrac{\sqrt{2.5}}{2} \fallingdotseq 0.79$이다.

97

다음 사례에 알맞은 검정방법은?

> 도시지역과 시골지역의 가족 구성원 수의 평균 차이가 있는지를 알아보고자 도시지역과 시골지역 중 각각
> 몇 개의 지역을 골라 가족 구성원 수를 조사하였다.

① F-검정
② 더빈 왓슨검정
③ χ^2-검정
④ 독립표본 t-검정

해설

2개의 집단(도시지역, 시골지역)의 평균 차이에 대한 검정은 독립표본 t-검정을 실시한다.

98

자료 $x_1, x_2, \cdots, x_n$을 $z_i = ax_i + b$, $i = 1, 2, \cdots, n$ (a, b는 상수)으로 변환할 때, 평균과 분산에 있어서 변환한 자료와 원자료 사이에 성립하는 관계식은? (단, 원자료의 평균과 분산은 각각 $\overline{x}$, s_x^2이고, 변환한 자료의 평균과 분산은 각각 $\overline{z}$, s_z^2이다)

① $\overline{z} = a\overline{x}$, $s_z^2 = a^2 s_x^2$
② $\overline{z} = a\overline{x} + b$, $s_z^2 = a^2 s_x^2$
③ $\overline{z} = a\overline{x} + b$, $s_z^2 = as_x^2 + b$
④ $\overline{z} = a\overline{x} + b$, $s_z^2 = a^2 s_x + b$

해설

- 기댓값의 성질 $E(aX+b) = aE(X) + b$에 의해,
  $E(z_i) = E(ax + b) = aE(x_i) + b$
  $E(z_i) = \overline{z}$, $E(x_i) = \overline{x}$이므로 $\overline{z} = a\overline{x} + b$이다.
- 분산의 성질 $Var(aX + B) = a^2 Var(X)$에 의해,
  $Var(z_i) = Var(ax_i + b) = a^2 Var(x_i)$
  $Var(z_i) = s_z^2$, $Var(x_i) = s_x^2$이므로 $s_z^2 = a^2 s_x^2$이다.

99

A 분포와 B 분포의 특성에 관한 설명으로 틀린 것은?

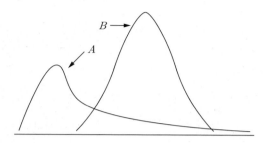

① A의 분산은 B의 분산보다 크다.
② A의 왜도는 양(+)의 값을 가진다.
③ B의 왜도는 음(−)의 값을 가진다.
④ A의 최빈값은 B의 최빈값보다 작다.

해설

B는 좌우대칭이므로 왜도는 0이다.

100

골동품 시장에서 거래되는 그림의 20%가 위조품이라고 가정한다. 오래된 그림의 진위를 감정하는 감정사들이 진품 그림을 진품으로 평가할 확률은 85%이고, 위조 그림을 진품으로 감정할 확률은 15%이다. 한 고객이 감정사가 진품이라고 감정한 그림을 샀을 때, 구입한 그림이 진품일 확률은?

① 0.85
② 0.90
③ 0.95
④ 0.96

해설

곱사건의 확률로 계산해보면 진품이면서 감정사가 진품이라고 감정한 경우의 확률은 0.8×0.85이며, 위조품이면서 감정사가 진품이라고 감정한 경우의 확률은 0.2×0.15이다.
구입한 그림이 진품일 확률은
$$\frac{(0.8 \times 0.85)}{(0.8 \times 0.85) + (0.2 \times 0.15)} \fallingdotseq 0.957 \cdots$$
유효숫자 두 자리가 되도록 반올림하여 답은 0.96이다.

훌륭한 가정만한 학교가 없고, 덕이 있는 부모만한 스승은 없다.

– 마하트마 간디 –

2023년

기출복원 100문제

기출복원문제해설

제1과목	조사방법과 설계

01

연구가설(Research Hypothesis)에 대한 설명으로 틀린 것은?

① 모든 연구에는 명백히 연구가설을 설정해야 한다.
② 연구가설은 일반적으로 독립변수와 종속변수로 구성된다.
③ 연구가설은 예상된 해답으로 경험적으로 검증되지 않은 이론이라 할 수 있다.
④ 가치중립적이어야 한다.

해설

연구가설은 연구문제에 대한 잠정적 대답으로, 검증 가능하도록 진술한 가설로서 흔히 '실험적 가설' 혹은 '과학적 가설'이라고도 한다. 귀납적 연구는 가설설정 없이 관찰과 자료의 수집을 통해 개별적인 사실들로부터 일반적인 원리를 이끌어낸다. 따라서 모든 연구가 연구가설을 설정해야 하는 것은 아니다.

02

연구의 목적과 사례의 연결이 잘못된 것은?

① 기술(Description) - 유권자들의 대선후보 지지율 조사
② 설명(Explanation) - 시민들이 왜 담배값 인상에 반대하는지 파악하고자 하는 연구
③ 평가(Evaluation) - 현재의 공공의료정책이 1인당 국민 의료비를 증가시켰는지에 대한 연구
④ 탐색(Exploration) - 단일사례설계를 통하여 운동이 체중 감소에 미치는 효과를 검증하는 연구

해설

④ 조사연구 목적 중 탐색은 보통 연구문제에 대한 사전지식이 부족하거나 개념을 보다 분명히 하는 것이다.
① 조사연구 목적 중 기술은 어떤 현상에 대한 탐구와 명백화, 즉 현상을 정확히 하는 것이다. 특히 발생빈도와 비율 등을 파악하는 것이다.
② 조사연구 목적 중 설명은 어떤 사실과의 관계를 파악하여 인과관계를 규명하거나 미래를 예측하는 것이며, '왜(Why)'에 대한 대답을 제공한다.

03

탐색적 조사(Exploratory Research)에 관한 설명으로 옳은 것은?

① 시간의 흐름에 따라 일반적인 대상집단의 변화를 관찰하는 조사이다.

② 어떤 현상을 정확하게 기술하는 것을 주목적으로 하는 조사이다.

③ 동일한 표본을 대상으로 일정한 시간간격을 두고 반복적으로 측정하는 조사이다.

④ 연구문제의 발견, 변수의 규명, 가설의 도출을 위해서 실시하는 조사로서 예비적 조사로 실시한다.

> 해설
>
> 탐색적 조사는 조사설계를 확정하기 이전 연구문제의 발견, 변수규명, 가설도출 등을 위해 예비적으로 실시하는 것이다. 보통 연구문제에 대한 사전지식이 부족하거나 개념을 보다 분명히 하기 위해 실시한다.

04

조사문제를 해결하기 위한 연구절차를 바르게 나열한 것은?

> ㄱ. 자료수집
> ㄴ. 연구설계의 기획
> ㄷ. 문제의 인식과 정의
> ㄹ. 보고서 작성
> ㅁ. 결과분석 및 해설

① ㄴ → ㄷ → ㄱ → ㅁ → ㄹ

② ㄴ → ㄱ → ㄷ → ㄹ → ㅁ

③ ㄷ → ㄴ → ㄱ → ㅁ → ㄹ

④ ㄷ → ㄱ → ㄴ → ㄹ → ㅁ

> 해설
>
> 과학적 조사의 일반적인 과정
> 문제의 정립(ㄷ) → 가설의 구성(설정) → 연구설계(ㄴ) → 자료의 수집(ㄱ) → 자료의 분석, 해석 및 이용(ㅁ) → 보고서 작성(ㄹ)

05

집단조사(Group Questionnaire Survey)의 특징과 거리가 가장 먼 것은?

① 집단조사는 집단이 속한 조직을 연구하는 데에만 사용할 수 있다.
② 집단으로 조사되므로 주변 사람이 응답자에 영향을 미칠 가능성이 높다.
③ 일반적으로 집단조사를 승인한 조직체나 단체에 유리한 쪽으로 응답할 가능성이 높다.
④ 집단이 속한 조직으로부터 적절한 협조가 있으면, 비용과 시간을 절약할 수 있는 조사기법이다.

해설

집단조사는 조사 대상자들을 한 장소에 모아놓은 후 조사한다는 의미로, 집단이 속한 조직에만 한정한다는 의미는 아니다.

06

다음에 열거한 속성을 모두 충족하는 자료수집방법은?

- 비용이 저렴하다.
- 조사기간이 짧다.
- 그림·음성·동영상 등을 이용할 수 있어 응답자의 이해도를 높일 수 있다.
- 모집단이 편향되어 있다.

① 면접조사
② 우편조사
③ 전화조사
④ 온라인조사

해설

온라인조사는 컴퓨터와 인터넷을 사용할 수 있는 사람만을 대상으로 하므로 표본의 대표성을 확보하기 어렵고, 특정 연령층이나 성별에 따른 편중된 응답이 도출될 위험성이 있다. 하지만 시간 및 공간상의 제약이 다른 방법에 비해 상대적으로 적기 때문에 조사가 신속히 이루어지며, 조사비용이 적게 들고 조사대상자가 많은 경우에도 추가비용이 들지 않는다. 또한 멀티미디어 자료의 활용 등 다양한 형태의 조사가 가능하다.

07

기술적 조사(Descriptive Research)와 설명적 조사(Explanatory Research)에 관한 설명으로 틀린 것은?

① 설명적 조사는 두 변수 간의 시간적 선행성과는 무관하게 진행되는 경우가 많다.

② 설명적 조사연구를 수행하기 위해서는 변수의 수가 둘 또는 그 이상이 되는 경우가 많다.

③ 기술적 조사는 물가조사와 국세조사 등 어떤 현상에 대한 탐구와 명백화가 주목적이다.

④ 기술적 조사는 관련 상황의 특성파악, 변수 간에 상관관계 파악 및 상황변화에 대한 각 변수 간의 반응을 예측할 수 있다.

> **해설**
>
> 목적에 따른 조사 방법
> • 기술적 조사 : 어떤 현상에 대한 탐구와 명백화, 즉 현상을 정확하게 기술하는 것을 주목적으로 한다.
> • 설명적 조사 : 어떤 사실과의 관계를 파악하여 인과관계를 규명하거나 미래를 예측한다.

08

전화조사의 장점과 가장 거리가 먼 것은?

① 신속한 조사가 가능하다.

② 면접자에 대한 감독이 용이하다.

③ 표본의 대표성을 확보하기 쉽다.

④ 광범한 지역에 대한 조사가 용이하다.

> **해설**
>
> 전화조사방법에 있어서 가장 커다란 취약점은 표본추출 시에 명백히 나타나는 모집단의 불완전성이라고 말할 수 있다. 전화번호부의 부정확성 및 미등재 전화번호의 존재가 문제시되어 모집단이 불완전하다. 또한 응답자가 선정된 표본인지를 확인하기 어려워 표본의 대표성을 확보하기 어렵다.

09

특정 시점에서 다른 특성을 지닌 집단들 사이의 차이를 측정하는 조사방법은?

① 패널조사

② 추세조사

③ 코호트조사

④ 서베이조사

> **해설**
>
> 패널조사, 추세조사, 코호트조사는 종단적 조사이며, 서베이조사는 횡단적 조사이다.

10

가설에 관한 설명으로 틀린 것은?

① '모든 사람은 죽는다.'는 좋은 가설의 예라고 할 수 있다.
② 가설은 방향성을 가질 수도 있고 그렇지 않을 수도 있다.
③ 가설은 서로 다른 두 개념이나 변수의 관계를 표시한다.
④ 가설은 아직까지 진실 여부가 확인되지 않은 사실에 대한 진술문이라고 할 수 있다.

해설

가설은 두 개 이상의 구성개념 또는 변수 간의 관계를 검정 가능한 형태로 서술한 문장으로서 과학적 조사에 의하여 검정이 가능한 사실이다. 하나의 사실과 다른 사실과의 관계를 잠정적으로 나타내는 것으로 이를 검증함으로써 특정 현상에 대한 설명을 가능케 해주어 연구자가 제기한 문제의 해답을 내린다. 즉, 원인과 결과의 형태로 독립변수와 종속변수의 관계로 표명된다.

11

자료수집방법에 대한 비교설명으로 옳은 것은?

① 온라인조사는 우편조사에 비해서 비용이 많이 소요된다.
② 전화조사는 면접조사에 비해서 시간이 많이 소요된다.
③ 온라인조사는 다른 조사에 비해 시각보조자료의 활용이 곤란하다.
④ 면접조사는 다른 조사에 비해 라포(Rapport)의 형성이 용이하다.

해설

① 우편조사는 면접조사 등에 비해 비용이 적게 소모되는 것이 장점이지만 상대적으로 온라인조사가 조사비용이 더 적게 소요된다.
② 전화조사는 적은 비용으로 단시간에 조사할 수 있어 비용과 신속성 측면에서 매우 경제적인 것이 장점이다. 반면 면접조사는 비용과 시간이 많이 소요된다는 단점이 있다.
③ 온라인 화면을 통해 시각보조자료의 활용이 가능하다.

12

횡단적 조사와 종단적 조사에 관한 설명으로 틀린 것은?

① 횡단적 조사는 한 시험에서 이루어진 관찰을 통해 얻은 자료를 바탕으로 하는 조사이다.
② 종단적 조사는 일정 기간에 여러 번의 관찰을 통해 얻은 자료를 이용하는 조사이다.
③ 횡단적 조사는 동태적이며, 종단적 조사는 정태적인 성격이다.
④ 종단적 조사에는 코호트조사, 패널조사, 추세조사 등이 있다.

해설

횡단적 조사는 정태적이며, 종단적 조사는 동태적인 성격이다.

13

시간의 변화에 따른 특정 하위모집단의 변화를 관찰하는 조사유형은?

① 횡단조사
② 추세조사
③ 패널조사
④ 코호트조사

해설

코호트조사는 일정 기간 안에 어떤 한정된 부분 모집단의 변화를 조사하는 것으로서, 특정 경험을 같이 하는 사람들이 가지는 특성들에 대해 두 번 이상의 다른 시기에 걸쳐서 비교·조사하는 방법이다.

14

설문지 회수율을 높이는 방안과 가장 거리가 먼 것은?

① 폐쇄형 질문의 수를 가능한 한 줄인다.
② 독촉편지를 보내거나 독촉전화를 한다.
③ 개인신상에 민감한 질문들을 가능한 한 줄인다.
④ 겉표지에 설문내용의 중요성을 부각시켜 응답자가 인식하게 한다.

해설

설문지 회수율을 높이는 방법
• 조사에 대한 사전예고를 한다.
• 반송용 봉투를 동봉하여 조사대상자의 편의를 도모한다.
• 인사장을 동봉하여 조사의 협력을 구하고 조사표의 기입 요령을 알기 쉽게 전달한다.
• 물질적 보상 등을 통해 질문 응답에 대한 동기부여를 한다.
• 독촉편지를 보내는 등의 후속조치를 취한다.
• 겉표지에 설문내용의 중요성을 부각시키고 설문하는 단체에 대해 언급하여 신뢰감을 준다.
• 개인 신상에 민감한 질문들을 가능한 하지 않도록 한다.
• 질문지를 가급적 간단명료화한다.

15

질문지 작성방법에 관한 설명으로 가장 적합한 것은?

① 질문지는 한 번 실시되면 돌이킬 수 없으므로 가능한 한 많은 양의 정보가 실릴 수 있도록 작성한다.

② 필요한 정보의 종류, 측정방법, 분석할 내용, 분석의 기법까지 모두 미리 고려된 상황에서 질문지를 작성한다.

③ 질문지 작성에는 일정한 원리와 이론이 적용되는 것이므로 이에 대한 내용을 숙지한 후 상당한 시간과 노력을 들여 신중하게 작성한다.

④ 동일한 양의 정보를 담고 있어도 설문지의 분량은 가급적 적어야 하기 때문에, 필요한 정보의 획득을 위한 질문문항 외에 다른 요소들은 설문지에 포함시키지 않아야 한다.

해설

①·④ 지나치게 많은 질문은 응답자의 피로를 유발하여 피상적인 응답이 도출되는 반면, 지나치게 적은 질문은 연구결과의 타당성을 저해한다.

③ 질문 작성을 위한 준거가 충분히 구비되지 못한 경우 직접관찰 또는 면접을 통한 예비조사를 하는 것이 필요하다. 모든 질문지 작성에 적용되는 일정한 원리와 이론은 존재하지 않는다.

16

내용분석 코딩 과정에서 현재적 내용(Manifest Content)이 아닌 것은?

① 키 스
② 선정성
③ 포 옹
④ 반지 교환

해설

내용분석에는 본질적으로 코딩(Coding)이 필요하다. 코딩이라는 원자료를 표준화된 형태로 전환시키는 과정이다. 현재적 내용(Manifest Content)은 겉으로 드러난 가시적 내용을 말하는데 이것을 코딩하는 것은 마치 표준화된 설문을 사용하는 것과 마찬가지다. 잠재적 내용(Latent Content)은 겉으로 드러나지 않고 숨겨져 있는 내용을 말한다.

17

표적집단면접법(Focus Group Interview)에 대한 설명으로 틀린 것은?

① 표본이 특정 집단이기 때문에 조사결과의 일반화가 어려운 단점이 있다.

② 조사자의 개입이 미비하므로 조사자의 주관이나 편견이 개입되지 않는다.

③ 응답자는 응답을 강요당하지 않기 때문에 솔직하고 정확히 자신의 의견을 표명할 수 있다.

④ 심층면접법을 응용한 방법으로 조사자가 소수의 응답자를 한 장소에 모이게 한 후 관련된 주제에 대하여 대화와 토론을 통해 정보를 수집하는 방법이다.

표적집단면접은 초점집단면접이라고도 한다. 면접 진행자가 동질의 소수의 집단을 대상으로 특정 주제에 대해 자유롭게 토론을 하여 필요한 정보를 얻는 방법이기 때문에 조사자의 개입이 있다.

18

FGI 정성조사에서 진행자가 가져야할 요건으로 틀린 것은?

① 주제에 빗나가는 대화내용도 주의 깊게 관찰한다.
② 가이드라인에 있는 모든 질문에 응답하도록 유도한다.
③ 모호한 답변 시 자연스럽게 다른 질문으로 넘긴다.
④ 의견조율 및 시간분배를 잘 대처하여 진행한다.

모호한 답변 시 자세한 설명을 요구하고 다른 각도로 질문하여 응답을 유도한다.

19

초점집단(Focus Group)조사에 관한 설명으로 옳은 것은?

① 조사결과가 체계적이기 때문에 결과의 분석과 해석이 용이하다.
② 초점집단조사는 내용타당도를 높이는 목적으로 사용될 수 있다.
③ 초점집단조사의 자료수집 과정에서는 연구자의 주관적 개입이 불가능하다.
④ 초점집단조사에서는 익명 집단의 상호작용을 통해 도출된 자료를 분석한다.

① 초점집단조사는 조사 결과가 비체계적이므로 분석과 해석의 한계점이 존재한다.
③ 초점집단조사는 연구자의 주관적 개입 가능성이 높은 방법이다.
④ 델파이에 관한 설명 내용이다.

20

FGI 질적 자료 해석에 대한 내용으로 옳지 않은 것은?

① 면접대상자가 전문가일 경우 전문화된 정보 수집이 가능하다.
② 자유로운 의견교환 및 독창적인 아이디어 도출이 가능하다.
③ 조사진행자의 역량이 부족하면 신뢰성에 문제가 생길 수 있다.
④ 집단구성원의 자유로운 토론으로부터 다양한 조사결과가 도출되어 결과의 분석과 해석이 쉽다.

집단구성원의 자유로운 토론으로부터 다양한 조사결과가 도출되어 결과의 분석과 해석이 어렵다.

21

FGI 진행조정자의 자격으로 해야할 행동이 아닌 것은?

① 맞장구치기
② 눈 마주치기
③ 상대방 말 언급하지 않기
④ 구체적으로 파고들기

해설

진행조정자의 인터뷰 기술
• 눈 마주치기
• 맞장구치기
• 라포형성(경계심 허물기)
• 구체적으로 파고들기
• 상대방 말 언급하기(다시 확인하기)

22

표본의 크기가 같다고 가정했을 때 표본오차가 가장 적은 표본추출방법은?

① 층화표본추출
② 집락표본추출
③ 단순무작위표본추출
④ 할당표본추출

해설

할당표본추출은 비확률표본추출방법으로 표본오차를 추정하기 어렵고, 확률표본추출방법에서는 집락표본추출 → 단순무작위추출 → 층화표본추출순으로 표본오차가 적다.

23

다음 중 불법 체류자처럼 일반적으로 쉽게 접근하기 힘든 집단을 대상으로 설문조사를 할 때 가장 적합한 표본추출방법은?

① 눈덩이표본추출(Snowball Sampling)
② 편의표본추출(Convenience Sampling)
③ 판단표본추출(Judgment Sampling)
④ 할당표본추출(Quota Sampling)

해설

눈덩이표본추출은 쉽게 접근하기 힘들고, 연결망을 가진 사람들의 특성을 파악할 때 적절한 방법이다. 주로 약물중독, 성매매, 도박 등과 같이 일탈적 대상을 연구하거나 노숙인, 불법 체류자 등 모집단의 구성원을 찾기 어려운 경우에 사용한다.

24

층화표집(Stratified Random Sampling)에 대한 설명으로 틀린 것은?

① 층화 시 모집단에 대한 지식이 필요하다.
② 층화한 모든 부분 집단에서 표본을 추출한다.
③ 층화한 부분 집단 간은 동질적이고, 부분 집단 내에서는 이질적이다.
④ 추정값의 표본오차를 감소시켜 표본의 대표성을 높이기 위해 사용되는 방법이다.

해설
층화한 부분 집단 내에는 동질적이며, 집단 간에는 이질적이다.

25

설문조사에서 사전조사(Pre-Test)에 관한 설명으로 옳은 것은?

① 기초적인 자료가 확보되지 않은 상태에서 이루어지는 조사이다.
② 응답자들이 조사내용을 분명히 이해할 수 있는지의 여부를 확인하기 위해 실시되는 조사이다.
③ 검증해야 할 가설을 찾아내기 위해 실시하는 조사이다.
④ 사전조사에 참여한 응답자들이 실제 연구에 참여해도 된다.

해설
본조사에 들어가기에 앞서 질문지 초안이 작성된 후 마지막 단계에서 질문지의 문제점을 찾아내기 위해 실시되는 조사이다.

26

순수실험설계(True Experimental Design)의 특징이 아닌 것은?

① 독립변수의 조작
② 외생변수의 통제
③ 비동일 통제집단의 설정
④ 실험집단과 통제집단에 대한 무작위할당

해설
순수실험설계는 실험집단과 통제집단에 대한 무작위할당, 독립변수의 조작, 외생변수의 통제 등 실험적 조건을 갖춘 설계유형이다.
비동일 통제집단설계는 유사실험설계에 해당한다.

27

다음에서 설명하는 실험설계방법은?

> 사전사후 측정에서 나타나는 사전측정의 영향을 제거하기 위해 사전측정을 한 집단과 그렇지 않은 집단을 나누어 동일한 처치를 가하여 모든 외생변수의 통제가 가능한 실험설계 방법

① 요인설계
② 솔로몬 4집단설계
③ 통제집단 사후측정설계
④ 통제집단 사전사후측정설계

해설
① 요인설계 : 실험집단에 둘 이상의 프로그램을 실시하여 독립변수가 복수인 경우 적용하는 방법이다. 실험집단과 통제집단을 설정한 후 개별 독립변수와 종속변수, 복수의 독립변수와 종속변수의 인과관계를 검증한다.
③ 통제집단 사후측정설계 : 통제집단 사전사후측정설계의 단점을 보완하기 위해 실험대상자를 무작위로 할당한 후 사전검사 없이 실험집단에 대해서는 조작을 가하고 통제집단에 대해서는 아무런 조작을 가하지 않은 채 그 결과를 서로 비교하는 방법이다.
④ 통제집단 사전사후측정설계 : 무작위할당으로 실험집단과 통제집단을 구분한 후 실험집단에 대해서는 독립변수 조작을 가하고, 통제집단에 대해서는 아무런 조작을 가하지 않은 채 두 집단 간의 차이를 전후로 비교하는 방법이다. 개입 전 종속변수의 측정을 위해 사전검사를 실시한다.

28

전수조사와 비교한 표본조사의 특징에 관한 설명으로 옳은 것은?

① 시간과 노력이 많이 든다.
② 비표본 오차를 줄일 수 있다.
③ 항상 정확한 자료를 수집할 수 있다.
④ 조사기간 동안에 발생하는 변화를 반영하지 못한다.

해설
① 전수조사를 할 경우에 예상되는 막대한 시간과 비용의 소모를 절감할 수 있다.
③ 표본오차가 발생하기 때문에 항상 정확한 자료를 수집할 수는 없다.
④ 전수조사보다 시간이 적게 소요되며, 더 많은 조사항목을 포함할 수 있으므로 다방면의 정보획득이 가능하다.

29

실험연구의 내적 타당도를 저해하는 원인 가운데 실험기간 중 독립변수의 변화가 아닌 피실험자의 심리적·인구통계적 특성의 변화가 종속변수에 영향을 미치는 경우에 해당하는 것은?

① 우발적 사건
② 성숙효과
③ 표본의 편중
④ 통계적 회귀

해설

① 우발적 사건 : 연구기간 동안 천재지변이나 예상치 않았던 사건과 같이 특정 사건이 일어나는 경우, 환경이 바뀌고 이에 따라 연구결과가 다르게 나타나는 것이다.
③ 표본의 편중 : 외적 타당도를 위협하는 요인에 해당한다. 외적 타당도란 연구의 결과에 의해 기술된 인과관계가 연구대상 이외의 경우로 확대·일반화될 수 있는 정도를 말하는 것이다. 표본이 모집단의 일반적인 상황과 유사해야 실험 결과를 일반화할 수 있는데 표본이 편중되면 외적 타당도가 저해될 수 있다.
④ 통계적 회귀 : 최초의 측정에서 양극단적인 측정값을 보인 결과가 이후 재측정의 과정에서 평균값으로 회귀하는 것이다.

30

심층면접법(Depth Interview)에 관한 설명으로 틀린 것은?

① 질문의 순서와 내용은 조사자가 조정할 수 있어 좀 더 자유롭고 심도 깊은 질문을 할 수 있다.
② 조사자의 면접능력과 분석능력에 따라 조사결과의 신뢰도가 달라진다.
③ 초점집단면접과 비교하여 자유롭게 개인적인 의견을 교환할 수 없다.
④ 조사자가 필요하다고 생각되면 반복질문을 통해 타당도가 높은 자료를 수집한다.

해설

③ 초점집단면접은 전문지식을 가진 면접 진행자가 소수 집단을 대상으로 특정 주제에 대해 자유롭게 토론하여 필요한 정보를 얻는 방법으로 심층면접법 역시 자유롭게 개인적인 의견 교환이 가능하다.

심층면접법(Depth Interview)
• 1명의 응답자와 일대일 면접을 통해 응답자의 심리를 조사하는 방법이다.
• 어떤 주제에 대해 응답자의 생각, 느낌 등을 자유롭게 이야기하게 하여 응답자의 욕구, 태도 등을 파악하는 면접조사이다.
• 면접자는 면접지침서에 따라 진행하며 면접자의 편의에 따라 질문의 순서와 내용을 다소 조정할 수 있어 심도 있는 질문이 가능하다.
• 면접자의 면접능력에 크게 의존하는 조사방법으로 숙련된 면접능력과 분석능력이 요구됨. 따라서, 도중에 응답에 대해 평가적인 코멘트를 한다면 면접자의 의도가 응답에 영향을 줄 수 있으므로 삼가야 한다.

31

개념(Concept)에 대한 설명으로 틀린 것은?

① 개념은 이론의 핵심적 구성요소이다.
② 개념은 특정 대상의 속성을 나타낸다.
③ 개념 자체를 직접 경험적으로 측정할 수 있다.
④ 개념의 역할은 실제 연구에서 연구방향을 제시해 준다.

해설

개념은 연역적 결과를 가져다주기 때문에 경험적으로 측정할 수 없다.

32

2차 자료(Secondary Data)에 대한 설명으로 옳은 것은?

① 1차 자료에 비해 비용과 시간을 절약할 수 있다.
② 현재 연구 중인 조사목적에 따른 정확도, 신뢰도, 타당도를 평가할 수 있다.
③ 1차 자료에 비해 조사목적에 적합한 정보를 의사결정이 필요한 시기에 적절히 이용하기 쉽다.
④ 조사자가 현재 수행 중인 연구의 목적을 달성하기 위해 적절한 조사설계를 통하여 직접 수집한 자료이다.

해설

②·④ 2차 자료는 이미 만들어진 방대한 자료를 말한다. 목적에 맞게 수집한 자료가 아니라 이미 만들어진 자료를 활용하기 때문에 신뢰도와 타당도가 높지 않다.
③ 2차 자료는 정보의 양이 부족하거나 연구의 분석단위나 조작적 정의가 다른 경우 사용이 곤란하기 때문에 필요한 시기에 적절히 이용하기 힘들다.

33

신뢰도 측정 방법의 하나인 반분법(Split-half Method)에 관한 스피어만-브라운(Spearman-Brown) 공식의 가정으로 맞는 것은?

① 질문지 전체가 반쪽보다 신뢰도가 높다.
② 측정도구가 경험적으로 다차원적이어야 한다.
③ 측정도구를 반으로 나누어 각각 종속적인 두 개의 척도를 사용한다.
④ 질문의 수가 짝수 개인 질문지가 홀수 개인 질문지보다 신뢰도가 낮다.

해설

스피어만-브라운 공식은 질문의 수가 짝수 개인 질문지가 홀수 개인 질문지보다 신뢰도가 높고 또 질문지 전체가 반쪽보다 신뢰도가 높다는 것을 전제로 한다.

34

변수에 대한 설명으로 틀린 것은?

① 경험적으로 측정 가능한 연구대상의 속성을 나타낸다.
② 독립변수는 결과변수를, 종속변수는 원인의 변수를 말한다.
③ 변수의 속성은 경험적 현실의 전제, 계량화, 속성의 연속성 등이 있다.
④ 변수의 기능에 따른 분류에 따라 독립변수, 종속변수, 매개변수로 나눈다.

해설

독립변수를 원인변수, 종속변수를 결과변수라고 할 수 있다.

35

연속변수(Continuous Variable)로 구성하기 어려운 것은?

① 인 종
② 소 득
③ 범죄율
④ 거주기간

해설

연속변수는 소득, 연령, 산업재해율 등과 같이 변수가 갖는 속성의 양적 정도에 따라 연속체를 기준으로 구별되는 변수이다.
인종은 전체적 성격의 종류에 따라 별개의 카테고리로 구별되는 불연속변수이다.

36

폐쇄형 질문의 응답범주 작성 원칙으로 맞는 것은?

① 범주의 수는 많을수록 좋다.
② 관련된 현상 중 가장 중요한 것만 범주로 제시한다.
③ 제시된 범주들 사이에 약간의 중복은 있어도 무방하다.
④ 제시된 응답범주는 가능한 응답 내용을 모두 포함해야 한다.

해설

폐쇄형 질문의 응답범주(응답항목)
• 분류되는 사례나 단위가 망라적이어서 하나도 남김없이 각 응답항목에 귀속되도록 해야 한다.
• 분류되는 응답항목은 상호배타적이어서 각 사례는 한 번만 분류되어야 한다.
• 가능하면 같은 종류의 다른 조사 결과를 비교할 수 있도록 동일한 단위를 사용하도록 해야 한다.
• 간결성을 띠어야 한다.

37

설문에 응한 응답자들을 가구당 소득에 따라 100만원 이하, 100~200만원, 200~300만원, 300만원 이상 등 네 개의 집단으로 구분하였다면 어떤 문제가 발생하는가?

① 순환성
② 포괄성
③ 신뢰성
④ 상호배타성

해설

측정항목의 각 범주들은 상호배타적이고, 응답범주들이 응답 가능한 상황을 다 포함하고 있어야 하며, 응답범주들이 논리적 연관성을 가지고 있어야 한다. '100만원 이하, 100~200만원, 200~300만원, 300만원 이상'은 100만원, 200만원, 300만원이 겹치므로 상호배타적이지 않다.

38

사회조사분석에서 어떤 태도를 측정하기 위해 단일지표보다 여러 개의 지표를 사용하는 경우가 많다. 그 이유로서 틀린 것은?

① 신뢰도를 높이기 위해
② 타당도를 높이기 위해
③ 내적 일관성을 높이기 위해
④ 측정도구의 안정성을 높이기 위해

해설

동일한 현상에 반복 적용하여 동일한 결과를 얻게 되는 정도를 그 측정의 신뢰도라고 한다. 단일지표보다 여러 개의 지표를 사용하는 것은 신뢰도를 높이기 위한 것이다. 신뢰도와 유사한 표현으로서 신빙성, 안정성, 일관성, 예측성 등이 있으며, 신뢰도의 검증방법에는 내적 일관성 분석법, 반분법, 재검사법 등이 있다.

39

신뢰도와 타당도 간의 관계에 관한 설명으로 가장 거리가 먼 것은?

① 신뢰도가 높은 측정은 항상 타당도가 높다.
② 타당도가 높은 측정은 항상 신뢰도가 높다.
③ 신뢰도가 낮은 측정은 항상 타당도가 낮다.
④ 타당도가 낮다고 해서 반드시 신뢰도가 낮은 것은 아니다.

해설

타당도는 신뢰도의 충분조건이고, 신뢰도는 타당도의 필요조건이다. 따라서 신뢰도가 높더라도 타당도가 낮을 수도 있다.

40

다음 질문항목의 문제점에 대한 설명으로 옳은 것은?

> 귀하께서 현금서비스 받으신 돈을 주로 어떤 용도로 사용하십니까? (   )
> ① 생활비
> ② 교육비
> ③ 의료비
> ④ 신용카드 대금
> ⑤ 부채청산
> ⑥ 기 타

① 가능한 응답을 모두 제시해 주어야 한다.
② 응답항목들 간의 내용이 중복되어서는 안 된다.
③ 하나의 항목으로 2가지 내용의 질문을 해서는 안 된다.
④ 대답을 유도하는 질문을 해서는 안 된다.

해설

질문의 응답항목을 구성할 때에는 응답항목들 간의 내용이 중복되어서는 안 되며, 상호배타적이어야 한다. 신용카드 대금과 부채청산은 내용이 중복된다.

41

조사원 교육의 필요성에 대한 설명으로 틀린 것은?

① 응답자의 응답거부를 가볍게 받아들여서는 안 된다는 것을 인지시킨다.
② 현장조사에 대한 이해력 증대 및 커뮤니케이션 능력을 향상시킨다.
③ 조사원으로서의 정체성 확립과 동기부여를 향상시킨다.
④ 조사과정에서 발생하는 문제는 조사원 스스로가 해결하도록 유도한다.

해설

조사과정은 조사원의 자질에 큰 영향을 받으므로 전문지식과 숙련성을 갖춰야 하며 응답자의 협력을 얻는 기술을 익혀야 한다. 따라서 조사원에 대한 사전교육은 조사원에 의한 편향을 줄일 수 있는 방법이며, 면접 시 발생할 수 있는 예외적인 상황에 대해 교육과정에서 언급해줌으로써 조사원이 이상 상황 발생 시 대처할 수 있도록 하는 것이 바람직하다.

42

조사원(Enumerator)의 역할과 응답자와의 관계에서 지켜야 할 자세로 옳지 않은 것은?

① 표준적인 진행절차에 따라 대상자를 선정하고 준비된 설문내용에 대한 응답을 기록한다.
② 조사원은 응답자에게 참여를 유도하고 응답을 이끌어 내야 한다.
③ 단정한 복장과 전문가다운 모습을 유지해야 한다.
④ 응답자가 응답하는 데 어려움이 없도록 편안한 분위기를 조성해야 한다.

해설

조사원은 응답자에게 참여를 강요하지 않고 스스로 결정하도록 해야 한다.

43

교사 A가 학생들의 지능지수(IQ)를 측정하기 위해 정확하기로 소문난 전자저울(체중계)을 사용했을 때, 측정의 신뢰도와 타당도에 관한 설명으로 옳은 것은?

① 신뢰도는 높지만 타당도는 낮다.
② 신뢰도는 낮지만 타당도는 높다.
③ 신뢰도와 타당도 모두 높다.
④ 신뢰도와 타당도 모두 낮다.

해설

측정의 정밀성(신뢰도)이 높음에도 불구하고, 지능지수를 측정하는데 저울을 이용하여 측정하고자 하는 것을 정확히 측정하지 못하는 것이므로 신뢰도는 높지만 타당도는 낮은 경우이다.

44

다음 중 관찰자에게 필요한 사항으로 거리가 먼 것은?

① 관찰자는 인내심이 있어야 한다.
② 관찰자는 연구하는 집단에 참여해서는 안 된다.
③ 주관성을 배제하고 객관성을 유지해야 한다.
④ 관찰자는 집단에 동화되지 않아야 한다.

해설

참여자와 관찰자
• 완전참여자 : 연구자의 신분을 공개하지 않고 연구대상자들의 활동에 참여한다. 참여관찰의 유형 중 가장 객관성을 유지하기 어려우며 윤리적 및 과학적 문제가 발생할 수 있다.
• 완전관찰자 : 연구자의 신분을 공개하지 않으며, 연구대상자들의 활동에는 전혀 참여하지 않고 관찰만 하는 방법이다.
• 참여자적 관찰자 : 연구자의 신분을 밝히고 연구대상자들의 활동공간에 들어가 심층적으로 관찰하는 방법이다. 참여보다 관찰이 주를 이룬다.
• 관찰자적 참여자 : 연구자의 신분을 밝히고 연구대상자들의 활동공간에 자연스럽게 참여한다. 관찰보다 참여가 주를 이룬다.

45

프로빙(Probing)에 대한 설명으로 틀린 것은?

① 정확한 답을 얻기 위해 방향을 지시하는 기법이다.

② 답변의 정확도를 판단하는 방법으로 활용되기도 한다.

③ 개방형 질문에 대한 답을 비교하는 절차로서 활용된다.

④ 일종의 폐쇄식 질문에 답을 하고 이에 관련된 의문을 탐색하는 보조방법이다.

해설

프로빙(Probing) 기술
- 면접과정에서 응답자의 대답이 불충분하거나 정확하지 못할 때 행하는 탐색질문을 뜻하는 것으로서 충분하고 정확한 대답을 캐내는 과정이다.
- 일종의 폐쇄식 질문에 답을 하고 이에 관련된 의문을 탐색하는 보조방법이다.
- 답변의 정확도를 판단하는 방법으로 활용되기도 한다.
- 정확한 답을 얻기 위해 방향을 지시하는 기법이다.
- 응답을 원하는 태도나 표정을 한쪽으로 유도를 해선 안 되며 필요 이상의 지나친 질문은 삼가야 한다.
- 대표적인 기술로는 '무언의 캐묻기', '드러내놓고 권장하기', '더 자세한 해명 요구', '명료화하기', '반복' 등이 있다.

46

다음에서 설명하는 내적 타당도 저해요인으로 가장 적합한 것은?

> 실업률을 줄이기 위한 고용훈련 프로그램을 시행하던 중에 예기치 못한 금융위기로 인하여, 점차 개선되던 실업률이 현저하게 높아졌다.

① 역사(History)요인

② 선발(Selection)요인

③ 성숙(Maturation)요인

④ 회귀(Regression)요인

해설

역사요인이란 연구기간 동안 천재지변이나 예상치 않았던 사건과 같이 특정 사건이 일어나는 경우, 환경이 바뀌고 이에 따라 연구결과가 다르게 나타날 수 있다는 것이다.

47

명목척도(Nominal Scale)에 관한 설명으로 옳지 않은 것은?

① 측정의 각 응답범주들이 상호배타적이어야 한다.
② 측정대상의 특성을 분류하거나 확인할 목적으로 숫자를 부여하는 것이다.
③ 하나의 측정대상이 두 개의 값을 가질 수는 없다.
④ 절대영점이 존재한다.

해설

절대영점이 존재하는 것은 비율척도이다.

48

측정의 수준이 바르게 짝지어진 것은?

> ㄱ. 교육수준 – 중졸 이하, 고졸, 대졸 이상
> ㄴ. 교육연수 – 정규교육을 받은 기간(년)
> ㄷ. 출신 고등학교 지역

① ㄱ : 명목측정, ㄴ : 서열측정, ㄷ : 등간측정
② ㄱ : 등간측정, ㄴ : 서열측정, ㄷ : 비율측정
③ ㄱ : 서열측정, ㄴ : 등간측정, ㄷ : 명목측정
④ ㄱ : 서열측정, ㄴ : 비율측정, ㄷ : 명목측정

해설

ㄱ. 서열측정은 측정대상의 특징 및 속성에 따라 일정한 범주로 분류하여, 이들에 대해 상대적인 순서 · 서열상의 관계를 나타내는 것이다.
ㄴ. 가장 세련된 측정수준으로서, 절대적인 '0'에 의한 측정이라는 점에서 다른 측정들과 구분된다.
ㄷ. 측정대상을 유사성과 상이성에 따라 구분하고, 구분된 각 집단 또는 카테고리에 숫자나 부호 또는 명칭을 부여하는 것이다.

49

측정오차(Error of Measurement)에 관한 설명으로 옳은 것은?

① 체계적 오차(Systematic Error)의 값은 상호 상쇄되는 경향이 있다.
② 신뢰성은 체계적 오차(Systematic Error)와 관련된 개념이다.
③ 타당성은 비체계적 오차(Systematic Error)와 관련된 개념이다.
④ 비체계적 오차(Random Error)는 인위적이지 않아 오차의 값이 다양하게 분산되어 있다.

해설

비체계적 오차는 무작위로 발생하기 때문에 인위적이지 않아 오차의 값이 다양하게 분산되며 상호 상쇄되는 경향이 있다. 비체계적 오차는 신뢰성과 관련이 있으며 타당성은 체계적 오차와 관련이 있다.

50

다음 설명하는 척도의 종류는?

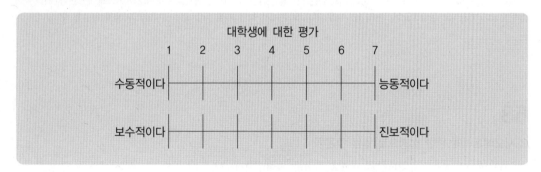

① 서스톤 척도
② 리커트 척도
③ 의미분화 척도
④ 거트만 척도

해설

의미분화 척도
어떤 대상이 개인에게 주는 주관적인 의미를 측정하는 방법으로서, 하나의 개념을 여러 가지 의미의 차원에서 평가하도록 유도하는 방법이다. 보통 사용되는 척도는 5~7점 척도로서, 척도의 양극점에는 서로 상반되는 한 쌍의 형용사가 사용된다.

51

서스톤(Thurstone) 척도는 척도의 수준으로 볼 때 어느 척도에 해당하는가?

① 등간척도
② 서열척도
③ 명목척도
④ 비율척도

해설

서스톤 척도는 등현등간척도라고도 하며, 어떤 사실에 대해 가장 긍정적인 태도와 가장 부정적인 태도를 나타내는 태도의 양극단을 등간적으로 구분하여 여기에 수치를 부여하는 척도이다.

52

서열측정을 위한 방법으로 단순합산법을 사용하는 대표적인 척도는?

① 거트만(Guttman) 척도
② 서스톤(Thurstone) 척도
③ 리커트(Likert) 척도
④ 보가더스(Bogardus) 척도

해설

리커트 척도는 각각의 응답자가 전체 문항에 대해 얻은 점수를 합계한 후 전체 응답자들을 총점순위에 의해 배열한다. 예를 들어 질문문항이 10개이고 응답평균이 5부터 1인 경우 최고 50점에서 최저 10점 사이에서 전체 응답자들을 배열할 수 있다.

53

소시오메트리에 관한 설명으로 옳은 것은?

① 사회적 거리척도로서 집단 간 거리를 측정하는 척도이다.
② 리더십연구와 집단 내의 갈등, 응집에 관한 연구에서 사용된다.
③ Moreno를 중심으로 발전한 인간과 친환경관계의 측정에 관한 방법이다.
④ 소시오메트리의 분석방법에는 소시오메트릭 행렬, 지니지수, 집단확장지수가 있다.

해설

① 집단 내에 있어서의 개인 간의 친근관계를 측정한다.
③ 모레노(Moreno)를 중심으로 하여 주로 발전된 인간관계의 측정에 관한 방법을 말한다.
④ 소시오메트리의 분석방법에는 소시오메트릭 행렬, 소시오그램, 소시오메트릭지수(선택지위지수, 집단확장지수, 집단응집지수)
   가 있다.

54

측정도구의 신뢰도 검사방법에 관한 설명으로 옳지 않은 것은?

① 검사-재검사법(Test-retest Method)은 측정대상이 동일하다.
② 복수양식법(Parallel-forms Method)은 측정도구가 동일하다.
③ 반분법(Split-half Method)은 측정도구의 문항을 양분한다.
④ 크론바하 알파(Cronbach's Alpha) 계수는 0에서 1 사이의 값을 가지며, 값이 높을수록 신뢰도가 높다.

해설
복수양식법은 동일한 측정도구가 아닌 유사한 측정도구를 사용하여 동일한 표본에 적용한 결과를 서로 비교하여 신뢰도를 측정하는 방법이다.

55

어느 검사의 신뢰도가 1로 나왔다면 측정의 표준오차는?

① 0이다.
② 1이다.
③ 표준편차의 제곱근과 같다.
④ 검사점수의 표준편차와 같다.

해설
신뢰도가 1이라는 것은 표준오차가 없다는 것과 같은 의미이다.

56

자료의 결측값(결측치)을 처리하는 방법 중 설명변수의 조건부 평균으로 결측하는 방법은?

① 회귀대체법
② 다중대체법
③ 핫덱대체법
④ 평균대체법

해설
회귀대체법
결측된 변수의 관측된 값을 종속변수로 하고, 나머지 변수를 설명변수로 하여 추정한 회귀식을 활용하여 결측된 변수의 결측치를 추정하여 대체하는 방법이다. 평균대체법과 달리 설명변수의 조건부 평균으로 결측을 대체하기 때문에 더욱 발전된 방법으로 생각되지만, 이 경우에도 단일대체가 가지는 한계를 그대로 가진다.

57

다음 ( )에 공통적으로 알맞은 것은?

> ( )은 측정도구 자체가 측정하고자 하는 속성이나 개념을 얼마나 대표할 수 있는지를 평가하는 것으로 측정도구가 측정대상이 가진 많은 속성 중 일부를 대표성 있게 포함한다면 그 측정도구는 ( )이 높다고 할 수 있다.

① 내용타당성(Content Validity)
② 개념타당성(Construct Validity)
③ 집중타당성(Convergent Validity)
④ 이해타당성(Nomological Validity)

해설
② 개념타당성은 측정에 의해 얻는 측정값 자체보다는 측정하고자 하는 속성에 초점을 맞춘 타당성이며, 이론과 관련하여 측정도구의 타당도를 검증한다.
③ 집중타당성은 개념타당성의 한 종류로서 동일한 개념을 서로 상이한 측정도구를 이용해서 측정한 결과값들 간의 상관관계가 높을수록 타당성이 높다고 평가한다.
④ 이해타당성은 개념타당성의 한 종류로서 서로 유사한 여러 개념들을 모두 측정할 수 있는 측정도구일수록 타당성이 높다고 평가한다.

58

수집된 자료의 편집과정에서 주의해야 할 사항과 가장 거리가 먼 것은?

① 자료의 편집과정은 전체자료에 대하여 일관성을 유지하면서 수행되어야 한다.
② 코드북의 내용에는 문자로 입력된 변수들은 포함되어서는 안 된다.
③ 개방형 응답항목은 코딩 과정에서 다양한 응답이 분류될 수 있도록 사전에 처리해야 한다.
④ 완결되지 않은 응답은 응답자와 다시 접촉하여 완결하거나 그렇지 않으면 결측자료(Missing Data)로 처리한다.

해설
자료의 코딩과정에서 가능한 한 분석 가능한 숫자로 표현해야 하지만 문자로 입력될 수도 있다.

59

부호화(Coding)에 대한 설명으로 틀린 것은?

① 일정한 지침에 따라 분석 가능한 숫자나 기호로 표현해야 한다.
② 코딩은 질문지 작성 전에 해야 한다.
③ 사례 수가 많거나 조사항목이 많을수록 더 유효하다.
④ 부호화의 과정은 분류 카테고리의 결정, 부호의 선정, 응답 부호화로 구분할 수 있다.

해설

부호화는 각 조사항목에 대한 응답을 일정한 부호지침에 따라 문자나 숫자 등의 부호(Code)로 분류하는 것으로, 질문지 작성 후에 이루어진다.

60

사회조사에서 내용분석을 실시하기에 적합한 경우를 모두 고른 것은?

㉠ 자료 원천에 대한 접근이 어렵고, 자료가 문헌인 경우
㉡ 실증적 자료에 대한 보완적 연구가 필요할 경우, 무엇을 자료로 삼을 것인가 검토하는 경우
㉢ 연구대상자의 언어, 문체 등을 분석할 경우
㉣ 분석자료가 방대할 때 실제 분석자료를 일일이 수집하기 어려운 경우
㉤ 정책, 매스미디어 내용의 경향이나 변천 등이 필요한 경우

① ㉠, ㉢, ㉣
② ㉠, ㉡, ㉤
③ ㉡, ㉢, ㉣, ㉤
④ ㉠, ㉡, ㉢, ㉣, ㉤

61

확률변수 X가 평균이 100이고 표준편차가 10인 정규분포를 따른다고 했을 때, X가 80보다 작을 확률은 얼마인가? (단, $P(-0.2 < Z < 0.2) = 0.159$, $P(-2 < Z < 2) = 0.954$이다)

① 0.477

② 0.023

③ 0.421

④ 0.079

해설

$u = 100, \sigma = 10$이고 표준화공식 $Z = \dfrac{X-u}{\sigma}$을 이용하면 다음과 같다.

$$P(X < 80) = P(\frac{X-u}{\sigma} < \frac{80-100}{10}) = P(Z < -2)$$

$$P(Z < -2) = P(Z > 2) = 0.5 - P(0 < Z < 2) = 0.5 - [\frac{1}{2}P(-2 < Z < 2)] = 0.5 - 0.477 = 0.023$$

62

이산확률변수 X의 확률분포가 다음과 같을 때, 확률변수 X의 기댓값은?

X	0	1	2	3	4
$P(X = x)$	0.15	0.30	0.25	0.20	( )

① 1.25

② 1.40

③ 1.65

④ 1.80

해설

$\sum_{i=0}^{4} P(X = x) = 1$이므로 $P(X = 4) = 1 - (0.15 + 0.30 + 0.20) = 0.10$이다.

따라서 $E(X = x) = 0 \times 0.15 + 1 \times 0.30 + 2 \times 0.25 + 3 \times 0.20 + 4 \times 0.10 = 1.80$이다.

63

취업을 위한 특별교육프로그램을 시행한 결과 통계가 다음과 같이 집계되었다. 특별교육을 이수한 어떤 사람이 취업할 확률은?

구 분	미취업	취 업	합 계
특별교육 이수	200	300	500
교육 이수 안 함	280	220	500
합 계	480	520	1000

① 48%

② 50%

③ 52%

④ 60%

해설

조건부 확률을 이용한다. 특별교육을 이수한 사건을 A, 취업한 사건을 B라고 하자.

$P(B \mid A) = \dfrac{P(A \cap B)}{P(A)} = \dfrac{0.3}{0.5} = 0.6$

$\therefore$ 60%

64

이항분포를 따르는 확률변수 X에 관한 설명으로 틀린 것은?

① 확률변수 X는 0 또는 1만을 취한다.

② 반복시행횟수가 n이고, 성공률이 p이면 X의 평균은 np이다.

③ 반복시행횟수가 n이고, 성공률이 p이면 X의 분산은 $np(1-p)$이다.

④ 반복시행횟수가 n이면, X가 취할 수 있는 가능한 값은 0부터 n까지이다.

해설

이항분포는 확률실험에서 나타날 수 있는 기본결과가 두 가지일 뿐 확률변수가 0 또는 1만을 취하는 것은 아니다.

65

확률변수 X가 이항분포 $B\left(36, \dfrac{1}{6}\right)$을 따를 때, 확률변수 $Y = \sqrt{5}\,X + 2$의 표준편차는?

① $\sqrt{5}$

② $5\sqrt{5}$

③ 5

④ 6

해설

$V(X) = 36 \times \dfrac{1}{6} \times \left(1 - \dfrac{1}{6}\right) = 5$

$V(Y) = V(\sqrt{5}\,X + 2) = 5\,V(X) = 25$

$\therefore \sigma(Y) = \sqrt{V(Y)} = \sqrt{25} = 5$

66

어느 농구선수의 자유투 성공률이 80%라고 알려져 있다. 이 선수가 자유투를 25회 던진다면 몇 회 정도 성공할 것으로 기대되는가?

① 10

② 15

③ 16

④ 20

해설

자유투 성공률 80%이고, 자유투를 각각 독립적으로 25회 반복하므로 확률변수 X를 자유투를 성공한 횟수라고 할 때 X는 이항분포 $B(25, 0.8)$를 따른다. 따라서 이항분포의 기댓값은 $E(X) = 25 \times 0.8 = 20$이다.

67

모평균이 10, 모분산이 9인 정규모집단으로부터 추출한 크기 36인 표본의 표본평균은 어떤 분포를 따르는가?

① $N(10, \frac{1}{2})$

② $N(10, \frac{1}{4})$

③ $N(10, \frac{1}{9})$

④ $N(10, \frac{3}{2})$

해설

모집단분포가 정규분포 $N(u, \sigma^2)$을 따를 때, 표본평균의 분포는 정규분포 $N(u, \frac{\sigma^2}{n})$을 따른다.

따라서 문제에서 추출한 표본은 정규분포 $N(10, \frac{3^2}{36}) = N(10, \frac{1}{4})$을 따른다.

68

정규분포에 관한 설명으로 틀린 것은?

① 정규분포곡선은 자유도에 따라 모양이 달라진다.

② 정규분포는 평균을 기준으로 대칭인 종 모양의 분포를 이룬다.

③ 평균, 중위수, 최빈수가 동일하다.

④ 정규분포에서 분산이 클수록 정규분포곡선은 양옆으로 퍼지는 모습을 한다.

해설

정규분포곡선은 기댓값과 분산에 따라 모양이 달라진다.

69

표준정규분포를 따르는 확률변수의 제곱은 어떤 분포를 따르는가?

① 정규분포
② $t-$분포
③ $F-$분포
④ 카이제곱분포

표준정규분포를 따르는 확률변수 $Z \sim N(0,1)$의 제곱 Z^2는 자유도 1인 카이제곱(χ^2)분포를 따른다.

70

정규모집단 $N(u, \sigma^2)$으로부터 추출한 크기 n의 임의표본 $X_1, X_2, \cdots, X_n$에 근거한 표본분포에 대한 설명으로 틀린 것은? (단, $\overline{X}$는 표본평균, s^2은 불편분산이다)

① $\overline{X}$와 s^2은 확률적으로 독립이다.
② $\overline{X}$는 정규분포를 따르며 평균은 u이고, 분산은 σ^2이다.
③ $(n-1)s^2$은 자유도가 $n-1$인 카이제곱분포를 따른다.
④ 스튜던트화된 확률변수 $\dfrac{\overline{X} - u}{s/\sqrt{n}}$는 자유도가 $n-1$인 $t-$분포를 따른다.

$\dfrac{(n-1)s^2}{\sigma^2}$은 자유도가 $n-1$인 카이제곱분포를 따른다.

71

초기하분포와 이항분포에 대한 설명으로 틀린 것은?

① 초기하분포는 유한모집단으로부터의 복원추출을 전제로 한다.
② 이항분포는 베르누이 시행을 전제로 한다.
③ 초기하분포는 모집단의 크기가 충분히 큰 경우 이항분포로 근사될 수 있다.
④ 이항분포는 적절한 조건하에서 정규분포로 근사될 수 있다.

초기하분포는 비복원추출 또는 모집단의 크기가 작은 경우가 전제된다.

72

대학생들의 정당 지지도를 조사하기 위해 100명을 뽑은 결과 45명이 지지하는 것으로 나타났다. 지지도에 대한 95% 신뢰구간은? (단, $Z_{0.025} = 1.96$, $Z_{0.05} = 1.645$ 이다)

① 0.45 ± 0.0823

② 0.45 ± 0.0860

③ 0.45 ± 0.0920

④ 0.45 ± 0.0975

해설

100명 중 45명이 지지한다고 했으므로 $\hat{p} = 0.45$이다.

따라서, $z_{\frac{\alpha}{2}} = z_{\frac{0.05}{2}} = z_{0.025} = 1.96$이므로

$$\hat{p} \pm z_{\frac{\alpha}{2}} \times \sqrt{\frac{\hat{p}(1-\hat{p})}{n}} = 0.45 \pm 1.96 \times \sqrt{\frac{0.45 \times (1-0.45)}{100}} = 0.45 \pm 0.0975 \text{이다.}$$

73

곤충학자가 70마리의 모기에게 A 회사의 살충제를 뿌리고 생존시간을 관찰하여 $\bar{x} = 18.3$, $s = 5.2$를 얻었다. 생존시간의 모평균 μ에 대한 99% 신뢰구간은?

(단, $P(Z > 2.57) = 0.005$, $P(Z > 1.96) = 0.025$, $P(Z > 1.645$ 이다)

① $8.6 \leq \mu \leq 28.0$

② $16.7 \leq \mu \leq 19.9$

③ $17.1 \leq \mu \leq 19.5$

④ $18.1 \leq \mu \leq 18.5$

해설

모분산을 모르지만 $n = 70$으로 대표본이므로 $\sigma^2 = S^2$로 되어 σ^2 대신 S^2을 사용하여 μ의 구간추정을 할 수 있다. 모분산 σ^2을 모르고 있는 경우 μ에 대한 $100(1-\alpha)\%$ 신뢰구간은 다음과 같다.

$$\bar{x} - Z_{\alpha/2} \frac{S}{\sqrt{n}} \leq \mu \leq \bar{x} + Z_{\alpha/2} \frac{S}{\sqrt{n}}$$

99% 신뢰구간에서 $Z_{\alpha/2} = Z_{0.01/2} = Z_{0.005} = 2.57$이므로

$$18.3 - 2.57 \frac{5.2}{\sqrt{70}} \leq \mu \leq 18.3 + 2.57 \frac{5.2}{\sqrt{70}}$$

$$\therefore 16.7 \leq \mu \leq 19.9$$

74

검정력(Power)에 대한 설명으로 옳은 것은?

① 참인 귀무가설을 채택할 확률이다.
② 거짓인 귀무가설을 채택할 확률이다.
③ 대립가설이 참일 때 귀무가설을 기각시킬 확률이다.
④ 귀무가설이 참임에도 불구하고 이를 기각시킬 확률이다.

해설

귀무가설이 거짓일 때, 즉 대립가설이 참일 때 귀무가설을 기각하는 옳은 결정의 확률을 검정력이라 한다.

75

기존의 취업 교육 프로그램을 이수한 사람의 취업률 p는 0.7이다. 새로운 교육 프로그램이 취업률을 높인다는 주장이 있어 통계적으로 검정하기 위해 새로운 교육 프로그램을 이수한 사람을 임의로 추출하여 취업률을 조사하였다. 이때 적절한 귀무가설(H_0)과 대립가설(H_1)은?

① $H_0 : p > 0.7, H_1 : p = 0.7$
② $H_0 : p \neq 0.7, H_1 : p = 0.7$
③ $H_0 : p = 0.7, H_1 : p > 0.7$
④ $H_0 : p = 0.7, H_1 : p \neq 0.7$

해설

가설검정에서는 모집단의 모수에 대해서 어떤 조건을 가정하여 가설을 설정하는데 이때 이 가설을 귀무가설이라고 한다. 귀무가설은 '아무런 차이가 없다' 또는 '전혀 효과가 없다'는 내용을 의미하는 주장이다. 따라서 '새로운 교육 프로그램이 취업률을 높인다'를 검정하기 위한 귀무가설은 '새로운 교육 프로그램은 취업률을 높이는 데 효과가 없다(= 기존의 취업 교육 프로그램을 이수한 사람의 취업률과 차이가 없다)'이므로 $H_0 : p = 0.7$이다. 대립가설은 '새로운 교육 프로그램이 취업률을 높인다'이므로 $H_1 : p > 0.7$이다.

76

가설검정 시 유의확률(p값)과 유의수준(α)의 관계에 대한 설명으로 맞는 것은?

① 유의확률 < 유의수준일 때 귀무가설을 기각한다.
② 유의확률 ≥ 유의수준일 때만 귀무가설을 기각한다.
③ 유의확률 ≠ 유의수준일 때 귀무가설을 기각한다.
④ 유의확률과 유의수준 중 어느 것이 큰가의 문제와 가설검정과는 아무런 관계가 없다.

해설

유의확률(p값) < 유의수준(α)이면 귀무가설을 기각, 유의수준(α) < 유의확률(p값)이면 귀무가설을 채택한다.

77

어느 회사에 출퇴근하는 직원들 500명을 대상으로 이용하는 교통수단을 지하철, 자가용, 버스, 택시, 지하철과 택시, 지하철과 버스, 기타의 분야로 나누어 조사하였다. 이 자료의 정리방법으로 적합하지 않은 것은?

① 도수분포표
② 막대그래프
③ 원형그래프
④ 히스토그램

해설

히스토그램은 연속형 자료에 더 적합하다.

78

자료의 산포(Dispersion)의 정도를 나타내는 측도가 아닌 것은?

① 범위(Range)
② 왜도(Skewness)
③ 변동계수(Coefficient of Variation)
④ 사분편차계수(Quartile Deviation)

해설

② 왜도는 자료분포의 비대칭 정도를 나타내는 척도이다.

산포도
• 자료의 산포의 정도를 나타내는 수치
• 절대적인 분포의 산포도 : 범위, 사분편차, 평균편차, 분산, 표준편차
• 상대적인 분포의 산포도 : 변동계수, 사분편차계수, 평균편차계수

79

다음 분산분석표에 관한 설명으로 틀린 것은?

요 인	SS	df	MS	F_0	유의확률
Month	127049	7	18150	1.52	0.164
잔 차	1608204	135	11913		
계	1735253	142			

① 총 관측자료 수는 142개이다.
② 오차항의 분산 추정값은 11913이다.
③ 요인은 Month로서 수준 수는 8개이다.
④ 유의수준 0.05에서 요인의 효과가 인정되지 않는다.

해설

일원분산분석에서 총합계의 자유도(142)는 총 관측자료 수에서 1을 뺀 값이므로 총 관측자료 수는 142 + 1 = 143이다.

80

중심극한정리(Central Limit Theorem)는 어느 분포에 관한 것인가?

① 모집단
② 표 본
③ 모집단의 평균
④ 표본의 평균

해설

중심극한정리(Central Limit Theorem)

표본의 크기가 $n \geq 30$이면 대(大)표본으로 간주하여 모집단의 분포와 관계없이 표본평균 $\overline{X}$의 분포는 기댓값이 모평균 u이고, 분산이 $\dfrac{a^2}{n}$인 정규분포에 근사한다.

$$\overline{X} \sim N(u, \frac{a^2}{n}),\ n \to \infty < N$$

81

다음은 대학 입학시험의 지역별 합격자 수를 성별에 따라 정리한 자료이다. 지역별 합격자 수가 성별에 따라 차이가 있는지를 검정하기 위해 교차분석을 하고자 한다. 카이제곱(χ^2)검정을 한다면 자유도는 얼마인가?

구 분	A지역	B지역	C지역	D지역	합 계
남	40	30	50	50	170
여	60	40	70	30	200
합 계	100	70	120	80	370

① 1
② 2
③ 3
④ 4

해설

r행 c열 분할표에서 카이제곱 통계량의 자유도는 $(r-1) \times (c-1)$이다. 4×2행렬이므로 자유도는 $3 \times 1 = 3$이다.

82

단순선형회귀모형 $y = \beta_0 + \beta_1 + e$ 에서 오차항 e 의 분포가 평균이 0이고, 분산이 σ^2 인 정규분포를 따른다고 가정하였다. 22개의 자료들로부터 회귀식을 추정하고 나서 잔차제곱합(SSE)을 구하였더니 그 값이 2,000이었다. 이때 분산 σ^2 의 불편추정량은?

① 100

② 150

③ 200

④ 250

해설

단순회귀모형에서 오차항의 분산 σ^2 의 불편추정량은 $MSE = \dfrac{SSE}{n-2} = \dfrac{\sum\limits_{i-1}^{n}(y_i - \hat{y_i})^2}{(n-2)}$ 이다.

분산 σ^2 의 불편추정량은 $\dfrac{2,000}{20} = 100$ 이다.

83

평균이 8이고, 분산이 4인 정규분포를 따르는 모집단에서 임의로 크기가 4인 표본을 뽑았다. 이때 표본평균의 기댓값은?

① 1

② 2

③ 4

④ 8

해설

정규분포를 따르는 모집단의 평균이 μ 라고 할 때, 표본평균의 기댓값은 μ 이다.

84

다음 중 제1종 오류가 발생하는 경우는?

① 참이 아닌 귀무가설(H_0)을 기각하지 않을 경우

② 참인 귀무가설(H_0)을 기각하지 않을 경우

③ 참이 아닌 귀무가설(H_0)을 기각할 경우

④ 참인 귀무가설(H_0)을 기각할 경우

해설

귀무가설이 참임에도 귀무가설을 기각하는 과오를 제1종 오류(과오)라 한다.

85

표본으로 추출된 6명의 학생이 지원했던 여름방학 아르바이트의 수가 다음과 같이 정리되었다.

> 10 3 3 6 4 7

피어슨의 비대칭계수(p)에 근거한 자료의 분포에 관한 설명으로 옳은 것은?

① 비대칭계수의 값이 0에 근사하여 좌우 대칭형분포를 나타낸다.

② 비대칭계수의 값이 양의 값을 나타내어 왼쪽으로 꼬리를 늘어뜨린 비대칭분포를 나타낸다.

③ 비대칭계수의 값이 음의 값을 나타내어 왼쪽으로 꼬리를 늘어뜨린 비대칭분포를 나타낸다.

④ 비대칭계수의 값이 양의 값을 나타내어 오른쪽으로 꼬리를 늘어뜨린 비대칭분포를 나타낸다.

해설

자료를 오름차순으로 정리하면 3 3 4 6 7 10이다.

$\overline{X} = \dfrac{10+3+3+6+4+7}{6} = 5.5,\ M_o = 3,\ M_e = \dfrac{6+4}{2} = 5,\ \overline{X} - M_o = 5.5 - 3 = 2.5$이고

S는 항상 양수이므로 $S_k \simeq \dfrac{\overline{X} - M_o}{S} \simeq \dfrac{3(\overline{X} - M_e)}{S} > 0$이다. 따라서 비대칭계수의 값이 양의 값을 나타내므로 주어진 자료는 오른쪽으로 꼬리를 늘어뜨린 비대칭분포(왼쪽으로 기울어진 분포)를 나타낸다.

86

표본평균의 확률분포에 관한 설명으로 틀린 것은?

① 모집단의 확률분포가 정규분포이면 표본평균의 확률분포도 정규분포이다.

② 표본평균의 확률분포는 모집단의 확률분포에 관계없이 정규분포이다.

③ 모집단의 표준편차가 σ이면 표본의 크기가 n인 표본평균의 표준오차는 $\sigma / \sqrt{n}$ 이다.

④ 표본평균의 평균은 모집단의 평균과 동일하다.

해설

표본평균의 분포는 모집단이 정규모집단이냐 아니냐에 따라서 그 분포가 다르게 나타난다. 또한, 모집단으로부터 표본을 복원으로 추출하느냐 비복원으로 추출하느냐에 따라 표본평균의 분포에 대한 분산의 형태가 달라진다.

87

오른쪽으로 꼬리가 길게 늘어진 형태의 분포에 대해 옳은 설명으로만 짝지어진 것은?

ㄱ. 왜도는 양의 값을 가진다.
ㄴ. 왜도는 음의 값을 가진다.
ㄷ. 자료의 평균은 중앙값보다 큰 값을 가진다.
ㄹ. 자료의 평균은 중앙값보다 작은 값을 가진다.

① ㄱ, ㄷ
② ㄱ, ㄹ
③ ㄴ, ㄷ
④ ㄴ, ㄹ

해설

분포의 형태
• 오른쪽으로 꼬리가 길게 늘어진 분포일 경우(좌측 비대칭 분포) '산술평균>중앙값>최빈값'의 관계를 가지며 왜도는 0보다 크다.
• 왼쪽으로 꼬리가 길게 늘어진 분포일 경우(우측 비대칭 분포) '산술평균<중앙값<최빈값'의 관계를 가지며 왜도는 0보다 작다.

88

상관계수(r)에 대한 설명으로 가장 거리가 먼 것은?

① 상관계수는 -1에서 1 사이의 값을 갖는다.
② 상관계수의 값은 변수의 단위가 달라지면 영향을 받는다.
③ 상관계수의 부호는 회귀계수의 기울기(b)의 부호와 항상 같다.
④ -1의 상관계수는 기울기가 음수인 직선 위에 모든 자료가 있다는 것을 의미한다.

해설

상관계수는 변수 간의 연관성을 나타내는 값이므로 변수의 단위와 관련이 없다.

89

모 상관계수가 ρ인 이변량 정규분포를 따르는 두 변수에 대한 자료 $(x_i, y_i)(i = 1, 2, \cdots, n)$에 대하여

표본상관계수 $r = \dfrac{\sum\limits_{i=1}^{n}(x_i - \overline{x})(y_i - \overline{y})}{\sqrt{\sum\limits_{i=1}^{n}(x_i - \overline{x})^2}\sqrt{\sum\limits_{i=1}^{n}(y_i - \overline{y})^2}}$ 을 이용하여 귀무가설 $H_0 : \rho = 0$을 검정하고자 한

다. 이때 사용되는 검정통계량과 그 자유도는?

① $\sqrt{n-1}\,\dfrac{r}{\sqrt{1-r}}, n-1$ ② $\sqrt{n-2}\,\dfrac{r}{\sqrt{1-r}}, n-2$

③ $\sqrt{n-1}\,\dfrac{r}{\sqrt{1-r^2}}, n-1$ ④ $\sqrt{n-2}\,\dfrac{r}{\sqrt{1-r^2}}, n-2$

해설

상관계수의 유의성 검정에서 검정통계량은 $\sqrt{n-2}\,\dfrac{r}{\sqrt{1-r^2}}$ 이고 자유도가 $n-2$이다.

90

모집단으로부터 크기가 100인 표본을 추출하였다. 이 표본으로부터 표본비율 $\hat{p} = 0.42$ 를 추정하였다. 모비율에 대한 가설 $H_0 : p = 0.4$ vs $H_1 : p > 0.4$를 검정하기 위한 검정통계량은?

① $\dfrac{0.4}{\sqrt{0.4(1-0.4)/100}}$ ② $\dfrac{0.42-0.4}{\sqrt{0.4(1-0.4)/100}}$

③ $\dfrac{0.42+0.4}{\sqrt{0.4(1-0.4)/100}}$ ④ $\dfrac{0.42}{\sqrt{0.4(1-0.4)/100}}$

해설

모비율에 대한 가설검정은 검정통계량 $Z = \dfrac{\hat{p} - p_0}{\sqrt{p_0(1-p_0)/n}}$ 를 이용한다.

$\hat{p} = 0.42,\ p_0 = 0.4, n = 100$을 대입하면 $\dfrac{0.42-0.4}{\sqrt{0.4(1-0.4)/100}}$ 이다.

91

회귀분석에서의 결정계수에 관한 설명으로 틀린 것은?

① 결정계수 r^2의 범위는 $0 \leq r^2 \leq 1$이다.

② 종속변수의 총변동 중 회귀직선에 기인한 변동의 비율을 나타낸다.

③ 결정계수는 잔차제곱합(SSE)을 총제곱합(SST)으로 나눈 값이다.

④ 단순회귀분석의 경우 종속변수와 독립변수의 상관계수를 제곱한 값이 결정계수이다.

해설

결정계수는 회귀제곱합(SST)을 총제곱합(SST)으로 나눈 값이다.

$$R^2 = \frac{SSR}{SST} = 1 - \frac{SSE}{SST}$$

92

다음 사례에 알맞은 검정방법은?

> 도시지역의 가족과 시골지역의 가족 간에 가족의 수에 있어서 평균적으로 차이가 있는지를 알아보고자 도시지역과 시골지역 중 각각 몇 개의 지역을 골라 가족의 수를 조사하였다.

① 독립표본 t-검정

② 대응표본 t-검정

③ χ^2-검정

④ F-검정

해설

2개의 집단(도시지역, 시골지역)의 평균 차이에 대한 검정은 독립표본 t-검정을 실시한다.

93

A, B, C 세 가지 공법에 의해 생산된 철선의 인장강도에 차이가 있는지를 알아보기 위해 공법 A에서 5회, 공법 B에서 6회, 공법 C에서 7회, 총 18회를 랜덤하게 실험하여 인장강도를 측정하였다. 측정한 자료를 정리한 결과 총제곱합 $SST = 100$이고, 잔차제곱합 $SSE = 65$이었다. 처리제곱합 SSA와 처리제곱합의 자유도 ν_A를 바르게 나열한 것은?

① $SSA = 35, \nu_A = 2$

② $SSA = 16, \nu_A = 17$

③ $SSA = 35, \nu_A = 3$

④ $SSA = 165, \nu_A = 18$

해설

처리제곱합(SSA)은 총제곱합(SST) − 잔차제곱합(SSE) = 100 − 65 = 35이고, 처리의 자유도는 요인수준−1이다. 세 가지 공법에 의한 차이를 검정하는 것이므로, 처리제곱합의 자유도 ν_A는 $p - 1 = 3 - 1 = 2$이다.

94

반복수가 동일한 일원배치법의 모형 $Y_{ij} = \mu + \alpha_i + \epsilon_{ij}, i = 1, 2, \cdots, k, j = 1, 2, \cdots, n$에서 오차항 ϵ_{ij}에 대한 가정이 아닌 것은?

① 오차항 ϵ_{ij}는 서로 독립이다.

② 오차항 ϵ_{ij}의 분산은 동일하다.

③ 오차항 ϵ_{ij}는 정규분포를 따른다.

④ 오차항 ϵ_{ij}는 자기상관을 갖는다.

해설

분산분석에서 오차항의 기본 가정으로는 정규성, 독립성, 등분산성이 있다.

95

어느 지역 고등학교 학생 중 안경을 착용한 학생들의 비율을 추정하기 위해 이 지역 고등학교 성별 구성비에 따라 남학생 600명, 여학생 400명을 각각 무작위로 추출하여 조사하였더니 남학생 중 240명, 여학생 중 60명이 안경을 착용한다는 조사결과를 얻었다. 이 지역 전체 고등학생 중 안경을 착용한 학생들의 비율에 대한 가장 적절한 추정값은?

① 0.4

② 0.3

③ 0.275

④ 0.15

해설

모비율에 대한 추정값은 표본비율을 사용한다. 따라서 추정값은 $\hat{p} = \dfrac{240 + 60}{600 + 400} = 0.3$이다.

96

독립변수가 3개인 중회귀분석 결과가 다음과 같을 때, 오차분산의 추정값은?

$$\sum_{i=1}^{n}(y_i - \hat{y_i})^2 = 1100, \ \sum_{i=1}^{n}(\hat{y_i} - \overline{y})^2 = 110, \ n = 100$$

① 11.20
② 11.32
③ 11.46
④ 11.58

해설

오차항의 분산의 불편추정량은 $MSE = SSE/(n-k-1) = \sum_{i=1}^{n}(y_i - \hat{y_i})^2/(n-k-1)$ 이다.

따라서 $MSE = 1100/(100-3-1) \fallingdotseq 11.46$ 이다.

97

교육 수준에 따른 생활만족도의 차이를 다양한 배경변수를 통제한 상태에서 비교하기 위해서 다중회귀분석을 실시하고자 한다. 교육 수준을 5개의 범주(무학, 초졸, 중졸, 고졸, 대졸 이상)로 측정하였다. 이때, 대졸 이상을 기준으로 할 때 교육 수준별 차이를 나타내는 가변수(Dummy Variable)를 몇 개 만들어야 하는가?

① 1개
② 2개
③ 3개
④ 4개

해설

k개 그룹의 질적 차이를 구분하는 경우, $k-1$개의 가변수를 사용한다.

98

3개의 처리(Treatment)를 각각 5번씩 반복하여 실험하였고, 이에 대해 분산분석을 실시하고자 할 때의 설명으로 틀린 것은?

① 분산분석표에서 오차의 자유도는 12이다.

② 분산분석의 영가설(H_0)은 3개의 처리 간 분산이 모두 동일하다고 설정한다.

③ 유의수준 0.05 하에서 계산된 F-비 값은 $F(0.05, 2, 12)$ 분포값과 비교하여, 영가설의 기각여부를 결정한다.

④ 처리평균제곱은 처리제곱합을 처리 자유도로 나눈 것을 말한다.

해설

분산분석에서 귀무가설(H_0)은 '$\mu_1 = \mu_2 = \mu_3$', 대립가설(H_1)은 '모든 μ_i가 같은 것은 아니다($i = 1, 2, 3$)'이다. 즉, 분산분석의 영가설(귀무가설)은 3개의 처리 간 평균은 모두 동일하다고 설정한다.

99

x를 독립변수로 y를 종속변수로 하여 선형회귀분석을 하고자 한다. 다음의 요약 자료를 이용하여 추정회귀 직선의 기울기와 절편을 구하면?

$$\bar{x} = 4 \quad \sum_{i=1}^{5}(x_i - \bar{x})^2 = 10$$

$$\bar{y} = 7 \quad \sum_{i=1}^{5}(x_i - \bar{x})(y_i - \bar{y}) = 13$$

① 기울기 = 0.77, 절편 = 1.80

② 기울기 = 0.77, 절편 = 3.92

③ 기울기 = 1.30, 절편 = 1.80

④ 기울기 = 1.30, 절편 = 3.92

해설

최소제곱법을 이용한다.

$$기울기(b) = \frac{\sum_{i=1}^{5}(x_i - \bar{x})(y_i - \bar{y})}{\sum_{i=1}^{5}(x_i - \bar{x})^2} = \frac{13}{10} = 1.30$$

$$절편(a) = \bar{y} - b\bar{x} = 7 - 1.3 \times 4 = 1.80$$

100

어떤 화학약품을 생산하는 공정에서 온도에 따라 수율(%)에 차이가 있는가를 알아보고자 4개의 온도수준에 다음과 같이 완전임의배열법을 적용하여 실험하여 분산분석표를 작성하였다. ㉠~㉣에 해당하는 값은?

온 도	90℃	100℃	110℃	120℃
반복수	3개	4개	3개	3개

요 인	제곱합	자유도	평균제곱	F값
인 자	㉠	3	1.14	㉣
잔 차	1.66	㉡	㉢	
계	5.08	12		

① ㉠ : 3.42, ㉡ : 9, ㉢ : 0.18, ㉣ : 6.33

② ㉠ : 3.42, ㉡ : 10, ㉢ : 0.17, ㉣ : 6.71

③ ㉠ : 3.42, ㉡ : 9, ㉢ : 0.18, ㉣ : 1.04

④ ㉠ : 6.74, ㉡ : 10, ㉢ : 0.17, ㉣ : 6.71

해설

㉠ : $5.08 - 1.66 = 3.42$

㉡ : $12 - 3 = 9$

㉢ : $\dfrac{1.66}{9} ≒ 0.18$

㉣ : $\dfrac{1.14}{0.18} ≒ 6.33$

교육은 우리 자신의 무지를 점차 발견해 가는 과정이다.

- 윌 듀란트 -

2024 SD에듀 사회조사분석사 2급 1차 필기 기출문제해설 한권으로 끝내기

개정12판1쇄 발행	2024년 01월 05일 (인쇄 2023년 09월 15일)
초 판 발 행	2012년 01월 13일 (인쇄 2012년 01월 13일)
발 행 인	박영일
책 임 편 집	이해욱
편 저	사회조사분석사 수험연구소
편 집 진 행	노윤재 · 한주승
표지디자인	박수영
편집디자인	김경원 · 채현주
발 행 처	(주)시대고시기획
출 판 등 록	제10-1521호
주 소	서울시 마포구 큰우물로 75 [도화동 538 성지 B/D] 9F
전 화	1600-3600
팩 스	02-701-8823
홈 페 이 지	www.sdedu.co.kr

I S B N	979-11-383-5743-2 (13330)
정 가	25,000원

지식에 대한 투자가 가장 이윤이 많이 남는 법이다.

– 벤자민 프랭클린 –

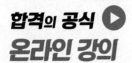

사회조사분석사

합격을 꿈꾸는 수험생에게!

필기대비	동영상 강의 교재		필기대비

1단계   **2단계**

2급 필기 한권으로 끝내기

시험의 중요개념과 핵심이론을 파악하고 기초를 잡고 싶은 수험생

시험에 출제되는 핵심이론 및 적중예상문제와 핵심키워드 그리고 기출문제까지 한권에 담았습니다.

Win-Q 2급 필기 단기합격

두꺼운 종합본, 기본서가 부담스러운 수험생, 단기간에 합격이 필요한 수험생

다년간 기출을 완전 해부해 중요한 이론만 선정했으며 OX문제와 기출문제로 바로바로 복습을 할 수 있어 단기간에 핵심만 빠르게 학습할 수 있습니다.

※ 도서의 이미지는 변경될 수 있습니다.

P.S. 단계별 교재를 선택하기 위한 팁!

정성을 다해 만든 사회조사분석사 도서들을
꿈을 향해 도전하는 수험생 여러분에게 드립니다.